Sizilien

Liparische Inseln S. 149

Palermo S. 56

Tyrrhenische Küste S. 130

West-Sizilien S. 97

Ionische Küste S. 178

Zentral-Sizilien S. 253

Mittelmeerküste S. 269

Syrakus & der Südosten S. 212

Gregor Clark, Brett Atkinson,
Cristian Bonetto, Nicola Williams

REISEPLANUNG

Willkommen auf Sizilien . 4
Karte 6
Siziliens Top 14 8
Gut zu wissen 16
Sizilien für Einsteiger . . . 18
Unterwegs vor Ort 20
Wie wär's mit … 22
Monat für Monat 25
Reiserouten 27
Essen & trinken wie die Sizilianer 34
Outdoor-Aktivitäten 42
Mit Kindern reisen 49
Sizilien im Überblick . . . 52

VERKÄUFER, MERCATO DELLA VUCCIRIA S. 62

EIS S. 329

REISEZIELE AUF SIZILIEN

STRAND, MONDELLO S. 8

PALERMO 56
Sehenswertes 58
Geführte Touren 73
Feste & Events 73
Essen 73
Ausgehen & Nachtleben . . 77
Unterhaltung 78
Shoppen 79
Rund um Palermo 83
Mondello 84
Monreale 84
Corleone 86
Ustica 86

SIZILIENS ARCHITEKTUR 89

WEST-SIZILIEN 97
Golfo di Castellammare 100
Scopello 100
San Vito Lo Capo 100
Riserva Naturale dello Zingaro 102
Castellammare del Golfo 103
Segesta 103
Trapani 104
Rund um Trapani 109
Erice 109
Saline di Trapani 111
Ägadische Inseln 115
Favignana 115
Levanzo 117
Marettimo 118
Marsala 119
Mazara del Vallo 122
Selinunt 124
Pantelleria 127

TYRRHENISCHE KÜSTE 130
Cefalù 131
Caccamo 136
Parco Naturale Regionale delle Madonie 137
Castelbuono 137
Petralia Soprana 140
Petralia Sottana 141
Piano Battaglia 142
Collesano 142
Parco Regionale dei Nebrodi 143
San Marco d'Alunzio 144
Mistretta 145
Castel di Tusa 145
Capo d'Orlando 146
Milazzo 146

Inhalt

LIPARISCHE INSELN........... 149
- Lipari 152
- Vulcano 159
- Salina............... 164
- Panarea 168
- Stromboli............ 169
- Filicudi 175
- Alicudi 177

IONISCHE KÜSTE...178
- Messina 179
- Punta del Faro........ 184
- Taormina 184
- Savoca 192
- Catania.............. 192
- Riviera Dei Ciclopi 204
- Acireale 204
- Aci Trezza............206
- Aci Castello 206
- Ätna 207

SYRAKUS & DER SÜDOSTEN ... 212
- Syrakus & Umgebung . 213
- Syrakus 213
- Der Südosten 225
- Valle Dell'Anapo, Ferla & Necropoli di Pantalica...225
- Palazzolo Acreide.......225
- Noto 226
- Die Küste bei Noto......230
- Modica 230
- Scicli.................244
- Ragusa................246
- Chiaramonte Gulfi 251

ZENTRAL-SIZILIEN 253
- Enna 255
- Calascibetta 260
- Nicosia.............. 261
- Piazza Armerina 261
- Villa Romana del Casale 265
- Caltagirone 266

MITTELMEER-KÜSTE 269
- Agrigent..............272
- Tal der Tempel 276
- Scala dei Turchi, Siciliana Marina &Torre Salsa 281
- Eraclea Minoa......... 281
- Sciacca...............282
- Caltabellotta 287
- Licata 287
- Falconara.............288
- Gela..................288
- Lampedusa 289

UNTERKUNFT 293
- Palermo 294
- West-Sizilien......... 295
- Tyrrhenische Küste ... 297
- Liparische Inseln 299
- Ionische Küste 302
- Syrakus & der Südosten.........304
- Zentral-Sizilien.......308
- Mittelmeerküste......309

SIZILIEN VERSTEHEN
- Sizilien aktuell 312
- Geschichte...........314
- Sizilien bittet zu Tisch 325
- Sizilianische Lebensart . 333
- Sizilien in Buch & Film . .337
- Die Mafia 341
- Kunst & Architektur... 345

PRAKTISCHE INFORMATIONEN
- Allgemeine Informationen........ 350
- Verkehrsmittel & -wege 355
- Sprache 361
- Register 369
- Kartenlegende 376

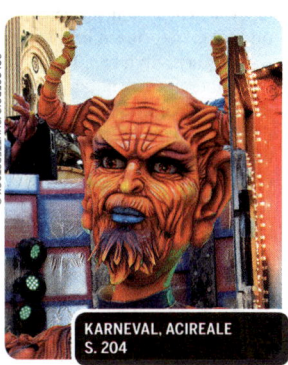

KARNEVAL, ACIREALE S. 204

AUTOTOUREN
- Das Beste vom Westen...........112
- Monti Madonie 138
- Der Westhang des Ätna............. 208
- Sizilianischer Barock 232
- Wunder des antiken Siziliens........ 236
- Von Enna zum Ätna 258
- Tempel, Kunst & Strände........ 284

Willkommen auf Sizilien

Sizilien, dieses wunderschöne Eiland, ist ein Dreh- und Angelpunkt im Mittelmeer und lockt Traveller mit seiner spektakulären Vielfalt an Landschaftsformen und kulturellen Schätzen.

Kulturelle Schnittstelle

Die verführerische, geradezu im Herzen des Mittelmeers gelegene Schönheit zieht seit eh und je Reisende an. Die Heimat der Zyklopen wurde schon von Dichtern wie Homer und Virgil gepriesen und von Phöniziern, Karthagern, Elymern, Römern und Griechen überaus geschätzt. Allenthalben stößt man auf Zeugnisse alter Zivilisationen: auf den Tempio della Concordia in Agrigent, auf die Reste monumentaler Säulen in Selinunt oder auf die anmutige Statue eines tanzenden Satyrs, die bei Mazara del Vallo geborgen wurde.

Mediterrane Leckereien

Trotz der vielfältigen kulinarischen Einflüsse basiert die traditionelle sizilianische Küche auf lokalen Zutaten: Meeres- und Zitrusfrüchten, Thun- und Schwertfisch, Pistazien, Mandeln und Ricotta. Wenn man sich mit der 70-jährigen Köchin in einem Restaurant in Catania unterhält, erfährt man nicht nur, dass sie die Pasta alla Norma nach einem Rezept ihrer Großmutter zubereitet, sie wird das Gericht auch in poetischen Bildern mit dem Ätna vergleichen. Moderne Köche mögen mit den Details spielen, aber die zeitlosen Rezepte existieren weiter – vom einfachen *cannolo* bis hin zum exquisiten Fisch-Couscous.

Meer & ruhelose Berge

Siziliens abwechslungsreiche Landschaft sorgt für einen spektakulären ersten Eindruck. Wer nach Catania fliegt, wird vom Ätna, dem rauchenden Riesen, empfangen. Landet man in Palermo, grüßt zuerst der glitzernde Golfo di Castellammare. Dieses Nebeneinander eröffnet viele Möglichkeiten für Outdoor-Aktivitäten. Wanderer können die Küsten erkunden, aktive Vulkane besteigen und durch blühende Bergwiesen streifen, Vogelfreunde erfreuen sich an der riesigen Artenvielfalt und Taucher und Badefans lieben das kristallklare Wasser, wie man es im Mittelmeer nur selten findet.

Von byzantinisch bis barock

Als ob das antike Erbe Siziliens nicht genug wäre, strotzt die Insel auch noch vor Perlen späterer Epochen. Bei einem Bummel durch Palermo entdeckt man arabische Kuppeln und Bögen, byzantinische Mosaike, barocke Stuckarbeiten und normannische Palastmauern. Und im Südosten stößt man auf eine atemberaubende Vielfalt an architektonischen Meisterstücken aus dem Barock, von den goldenen Kuppeln von Noto bis hin zu den Kathedralen von Ragusa und Modica. Außerdem stolpert man auf der ganzen Insel über bewegende Relikte von arabischen und normannischen Burgen.

Warum ich Sizilien liebe

von Gregor Clark, Autor

Selbst Jahrzehnte nach meinem ersten Sizilienbesuch ist die Insel für mich noch immer einer der faszinierendsten Orte der Welt. Sizilien hat unzählige Reize – hier meine Favoriten: der allgegenwärtige Duft der Zitronenbäume, das reine Licht der Dämmerung auf den Terrakottamauern, die alten Märkte in Palermo, der in den dunklen Himmel spuckende Stromboli, das Gefühl, dass hinter jeder Ecke etwas Historisches wartet, die leuchtend roten Marmorfassaden in den abendlichen Straßen von Ortygia und Marsala, die einsame Erhabenheit von Segesta, die exotischen Aromen sizilianischer Speisen und die kulturelle Komplexität der Insel.

Mehr zu unseren Autoren findet sich auf S. 378.

Oben: Ragusa Ibla (S. 246)

Sizilien

Riserva Naturale dello Zingaro
Zerküftete Küste, tiefblaues Wasser (S. 102)

Palermo
Architektonische Meisterwerke und tolles Essen (S. 5..)

Erice
Westsiziliens hübschestes Bergstädtchen (S. 109)

Trapani
Siziliens appetitliche Couscous-Hauptstadt (S. 104)

Tal der Tempel
Siziliens erlesenstes Tempelensemble (S. 276)

Tyrrhenisches Meer

Ustica • Ustica

San Vito Lo Capo
Falcone-Borsellino Airport
Golfo di Carini
Capo Gallo
Mondello
Golfo di Castellammare
Golfo di Palermo
Palermo
Capo Zafferano
Soluton
Golfo ... Ter...
Riserva Naturale dello Zingaro
Scopello
Bagheria
Termini Imerese
Hi...
Ägadische Inseln
Levanzo
Trapani • Erice
Partinico
Caccamo
Colle
Marettimo
Favignana
Favignana
Castellammare del Golfo
Alcamo
Segesta
Parco Nat... Regio... delle Mad...
Saline di Trapani
Vincenzo Florio (Birgi) Airport
Riserva Naturale di Stagnone
Mozia
Capo Boeo
Marsala
Corleone
Partanna
Mazara del Vallo
Castelvetrano
Rocche di Cusa
Menfi
Caltabellotta
Selinunte
Sciacca
Ribera

Eraclea Minoa
Agrigento
Scala dei Turchi
Favara
Porto Empedocle
Valley of the Temples
Palma di Montechiaro

38°N

37°N

• Pantelleria
▲ Mt. Grande (836 m)
Pantelleria

Pelagische Inseln

Porto Empedocle (150 km)

36°N

Linosa
Linosa

MITTELMEER

MITTELMEER

Lampione
Lampedusa
Lampedusa

Maßstab wie in der Hauptkarte

Pelagische Inseln (s. Beikarte, 20 km)

Siziliens Top 14

Syrakus

1 Wer in Syrakus' sterilem modernem Zentrum ankommt, mag sich vielleicht fragen, was der Rummel um die Stadt eigentlich soll. Sobald man sich aber in den labyrinthartigen Gässchen der Insel Ortygia oder in den archäologischen Park vorgekämpft hat, wird man von der facettenreichen Geschichte der Stadt überwältigt. Plötzlich steht man in einem Feld voller griechischer Ruinen (S. 218), blickt über Papyrusstauden hinweg in ein antikes Wasserbecken oder schlendert über einen mit Marmor gepflasterten Platz, an dem Tempelsäulen unter der Barockfassade des Doms hervorlugen. Fonte Aretusa (S. 219)

Tal der Tempel

2 Die prächtigen Tempel in Agrigents Tal der Tempel (S. 276) sind die eindrucksvollsten antiken Ruinen der Insel. Sie verteilen sich über den langen Felssporn, auf dem die Griechen sie vor 2500 Jahren errichteten. Nachts, wenn Scheinwerfer die Tempel spektakulär illuminieren, ist der Zauber noch größer. Wer kann, sollte an einem Sommerabend zwischen den Tempeln der östlichen Zone umherschlendern – keine andere antike Stätte Siziliens bietet ein vergleichbares Erlebnis. Ein Stück den Hügel hinauf liegt das Museo Archeologico Agrigents, eines der besten Museen der Insel. Tempio dei Dioscuri (S. 280)

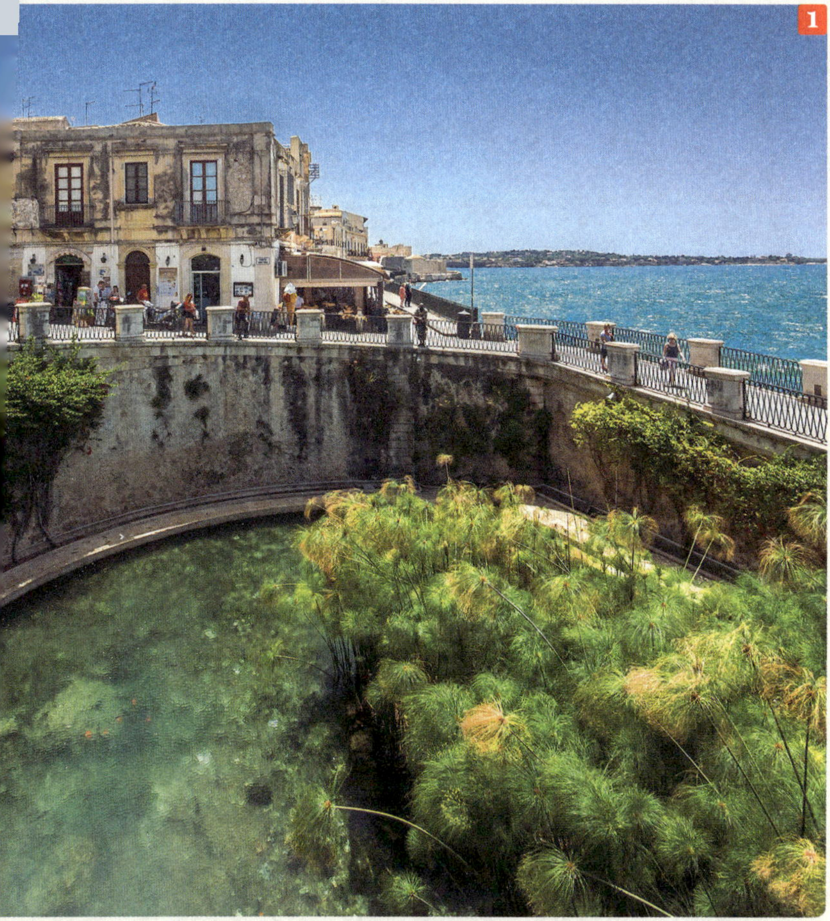

WESTEND61/GETTY IMAGES ©

LAPAS77/SHUTTERSTOCK ©

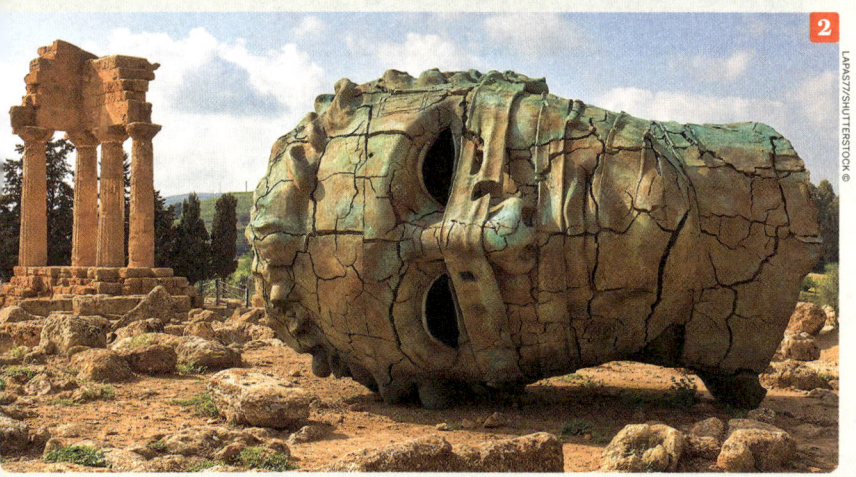

Cefalù

3 Wegen des Strandes und der Zwillingstürme des Doms vor der Kulisse der La Rocca ist Cefalù (S. 131) zum Verlieben. Die byzantinischen Mosaiken in der Apsis des Doms, die goldfarbenen Türme (2019 erneut öffentlich zugänglich gemacht) und die mit Reliefs verzierten Kapitelle der Säulen im Kreuzgang halten einen an einem regnerischen Tag beschäftigt – doch wenn die Sonne scheint, kann man sich der Verlockung des Meeres nicht entziehen. Eine mittelalterliche Stadt und ein Strandresort in einem – das gibt's wohl selbst in Italien nirgendwo sonst.

Liparische Inseln

4 Die sieben vulkanischen Inseln dieses Archipels (S. 149) bestechen durch ihre Schönheit und überraschende Vielfalt. Da sind etwa die rauchenden Gipfel auf Vulcano, die grünen Weinberge auf Salina oder die weiß getünchten Luxushotels auf Panarea. Der größte Reiz der autofreien Inseln besteht jedoch im gemächlicheren Tempo des Alltags, der scheinbar weltenweit entfernt vom sizilianischen Festland ist. Vielleicht übernimmt man diese Gelassenheit, verweilt die ganze Zeit hier und hebt sich „Sizilien" für später auf. Aussicht von Vulcano (S. 159)

Palermo

5 Siziliens faszinierende Hauptstadt Palermo (S. 58) verheißt urbane Abenteuer. Neuerungen wie Straßenkunstprojekte, erweiterte Fußgängerzonen und umgestaltete Kulturstätten haben der antiken Stadt neues Leben eingehaucht. Doch auch die bekannten Sehenswürdigkeiten verbreiten ihren speziellen Zauber: Etwa die Schnitzkunst und Mosaiken der Cappella Palatina, das Spektakel der lärmenden Verkäufer auf dem Mercato del Capo, die Opernaufführungen im Teatro Massimo und die Schätze des Museo Archeologico Regionale. Quattro Canti (S. 58)

Open-Air-Vorstellungen

6 Aischylos würde es gewiss freuen, dass noch nach 2500 Jahren griechische Dramen im antiken Theater von Syrakus aufgeführt werden. Jedes Frühjahr stehen einen Monat lang Vorstellungen im Rahmen des Festival of Greek Theatre dort auf dem Programm, wo der Dramatiker einst selbst saß. Im Sommer verlagert sich das Geschehen die Küste hinauf in Taorminas Teatro Greco (S. 185; s. Foto), dem unter lauem Abendhimmel internationale Filmpremieren, Rockstars, Tänzer und Diven neues Leben einhauchen – und das vor der traumhaften Kulisse des Ätna.

Märkte

7 Ein Fest für alle Sinne: Parlermos Mercato di Ballarò (S. 62) ist eine Kreuzung aus nordafrikanischem Basar und einem Markt auf dem italienischen Festland. Obstverkäufer preisen lautstark ihre Ware an, der unwiderstehliche Duft von Zitronen und Orangen hängt in der Luft, und die Kichererbsen knistern in der Fritteuse. Nicht weniger stimmungsvoll geht es auf der anderen Seite der Insel zu: hier ist Catanias La Pescheria (S. 193) ein ebenfalls eindrucksvolles Beispiel sizilianischen Lebens. Mercato del Capo (S. 62), Palermo

Villa Romana del Casale

8 Diese in einem Tal nahe Piazza Armerina gelegene, zum UNESCO-Weltkulturerbe gehörende Anlage (S. 265) – einst eine prächtige Villa aus dem 4. Jh. – zeigt die weltweit schönsten Beispiele römischer Bodenmosaike. Zu den Highlights gehören u. a. der Ambulacro della Grande Caccia, ein 64 m langer Korridor mit Mosaiken, die exotische Tiere wie Tiger, Leoparden und Elefanten abbilden, sowie die Sala delle Dieci Ragazze mit dem Mosaik der Mädchen im Bikini, das in überraschend zeitgenössischem Stil junge Frauen beim Sport zeigt.

Schwelende Vulkane

9 Siziliens Vulkane geben keine Ruhe, sie speien schwefelhaltigen Rauch und schicken mächtige Feuerwerke in den Nachthimmel. 350 Jahre, nachdem er Catania unter Asche begrub, thront der Ätna (S. 207; s. Foto) weiterhin drohend über der Stadt, während der Stromboli wie schon in der Antike den Schiffen mit seinem Feuerschein den Weg weist. Beide Vulkane kann man leicht im Rahmen einer Tageswanderung besteigen, wenn man es nicht vorzieht, sie aus der Ferne zu bewundern. Sie sind ein unvergessliches Erlebnis jeder Sizilienreise!

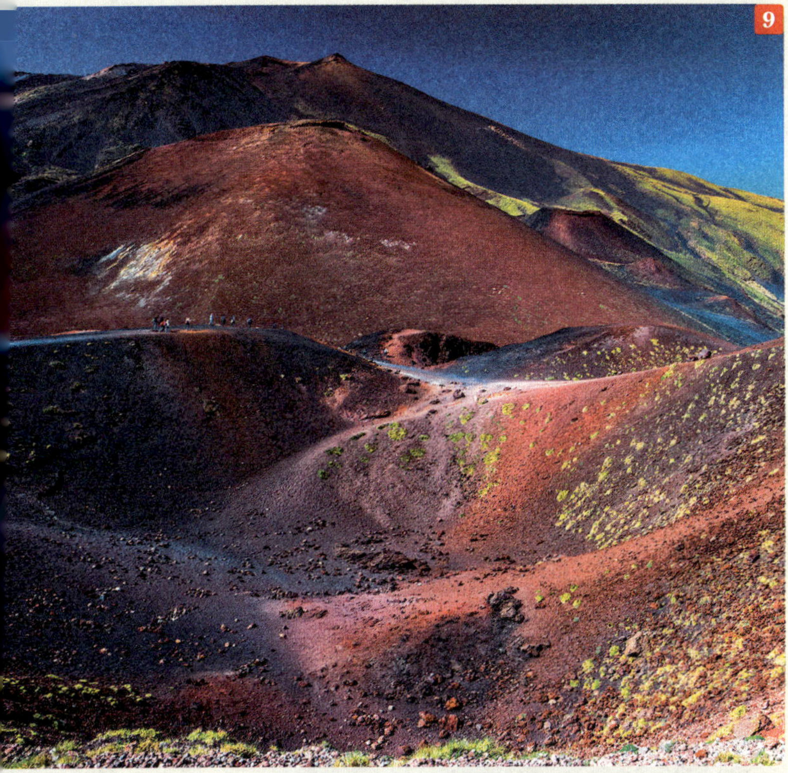

9

Erice

10 Vor jeder Haarnadelkurve während des langen Anstiegs hinauf nach Erice meint man, der Ausblick könne nicht mehr besser werden. Doch das Gegenteil ist der Fall. Man sollte die Kamera-Akkus schonen, bis man oben angekommen ist, wo der Blick vom normannischen Castello di Venere (S. 109; s. Foto) bis nach San Vito Lo Capo, zu den Ägadischen Inseln und zur Saline di Trapani reicht. Da verwundert es nicht, dass frühere Kulturen diesen Ort als heilig ansahen und hier der Venus einen Tempel errichteten, der sogar in Vergils *Aeneis* Erwähnung findet!

TACCIANA MAROZ/SHUTTERSTOCK ©

10

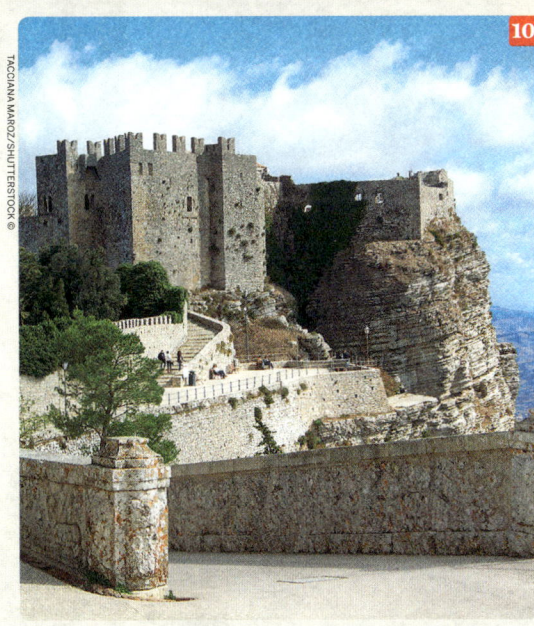

Barockes Scicli

11 Die Barockstädte im Südosten Siziliens, von Noto über Modica bis Ragusa, bilden eine der faszinierendsten Reiserouten der Insel. Die Stadt Scicli (S. 244), sicher die authentischste von allen, galt lange Zeit eher als Insidertipp, zieht aber heutzutage weltberühmte Fotografen, Designer und Unternehmer an – und erlangte als wichtiger Drehort für die Fernsehserie *Commissario Montalbano* Berühmtheit. Die Barockarchitektur, darunter viele erst kürzlich restaurierte Adelspaläste, ist schlichtweg atemberaubend.

Chiesa di San Bartolomeo (S. 244)

Bergdörfer

12 Das Landesinnere mit all den Felsvorsprüngen, steilen Hängen und ausgedörrten Feldern ist unwirtlich. Zuweilen könnte man die Gegend für schlicht unbewohnbar halten, doch wenn man den Horizont absucht, entdeckt man überall die Zeugnisse jahrhundertelanger Besiedlung. Malerisch gelegene Bergorte wie Enna, Caltabellotta, Caccamo, Gangi, Noto (S. 226) und San Marco d'Alunzio verteilen sich über die Insel; die meisten thronen in großen Höhen und werden von verfallenen normannischen Kastellen oder den Zeugnissen anderer vergangener Kulturen gekrönt. Castello di Caccamo (S. 136)

Sizilianische Küche

13 Die sizilianische Küche (S. 325) verändert das Bild von italienischem Essen. Zitrusfrüchte, Fenchel, Minze, Pistazien, Mandeln, Kapern und Oliven, Thunfisch, Schwertfisch und Garnelen – das sind nur einige der typischen Zutaten. Hieraus entstehen Köstlichkeiten wie die *pasta alla Norma* in Catania oder *arancini*, frittierte und herzhaft gefüllte Reisbällchen, in Trapani. Auch die *pasta con le sarde* (Pasta mit Sardinen, Pinienkernen und Fenchel) sollte man probieren. Und dann wären da noch legendäre Süßspeisen wie *cannoli* oder *cassata*. Cannoli (S. 328)

Riserva Naturale dello Zingaro

14 Das Naturschutzgebiet (S. 102) bei Golfo di Castellammare ist Siziliens ältestes – und von umwerfender Schönheit. In den 1980er-Jahren sollte eine Autobahn durch diesen rauen Küstenabschnitt gebaut werden, doch am Ende setzten sich die Naturschützer durch. Das Ergebnis ist eines der besonderen Juwelen Siziliens, ein verkehrsfreier Küstenpark mit unberührten Buchten, Wanderwegen und zahlreichen Museen, die sich lokaler Flora, Fauna, dem Thunfischfang und landwirtschaftlichen Traditionen verschrieben haben.

Gut zu wissen

Weitere Infos gibt's im Abschnitt „Praktische Informationen" (S. 349)

Währung
Euro (€)

Sprache
Italienisch

Geld
Geldautomaten gibt es überall. Kreditkarten werden in den meisten Hotels und Restaurants akzeptiert.

Handys
Italienische Mobilfunknetze nutzen die Frequenzbänder GSM 900 und GSM 1800. Falls das eigene Mobiltelefon auch mit anderen SIM-Karten funktioniert, kommt man mit einer *pre-pagato*- (Prepaid-) SIM-Karte für 10 € innerhalb Italiens eventuell günstiger weg.

Zeit
Es gilt die mitteleuropäische Zeit.

Reisezeit

- Liparische Inseln • Mai, Juni, Sept. & Okt.
- Palermo • März–Juli, Sept. & Okt.
- Agrigent • Febr.–April, Okt.
- Catania • Febr.–Juni, Sept. & Okt.
- Syrakus • April–Juni, Sept. & Okt.

Hauptsaison (Juli–Aug.)

➡ Die Preise schnellen in die Höhe, vor allem um Ferragosto (15. Aug.); Straßen und Strände sind voll.

➡ Festivalsaison in Taormina, Palermo und Piazza Armerina.

➡ Hervorragende Zeit, um sich in die kühleren Gefilde in Siziliens Bergen zu flüchten.

Zwischensaison (April–Juni & Sept.–Okt.)

➡ Gutes Wetter, vernünftige Preise.

➡ Im Frühling kann man an der Küste wandern, Blumen blühen, es gibt frisches Obst und Gemüse.

➡ Juni und September sind top zum Tauchen.

➡ Bunte Osterfeiern.

Nebensaison (Nov.–März)

➡ Die Unterkunftspreise fallen um 30 % und mehr.

➡ Die Resorts auf den Inseln und an der Küste haben größtenteils geschlossen.

➡ Die beste Zeit, um die hiesige Kultur kennenzulernen – ohne Touristenmassen.

Infos im Internet

Best of Sicily (www.bestofsicily.com) Umfassende Infos zur Insel.

Lonely Planet (www.lonelyplanet.com/italy/sicily) Reiseinfos, Hotelbuchungen, Forum und mehr.

Visit Sicily (www.visitsicily.info) Siziliens offizielles Tourismusportal.

Wichtige Telefonnummern

Landesvorwahl	☏39
Notruf	☏112
Polizei	☏113
Feuerwehr	☏115
Krankenwagen	☏118

Wechselkurse

Schweiz	1 €	1,09 SFr
	1 SFr	0,91 €

Aktuelle Wechselkurse sind unter www.xe.com abrufbar.

Tagesbudget

Günstig – weniger als 100 €

➡ DZ in einem B & B oder Budgethotel: 60–80 €

➡ Pizza oder Pasta: 15–20 €

➡ Bus- oder Zugtickets: 5–10 €

Mitteltuer – 100–200 €

➡ DZ im Hotel: 80–150 €

➡ Mittag- & Abendessen im Restaurant: 30–60 €

Teuer – mehr als 200 €

➡ DZ in einem Vier- oder Fünf-Sterne-Hotel: ab 150 €

➡ Mittag- & Abendessen im Spitzenklasserestaurant 60–120 €

Öffnungszeiten

Banken Mo–Fr 8.30–13.30 & 14.45–16 Uhr

Cafés 7–20 Uhr (oder länger, falls das Café auch als Bar fungiert)

Geschäfte Mo–Sa 9.30–13.30 & 16–19.30 Uhr

Museen Öffnungszeiten variieren; viele sind Mo geschl.

Restaurants 12–14.30 & 19.30–23 Uhr; viele haben einen Ruhetag

Ankunft am …

Flughafen Palermo Falcone-Borsellino Züge (6 €) und Busse (6,50 €) fahren zwischen 5 und 0.30 Uhr alle 30 bis 60 Minuten ins Zentrum. Taxifahrten kosten 35 bis 45 €. Die Fahrt dauert 30 Minuten bis eine Stunde.

Flughafen Catania Fontanarossa Der Alibus von AMT (4 €, 20–30 Min.) fährt alle 25 Minuten vom Flughafen zum Bahnhof. Für die Taxifahrt zahlt man 18 bis 22 €.

Flughafen Trapani-Birgi Vincenzo Florio (Trapani) Stündlich fahren Busse (4,90 €, 20 Min.) zum Bahnhof und zum Hafen von Trapani. Wer ein Taxi nimmt, muss mit etwa 30 € rechnen.

Gefahren & Ärgernisse

➡ Obwohl es eine berüchtigte Mafia-Hochburg ist, ist Sizilien kein gefährliches Ziel. Die Wahrscheinlichkeit, dass die Reise durch irgendeinen Delikt beeinträchtigt wird, ist gering, besonders wenn man den gesunden Menschenverstand walten lässt, wie man es auch zu Hause täte:

➡ Die Umgebung im Blick behalten und nicht mit Wertsachen prahlen!

➡ Große Mengen Bargeld gehören nicht in ungesicherte Taschen.

➡ Handys, Brieftaschen und Kameras nicht gut sichtbar herumliegen lassen – weder im Café, noch im parkenden Auto.

➡ Allgemein empfiehlt sich Vorsicht, Paranoia ist aber nicht angesagt. Im unwahrscheinlichen Fall, dass man Opfer eines Taschendiebstahls oder eines anderen Delikts wird, sollte man unbedingt innerhalb von 24 Stunden zur Polizei gehen und eine Aussage machen (schon wegen der eigenen Reiseversicherung).

➡ Der Verkehr auf Sizilien kann abschreckend sein, vor allem in Palermo und Catania. Außerhalb der großen Stadtzentren geht es ruhiger zu; dann sind kurvige Straßen, Schlaglöcher und zweifelhafte Beschilderungen die größten Ärgernisse. Um die Mittagszeit ist der Straßenverkehr im Allgemeinen am ruhigsten, besonders sonntags – dann sind nur wenige Menschen unterwegs.

REISEPLANUNG GUT ZU WISSEN

Sizilien für Einsteiger

Weitere Infos gibt's im Abschnitt „Praktische Informationen" (S. 349)

Checkliste

➡ Gültigkeit des Personalausweises prüfen: Er sollte zum Zeitpunkt der Rückkehr noch sechs Monate gelten.

➡ Reiseversicherung abschließen

➡ Karten für beliebte Feste, Opern- und Theateraufführungen sowie Mietwagen und Unterkünfte vorab buchen

➡ Kreditinstitut, über das die Kreditkarte läuft, über die Reisepläne informieren

➡ Funktion des Handys auf Sizilien prüfen

An alles gedacht?

➡ Feste Schuhe zum Wandern, Sandalen für den Strand

➡ Ggf. Adapter für „Schukostecker" (Eurostecker funktionieren)

➡ Taschenmesser und Korkenzieher fürs Picknick

➡ Sonnenbrille, -creme, -hut

➡ Falls man ein Auto gemietet hat oder mieten will, Führerschein und Straßenkarte bzw. Navi

➡ Ladegerät fürs Handy

Top-Tipps für die Reise

➡ Frühlingsende und Herbstanfang sind ideal für einen Besuch Siziliens; die Temperaturen sind gemäßigter, die Preise erschwinglicher, und die Touristenzahlen niedriger als im Juli und August.

➡ Im Preis für die meisten Unterkünfte auf Sizilien ist ein einfaches Frühstück enthalten.

➡ Sizilianer essen abends spät, vor allem in größeren Städten, wo sich die Restaurants erst nach 21 Uhr füllen

➡ Wer ein Handy ohne SIM-Lock hat, kriegt für wenig Geld eine SIM-Karte mit ausreichend Guthaben und Datenvolumen.

➡ *Cannoli* isst man mit den Fingern.

Dresscode

Das Erscheinungsbild ist wichtig in Italien. Der Begriff *la bella figura* („ein gutes Bild") impliziert ein Faible für Schönes, Galanterie und elegantes Aussehen. In Städten sollten Männer Hemd oder Poloshirt und Hose, Frauen Rock, Hose oder Kleid tragen. Shorts, T-Shirts und Sandalen sind im Sommer und am Strand o.k. Abends kleidet man sich sportlich elegant. Ein langärmliges Shirt oder eine Regenjacke können im Frühjahr und im Herbst gute Dienste leisten. Für den Besuch archäologischer Stätten ist festes Schuhwerk notwendig.

Schlafen

Für die Osterwoche und die Hauptsaison empfiehlt sich, rechtzeitig zu reservieren (vor allem an der Küste).

➡ *Agriturismi* Bewirtschaftete Bauernhöfe oder Landhäuser, die Gästezimmer vermieten und oft auch Hausmannskost servieren.

➡ *B & Bs* Von einfach bis luxuriös. Meistens haben B & Bs maximal fünf Zimmer (mitunter mit Gemeinschaftsbad).

➡ *Pensioni* Familiengeführte Pensionen, die im Vergleich zu Hotels oft einfacher ausgestattet, aber auch günstiger sind.

➡ *Alberghi* (Hotels) Abhängig vom Standard mit Sterne-Bewertung.

➡ *Rifugi* Schlichte Bleiben für Outdoor-Fans.

➡ *Affittacamere* Günstige Gästezimmer in Privatbesitz.

Autofahren

Der Führerschein bzw. die Schweizer Fahrerlaubnis, die Zulassungspapiere und der Nachweis einer Kfz-Haftpflichtversicherung müssen stets mitgeführt werden. Theoretisch muss man der Polizei sogar einen Internationalen Führerschein bzw. eine landessprachliche Abschrift der Fahrerlaubnis vorlegen können.

Feilschen

Auf Märkten kann man ein wenig feilschen, aber ansonsten wird überall erwartet, dass man den angegebenen Preis auch bezahlt.

Trinkgeld

➡ Restaurants – Verlangen zumeist einen Grundpreis (*coperto*; ca. 2 €) und manchmal auch eine Servicegebühr (*servizio*; 10–15 % des Rechnungsbetrags). Falls Letztere nicht erhoben wird, sollte man den Rechnungsbetrag aufrunden.

➡ Bars – Beim Bestellen von Koffeingetränken legen Cafégäste oft 0,10 bis 0,20 € auf den Tresen. Auch beim Ordern anderer Getränke ist es üblich, etwas Kleingeld für den *barista* zu spendieren.

➡ Taxis – Trinkgeld optional; dennoch runden die meisten Sizilianer den Fahrtpreis auf den nächsten vollen Euro auf.

Sprache

Auf Sizilien wird Englisch seltener gesprochen als in Nordeuropa. In Touristenhochburgen kann man sich noch einigermaßen verständigen. Draußen auf dem Land sind aber ein paar Italienischkenntnisse äußerst hilfreich – vor allem beim Bestellen in Lokalen, die mitunter keine Speisekarten haben.

Was ist die hiesige Spezialität?
Qual'è la specialità di questa regione?
kwa·le la spe·tschja·li·ta di kwes·ta re·dschjo·ne

Früher herrschte Rivalität zwischen den mittelalterlichen Stadtstaaten Italiens, heute wird mit Speisen und Wein gewetteifert.

Welche Kombitickets haben Sie?
Quali biglietti cumulativi avete?
kwa·li bi·lje·ti ku·mu·la·ti·wi awe·te

Mit einem Kombiticket für mehrere Sehenswürdigkeiten spart man Bares. Es gibt sie in allen größeren Städten Italiens.

Gibt es ein Designer-Outlet in der Gegend?
C'è un outlet in zona? Tschä un aut·let in zo·na

Mode-Outlets sind der Renner in Großstädten – Schnäppchenpreise für Waren zweiter Wahl, Ausstellungsstücke und Reste.

Ich bin mit meinem Mann/Freund hier.
Sono qui con il mio marito/ragazzo.
so·no kwi kon il mio ma·ri·to/ra·ga·tso

Alleinreisende Frauen ziehen mitunter Blicke und Aufmerksamkeit auf sich; wenn Ignorieren nicht hilft, ist dieser Satz angebracht.

Wir treffen uns um 6 Uhr zum Aperitif.
Ci vediamo alle sei per un aperitivo.
Tschi ve·dja·mo a·le sei per un a·pe·ri·ti·wo

Bei Sonnenuntergang füllt sich der Hauptplatz mit Menschen, die Cocktails schlürfen und Häppchen essen. Man sollte sich unter sie mischen und dieses italienische Ritual genießen.

Etikette

➡ Begrüßung – Fremden gibt man die Hand und sagt *buongiorno/buona sera* (guten Tag/Abend); Freunde küsst man auf die Wangen und sagt *come stai?* (Wie geht's?). Mit *lei* (Sie) spricht man Fremde, mit *tu* (du) Freunde und Kinder an (Vorname nur nach Aufforderung).

➡ Bitte – Wer auf sich aufmerksam machen will, sagt *mi scusi* (entschuldigen Sie, bitte); wenn man durchgelassen werden möchte, sagt man *permesso* (Verzeihung!).

➡ Achtung der Religion – Für Besucher religiöser Stätten sind Ruhe und angemessene Bekleidung (Schultern, Bauch und Beine bedecken) Pflicht. Nie Kirchen während der Messe besichtigen!

➡ Essen & Ausgehen – Im Lokal ruft man die Bedienung mit *per favore* (bitte). Wer nach Hause eingeladen wird, sollte ein süßes Gastgeschenk (*dolci*) oder Wein mitbringen und sich gut kleiden. Der Gastgeber platziert die Gäste und gibt das Startzeichen zum Essen.

➡ Tabu – Gespräche über die Mafia sind ein heikles Thema.

Unterwegs vor Ort

Weitere Infos gibt's im Kapitel „Verkehrsmittel & -wege" (S. 355).

Mit dem Auto

Das bequemste Verkehrsmittel auf Sizilien ist eindeutig das eigene Auto, besonders wenn man die entlegenen Dörfer, Strände und Nebenstraßen erkunden möchten. Größere Städte wie Palermo und Catania, in denen ein Auto eher ein Klotz am Bein ist, erkundet man am besten zu Fuß oder mit den öffentlichen Verkehrsmitteln. Sobald man aber dieses Städte verlässt, lernt man Siziliens Mix aus Schnellstraßen und malerischen Nebenstraßen zu schätzen. Wichtige Mautstraßen wie die A18 von Messina nach Catania und die A20 zwischen Messina und Palermo sind dank ausgebauter Tunnel und Brücken modern, gut ausgeschildert und machen wegen der erlaubten Höchstgeschwindigkeit von bis zu 130 km/h das Pendeln zwischen den wichtigsten Städten einfach. Anders die sizilianischen Nebenstraßen, die oft in weniger gutem Zustand sind und gelegentlich an Feldwege erinnern, sich zum Ausgleich aber durch tolle Landschaft schlägeln.

Mietwagen

Internationale Anbieter sind mit Büros an den drei Hauptflughäfen der Insel (Palermo, Catania und Trapani) und in mehreren Stadtzentren gut vertreten. Wer seinen Mietwagen im Voraus über Reise-Websites bucht, erhält normalerweise die besten Angebote.

Parken

In Siziliens Städten gibt es reichlich gebührenpflichtige Parkplätze, kostenlose findet man in der Regel eher an Straßen oder auf Parkplätzen außerhalb der

INFOS IM INTERNET

Automobile Club d'Italia (ACI; www.aci.it). Der Pannendienst ist rund um die Uhr erreichbar (📞80 31 16 od. 800 11 68 00).

Autostrade per l'Italia (www.autostrade.it) Informationen zu Siziliens *autostrade* (Autobahnen), inklusive Straßensperrungen, Verkehrsbedingungen und Mautstellen.

Touring Club Italiano (www.touringclubstore.com) Bringt erstklassige Regional- und Stadtpläne heraus, darunter eine Karte von Sizilien im Maßstab 1:200000 und eine Karte von Palermo im Maßstab 1:12500.

Stadtzentren. Blaue Linien am Straßenrand zeigen kostenpflichtige, weiße Linien kostenfreie Parkplätze an. Die Parkgebühren sind bezahlbar – meist 1 € oder weniger pro Stunde. Bezahlt wird am Automaten oder bei einem Tabakhändler. Das Ticket legt man gut sichtbar aufs Armaturenbrett. In Städten wie Palermo, Catania, Trapani und Milazzo gibt es zudem (recht teure) Parkhäuser.

Straßenverhältnisse

Siziliens *autostrada* (Autobahnen wie die A18, A19, A20 und A29) sowie das Netz kleinerer Bundesstraßen wie die SS113 an der Tyrrhenischen Küste und die SS115 an der Südküste sind in der Regel gut ausgebaut. Im Landesinnere sollte man sich auf schlechtere Straßenverhältnisse einstellen, der Belag ist oft in keinem guten Zustand, zudem mangelt es häufig an ausreichender Beschilderung.

Maut

Die A18 und A20 sind mautpflichtig – man bezahlt beim Verlassen der *autostrada* an der Mautstelle. Es ist ratsam, ausreichend Münzen parat zu haben, da einige Mautstellen automatisiert sind und keine Kreditkarten akzeptieren. Infos zur Höhe der Mautgebühren für die jeweilige Route findet man unter www.autostradesiciliane.it/pedaggio.

Kein Auto?
Bus

Mehrere regionale Unternehmen sind auf ganz Sizilien vertreten, darunter Interbus, SAIS und AST. Busse bieten auf bestimmten Strecken bessere Verbindungen als Züge, u.a. von Palermo nach Syrakus, von Catania nach Taormina und von Trapani nach Palermo.

Flugzeug

Flüge auf Sizilien beschränken sich auf wenige Verbindungen von Palermo, Catania und Trapani nach Pantelleria und Lampedusa.

Schiff

Fähren und Tragflügelboote fahren regelmäßig zu den vorgelagerten Inseln. In Milazzo legen die Fähren und Boote zu den Liparischen Inseln ab, in Palermo die nach Ustica, in Trapani die nach Pantelleria und zu den Ägadischen Inseln und von Porto Empedocle aus werden Lampedusa und die Pelagischen Inseln angesteuert.

Zug

Siziliens Schienennetz, das von Trenitalia (www.trenitalia.com) betrieben wird, ist klein und weniger effizient als anderswo in Italien. Zugreisen sind jedoch eine angenehme Alternative zum Auto, insbesondere entlang der Hauptstrecken (Palermo, Messina, Catania). Weitere Zugziele sind Agrigento, Syrakus, Noto, Modica und Ragusa.

VERKEHRSREGELN

- Rechtsverkehr
- Gurtpflicht für alle Fahrzeuginsassen
- Mindestalter Führerschein: 18 Jahre
- Tempolimits: Autostrade 130 km/h, Landstraßen (Nebenstrecken) 90 km/h, 50 km/h in geschlossenen Ortschaften
- Blutalkoholgrenze: 50 mg pro 100 ml (0,05 %)

ENTFERNUNGEN (KM)

	Agrigent	Catania	Messina	Palermo
Catania	165			
Messina	255	100		
Palermo	130	210	215	
Trapani	175	315	315	105

Wie wär's mit...

Antike Stätten

Teatro Greco, Taormina Großartige Architektur und eine traumhafte Lage verbinden sich in dem prächtigen griechischen Theater mit einem erstklassigen Blick auf den Ätna. (S. 185)

Segesta Dieser einsam an einem windigen Hang stehende, perfekte dorische Tempel ist eine der zauberhaftesten antiken Stätten Siziliens. (S. 103)

Villa Romana del Casale Die antiken Bodenmosaiken dieser römischen Villa gehören zu den weltweit umfangreichsten und am besten erhaltenen. (S. 265)

Tal der Tempel Die fünf wunderbaren Tempel von Agrigent bilden zusammen mit dem archäologischen Museum die wichtigste antike Stätte Siziliens. (S. 276)

Parco Archeologico della Neapoli Syrakus' großer Komplex aus Amphitheater, griechischem Theater und Altären liegt inmitten von Zitrushainen und Kalksteinhöhlen. (S. 218)

Ruinen von Selinunt Eines der Highlights im Westen Siziliens: Selinunt bietet eine prächtige Vielfalt von Ruinen in idyllischer Küstenlage. (S. 124)

Necropoli di Pantalica Die wabenartigen Grabstätten aus der Bronze- und Eisenzeit gehörten zur Hauptsiedlung der Sikuler. (S. 225)

Wanderungen

Stromboli Den aktivsten Vulkan Europas zu besteigen und die Sonne untergehen zu sehen, ist ein tolles Erlebnis. (S. 169)

Riserva di Vendicari Das friedliche Schutzgebiet an der Südostküste ist ein Flamingorastplatz. Auch viele andere Vögel lassen sich hier beobachten. (S. 230)

Riserva Naturale dello Zingaro In Siziliens ältestem Naturschutzgebiet schlängelt sich ein spektakulärer Küstenweg vorbei an einsamen Buchten und Museen zur hiesigen Kultur. (S. 102)

Punta Troia Der Weg führt von den weißen Häusern des Hauptorts auf Marettimo zu einer Burg am Meer. (S. 118)

Faro di Punta Spadillo–Cala Cottone Diese klassische Tour auf Pantelleria führt vorbei an tiefschwarzem Vulkangestein, blauem Meer und einem weißen Leuchtturm. (S. 128)

Strände

Cefalù Die Stadt am Tyrrhenischen Meer verzaubert mit einem langen Sandstrand, mittelalterlichen Gassen und einer palmengesäumten Kathedrale. (S. 131)

Spiaggia dei Conigli Bei Tag zieht es Sonnenanbeter zu Lampedusas legendärem weißem Sand und dem türkisfarbenen Wasser – nachts finden hier Meeresschildkröten ein Plätzchen. (S. 280)

Lido Mazzarò Weit unterhalb von Taormina liegt diese idyllische Bucht, deren klares Wasser die Isola Bella umgibt. (S. 191)

Spiaggia Marianelli Der idyllische Sandstreifen am türkisfarbenem Meer gehört zur wunderschönen Riserva Naturale Oasi Faunistica di Vendicari im Südosten Siziliens. (S. 230)

Cala Rossa Der Anziehungskraft des strahlenden Blaus des Wassers in dieser sandlosen Bucht an der Nordküste von Favignana kann man kaum widerstehen. (S. 116)

Riserva Naturale Torre Salsa Dieser abgelegene Strand befindet sich in einem Naturschutzgebiet, das vom World Wildlife Fund verwaltet wird. (S. 281)

Darstellende Kunst

Festival del Teatro Greco Hier erlebt man altgriechische Dramen in dem Theater in Syrakus, das schon Aischylos einst besuchte. (S. 220)

Teatro Massimo Palermos prächtiges Opernhaus garantiert elegante Abende. (S. 71)

Teatro Massimo Bellini Klassische Musik in klassischem Ambiente gibt's in dem nach dem

Oben: Tempelruinen in Segesta (S. 103)

Unten: Piscina di Venere (S. 147)

Sohn der Stadt benannten Opernhaus in Catania. (S. 193)

Taormina Arte Weltklasse Opern, Tanz, Theater und Konzerte erwecken das antike Theater Taorminas zu neuem Leben. (S. 188)

Teatro dei Pupi di Mimmo Cuticchio Schwerter schwingende Ritter und Burgfräulein in Nöten erfreuen in Palermos Puppentheater Jung und Alt. (S. 78)

Desserts

I Segreti del Chiostro *Fedde del cancelliere* – frisch zubereitetes Marzipan in Muschelform mit frischer Marillenmarmelade und Mandelpudding. (S. 76)

Minotauro *Cannoli* – mit Ricotta gefülltes und mit Pistazien, Zimt und kandierten Orangen bestrichenes Gebäckröllchen. (S. 188)

Da Alfredo *Granita alla mandorla* – zerstoßenes Eis mit sizilianischen Mandeln und Zucker. Im Sommer göttlich! (S. 166)

Caffè Adamo *Gelati* – aus saisonalen Zutaten zaubert Eis-Maestro Antonio Adamo Sorten mit hohem Suchtpotenzial, u. a. Himbeer-Pistazie. (S. 242)

Dolceria Bonajuto *Xocoatl* – in Modicas berühmter Schokoladenfabrik bekommt die Xocoatl-Schokolade durch Chili einen aztekischen Touch. (S. 243)

Pasticceria di Maria Grammatico *Frutta martorana* – Früchte aus Marzipan, hergestellt von Erices berühmtem Pralinenmacher. (S. 111)

Pasticceria Cappello *Delizia al pistacchio* – cremig und knusprig zugleich: das wohl leckerste Pistaziendessert der Welt. (S. 76)

Aussichtspunkte

Castello di Venere Vom Kastell von Erice hat man einen tollen

Blick auf die Küste bis zum fernen San Vito Lo Capo. (S. 109)

Quattrocchi Felsformationen im Meer, steile Klippen und am Horizont ein rauchender Vulkan – dieser Aussichtspunkt auf Lipari ist einer der schönsten der Liparischen Inseln. (S. 155)

La Rocca Das längst aufgegebene Kastell auf einer Bergkuppe bildet die launische Kulisse für den idealen Aussichtspunkt hinunter auf Cefalù und das Tyrrhenische Meer. (S. 135)

Piazza IX Aprile An klaren Tagen blickt man von Taorminas Hauptplatz auf den Ätna und das Ionische Meer. (S. 185)

Chiesa di Santa Maria delle Scale Von der Freitreppe dieser Kirche hat man einen wunderbaren Blick auf die Unterstadt von Ragusa. (S. 247)

Abseits ausgetretener Pfade

CIDMA In Corleone erfährt man mehr über den Widerstand gegen die Mafia. (S. 86)

Cave di Cusa Dieser alte Steinbruch mit Olivenhainen in der Nähe von Selinunt ist ideal für ein Picknick. (S. 128)

Filo dell'Arpa Der Gipfel des Alicudi auf der am wenigsten besuchten Liparischen Insel will erklommen werden. (S. 177)

Cala Pulcino Der Strand auf Lampedusa ist zu Fuß oder mit dem Boot erreichbar. (S. 291)

Cretto di Burri Die Straßen dieses Dorfes, das 1968 durch ein Erdbeben zerstört und anschließend in Zement gehüllt wurde, sind einen Besuch wert. (S. 126)

Parco Minerario Floristella Grottacalda In dem Schutzgebiet südlich der Piazza Armerina lernt man einiges über die bewegte Geschichte des Schwefelabbaus in Sizilien. (S. 263)

Regionale Küche

Trattoria di De Fiore *Pasta alla Norma* – Auberginen, Ricotta, Basilikum und Tomaten ... die Spezialität Catanias. (S. 199)

Relais Villa Miraglia *Grigliata mista di suino nero dei Nebrodi e castrato* – gemischte Grillplatte mit Fleisch von schwarzen Schweinen aus den Monti Nebrodi und Zicklein. (S. 144)

La Bettolaccia *Couscous alla trapanese* – Trapanis nordafrikanisch inspiriertes Fischcouscous mit Safran, Knoblauch, Tomaten und Petersilie. (S. 107)

A Cannata *Caponata* – Siziliens klassische Vorspeise aus Auberginen, Tomaten, Oliven und Kapern – auf den Liparischen Inseln besonders gut. (S. 166)

Francu U Vastiddaru *Pane e panelle* – aus Kichererbsenmehl, mit gebratenen Auberginen, Kartoffeln und einem Hauch Minze in einem Sesambrötchen. (S. 75)

Cappero *Pasta che paddunedda* – Brühe mit Pasta und Kalbsfleischbällchen. (S. 242)

Punta Lena *Pesce spada alla ghiotta* – Fischfilets mit Tomaten, Kapern und Oliven. (S. 174)

Nangalarruni *Antipasto montagnolo* – Käse, Wurst und Wildpilze aus den Madonien. (S. 140)

Trattoria Il Veliero *Frittura mista* – gebratene Garnelen und Calamari – ein Gedicht! (S. 118)

Pescheria Fratelli Vittorio *Pesce crudo* – die besten und leckersten Meeresfrüchte, die auf dem Fischmarkt La Pescheria in Catania zu haben sind. (S. 200)

Outdoor-Aktivitäten

Area Marina Protetta Isola di Ustica Das tolle Meeresschutzgebiet vor Usticas Westküste zählt zu den besten Tauchspots des Mittelmeers. (S. 87)

San Vito Lo Capo Eine zerklüftete Landzunge am Meer dient San Vito Lo Capo, Siziliens Klettermekka, als Kulisse. (S. 100)

Piscina di Venere Wer einen idyllischen Ort zum Baden sucht, ist an diesem Naturbecken am Rand des Mittelmeers genau richtig. (S. 147)

Amici Del Cavallo Der Veranstalter in Agrigent veranstaltet Ausritte durch das Tal der Tempel. (S. 273)

Sicily in Kayak Im Segelboot oder Kajak geht es um die Liparischen Inseln. (S. 163)

Prokite Alby Rondina Kitesurfen über einer Lagune nördlich von Marsala. (S. 114)

Cafeci Der Veranstalter hat Ausritte auf Eseln und die Erkundung der berühmten Hänge des Ätna im Programm. (S. 263)

Barockarchitektur

Basilica Cattedrale di San Nicolò Die golden schimmernde Kuppel des Doms dominiert Notos Skyline und zählt zu Siziliens barocken Meisterwerken. (S. 226)

Duomo di San Giorgio (Modica) Wer die 250 Stufen in Modica Bassa erklimmt, wird mit Gagliardis wunderschöner dreistufiger Fassade belohnt. (S. 231)

Oratorio di Santa Cita Schlangen und Cherubim zieren Giacomo Serpottas kunstvolle Stuckarbeiten in dieser Kapelle in Palermo aus dem 17. Jh. (S. 67)

Duomo di San Giorgio (Ragusa) Ragusas ganzer Stolz: Die Kathedrale aus der Mitte des 18. Jhs. hat eine wunderbare Kuppel und großartige Buntglasfenster. (S. 247)

Monat für Monat

TOP-EVENTS

Festa di Sant'Agata
Februar

Carnevale (Karneval)
Februar–März

Pasqua (Ostern)
März–April

Festival del Teatro Greco Mai–Juni

Taormina Arte
Juni–September

Januar

Auf Neujahr folgt Epiphanias (Dreikönigstag, 6. Januar). Am Ätna und am Monte Mufara in den Madonien läuft die Skisaison.

Februar

In den Zitronenhainen reifen Früchte und in Agrigento beginnt die Mandelblüte.

Carnevale

In der Woche vor Aschermittwoch feiern viele Städte Karneval, am prächtigsten in Sciacca (www.sciaccarnevale.it) und Acireale (www.carnevaleacireale.com).

Festa di Sant' Agata

Bei der Prozession folgen mehr als 1 Mio. Einwohner dem Silberreliquiar der hl. Agathe durch Catania. Zu dem Fest, das vom 3. bis zum 5. Februar dauert, gibt's auch ein großes Feuerwerk.

Sagra del Mandorlo in Fiore

Theater und Musik unter blühenden Mandelbäumen im Tal der Tempel am ersten Sonntag im Februar.

März

Sonne, Wind und Regen wechseln sich ab. Mit der Osterwoche beginnt für viele Geschäfte die Saison.

Pasqua (Ostern)

In Trapani, Enna, Scicli, Lipari und Erice finden einige der farbenfrohsten Veranstaltungen der Karwoche statt.

April

Die Märkte quellen über von wilden Erdbeeren, Artischocken und Saubohnen. Das Wetter ist allerdings launisch.

La Processione dei Misteri

An vier Tagen tragen Trapanis 20 traditionelle *maestranze* (Gilden) Holzfiguren der Jungfrau Maria und anderer biblischer Gestalten durch die Straßen.

Mai

In vielen Orten auf den vorgelagerten Inseln beginnt erst jetzt die Saison. Es ist eine herrliche Zeit für Wanderungen auf den Liparischen Inseln oder in den Naturschutzgebieten Vendicari und Zingaro.

Festival del Teatro Greco

Von Anfang Mai bis Anfang Juli erweckt das griechische Theaterfest mit Weltklasse-Schauspielern das antike Amphitheater von Syrakus zum Leben (www.inda fondazione.org).

Infiorata

Das ausgelassene Fest findet Mitte Mai in Noto statt. Höhepunkt ist die Dekoration der Via Corrada Nicolaci mit Kunstwerken aus Blütenblättern.

Juni

Ideal für Wanderungen in den Bergen. Die Strände sind an den Wochenenden gut besucht.

Taormina Film Fest

Im Juni oder Anfang Juli lassen sich für eine Woche

bei den Filmvorführungen im Teatro Greco Hollywoodstars blicken.

✨ Marranzano World Fest
Das viertägige Musikfestival von Catania mit Künstlern aus der ganzen Welt findet in einem historischen Kloster statt. (S. 198)

Juli
Während der Schulferien zieht es die Sizilianer in die Berge oder an den Strand. Die Temperaturen und Preise steigen im Gleichschritt.

✨ Ortigia Sound System
Fünf Tage lang gibt's in Ortigia elektronische Musik, Bootspartys und Top-Künstler.

✨ Festino Di Santa Rosalia
Palermo ehrt mit dem größten Fest des Jahres die Schutzheilige der Stadt, die hl. Rosalia.

✨ Taormina Arte
Von Juni bis September stehen Künstler bei Oper, Tanz und Konzerten auf der Bühne des Teatro Greco.

August
Heiß, teuer, überfüllt: Alle haben Ferien, viele Geschäfte und Restaurants schließen für einen Teil des Monats.

✨ Ferragosto
Nach Weihnachten und Ostern ist Ferragosto (15. Aug.) der größte Festtag Italiens. Der Feiertag markiert die Himmelfahrt Mariä. Die Strände sind voll, die Attraktionen in den Städten nur eingeschränkt geöffnet.

✨ Palio dei Normanni
Mit einem Mittelalterfest gedenkt Piazza Armerina am 12. und 14. August der Eroberung der Stadt durch Graf Roger I., der sie 1087 den Mauren abnahm.

September
Das Wetter und das Meer sind noch warm, aber die Besuchermasssen sind verschwunden.

✨ Cous Cous Fest
Bei dem zehntägigen Event in San Vito Lo Capo steht der berühmte Fisch-Couscous im Mittelpunkt. Musiker und Köche aus aller Welt beteiligen sich an den multikulturellen Festivitäten.

Oktober
Die Geschäfte auf den vorgelagerten Inseln verkürzen ihre Öffnungszeiten. Am Ätna, in den Madonien und den Monti Nebrodi sind die Kastanienernte und die Wildpilzsuche im vollen Gang.

✨ Le Vie dei Tesori
Acht Wochen lang – von Mitte September bis Anfang November – herrscht auf der ganzen Insel „Open House". Zahlreiche Veranstaltungsorte öffnen ihre Pforten und feiern das kulturelle Erbe Siziliens (www.leviedeitesori.com/festival-le-vie-dei-tesori).

✨ Funghifest
Pilzfans strömen nach Castelbuono, sammeln wilde Pilze, probieren Pilzrezepte von Starköchen und feiern die Ernte mit Musik und besonderen Veranstaltungen.

✨ Scale del Gusto
Plätze, Straßen sowie Gebäude von Ragusa, welche zum UNESCO-Weltkulturerbe gehören und normalerweise nicht für die Öffentlichkeit zugänglich sind, bieten diesem betriebsamen Landwirtschafts- und Handwerkfest einen eindrucksvollen Rahmen. (S. 248)

November
Das Wetter wird kühl und regnerisch. Viele Unterkünfte am Strand und auf den Inseln schließen über den Winter. In Palermo und Catania läuft die Opernsaison.

Dezember
Die Tage des Freiluftvergnügens sind endgültig gezählt. Allerdings sorgt das bevorstehende Weihnachtsfest für Wärme im kühlen Dezember.

✨ Festa di Santa Lucia
Am 13. Dezember wird die Schutzheilige von Syrakus u. a. mit einem Umzug von der Kathedrale zur Piazza Santa Lucia und einem Feuerwerk gefeiert.

✨ Natale
In der Woche vor Weihnachten werden in vielen Kirchen Weihnachtskrippen *(presepi)* aufgestellt; besonders schöne gibt es in Caltagirone und Erice zu sehen.

Reiserouten

 **Nur das Beste**

Die zweiwöchige Rundtour gewährt Einblicke in Siziliens vielfältige Attraktionen: Antike Stätten, barocke Bergorte, arabisch-normannische Kirchen und Burgen, Vulkane und Strände stehen auf dem Programm.

Los geht's in **Palermo**, wo man sich für die Inselrundfahrt ein Auto mieten kann. Nach Erkundung der facettenreichen architektonischen Schätze der Hauptstadt locken im Südwesten die Tempel von **Segesta**, **Selinunt** und **Agrigent**. Weiter geht's durch die Insel ostwärts zum UNESCO-Weltkulturerbe Val di Noto mit den barocken Schönheiten **Ragusa**, **Modica**, **Scicli** und **Noto** – ein echtes Muss. Dann ist **Syrakus** an der Reihe, Highlight einer jeden Sizilienreise. Hier verbringt man die Hälfte der Zeit in der fußgängerfreundlichen Altstadt auf der Insel Ortygia und die andere Hälfte zwischen den verstreuten antiken Ruinen des Parco Archeologico. Nun folgt man der Küste Richtung Norden bis nach **Catania** und erreicht über die Westflanke des **Ätna** schließlich **Taormina** mit seinen vielen Attraktionen, darunter das antike griechische Theater und die Traumstrände direkt unterhalb des Ortes. Zu guter Letzt geht's über **Cefalù** mit wunderschönem Strand und einem Dom aus dem 12. Jh. sowie über **Caccamo** mit seiner spektakulär gelegenen normannischen Burg zurück nach Palermo.

 ## 7 TAGE UNESCO-Welterbestätten

Diese einwöchige Tour ist ein guter Einstieg, weltberühmte Attraktionen sind genauso dabei wie Geheimtipps.

Startpunkt ist Syrakus, eine der größten Städte der Antike, wo Spuren der Magna Graecia allgegenwärtig sind, von der von Papyruspflanzen gesäumten Fontana Aretusa bis hin zu den Arenen, Altären und Höhlen im Parco Archeologico. Anschließend geht's nach Westen zu den Necropoli di Pantalica, einer gespenstischen, in Kalksteinfelsen gehauenen Totenstadt aus der Bronzezeit, und weiter in das faszinierende Val di Noto. Das verheerende Erdbeben von 1693 hat diesen Teil der Insel besonders verwüstet – war aber auch Anlass zum Bau einiger der größten Kostbarkeiten Siziliens. Die spätbarocken Orte **Noto**, **Modica** und **Ragusa** sind die Highlights, aber auch die kleinen Dörfer **Scicli** und **Palazzolo Acreide** sowie das berühmte Keramikzentrum **Caltagirone** lohnen einen Besuch. Weiter westlich lockt die **Villa Romana del Casale** mit ihren umwerfenden römischen Bodenmosaiken. Die Route endet mit Siziliens eindrucksvollster archäologischer Stätte: dem Tal der Tempel bei **Agrigent**.

 ## 7 TAGE Gourmettour von West nach Ost

Diese Tour bietet die ganze Bandbreite der sizilianischen Küche und ihre besten Weine.

Los geht's in Marsala mit einer Führung durch die Weinkellerei Cantine Florio und der Verkostung des berühmten Likörweins. Den Abend verbringt man in einer der vielen *enoteche* (Weinbars) und Restaurants. Am nächsten Morgen wartet die Saline di Trapani, die die sizilianische Küche mit feinem Salz versorgt. Mittags gibt's legendäres Fisch-Couscous in Trapani und Süßes mit Traumblicken in Erice, das für Früchte aus Marzipan und für Nougat bekannt ist. Nächster Stopp ist Palermo: Die farbenfrohen Märkte, Imbissstände, Bäckereien und Edelrestaurants sind Highlights einer jeden kulinarischen Sizilien-Tour. Kochkurse veranstaltet das Weingut Tenuta Regaleali weiter südlich, bevor südlich der Madonie und Monti Nebrodi hübsche Bergorte wie Petralia Sottana und Nicosia mit Fleisch von schwarzen Schweinen, Ricotta, Pecorino, Pilzen und Haselnüssen locken. Auf der Weiterfahrt entlang des Ätna gibt es Kostproben von Honig, Pistazien und DOC-Weinen, bevor ein Abend im kosmopolitischen Catania den Abschluss bildet.

REISEPLANUNG REISEROUTEN

Oben: Panarea (S. 168)

Unten: Monte dei Porri, Salina (S. 164)

ADRIENNE PITTS/LONELY PLANET ©

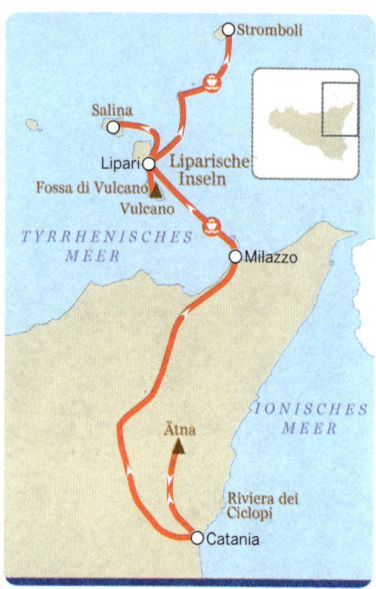

Bergdörfer

4 TAGE

Siziliens traditionelleres Gesicht zeigt sich auf den wunderschönen Nebenstraßen der Madonie und der Monti Nebrodi.

Start und Ziel ist das malerische Cefalù, wo man am Strand relaxen und von der Ruine einer normannischen Zitadelle Panoramablicke auf die Küste genießen kann. Ostwärts die Küste entlang geht's nach Castel di Tusa, das für seinen Skulpturenpark bekannt ist. Im Landesinneren lockt der Bergort Mistretta. Von hier bieten sich großartige Ausblicke auf die Höhen der abgelegenen Monti Nebrodi und auf den fernen Ätna. Dann geht es zum mittelalterlichen Dorf Nicosia und nach Enna im Süden; der hübsche Bergort markiert das geografische Zentrum Siziliens. Nun schlängelt man sich nach Norden durch Gangi in das Herz des Parco Naturale Regionale delle Madonie, einer traumhaften Naturlandschaft mit Haselnusssträuchern, Eschenwäldern und reizenden Dörfern. Am Westrand der Berge warten z. B. Petralia Soprana und Petralia Sottana mit ihren alten Steinkirchen, Collesano mit dem Museum zum Targa-Florio-Autorennen und Castelbuono samt Burg. Abschließend geht es wieder runter an die Küste nach Cefalù.

 Feuer & Rauch: Siziliens Vulkane

7 TAGE

Drei aktive Vulkane – Ätna, Vulcano und Stromboli – bilden die dramatische Kulisse dieser Tour durch Nordostsizilien.

Start ist in Catania. Die Stadt wurde nach dem verheerenden Vulkanausbruch 1669 aus Lavagestein erbaut. Als erstes erklimmt man den Ätna, der all den Schaden angerichtet hat. Der Legende nach warfen Zyklopen einst von den Höhen des Ätna Steine nach Odysseus. Noch immer sieht man die Umrisse der Steine an der dramatischen Riviera dei Ciclopi, einem Küstenabschnitt, an dem sich traditionelle Fischerdörfer in Urlaubsorte verwandelt haben. Weiter geht's an der Westseite des Ätna über Paternò, Biancavilla, Bronte und Randazzo und gen Norden nach Milazzo, wo Fähren nach Lipari ablegen. Im Museo Archeologico informiert man sich über die feurige Vergangenheit der Inselgruppe, bevor man sich zur Insel Salina aufmacht, deren erloschene Doppelkegel zu den schönsten Attraktionen Siziliens gehören. Wer es abenteuerlicher mag, klettert auf die qualmende Fossa di Vulcano mit ihrem Schwefel spuckenden Krater und den Schlammbädern oder erklimmt den Stromboli, den „Leuchtturm des Mittelmeers", der den Nachthimmel zum Leuchten bringt.

 Strand-Hopping

 Insel-Hopping

Diese Tour führt an die schönsten Strände im Westen Siziliens, von familienfreundlichen Badeorten bis hin zu wilden Küstenabschnitten, die in zwei der schönsten Naturschutzgebiete der Insel liegen.

Zum ersten Mal braucht man sein Strandtuch in Mondello, einem beliebten Urlaubsort nördlich von Palermo. Als typisches Küstenresort wartet es mit einem prachtvollen Pier und Sommervillen auf. Eine kurze Fahrt westwärts liegt der Golfo di Castellammare, wo der Strand von San Vito Lo Capo einen urbanen Gegenpol zu den malerischen Wanderwegen und glitzernden Buchten der Riserva Naturale dello Zingaro bietet. Danach geht's mit der Fähre in 30 Minuten von Trapani zu den Ägadischen Inseln, wo ein bis zwei entspannte Tage an den Stränden im Osten von Favignana auf dem Programm stehen. Anschließend geht's wieder die sizilianische Mittelmeerküste entlang. Das letzte Teilstück ostwärts nach Agrigent punktet mit einem Stopp am Strand von Marinella di Selinunte, garniert mit dem Blick auf griechische Tempel, einem Spaziergang am unberührten Strand der Riserva Naturale Torre Salsa und einem Sonnenbad oder Tauchgang an den weißen Klippen der Scala dei Turchi.

Ganz ohne Auto geht's im Liparischen Archipel gemütlich von Insel zu Insel. Es warten sieben vulkanische Schönheiten mit jeweils ganz eigenem Flair. Allesamt sind per Fähre und Tragflächenboot mit Siziliens Nordküste verbunden.

Los geht's mit einer Fahrt über das Tyrrhenische Meer von Milazzo nach Lipari, wo es die einzige große Stadt der Inselgruppe gibt. Neben urbanen Attraktionen locken Strände und Wanderwege vor den Stadttoren.

Von Lipari fahren regelmäßig Tragflächenboote zu den anderen Inseln. Vulcano ist nur zehn Minuten von Lipari entfernt. Hier kann man Ausflüge zu schwarzen Stränden und Schlämmbädern unternehmen sowie eine Wanderung zum rauchenden Inselkrater. Danach geht's aufs üppig grüne Salina mit Malvasia-Weinbergen, Siziliens berühmtesten Kapern und Spaziergängen in den entspannten Dörfern Malfa und Santa Marina Salina. Wer möchte, erkundet zum Schluss die äußeren Inseln: das abgeschiedene Filicudi mit den Überresten eines bronzezeitlichen Dorfes, das noch einsamere Alicudi, das schicke, weiß getünchte Panarea und das spektakuläre Stromboli mit seinem aktiven Vulkan.

Abseits der üblichen Pfade

REISEPLANUNG REISEROUTEN

WEST-SIZILIEN: CRETTO DI BURRI

Die Straßen der 1968 bei einem Erdbeben zerstörten Stadt wurden in surrealer Anmutung vom Künstler Alberto Burri in Zement gebannt, der so eines von Europas größten und bewegendsten Stücken „Land Art" schuf. (S. 126)

WEST-SIZILIEN: CAVE DI CUSA

Ein Picknick zwischen Teilen griechischer Säulen in einem von Olivenbäumen beschatteten antiken Steinbruch, aus dem die buttergelben Steine für die Tempel des nahen Selinunte stammen. (S. 128)

MITTELMEERKÜSTE: CALA PULCINO

In die abgelegenste Bucht Lampedusas, der südlichsten Insel Italiens, geht's zu Fuß oder mit dem Boot. (S. 291)

Ustica

Tyrrhenisches Meer

Mondello, Palermo, Castellammare del Golfo, Trapani, Levanzo, Erice, Partinico, Bagheria, Termini Imerese, Cefalù, Marettimo, Favignana, Alcamo, Caccamo, Castelbuono, Marsala, Cretto di Burri, Corleone, Pizzo Carbonara (1979 m), Parco Naturale Regionale delle Madonie, Castelvetrano, Partanna, Mazara del Vallo, Cave di Cusa, Menfi, Selinunte, Sciacca, Ribera, Caltanissetta, Agrigento, Favara, Ravanusa, Porto Empedocle, Palma di Montechiaro, Falconara, Licata

Pantelleria

Mittelmeer

Lampedusa — Maßstab wie in der Hauptkarte
Linosa (20 km) (s. Hauptkarte)
Lampedusa — Cala Pulcino

Lampedusa (40 km) (s. Detailplan) — Linosa

LIPARISCHE INSELN: STROMBOLIS RUHIGERE SEITE

Eine verlockende Kostprobe vom Leben auf einer entlegenen Insel erhält, wer im kleinen Ginostra (30 Ew.) auf die Fähre hüpft und den Eseln die rauchenden Flanken des Strombolis hinauf folgt, Siziliens spektakulärstem aktivem Vulkan (S. 174).

TYRRHENISCHE KÜSTE: NEBRODI & MONTI MADONIE

Scheinbar vergessene Nebenstraßen winden sich durch umwerfende, von Blumen übersäte Hügellandschaften zwischen Mistretta, Nicosia, Sperlinga und Gangi (S. 137)

ZENTRAL-SIZILIEN: PARCO MINERARIO FLORISTELLA GROTTACALDA

In diesem Gebiet nördlich von Piazza Armerina lernt man viel über die ergreifende Geschichte von Siziliens Schwefelbergbau (S. 263).

SÜDÖSTLICHES SIZILIEN: CAVA D'ISPICA

Eine Wanderung führt durch die Cava d'Ispica, eine 13 km lange Schlucht, die im Neolithikum als Begräbnisstätte genutzt wurde und in der im Mittelalter Höhlenwohnungen entstanden. (S. 244)

MITTELMEERKÜSTE: BUTERA

Atemberaubende Panoramen der Felder und Hügel Zentral-Siziliens eröffnen sich von der Burg auf schroffem Fels in diesem verschlafenen Örtchen. (S. 290)

Parmigiana di Melanzane (Auflauf mit Auberginen)

Reiseplanung
Essen & trinken wie die Sizilianer

Einer der herausragendsten Gründe für eine Sizilienreise ist das Essen. Seit Jahrhunderten vereinen die Köche der Insel kulinarische Einflüsse vom italienischen Festland, aus Nordafrika und vielen anderen Orten. Das Resultat sind ungemein leckere und überraschende Kreationen, die Siziliens Küche zu einer der großartigsten der Welt machen.

Speiseplan fürs Jahr

Auch wenn die *sagre* (Volksfeste rund um eine regionale Spezialität) vorwiegend im Herbst stattfinden, gibt es auf Sizilien das ganze Jahr über Köstlichkeiten zu entdecken.

Frühjahr (März–Mai)

Spargel, Artischocken und kleine Walderdbeeren finden sich im Überfluss auf den Wochenmärkten, Osterspezialitäten füllen die Auslagen der Bäckereien. Ab jetzt haben Thun- und Schwertfisch Saison.

Sommer (Juni–Aug.)

Zeit für Auberginen, Paprika, Beeren und – an der Küste – Meeresfrüchte. Der sizilianischen Hitze bietet man mit einem *gelato* auf einer *brioche* die Stirn oder aber mit einer frischen Maulbeer-*granita* (zerstoßenes Eis mit frischen Früchten).

Herbst (Sept.–Nov.)

Weinlese und zahllose Feste rund ums Essen. Die perfekte Zeit für Schätze aus den Bergen wie Kastanien, Haselnüsse, Pilze und Wildbret.

Winter (Dez.–Feb.)

Zeit für Weihnachtsleckereien wie *buccellati* (Teigkringel, gefüllt mit gehackten Feigen, Rosinen, Mandeln, kandierten Früchten und/oder Orangenschalen).

Kulinarische Erfahrungen

Unvergessliche Mahlzeiten

Osteria Nero d'Avola (S. 188) Der Besitzer Turi Siligato unterhält seine Gäste mit Erzählungen von seinen Angeltrips und sonstigen Streifzügen auf der Suche nach Zutaten für sein ständig wechselndes Angebot an Gerichten.

La Bettolaccia (S. 107) Nur ein paar wenige Schritte vom Fischmarkt entfernt wird hier Trapanis berühmtes Fisch-Couscous serviert, das mit einer köstlichen Meeresfrüchte-Sauce auf den Tisch kommt.

Ristorante La Madia (S. 288) Beim mehrgängigen Degustationsmenü dieses mit einem Michelin-Stern geadelten Restaurants ist jedes einzelne Gericht ein exquisites Kunstwerk.

Ornato (S. 242) Dieses Restaurant in Modica mag zwar „nur" in einer Seitenstraße liegen (und fern der Küste), es serviert trotzdem einige der frischesten Meeresfrüchte im Südosten Siziliens.

Nangalarruni (S. 140) Liebevoll zubereitete Pilze aus den Bergen sind das Highlight der Speisekarte in diesem gemütlichen, rustikalen Restaurant in Castelbuono.

Da Vittorio (S. 127) Fabelhafte Meeresfrüchte, dazu Blick auf den Sonnenuntergang, einfach perfekt nach einem Tag bei den Tempel in Selinunt.

Kochkurse

Ernsthaft interessierte Feinschmecker können die sizilianische Küche in einer der Kochschulen der Inseln kennenlernen.

Cooking with the Duchess (S. 74) Die gesellige, mehrsprachige Herzogin Nicoletta Polo Lanza veranstaltet halbtägige Kochkurse in der gefliesten Küche ihres am Meer gelegenen *palazzo* (Herrenhaus) aus dem 18. Jh. Nachdem sie mit ihren Schülern auf Palermos Märkten eingekauft und Kräuter in ihrem Garten gepflückt hat, teilt sie die Geheimnisse der vielfältigen Inselküche mit ihnen, vom Street Food über klassische Hauptgerichte bis zu hinreißenden Desserts.

Anna Tasca Lanza (S. 260) Die seit 1989 betriebene Kochschule ist Teil eines der führenden Weingüter der Insel. Der Unterricht findet auf einem landwirtschaftlichen Anwesen statt; die Zutaten kommen aus dem Garten oder von den umliegenden Höfen. Die Kurse dauern einen bis fünf Tage, Übernachtungen sind möglich. Ausflüge in die Weinberge, zu Permakulturgärten oder zur berühmten Pasticceria di Maria Grammatico in Erice werden ebenfalls angeboten.

La Corte del Sole (S. 220) Die Köche des hübschen Corte del Sole, das eingebettet zwischen dem barocken Städtchen Noto und der wunderschönen Küste des Naturschutzgebiets Riserva di Vendicari liegt und Unterkünfte auf einem Bauernhof bietet, veranstalten halbtägige Kochkurse.

Preiswerte Leckereien

➡ *Panelle* – Gebratene Kichererbsenfladen, oft in einem Sesambrötchen und mit *crocché* (Kartoffelkroketten mit Käse, Petersilie und Eiern) serviert. Das typisch sizilianische Street Food gibt's z. B. in Palermo in der Friggitoria Chiluzzo (S. 75) oder auf dem Mercato di Ballarò (S. 62).

> **„ARCHE DES GESCHMACKS"**
>
> Die Ark of Taste ist ein internationaler Katalog der Slow Food Foundation for Biodiversity, der im Verschwinden begriffene Lebensmittel und Kulturpflanzen auflistet. Gründe für den Schwund heimischer pflanzlicher und tierischer Produkte können Industrialisierung, Globalisierung, Hygienerichtlinien oder Umweltbestimmungen sein. Slow Food ruft dazu auf, diese Produkte vermehrt zu erzeugen und zu verzehren. Die Lebensmittel müssen neben ihrem seltenen Vorkommen auch kulturell oder historisch mit einer bestimmten Region, Ethnie oder Anbaumethode verbunden sein. Auf der Liste der vom Aussterben bedrohten Lebensmittel stehen auch fast 100 Kandidaten aus Sizilien, von Kapern aus Pantelleria und Weintrauben aus Zibibbo bis hin zu Thunfischrogen aus Favignana, Thymianhonig aus den Monti Iblei und der Ziegenrasse Argentata dell'Etna. Die vollständige Liste findet man auf www.slowfoodfoundation.com.

➡ *Sfincione* – Eine luftige sizilianische Spezialität, die an Pizza erinnert und mit Tomaten, Zwiebeln und manchmal auch Sardellen belegt ist. Gute Adressen zum Probieren sind I Banchi (S. 249) in Ragusa oder Francu U Vastiddaru (S. 75) in Palermo.

➡ *Arancini* – Mit Fleisch oder Käse gefüllte Reisbällchen, die in Paniermehl gewälzt und frittiert werden. In Sciclis Don Tabaré (S. 245) beißt man glückselig in große Exemplare.

Wer wagt, gewinnt

➡ *Pani ca muesa* – Brötchen mit Kalbsmilz, *caciocavallo*-Käse, ein wenig heißem Schweineschmalz und einem Spritzer Zitronensaft. Zu bekommen ist diese Spezialität bei Francu U Vastiddaru (S. 75) in Palermo.

➡ *Stigghiola* – Gewürzte und gegrillte Eingeweide von Lamm oder Zicklein, auf Spießchen serviert. Gibt's an Imbissständen auf dem Mercato di Ballarò (S. 62).

➡ *Spaghetti ai ricci* – Pasta in einer orangefarbenen Sauce, die aus den Rogen von Seeigeln hergestellt wird. Das Ristorante del Golfo (S. 103) in Castellammare del Golfo ist eine gute Adresse für den ersten Versuch.

➡ *'Mpanatigghi* – Süßes Gebäck gefüllt mit Schokolade, Gewürzen und – Achtung, jetzt kommt's – Hackfleisch! Neugierig geworden? Dann ist ein Besuch in der Dolceria Bonajuto (S. 243) in Modica angebracht.

Regionale Spezialitäten

Palermo

Zu den lokalen Klassikern gehören *pane e panelle* (frittierter Kichererbsenteig im Sesambrötchen, wahlweise mit Kartoffelkroketten, gebratener Aubergine und Zitrone) und *iris*, ein köstliches, mit süßem Ricotta gefülltes Gebäck. Im Restaurant bestellt man *pasta con le sarde* (Nudeln mit Sardinen, Pinienkernen, Rosinen und wildem Fenchel) oder auch *involtini di pesce spada* (Rouladen aus dünnen Schwertfischfilets, gefüllt mit Semmelbröseln, Kapern, Tomaten und Oliven).

West-Sizilien

Hier testet man den nordafrikanischen Einfluss mit einem Teller *couscous di pesce alla trapanese* (Fisch-Couscous in einer Brühe, mit Safran, Petersilie und Knoblauch gewürzt) oder einem *bric* (tunesische Pastete, gefüllt mit Thunfisch oder Shrimps). Die Nudeln werden mit *pesto alla trapanese* serviert (aus frischen Tomaten, Basilikum, Knoblauch und Mandeln). Und zum Abschluss darf ein Besuch in den weltberühmten Weinkellern von Marsala nicht fehlen.

Tyrrhenische Küste

Entlang der Küste des Tyrrhenischen Meeres geht nichts über Fisch und Meeresfrüchte, einige der interessantesten Gerichte der Region kommen allerdings aus dem Landesinneren. Die Monti Madonie und die Monti Nebrodi sind in ganz Sizilien bekannt für Haselnüsse, Kastanien, Wildpilze, frischen Ricotta aus Schafsmilch, *provola* (Provolone) und *suino nero* (Fleisch der dort heimischen schwarzen Schweine).

Liparische Inseln

Auf den sieben Inseln gehen Fisch und Meeresfrüchte nie aus. Auch die *pasta all'eoliana* sollte man probieren: zu den

Caponata – Gemüse in süß-saurer Sauce

Zutaten der Sauce gehören die berühmten Kapern und Oliven der Inseln. Ebenso ist ein Glas des weichen, süßen Dessertweins Malvasia zu empfehlen; die Trauben wachsen auf der grünen Insel Salina. Weitere heimische Leckereien sind *pane cunzato* (Sandwiches mit Thunfisch, Ricotta, Aubergine, Kapern und Oliven) und leckeres *granita* (zerstoßenes Eis mit frischem Obst oder Nüssen).

Ionische Küste

In Catania gibt es eines der beliebtesten Nudelgerichte Siziliens, *pasta alla Norma* (Nudeln mit Aubergine, Basilikum, Ricotta und Tomaten), und wer durch Messina kommt, sollte unbedingt *agghiotta di pesce spada* (Schwertfisch mit Pinienkernen, Sultaninen, Kapern, Oliven und Tomaten) probieren. Andere Spezialitäten entstehen an den Hängen des Ätna, etwa Pistazien aus Bronte, Zafferana-Etnea-Honig und die Trauben des hiesigen DOC-Weines.

Syrakus & der Südosten

Die erdigen Aromen des Südostens genießt man am besten mit *macco di fave* (Püree aus Favabohnen mit wildem Fenchel) oder *lolli con le fave* (handgerollte Nudeln mit Favabohnen). Unbedingt probieren muss man die *ravioli di ricotta al sugo*

NICHT VERPASSEN

➡ Interdonato-Zitronen – Kreuzung aus Limone und Zitronatzitrone mit leicht bitterem Geschmack.

➡ Mandeln aus Noto – intensiv und aromatisch schmeckende Früchte von uralten Bäumen.

➡ Pistazien aus Bronte – smaragdgrüne Nussfrucht mit geschmeidiger Konsistenz und intensivem Geschmack.

➡ Schweinefleisch aus den Monti Nebrodi – erhältlich als saftiger Schinken, Wurst und Speck.

➡ Kapern aus Salina – bekannt für ihre Festigkeit, ihren Duft und ihre gleichmäßige Größe.

➡ *Ricotta infornata* – Ricotta aus dem Steinofen; wird frisch oder als Reibekäse gegessen.

SÜSSE LECKEREIEN

Die meisten traditionellen Gerichte fallen in die Kategorie cucina povera (Küche der Armen). Für sie werden günstige und reichlich vorhandene Zutaten wie Hülsenfrüchte, Gemüse und Brot verwendet. Vor Ort gefangener und noch relativ günstiger Fisch ergänzt den Speiseplan, der immer noch weit verbreitet ist, sich allerdings in einer wichtigen Hinsicht von dem früherer Generationen unterscheidet – den dekadenten Desserts.

Die beiden beliebtesten sind cassata siciliana (Ricotta, Zucker, kandierte Früchte und Schokolade, aromatisiert mit Vanille und Maraschino-Likör, in einen Biskuitkuchen eingebettet und mit grünem Zuckerguss bedeckt) und cannoli (knusprige Blätterteigröllchen, gefüllt mit cremigem Ricotta und manchmal dekoriert mit einer Maraschino-Kirsche, kandierten Früchten, geriebener Schokolade oder gemahlenen Nüssen). Beide Leckereien findet man auf den Speisekarten der ganzen Insel.

---

di maiale (Ricotta-Ravioli mit Schweinefleischragout) und cassatella di Montevago (gebratenes, Ravioli-ähnliches Gebäck, gefüllt mit gesüßtem Ricotta, Honig und Zitronenzesten). Die Region Syrakus ist berühmt für ihre Zitronen, Blutorangen und Tomaten. Zu den empfehlenswerten Käsesorten gehören Ragusano DOP, tumazzo modicano (ein seltener Blauschimmelkäse aus Modica der in Höhlen gereift ist) und provola con limone Verdello (Provolone, in dem eine ganze Zitrone eingebettet ist, die den Schnittkäse einen ausgeprägten Zitrusgeschmack verleiht). Zu den Desserts gehören Modicas würzige Schokoladenkreationen und das leckere Eis in Noto.

Zentral-Sizilien

Die einzige Provinz Siziliens ohne Küstenanteil ist die bergige Gegend rund um Enna. Dort gibt es Fleisch, Würste und Wildbret mit Pilzen und frischem Gemüse wie Favabohnen oder wildem Spargel. Wer hier im September oder Oktober zu Besuch ist, muss die köstlichen gelb-rot gestreiften Leonforte-Pfirsiche probieren.

Mittelmeerküste

An Sizilien südwestlicher Küste dreht sich alles um Seafood, vor allem im Fischerhafen Sciacca. Weiter im Landesinneren wachsen auf den sonnenverwöhnten Feldern und Obstplantagen der Region tolle Mandeln, Canicatta-Trauben, Ribera-Orangen und Nocellara-del-Belice-Oliven.

Essen & Trinken

Essenszeiten

Sizilianer lieben Essen zu buchstäblich jeder Tageszeit. Zwischen den drei Hauptmahlzeiten werden Pausen für Kaffee, Snacks und aperitivi eingelegt.

➡ Colazione (Frühstück) – Viele Sizilianer halten sich an das übliche italienische Frühstück: Kaffee mit cornetti (mit Creme oder Marmelade gefüllte Croissants), brioche oder fette biscottate (Zwieback), genießen im Sommer aber auch süße Alternativen wie brioche con gelato (ein süßes Brötchen, mit Eis gefüllt) und granita con panna (aromatisiertes zerstoßenes Eis, oft mit Schlagsahne).

➡ Pranzo (Mittagessen) – Traditionell die größte Mahlzeit des Tages, vor allem an Sonntagen. Ein komplettes pranzo dauert mindestens zwei Stunden; es gibt Antipasti, primo (erster Gang), secondo (zweiter Gang), contorni (Beilagen), Früchte, Wein, Wasser und Dessert. Restaurants sind von 12 bis 14.30 Uhr geöffnet, die meisten Sizilianer essen aber erst nach 13 Uhr.

➡ Aperitivi – Sizilianer genießen gern Drinks nach der Arbeit zwischen 17 und 20 Uhr, wenn das Wetter mitspielt bevorzugt an Tischen im Freien. Vielerorts sind im Getränkepreis kleine Snacks enthalten.

➡ Cena (Abendessen) – Abends gibt es die gleiche Gangfolge wie mittags, aber man wird sich schwer tun, zwei solche Mahlzeiten an einem Tag zu verdrücken. In Restaurants ist es überhaupt kein Problem, nur einen primo oder secondo zu bestellen. Eine weitere, etwas weniger gehaltvolle Alternative ist eine Pizza, die man abends eigentlich überall auf Sizilien bekommt. Restaurants sind meist von 19.30 bis 23 Uhr geöffnet, aber die Einheimischen kommen eigentlich nie vor 21 Uhr, eher noch später.

Wohin zum Essen?

Essen bekommt man auf Sizilien an einfachsten Straßenimbissen genauso wie in

REISEPLANUNG ESSEN & TRINKEN WIE DIE SIZILIANER

Oben: *Pasta con le sarde* – Nudeln mit Sardinen

Unten: Süße Leckerei in Palermo

KAFFEE AUF SIZILIANISCH

Für Sizilianer ist Kaffee eine Sache, mit der man nicht spaßt; er wird auf folgende Arten bestellt.

➡ *Espresso* – Sehr starker schwarzer Kaffee in einer winzigen Tasse; wird normalerweise *caffè* oder *caffè normale* genannt.

➡ *Caffè macchiato* – Espresso mit einem Schuss warmen Milchschaum.

➡ *Cappuccino* – Espresso mit heißer, aufgeschäumter Milch; wird nur zum Frühstück oder am Vormittag getrunken.

➡ *Caffè latte* – Espresso mit heißer, aber nicht aufgeschäumter Milch; die sehr milchige Variante heißt *latte macchiato* (Milchkaffee). Beides wird ebenfalls nur morgens getrunken.

➡ *Caffè freddo* – Stark gesüßter und eiskalter Espresso.

Granita di caffè – granita mit Kaffeegeschmack

Gourmetrestaurants der Spitzenklasse. Im Folgenden eine Aufstellung der typischen Optionen. Die meisten haben eine Speisekarte an der Tür hängen.

➡ Trattoria – diese weniger formellen Restaurants sind häufig familiengeführt und servieren regionale Spezialitäten mit Schwerpunkt auf traditionellen Nudel-, Fisch- und Fleischgerichten. Viele der besten Restaurants Siziliens fallen in diese Kategorie.

➡ *Ristorante* (Restaurant) – kann alles sein vom konservativen Hotelrestaurant mit gestärktem weißem Leinen und formellem Service bis zum Trend-Lokal. Restaurants haben in der Regel eine breitere Auswahl von Gerichten und verlangen höhere Preise als Trattorias.

➡ Osteria – historisch betrachtet eine auf Wein spezialisierte Taverne; die moderne Version ist gewöhnlich eine gemütliche, entspannte Trattoria oder Weinbar, die eine Handvoll Gerichte anbietet. Eine Karte gibt's oft nicht.

➡ Pizzeria – Top für eine günstige Mahlzeit und ein kaltes Bier; geschäftige, gesellige Atmosphäre. Die meisten haben nur abends geöffnet.

➡ *Enoteca* (Weinbar) – Wein steht hier klar im Mittelpunkt, aber viele *enoteche* servieren auch ein paar Feinkost-Snacks oder einfache Mahlzeiten.

➡ Agriturismo – in ländlichen Gegenden finden sich diese Lokale auf Landsitzen oder Bauernhöfen, wo die meisten Zutaten vor Ort angebaut werden.

➡ *Friggitoria* – diese Imbisse können bewegliche Karren sein, die über die Märkte geschoben werden. Oder winzige Lokale mit kleinen Küchen und begrenzten einfachen Sitzmöglichkeiten. Der gemeinsame Nenner ist der Schwerpunkt auf einfachen gebratenen Snacks und extrem niedrigen Preisen, gewöhnlich nicht mehr als 1 oder 2 €.

➡ *Tavola calda* – ein einfaches, kantinenähnliches Lokal, das vorab zubereitete Nudel-, Fleisch- und Gemüsegerichte verkauft, außerdem Snacks und *panini* (Brötchen mit einfachen Belägen).

➡ *Bar/caffè* – typischerweise hängt das Angebot von der Tageszeit ab. Morgens werden Kaffee und *cornetti* (italienische Croissants) serviert, am Nachmittag und Abend Getränke und den ganzen Tag süße und herzhafte Snacks. Viele Bars haben auch Eis.

➡ *Pasticceria* (Konditorei) – bietet üblicherweise eine breite Auswahl von Gebäck und Kuchen an, darunter auch traditionelle sizilianische Leckereien, beispielsweise *cannoli* und *cassata*. Manche, aber nicht alle haben ein angeschlossenes *caffè*.

➡ *Gelateria* (Eisdiele) – eindeutig einer der besten Gründe um nach Sizilien zu kommen; meist warten die Eisdielen mit einer riesigen Auswahl auf. Die sizilianische Leckerei *brioche con gelato* (Eis auf Brötchen) muss man probieren!

Sprachführer Essen

Hier sind einige Schlüsselbegriffe, die dabei helfen, sizilianische Speisekarten zu lesen:

➡ *Menu a la carte* – Man wählt von der Speisekarte, was man möchte.

➡ *Menu di degustazione* – Probiermenü; es besteht aus sechs bis acht Gängen in „Probiergröße".

➡ *Menu turistico* – das gefürchtete „Touristenmenü", das viele Gänge zu einem Festpreis beinhaltet; häufig mittelmäßige Ware für leichtgläubige Touristen.

➡ *Piatto del giorno* – Tagesgericht.

➡ *Nostra produzione* oder *fatta in casa* – selbst hergestellt, beschreibt alles von Nudeln über Olivenöl bis zu *liquori* (Spirituosen).

➡ *Surgelato* – gefroren, üblicherweise für Fisch oder Meeresfrüchte verwendet, die nicht frisch gefangen verarbeitet wurden.

➡ *Antipasti* – warme oder kalte Vorspeisen; ein Probierteller mit verschiedenen Vorspeisen heißt *antipasto misto*

➡ *Primi* – erste Gänge, Nudeln, Reis, Couscous oder Suppe.

➡ *Secondi* – zweite Gänge, mit *pesce* (Fisch) oder *carne* (Fleisch).

➡ *Contorni* – Beilagen zum *secondo*, bestehend aus *verdura* (Gemüse) oder *insalata* (Salat).

➡ *Dolci* – Süßigkeiten (auf vielen sizilianischen Speisekarten steht auch Dessert).

➡ *Frutta* – frische Früchte, werden in traditionelleren Lokalen als Abschluss der Mahlzeit serviert.

Sciara del Fuoco, Stromboli (S. 170

Reiseplanung
Outdoor-Aktivitäten

Sizilien ist mit seinem angenehmen Klima und der großartigen abwechslungsreichen Landschaft ein tolles Ziel für Aktivitäten im Freien. Ob wandern, schwimmen, Boot fahren, tauchen, schnorcheln, Vögel beobachten, klettern – Sizilien bietet alles, was Reisende im Mittelmeerraum auf ihrer Wunschliste stehen haben.

Tauchen & Schnorcheln

Rund um Lipari, Filicudi, Ustica, die Isola Bella, Lampedusa oder Pantelleria lassen sich viele Unterwasserwunder entdecken.

Vulkane

Vom Gipfel oder von einem Boot aus kann man das nächtliche Feuerwerk des Stromboli beobachten. Auch der Ätna kann erklommen werden.

Vogelbeobachtung

Alle Jahre wieder machen Flamingos, Reiher und andere Zugvögel auf ihrer Reise in den Süden im Naturschutzgebiet Vendicari Station.

Segeln & Kajakfahren

Die Küsten, Strände und Grotten der Liparischen Inseln sind ein Traum.

Geführte Naturwanderungen

Oberhalb von Cefalù liegen die Monti Madonie, wo man den Einheimischen bei der traditionellen Herstellung von Ricotta über einem offenen Holzfeuer zusehen kann.

Wandern

Sizilien ist ein traumhaftes Ziel für Wanderer. Sie finden hier herrliche Küsten- und Gebirgspfade sowie drei großartige Vulkan-Routen vor. Zu den attraktivsten Wanderzielen der Region zählen die Liparischen Inseln, der Ätna, die Monti Madonie und die Monti Nebrodi sowie die vielen Naturschutzgebiete der Region. Der Frühling zwischen April und Juni und der Herbst – die Monate September und Oktober – sind die am besten geeigneten Jahreszeiten für wunderbare Wanderungen auf der Insel.

Liparische Inseln

Der Zauber der Liparischen Inseln besteht in den sehr unterschiedlichen und dennoch irgendwie miteinander verbundenen Landschaften des Archipels. Jede einzelne der sieben Vulkaninseln hat ihre eigene Persönlichkeit, wunderschöne Wanderwege und atemberaubende Ausblicke auf die jeweiligen Schwesterinseln und das azurblaue Meer gibt es aber auf allen. Da der motorisierte Verkehr überall eingeschränkt, ja auf einigen Inseln praktisch nicht vorhanden ist, gehört eine Wanderung hier zu den ruhigsten Outdoor-Erfahrungen in ganz Italien.

Einige Highlights:

Stromboli Eine der weltweit bekanntesten Vulkanwanderungen ist die Führung bei Sonnenuntergang hinauf zum 924 m hohen Stromboli (S. 169) – mit dem Feuerwerk des Kraters in der hereinbrechenden Abenddämmerung ein wahrhaft magisches Erlebnis.

Lipari Bei der spektakulären Wanderung von Pianoconte nach Quattropani (S. 156) passiert man mit Wildblumen übersäte Klippen, die abrupt ins Mittelmeer hinabstürzen.

Vulcano Der Aufstieg zur 391 m über dem Meeresspiegel gelegenen Fossa di Vulcano (S. 160) ist nicht nur ein tolles visuelles Erlebnis, sondern auch eine ziemliche olfaktorische Herausforderung: Oben bewundert man dann den dampfenden Krater aus nächster Nähe und genießt den traumhaften Blick über die anderen Liparischen Inseln im Norden.

Salina Hier steigt man durch Farne und üppig grüne Kiefernwälder hinauf zum Monte Fossa delle Felci (S. 165; 962 m), dem höchsten Punkt des Archipels. Belohnt wird man durch einen wunderbaren Blick auf Weinberge, die Salzlagune von Lingua und die aneinandergereihten Kegel von Filicudi und Alicudi.

Panarea Mehrere Rundwege unterschiedlicher Länge treffen sich auf dem 421 m hohen Gipfel von Panarea, der Punta del Corvo (S. 168).

Filicudi Von Filicudis Hafen führt ein einfacher, zehnminütiger Weg hinauf zu einer bronzezeitlichen Siedlung, dem Villaggio Preistorico (S. 175). Längere Wanderungen haben das verlassene Dorf Zucco Grande (S. 176) als Ziel.

Alicudi Ultimative Ruhe verspricht die Bootsfahrt zu der westlichsten Insel des Archipels. Dort folgt man den Eseln hinauf über steinerne Stufen zum Filo dell'Arpa (S. 177), wo sich das makellose Mittelmeer bis zum Horizont erstreckt.

Schlammbad auf Vulcano (S. 162)

Ätna

In Piano Provenzano (S. 210) am Nordhang des Ätna beginnen zwei Wanderwege, die hinauf zu den Pizzi Deneri und zum Vulkanobservatorium auf 2800 m bzw. zum Hauptkrater in 3200 m Höhe führen. Auf beiden Routen bieten sich grandiose Aussichten auf die Bergketten der Peloritani, Nebrodi und Madonie sowie auf das Valle del Bove. Weiter unten lockt die Pineta Ragabo mit schönen Spaziergängen im Schatten von duftenden Kiefern, Birken und Lärchen.

An den Südhängen beginnt der Aufstieg auf den Vulkan bei der Unterkunft und Schutzhütte Rifugio Sapienza (1923 m), wo man eine Gondel der Funivia dell'Etna (S. 207) nehmen und anschließend die letzten 2 km per pedes hinauf zu den vier Vulkankratern gehen kann.

TOP-TREKS

Pizzo Carbonara (S. 141) Zwischen Wildblumen zum höchsten Gipfel der Madonien aufsteigen

Ätna (S. 207) Die gewaltigen Hänge des berühmten Vulkans erklimmen

Riserva Naturale dello Zingaro (S. 102) Auf der 7 km langen Küstenwanderung nördlich von Scopello die Heimatmuseen entlang des Weges besuchen

Valle dell'Anapo (S. 225) Die grandiose Kalksteinschlucht mit ihrer Totenstadt aus der Bronze- und Eisenzeit erkunden

Castello Punta Troia, Marettimo (S. 118) Von einem weiß getünchten Dorf an den unregelmäßigen Klippen der Küste entlang zu einer verlassenen Burg wandern, die in atemberaubender Lage auf einem Felsvorsprung thront

Riserva di Vendicari (S. 230) Beim Schlendern durch dieses traumhafte Sumpfgebiet von den Holzstegen aus Ausschau nach Flamingos und Rosalöfflern halten

> **WEITERE AKTIVITÄTEN**
>
> Neben Klassikern wie Schwimmen, Bootfahren und Wandern entlang der wunderschönen Küste Siziliens gibt es unzählige weitere Aktivitäten.
>
> ➡ Vogelbeobachtung – Aufgrund der hervorragenden geografischen Lage ist Sizilien vor allem für die Beobachtung von Zugvögeln ideal, die auf ihrer Wanderung zwischen Afrika und Europa hier Station machen. Frühling (April) und Herbst (Sept.) sind die besten Jahreszeiten. Zu den lohnenden Zielen gehören die Riserva Naturale di Vendicari (S. 230), die Riserva Naturale dello Zingaro (S. 102) und der Parco Regionale dei Nebrodi (S. 143).
>
> ➡ Klettern – San Vito Lo Capo lockt Kletterer dank einer Vielzahl herausfordernder Felsen und dem San Vito Climbing Festival (S. 101) an, das alljährlich im Oktober oder November stattfindet. Weitere Klettergebiete sind der Ätna, die Kalksteingipfel von **Rocche del Crasto** (S. 144) in den Monti Nebrodi und mehrere Stellen in den Madonien, einschließlich **Monte D'Oro** (außerhalb von Collesano), **Rocca di Sant'Otiero** (unweit von Petralia Sottana) und **Passo Scuro** (in der Nähe von Castelbuono).
>
> ➡ Skifahren – Wenn's ums Skifahren geht, wird Sizilien es niemals mit den Alpen oder den Apenninen aufnehmen können, aber die Pisten der beiden Skiberge der Insel, Ätna (S. 210) und Piano Battaglia (S. 142) in den Madonien, sorgen durchaus für Spaß.
>
> ➡ Radfahren – Radfahren ist eine großartige Möglichkeit, sich auf Inseln wie Favignana, Salina und Lampedusa fortzubewegen, wo die Entfernungen relativ kurz und Leihfahrräder verfügbar sind. Alternativ kann man sich einer organisierten Tour von Spezialanbietern wie Etna Touring (S. 210), Coast2Coast (www.coast2coast.it), Backroads (www.back roads.com), VBT (www.vbt.com) oder Butterfield & Robinson (www.butterfield.com) anschließen.
>
> ➡ Schlammbäder – Am Strand von Eraclea Minoa, am Pozza dei Fanghi (S. 162) auf Vulcano oder am Lago Specchio di Venere (S. 128) auf Pantelleria gibt's kostengünstige Schönheitsbehandlungen mit Naturschlamm.

Monti Madonie & Monti Nebrodi

Rund um das unförmige Massiv des Pizzo Carbonara (1979 m) zieht sich ein weitläufiges Netz von Wanderwegen durch den Parco Naturale Regionale delle Madonie (Madonien-Naturpark; S. 137). Man marschiert durch Eichen- und Kastanienwälder, vorbei an von Steinmauern umgebenen Bergdörfern und an Bergweiden mit Schäfern, die ihren Ricotta bis heute über dem Holzfeuer herstellen. Dabei genießt man völlige Ruhe und Abgeschiedenheit. Highlights sind der Anstieg vom Piano Battaglia hinauf zum Gipfel des Pizzo Carbonara (S. 141), die Route durch den Vallone Madonna degli Angeli (S. 141), wo die letzten 30 Exemplare der stark gefährdeten Nebrodi-Tanne stehen, und der **Sentiero degli Agrifogli Giganti** mit seinen jahrhundertealten Eichen und Ahornbäumen und den riesigen, bis zu 15 m hohen Stechpalmbüschen.

Östlich der Monti Madonie liegen die **Monti Nebrodi**. In dieser ebenfalls dünn besiedelten Gegend ist das *cavallo sanfratellano* zu Hause, eine Pferderasse, die einst von den mittelalterlichen lombardischen Königen geritten und von den Normannen nach Sizilien gebracht wurde. Für Wanderer interessant sind u. a. die **Rocche del Crasto**, spektakuläre Kalksteingipfel, die oberhalb der Ortschaften Alcara Li Fusi und Longi steil in den Himmel ragen, und **Dorsale dei Nebrodi**, ein 70 km langer Abschnitt des **Sentiero Italia** (Italiens nationaler Fernwanderweg mit einer Länge von 6166 km), der durch das Herz des Parco Regionale dei Nebrodi (S. 143) führt.

Weitere Wanderwege

Atemberaubende Wandermöglichkeiten finden sich auch sonst überall auf Sizilien, vom Valle dell'Anapo (S. 225) und dem Feuchtgebiet Vendicari (S. 230) im Süd-

Punta Troia (S. 118), Marettimo

osten der Insel bis zu den Naturreservaten Riserva Naturale dello Zingaro und Riserva Naturale orientata Monte Cofano (www.parks.it/riserva.monte.cofano) sowie der Insel Marettimo (S. 118) im Westen.

Geführte Wanderungen

Die beiden Anbieter Sicilian Experience (S. 141) – unter der Führung von Carmelina Ricciardello – und Italian Connection (www.italianconnection.com) von Anita Iaconangelo veranstalten einwöchige geführte Wanderungen, bei denen der Fokus klar darauf liegt, die sizilianische Kultur kennenzulernen. Andere ausgezeichnete sizilianische Agenturen, die Wanderungen mit ähnlichen Schwerpunkten organisieren, sind Vai Col Trekking Sicilia (S. 144) in den Monti Nebrodi und Cafeci (S. 263) in der Nähe der Stadt Piazza Armerina. Für geführte Wanderungen auf dem Ätna wendet man sich am besten an Gruppo Guide Alpine Etna Nord (S. 210) oder aber an Gruppo Guide Alpine Etna Sud (S. 210) – je nachdem, von welcher Seite aus man den Vulkan gern angehen möchte.

Tauchen & Schnorcheln

Rund um Sizilien gibt es jede Menge Möglichkeiten zum Tauchen und Schnorcheln, insbesondere in den Gewässern um die vorgelagerten Inseln. Ustica und die Liparischen Inseln gehören zu den führenden Tauchzielen der Region. Die beste Zeit zum Tauchen erstreckt sich von Mai bis in den Oktober.

Ustica

Taucher aus aller Herren Länder erkunden die faszinierende Unterwasserwelt Usticas (S. 86). Vor der Westküste der Insel befindet sich ein geschützter Meerespark, der in drei Zonen unterteilt ist. Zu den Highlights gehört der archäologische Unterwasserpfad vor der **Punta Cavazzi**, wo Artefakte wie Anker und römische Amphoren bewundert werden können. Weitere beliebte Tauchreviere sind der **Scoglio del Medico**, ein Basaltfeld voller Höhlen und tiefer Schluchten, und die **Secca di Colombara**, eine großartige Ansammlung regenbogenfarbener Schwämme und Hornkorallen.

Flamingos, Riserva di Vendicari (S. 230)

Liparische Inseln

Vor den meisten Inseln gibt es gute Tauchgründe, die besten liegen aber rund um Lipari (S. 157). Ein weiteres Highlight ist das Museo Archeologico Sottomarino vor der Insel mit den Wracks von neun antiken Schiffen aus griechischer und römischer Zeit, die für Taucher ein sagenhaftes Ziel darstellen.

Zu den Veranstaltern von Tauchgängen auf den Liparischen Inseln gehören: La Gorgonia (S. 157) auf Lipari, Saracen (S. 162) auf Vulcano, Amphibia (✆335 6138529; www.amphibia.it; Via San Pietro) auf Panarea, La Sirenetta (S. 173) auf Stromboli und I Delfini (S. 176) auf Filicudi.

Es herrscht wahrlich kein Mangel an Tauchzentren, die Tauchgänge veranstalten und die erforderliche Ausrüstung vermieten.

Noch mehr Schnorchel- & Tauchreviere

Ein wunderbarer Tauchspot ist auch die Riserva Naturale dello Zingaro (S. 102), gut eine Stunde westlich von Palermo gelegen. Von April bis Oktober organisiert das Tauchzentrum Cetaria (S. 100) in Scopello geführte Tauchgänge in den Gewässern vor dem Naturschutzgebiet. Dabei werden Unterwasserhöhlen und zwei Schiffswracks erkundet. Außerdem werden Bootsfahrten mit Gelegenheit zum Schnorcheln angeboten.

Nahe Taormina liegt das WWF-Naturschutzgebiet Isola Bella (S. 191), das auch für Taucher ein lohnendes Ziel ist. Das Nike Diving Centre (S. 191) bietet Tauchausrüstung und -kurse an, aber auch diverse Schnorchelausflüge sowie Stand-up-Paddling (SUP).

Die vorgelagerten Inseln Pantelleria (S. 127) und Lampedusa (S. 289) gehören ebenfalls zu den Top-Tauchspots.

Strände & Schwimmen

Mit 15 vorgelagerten Inseln, darunter Ustica, Pantelleria sowie die Liparischen, die Pelagischen und die Ägadischen Inseln, und einer fast 1500 km langen Küste am Ionischen, Tyrrhenischen und Mittelmeer ist unter Siziliens Stränden für jeden etwas dabei. Das tiefblaue, türkisfarbene oder smaragdgrüne Wasser ist sauber und im Sommer und Herbst angenehm warm. Die schönste Zeit fürs Badevergnügen ist zwischen Juni und Anfang Oktober. Es gibt sowohl Kies- als auch Sandstrände, und man findet proppenvolle *lidos*, auf denen man sich Liegestühle und Sonnenschirme ausleihen muss, ebenso vor wie weitläufige, fast menschenleere, kostenlos besuchbare Sandstrände.

Segeln & Kajakfahren & weitere Wassersportarten

Vor der Küste Siziliens und der vorgelagerten Inseln können Bootsausflüge jeglicher Art organisiert werden.

Sicily in Kayak (S. 163) bietet Kajak-, Segel- und Stand-up-Paddeltouren rund um Vulcano und die anderen Liparischen Inseln an – von Halbtagstouren bis zu solchen, die eine ganze Woche dauern. Eine Reihe weiterer Anbieter auf den Liparischen Inseln und auf den anderen vorgelagerten Inseln Siziliens organisieren Boots-

Strand in der Nähe von Taormina (S. 184)

TOP-STRÄNDE

San Vito Lo Capo (S. 100) An dem ganzjährig beliebten Strand mit Blick auf das türkisblaue Meer kann man sich unter die Sonnenanbeter mischen.

Spiaggia dei Conigli (S. 289) Diese sandige Schönheit auf der abgelegenen Insel Lampedusa wird regelmäßig als einer der schönsten Strände Europas ausgezeichnet.

Scala dei Turchi (S. 281) Der schneeweiße Felsen, der wie eine Treppe geformt und zu beiden Seiten von Stränden eingerahmt ist, lockt hartnäckigst zu einem Spaziergang oder einem Sprung hinunter ins kühle Nass.

Spiaggia Marianelli (S. 230) Der wilde, wunderschöne Strand in der Riserva Naturale di Vendicari, südöstlich von Noto, ist vor allem bei der LGBTQ+-Community beliebt.

Spiaggia di Cefalù (S. 134) Ein reizender, familienfreundlicher Sandstrand vor der Kulisse einer beeindruckenden Landzunge und eines der hübschesten mittelalterlichen Städtchen Siziliens.

Torre Salsa (S. 281) Dieses abgelegene Juwel befindet sich innerhalb eines vom WWF verwalteten Naturschutzgebiets und eignet sich perfekt für alle, die wilde und unberührte Küsten lieben.

fahrten rund um die Insel sowie zwischen den Inseln, bei denen Grotten und abgelegene Badestellen erkundet werden.

Im Westen Siziliens gibt es zwischen Marsala und Trapani einige großartige Möglichkeiten zum Kitesurfen. Also heißt es ab aufs Board! Und dann geht es beispielsweise mit dem Unternehmen Prokite Alby Rondina (S. 114) in die Laguna dello Stagnone.

Reiseplanung
Mit Kindern reisen

Nur wenige Orte auf der Welt sind so kinderfreundlich wie Sizilien. In Restaurants, Cafés und Hotels werden Familien mit offenen Armen empfangen und das Personal tut meist alles, um jeden Wunsch zu erfüllen. Kinderfreundliche Attraktionen gibt es zuhauf – Strände, Eisdielen, Puppentheater – außerdem Familienrabatte im öffentlichen Nahverkehr und oftmals kostenlosen Eintritt für die Kleinen.

Highlight für Kids
Desserts

Gelateria Ciccio Adelfio (S. 76), **Palermo** Jeder liebt *gelato*, zumal, wenn es in klassischen Eisdielen wie dieser schon zum Frühstück in einem süßen Brötchen serviert wird!

Da Alfredo (S. 166), **Salina, Liparische Inseln** An einem heißen Tag gibt's nichts Erfrischenderes als eine *granita* (gestoßenes Eis, hergestellt mit Kaffee oder frischem Obst) mit Sahnehaube.

La Rinascente (S. 107), **Trapani** Während man sich auf die knusprig-cremige Leckerei freut, kann man dem *cannoli*-Meister beim Füllen zusehen.

In & auf dem Wasser

Spiaggia di Cefalù (S. 134) Der Sandstrand östlich von Palermo garantiert Spaß für alle.

Ustica (S. 46) Wasserliebende Familien sowie ältere Kids und Teenager können auf der Insel vor Palermo nach Herzenslust schnorcheln und tauchen.

Scala dei Turchi (S. 281) Kleinere Kinder können im flachen Wasser bei Agrigent herumtoben.

Grotta del Bue Marino (S. 175), **Filicudi** Bootsfahrt zu der spektakulären Meeresgrotte der Liparischen Inseln.

Unter freiem Himmel

Krater des Stromboli (S. 169), **Liparische Inseln** Ein Blick in das glühende Innere des Stromboli bei einer nächtlichen Klettertour ist das perfekte Vulkanabenteuer für jeden Teenager.

Praktisch & Konkret
Reisezeit

Für Familien mit kleinen Kindern sind der Frühling, der Frühsommer und der Herbst im Allgemeinen die beste Reisezeit, denn im Hochsommer können die Temperaturen dem Nachwuchs ganz schön zu schaffen machen. Hübsche Strände und ein gelegentliches Eis dürften die Stimmung jedoch wieder heben.

Bevor es losgeht

➡ Fast alle Autovermieter stellen Kindersitze zur Verfügung, die man allerdings stets im Voraus buchen sollte.

➡ Unbedingt reichlich Sonnenschutzmittel mitnehmen, denn selbst im Frühjahr und Herbst scheint die Sonne auf Sizilien lang und intensiv.

➡ Sehr empfehlenswert ist auch ein Insektenschutzmittel (vor allem gegen Mücken).

➡ Weitere Informationen liefert der englischsprachige Lonely Planet Band *Travel with Children*.

Sizilianisches Puppentheater (S. 78)

Fossa di Vulcano (S. 160), **Liparische Inseln** Immer der Nase nach geht's zu diesem stinkenden, rauchenden und Schwefel speienden Krater, den die Römer mit der Schmiede von Vulcanus gleichsetzten.

Castello di Caccamo (S. 136) Die Befestigungsmauern dieser und anderer normannischer Burgen auf der Insel müssen erst erobert werden.

Ruinen von Selinunt (S. 124) Die weitläufige Ruinenstadt mit Tempeln, bergeweise alten Steinen und freien Flächen sowie der Strand sind perfekt für kleine Abenteurer.

> **UNTERKUNFT**
>
> Ferienwohnungen sind meist leicht zu finden und ideal für Familien, die sich selbst versorgen wollen. Viele Hotels und *pensioni* bieten vergünstigte Tarife für Kinder an oder stellen auf Wunsch ein Bett oder Kinderbett ins Zimmer (in der Regel gegen einen Aufpreis von rund 30 %). *Agriturismi* (Ferien auf dem Bauernhof) sind für Kinder ideal und sie können auch das eine oder andere Tier streicheln.

Azienda Agrituristica Bergi (S. 298), **Castelbuono** Tiere, Pools und viel Platz zum Toben bietet eine Übernachtung auf diesem Bauernhof und auf anderen *agriturismi* der Insel.

Sizilianische Kunst & Kultur

Piccolo Teatro dei Pupi (S. 218), **Syrakus** Beim Puppentheater besiegen tapfere Ritter böse Monster.

Farm Cultural Park (S. 277), **Favara** Kreative Teenager können sich von den schrägen Installationen in dieser Künstlerkommune inspirieren lassen.

Villa Romana del Casale (S. 265), **Piazza Armerina** In dieser alten römischen Jagdvilla regen Mosaiken, die u. a. Löwen, Tiger und junge Sportlerinnen darstellen, die Fantasie an.

Passeggiata Der Abendspaziergang für die ganze Familie bietet Karussells, Cafés und gesellige Atmosphäre.

Beste Gegenden
Liparische Inseln

Bootsfahrten zu den Inseln sind perfekt für kleine Entdecker, ebenso wie Klettertouren auf den Stromboli und ein Blick in den rauchenden Krater.

Südost-Sizilien

Flamingos an der Vendicari-Küste und Puppentheater mit unterhaltsamen Kampfszenen begeistern Kinder jeden Alters, während große Plätze wie die Piazza del Duomo in Syrakus zum Toben einladen.

Tyrrhenische Küste

Die langen Sandstrände in Cefalù garantieren Spaß für die ganze Familie, während die normannische Burg von Caccamo in luftigen Höhen zu mittelalterlichen Rollenspielen einlädt.

West-Sizilien

Hier locken erholsame Strandtage und Radtouren auf Favignana, antike Höhlenkunst auf Levanzo, Versteckspiele in den verlassenen Straßen von Cretto di Burri oder eine Seilbahnfahrt nach Erice samt süßen Mandelleckereien.

Ionische Küste

Ob Strandspaß an der Küste unterhalb von Taormina, eine Klettertour auf Europas höchsten Vulkan oder schaurige, riesige Fischköpfe auf dem Markt von Catania – an der Ionischen Küste sind denkwürdige Momente garantiert.

Gut zu wissen

Essen gehen

Restaurantbesuche sind überhaupt kein Problem. Meistens sind Hochstühle vorhanden und man kann von der normalen Karte eine *mezza porzione* (halbe Portion) für Kinder bestellen. Selbst wählerischer Nachwuchs wird das frische Obst, die leckeren Snacks wie *arancine* (frittierte gefüllte Reisbällchen) oder Klassiker wie Pizza und Pasta mit Tomatensauce mögen. Experimentierfreudige Kids können außerdem ihr Geschmacksspektrum um Meeresfrüchte, Fisch sowie Fleisch- und Gemüsegerichte erweitern. Auf *gelato* (Eis), *granita* (zerstoßenes Eis mit verschiedenen Aromen) und die vielen köstlichen sizilianischen *dolci* (Desserts) können sich große wie kleine Leckermäuler freuen.

PRAKTISCHES

➡ Der Eintritt in viele kulturelle Einrichtungen ist für Menschen unter zehn bzw. unter 18 Jahren (vor allem aus EU-Mitgliedsstaaten) frei.

➡ Bei der Bahn gibt es die *offerta Bimbi Gratis*: Kinder unter 15 Jahren fahren kostenlos, wenn sie mit mindestens einem Elternteil in einer Gruppe von zwei bis fünf Personen reisen (Infos: www.trenitalia.com).

➡ Windeln, Babynahrung und Sterilisationslösungen bekommt man in Apotheken und Supermärkten.

Attraktionen

Sizilien und die kleineren Inseln vor der Küste werden die ganze Familie begeistern, dafür sorgen z. B. ein Mix aus Geschichte und Natur im Tal der Tempel in Agrigent, die vielen Strände und Inseln, Straßenmärkte in Palermo und Catania oder eine *passeggiata* (Abendspaziergang) Seite an Seite mit Einheimischen und einem Eis in der Hand. Teenager können faule Tage mit viel Toben im Wasser und Bootsausflügen aufpeppen, während auf sportliche Familien drei Vulkanbesteigungen sowie viele Schnorchel- und Tauchspots warten. Normannische Burgen und alte Ruinen sind auf der ganzen Insel zu finden.

Unterhaltung

Abseits der Strände können sich kleinere Kinder auf den zentralen Plätzen der Orte vergnügen. Auf den Piazzas gibt es oft Karussells und – natürlich – andere Kids. Traditionelles Puppentheater bringt Kids die sizilianische Kultur näher!

Sicherheit

Für Kinder ist es ungefährlich, auf den Plätzen kleinerer Städte herumzutollen, man sollte aber auf Motorroller achten, die manchmal hin- und herdüsen – verkehrsberuhigt ist in Sizilien ein relativer Begriff.

Familienfreundlichkeit

Familienleben ist in Sizilien von zentraler Bedeutung. Babys werden oft geherzt und Kinder sind immer willkommen. Stillen ist allgemein üblich und wird locker gesehen.

Sizilien im Überblick

West-Sizilien

**Geschichte
Outdoor-Aktivitäten
Essen & Wein**

Antike Adlerhorste

Nur wenige Ruinen liegen so idyllisch wie Segesta oder Selinunt. Die Tempel thronen abgeschieden und herrlich stimmungsvoll inmitten von hohem Gras und Wildblumen. Die normannische Burg in Erice steht den Tempeln in nichts nach. Sie sitzt auf einem spektakulären Hügel und wurde von den Phöniziern genauso heiß begehrt wie von den alten Griechen.

Sonniges Vergnügen

Ob Klettern bei San Vito, Wandern auf Marettimo und im Naturschutzgebiet Zingaro oder Radeln und Sonnenbaden auf Favignana – Siziliens Westen ermöglicht Outdoor-Spaß ohne Ende.

Sarazenische Würze

Nordafrikanische Einflüsse sind in West-Sizilien seit eh und je spürbar, so z. B. in dem verführerisch gewürzten Fisch-Couscous, das auf keiner Speisekarte fehlt. Auch einige der besten sizilianischen Weine werden hier gekeltert, vor allem rund um Marsala.

S. 97

Palermo

**Kunst & Architektur
Essen
Nachtleben**

Kulturelle Schatztruhe

Palermo hat alles zu bieten: byzantinische Mosaiken, arabisch-normannische Paläste und überschwängliche Rokokokapellen. Diese Stadt ist voller Überraschungen, Koranverse sind auf Kirchensäulen gekritzelt, arabische Intarsien befinden sich neben Christus-Abbildern und Barockkuppeln zieren Bauten aus dem Mittelalter.

Gourmethauptstadt

Jede Seite einer Speisekarte ist es wert, gelesen zu werden – es stehen Leckereien wie *sarde in beccaficco* (mit Pinienkernen, Rosinen und Brot gefüllte Sardinenröllchen) und die knusprigsten *cannoli* der Welt darauf. Doch nicht nur Lokale, auch die Märkte und Imbissstände haben hier einiges zu bieten!

Puppen & Primadonnen

Abendliche Unterhaltung hat in Palermo viele Facetten: Da wären Konzerte in einem der großen Opernhäuser Italiens, mittelalterliche Geschichten, die von grazilen Puppen erzählt werden, ein Abend in einem maurischen Dampfbad oder Kneipentouren.

S. 56

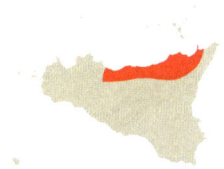

Tyrrhenische Küste

**Strände
Bergdörfer
Essen**

Meer & Sand
Hübsche Ferienorte wie Cefalù und Castel di Tusa garantieren jeden Sommer Hochbetrieb an den Stränden der Tyrrhenischen Küste.

Bergrefugien
Oben an den Hängen der Monti Nebrodi und in den Monti Madonie liegen alte Steindörfer wie Castelbuono, Mistretta oder Petralia Sottana – praktische Basislager für Outdoorfans, die immer mehr die Reize der Region für sich entdecken.

Prima Pilze
Genug von Fisch und Meeresfrüchten? Die Monti Nebrodi und die Monti Madonie beeindrucken mit ganz anderen Genüssen. So stehen auf hiesigen Speisekarten sehr oft Wildpilze und Braten (vor allem vom einheimischen *suino nero*, einem schwarzen Schwein). Hinzu kommen Haselnüsse, Maronen und Ricotta- oder *provola*-Käse.

S. 130

Liparische Inseln

**Outdoor-Aktivitäten
Essen & Wein
Vulkane**

Naturparadies
Für wen umwerfend schöne Küsten das Paradies bedeuten, der ist hier genau richtig. Jede der sieben Liparischen Inseln hat ihren ganz eigenen Reiz. Es gibt genügend Tauch-, Bade-, Kajak-, Wander- und Klettermöglichkeiten – da ist bestimmt für jeden Geschmack etwas dabei.

Inselaromen
Neben Kapern und Oliven ist frisches Seafood der Hauptbestandteil der himmlischen liparischen Küche. Die Insel Salina ist für ihren honigsüßen Malvasia-Wein berühmt, der auf der ganzen Inselgruppe in Geschäften und Restaurants erhältlich ist.

Rauch & Feuer
O.k., die meisten Vulkane auf den Liparischen Inseln sind erloschen, aber Vulcano und Stromboli qualmen noch immer vor sich hin. Vulcano lockt Besucher mit therapeutischen Schlammbädern, Stromboli mit Ehrfurcht gebietenden, feuerroten Eruptionen.

S. 149

Ionische Küste

**Vulkane
Festivals
Essen & Wein**

Blick auf den Vulkan
An diesem Küstenabschnitt fällt der Blick überall auf den Ätna: Dessen faszinierende Silhouette dominiert u. a. den Horizont hinter Catanias belebten Boulevards wie auch hinter dem griechischen Theater von Taormina. Zudem sind an den Hängen des Vulkans, der die Landwirtschaft mit fruchtbarem Boden versorgt, ganzjährig Aktivitäten im Freien möglich.

Tolle Festivals
Hier weiß man zu feiern: In Taormina steigen den ganzen Sommer über erstklassige Festivals mit Kino, Theater, Musik und Tanz. Der Winter lockt Nachtschwärmer mit dem Karneval in Acireale und der riesigen Festa di Sant'Agata in Catania auf die Straßen.

Märkte
Von den gefeierten Tropfen des DOC-Weinbaugebiets am Ätna bis hin zu Catanias bunten Fisch- und Bauernmärkten – diese Ecke Siziliens ist ein Paradies für Feinschmecker.

S. 178

Syrakus & der Südosten

Architektur
Geschichte
Essen

Barocke Schönheiten

Nach dem verheerenden Erdbeben von 1693 erhoben sich im Südosten Siziliens Bergstädte wie Phönix aus der Asche und brachten eine bezaubernde barocke Ästhetik zu Tage, die man heute in den UNESCO-Welterbestätten Noto, Modica und Ragusa sowie in kleineren Orten im ganzen Südosten bewundern kann.

Antike griechische Ruinen

Syrakus sonnt sich noch immer im Glanz seiner griechischen Vergangenheit: Da wären in Ortygias Kathedrale integrierte Tempelsäulen, die von Papyrus-Pflanzen gesäumte Quelle im Herzen der Stadt und der Zyklus griechischer Dramen, die jeden Sommer Massen ins antike Amphitheater locken.

Süße Versuchungen

Schokolade in Modica, *granita* (sorbetähnliches Eis) in Noto, *gelati* mit Weinaroma in Ragusa – hier kommt jedes Schleckermaul auf seine Kosten.

S. 212

Zentral-Sizilien

Bergdörfer
Geschichte
Shoppen

Normannische Festungen

Die Bergdörfer in Zentral-Sizilien, die noch immer Spuren ihrer normannischen Vergangenheit aufweisen, scheinen wie Inseln in den Wolken über der Landschaft zu schweben. Die Provinzhauptstadt Enna dominiert hoch oben im geographischen Zentrum Siziliens alle anderen.

Römische Pracht

Dank der erst vor Kurzem erfolgten Restaurierung erstrahlen die größten und am besten erhaltenen spätrömischen Bodenmosaiken in der alten Villa Romana del Casale vor den Toren von Piazza Armerina jetzt in neuem Glanz.

Keramikzentrum

Keramikliebhaber sollten sich vor einem Kaufrausch in Acht nehmen! In Caltagirone gibt's Dutzende Keramikläden, ein Keramikmuseum und eine gewaltige Treppe mit 142 Stufen, die von oben bis unten mit handbemalten Fliesen bedeckt ist.

S. 253

Mittelmeerküste

Geschichte
Strände
Essen

Überweltliche Tempel

Agrigents einzigartige Ansammlung antiker Tempel und die erstklassige Sammlung von Artefakten im nahe gelegenen archäologischen Museum bilden das große antike Erbe Siziliens.

Weiße Klippen, unberührter Sand

Grandiose Strände schmücken die Küste westlich von Agrigent, darunter der lange, unberührte Küstenabschnitt der Riserva Naturale Torre Salsa, der goldene Sandstrand von Eraclea Minoa und die schneeweiße Felsformation der Scala dei Turchi, die man am besten bei Sonnenuntergang besucht.

Himmlisches Seafood

Man kann an der ganzen Küste gut essen, aber nirgendwo besser als in Sciacca, wo die Meeresfrüchte vom Boot direkt in die Küchen der vielen Restaurants am Hafen wandern.

S. 269

Reiseziele auf Sizilien

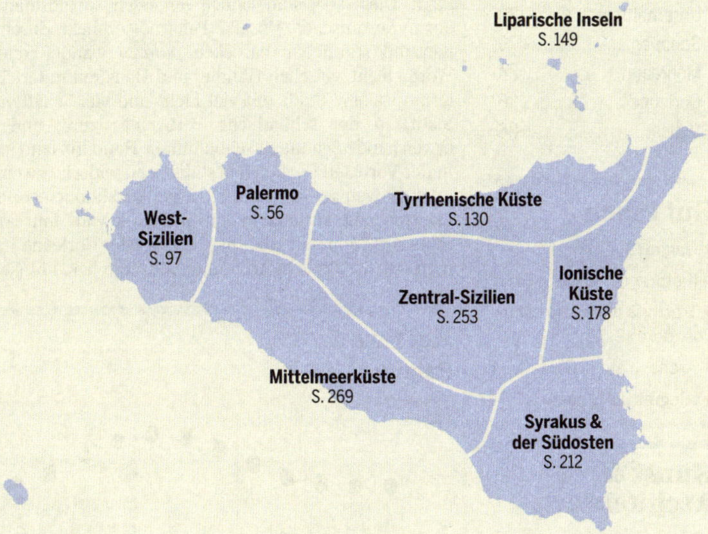

Liparische Inseln S. 149

Palermo S. 56

Tyrrhenische Küste S. 130

West-Sizilien S. 97

Ionische Küste S. 178

Zentral-Sizilien S. 253

Mittelmeerküste S. 269

Syrakus & der Südosten S. 212

Palermo

Inhalt ➜
Sehenswertes	58
Feste & Events	73
Essen	73
Ausgehen & Nachtleben	77
Unterhaltung	78
Shoppen	79
Monreale	84
Corleone	86
Ustica	86

Gut essen

- ➜ Gagini (S. 77)
- ➜ Ristorante Ferro (S. 74)
- ➜ Trattoria al Vecchio Club Rosanero (S. 73)
- ➜ Archestrato di Gela (S. 74)
- ➜ I Segreti del Chiostro (S. 76)

Kunst & Architektur

- ➜ Palazzo dei Normanni (S. 60)
- ➜ Pinacoteca Villa Zito (S. 71)
- ➜ Cattedrale di Monreale (S. 84)
- ➜ Cattedrale di Palermo (S. 62)
- ➜ Galleria Regionale della Sicilia (S. 65)

Auf nach Palermo!

Palermo ist extravagant und zurückhaltend, temperamentvoll und doch durch und durch aristokratisch – voller Widersprüche also. Mit Rissen übersäte Gebäude, marode Gehwege und eine heruntergekommene Infrastruktur stehen für die politischen und ökonomischen Verwerfungen der Stadt. Diese aber sind schnell vergessen, sobald man eines der byzantinischen Mosaike Palermos erblickt, durch Straßen mit stattlichen barocken *palazzi* wandelt oder ein Wortgefecht zwischen Händler und Hausfrau miterlebt. Palermo ist eine Stadt mit viel Licht und viel Schatten, eine Stadt, in der schändliche Vernachlässigung und herzerweichende Schönheit schon immer Hand in Hand gingen, in der Vorurteile zugleich bestätigt und widerlegt werden.

Nicht weniger Reize entfalten die Attraktionen außerhalb Palermos: die Mosaike in der Kathedrale von Monreale, der Strandort Mondello, die Insel Ustica oder Corleone im Binnenland, das für sein Anti-Mafia-Museum bekannt ist.

Reisezeit
Palermo

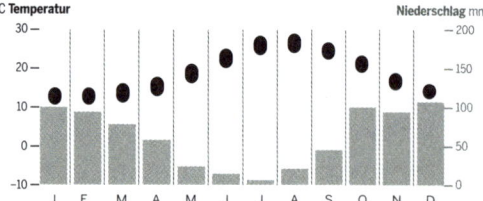

April & Mai Niedrigere Preise und generell schönes Wetter.

Juli Es ist heiß. In den Juli fällt das größte Fest. Am Strand von Mondello tummeln sich die Massen.

Sept. & Okt. Optimale Tauchbedingungen vor Ustica; Start der neuen Opernsaison im Teatro Massimo.

Highlights

① Cappella Palatina (S. 61)
Sich im Glanz von Palermos multikultureller Vergangenheit sonnen

② Mercato di Ballarò (S. 62)
Sich von der Fülle der frischen Produkte auf diesem Markt überwältigen lassen

③ Teatro Massimo (S. 78)
In einem der prächtigsten Opernhäuser Europas *da capo* rufen

④ Palazzina Cinese (S. 71)
Das Jagdschloss im chinesischen Stil bewundern

⑤ Museo Archeologico Regionale Antonio Salinas (S. 67) Die Schätze in Palermos archäologischem Museum bestaunen

⑥ Galleria Regionale della Sicilia (S. 65) Sich einen Überblick über Jahrhunderte hiesiger Kunst verschaffen

⑦ I Segreti del Chiostro (S. 76) Gerichte nach einst geheimen Rezepten kosten

⑧ Pinacoteca Villa Zito (S. 71) Werke sizilianischer Meister bewundern

PALERMO

📞 091 / 668 400 EW.

Palermo, seit Jahrtausenden ein Schmelztiegel der Kulturen, wartet mit einem berauschenden und facettenreichen Mix aus byzantinischen Mosaiken, arabischen Kuppeln und mit Fresken verzierten Gewölben auf. Die großartige Stadt am Rande Europas lag einst im Zentrum der Welt; sie ist ein Ort, an dem vor barocken Kirchen arabisch anmutende Märkte abgehalten werden, an dem gotische Paläste von Dattelpalmen eingerahmt sind und an dem Menschen mit bronzefarbenem Teint blonde, blauäugige Cousins haben.

Jahrhunderte schwindelerregender Höhen und vernichtender Tiefen haben eine vielschichtige Metropole hervorgebracht, in der verfallene Treppen zu vergoldeten Ballsälen führen und die zurückhaltenden Einheimischen Herzen aus Gold in sich tragen. Man darf sich nur nicht in die Irre führen lassen: Abseits der lärmgeplagten Straßen ist Siziliens größte Stadt ein scheues Tier, das Neugierige mit Kreuzgängen voller Zitrusbäumen überrascht, mit von Stuckarbeiten übersäten Kapellen und Secondhand-Läden, in denen herrliche aristokratische Kleidung allmählich verbleicht. Abends dann konkurriert das größte Opernhaus Italiens mit einer stetig wachsenden Zahl an pulsierenden und modernen Restaurants und Bars. Und ehe man sich versieht, hat man sich ganz unverhofft in Palermo verliebt.

⊙ Sehenswertes

Palermo hat natürlich sehenswerte Museen, geschichtsträchtige Paläste und reich geschmückte Kirchen zu bieten, die alle vorwiegend in den historischen Vierteln La Kalsa, Vucciria, Il Capo und Albergheria liegen. Das eigentliche Highlight der Stadt ist jedoch das Flair, das man am besten bei einem ausgedehnten Spaziergang erlebt, im Rahmen dessen man auf verschiedene Architekturstile, versteckte Piazzas und Straßenmärkte stößt.

EU-Bürger unter 18 Jahren erhalten in den meisten Museen Palermos ermäßigten Eintritt.

⊙ Rund um Quattro Canti

Die bezaubernden **Quattro Canti** (vier Ecken), die stark befahrene Kreuzung des Corso Vittorio Emanuele und der Via Maqueda, bildet den Mittelpunkt der Altstadt. Gleich um sie herum finden sich ein paar Hauptsehenswürdigkeiten, darunter die aus dem 16. Jh. stammende Fontana Pretoria, die aus dem 14. Jh. stammende Chiesa e Monastero di Santa Caterina d'Alessandria und die im 12. Jh. erbaute Kirche La Martorana.

Quattro Canti   MONUMENT

(Karte S. 68) Offiziell heißt die elegante Kreuzung von Corso Vittorio Emanuele und Via Maqueda Piazza Vigliena, besser bekannt ist sie aber unter dem Namen Quattro Canti. Das Zentrum der Altstadt wird von einem perfekten Kreis konkaver Fassaden eingerahmt, die nahtlos ins blaue Himmelsgewölbe überzugehen scheinen. Da die Gebäude im Verlauf des Tages abwechselnd in Sonnenlicht getaucht werden, nennen die Einheimischen die Kreuzung auch Il Teatro del Sole (Sonnentheater).

Die vier symmetrischen Fassaden der Quattro Canti spiegeln den Stil der Spätrenaissance Roms wider. Sie wurden Anfang des 17. Jhs. vom königlichen Architekten Giulio Lasso entworfen. Die Säulen jeder Ecke folgen den drei klassischen Ordnungen: dorisch unten, ionisch in der Mitte und korinthisch oben. Die dekorativen Elemente sind das Werk des überaus fähigen Architekten Mariano Smiriglio. Auf jeder der drei Ebenen stehen Statuen, die die Jahreszeiten (unten), spanische Herrscher (Mitte) und weibliche Heilige der Stadt (oben) verkörpern.

★ Chiesa e Monastero di
Santa Caterina d'Alessandria   KLOSTER

(Karte S. 68; 📞 091 271 38 37; Piazza Bellini; Kirche, Kloster & Dachterrasse Erw./erm. 10/9 €, nur Kirche Erw./erm. 3/2 €; ⊙ Kirche 9–19 Uhr, Kloster & Dachterrasse 10–19 Uhr) Die im frühen 14. Jh. als Hospiz erbaute und im folgenden Jahrhundert in ein Dominikanerkloster umgewandelte Anlage beeindruckt mit einem prächtigen, mit Majolika geschmücktem Kreuzgang, der von einmaligen, mit Balkonen versehenen Mönchszellen umgeben ist und in dessen Mitte sich ein vom sizilianischen Bildhauer Ignazio Marabitti gestalteter Brunnen aus dem 18. Jh. befindet. Von den Dachterrassen des Klosters hat man einen spektakulären Blick auf die umliegenden Piazze und die gesamte Stadt. In dem barocken Innenraum der Kirche finden sich Werke produktiver Künstler, u. a. von Filippo Randazzo, Vito d'Anna und Antonello Gagini.

La Martorana KIRCHE
(Chiesa di Santa Maria dell'Ammiraglio; Karte S. 68; ☏ 345 8288231; Piazza Bellini 3; Erw./erm. 2/1 €; ◉ Mo-Sa 9.30–13 & 15.30–17.30, So 9–10.30 Uhr) Auf der Südseite der Piazza Bellini steht diese wunderschöne Kirche aus dem 12. Jh. Das ursprünglich als Moschee geplante Bauwerk wurde von König Rogers syrischem Emir Georg von Antiochien gestiftet. Grazile fatimidische Säulen tragen die Kuppel mit einer Darstellung des thronenden Christus inmitten seiner Erzengel. Am besten besucht man die Kirche am Morgen, wenn die Sonne auf die herrlichen byzantinischen Mosaiken scheint.

Chiesa di San Giuseppe dei Teatini KIRCHE
(Karte S. 68; Corso Vittorio Emanuele; ◉ Mo-Sa 7–12 & 16–20, So 7–13 & 17–20.30 Uhr) In der südwestlichen Ecke der Quattro Canti erhebt sich diese Kirche aus dem 17. Jh., die von einer eleganten, von Giuseppe Mariani entworfenen Kuppel bekrönt ist und von den beiden unteren Stockwerken des von Paolo Amato entworfenen unvollendeten Campaniles flankiert wird. Das monumentale barocke Innere der Kirche erlitt im Zweiten Weltkrieg starke Schäden und wurde beträchtlich restauriert. Hier kann man u. a. die Szenen aus dem Leben des hl. Kajetan von Thiene darstellenden Deckengemälde von Filippo Tancredi im Hauptschiff sowie in der Kuppel den *Triumph des hl. Andrea Avellino* bewundern, ein Werk des flämischen Meisters Guglielmo Borremans.

Fontana Pretoria BRUNNEN
(Karte S. 68) Die von imposanten Kirchen und Gebäuden gesäumte Piazza Pretoria wird beherrscht von der überladenen Fontana Pretoria. Der Brunnen ist eines der wichtigsten Wahrzeichen Palermos. Seine konzentrisch nach oben hin gestuften Becken sind mit nackten Nymphen, Tritonen und Flussgöttern verziert, die über das Wasser zu springen scheinen. So viel schamlose Nacktheit war den sizilianischen Kirchengängern dann aber doch zu viel – prüde nannten sie den Brunnen Fontana della Vergogna (Brunnen der Schande).

Der florentinische Bildhauer Francesco Camilliani schuf den Brunnen 1554/1555 für die toskanische Villa von Don Pedro di Toledo. 1573 erwarb Palermo den Brunnen und positionierte ihn stolz vor dem Palazzo Pretorio (Rathaus), um die neue Fontana di Orione in Messina zu übertrumpfen.

Chiesa Capitolare di San Cataldo KIRCHE
(Karte S. 62; Piazza Bellini 3; Erw./Erm. 2,50/1,50 €; ◉ Sommer 9–18.30 Uhr, Winter bis 17.30 Uhr) Die Kirche aus dem 12. Jh. im arabisch-normannischen Stil ist eines der auffallendsten Gebäude in Palermo. Mit ihren rosaroten kleinen Kuppeln, der massiven quadratischen Form, der Blendarkade und den kunstvollen filigranen Mustern illustriert sie perfekt die Synthese arabischer und normannischer Architektur. Die Innengestaltung ist zwar zurückhaltender, trotzdem aber dank der Intarsien im Boden und der hübschen Stein- und Ziegelarbeiten in den Bogen und Kuppeln sehr schön.

Piazza Bellini PLATZ
(Karte S. 68) Die verschiedenen Architekturstile und Baujahre der Gebäude rund um die prächtige Piazza dürften eigentlich gar nicht zusammenpassen, ergeben aber überraschenderweise einen wunderbar harmonischen Anblick. Am Ostrand der Piazza steht das herrliche **Teatro Bellini**.

Museo Regionale d'Arte Moderna e Contemporanea della Sicilia (Riso) MUSEUM
(Karte S. 60; ☏ 091 58 77 17; www.poloartecontemporanea.it; Palazzo Riso, Corso Vittorio Emanuele 365; Erw./erm. 6/3 €; ◉ Di-So 10–19.30 Uhr) In einem restaurierten klassizistischen Palazzo aus dem 18. Jh. zeigt diese Bastion der modernen und zeitgenössischen Kunst u. a. eine eindrucksvolle Installation des aus Griechenland stammenden Künstlers Jannis Kounellis mit 19 scheinbar über den Besuchern schwebenden Kleiderschränken. Die Kuratoren des Museums veranstalten in Zusammenarbeit mit anderen städtischen und regionalen Institutionen spannende Ausstellungen, die einen Überblick über internationale Kunst oder alternative Interpretationen des künstlerischen Erbes Siziliens zeigen.

◉ Albergheria

Einst lebten hier Beamte des normannischen Hofes, seit dem Ende des Zweiten Weltkriegs aber ist Albergheria ein armes, etwas heruntergekommenes Viertel; an einigen Häusern sind sogar noch die Spuren des Bombenhagels zu sehen. Heute lebt hier eine stetig wachsende Einwanderergemeinde, die den Straßenzügen mit ihren Hoffnungen und Wünschen neues Leben eingehaucht hat. Im östlichen Teil Albergherias

Albergheria & Capo

befinden sich der meistbesuchte Straßenmarkt Palermos, der Mercato di Ballarò, und die wunderschöne Chiesa del Gesù. Die mit Abstand größten Touristenmagneten sind jedoch der Palazzo dei Normanni und seine wunderbare Cappella Palatina am äußersten Rand des Viertels. Der 1 km lange Fußmarsch dorthin ist glücklicherweise leicht zu meistern.

★ **Palazzo dei Normanni** PALAST
(Palazzo Reale; Karte S. 60; ☎ 091 705 56 11; www.federicosecondo.org; Piazza del Parlamento; Erw./erm. inkl. Ausstellung Fr-Mo 12/10 €, Di-Do 10/8 €;

Albergheria & Capo

⦿ Highlights
1. Cappella Palatina B5
2. Cattedrale di Palermo B3
3. Mercato di Ballarò D4
4. Palazzo dei Normanni B5
5. Teatro Massimo C1

⦿ Sehenswertes
6. Chiesa del Gesù D4
7. Chiesa di San Giovanni degli Eremiti ... B5
8. Chiesa di Sant'Agostino C2
9. Mercato del Capo B2
10. Museo Diocesano di Palermo B3
11. Museo Regionale d'Arte Moderna e Contemporanea della Sicilia (Riso) D3

⦿ Aktivitäten, Kurse & Touren
12. Addiopizzo Travel C1

⦿ Schlafen
13. Massimo Plaza Hotel C1

⦿ Essen
14. Bisso Bistrot D3
15. Le Angeliche B2
16. Ristorante Ferro D2
17. Trattoria Ai Cascinari A3
18. Trattoria al Vecchio Club Rosanero D2

⦿ Unterhaltung
Teatro Massimo .... (siehe 5)

⦿ Shoppen
19. Naná Aristova Jewels D3

⊙ Mo-Sa 8.15-17.40, So bis 13 Uhr) In diesem altehrwürdigen Palast aus dem 9. Jh. tagt heute das sizilianische Regionalparlament. Sein aktuelles Aussehen (und seinen Namen) verdankt das Gebäude einer Rundumerneuerung durch die Normannen, im Zuge derer die königlichen Apartments und die wunderbare Cappella Palatina mit spektakulären Mosaiken verziert wurden. Bei einer Besichtigung der Apartments (nur Fr-Mo) können u. a. die mit Mosaiken ausgekleidete **Sala dei Venti** und das Schlafgemach des Normannenkönigs Roger II. aus dem 12. Jh., die **Sala di Ruggero II**, bestaunt werden.

★ Cappella Palatina KAPELLE
(Cappella Palatina; Karte S. 60; ☏ 091 705 56 11; www.federicosecondo.org; Piazza Indipendenza; Palazzo del Parlamento; Erw./erm. inkl. Ausstellung Fr-Mo 12/10 €, Di-Do 10/8 €; ⊙ Mo-Sa 8.15-17.40, So bis 13 Uhr) Diese außergewöhnliche Kapelle ist Palermos größte Touristenattraktion; man erreicht sie über die mittlere Ebene der dreistöckigen Loggia des Palazzo dei Normanni. 1130 unter Roger II. entworfen, ist sie bis heute mit leuchtenden, goldenen Mosaiken und kunstvollen Marmorböden verziert. Die an Honigwaben bzw. Stalaktiten erinnernde *muqarnas*-Decke aus Holz ist ein Meisterwerk arabischer Schnitzkunst und spiegelt zugleich die kulturelle Komplexität des normannischen Siziliens wider.

Man muss mit langen Warteschlangen am Eingang rechnen. Kurze Hosen, zu kurze Röcke oder tief ausgeschnittene Tops werden nicht gern gesehen – wer sich nicht daran hält, muss eventuell draußen bleiben.

Der gut beleuchtete Innenraum der Kapelle ist schlicht atemberaubend! Kostbare Steine bedecken jeden Quadratzentimeter der Innenwände und lassen den ganzen Raum erstrahlen. Die äußerst raffinierten Mosaike stammen überwiegend von byzantinisch-griechischen Künstlern, die Roger II. für dieses Projekt 1140 nach Palermo kommen ließ. Sie erfassen Ausdrücke, Details und Bewegungen mit außergewöhnlicher Anmut, Feinheit und mitunter auch mit enormer Kraft; besonders gut ist dies in der Darstellung des Christus Pantokrator (der Allmächtige) im Kreise von Engeln in der Kuppel zu sehen. Der Großteil der Mosaike erzählt Geschichten aus dem Alten Testament, auf anderen wird Palermos bedeutsame Rolle in den Kreuzzügen dargestellt. Und wiederum andere Mosaike, die später hinzukamen, sind weniger ausdrucksstark (so z. B. die Darstellung der Jungfrau mit Heiligen in der Hauptapsis unterhalb des Christus Pantokrator), beeinträchtigen aber glücklicherweise nicht zu sehr das Gesamtwerk als Ganzes.

Man sollte aber nicht nur die Mosaike bewundern. Nicht weniger bemerkenswert ist die bemalte Holzdecke. Deren arabische *muqarnas*, ein an Tropfsteine erinnerndes Dekorationselement, sind für eine christliche Kirche einzigartig (weshalb mitunter spekuliert wird, dass Roger II. im Geheimen Muslim gewesen sei). Die Wände sind mit herrlichen Marmorintarsien verziert, die unverkennbar eine islamische Ästhetik aufweisen. Auch der Boden aus kunstvollem Marmor ist atemberaubend, zumal wenn man bedenkt, dass Marmor im 12. Jh. genauso

NICHT VERSÄUMEN

STRASSENMÄRKTE

Nicht nur der Geräuschpegel in den Straßen der Altstadt, sondern auch das bunte Treiben auf den Märkten erinnert an Palermos historische Verbindung mit der arabischen Welt und an die geografische Nähe zu Nordafrika. Jeder der vier historischen Bezirke wartet mit einem eigenen Straßenmarkt auf. Die „Großen Drei" in puncto Tradition und Beliebtheit findet man in Vucciria, in Ballaró und in Capo.

Am chaotischsten präsentiert sich der **Mercato della Vucciria** (Karte S. 68; Piazza Caracciolo; ⊙ Mo, Di, Do–Sa 7–20, Mi bis 13 Uhr). Die Käufer sind eher ruppig, die Standbesitzer häufig ziemlich mürrisch; an ein paar Ständen werden Frischwaren und Trödel verkauft. Auf dem **Mercato di Ballarò** (Karte S. 60; Via Ballaro 1; ⊙ 7.30–8.30 Uhr) geht es im Vergleich dazu sehr lebhaft zu. Wohin man schaut, gibt es Stände mit Haushaltswaren, Kleidung und Lebensmitteln jeglicher Art. Auch viele Einheimische erledigen ihre täglichen Einkäufe. Der **Mercato del Capo** (Karte S. 60; Via Sant'Agostino; ⊙ Mo, Di & Do–Sa 7–20, Mi & So bis 13 Uhr), der wohl atmosphärischste der drei Märkte, erstreckt sich im Gassenwirrwarr von Albergheria und Capo. Frischfleisch baumelt von Metallhaken, glänzende Thun- und Schwertfische, fachmännisch zerlegt, werden feilgeboten, Anchovis gekonnt filetiert. An langen, ordentlichen Reihen von Ständen können die Besucher geruchsintensiven Käse, fleischige Oliven, saftiges Obst und Gemüse kaufen.

Morgens geht es auf den Märkten am lebhaftesten zu. Aber Achtung: Auch beim Stöbern immer gut auf die Wertsachen achten!

---

wertvoll wie Juwelen war. Der Wert des Bodens zu seiner Entstehungszeit ist also in heutigen Zahlen kaum zu bemessen.

Bei besonderen Ereignissen kann die Kapelle früh schließen oder einen Teil des Tages geschlossen sein; bevor man sich auf den Weg macht, sollte man daher immer einen Blick auf die Website werfen.

Chiesa di San Giovanni degli Eremiti
KIRCHE

(Karte S. 60; ☏ 091 651 50 19; Via dei Benedettini 20; Erw./erm. 6/3 €; ⊙ Mo–Sa 9–18.30, So bis 13 Uhr) Die mit fünf Kuppeln versehene Kirche aus dem 12. Jh. ist eines der schönsten Beispiele arabisch-normannischer Architektur in Palermo und nach dem hl. Wilhelm von Vercelli, einem sizilianischen Mönch, Eremiten und Wolfsbändiger benannt. Die Kirche in einem Garten voller Zitrusbäume, Palmen, Kakteen und Rosmarinsträucher wurde auf den Fundamenten einer Moschee erbaut, die ihrerseits eine Benediktinerkapelle aus dem 6. Jh. ersetzt hatte. Auf dem beschaulichen Gelände finden sich auch die Überreste des Klosterkreuzgangs aus normannischer Zeit.

Chiesa del Gesù
KIRCHE

(Karte S. 60; Via del Ponticello; erbetene Spende 2 €; ⊙ Sommer 8–19 Uhr, Winter bis 15.30 Uhr) Die auch als Casa Professa bekannte Kirche gehört zu den atemberaubendsten Gotteshäusern der Stadt. Zwischen 1564 und 1578 von einem Jesuitenorden erbaut, wurde sie 1633 in eine größere Kirche integriert. Das Gotteshaus erlitt im Zweiten Weltkrieg schwere Schäden und wurde später umfassend renoviert. Während die Fassade ganz im Stil des späten 16. Jhs. eher Zurückhaltung demonstriert, erstrahlen Querschiff, Apsiden und Kuppel in der barocken Extravaganz des 17. Jhs. Die Kuppel ist mit einem Fresko dekoriert, das Pietro Novelli zugeschrieben wird.

⊙ Il Capo

Il Capo schließt sich nördlich des Corso Vittorio Emanuele an das Viertel Albergheria an und besteht wie dieses aus einem Netz verwinkelter Straßen und Sackgassen. Es ist ähnlich verarmt wie der Nachbarbezirk und nennt ebenfalls einen beliebten Straßenmarkt sein Eigen, den Mercato del Capo (S. 62). Dieser erstreckt sich über die gesamte Länge der Via Sant'Agostino bis zur Porta Carini, einem der Palermos ältesten Stadttoren. Das Herz des Viertels ist die imposante Klosteranlage der **Chiesa di Sant'Agostino** (Kirche des Heiligen Augustinus; Karte S. 60; ☏ 091 58 46 32; Via Sant'Agostino; ⊙ Di–Sa 7.30–12 & 16–18.45, Mo & So bis 12 Uhr), von wo aus im Mittelalter die Geschicke der Region gelenkt wurden.

★ Cattedrale di Palermo
KATHEDRALE

(Karte S. 60; ☏ 329 3977513; www.cattedrale.palermo.it; Corso Vittorio Emanuele; Kathedrale frei, königl. Gräber 1,50 €, Schatzkammer & Krypta 3 €,

Neustadt

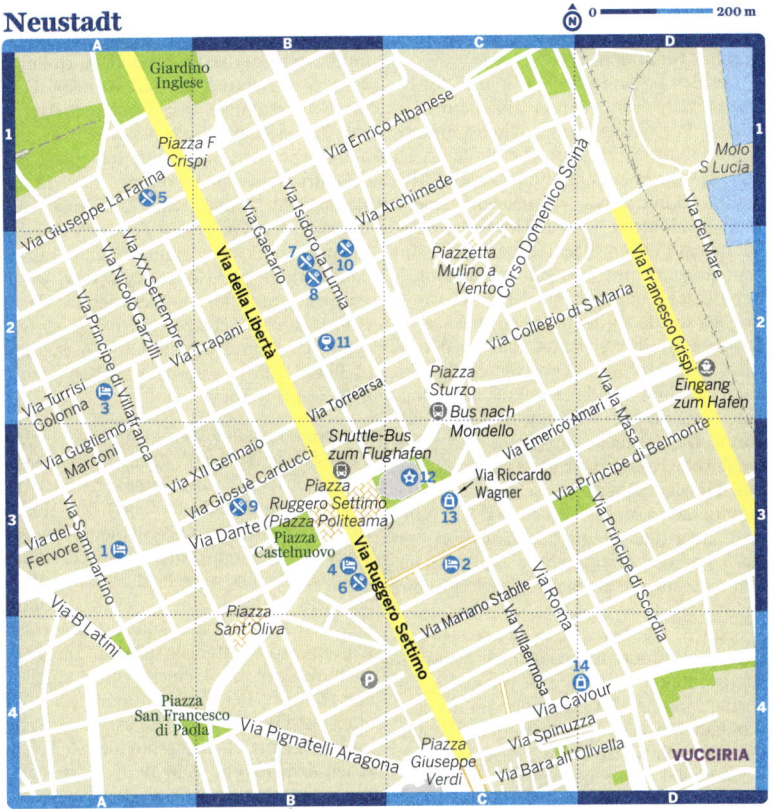

Neustadt

🛏 Schlafen
1. B&B Amélie C3
2. Hotel Principe di Villafranca A2
3. Palazzo Pantaleo B3

🍴 Essen
4. Bioesserì A1
5. I Cuochini B3
6. Mo' Avast B2
7. Pan X Focaccia B2
8. Pasticceria Cappello B3
9. Pasticceria Fratelli Magrì B2

🍸 Ausgehen & Nachtleben
10. Hic! La Folie du Vin B2

🎭 Unterhaltung
11. Teatro Politeama Garibaldi C3

🛍 Shoppen
12. Siculamente C3
13. Tre Erre Ceramiche D4

Dach 5 €, Kombiticket Erw./erm. 8/4 €; ⊙ Mo-Sa 7-19, So 8-13 & 16-19 Uhr, königl. Gräber, Schatzkammer & Dach Mo-Sa 9-13.30 Uhr, königl. Gräber & Dach auch So 9-12.30 Uhr) Palermos Kathedrale – eine Augenweide aus geometrischen Mustern, Zikkuratzinnen, Majolikakuppeln und Blendbogen – hat durch die vielen Umgestaltungen im Lauf der Jahrhunderte ästhetisch etwas gelitten. Trotzdem ist sie ein meisterhaftes Beispiel des nur auf Sizilien zu findenden, außergewöhnlichen arabisch-normannischen Stils. Der Innenraum hat zwar sehr beeindruckende Ausmaße, ist aber kaum mehr als eine marmorne Hülle für die interessantesten Sehenswürdigkeiten: die **normannischen Königsgräber** (gleich am Eingang links) und die **Schatzkammer**, in der die mit Juwelen besetzte

Krone von Konstanze von Aragón aus dem 13. Jh. zu sehen ist. Großartig ist auch der Ausblick vom **Dach**.

Der Bau begann 1184 auf Geheiß des Bischofs Walter von Palermo (Gualtiero Offamiglio). Der vermeintlich englischstämmige Lehrer Wilhelms II. war sehr einflussreich und verfügte über nahezu unbegrenzte Mittel. Als er mit ansah, wie der vortreffliche Dom in Monreale in den Himmel wuchs, befürchtete er, an Macht einzubüßen. Um dem entgegenzuwirken, gab er ein ähnlich imposantes Gotteshaus in Palermo in Auftrag. Es wurde an der Stelle einer früheren Moschee (9. Jh.) errichtet, die wiederum einst eine Kapelle abgelöst hatte. Ein Element der Moschee ist erhalten geblieben: Eine Koranpassage ziert eine Säule am Südportal. Die Ausmaße des Doms und seine prachtvolle Fassade wurden zum Symbol für das damalige Ringen zwischen geistlicher und weltlicher Macht. Walters Tod 1191 führte zu einer Entspannung der Situation – er starb vor der Fertigstellung seines Doms und hatte nie die Möglichkeit, sich mit ihm zu brüsten.

Seitdem wurden viele, teilweise sehr gelungene Veränderungen an dem Bauwerk vorgenommen. So kam z. B. im 15. Jh. der Portikus mit drei Bogengängen von Antonio Gambara hinzu, ein Meisterwerk der katalanisch-gotischen Architektur, dessen Fertigstellung 200 Jahre in Anspruch nahm. Andere Umbauten wiederum waren weit weniger gelungen, darunter Ferdinando Fugas klobige Kuppel, die zwischen 1781 und 1801 hinzugefügt wurde. Zum Glück „verschonte" Fuga die Ostseite der Fassade, die nach wie vor vom exotischen verflochtenen Originaldesign aus Walters Zeiten geprägt ist. Die Südwestfassade entstand im 13. und 14. Jh. Hier haben sizilianische Kunsthandwerker dem gotischen Stil ein Denkmal gesetzt. Man betritt den Innenraum durch Gambras prächtigen katalanisch-gotischen Portikus. Vor dem Eingang liegt ein Garten mit einer Statue der Santa Rosalia, einer der Schutzheiligen von Palermo. Eine hübsch bemalte Intarsienarbeit über den Bogen zeigt den Baum des Lebens als Teil einer komplexen geometrischen arabischen Komposition; zu sehen sind zwölf Rundfelder mit Früchten, Menschen und unterschiedlichen Tieren. Sie wird auf das Jahr 1296 datiert.

Unmittelbar links vom Eingang befinden sich die Grabstätten mit den sterblichen Überresten der bedeutendsten sizilianischen Herrscher: von Roger II. (hinten links), vom Staufer Friedrich II. (vorn links) sowie von Heinrich VI. und Wilhelm II. In der Schatzkammer der Kathedrale lagern eine kleine Sammlung von Juwelen aus normannischer Zeit und einige Reliquien. Am beeindruckendsten ist die aus dem 13. Jh. stammende Krone von Konstanze von Aragón, der Frau von Friedrich II.; das Kleinod wurde von einheimischen Kunsthandwerkern aus Gold faszinierend grazil gearbeitet und mit Juwelen besetzt. Auch einige skurrile Schätze sind dabei, so beispielsweise ein Zahn und die Asche der hl. Rosalia, die hier in silbernen Reliquiaren aufbewahrt werden.

Museo Diocesano di Palermo MUSEUM (Karte S. 60; 091 607 72 15; www.museodiocesanopa.it; Via Matteo Bonello 2; Erw./erm. 4,50/3 €; Di–So 9.30–13.30 Uhr) Das Museo Diocesano von Palermo beherbergt eine bedeutende Sammlung von Kunstwerken. Im Erdgeschoss sind verschiedene Skulpturen aus dem 15. bis 18. Jh. zu sehen, darunter Werke der Renaissancekünstler Francesco Laurana und Antonello Gagini. Die Ausstellung oben im 1. Stock wurde kürzlich erst eröffnet. Hier werden in zehn Sälen des alten erzbischöflichen Palais italienische und flämische Gemälde aus der Zeit zwischen dem 16. und dem 19. Jh. ausgestellt. Besonders sehenswert sind die Sala Beccadelli mit ihrer Decke aus der Mitte des 15. Jhs. sowie die Cappella Borremans, die mit Fresken des flämischen Malers Guglielmo Borremans verziert ist und aus dem 18. Jh. stammt.

La Kalsa

Viele Jahre war das von Armut gebeutelte La Kalsa eines der verrufensten Viertel von Palermo. Unlängst wurde jedoch ein Sanierungsprogramm gestartet. Viele der verfallenen *palazzi* wurden inzwischen restauriert, und in ehemals verlassenen Straßen siedelten sich kleine alternative Bars, angesagte Restaurants und Kunsthandwerk-Studios an; außerdem gibt es hier eine Menge Street Art. Außerdem sind in diesem Viertel einige der besten kulturellen Sehenswürdigkeiten der Stadt zu finden, darunter die Galleria Regionale della Sicilia, die Galleria d'Arte Moderna und der luxuriöse Palazzo Mirto, der Besucher unversehens auf eine Zeitreise entführt.

NICHT VERSÄUMEN

STRASSENKUNST IN PALERMO

In den Nebenstraßen in Palermos *centro storico* (historischem Zentrum) kann man kühne Straßenkunst entdecken, darunter verspielte Darstellungen fantastischer Kreaturen und Wandmalereien mit politischer Aussage, etwa zur Einwanderung und zur Mafia. Werke finden sich in allen vier Altstadtvierteln, darunter an der Via Carrettieri in Il Capo und um sie herum, in den Straßen um den Mercato di Ballarò (S. 62) in Albergheria, an der Kreuzung der Via Cassari und der Via Materassai in La Vucciria sowie an der Via della Cannella in La Kalsa.

La Kalsa besitzt ein besonders eindrucksvolles Trio **großformatiger Wandmalereien** (Karte S. 68; Via Dello Spasimo), die für ein Stadterneuerungsprojekt in Auftrag gegeben wurden und die mehrstöckigen Wände einer Reihe von Wohnblocks an der Via Dello Spasimo bedecken. Das linke Gemälde stammt von der römischen Künstlerin Camilla Falsini und stellt in geometrischen Formen den jungen Friedrich II., den berühmten kosmopolitischen Stauferkaiser dar, der in Sizilien residierte. Auf dem rechten feiert das sizilianischen Künstlerduo Rosk e Loste (Maurizio Giulio „Rosk" Gebbia und Mirko „Loste" Cavalletto) die kulturelle Vielfalt mit der farbenfrohen Darstellung einer jungen Frau afrikanischer Herkunft. Daneben erhebt sich die von Mbre Fats aus Gorizia geschaffene zeitgenössische Neuinterpretation des im 15. Jh. entstandenen berühmten Freskos *Trionfo della morte* (Triumph des Todes), das in der nahe gelegenen Galleria Regionale della Sicilia (S. 65) ausgestellt ist. Rosk e Loste sind auch die Schöpfer des **kolossalen Wandbilds** (Karte S. 68; Ecke Via della Cala & Via Mura della Lupa), das die ermordeten Richter Giovanni Falcone und Paolo Borsellino zeigt, die sich dem Kampf gegen die Mafia stellten. Das Bild befindet sich an der Kreuzung der Via della Cala und der Via Mura della Lupa, einen 800 m langen Fußmarsch gen Norden auf der nahe gelegenen Via Butera entfernt.

Einen tieferen Einblick in die sich stets verändernde, immer weiter ausgreifende Straßenkunst der Stadt findet man unter Street Art Palermo (@streetartpalermo) auf Instagram.

★ Galleria Regionale della Sicilia   MUSEUM

(Karte S. 68; 091 623 00 11; www.regione.sicilia.it/beniculturali/palazzoabatellis; Via Alloro 4; Erw./erm. 8/4 €; Di-Fr 9–18.30, Sa & So bis 13 Uhr) Das Museum im stattlichen Palazzo Abatellis aus dem 15. Jh. zeigt Arbeiten sizilischer Künstler vom Mittelalter bis zum 18. Jh. und gilt weithin als das beste Kunstmuseum der Stadt. Einer der größten Schätze hier ist das herrliche Fresko *Trionfo della morte* (Triumph des Todes) eines unbekannten Künstlers. Es zeigt den Tod, der als dämonisches Skelett auf seinem ausgemergelten Pferd sitzt und gerade mit Pfeil und Bogen einen jungen Mann getötet hat; auch das klassische Attribut, die Sense, darf nicht fehlen. Im Zentrum des Bildes sieht man unter den Hufen des Pferdes die eitlen und verwöhnten Aristokraten Palermos, während die Armen und Hungrigen von der Seite aus zusehen. Das riesige, sorgfältig restaurierte Bild bekam einen eigenen Ausstellungsraum im Erdgeschoss, um seine visuelle Wucht noch zu verstärken.

Die Galerie hat noch viele weitere Schätze zu bieten, die großartige Einblicke in die Entwicklung der sizilianischen Kunst gewähren, darunter Antonello da Messinas geheimnisvolles Meisterwerk *L'Annunciata* (Maria der Verkündigung), das ein raffiniertes Gleichgewicht zwischen italienischen und flämischen Einflüssen wahrt.

Die Ausstellungsräume in dem prachtvollen katalanisch-gotischen *palazzo* wurden 1957 von Carlo Scarpa, einem der führenden Architekten Italiens, entworfen.

Museo dell'Inquisizione   MUSEUM

(Karte S. 68; %091 2389 3788; Piazza Marina 61; Erw./erm. 8/3 €; Di-So 10–18 Uhr) Die unteren Etagen und Kellergewölbe des Palazzo Chiaromonte Steri aus dem 14. Jh. beherbergen dieses faszinierende Museum, das einen Einblick in das Erbe der Inquisition in Palermo gewährt. Hier wurden zwischen 1601 und 1782 Tausende „Ketzer" festgehalten. Die im Wabenmuster angeordneten Zellen wurden sorgfältig restauriert; dabei kamen Malereien und Kunstwerke von religiöser und weltlicher Thematik zum Vorschein, die die Gefangenen dort an den Wänden hinterlassen haben. Zutritt nur im Rahmen von Führungen (alle 40–60 Min.), die auf Englisch und Italienisch angeboten werden. Startpunkt ist der Kartenschalter.

Zu den religiös motivierten Bildern zählen ein von spanischen Soldaten gefolterter Christus sowie Bilder von Palermos Schutzheiligen San Rocco und Santa Rosalia. Zu sehen sind aber auch profane Zeichnungen, z. B. von Pfeilen oder Folterinstrumenten durchbohrte Herzen, aufwendige Karten von Sizilien, die von mehreren Gefangene immer wieder mit neuen Details ergänzt wurden, ein Inquisitor mit der Waage der Gerechtigkeit in der Hand und die Karikatur eines anderen Inquisitors, der auf einem Pferd sitzt, das sich gerade neben einer Latrine entleert.

Teil der Führung sind auch zwei Arbeiten des zeitgenössischen sizilianischen Künstlers Renato Guttuso: eine Zeichnung, die die Erdrosselung des Inquisitors De Cisneros durch den in Handschellen gelegten 22-jährigen Gefangenen Diego La Mattina zeigt, und das Original seines meisterhaften Gemäldes des Vucciria-Markts von 1974. Auf Letzterem sind u. a. seine Frau und seine deutlich jüngere Geliebte abgebildet. Das Gemälde kann ohne Museumsführung besichtigt werden (4 €).

Museo delle Maioliche   MUSEUM

(Stanze al Genio; Karte S. 68; ☎ 340 0971561, 380 3673773; www.stanzealgenio.it; Via Garibaldi 11; Erw./erm. 9/8 €; ◉ Führungen auf Englisch Di–Fr 15, Sa 10, So 11 Uhr, auf Italienisch Di–Fr 16, Sa & So 11 Uhr) Freunde handbemalter italienischer Majolika dürfen sich dieses einmalige Museum auf keinen Fall entgehen lassen: Die hervorragende Privatsammlung, die der Museumsgründer Pio Mellina in drei Jahrzehnten zusammengetragen hat, umfasst fast 6000 Fliesen des 16. bis 20. Jhs., die überwiegend aus Sizilien und Neapel stammen. Die Fliesen zieren die Wände und die Böden des liebevoll restaurierten Palazzo Torre-Piraino aus dem 16. Jh., der mit seine freskengeschmückten Deckengewölben selbst schon ein Kunstwerk ist. Das Museum zeigt zudem eine kleine Sammlung alten italienischen Spielzeugs.

Oratorio di San Lorenzo   KAPELLE

(Karte S. 68; Via dell'Immacolatella 5; Erw./erm. 3/2 €; ◉ 10–18 Uhr) Das Oratorium San Lorenzo stammt aus dem späten 16. Jh. und ist mit bemerkenswerten Rokoko-Stuckarbeiten des Meisterbildhauers Giacomo Serpotta ausgeschmückt. Abgebildet sind Lebensstationen der beiden Heiligen Laurentius und Franziskus. Sie finden sich in guter Gesellschaft mit den von Antonio Grano entworfenen Marmorfußböden und den Seitenbänken mit Intarsien aus Elfenbein und Perlmutt. Über dem Altar hängt eine Nachbildung von Caravaggios *Christi Geburt mit den Heiligen Franziskus und Laurentius*, das 1969 hier gestohlen wurde; das Verschwinden des Gemäldes gehört zu den Top 10 der ungelösten Kunstraubfälle, an denen sich das FBI die Zähne ausbeißt.

Galleria d'Arte Moderna   MUSEUM

(Karte S. 68; ☎ 091 843 16 05; www.gampalermo.it; Via Sant'Anna 21; Erw./erm. 7/5 €; ◉ Di–So 9.30–18.30 Uhr) Das hübsche, für Rollstuhlfahrer zugängliche Museum residiert in einem Palazzo aus dem 15. Jh., der im 17. Jh. in ein Kloster umgewandelt worden war. Die umfangreiche Sammlung von Kunst des 19. und 20. Jhs. verteilt sich auf drei Stockwerke und umfasst hauptsächlich sizilianische Werke – von monumentalen historischen Genre-Gemälden des 19. Jhs. bis hin zu futuristischen Arbeiten des frühen 20. Jhs. Hinzu kommen regelmäßige Ausstellungen moderner Kunst und ein ordentlicher Museumsshop. Der englischsprachige Audioguide kostet 4 €.

Palazzo Mirto   PALAST

(Karte S. 68; ☎ 091 616 75 41; www.regione.sicilia.it/beniculturali/palazzomirto; Via Merlo 2; Erw./erm. 6/3 €; ◉ Di–So 9–18, So bis 13 Uhr) Der aus dem 17. Jh. stammende *palazzo* gleich abseits der Piazza Marina ist einer der wenigen öffentlich zugänglichen Paläste in Palermo. Er diente der Familie Filangeri vier Jahrhunderte lang als Residenz. Besucher können hier einen Einblick in die opulente, längst vergangene Zeit des sizilianischen Adels erhaschen. Es sind Broschüren auf Englisch erhältlich.

Chiesa di San Francesco d'Assisi   KIRCHE

(Karte S. 68; Piazza San Francesco d'Assisi; ◉ Mo 16–17.30, Di–So 9–11 & 16–17.30 Uhr) Auf einer wunderbar malerischen Piazza steht die oft erweiterte Chiesa di San Francesco d'Assisi aus dem 13. Jh. An ihre Ursprünge erinnern beispielsweise die Fassade im romanischen Stil, das beeindruckende Portal und die linke Apsis. Am interessantesten ist der ungewöhnliche Bogen der Cappella Mastrantonio, der 1468 von Francesco Laurana und seinem Schützling Pietro da Bonitate gestaltet wurde und eines der wenigen echten Beispiele von Renaissance-Kunst in ganz Palermo ist.

DAS GENIE GIACOMO SERPOTTA

Giacomo Serpotta (1656–1732) gilt gemeinhin als der größte sizilianische Künstler des späten Barock und der Rokoko-Epoche. Der Sohn eines Bildhauers aus Palermos Viertel La Kalsa führte die Stuckateurskunst in Italien in neue Sphären, er erreichte internationales Ansehen für seine bezaubernden, lebensechten Figuren, die er oft auf ungewöhnliche und unsymmetrische Weise anordnete und dadurch ein beeindruckendes Zusammenspiel von Realität und Perspektive schuf. Neben seiner künstlerischen Kraft zeichnete Serpotta aber auch technisches Genie aus. Er entwickelte eine Poliertechnik, durch die seine Stuckarbeiten einen marmorartigen Glanz erhielten.

Am besten ist Serpottas künstlerische Entwicklung in den Oratorien Santa Cita, San Lorenzo (S. 66) und San Domenico – und zwar in dieser Reihenfolge – nachzuvollziehen. Im Innern von Santa Cita ist die Frische seiner Kreativität förmlich greifbar; so halten beispielsweise Cherubim eine Leinwand aus Stuck, auf der die Schlacht von Lepanto dargestellt ist. Im Oratorio di San Lorenzo sind die wachsenden Fertigkeiten des Künstlers zu erkennen. Zu den Details des Oratoriums zählen etwa die außergewöhnliche Statue einer stillenden *Carità* (Karitas) und eine wahre Flut von verspielten *putti* (Cherubim), die die Wände zieren. Seine künstlerische Reife erreicht Serpotta im Oratorio di San Domenico. Hier geht er selbstbewusst ans Werk, greifbar etwa in seiner Gestaltung allegorischer weiblicher Figuren, die in Spitze und Straußenfedern gekleidet sind: ein in seiner Zeit außergewöhnlich innovatives Werk.

Orto Botanico GÄRTEN
(Karte S. 68; ☎ 091 2389 1236; www.ortobotanico.unipa.it; Via Abramo Lincoln 2; Erw./erm. 6/3 €; ⊙ Mai–Aug. 9–20 Uhr, April & Sept. bis 19 Uhr, März & Okt. bis 18 Uhr, Nov.–Feb. bis 17 Uhr) Dieser unkonventionelle subtropische Garten Eden wurde von Léon Dufourny und Venanzio Marvuglia angelegt. Hier wachsen und gedeihen riesige Feigenbäume, hohe Palmen und wunderschöne Hibiskusbüsche, Kaffeebäume, Papayapflanzen und Maulbeerfeigenbäume; seltsam aussehende Flaschenbäume und Seifenbaumgewächse flankieren eine Allee. In dieser Oase der Ruhe mit seiner faszinierenden Pflanzenwelt laden schattige Wege und ein großer Kräutergarten mit überwiegend mediterranen Gewächsen zum Verweilen ein.

⊙ Vucciria

Dieses Viertel ist in ganz Sizilien für den Mercato della Vucciria bekannt, der den sizilianischen Maler Renato Guttuso zu seinem bedeutendsten Werk *La Vucciria* (1974) inspirierte.

Vucciria war früher das Armenhaus Palermos – ein schmutziger Ort mit hoher Verbrechensrate, der die geradezu mittelalterlich anmutende Kluft zwischen Arm und Reich illustrierte, die in Sizilien noch bis in die 1950er-Jahre existierte. Das Viertel ist immer noch recht schäbig, doch sind Veränderungen sichtbar, wie vor allem der liebevoll restaurierte Palazzo Branciforte bezeugt.

Er ist eines der vielen faszinierenden historischen Gebäude in der Gegend, hauptsächlich rund um die eindrucksvolle, im 17. Jh. errichtete **Chiesa di San Domenico** (Karte S. 68; ☎ 091 774 64 45; www.domenicani-palermo.it; Piazza San Domenico; Kirche Eintritt frei, Kreuzgang & Sakristei 3 €; ⊙ Kirche Di–Fr 8–17, Sa bis 19, So 9–13 & 17–19 Uhr, Kreuzgang Di–Sa 9.30–16 Uhr).

Museo Archeologico
Regionale Antonio Salinas MUSEUM
(Karte S. 68; ☎ 091 611 68 07; www.regione.sicilia.it/bbccaa/salinas; Piazza Olivella 24; Erw./erm. 6/3 €; ⊙ Di–Sa 9–18, So bis 13.30 Uhr) Das prächtige, für Rollstuhlfahrer zugängliche Museum residiert in einem Renaissancekloster und beherbergt einige der wertvollsten griechischen und römischen Artefakte Siziliens, darunter als Kronjuwel eine Reihe originaler Bildfriese aus den Tempeln von Selinunt. Zu den weiteren bedeutenden Stücken der Sammlung zählen phönizische Sarkophage aus dem 5. Jh. v. Chr., griechische Reliefs aus Himera, der hellenistische *Ariete di bronzo di Siracusa* (Bronzewidder aus Syrakus), etruskische Spiegel und die weltweit größte Sammlung antiker Anker.

Oratorio di Santa Cita KAPELLE
(Karte S. 68; www.ilgeniodipalermo.com; Via Valverde; 4 €, mit Oratorio di San Domenico 6 €; ⊙ 9–18 Uhr) In dieser Kapelle aus dem 17. Jh. gibt es atemberaubende Stuckarbeiten von Giacomo Serpotta zu sehen, der das Rokoko in die

Vucciria & La Kalsa

Vucciria & La Kalsa

Highlights
1 Chiesa e Monastero di Santa Caterina d'Alessandria......................C4
2 Galleria Regionale della Sicilia F3

Sehenswertes
3 Chiesa Capitolare di San Cataldo C4
4 Chiesa di San Domenico C2
5 Chiesa di San Francesco d'Assisi D3
6 Chiesa di San Giorgio dei Genovesi......C1
7 Chiesa di San Giuseppe dei Teatini B4
8 Chiesa di Santa Cita C1
9 Chiesa di Santa Maria di Valverde C2
10 Falcone & Borsellino Mural......................F2
11 Fontana Pretoria B4
12 Galleria d'Arte Moderna.........................D4
13 La Martorana C4
14 Mercato della Vucciria C3
15 Museo Archeologico Regionale Antonio Salinas B1
16 Museo delle Maioliche D5
17 Museo dell'Inquisizione.........................F3
18 Museo Internazionale delle Marionette..F3
19 Oratorio di San Domenico C2
20 Oratorio di San Lorenzo.........................D3
21 Oratorio di Santa Cita C1
22 Orto Botanico G5
23 Palazzo Branciforte.................................C1
24 Palazzo Mirto..E3
25 Pangrel Murals F4
26 Piazza Bellini..C4
27 Quattro Canti... B4

Aktivitäten, Kurse & Touren
Cooking with the Duchess .... (siehe 29)

Schlafen
28 BB22 Palace C2
29 Butera 28 ....F3
30 De Bellini Apartments C4

Stanze al Genio Residenze........ (siehe 16)

Essen
31 Aja Mola D3
32 Francu U Vastiddaru D3
33 Friggitoria Chiluzzo G4
34 Gagini D2
35 Gelateria Ciccio Adelfio E7
I Segreti del Chiostro .... (siehe 1)
36 Il Maestro del Brodo...............................C3
37 Osteria Ballarò D4
Ristorante Palazzo Branciforte .... (siehe 23)

Ausgehen & Nachtleben
38 Bocum Mixology D3
39 Ferramenta C2
40 Ideal Caffè Stagnitta C4
41 St'orto C4

Unterhaltung
42 Teatro dei Pupi di Mimmo Cuticchio... A1
43 Teatro Ditirammu..................................G3

Shoppen
44 Borsa del Pellegrino D4
45 InsimuLab...D4
46 Lurù Maison d'Artiste G5
47 Mercatino Antiquariato Piazza Marina... E3

Transport
AST... (siehe 48)
Cuffaro .... (siehe 48)
Interbus .... (siehe 48)
48 Piazzetta-Cairoli-Busbahnhof E7
SAIS Autolinee......................... (siehe 48)
SAIS Trasporti .... (siehe 48)
Salemi .... (siehe 48)

sizilianischen Kirchen brachte. Von besonderer Bedeutung ist das kunstvolle Bild der Schlacht von Lepanto an der Eingangswand. Es zeigt den Sieg der Christen über die Türken und wird von Tüchern aus Stuck eingerahmt, gehalten von einem Ensemble kecker Cherubim, die der Künstler Palermos Straßenkindern nachempfunden hat. Auch die Seitenwände enthalten Beispiele von Serpottas Kunstfertigkeit – weiße Figuren aus Stuck, die in ihren Händen vergoldete Objekte wie Schwerter, Schilde oder eine Laute halten, und eine goldene Schlange (das Symbol Serpottas), die sich um einen Bilderrahmen windet.

Die Kapelle bildet mit vier anderen Kirchen in der Nähe die Tesori della Loggia (Schätze der Loggia). Der Eintritt in drei der Kirchen – **Santa Cita** (Karte S. 68; Via Valverde; ⊕Öffnungszeiten variieren), **San Giorgio dei Genovesi** (Karte S. 68; Via Squarcialupo; ⊕Öffnungszeiten variieren) und **Santa Maria di Valverde** (Karte S. 68; Largo Cavalieri di Malta; ⊕Sa 9–12.30 Uhr) – ist kostenlos, die Kirchen sind aber oft geschlossen; ein Kombiticket (hier erhältlich) bringt eine kleine Ermäßigung für den Eintritt in die fünfte Kapelle, das Oratorio di San Domenico, mit sich.

Oratorio di San Domenico
KAPELLE

(Karte S. 68; www.ilgeniodipalermo.com; Via dei Bambinai 2; 4 €, mit Oratorio di Santa Cita 6 €; ⊕9–18 Uhr) Das dominierende Kunstwerk der Kapelle ist Anthonis van Dycks fantastisches blau-rotes Altargemälde *Die Rosen-*

kranzmadonna, die von dem hl. Dominik und den Schutzpatroninnen von Palermo flankiert wird. Van Dyck verließ Palermo nach Ausbruch der Pest und malte das Bild 1628 in Genua. Außerdem schmücken die Kapelle beeindruckende Stuckarbeiten (1710–1717) von Giacomo Serpotta – wunderschön, plastisch und mit Figuren übersät. Serpottas Name bedeutet so viel wie „Echse" oder „kleine Schlange": Viele seiner Arbeiten „signierte" er daher mit einem Reptil – also Augen offenhalten!

★ Palazzo Branciforte — MUSEUM
(Karte S. 68; 091 765 76 21; www.palazzobranciforte.it; Largo Gae Aulenti 2; Erw./erm. 7/5 €; Mo–Fr 9–17 Uhr) Einer der prächtigsten Adelspaläste Palermos ist heute ein eindrucksvolles, facettenreiches Kulturzentrum. Die einstündigen Führungen (für englischsprachige Führungen vorab per E-Mail anmelden!) starten alle 30 Minuten; dabei sieht man u. a. die **Bibliothek der Fondazione Sicilia** mit dem kühnen zeitgenössischen Deckenfresko von Ignazio Moncada di Paternò und den **Monte di Santa Rosalia**, einen spektakulären, holzverkleideten Ausstellungsraum mit einer wichtigen Sammlung traditioneller sizilianischer *pupi* (Marionetten). Die **archäologische Sammlung** im Erdgeschoss umfasst mehr als 4750 Objekte, von denen viele in den Ruinen von Selinunt gefunden wurden.

◉ Neustadt

Nördlich der Piazza Giuseppe Verdi werden die Straßen breiter, die Gebäude länger und die Geschäfte, Restaurants und Cafés eleganter… und teurer. Ganz anders als das enge, in sich gekehrt wirkende historische Zentrum Palermos erinnert die Neustadt mit wunderschönen neoklassizistischen und Jugendstil-Bauten an das letzte goldene Zeitalter der sizilianischen Architektur und vermittelt ein Gefühl von Überschwang und Pomp. Die Neustadt ist die richtige Adresse für wunderbar kuratierte Kunst in der Pinacoteca Villa Zito, trendige *aperitivo*-Locations, edle Geschäfte und mitreißende Sinfonien (im Teatro Politeama Garibaldi).

★ Teatro Massimo — THEATER
(Karte S. 60; Ticketschalter 091 605 35 80; www.teatromassimo.it; Piazza Giuseppe Verdi; Führung Erw./erm. 8/5 €; 9.30–18 Uhr) Es dauerte über 20 Jahre, bis Palermos großartige neoklassizistische Oper endlich fertiggestellt wurde, das größte Opernhaus Italiens und das drittgrößte in Europa. Hier wurde die Schlussszene von *Der Pate III* mit der bildgewaltigen Gegenüberstellung von Hochkultur, Kriminalität, Drama und Tod gedreht. Das aufwendig verzierte Innere des Opernhauses ist nicht weniger spektakulär. Mehrmals täglich werden 30-minütige Führungen angeboten, auch auf Deutsch.

◉ Außerhalb des Zentrums

★ Pinacoteca Villa Zito — GALERIE
(091 778 21 80; www.villazito.it; Via della Libertà 52; Erw./erm. 5/3 €; Di–So 9.30–19.30 Uhr) Die elegante Villa Zito aus dem 18. Jh. beherbergt eine sorgsam kuratierte Sammlung von Kunstwerken des 17. bis 20. Jhs., die sich hauptsächlich auf Sizilien beziehen. Man entdeckt hier eine Reihe faszinierender historischer Darstellungen Palermos, zahlreiche Gemälde von Ettore De Maria Bergler (der als bedeutendster italienischer Maler aus der Zeit des Jugendstils gilt) sowie Werke wichtiger Künstler des 20. Jhs. wie Ugo Attardi, Fausto Pirandello, Filippo De Pisis, Carlo Carrà und Renato Guttuso.

★ Palazzina Cinese & Parco della Favorita — PALAST
(091 707 14 03; Via Duca degli Abruzzi 1; Di–Sa 9–18 & 1. So im Monat 9–13 Uhr) Der von Pagoden inspirierte Pavillon wurde als Refugium für König Ferdinand IV. von Neapel und seine Frau Maria Carolina errichtet und ist ein Beispiel für die Beliebtheit des Orientalismus im Europa des 18. Jhs. Chinesische, ägyptische, islamische und pompejanische Motive dienen der Dekoration der vielen Zimmer; zu den besonderen Highlights zählen ein Trompe-l'oeil-Deckengemälde von Giuseppe Velazquez, das den offenen Himmel durch ein „zerstörtes" Dach zeigt und ein raffinierter Speisetisch, der über einen Aufzug mit der darunter befindlichen Küche verbunden ist. Um herzukommen, nimmt man den Bus 107 zur Piazza Giovanni Paolo II. und dort den Bus 615 oder 645 zur Haltestelle Duca degli Abruzzi – Palazzina Cinese.

Villa Malfitano — HISTORISCHES GEBÄUDE
(091 682 05 22; www.fondazionewhitaker.it/villa.html; Via Dante 167; Erw./erm. 9/6 €; Mo–Sa 9–15 Uhr) Die Villa ist ein Meisterwerk des Jugendstils in einem 9 ha großen, formal angelegten Garten mit seltenen und exotischen Pflanzen. Bemerkenswert ist vor al-

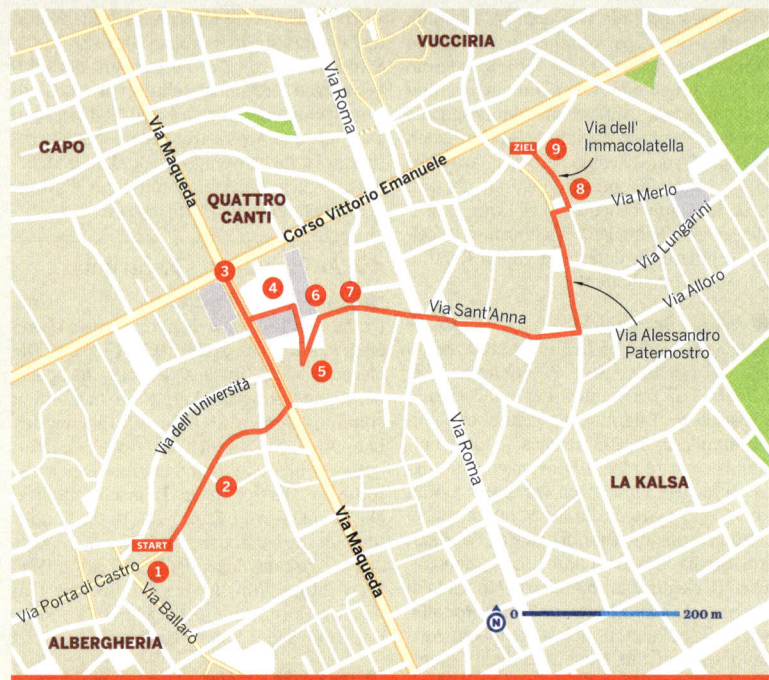

🏃 Stadtspaziergang
Historisches Palermo

START MERCATO DI BALLARÒ
ZIEL ORATORIO DI SAN LORENZO
LÄNGE/DAUER 1,3 KM; 3–4 STD.

Das dicht bebaute Zentrum Palermos erkundet man am besten zu Fuß. Diese Tour führt zu einigen der schönsten Attraktionen.

Bei einem morgendlichen Bummel über den ❶ **Mercato di Ballarò** (S. 62) mit seinen Obst- und Gemüse-, Käse- und Fischständen wird der Appetit geweckt. Auf der Via Casa Professa geht's anschließend gen Nordosten zur ❷ **Chiesa del Gesù** (S. 62); die reiche Innendeko der Jesuitenkirche stammt teilweise von Pietro Novelli. Man marschiert auf der Via del Ponticello weiter nach Nordosten und biegt dann links in die Via Maqueda ab, die einen zur ❸ **Quattro Canti** (S. 58), Palermos schönster Kreuzung bringt, die die vier historischen Stadtviertel unterteilt. Nun geht's zurück zur Piazza Pretoria mit der ❹ **Fontana Pretoria** (S. 59), die 1573 hierher gebracht wurde und wegen der nackten Nymphen „Brunnen der Schändlichkeit" genannt wird.

Von der Südostecke des Platzes geht's weiter zur Piazza Bellini. Man sollte sich die Zeit nehmen, die byzantinischen Mosaiken in der Kirche ❺ **La Martorana** (S. 59) und die Fassade der Chiesa Capitolare di San Cataldo zu bewundern. Dann überquert man den Platz, um die ❻ **Chiesa e Monastero di Santa Caterina d'Alessandria** (S. 58) zu erkunden, ein ehemaliges Kloster mit einer Barockkirche, einem mit Majolika geschmücktem Kreuzgang, einer tollen Bäckerei im Haus und einem herrlichen Blick von der Dachterrasse. Nun kann man im benachbarten ❼ **Ideal Caffè Stagnitta** (S. 77) eine Kaffeepause einlegen.

Erholt geht's über die Via Roma, auf der Via Sant'Anna gen Osten und nach links in die Via Paternostro, eine Straße mit Läden und Kunsthandwerkerateliers. Sie führt über die Piazza San Francesco d'Assisi, deren im 13. Jh. erbaute ❽ **Kirche** (S. 66) eine romanische Fassade und eine Renaissancekapelle besitzt. In der angrenzenden Via dell'Immacolatella findet sich das aus dem 16. Jh. stammende ❾ **Oratorio di San Lorenzo** (S. 66) mit Rokoko-Stuckverzierungen von Giacomo Serpotta.

lem die eigenwillige Innendekoration: Die Wandbemalung im „Sommerzimmer" erinnert an ein Gewächshaus, und das „Musikzimmer" ist mit Wandteppichen aus dem 15. Jh. behängt, die die *Aeneis* illustrieren. Das Anwesen liegt 20 Gehminuten westlich der Piazza Castelnuovo.

Catacombe dei Cappuccini KATAKOMBEN
(www.catacombepalermo.it; Piazza Cappuccini; Erw./Kind unter 8 Jahre 3 €/frei; ⊗9–13 & 15–18 Uhr, Nov.–März So nachmittags geschl.) In diesen Katakomben befinden sich die mumifizierten Körper und Skelette von etwa 8000 Einwohnern Palermos, die zwischen dem 17. und dem 19. Jh. starben. Damals wurden die Menschen strikt nach irdischer Macht, Geschlecht, Konfession und Beruf voneinander getrennt. Für Männer und Frauen gibt es unterschiedliche Korridore, für Jungfrauen gar einen „Erste-Klasse-Bereich". Von der Piazza Independenza sind es zu Fuß entlang der Via Cappuccini 1,2 km bis hierher.

Geführte Touren

Addiopizzo Travel STADTSPAZIERGANG
(Karte S. 60; ☎091 861 61 17; www.addiopizzotravel.it) Das Unternehmen veranstaltet eine Reihe interessanter Führungen zum Thema Mafia in der Region, z. B. den dreistündigen Stadtspaziergang Palermo No Mafia (30 €). Der morgendliche Spaziergang beginnt an der Piazza Verdi und bietet faszinierende Einblicke in die Geschichte von Siziliens Cosa Nostra und die der tapferen Versuche, deren schädlichen Einflüssen entgegenzutreten. Nähere Einzelheiten finden sich auf der Website.

Sicilia Letteraria WSTADTSPAZIERGANG
(☎091 625 40 11, 327 6844052; www.parcotomasi.it) Die Organisation veranstaltet literarische Stadtspaziergänge und Exkursionen, darunter regelmäßige Spaziergänge, die sich dem sizilianischen Romancier Giuseppe Tomasi di Lampedusa und seinem Meisterwerk *Der Leopard* widmen. Zu diesen gehören die an jedem Montagmorgen stattfindende englischsprachige Führung Walking with the Leopard (30 €/Pers.) und jeden Monat eine ganztägige Exkursion (80 €/Pers.), die Palermos historisches Zentrum, die Villa Nemsci und den Palazzo Mirto erkundet.

 Feste & Events

Le Vie dei Tesori KULTUR
(☎091 842 01 04; http://leviedeitesori.com/festival-le-vie-dei-tesori; ⊗Okt. & Nov. Fr–So; 🎟) Bei diesem familienfreundlichen „Fest der offenen Tür" an fünf Wochenenden im Oktober und November laden mehr als 100 Stätten, darunter Kapellen, Kirchen, Paläste, Befestigungsanlagen, Gärten und historische Fabriken, zu einem Besuch ein. Manche dieser Stätten sind ansonsten für die Öffentlichkeit gar nicht zugänglich. Zu den besonderen Events zählen Führungen, Konzerte und Verkostungen.

Festino di Santa Rosalia RELIGION
(U Fistinu; ⊗Juli) Palermos größtes jährliches Fest gilt der hl. Rosalia, der Schutzheiligen der Stadt, die dafür verehrt wird, Palermo im 17. Jh. von der Pest befreit zu haben. Der farbenfrohste Teil der Feierlichkeiten findet am Abend des 14. Juli statt, wenn die Reliquien der Heiligen in einer Prozession vom Palazzo dei Normanni über die Quattro Canti bis zum Ufer gebracht werden, wo ein Feuerwerk entfacht und dann groß gefeiert wird.

Essen

Die Restaurantszene Palermos kann zwar nicht mit den Michelin-Stern-prämierten Establissements im Süden der Insel mithalten, dafür ist die Bandbreite hier riesig: von in Familientradition geführten Trattorien mit bewährten Klassikern wie *bucatini con le sarde* (Pasta mit Sardinen, wildem Fenchel, Rosinen, Pinienkernen und Semmelbröseln) bis hin zu hypermodernen Szeneläden, die die alten Rezepte der Großmutter aufgepeppt wieder auf die Tische bringen. Auf den Märkten und an den Straßenimbissen gibt's leckere und günstige Happen, und die *pasticcerie* (Konditoreien) halten Köstlichkeiten wie *frutta martorana* (Früchte aus Marzipan) in ihren Auslagen bereit.

★Trattoria al Vecchio Club Rosanero SIZILIANISCH €
(Karte S. 60; ☎349 4096880; Vicolo Caldomai 18; Gerichte 3–12 €; ⊗Mo–Sa 13–15.30 & 8–11 Uhr; 🎟) Ein wahrer Schrein für den Fußballclub der Stadt (*rosa nero* bezieht sich auf die Farben der SSD Palermo: Rosa und Schwarz). Der höhlenartige Vecchio Club punktet mit günstigem und dennoch leckerem Essen; das Seafood toppt hier alles. Sofern es gerade angeboten wird, sollte man *caponata e pesce spada* (Caponata, ein süßsaures Gemüsegericht, mit Schwertfisch) probieren – eine echte Spezialität. Wer früh genug kommt, muss nicht warten.

HERZÖGLICHER KOCHKURS

Bei den ungewöhnlichen Kochkursen **Cooking with the Duchess** (Karte S. 68; www.butera28.it/cooking-with-the-duchess.php; Via Butera 28; 1-tägiger Kurs 150 €/Pers.) werden Essen, Geschichte und Literatur miteinander vereint. Veranstaltet werden sie von der Herzogin Nicoletta Polo Lanza Tomasi in dem Palast am Meer, in dem einst der Schriftsteller Giuseppe Tomasi de Lampedusa lebte. Der Kurs beginnt mit einer morgendlichen Einkaufstour auf dem Markt. Anschließend wird ein Mittagessen aus vier Gängen zubereitet, zu dem es passende Weine gibt. Mit einer Besichtigung des *palazzo* klingt der Tag aus.

Archestrato di Gela PIZZA €
(☏ 091 625 89 83; www.facebook.com/archestratodigelapalermo; Via Emanuele Notarbartolo 2f; Pizzas 6,50–14 €; ⊙ Di-So 19.45–24 Uhr; 🕾 🖉) Wer eine richtig gute Holzofenpizza essen will, sollte in diesem Lokal, das viele für die beste Pizzeria der Stadt halten, mindestens zwei Tage im Voraus reservieren. Der lockere, perfekt gebackene Boden neapolitanischer Art wird mit besonderen Zutaten aus ganz Italien belegt. Zu den Highlights zählt das Priolo, belegt mit Pistazien-Pesto aus Bronte, gereiftem *prosciutto crudo*, *burratina*-Käse (aus Mozzarella und Sahne) und Thunfisch aus Cetara. Zu trinken gibt's neben anderem auch Cocktails.

Pan X Focaccia SANDWICHES €
(Karte S. 63; ☏ 091 507 90 24; https://panxfocaccia.it; Via Isidoro la Lumia 74; Panini 4–10 €; ⊙ 12–16 & 19.30–24 Uhr; 🕾 🖉) In diesem zeitgenössischen Sandwichlokal mit Sitzplätzen und einer eindrucksvollen Auswahl von Essen zum Mitnehmen bekommen Panini etwas Glamouröses. Bei den Broten herrscht eine große Auswahl, zu der auch glutenfreie und Brote aus alten Getreidesorten zählen. Es gibt auch keinen Mangel an vegetarischen und veganen Optionen, außerdem bekommt man hier Hamburger (4–9,50 €) und Kleinbrauereibiere (auch glutenfreie und alkoholfreie).

Bisso Bistrot BISTRO €
(Karte S. 60; ☏ 328 1314595; Via Maqueda 172; Gerichte 14–18 €; ⊙ Mo-Sa 9–24 Uhr) Mit Fresken bemalte Wände, freiliegende Deckenbalken und leckere Vorspeisen, *primi* (erste Gänge) und *secondi* (Hauptgänge) erwarten die Gäste dieses lebhaften, lässig-eleganten Bistros. Es liegt an der Nordwestecke der Quattro Canti und offeriert eine tolle, vielfältige Auswahl, die von *cornetti* (Croissants) zum Frühstück bis hin zu Fleisch, Fisch und Pastagerichten (Letztere sind besonders gut) zum Mittagessen reicht. Wer alleine unterwegs ist, kann an der Theke Platz nehmen.

Wenn man hier zu Abend essen möchte, sollte man vor 19.30 Uhr da sein, um lange Wartezeiten zu vermeiden.

Trattoria Ai Cascinari SIZILIANISCH €
(Karte S. 60; ☏ 091 651 98 04; Via d'Ossuna 43/45; Gerichte 20–25 €; ⊙ Di-So 12.30–14.30 & Mi-Sa 20–22.30 Uhr) Das Lokal liegt zwar etwas außerhalb (1 km nördlich der Cappella Palatina), ist bei den Einwohnern Palermos aber schon lange sehr beliebt. Besonders nett ist der Besuch am Sonntagnachmittag, wenn die Einheimischen das Labyrinth der Hinterzimmer bevölkern und die Kellner pausenlos leckere saisonale Antipasti auftischen. Al ersten Hauptgang gibt's beispielsweise Ravioli mit Broccoli, Sardellen und *caciocavallo*-Käse und als Hauptgericht saftige gefüllte Calamares.

★ Aja Mola SEAFOOD €€
(Karte S. 68; ☏ 091 611 91 59, 334 1508335; www.ajamolapalermo.it; Via Cassari 39; Gerichte 35–40 €; ⊙ Di-So 12.30–15 & 19.30–23 Uhr; 🕾) Das Aja Mola gehört zu den besten Meeresfrüchterestaurants in Palermo. Innen findet sich eine hübsche, nautisch geprägte Einrichtung, und aus der offenen Küche kommen statt der üblichen Speisen moderne, kreative Gerichte, z. B. appetitliche Optionen wie Tartar im Teriyaki-Stil mit Kapern oder *tagliolini* mit saftigen Shrimps und Schweinebacke. Ideal für Gäste, die allein kommen, sind die Plätze an der Bar. Vorab unbedingt reservieren!

★ Ristorante Ferro SIZILIANIASCH €€
(Karte S. 60; ☏ 347 1618373, 091 58 60 49; www.facebook.com/ristoranteferropalermo; Piazza Sant' Onofrio 42; Gerichte 30–40 €; ⊙ Mo-Sa 20–23 Uhr) Mit seinen klaren Linien, der Holzvertäfelung und den getönten Spiegeln wäre das gemütliche, von einer Familie geführte Ferro in London oder Sydney nicht fehl am Platz. Ob man sich eine Suppe mit Tintenfisch und Muscheln, deftige Ravioli mit Steinpilzen oder ein makellos zubereitetes Steak gönnt – das Essen ist stets hervorragend. Die Küche

setzt auf erstklassige, wunderbar und ohne Schnickschnack zubereitete frische Zutaten. Leider ist die Auswahl an offenen Weinen begrenzt.

**Ristorante
Palazzo Branciforte** SIZILIANISCH €€
(Karte S. 68; ☎ 091 32 17 48; www.ristorantepalazzobranciforte.it; Via Bara all'Olivella 2; Brunch 30 €; ⏱12–15 & 19–23 Uhr) Das in einem echten *palazzo* residierende Restaurant ist wegen seines Sonntags-Brunch beliebt. Für einen Tisch in dem eleganten Hof sollte man vorab reservieren. Dies ist der beste Ort, um Büfettgerichte wie *parmigiana di melanzana* (Auberginen-Parmigiana), Pasta mit Thunfisch-*ragù* oder Tintenfischsalat zu genießen. Man sollte für die Desserts Platz lassen, eine verführerische Auswahl von frisch gebackenen Kuchen, Tarts, Obst und, wenn man Glück hat, *sfinci* (Donuts) mit Ricotta-Füllung.

Mo' Avast APULISCH, GRIECHISCH €€
(Karte S. 63; ☎ 339 3212467; www.facebook.com/moavastpalermo; Via Isidora la Lumia 82; Gerichte 25–35 €; ⏱Di–Do 18.30–23, Fr & Sa bis 24, So 12–15 & 18.30–23 Uhr; 🛜🌱) Weil der Vater der Geschwister Barbara und Emanuela Apulier und ihre Mutter Griechin ist, liegt es nahe, das sie in ihrem Restaurant apulisch-griechische Küche anbieten, beispielsweise Spezialitäten wie gebratene Zucchiniblüten mit Feta oder Tintenfischbällchen auf cremigem Hummus. Wenn man mit einer Gruppe unterwegs ist, sollte man den separaten Tisch im Zwischengeschoss reservieren.

Le Angeliche SIZILIANISCH €€
(Karte S. 60; ☎ 091 615 70 95; www.leangeliche.it; Vicolo Abbadia 10; Gerichte 25–35 €; ⏱Mo–Do 9–15, Fr & Sa bis 24 Uhr; 🛜) Diese pastellfarbene, mit Topfpflanzen bestückte Oase wird von vier Frauen geführt, die sich voll Leidenschaft der Erneuerung der reichen, teilweise

---

NICHT VERSÄUMEN

STREET-FOOD À LA PALERMO

Bangkok, Mexiko-Stadt, Marrakesch und Palermo: Schlemmer wissen, dass Siziliens Hauptstadt in Sachen Street-Food ein gewichtiges Wort mitzusprechen hat. Die Einheimischen lieben reichliches, gutes Essen, und jeder Anlass wird für eine Mahlzeit genutzt. Besonders lieben sie *buffitieri* – kleine, warme Snacks, die an Imbissständen zubereitet und verzehrt werden.

Morgens locken *pane e panelle*, Palermos berühmte Kichererbsenpuffer, die prima für Vegetarier und eine willkommene Abwechslung zu den mit süßer Eiercreme gefüllten Croissants sind. Eine weitere Option sind *crocchè* (manchmal mit frischer Minze gewürzte Kartoffelkroketten) oder *quaglie* („Wachteln": der Länge nach aufgeschnittene und aufgefächerte, der Form nach an Vogelfedern erinnernde frittierte Auberginen). Daneben findet man auch noch *sfincione* (eine weiche, ölige, mit Zwiebeln und *caciocavallo*-Käse belegte Pizza) sowie *scaccie* (zu einem Pfannkuchen gerollte belegte Brotscheiben). In den wärmeren Monaten finden die Einheimischen frisch gebackene Brioche mit Eiscreme oder *granita* (zerstoßenes Eis mit frischen Nüssen, Mandeln, Pistazien oder Kaffee) unwiderstehlich.

Ab 16 Uhr werden die Snacks fleischlastiger (und mancher wird sich vielleicht wünschen, die Erläuterungen zu folgenden Spezialitäten nicht gelesen zu haben): Wie wär's z. B. mit gegrillten *stigghiola* (mit Zwiebeln, Käse und Petersilie gefüllter Ziegendarm) oder mit ein paar *pani ca meusa* (mit sautierter Rindermilz gefüllte Brötchen), die es wahlweise als *schietta* (solo) oder *maritata* (verheiratet) gibt? Bei Ersterem wird das Brötchen nur mit Ricotta gefüllt und dann in kochendes Schmalz getaucht, bei Letzterem bekommt man die Rindermilz mit dazu.

Stände und Kioske, die Straßenkost anbieten, finden sich überall in der Stadt, insbesondere auf den Straßenmärkten. Zu den besten Adressen zählen **Francu U Vastiddaru** (Karte S. 68; Corso Vittorio Emanuele 102; Sandwiches 1,50–4 €; ⏱9–1 Uhr), **Friggitoria Chiluzzo** (Karte S. 68; ☎ 329 0615929; Piazza della Kalsa; Sandwiches 1–2,50 €; ⏱Mo–Sa 8–17, So bis 16 Uhr) und das winzige **I Cuochini** (Karte S. 63; Via Ruggero Settimo 68; Snacks ab 0,70 €; ⏱Mo–Sa 8.30–14.30 & Sa 16.30–19.30 Uhr). Einen tieferen Einblick in Palermos Kultur und die Street-Food-Szene der Stadt vermitteln die Führungen von **Streaty** (www.streaty.com; 3-stündiger Stadtspaziergang Erw./Kind 39/15 €) oder **Palermo Street Food** (www.palermostreetfood.com; 3-stündiger Stadtspaziergang 30 €/Pers.).

SÜSSE LECKEREIEN

Palermo ist zu Recht für sein Naschwerk bekannt, vom knusprigen und frisch gefüllten *cannolo* (frittierte Teigrolle mit süßer Füllung) bis zur samtigen Verführung einer *cassata* (eine Komposition aus Biskuit, Sahne, Marzipan, Schokolade und kandierten Früchten). Wer Lust auf eine kalorienreiche Offenbarung hat, sollte seinen Gürtel etwas lockern und einer dieser Adressen mit Kultstatus einen Besuch abstatten.

I Segreti del Chiostro (Karte S. 68; 327 5882302; www.isegretidelchiostro.com; Monastero di Santa Caterina d'Alessandria, Piazza Bellini; Süßspeisen ab 1 €; Sommer 10–19 Uhr, Winter bis 18 Uhr;) Jahrhundertelang verführten sizilianische Nonnen das gemeine Volk mit frisch gebackenen *biscotti* und anderem Gebäck, das hinter den verschlossenen Klostermauern nach sorgsam gehüteten Geheimrezepten zubereitet wurde. Viele der Klöster der Insel sind heute geschlossen, aber ihre schwer aufzutreibenden Spezialitäten werden in dieser hervorragenden Bäckerei und *pasticceria* weiterhin gebacken. Die Bäckerei versteckt sich in einem der ehemaligen Klöster Palermos.

Pasticceria Fratelli Magrì (Karte S. 68; 091 58 47 88; www.pasticceriamagri.com; Via Isidoro Carini 42; Gebäck ab 2 €; Mo–So 9–21 Uhr) Die komplett selbst gemachten *cannolli* und *cassate* in dieser in dritter Generation familiengeführten *pasticceria* (Konditorei) in der Neustadt sind wirklich traumhaft. Ebenso lecker sind aber auch die anderen, weniger bekannten Klassiker wie die *patata* (Biskuit mit Pudding, Marzipan und Mandelcreme) oder die *torta savoia*, ein mehrschichtiger Schokoladen-Haselnuss-Kuchen.

Pasticceria Cappello (Karte S. 63; 091 611 37 69; www.pasticceriacappello.it; Via Nicolò Garzilli 19; Desserts ab 2 €; Do–Di 7.30–21.30 Uhr) Diese Bäckerei mit eigenem Café hat Palermo den *setteveli* (siebenschichtiger Schokoladenkuchen) geschenkt, der heute in der ganzen Stadt nachgeahmt wird. Man sollte ihn unbedingt probieren, aber auch noch Platz für die traumhafte *delizia di pistacchio* lassen, einen körnigen Pistazienkuchen mit Sahnehäubchen und Schokoladentaler. Die *cornetti* (Croissants) sind verführerisch, frisch und perfekt für den etwas leichteren Start in den Tag.

Gelateria Ciccio Adelfio (Karte S. 68; 091 616 15 37; Corso dei Mille 73; Gelato ab 1 €; 7–24 Uhr, März–Nov. Do geschl.) Einen kurzen Fußmarsch vom Bahnhof entfernt liegt diese altmodische *gelateria*, deren Jünger aus der ganzen Stadt hierher pilgern. Man sollte es den Einheimischen gleichtun und sein Eis in einer Brioche (2 €) bestellen. Neben den klassischen Geschmacksrichtungen wie Pistazie, *torrone* (Nougat) oder *cannolo* gibt's auch mutigere Kreationen wie etwa Mars (eine eiskalte Abwandlung des Schokoladenriegels). Das Eis hier ist traumhaft frisch, immer gut und dazu noch sehr günstig.

---

vergessenen kulinarischen Traditionen Siziliens widmen. Auf der Karte stehen beispielsweise Nudelsuppe mit weißen Bohnen, Endivien und Kastanien oder *cassatella di Montevago* – gebratene, an Ravioli erinnernde Teigtaschen, die mit gesüßtem Schafsmilch-Ricotta, Honig und geriebener Zitronenschale gefüllt sind. Vorab unbedingt reservieren!

Bioesserì HEALTH FOOD €€
(Karte S. 63; 091 765 71 42; www.bioesseri.it; Via Giuseppe La Farina 4; Pizzen 7,50–14 €, Gerichte 30–35 €; Mo–Do 7.30–23, Fr bis 23.30, Sa 8.30–23.30, So bis 23 Uhr;) In diesem stilvollen Import aus Mailand, teils Café, teils Feinkostladen, wird vortreffliche Bio-Kost aller Art serviert, von veganen *cornetti* (Hörnchen), Smoothies und Sojamilch-*budini* (Pudding) über Dinkelmehlpizza bis hin zu gut zubereiteten Bistrogerichten wie Meeresfrüchtesuppe mit *fregula* (Kügelchen aus Hartweizengrieß) oder gefüllten Calamari mit Kartoffelpüree und Kräutern.

Osteria Ballarò SIZILIANISCH €€
(Karte S. 68; 091 32 64 88; www.osteriaballaro.it; Via Calascibetta 25; Gerichte 35–45 €; 12–15 & 19–23 Uhr) Gewölbte Decken, unverputzte Steinsäulen und Backsteinwände bilden die stimmungsvolle Kulisse für dieses brummende Restaurant mit Weinbar. Hier kommt Slow-Food-Küche mit Produkten von der Insel auf den Tisch, darunter feiner Käse, *salumi* (Wurstwaren), *crudite di pesce* (örtliches Sashimi), Meeresfrüchte als *primo piatto* und denkwürdige sizilianische *dolci* (Süßspeisen). Hochwertige regionale

Weine runden das Angebot ab. Reservierung empfehlenswert!

Il Maestro del Brodo TRATTORIA €€
(Karte S. 68; ☏ 091 32 95 23; Via Pannieri 7; Gerichte 25–35 €; ⏱ Di–So 12.30–15.30 & Fr & Sa 19.30–23 Uhr) Die anheimelnde historische Trattoria in Vuccirìa serviert klassisches italienisches Trostessen wie Tortellini in Brühe, Risotto mit Zucchini und Garnelen oder gegrillten frischen Fisch. Das Highlight ist das sensationelle Antipasti-Büfett mit hausgemachten Delikatessen wie *sarde a beccafico* (gefüllten Sardinen), Auberginen-*involtini* (Rouladen), gebratenen Zucchini, Artischocken mit Petersilie und süßsaurer *caponata*.

Gagini ITALIENISCH €€€
(Karte S. 68; ☏ 091 58 99 18; www.gaginirestaurant.com; Via Cassari 35; Gerichte 45 €, 4-/5-/8-Gänge-Verkostungsmenü 70/85/110 €; ⏱ 12.30–15 & 19.30–23.30 Uhr; 🕿) Echte Kenner und Feinschmecker sitzen im Kerzenschein an den rustikalen Tischen dieses Restaurants. In der Küche zaubern Massimiliano Mandozzi und Elnava De Rosa hingebungsvoll innovative regionale und saisonale Gerichte, z. B. Kebab mit sizilianischem Einschlag, verspielte Varianten klassischer *pasta con le sarde* (Pasta mit Sardinen) oder Meeresfrüchte in der unerwarteten Kombination mit Weizenschrot und Haselnüssen. Vorab reservieren!

🍷 Ausgehen & Nachtleben

Zu den beliebten Orten zum Ausgehen zählen die lockere Via Paternostro, die Piazza della Rivoluzione und die Discesa dei Giudici sowie die billige, schmuddelige Via Maccheronai. Weiter nördlich säumen muntere Bars die Via Isidora la Lumia. Weitere Bars finden sich gleich östlich des Teatro Massimo im Viertel Champagneria um die Piazza Olivella, die Via Spinuzza und die Via Patania. Elegantere Nachtlokale konzentrieren sich in Palermos Neustadt.

⭐ Ferramenta WEINBAR
(Karte S. 68; ☏ 091 672 70 61; Piazza G Meli 8; ⏱ Di–So 18.30–1 Uhr) In dem echt coolen Bar-Restaurant in einer ehemaligen Eisenwarenhandlung an der Piazza kann man lange Tage mit gut gemixten Cocktails und erlesenen Weinen ausklingen lassen. Zu den wechselnden offenen Weinen, zu denen beispielsweise natürliche Weißweine aus dem Westen Siziliens oder ein Bio-Rotwein vom Ätna gehören können, bestellt man sich am besten ein *tagliere* (Brett) mit erstklassigen Wurstwaren, Meeresfrüchten oder Gemüse (10–18 €). Es gibt aber auch Pasta und andere reichhaltigere Gerichte.

⭐ Hic! La Folie du Vin WEINBAR
(Karte S. 63; ☏ 349 2693038; www.facebook.com/hiclafolieduvin; Via G Mazzini 46; ⏱ 18.30–23.30 Uhr, Mitte Juni–Juli & Sept. So geschl., Okt.–Mitte Juni Mo geschl., Aug. geschl.) Das bei Einheimischen im mittleren Lebensalter ungeheuer beliebte Lokal ist stets voller Gäste, die sich bei Wein zu vernünftigen Preisen prächtig amüsieren. Die Menschenmenge reicht oft bis auf die Gasse hinaus. Die vielen italienischen, französischen und deutschen Weine sind alle vom Inhaber Giuseppe eigens geprüft und für gut befunden worden. Zu essen erhält man beispielsweise hochwertigen Käse und Wurstwaren. Am Sonntagabend wird hier Livemusik ohne Verstärker gespielt.

⭐ Bocum Mixology COCKTAILBAR
(Karte S. 68; ☏ 091 33 20 09; www.bocum.it; Via Cassari 6; ⏱ Mi–Mo 18–2 Uhr; 🕿) Das mit zeitgenössischer Kunst und Sammelobjekten ausstaffierte lässige Bocum war Palermos erste eigentliche Cocktailbar und ist auch heute noch eine der besten. Die Cantina im Erdgeschoss ist eine tolle Adresse für hochwertigen Wein und DOP-*salumi*, aber die wirkliche Magie findet oben statt, wo kundige Barkeeper spitzenmäßige saisonale Cocktails mixen. Bei den kreativen Gerichten (von Snacks bis zu richtigen Hauptgerichten) stehen Meeresfrüchte im Mittelpunkt; bei der Zubereitung verschmelzen sizilianische und asiatische Einflüsse.

Ideal Caffè Stagnitta CAFÉ
(Karte S. 68; ☏ 091 617 25 13; www.casastagnitta.it; Discesa dei Giudici 42–44; ⏱ Mo–Sa 6–19 Uhr) Zu der historischen Kaffeerösterei gehört nun auch ein Café, dessen Tische auf einer der malerischsten Kopfsteinpflasterstraßen der Stadt stehen. Hier kann man die Leute bei sortenreinem Kaffee oder, noch besser, bei einem *gelato affogato al caffè* beobachten, einer lustigen Kombination aus Eiscreme, Espresso und Sahne. Ein, zwei Tüten mit der Originalmischung der Rösterei sind ein prima Souvenir; man erhält hier aber auch Kaffeekapseln.

St'orto CAFÉ
(Karte S. 68; ☏ 091 274 85 49; www.facebook.com/stortopalermo; Discesa dei Giudici 40; ⏱ Di–Do &

So 9–1, Fr & Sa bis 2 Uhr) Abends bevölkern Künstlertypen die winzige, sehr beliebte Café-Bar bis hinaus auf das Kopfsteinpflaster. Cocktails gibt's schon ab 5 € und außerdem Kleinbrauereibier, sorgfältig ausgesuchte sizilianische Weine sowie Bio-Säfte. Tagsüber kann man z. B. *panini* mit örtlichem Käse und Wurst essen; zum abendlichen *aperitivo* gibt's kostenlose *bruschette*.

Unterhaltung

Auf dem kulturellen Veranstaltungskalender Palermos stehen u. a. Weltklasseopern, Ballettaufführungen, Darbietungen von Sinfonieorchestern und Musik aus der ganzen Welt. Viele Konzerte finden an recht ungewöhnlichen Orten statt, darunter Kirchen und historische Villen. Im Sommer werden im Teatro di Verdura Konzerte und Ballettvorführungen abgehalten. Viele Bars der Stadt haben Livemusik von Rock über Blues bis Jazz und Funk im Programm. Eine einmalige Erfahrung ist außerdem der Besuch eines sizilianischen Marionettentheaters.

 Teatro Massimo OPER
(Karte S. 60; Hauptkasse 091 605 35 80; www.teatromassimo.it; Piazza Giuseppe Verdi) Das sechsstöckige Jugendstil-Meisterwerk von Ernesto Basile ist das drittgrößte Opernhaus in Europa und neben der Mailänder Scala, dem San Carlo in Neapel und dem La Fenice in Venedig eines der angesehensten Italiens. Von September bis zum Spielzeitende im Juni finden hier Opern- und Ballettaufführungen sowie Konzerte statt.

Teatro Ditirammu WELTMUSIK
(Karte S. 68; 391 3064887; www.teatroditirammu.it; Via Torremuzza 6;) Das trauliche, von einer Familie geführte Theater in einem verfallenen barocken Hof ist Schauplatz wunderbarer Konzerte mit Welt- und Volksmusik sowie von Theatervorstellungen. Hier sind schon der bekannte sizilianische Volkssänger Mario Incudine und der Schauspieler Leo Gullotta aufgetreten. Eine charmante, kleine Bar ist an das Theater angeschlossen. Die aktuellen Events stehen auf der Website.

NICHT VERSÄUMEN

SIZILIANISCHES MARIONETTENTHEATER

Die beliebteste Form traditioneller Unterhaltung auf Sizilien ist die *opera dei pupi* (Marionettentheater) – und nirgendwo gibt es bessere Aufführungen als in Palermo.

Spanier brachten im 18. Jh. die Marionetten auf die Insel, die hier unter den Einheimischen bald begeisterte Liebhaber fanden. Ihre Leidenschaft galt den nachgestellten Erzählungen von Karl dem Großen und seinen mutigen Rittern Orlando und Rinaldo – eine Art Seifenopern der damaligen Zeit. Es ging um starke Emotionen: unerwiderte Liebe, Verrat, den Schrei nach Gerechtigkeit und den Zorn und die Verzweiflung der Unterdrückten. Die Puppen durften Kritik zum Ausdruck bringen – etwas, was der Bevölkerung verboten war.

Es gibt traditionell zwei Arten der *opera dei pupi* auf Sizilien: die palermitanische (in Palermo, Agrigent und Trapani) sowie die katanische (in Catania, Messina und Syrakus). Die palermitanischen Marionetten sind generell kleiner und beweglicher als die catanischen, Letztere haben dafür aufwendigere Kostüme und größere Gestelle. Beide Arten von Marionetten werden aus Buchen-, Oilven- oder Zitronenbaumholz gefertigt. Die Ritter sind in schimmernde Metallrüstungen gewandet, die auch ordentlich scheppern, wenn es auf der Bühne zu Schwertkämpfen mit blutrünstigen Sarazenen oder mythischen Ungeheuern kommt.

Ob ein Puppenspieler sein Handwerk versteht, wird an seiner Fähigkeit gemessen, eine Szene mit Leben zu füllen; es wird mit den Füßen gestampft, Donnergrollen produziert oder eine packende Geschichte erzählt. Auch ihre Geschicklichkeit bei Kampfszenen sind ein Kriterium. Heute gibt es nur noch wenige *opera-dei-pupi*-Ensembles. Sie spielen in erster Linie für Touristen und Kinder. Gute Anlaufstellen in Palermo sind das **Museo Internazionale delle Marionette Antonio Pasqualino** (Karte S. 68; 091 32 80 60; www.museomarionettepalermo.it; Piazzetta Antonio Pasqualino 5; Erw./erm. 5/3 €; Mo & So 10–14, Di–Sa bis 18 Uhr) oder das **Teatro dei Pupi di Mimmo Cuticchio** (Karte S. 68; 091 32 34 00; www.facebook.com/TeatroDellOperaDeiPupi.com; Via Bara all'Olivella 95), ein Ensemble der Associazione Figli d'Arte Cuticchio (Infos zu Vorstellungen gibt's auf der Facebook-Seite).

Teatro Politeama Garibaldi KLASSISCHE MUSIK
(Karte S. 63; ☏ Theaterkasse 091 607 25 32; https://orchestrasinfonicasiciliana.it/it; Via Turati 2; ⊙ Theaterkasse Mo–Fr 9.30–16.30, So bis 13.30 Uhr) Das prächtige Theater aus dem 19. Jh. ist eine beliebte Spielstätte für klassische Musik, in der das ganze Jahr über Konzerte mit Werken von Komponisten wie Beethoven, Strauss, Schubert und Phillip Glass auf dem Programm stehen. Das Theater ist die Heimat von Palermos Sinfonieorchester, dem Orchestra Sinfonica Siciliana.

Shoppen

Die Via della Libertà in der Neustadt ist von teuren Modeboutiquen gesäumt. Stimmungsvoller geht's im historischen Zentrum zu, wo Kunsthandwerksläden in den verfallenen Straßen alles von Keramik bis zu Lederwaren anbieten. Viele gehören der ALAB (www.alabpalermo.it) an, einer Kunsthandwerkervereinigung, die sich für die Revitalisierung des Viertels einsetzt. Frische Lebensmittel findet man z. B. auf dem Mercato di Ballarò (S. 62) oder dem Mercato del Capo (S. 62). Am Sonntagmorgen kann man auf dem **Mercatino Antiquariato Piazza Marina** (Karte S. 68; Piazza Marina; ⊙ So 7–13 Uhr) nach Antiquitäten und Deko-Stücken stöbern.

★ Lurù Maison d'Artiste KUNST
(Karte S. 68; Via Nicolò Cervello 39; ⊙ Mai–Sept. Di–So 10–19.30, Okt.–April So geschl.) Nach Jahren im Ausland ist Loredana Lo Verde in ihre Heimatstadt Palermo zurückgekehrt und hat in La Kalsa diese kleine Ateliergalerie eröffnet. Die talentierte Künstlerin, die sich von sizilianischer Volkskunst, von Heiligen über *pupi* (Marionetten) bis zu Kaktusfeigen inspirieren lässt, schafft schöne, günstige Illustrationen und Aquarelle sowie Öl- und Acrylgemälde. Man findet hier kleine Karten und größere Werke und sogar Lampenschirme mit Holzrahmen und handbemalten Feldern aus Baumwolle.

InsimuLab KUNSTHANDWERK
(Karte S. 68; ☏ 388 6918296; www.alabpalermo.it/laboratorio/insimulab; Piazza Aragona 19–20; ⊙ Di–So 10.30–20.30 Uhr) InsimuLab ist der Laden der Schmuckdesigner Valeria und Simona und der Töpfer Giulia und Davide. Die Erstgenannten stellen sehr einfallsreiche geometrisch geformte Ringe, Ohrringe, Halsketten und andere Schmuckstücke aus Silber, Kupfer, Messing und Aluminium her, die Letzteren brennen in Raku-Technik Objekte von Espressotassen bis zu Teekannen mit Griffen aus Treibholz. Halsketten kosten um 15 €, für Espressotassen legt man pro Stück ab ca. 8 € hin.

Tre Erre Ceramiche KERAMIK
(Karte S. 63; ☏ 091 32 77 57; www.treerreceramiche.com; Via Roma 358; ⊙ Di–Sa 9–13 & 16–20, So 10–13 & 17–20 Uhr) Der einer Familie gehörende Ausstellungsraum prunkt mit bunter Keramik. Es gibt eine große Auswahl von vor Leben nur so sprühenden, handgearbeiteten Stücken von Eierbechern über Teller und Vasen bis hin zu schicken Hausnummernschildern und eindrucksvollen *teste di Moro* (Maurenköpfen). Die Arbeiten sind nicht billig, aber von ausgezeichneter Qualität, und man findet auch Sonderangebote. Die Käufe können auch ins Ausland versandt werden.

Siculamente GESCHENKE & SOUVENIRS
(Karte S. 63; ☏ 091 508 44 26; www.siculamente.it; Via Emerico Amari 136; ⊙ April–Okt. 9.30–20 Uhr, Nov.–März bis 13.30 & 16–20 Uhr) Die T-Shirts, Pullover, Hüte und Taschen dieses coolen, kleinen Ladens sind mit Aufschriften im sizilianischen Dialekt versehen, von prägnanten Sprichwörtern bis hin zu kecken, humorvollen oder politischen Aussagen. Im Online-Katalog des Ladens stehen die Übersetzungen ins Italienische und Englische, sodass man nachvollziehen kann, was die Sprüche bedeuten.

Naná Aristova Jewels MODE & ACCESSOIRES
(Karte S. 60; ☏ 091 58 18 04; https://nana-aristova.com; Corso Vittorio Emanuele 314; ⊙ 10–20 Uhr) Naná Aristova lässt sich von Weltreisen und ihrer in Sibirien verbrachten Kindheit zu ihren Schmuckentwürfen inspirieren. Die angebotenen Halsketten, Ohrringe, Armbänder und Ringe werden alle in Handarbeit aus Materialien wie vergoldetem Silber und natürlichen Steinen hergestellt. Die kühnen, schicken, zeitgemäßen Schmuckstücke spiegeln antike Traditionen und Einstellungen wider. Eine zweite Filiale findet sich ein Stück die Straße weiter bei Hausnummer 359.

Borsa del Pellegrino MODE & ACCESSOIRES
(Karte S. 68; ☏ 366 1013512; www.borsadelpellegrino.com; Via Calascibetta 9; ⊙ Mo–Sa 10.30–20 Uhr) Mit traditionellen Techniken schaffen der autodidaktische Kunsthandwerker Francesco Pellegrino und seine Partnerin Laura d'Orso in ihrer kleinen, in einer Seitenstraße liegenden Werkstatt wunderschöne Taschen

und Schuhe aus toskanischem Leder (das teilweise mit pflanzlichen Stoffen gegerbt ist). Zu den schlichten, aber sehr stilvollen Kreationen zählen Umhänge- und Kuriertaschen; Umhängetaschen kosten ab ca. 100 €, Brieftaschen ungefähr zwischen 27 und 55 €.

❶ Orientierung

Palermo ist zwar groß, kann aber dennoch gut zu Fuß erkundet werden. Die geschäftige Via Maqueda ist die Hauptstraße. Sie erstreckt sich vom Bahnhof im Süden ganz im Norden und ändert an der Piazza Giuseppe Verdi, an der zugleich die Neustadt beginnt, ihren Namen in Via Ruggero Settimo. An der Piazza Castelnuovo (auch Piazza Politeama) wird sie schließlich zur Via della Libertà, einem großen Boulevard mit Wohnhäusern aus dem 19. Jh.

Die Via Maqueda wird vom Corso Vittorio Emanuele (auch Via Vittorio Emanuele genannt) gekreuzt, der vom Hafen La Cala im Osten westwärts zur Kathedrale und zum Palazzo dei Normanni verläuft. Die Kreuzung der Via Maqueda mit dem Corso Vittorio Emanuele bildet die berühmte Quattro Canti (vier Ecken), die das historische Palermo in vier Viertel unterteilt: La Kalsa im Südosten, Vucciria im Nordosten, Il Capo im Nordwesten und Albergheria im Südwesten. In diesen Vierteln befinden sich die meisten Sehenswürdigkeiten von Palermo.

Parallel zur Via Maqueda verläuft eine weitere große Straße, die Via Roma. Ein Einbahnstraßensystem leitet den Verkehr vom Bahnhof über die Via Roma nach Norden und über die Via Maqueda nach Süden. Der Abschnitt der Via Maqueda zwischen dem Corso Vittorio Emanuele und der Piazza Giuseppe Verdi ist zwischen 10 Uhr und 7 Uhr (So ab 8 Uhr) Fußgängerzone, gleiches gilt samstags und sonntags zwischen 10 und 22.30 Uhr für den Abschnitt des Corso Vittorio Emanuele zwischen den Quattro Canti und der Via Roma.

❶ Praktische Informationen

GEFAHREN & ÄRGERNISSE

Entgegen aller Vorurteile ist Palermo eine relativ sichere Stadt mit einer geringen Kriminalitätsrate. Dennoch muss man natürlich ein paar Grundregeln beachten. Handtaschen sollten quer über den Körper und auch nicht zur Straße hin getragen werden, um Dieben auf Motorollern das Leben nicht unnötig leicht zu machen. Auch an Orten mit vielen Menschen sollte man stets auf seine Wertsachen achten, besonders in Stadtbussen und auf Märkten. Um schlecht beleuchtete und verlassene Straßen sollte man nachts besonders rund um den Bahnhof und in La Kalsa einen großen Bogen machen.

INTERNETZUGANG

In vielen Restaurants, Cafés und Bars in Palermo gibt es kostenloses WLAN. Auch die meisten Hotels und B & Bs bieten ihren Gästen eine kostenlose und zuverlässige Drahtlosverbindung. Zudem gibt's zahlreiche kostenlose WLAN-Hotspots überall in der Stadt, u. a. an der Piazza Pretoria, Piazza Bellini, Piazza Bologni und der Piazza San Domenico.

MEDIZINISCHE VERSORGUNG

Krankenhaus (Ospedale Civico; ☏ 091 666 55 17; www.arnas civico.it; Via Tricomi; ⊙ 24 Std.) Größeres Krankenhaus mit rund um die Uhr geöffneter Notaufnahme.

NOTFALL

Krankenwagen	☏ 118
Internationale Vorwahl	☏ 00
Italienische Landesvorwahl	☏ 39
Polizei	☏ 112

Polizei (Questura; ☏ 091 21 01 11; Piazza della Vittoria 8) Palermos Hauptwache liegt zwischen der Via Maqueda und dem Palazzo dei Normanni.

POST

Hauptpost (Karte S. 68; ☏ 091 753 53 92; www.poste.it; Via Roma 320; ⊙ Mo-Fr 8.20–19, Sa bis 12.30 Uhr) Zu den kleineren Filialen der Post zählt auch eine in Palermos **Hauptbahnhof** (Karte S. 68; ☏ 091 623 07 53; www.poste.it; ⊙ Mo & Mi–Fr 8.20–19, Di ab 9.30, Sa 8.20–12.30 Uhr).

TOURISTENINFORMATION

Micro^2-Touristeninformation (Karte S. 68; ☏ 091 732 02 48; www.visitpalermo.it; Via Torremuzza 15; ⊙ Mo–Sa 10–13 & 14.30–17.30, So 10.30–14 Uhr) Diese engagierte, privat geführte Touristeninformation ist täglich geöffnet und bucht geführte Touren, Unterkünfte und Verkehrsmittel.

Städtische Touristeninformation (Karte S. 68; ☏ 091 740 80 21; http://turismo.comune.palermo.it; Piazza Bellini; ⊙ Mo–Fr 8.45–18.15, Sa ab 9.45 Uhr) Neben dieser Hauptstelle betreibt Palermos städtische Touristeninformation weitere Kioske, darunter einen in der **Via Cavour** (Karte S. 68; ⊙ Mo–Fr 8.30–13.30 Uhr), einen am **Teatro Massimo** (Karte S. 60; Piazza Giuseppe Verdi; ⊙ Mo–Fr 9.30–13.30 Uhr), einen am Hafen von Palermo und einen in Mondello, die aber nur mit Unterbrechungen besetzt und daher nur sporadisch geöffnet sind.

Touristeninformation im Flughafen Falcone-Borsellino (☏ 091 59 16 98; www.gesap.it/en/aeroporto/services/tourist-information

-office; Mo–Fr 8.30–19.30, Sa bis 18 Uhr) Die von der Metropolitanstadt Palermo geführte Touristeninformation befindet sich unten in der Ankunftshalle.

ⓘ An- & Weiterreise

AUTO & MOTORRAD

Palermo ist von Messina über die mautpflichtige A20/E90 und von Catania (A19/E932) über Enna zu erreichen. Über die Autobahn A29 kommt man von Palermo leicht nach Trapani und Marsala. Palermo und Agrigent sind über die SS121, eine gute Staatsstraße durch das Binnenland der Insel, miteinander verbunden.

BUS

Die Büros aller Busunternehmen liegen im Umkreis von ein, zwei Straßenblocks um den Bahnhof Palermo Centrale. Die Busse fahren hauptsächlich vom **Busbahnhof Piazzetta Cairoli** (Karte S. 68; Piazzetta Cairoli) gleich südlich des östlichen Bahnhofseingangs und vom etwas neueren **Busbahnhof Via Tommaso Fazello** (Via Tommaso Fazello) neben dem westlichen Bahnhofseingang ab. Am besten fragt man direkt vor Ort bei dem entsprechenden Busunternehmen nach, wo genau der gewünschte Bus abfährt.

Die Fahrkarten für Busse von **AST** (Azienda Siciliana Trasporti; Karte S. 68; 091 620 81 11; www.aziendasicilianatrasporti.it; Busbahnhof Piazzetta Cairoli), **Salemi** (Karte S. 68; 0923 98 11 20; www.autoservizisalemi.it; Busbahnhof Piazzetta Cairoli), **Segesta** (Karte S. 68; 0924 310 20; www.facebook.com/groups/calecavincenzo; Via Paolo Balsamo), **SAIS** (Karte S. 68; 091 617 11 41; www.saistrasporti.it; Busbahnhof Piazzetta Cairoli), **SAIS Autolinee** (Karte S. 68; 800 211020, 091 616 60 28; www.saisautolinee.it; Busbahnhof Piazzetta Cairoli) und **Interbus** (Karte S. 68; 091 616 79 19; www.interbus.it; Busbahnhof Piazzetta Cairoli) werden im Gebäude des Busbahnhofs an der Piazzetta Cairoli verkauft. Die Fahrkarten für Busse von **Cuffaro** (Karte S. 68; 091 616 15 10; www.facebook.com/cuffaro.info; Via Paolo Balsamo 13) kauft man im Cuffaro-Fahrkartenbüro an der Via Paolo Balsamo 13, gleich östlich vom Bahnhof, oder direkt im Bus. Die Flughafenbusse von Prestia e Comandè starten vom Busbahnhof Via Tommaso Fazello; die Ti-

BUSSE AB PALERMO

UNTERNEHMEN	ZIEL	PREIS (€)	DAUER (STD.)	HÄUFIGKEIT
AST	Ragusa	13,50	4	Mo–Fr 4-mal tgl., Sa 3-mal, So 2-mal
AST	Modica	13,50	4½	Mo–Fr 4-mal tgl., Sa 3-mal, So 2-mal
Autoservizi Tarantola	Segesta	7	1¼	April–Okt. Mo–Sa 3-mal tgl.
Cuffaro	Agrigent	9	2	Mo–Fr 7-mal tgl., Sa 6-mal, So 3-mal
Flixbus	Tarent	ab 10	10	1-mal tgl.
Flixbus	Lecce	ab 10	11½	1-mal tgl.
Flixbus	Rom	ab 10	12¼	1-mal tgl.
Interbus	Syrakus	13,50	3½	2- bis 3-mal tgl.
SAIS Autolinee	Enna	10,50	2	Mo–Fr 6-mal tgl., Sa 2-mal, So 4-mal
SAIS Autolinee	Messina	14	2¾	Mo–Fr 7-mal tgl., Sa 5-mal, So 4-mal
SAIS Autolinee	Catania	14	2¾	Mo–Fr 14-mal tgl., Sa 12-mal, So 10-mal
SAIS Trasporti	Petralia Soprana	10,50	2	Mo–Sa 3-mal tgl., So 2-mal
SAIS Trasporti	Petralia Sottana	10,50	1¾	Mo–Sa 3-mal tgl., So 2-mal
SAIS Trasporti	Polizzi Generosa	9,50	1¼	Mo–Sa 3-mal tgl., So 2-mal
SAIS Trasporti	Cefalù	5,50	1	Mo–Sa 4- bis 6-mal tgl., So 1-mal
SAIS Trasporti	Rom	36	12	1-mal tgl. (Nachtbus)
Salemi	Mazara del Vallo	9	2	Mo–Fr 10- bis 12-mal tgl., Sa 9-mal, So 4-mal
Salemi	Marsala	9,50	2¼	4- bis 6-mal tgl.
Salemi	Flughafen Birgi in Trapani	11	1¾	4- bis 6-mal tgl.
Salemi	Rom	ab 40	12¼	1-mal tgl.

ckets kauft man im Bus. **Flixbus** (https://global.flixbus.com) betreibt täglich Busse nach Tarent, Lecce und Rom.

FLUGZEUG

Der **Flughafen Palermo-Punta Raisi „Falcone e Borsellino"** (☏ 800 541880, 091 702 02 73; www.gesap.it) liegt nahe dem Kap Punta Raisi, 35 km nordwestlich von Palermo an der Autobahn A29.

Es gibt regelmäßige Direktflüge zu Flughäfen auf dem italienischen Festland und zu diversen europäischen Großstädten.

SCHIFF/FÄHRE

Zahlreiche Fährunternehmen legen von Palermos **Hafen** (Karte S. 63; ☏ 091 604 31 11; Ecke Via Francesco Crispi & Via Emerico Amari) gleich östlich der Neustadt ab.

Grandi Navi Veloci (☏ 010 209 45 91, 091 6072 6162; www.gnv.it; Molo Piave, Porto Stazione Marittima) Betreibt Fähren nach Civitavecchia (ab 43 €), Genua (ab 51 €), Neapel (ab 43 €) und Tunis (ab 44 €).

Grimaldi Lines (☏ 081 49 65 55, 091 611 36 91; www.grimaldi-lines.com; Molo Piave, Porto Stazione Marittima) Betreibt zweimal wöchentlich Fähren von Palermo nach Salerno (ab 25 €, 9½–11 Std.) und Tunis (ab 38 €, 10–13½ Std.) und dreimal wöchentlich nach Livorno (ab 32 €, 18½–19½ Std.).

Liberty Lines (☏ 091 32 42 55; www.libertylines.it; Calata Marinai d'Italia) Betreibt Tragflügelboote (26 €, 1½ Std., 1- bis 5-mal tgl.) zwischen Ustica und Palermo.

Siremar (S. 88) Betreibt täglich eine Autofähre (Auto samt Fahrer ab 95 €, 3 Std.) zwischen Ustica und Palermo.

Tirrenia (☏ 800 804020, 091 611 65 18; www.tirrenia.it; Calata Marinai d'Italia) Fährt nach Cagliari (ab 45 €, 13 Std., wöchentlich 1- bis 2-mal) und Neapel (ab 55 €, 10½ Std., tgl.).

ZUG

Vom Bahnhof **Palermo Centrale** (Piazza Giulio Cesare) fahren regelmäßig Züge nach Messina (12,80 €, 2¾–3 Std., 6- bis 9-mal tgl.), Catania (13,50 €, 3 Std., Mo–Sa 5- bis 6-mal, So umsteigen erforderl.) und Agrigent (9 €, 2 Std., 6- bis 13-mal tgl.) sowie zu nahe gelegenen Orten wie Cefalù (ab 5,60 €, 45–60 Min., 8- bis 17-mal tgl.). Intercityzüge fahren nach Reggio di Calabria, Neapel und Rom.

Im Bahnhof gibt's Geldautomaten, Toiletten und eine Gepäckaufbewahrung (erste 5 Std. pauschal 6 €, nächste 7 Std. 1 €/Std., alle folgenden Stunden 0,50 €/Std.; Büro 8–20 Uhr besetzt).

ⓘ Unterwegs vor Ort

Die Atmosphäre und Architektur im Zentrum von Palermo erlebt man am besten zu Fuß. Die Verkehrsdichte und die begrenzte Zahl von Parkplätzen machen das Autofahren in der Stadt zu einer Herausforderung. Es gibt ausgezeichnete Verbindungen mit öffentlichen Verkehrsmitteln vom Flughafen in die Stadt, und der Hafen von Palermo ist nur zehn Gehminuten von der Piazza Politeama im Herzen der Neustadt entfernt. Von dort fahren Stadtbusse über die Via Roma zum Bahnhof Palermo Centrale, wo die Züge zu Zielen auf Sizilien und dem italienischen Festland starten.

AUTO & MOTORRAD

Das Gebiet zwischen Piazza Giulio Cesare, Via Cavour, Porta Nuova und Porta Felice im Zentrum Palermos ist eine ZTL-Zone *(Zona Traffico Limitato)*. Um in diese Zone hineinzufahren, braucht man, sofern man kein Anwohner ist, montags bis freitags zwischen 8 und 20 Uhr (Sa bis 13 Uhr) einen Pass (5 €/Tag), und die Fahrzeuge müssen den Abgasnormen genügen (gegenwärtig Benzin-Euro-Norm 3 und Diesel-Euro-Norm 4). Weitere Infos, darunter auch zu den Kaufstellen, findet man unter https://urbanaccessregulations.eu. Die Website ist auch nützlich, um sich über Veränderungen der ZTL-Zone auf dem Laufenden zu halten; gegenwärtig gibt es Überlegungen, die Gültigkeit der ZTL-Zone auch auf die Nacht auszuweiten.

Doch auch mit dem Pass ist das Autofahren in Palermo angesichts der Einbahnstraßen, begrenzten Parkplätze und der allgemeinen Missachtung der Verkehrsregeln absolut nicht anzuraten.

Parken

Schon bei der Zimmerbuchung sollte man im Hotel nach Parkmöglichkeiten fragen, denn viele Hotels haben eine *garage convenzionato*, einen örtlichen Parkplatz mit gesonderten Konditionen für die Gäste des Hauses (üblicherweise liegt der Preis dabei zwischen 12 und 20 € am Tag).

Alternativ müssen Traveller sich einen legalen Parkplatz an den Straßen und Plätzen der Stadt suchen. Für Stellplätze, die mit blauen Linien markiert sind, braucht man (in der Regel Mo–Sa) ein Parkticket, das man aus dem Automaten zieht oder bei einer *tabaccheria* (Tabakladen) in der Nähe kauft; die Uhrzeiten, zu denen das Parken kostenpflichtig ist, sind auf dem nächstgelegenen Automaten vermerkt.

Mit weißen Linien markierte Parkplätze sind normalerweise kostenlos nutzbar, man trifft aber vielleicht auf einen *parcheggiatore abusivo* (illegalen „Parkplatzwächter"), der ein „Trinkgeld" (1 € sollte ausreichen) erwartet. Leider ist es sinnvoll, dieses auch zu bezahlen, weil man sonst riskiert, dass das Auto bei der Rückkehr irgendwie beschädigt wurde. Mit gelben Linien markierte Stellplätze sind für Behinderte reserviert.

FAHRRAD

Die Stadt mit dem Drahtesel zu erkunden, wird immer beliebter. Das zentral gelegene Unternehmen **Social Bike Palermo** (328 2843734; www.social bikepalermo.com; Discesa dei Giudici 21; Standardrad/E-Bike halber Tag 8/15 €, geführte Radtour 40–55 €; 9.30–18.30 Uhr) vermietet Fahrräder aller Art, darunter Standardräder, Klappräder, Tandems und E-Bikes, und veranstaltet drei verschiedene interessante Radtouren.

VOM/ZUM FLUGHAFEN

Prestia e Comandè (091 58 63 51; www.prestiaecomande.it; Busbahnhof Via Tommaso Fazello; einfache Strecke/hin & zurück 6,50/11 €) betreibt halbstündlich effiziente Busse zwischen Palermo und dem Flughafen. Vom Flughafen fahren die Busse (50 Min.) zwischen 5 und 0.30 Uhr (Mai–Okt. bis 1 Uhr), vom Busbahnhof Via Tommaso Fazello (S. 81) neben dem Bahnhof Palermo Centrale zwischen 4 und 22.30 Uhr. Die Flughafenbusse halten an zahlreichen Haltestellen im Zentrum von Palermo, darunter vor dem Warenhaus Rinascente an der **Via Roma** (Karte S. 68; Via Roma 289) sowie an der **Piazza Ruggero II** (Karte S. 63; Piazza Ruggero 18). Die Fahrkarten erhält man an Bord oder etwas günstiger im Voraus online.

Der Zug **Trinacria Express** (091 704 40 07; www.trenitalia.com) fährt zwischen dem Flughafen (Bahnhof Punta Raisi) und dem Bahnhof Palermo Centrale (5,90 €, ca. 1 Std.). Die Züge verkehren alle 15 bis 60 Minuten; Fahrkarten gibt's an den Bahnhöfen und im Zug.

Societá Autolinee Licata (SAL; 0922 40 13 60; www.autolineesal.it) fährt zwischen dem Flughafen und Agrigent (12,60 €, 2¾ Std., Mo-Sa 3-mal tgl.).

Vor der Ankunftshalle befindet sich ein Taxistand. Der Festpreis für eine Fahrt ins Zentrum Palermos liegt, abhängig vom gewünschten Ziel, bei 35 bis 45 €.

ÖFFENTLICHE VERKEHRSMITTEL

AMAT (091 35 01 11, 848 800817; http://amat.pa.it) betreibt die städtischen Busse und Straßenbahnen. Die Fahrscheine sind 90 Minuten gültig und kosten im Vorverkauf in *tabaccherie* (Tabakläden) oder an den AMAT-Informationskiosken 1,40 €. Die Kioske (mit unzuverlässigen Öffnungszeiten) finden sich u. a. an der **Piazza Giulio Cesare** direkt vor dem Bahnhof Palermo Centrale sowie an der **Via della Libertà** gleich abseits der Piazza Ruggero.

Fahrscheine gibt's auch direkt im Bus (1,80 €). Eine Tageskarte kostet 3,50 €. Nach dem Einsteigen in den Bus oder die Straßenbahn muss der Fahrschein stets am Automaten entwertet werden.

Bus

Palermos orangefarbene, weiße und blaue AMAT-Stadtbusse fahren häufig, sind aber langsam und oft überfüllt. Auf dem kostenlosen Stadtplan, den man in Palermos Touristeninformationen erhält, sind die wichtigsten Buslinien eingezeichnet; die meisten Linien halten am Bahnhof Palermo Centrale. Zu den nützlichen Buslinien zählt die 806, die von der Piazza Sturzo (180 m nordöstlich des Teatro Politeama Garibaldi) Richtung Norden auf der Via della Libertà zum beliebten Strandviertel Mondello führt.

Straßenbahn

Palermos Straßenbahnnetz umfasst gegenwärtig vier Strecken, die zwischen 6 und 21 Uhr bedient werden. Die Linie L1 startet vor dem Bahnhof Palermo Centrale und fährt in die Vorstadt Rocella, wo sich ein größeres Einkaufszentrum befindet. Die Linien L2, L3 und L4 verkehren vom Bahnhof Notarbartolo im Nordwesten der Stadt nach Borgo Nuovo, San Giovanni Apostolo (früher CEP) bzw. zum Corso Calatafimi. Keine Straßenbahnlinie ist für Touristen von besonderem Interesse.

TAXI

Offizielle Taxis sollten über einen Taxameter verfügen, der den Fahrpreis anzeigt – vor dem Einsteigen unbedingt darauf achten! Die Grundgebühr beträgt 3,81 €, wozu diverse Aufschläge kommen, die unter www.taxi.it/palermo aufgelistet sind.

Es ist in Palermo nicht üblich, wie in Deutschland einfach ein vorbeifahrendes Taxi heranzuwinken; man bestellt sein Taxi hier entweder telefonisch oder wartet an größeren Verkehrsknotenpunkten wie dem Bahnhof, der Piazza Ruggero Settimo, dem Teatro Massimo oder der Piazza Indipendenza am Taxistand auf ein freies Fahrzeug.

Taxis bestellt man telefonisch über **Autoradio Taxi Palermo** (091 8481; www.autoradiotaxi.it) oder mithilfe von appTaxi (www.apptaxi.it), die im App Store und bei Google Play heruntergeladen werden kann.

RUND UM PALERMO

Rund um Palermo findet sich eine Reihe lohnender Ziele für interessante Tagesausflüge. Dazu gehören die Kathedrale von Monreale mit ihren prachtvollen Mosaiken, der Strand von Mondello, das unberührte Meeresschutzgebiet vor der Insel Ustica und die im Hinterland zu findende Stadt Corleone mit ihrem eindrucksvollen Anti-Mafia-Museum.

Mondello
♪ 091

In den Sommermonaten hat es manchmal den Anschein, als zöge die gesamte Bevölkerung aus Palermo mit Strandtuch und schnieker D&G-Sonnenbrille bewehrt in diesen beliebten Badeort um. Er ist gerade einmal 11 km entfernt.

Früher war Mondello ein schmuddeliger, von der Malaria gebeutelter Hafenort. Im 19. Jh. reisten jedoch immer mehr Städter der High Society in Kutschen an – ihrer Anwesenheit sind die opulenten Sommervillen und die auffällige Belle-Époque-Anlegestelle geschuldet.

Und man kann ihnen wirklich keinen Vorwurf machen: Die sandige Küste von Mondello ist prächtig, und den kristallklaren, türkisblauen Wasser lässt sich kaum widerstehen. Die Strände sind familiengerecht, die meisten aber in Privatbesitz (2 Liegestühle mit Sonnenschirm ca. 15–22 €/Tag). Es gibt aber auch einen großen öffentlichen Strand, der von Schwimmern, Tretbooten und lärmenden Jetskis im Allgemeinen nur so wimmelt.

Von den sagenhaften Gebäuden Mondellos im *stile Liberty* (Jugendstil) ist keines so bezaubernd wie das mit Türmchen bekrönte **Antico Stabilimento Balneare di Mondello** (Kurhaus; ♪ 091 626 29 03; www.facebook.com/stabilimento; Viale Regina Elena 17). Es wurde 1913 nach einem ursprünglich für die belgische Stadt Ostende vorgesehenen Entwurf des Architekten Rudolf Stualker errichtet. Trotz seines Märchenschlosscharakters diente es im Zweiten Weltkrieg, bevor es von den Alliierten erobert wurde, als Hauptquartier der italienischen Faschisten und der deutschen Truppen. Heute fristet es eine angenehmere Existenz und beherbergt das Ristorante alle Terrazze (www.alleterrazze.it), ein elegantes Restaurant mit einer Pianobar.

Meeresfrüchterestaurants und Imbissstände säumen die *lido* (Viale Regina Elena), und an der Haupt-Piazza gibt's jede Menge gemütliche Cafés mit Plätzen im Freien. In Mondello findet sich auch eines der mit einem Michelin-Stern ausgezeichneten sizilianischen Restaurants, das **Bye Bye Blues** (♪ 091 684 14 15; www.byebyeblues.it; Via del Garofalo 23; 5-/6-Gänge-Verkostungsmenü 65/75 €; ⊙ Di–So 13–14.30 & 20–22.30 Uhr). Es liegt ein paar Querstraßen abseits des Strandes.

❶ An- & Weiterreise
Der **AMAT-Bus** (Karte S. 63) 806 (1,40 €, 20–30 Min., 6.15–22.30 Uhr alle 10–20 Min., So weniger Fahrten) fährt von der Piazza Sturzo im Zentrum Palermos nach Mondello. Der letzte Bus zurück nach Palermo verlässt Mondello um 23 Uhr.

Monreale
♪ 091 / 39 000 EW. / 310 M

Nach einem alten sizilianischen Sprichwort ist jeder, der nach Palermo fährt, ohne Monreale zu besuchen, ein ausgemachter Esel. Schließlich besitzt das bescheidene Hügelstädtchen einen der größten Kulturschätze Siziliens, die zum UNESCO-Welterbe zählende Kathedrale von Monreale. Sie ist eines der bedeutendsten Beispiele normannischer Architektur in Europa, und das mit Mosaiken bedeckte Innere atmet pure mittelalterliche Majestät. Abgesehen von Architekturwundern hat das Städtchen auch einen herrlichen Ausblick auf Palermo, das Conca d'Oro (Goldene Tal) und das Tyrrhenische Meer zu bieten. Insgesamt ist das 7 km südwestlich des Zentrums von Palermo gelegene Monreale ein wirklich unverzichtbarer Abstecher.

◉ Sehenswertes

★ **Cattedrale di Monreale**   KATHEDRALE
(♪ 091 640 44 03; www.monrealeduomo.it; Piazza del Duomo; Kathedrale frei, nördl. Roano-Kapelle, Terrasse & Kreuzgang Erw./erm. 10/7 €; ⊙ Kathedrale Mo–Sa 8.30–12.30 & 14.30–17, So 8–9.30 & 14.30–17 Uhr, Kloster Mo–Sa 9–19, So bis 13.30 Uhr) Inspiriert von einer Vision der hl. Jungfrau und entschlossen, seinen Großvater Roger II. zu übertreffen, der die Kathedrale in Cefalù und die Cappella Palatina in Palermo hatte errichten lassen, veranlasste Wilhelm II. 8 km südwestlich von Palermo den Bau der Cattedrale di Monreale. Sie vereint normannische, arabische, byzantinische und antike Einflüsse und gilt als das herrlichste Beispiel normannischer Architektur auf Sizilien. Zugleich ist sie zweifelsohne eines der eindrucksvollsten architektonischen Zeugnisse des gesamten italienischen Mittelalters.

Obwohl die Mosaike der Kathedrale aus Sizilien und Venedig stammen, ist in ihrem Stil doch deutlich der byzantinische Einfluss erkennbar. Sie wurden 1184 nach nur zehn Jahren Arbeit vollendet. In 42 Episoden erzählen die schimmernden Kunstwerke di-

Rund um Palermo

verse biblische Geschichten von der Erschaffung des Menschen bis zur Himmelfahrt Jesu. Die Schönheit der Mosaike ist unbeschreiblich – man muss es einfach mit eigenen Augen gesehen haben, wie die Arche Noah über die Wellen hüpft oder Christus einen Leprakranken mit riesigen Flecken heilt. Wunderbar in Szene gesetzt ist auch die Geschichte vom Sündenfall: Eine mürrisch dreinblickende Eva sitzt nach der Vertreibung aus dem Paradies auf einem Felsen, während Adam im Hintergrund arbeitet. Das riesige Christusmosaik in der zentralen Apsis macht Betrachter zunächst sprachlos. Wer die Details genau unter die Lupe nehmen möchte, sollte sich mit einem Fernglas bewaffnen – die Kunstwerke sind aber auch schon mit bloßem Auge beeindruckend. Eine Karte kann man unter www.seepalermo.com/monrealekeyprint.htm finden und ausdrucken.

Neben der Kathedrale befindet sich der Eingang zum **Kreuzgang**, der Wilhelms Vorliebe für die arabische Kunst zeigt. Der idyllische Kreuzgang ist gewissermaßen eine Ode an den orientalischen Stil: Grazile Säulen mit schimmernden Mosaiken stützen elegante romanische Bogen. Kein Kapitell gleicht dem anderen – in ihrer Gesamtheit ergeben sie ein einzigartiges Zeugnis des mittelalterlichen Sizilien. Das Kapitell der 19. Säule im Westgang zeigt Wilhelm II., wie er der Jungfrau Maria die Kathedrale übergibt.

Vom Innern kann man die Stufen erklimmen, die hinauf auf ihre **Terrasse** führen. Von dort hat man einen Rundumblick auf das Kloster, den geometrischen Garten und die bergige Umgebung.

Essen

Rund um die Kathedrale gibt es zahlreiche Trattorias und Restaurants unterschiedlicher Qualität. Als Grundregel gilt: Lokale, die ein *menu turistico* (Touristenmenü) anbieten, sollte man meiden, da dies meist auf mittelmäßige Gerichte schließen lässt. Zwei praktisch gelegene Restaurants, die sowohl bei Einheimischen als auch bei Feinschmeckern beliebt sind, sind das auf Fleischspeisen spezialisierte **Bricco & Bacco** (091 641 77 73; www.briccoebacco.it; Via d'Acquisto 13; Gerichte 25–40 €; Di-So 12.30–15.30 & 19.45–24 Uhr) und das auf Meeresfrüchte fokussierte **Ciambra** (091 640 67 17; Via d'Acquisto 18; Gerichte 30–45 €; Di-So 12.30–15 & 19–23 Uhr;).

An- & Weiterreise

Der Stadtbus 389 (1,40 €, 30–40 Min., rund alle 75 Min.) von **AMAT** (Karte S. 60; Piazza

Indipendenza) fährt von der Piazza Indipendenza in Palermo nach Monreale. In Monreale endet die Fahrt an der Via Fontana del Drago; von dort marschiert man über die Via Palermo oder die Via d'Acquisto 450 m den Hügel hinauf bis zur Kathedrale.

Die Busse von **AST** (Karte S. 68) fahren vom Bahnhof Palermo Centrale nach Monreale (2,40 €, 40 Min., Mo–Sa alle 60–90 Min.).

City Sightseeing (Karte S. 60; ☏ 091 58 94 29; www.city-sightseeing.it/en/palermo; 🛜) Betreibt Reisebusse, in die bzw. aus denen man beliebig oft ein- und aussteigen kann, von der Piazza Indipendenza in Palermo bis nach Monreale (Erw./Kind 25/10 €, 30 Min., alle 30 Min.). Zwischen November und März fahren sie allerdings nach einem sehr ausgedünnten Fahrplan. Mit den Tickets für diese Busse kann man auch die beiden Stadtrundfahrtsbusse von City Sightseeing nutzen. Kinder bis vier Jahre fahren kostenlos mit.

Schlepper, die an die Bushaltestellen kommen und einem Fahrten nach Monreale in ihren Privatautos anbieten, sollte man am besten ignorieren.

Corleone

☏ 091 / 11130 EW. / 550 M

Das 60 km außerhalb von Palermo gelegene Städtchen Corleone, das seit Jahrhunderten unter Armut leidet und eine gut dokumentierte Geschichte als Mafia-Hochburg besitzt – bekannt vor allem durch Francis Ford Coppolas klassische Filmtrilogie *Der Pate* – versucht im letzten Jahrzehnt, sich neu zu erfinden. Für Traveller ist der einzige Grund zu einem Besuch das **CIDMA** (Centro Internazionale di Documentazione sulla Mafia e Movimento Antimafia; ☏ 091 8452 4295, 340 4025601; www.cidmacorleone.it; Via G Valenti 7; 8 €; ⊙ Mo–Fr 10–17 Uhr), Corleones kleines Anti-Mafia-Museum, das die erschreckende Geschichte der sizilianischen Cosa Nostra erzählt. Im Zentrum stehen dabei die tapferen Anti-Mafia-Aktivisten und Richter, die klar gegen das organisierte Verbrechen Stellung bezogen haben, statt sich der von der Mafia geförderten Kultur der *omertà* (der Schweigepflicht) zu unterwerfen. Besuche im Museum sind nur im Rahmen einer Führung (auch auf Englisch) möglich. Diese sollte vorab über die Website des Zentrums gebucht werden.

Am Eingang begrüßen ein großes „No Mafia"-Schild und ein Zitat des ermordeten Richters Giovanni Falcone die Besucher. In diesem bringt er die Notwendigkeit zum Ausdruck, im Kampf für die gerechte Sache Opfer zu bringen. Die Ausstellung ist in drei Räume unterteilt: Der erste beherbergt die Unterlagen zu den Maxi-Prozessen 1986/87, im zweiten sind Bilder der Fotojournalistin Letizia Battaglia ausgestellt, die Mafia-Verbrechen aus den 1970er- und 1980er-Jahren dokumentierte, und im dritten Aufnahmen von Mafia-Bossen, ihren Verfolgern und Menschen, die durch den Mafia-Terror in der Vergangenheit geliebte Personen verloren haben.

Das Museum befindet sich in einer kleinen, mit Kopfsteinpflaster belegten Straße abseits der Piazza Garibaldi. Es liegt 450 m von der Piazza Falcone e Borsellino entfernt und ist zu Fuß über die Via Francesco Bentivegna zu erreichen.

ℹ An- & Weiterreise

AST-Busse (S. 81) verkehren zwischen Palermo und Corleone (5,40 €, 1¾ Std., 5-mal tgl.) Montag bis Samstag. In Corleone werden die Fahrgäste an der Piazza Falcone e Borsellino abgesetzt. Die Busse fahren recht selten, also am besten gleich die Rückfahrtzeit in Erfahrung bringen. Man sollte dann 15 Minuten vor der offiziellen Abfahrt an der Haltestelle sein, da die Busse manchmal auch zu früh abfahren.

Ustica

☏ 091 / 1305 EW.

Das winzige Ustica liegt fast 60 km nördlich von Palermo isoliert im Tyrrhenischen Meer. Das Inselchen gehört zur Liparischen Vulkankette und ist eigentlich die Spitze eines unter Wasser liegenden Vulkans. Rosarabene und rote Hibiskusblüten und stachelige grüne Kakteen sorgen für Farbtupfer auf dem von schwarzem Vulkangestein geprägten Eiland; am Ufer finden sich spektakuläre Grotten.

Das umliegende Meer – es ist Teil der Area Marina Protetta Isola di Ustica (Meeresreservat der Insel Ustica) – ist dank einer hiesigen Strömung wunderbar klar und wird von unzähligen Fischen und Korallen bevölkert. In dem Schutzgebiet trifft man nicht zuletzt deshalb rund 50 % aller im gesamten Mittelmeer beheimateten Meereslebewesen an.

Im Juli und August wird die Insel von Heerscharen von Palermitanern überflutet. Wer im Juni oder September nach Ustica kommt, kann den Menschenmassen besser entgehen und die Natur in Ruhe genießen. Von Oktober bis Ostern bleibt der Großteil der Restaurants und Unterkünfte werktags geschlossen. Und bei schlechtem Wetter werden die Fährfahrten vom Festland manchmal gestrichen.

Aktivitäten

Tauchen & Schnorcheln
Von Mai bis Oktober reisen Taucher aus aller Herren Länder nach Ustica, um sich die faszinierende Unterwasserwelt anzusehen. Zu den Highlights gehört der **archäologische Unterwasserpfad** vor der Punta Cavazzi, wo es Artefakte in Form von römischen Amphoren zu entdecken gibt. Weitere beliebte Tauchreviere sind der **Scoglio del Medico**, ein Basaltfelsen voller Höhlen und tiefer Schluchten, und die **Secca di Colombara**, eine überaus faszinierende Ansammlung regenbogenfarbener Schwämme und Gorgonien (Weichkorallen).

Eine ganze Reihe von Tauchschulen organisiert Tauchtouren und verleiht die nötige Ausrüstung, beispielsweise das **Orca Diving Ustica** (334 2161588; www.usticadiving.it; Via C Colombo 39; Tauchgang inkl. Ausrüstung 60 €), das mit dem Hotel Diana zusammenarbeitet. Es ist der einzige Anbieter, der unter der Leitung Einheimischer steht.

Die **Area Marina Protetta Isola di Ustica** ist in drei Zonen unterteilt: Zone A erstreckt sich entlang der Westseite der Insel von der Landspitze nördlich der Punta Spalmatore bis zur Punta Megna und 350 m aufs offene Meer hinaus. Man darf hier schwimmen gehen, angeln und Boot fahren sind jedoch verboten. Zwei der schönsten Grotten der Insel befinden sich in diesem Gebiet: die **Grotta Segreta (Geheime Grotte)** und die **Grotta Rosata (Rosafarbene Grotte)**.

An die Zone A schließt sich Zone B an (von der Punta Cavazzi bis zur Punta Omo Morto und 4,8 km hinaus auf offene Meer). Dort darf geschwommen und sogar geangelt werden. Außerdem ist es erlaubt, Unterwasseraufnahmen zu machen. Der Rest der Küste gehört zur Zone C. In diesem Gebiet darf man schwimmen und mit Booten umherschippern, und es gelten die nationalen italienischen Angelbestimmungen. Vor einem Tauchgang sollte man seine Pläne mit den Angestellten einer Tauchschule oder des Büros des Meeresparks absprechen.

Wandern
Ustica ist klein und perfekt für Wanderungen geeignet. Es gibt eine Reihe von Wanderwegen.

Wer die große, vierstündige Wanderung um die Küste herum unternehmen will, folgt dem ausgeschilderten **Sentiero del Mezzogiorno** vom Süden der Ortschaft bis zum westlichen Leuchtturm von Ustica (der auf den Landkarten schlicht und einfach als **Faro** bezeichnet wird). Von dort geht's zu Fuß oder per Bus weiter zu der im 18. Jh. errichteten **Cappella della Madonna della Croce**. Von der Kapelle führt ein weiterer Fußweg an den nördlichen Küstenklippen entlang zum **Villaggio Preistorico**, den Überresten eines bronzezeitlichen Dorfes. Zurück in die Ortschaft folgt man am besten der Hauptstraße.

Ein weiterer malerischer Weg führt durch Kiefernwälder auf den Gipfel des **Guardia di Mezzo** (248 m) und dann hinunter zur Küste bei **Spalmatore**, wo man in natürlichen Felsbecken baden kann.

Näher beim Ort führen kürzere Wanderwege zur **Rocca della Falconiera**, einem Wehrturm oberhalb der Kirche, außerdem zu dem Aussichtspunkt über dem Leuchtturm bei **Punta Omo Morto** sowie schließlich zur **Torre Santa Maria**, einem Turm aus der Zeit der Bourbonen gleich südlich vom Ortszentrum. Detailliertere Wegbeschreibungen erhält man in der Touristeninformation.

Essen

Ustica ist berühmt für die kleinen, dunklen *lenticchie di Ustica* (Ustica-Linsen), die kleinste in Italien angebaute Linsenart, die von den besten Chefköchen des ganzen Landes hoch geschätzt wird. Weitere Spezialitäten sind Kapern und frische Meeresfrüchte. Das Obst und Gemüse von der Insel ist bekannt für seinen intensiven Geschmack, den es der fruchtbaren vulkanischen Erde Usticas zu verdanken hat. Zwischen Oktober und Ostern sind die meisten Restaurants auf der Insel werktags geschlossen. Zwei der besten im Ort, die beide auf örtliche Lebensmittel und Meeresfrüchte zurückgreifen, sind das von einer Familie geführte **Da Umberto** (091 844 95 42; Via della Vittoria 7; Gerichte 25–35 €; 12–14 & 19–23 Uhr) und das **Ristorante Giulia** (091 844 90 07; Via San Francesco 16; Gerichte 25–35 €; Juni–Mitte Sept. 20–24 Uhr).

Praktische Informationen

Area Marina Protetta di Ustica (338 6431505; www.parks.it/riserva.marina.isola.ustica; Piazza Umberto I 4-6; Mo–Sa 9–12 &

17–19, So 9–13 Uhr) Das Besucherzentrum des Meeresschutzgebiets befindet sich im Zentrum des Inselorts. Hier können Traveller um Tipps zu Aktivitäten, Bootsausflügen oder Tauchschulen bitten.

❶ An- & Weiterreise

Liberty Lines (☏ Büro auf Ustica 091 844 90 02, Kundenbetreuung 0923 87 38 13; www.libertylines.it; ⊙ Ticketbüro 9.30–13 & 15–18.15 Uhr) Das Unternehmen betreibt Tragflügelboote (einfache Strecke 26 €, 1½ Std., 1- bis 5-mal tgl.), die zwischen Ustica und Palermo hin und her schippern.

Siremar (☏ 090 57 37; https://carontetourist.it/it/siremar; ⊙ Ticketbüro 9.30–13 & 15–18.15 Uhr) Siremar lässt einmal täglich eine Autofähre zwischen Ustica und Palermo verkehren (einfache Strecke ab 97 €, 3 Std.).

❶ Unterwegs vor Ort

Ein Bus (1,20 €, alle 45–60 Min.) umrundet die Insel in beiden Richtungen, sowohl im als auch gegen den Uhrzeigersinn. Wer seinen eigenen fahrbaren Untersatz möchte, kann bei **Ricarica ARA** (☏ 338 1100972, 091 844 96 05; www.ustica-ara.it; ⊙ Variierende Uhrzeiten) 50er- und 125er-Roller ausleihen.

Siziliens Architektur

Architekturfans schweben auf Sizilien im siebten Himmel. Kaum einen Ort gibt es auf der Insel, der nicht wenigstens ein kleines architektonisches Meisterwerk sein Eigen nennt. Die einzigartige Ausprägung des sizilianischen Barock ist ein wahres Fest für die Sinne. Und dann wären da noch die vielen antiken Tempel, schillernden Mosaike, byzantinischen Kirchen und normannischen Burgen.

Inhalt
- Barocke Gotteshäuser
- Antike Meisterwerke
- Beeindruckende Mosaike
- Faszinierende Burgen

Oben: Duomo di Cefalù (S. 131)

Barocke Gotteshäuser

Siziliens Barockkirchen sind für nicht wenige Touristen der Hauptgrund für eine Reise auf diese Insel. Zu Gotteshäusern umgebaute antike Tempel finden sie genauso vor wie einen kühnen Mix aus Barock und Neoklassik. Und jede Kirche verleiht ihrer Stadt eine einzigartige Opulenz und Pracht.

Duomo

Der prächtige Dom von Syrakus (S. 213) beherrscht den Hauptplatz der Stadt. Die prachtvolle Fassade ist durch und durch barock. Die Säulen an den Seiten zeugen aber von seinem früheren Dasein als Tempel für die griechische Göttin Athena.

Cattedrale di San Nicolò

Selbst in einer Stadt wie Noto, die für ihre grandiosen Barockgebäude berühmt ist, stellt die atemberaubende Cattedrale di San Nicolò (S. 226) alles andere in den Schatten. Der monumentale Prachtbau am Ende eines majestätischen Treppenaufgangs vereint das Beste aus barocker und neoklassischer Architektur.

Duomo di San Giorgio (Ragusa)

Fans der Fernsehserie *Commissario Montalbano* haben bestimmt schon gemerkt, dass Ragusas gewaltiger Barockdom (S. 247) oft als Kulisse dient. Das Werk von Rosario Gagliardi, dem sizilianischen Meister des Barocks, ist ein ausgezeichnetes Beispiel für überladenen Stil und hemmungslos ausgelebte Leidenschaft.

1. Duomo (S. 213), Syrakus **2.** Cattedrale di Sant'Agata (S. 197), Catania **3.** Duomo di San Giorgio (S. 247), Ragusa

Duomo di San Giorgio (Modica)

Modicas große Kirche (S. 231) ist eine eindrucksvolle Erscheinung. Sie thront oberhalb einer Serpentinenstraßen und des belebten mittelalterlichen Zentrums der Stadt. Die gewaltige Fassade des Gotteshauses ist ein überwältigendes Beispiel des Barocks, der hallende Innenraum erstrahlt in Gold und Silber.

Cattedrale di Sant'Agata

Das Highlight von Catanias Innenstadt ist der dreistöckige Dom (S. 197), der der hl. Agatha, der Schutzpatronin der Stadt, geweiht ist. Sein Alleinstellungsmerkmal unter Siziliens Barockkirchen ist seine Fassade. Diese erstrahlt in den Schwarz-Weiß-Tönen des Vulkangesteins, das für seinen Bau verwendet wurde.

SIZILIANISCHER BAROCK

Nach dem Erdbeben von 1693 hatten die Sizilianer keine andere Wahl, als viele Städte neu zu gestalten. So wurde mit einem neuen Stil experimentiert, der Europa damals im Sturm eroberte: dem Barock. Im Gegensatz zur nüchtern-klassischen Ästhetik der Renaissance präsentierte sich dieser Stil überladen und voller Kurven – er wirkte fast sexy und passte gut zu Siziliens unorthodoxem, überschwänglichem Charakter. Adlige ließen in Städten wie Noto, Modica, Ragusa, Catania und Syrakus barocke *palazzi* (Paläste) errichten, von denen viele mit grotesken Masken und *putti* (Putten) verziert wurden. Und die Kirche gab prunkvolle Kirchen und Kapellen als Zeugnis der Größe Gottes in Auftrag.

ELISA LOCCI/SHUTTERSTOCK ©

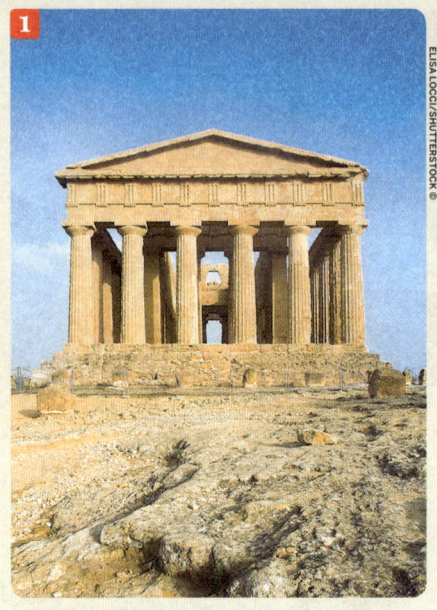

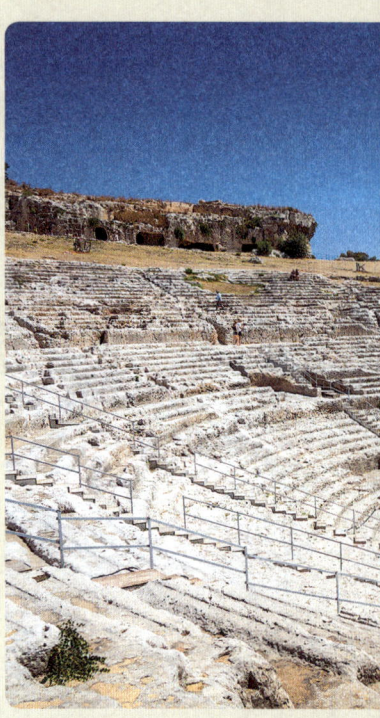

1. Tempio della Concordia (S. 276), Tal der Tempel **2.** Parco Archeologico della Neapolis (S. 218), Syrakus **3.** Teatro Greco (S. 185), Taormina **4.** Akropolis Selinunt (S. 125)

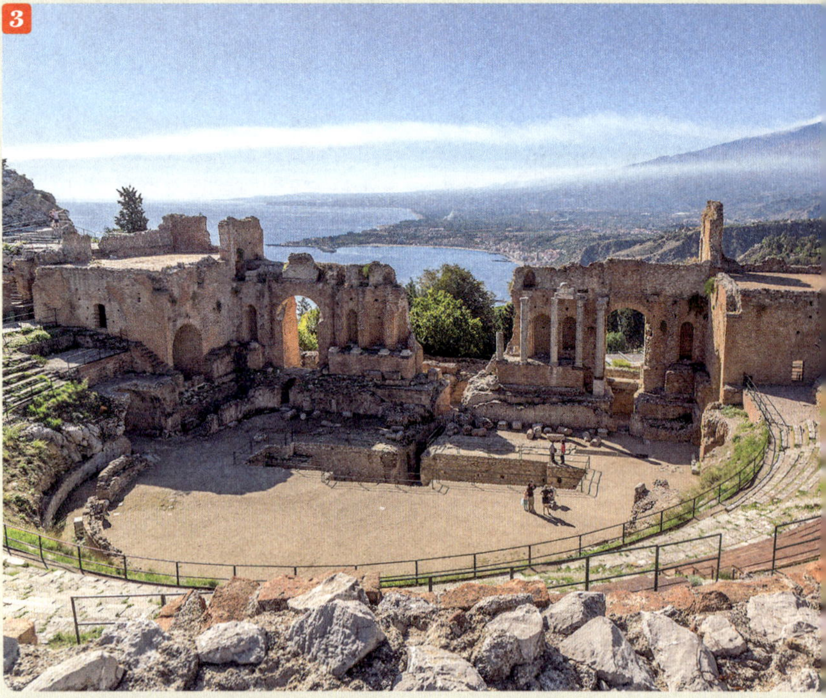

Meisterwerke

Siziliens antike Meisterwerke sind weltberühmt, von den perfekt erhaltenen Tempeln in Agrigent, Segesta und Selinunt bis zu den antiken griechischen Theatern in Syrakus und Taormina.

Tal der Tempel
Der Tempio della Concordia ist das Highlight Agrigents. Er stand für das Logo der UNESCO Modell und ist einer der besterhaltenen griechischen Tempel. Die Ruinen (S. 276) sind die Reste von Akragas, einer einst bedeutenden Stadt.

Parco Archeologico della Neapolis
In Syrakus steht eines der fantastischsten antiken Monumente Siziliens: das Teatro Greco (S. 218). Im Schatten des gut erhaltenen Bauwerks kann man auch die Höhlen erkunden, in denen die Sklaven einst schuften mussten.

Selinunt
Man muss kein Archäologe sein, um vor den griechischen Tempeln in Selinunt (S. 124) ehrfürchtig zu erstarren. Sie erheben sich faszinierend und zauberhaft an der sonnenverwöhnten Küste, die im Frühjahr mit ihren bunten Blumen besonders idyllisch ist.

Segesta
Die Ruinen des antiken Segesta (S. 103), die einsam und majestätisch inmitten zerklüfteter, grüner Hügel stehen, bieten einen unvergesslichen Anblick. Einen Ehrenplatz nimmt der stattliche Tempel aus dem 5. Jh. v. Chr. ein. Aber auch das beeindruckend in den Hang gehauene Theater ist einen Besuch wert.

Taormina
Mit einem spektakulären Blick auf den schneebedeckten Gipfel des Ätna und auf das Ionische Meer ist Taorminas Teatro Greco (S. 185) der perfekte Veranstaltungsort für das jeden Sommer hier stattfindende Film- und Kunstfestival.

94

Beeindruckende Mosaike

Unter den Schätzen, die die zahlreichen Fremdherrscher auf der Insel zurückgelassen haben, findet sich auch eine riesige Vielfalt exquisiter Mosaiken. Sie stammen aus römischer, byzantinischer und arabisch-normannischer Zeit und zeigen ein breites thematisches Spektrum.

Cappella Palatina

Die mit Mosaiken geschmückte Kapelle (S. 61) in Palermos Palazzo dei Normanni ist Siziliens großartigstes Werk arabisch-normannischer Kunst. Jeden Quadratzentimeter des dreischiffigen Innenraums zieren goldene Mosaiken biblischen Inhalts. Kostbare Marmorintarsien und eine Holzdecke mit Schnitzereien im arabischen Stil vervollständigen das Bild.

Villa Romana del Casale

In dieser Villa (S. 265) in Piazza Armerina finden sich einige der schönsten römischen Mosaiken der Welt. Die jahrhundertelang mit Lehm bedeckten Kunstwerke imponieren durch ihre Größe, Farben und die Szenen: Ungeheuer und Bikinimädchen bei Gymnastikübungen.

Duomo di Cefalù

Das festungsähnliche Äußere des klobigen normannischen Doms (S. 131) von Cefalù bewacht eines der berühmtesten Mosaike Siziliens – die Figur des Christo Pantocratore (Christ der Allmächtige) in der Apsis. Das lebensecht wirkende Mosaik aus der Mitte des 12. Jhs. zeigt einen ernsten Mann mit dunklem Bart.

La Martorana

In Palermos berühmtester mittelalterlicher Kirche (S. 59) wird gern geheiratet. Sie ist eine wahre Schatztruhe voller byzantinischer Mosaiken.

Cattedrale di Monreale

Monreales berühmter Dom (S. 84) ist ein tolles Beispiel der normannischen Architektur. Seine wundervollen byzantinisch beeinflussten Mosaiken erzählen Episoden aus dem Alten Testament.

Cattedrale di Monreale (S. 84) **2.** Mosaik in der Villa Romana del Casale (S. 265) **3.** Cappella Palatina (S. 61)

Palazzo dei Normanni (S. 60)

Faszinierende Burgen

Siziliens Burgen haben in der Geschichte der Insel eine bedeutende Rolle gespielt. Die meisten wurden unter normannischer Herrschaft erbaut und dienten als Festungen. Noch heute wachen sie über Landschaften und Städte und bilden einige der beeindruckendsten Szenerien der Insel. Es heißt sogar, dass in ihnen noch Gespenster aus alten Zeiten gefangen sind!

Palazzo dei Normanni

In diesem Palast (S. 60) in Palermo schlug lange Zeit das Herz der Inselmacht. Er beherbergte einst einen der glanzvollsten Höfe Europas und ist heute Sitz des sizilianischen Parlaments.

Castello di Lombardia

Die Burg (S. 255) aus dem 14. Jh. in Enna mag ja überaus beeindruckend sein, das wahre Highlight ist jedoch das Panorama, das sich vom Torre Pisana bietet, dem höchsten der sechs noch erhaltenen Türme des Kastells. Man sieht nichts als eine zauberhafte, hügelige, grüne Landschaft, soweit das Auge reicht…

Castello di Caccamo

Caccamos unbezwingbares Kastell (S. 136), eine der größten Burgen Italiens, diente als normannisches Bollwerk. Später wurde es Sitz der im 14. Jh. mächtigen Chiaramonte-Familie. Es ist umgeben von unüberwindbaren Wällen und ausgeklügelten Befestigungsanlagen und bietet einen grandiosen Blick.

Castello dei Ventimiglia

In dieser riesigen, atmosphärischen Burg (S. 137), die dem Ort Castelbuono ihren Namen gab, soll es spuken. Jeden Monat geistert eine schon lange verstorbene Königin durch die Flure – und vielleicht auch durch das kleine Museum und die Kunstgalerie, die hier untergebracht sind.

West-Sizilien

Inhalt ➡

Riserva Naturale
dello Zingaro 102
Segesta 103
Trapani 104
Erice 109
Saline di Trapani........... 111
Marsala 119
Selinunt...................... 124

Gut essen

➡ La Bettolaccia (S. 107)
➡ Osteria del Sotto Sale (S. 116)
➡ Da Vittorio (S. 127)
➡ La Cambusa (S. 118)

Historische & kulturelle Attraktionen

➡ Ruinen von Segesta (S. 103)
➡ Grotta del Genovese (S. 117)
➡ Parco Archeologico di Selinunte (S. 124)
➡ Castello di Venere (S. 109)
➡ Cantine Florio (S. 121)

Auf nach West-Sizilien!

Schon seit Jahrtausenden lockt die windgepeitschte Westküste Siziliens Invasoren an. Die ergiebigen Fischgründe, Weinberge und Salzebenen an der Küste waren bei Phöniziern, Griechen, Römern und Normannen gleichermaßen begehrt. Sie alle hinterließen Spuren in der Landschaft und Kultur der Region. Sogar die Engländer prägten ihren Charakter, waren es doch englische Unternehmer, die im 18. Jh. mit Marsala, einem der berühmtesten Dessertweine der Welt, ein Vermögen verdienten.

Heute gilt dieser Teil der Insel als nur wenig touristisches Terrain, das ideal ist für eher gemütliches Reisen. Die Attraktionen sind wunderbar vielfältig. Zu den Highlights gehören die antiken Ruinen in Segesta und Selinunt, das Bergdorf Erice und der Golfo di Castellammare mit seinem großartigen Kontrast zwischen Meer und Berglandschaft sowie die wunderschönen küstenfernen Inseln Favignana, Levanzo, Marettimo und Pantelleria. Den Reiz West-Siziliens machen außerdem die einzigartige regionale Küche und die Nähe zu den internationalen Flughäfen von Palermo und Trapani aus.

Entfernungen (km)

	Marsala	Scopello	Segesta	Selinunt
Scopello	75			
Segesta	50	30		
Selinunt	45	70	60	
Trapani	30	35	30	95

Highlights

① Segesta (S. 103) Den fast perfekten klassischen Tempel auf dem mit Wildblumen bewachsenen Gelände bestaunen

② Castello di Venere (S. 109) Von der normannischen Burg in Erice aus die Aussicht genießen

③ Grotta del Genovese (S. 117) Auf der unberührten Insel Levanzo prähistorische Felskunst entdecken

④ La Casbah (S. 123) In den engen Gassen von Mazara del Vallos altem Sarazenenviertel handbemalte Wandfliesen bewundern und Fisch-Couscous genießen

❺ **Marsala** (S. 119) In Siziliens schönstem Weinort Weine verkosten und einen Abendspaziergang unternehmen

❻ **Riserva Naturale dello Zingaro** (S. 102) Auf ungeheuer malerischen Küstenwegen wandern

❼ **Selinunt** (S. 124) Auf den Klippen am Meer inmitten zerfallener Säulen den Hauch der Geschichte verspüren

❽ **Cretto di Burri** (S. 126) Über eines der europaweit größten und stimmungsvollsten Werke der Land Art staunen

GOLFO DI CASTELLAMMARE

Die Landzunge zwischen Castellammare del Golfo und dem Monte Cofano (659 m) ist die vielleicht schönste in Sizilien. Der kleine Küstenort Castellammare ist der am besten zugängliche an diesem Küstenabschnitt. Wer Lust auf mehr Abenteuer hat, erkundet die unberührte Riserva Naturale dello Zingaro, ein kleines Stück weiter nordwestlich. Hier wartet eine wilde Küstenlandschaft mit kleinen einladenden Badebuchten und urigen Siedlungen rund um historische *baglios* (Herrenhäuser) und *tonnare* (Thunfischfabriken). Abgerundet wird das Ganze mit den antiken Ruinen in Segesta im Landesinneren und dem beliebten Strandort San Vito Lo Capo an der Nordwestspitze der Landzunge.

Scopello

380 EW.

Das am Meer liegende winzige Scopello könnte nicht bezaubernder sein. Die weißen Häuser und mit glatten Steinen gepflasterten Straßen rund um einen mit einer hohen Mauer und Toren befestigten *baglio* aus dem 18. Jh. könnten aus einem italienischen Film der 1950er-Jahre stammen. Die historische *tonnara* am Ufer ist ein beliebter Drehort.

Zu den beliebtesten Freizeitbeschäftigungen gehört es, bei einem Kaffee am Hauptplatz das Treiben zu beobachten, sich in der ehemaligen Fischfabrik über die faszinierende geschichtliche Rolle des Ortes in der Thunfischverarbeitung zu informieren und in der angrenzenden Riserva Naturale dello Zingaro zu wandern, zu schwimmen, zu schnorcheln und auf den Felsen zu klettern.

Am besten kommt man nicht im August, wenn das Dorf schrecklich überfüllt ist.

Die Geschichte der Thunfischverarbeitung widmet sich **La Tonnara di Scopello** (388 8299472; www.la tonnaradiscopello.it; Largo Tonnara Scopello; Erw./Kind 5 €/frei; Sommer 10–19 Uhr, übriges Jahr kürzere Öffnungszeiten), ein außergewöhnliches Museum, das am Ufer in einer alten *tonnara* untergebracht ist, die vom 13. Jh. bis 1984 betrieben wurde. Der Komplex wurde im 15. und 16. Jh. stark ausgebaut; 1874 ließen die reichen Besitzer direkt am Wasser die elegante lachsrosa **Palazzina Florio** errichten. Die Szenerie mit leuchtend blauem Wasser, spektakulären Felsformationen und einem mittelalterlichen Turm lohnt allein schon den Besuch.

Das **Cetaria Diving Centre** (368 3864808, 338 5445761; www.cetaria.it; Via Ciro Menotti 4; April–Okt.) verleiht Ausrüstung und veranstaltet geführte Tauchgänge zu unter Wasser liegenden Höhlen und Schiffswracks in der Riserva Naturale dello Zingaro sowie Schnorchel- und Bootstouren und ist eine empfohlene Tauchschule.

Im Umkreis von 200 m um den prachtvollen gepflasterten Hof im Herzen Scopellos gibt es ein vielfältiges gastronomisches Angebot: Bäckereien, Pizzerias und ein Terrassenrestaurant, das teurere sizilianische Küche mit spektakulärer Aussicht serviert.

Wer in der Pensione Tranchina (S. 295) übernachtet, sollte dort unbedingt die hervorragenden hausgemachten Speisen kosten. Leider kocht die *pensione* nur für Gäste, Nicht-Gäste können aber „einspringen", wenn ein Gast sein Abendessen auslässt. Wer hier essen möchte, sollte vor Ort gegen 17 Uhr nachfragen, ob ein Tisch frei geworden ist.

An- & Weiterreise

Scopello liegt 10 km nordwestlich von Castellammare del Golfo und ist über die SS187 und die SP63 zu erreichen.

Busse von **Autoservizi Russo** www.russoauto servizi.it) fahren zwischen Scopello und Castellammare (2,70 €, 20 Min., 4-mal tgl. außer So).

San Vito Lo Capo

4700 EW.

Im Badeort San Vito Lo Capo an der Spitze des Capo San Vito tummeln sich im Sommer die Strandgänger und Sonnenanbeter. Der Ort ist bekannt für seinen sichelförmigen Sandstrand, einen der schönsten Siziliens mit klarem, türkisblauen Wasser vor der spektakulären Kulisse des Monte Monaco, einem beliebten Wanderziel. Im September strömen massenweise Couscous-Fans zum jährlichen Cous Cous Fest in das Städtchen.

San Vito ist ein winziges Uferstädtchen, in dem es abgesehen vom Strand und der an eine Burg erinnernden **Kirche** (Piazza Santuario; unterschiedliche Öffnungszeiten) GRATIS die über den zentralen Platz auf halber Strecke der Hauptstraße Via Savoia aufragt, keine wirklichen Sehenswürdigkeiten gibt.

Der Ort hat auch tolle Wanderwege zu bieten, u.a. den 3 km langen Aufstieg auf den Monte Monaco (hin & zurück ca. 2½ Std.; Start direkt südöstlich von San Vito) und die traumhaften Küstenpfade der Riserva Naturale dello Zingaro (S. 102), deren Nordeingang etwa 10 km südöstlich von San Vito liegt. Überdies hat sich der Ort in den letzten Jahren einen Namen als Kletteroase gemacht. Es gibt diverse anspruchsvolle Klippen in unmittelbarer Nähe, und im Herbst findet im Ort ein Kletterfestival statt, das Kletterfreaks aus dem gesamten Mittelmeerraum anlockt.

Die beständig als einer der schönsten Strände Siziliens gefeierte **Spiaggia di San Vito** ist ein wunderbar langer Streifen aus feinem goldenen Sand. Es gibt viele Stellen, an denen Sonnenschirme und Sonnenliegen (rund 15 €/Tag) vermietet werden sowie Duschen und Dutzende Cafés mit Terrassen und Blick aufs Wasser. Im Juli und August ist der Strand in der Regel überfüllt, in den übrigen Monaten aber meist schön leer.

Das coole, von einem Trupp junger, lustiger Outdoorfans geführte **YMCA Climbing House** (333 7075707; www.ymcaclimbingsanvito.it; Via Savoia 195–197; unterschiedliche Öffnungszeiten) ist die erste Anlaufstelle für jede erdenkliche Outdooraktivität in und um San Vito: Geboten werden Klettern, Mountainbiken, Wandern, Nordic Walking, Gleitschirmfliegen und Meereskajakfahren im nahen Naturschutzgebiet Zingaro. Wenn man Ausrüstung, Wanderkarten und/oder Wegbeschreibungen, Unterricht oder einen qualifizierten Führer sucht, ist man hier an der besten Adresse.

Feste & Events

Cous Cous Fest   ESSEN & TRINKEN
(www.couscousfest.it; letzte Woche im Sept.) Trapanis beliebtes heimisches Couscous-Gericht steht im Mittelpunkt des farbenfrohen sechstägigen Food-Fests, das in San Vito Lo Capo in der letzten Septemberwoche mit Gusto gefeiert wird. Zu den Highlights zählen Koch-Shows, Workshops, Konzerte, Livemusik und – Trommelwirbel – die Couscous-Weltmeisterschaft, zu der Couscous-Köche aus zehn Ländern gegeneinander antreten.

Um sich an der beliebten Verkostungsjury für das Halbfinale und Finale zu beteiligen, kauft man ein Ticket (15–25 €). Mit dem „Verkostungsticket" (10 €) hat man Zugang zu verschiedenen Verkostungsständen am Strand und im Ort. Die Tickets sind im Vorverkauf online und während des Fests an Kiosken vor Ort erhältlich.

San Vito Climbing Festival   SPORT
(www.sanvitoclimbingfestival.it; Okt./Anfang Nov.) Das viertägige Festprogramm feiert die vielen Outdoor-Möglichkeiten der Region mit einer Fülle von Freiluftsportevents, bei denen Klettern, Mountainbiken, Kajakfahren und Geländelauf im Vordergrund stehen.

 Essen

★ **Syrah Ristorante**   MODERN-SIZILIANISCH €€
(0923 97 20 28, 347 1367315; Via Savoia 86; Gerichte 30–45 €; 12.30–14 & 19.30–22 Uhr) Das elegante Restaurant ist eine Hommage an zeitgenössische künstlerische Wandkeramik und die moderne sizilianische Küche. Der von Sonnenschirmen beschattete Hofgarten ist die intime, friedvolle Alternative zur Holzterrasse an der Straße, von der aus man gut die Leute beobachten kann. Gewagte Vorspeisen wie Oktopus mit Artischocken und Fenchel-Carpaccio, rote Shrimps mit Früchten, Tintenfisch und geräuchertem Kürbis teilen sich die Karte mit Couscous, Pasta und köstlichen Hauptgerichten wie gebratenem, mit Knoblauch gespicktem Tintenfisch.

★ **Hotel-Ristorante Pocho**   SEAFOOD €€
(0923 97 25 25; www.pocho.it; Località Isulidda Macari; Gerichte 30–40 €; April–Okt. Mo–Sa 19.30–22, So 12–14 & 19.30–22 Uhr; P ❄ ♠) Das Abendessen ist ein unvergessliches Fest für die Augen und für den Gaumen in diesem sensationellen Hotelrestaurant, das dramatisch am Rand einer Klippe über dem Strand von Isulidda 2 km südlich von San Vito im Weiler Macari thront. Im Sommer genießt man hier Fisch und Meeresfrüchte vom örtlichen Markt mit einem Panoramablick auf den Golfo di Cofano; sonntags ist für Chefköchin Marilù Couscous-Tag.

An- & Weiterreise

AUTO & MOTORRAD

San Vito ist etwa 45 Minuten von Castellammare del Golfo (43 km über SS187 und SP16) bzw. Trapani (37 km über SP20 und SP16) entfernt.

BUS

AST betreibt Busse zwischen San Vito Lo Capo und dem Hafen von Trapani (einfache Strecke/hin & zurück 4/7,50 €, 1½ Std., tgl. 8- bis 10-mal); Autoservizi Russo (www.russo autoservizi.it) Busse von/nach Palermo (9,40 €, 2–3 Std., tgl. 1- bis 2-mal). Die Busse halten in San Vito an der Via Piersanti Mattarella nahe dem Strand parallel zur Via Savoia; die Haltestellen sind mit Schildern markiert.

San Vito Lo Capo Bus (348 2242085, 0923 36 04 31; www.sanvitolocapobus.com; Via del Mulino 96; Sommer 9–20 Uhr, Winter kürzere Betriebszeiten) bietet einen bequemen Kleinbustransport von San Vito zu den Flughäfen in Palermo (24 €) und Trapani (17 €). Reservieren kann man online oder im Ort bei **San Vito Tour** (📞 0923 3 60 43; www.sanvitotour.com; Via del Mulino 92; ⊙ Sommer 9–20 Uhr, Winter kürzere Betriebszeiten), wo die Busse abfahren und ankommen.

Riserva Naturale dello Zingaro

Proteste der Bevölkerung gegen den Bau einer Straße 1980 führten 1981 zur Gründung des ersten Naturschutzgebiets Siziliens, der idyllischen **Riserva Naturale dello Zingaro** (📞 0924 3 51 08; www.riservazingaro.it; Erw./erm. 5/3 €; ⊙ April–Sept. 7–19.30 Uhr, Okt.–März 9–17 Uhr). Sie hat sich zur größten Attraktion im Golf entwickelt und zieht eine ständig wachsende Schar von Naturliebhabern und Outdoor-Enthusiasten an.

Das Naturschutzgebiet ist ein Wanderparadies und die Heimat vieler Tiere, darunter der seltene Habichtsadler, der große Bussard und 40 andere Vogelarten. Die Hügel sind bedeckt mit wilden Johannisbrotbäumen, leuchtend gelber Wolfsmilch und 700 anderen mediterranen Pflanzenarten, die mitunter nur an diesem Küstenabschnitt vorkommen. Versteckte Buchten bieten idyllische Bade- und Schnorchelmöglichkeiten.

Der Park hat zwei Eingänge mit Kartenbüros: Der Haupteingang liegt 2 km nördlich von Scopello und der andere 12 km südlich von San Vito Lo Capo. Das **Besucherzentrum** (Centro Visitatori; www.riservanaturalezingaro.com; ⊙ Sommer 7.10–19.10 Uhr, Winter kürzere Öffnungszeiten) liegt leichte 10 Gehminuten vom südlichen Eingang (Scopello) entfernt.

⊙ Sehenswertes & Aktivitäten

Ein eindrucksvoller, 7 km langer Wanderweg führt vom Haupteingang des Schutzgebiets an der Küste entlang nach Norden vorbei am Besucherzentrum und einigen Museen, die sich der örtlichen Kultur, dem Handwerk und den Traditionen widmen. Der nördliche Eingang (San Vito) wird nicht von öffentlichen Verkehrsmitteln bedient, sodass es für Wanderer die praktischste Option ist, auf dem gleichen Weg in der anderen Richtung nach Scopello im Süden zurückzulaufen. Für den Hauptküstenweg braucht man (einfache Strecke) ca. zwei Stunden, Zwischenstopps nicht mitgerechnet. Es gibt auch mehrere Wege ins Hinterland, die auf den Karten des Parks verzeichnet sind.

Unweit vom Besucherzentrum, zehn Gehminuten hinter dem südlichen Eingang bei Scopello sollte man sich unbedingt die riesige **Galerie** anschauen, die 1980 zu Beginn des umstrittenen Küstenstraßenprojekts aus den Felsen gehauen wurde; nach Protesten wurde das Projekt dann aufgegeben.

Im Reservat werden verschiedene geführte Wanderungen angeboten – einen monatlichen Übersichtsplan findet man auf der sehr informativen Website des Parks. Für geführte Meereskajaktouren und Wanderungen wendet man sich an das ausgezeichnete YMCA Climbing House in San Vito Lo Capo.

⊙ Strände

Vom Hauptküstenweg führen gut ausgeschilderte Schotterwege vorbei an duftenden Sträuchern und Ginster, Mandelbäumen und graswachsenen Wiesen mit Orchideen zu malerischen Buchten mit schönen Kiesstränden. Diese natürlich schönen Strände sind nur per Boot oder zu Fuß erreichbar und außer im Juli und August immer höchst einsam und idyllisch. Zu den beliebtesten gehören die **Cala Capreria** mit leuchtend türkisblauen Wasser und Felsen (1,5 km vom südlichen Parkeingang in Scopello den Hügel hinunter) und die 2 km weiter nördlich folgende, von Familien geschätzte **Cala della Disa** mit einem schattigen feinen Kiesstrand und bemerkenswert flachem Wasser. Der größte Strand ist der mit glatten Kieseln belegte **Cala dell'Uzzo**, die nach der benachbarten prähistorischen Grotta dell'Uzzo benannt ist; sie befindet sich einen leichten 2 km langen Marsch südlich vom nördlichen Parkeingang bei San Vito.

Schnorchler bevorzugen die **Cala Marinella** wegen ihres klaren smaragdgrünen Wassers, in das man von den Felsen hinuntersteigt – einen eigentlichen Strand gibt's hier nicht. Diese Bucht liegt ungefähr auf halber Strecke des Küstenwegs, rund 3,5 km von beiden Eingängen entfernt. Für geführte Schnorcheltouren, Tauchgänge und Unterwasserexpeditionen im Schutzgebiet wendet man sich an das Cetaria Diving Centre in Scopello.

ℹ An- & Weiterreise

Scopello (2 km südlich) und San Vito Lo Capo (12 km nördlich) liegen dem Schutzgebiet am nächsten. In beiden Orten folgt man der SP63 zum Parkeingang. Es verkehren keine öffentlichen Verkehrsmittel.

Castellammare del Golfo

15 300 EW.

Der kleine Küstenort Castellammare del Golfo wurde von den Elymern als Hafen für das nahe Segesta gegründet. Über dem hübschen Hafen thronen die Überreste einer oft umgebauten sarazenischen Burg. Die Sandstrände der näheren Umgebung sind im Sommer ein beliebtes Urlaubsziel der Sizilianer. Jenseits des Hafens präsentiert sich die ausufernde Stadt wenig charmant, weshalb Scopello und San Vito Lo Capo die attraktiveren Ziele für einen längeren Aufenthalt sein mögen.

Der sizilianische Grill **I Saporo** (0924 3 13 52; Via Giuseppe Saragat 25; Gerichte 30–40 €; Do-Di 19.30–23 Uhr) ist ein Paradies für Fleischfans und bereitet mit erstklassigem Fleisch aus der angrenzenden Metzgerei z. B. toskanisches Chianina-Rind, marinierte Hühnerflügel, zarte Schweinerippchen und 14 Sorten hausgemachter Burger perfekt auf dem Holzgrill zu. Viele der verwendeten frischen Produkte stammen direkt vom eigenen Hof des Fleischers in der Nähe von Segesta.

Auf einem alten Holzwägelchen rollen formell gekleidete Kellner den Fang des Tages zu den Gästen, die sich so im stets beliebten **Ristorante del Golfo** (0924 3 02 57, 338 774 2825; www.ristorantedelgolfo.it; Via Segesta 153; Gerichte 35–55 €; 12–15 & 19–23 Uhr, Okt.–Mai Di geschl.) die Meeresfrüchte aussuchen, die für sie zubereitet werden sollen. Zu den Markenzeichen gehören Riesengarnelen in Mandelkruste, *ricci* (Seeigel) und jede Menge *pesce in crosta di sale alla griglia* (gegrillter Fisch mit einer Kruste aus dem berühmten Salz aus Trapani).

Zum Abschluss gibt's *cassatelle,* frittiertes Gebäck, gefüllt mit süßem Ricotta, Zitronenschale und Schokolade.

ⓘ An- & Weiterreise

AUTO & MOTORRAD

Castellammare del Golfo ist nur 44 km von Palermos Flughafen Falcone-Borsellino entfernt und über die A29 zu erreichen.

BUS

Busse fahren an der Via della Repubblica ab. Autoservizi Russo (www.russoautoservizi.it) betreibt Verbindungen nach Palermo (6,40 €, 1½ Std., Mo–Sa 6-mal tgl., So 1-mal tgl.), Scopello (2,70 €, 20 Min., 4-mal tgl. außer So) und San Vito Lo Capo (6,40 €, 1¼ Std., Mo–Sa 3-mal tgl., So 1-mal tgl.). Im Juli und August verkehren Extrabusse.

ZUG

Der Bahnhof liegt 3 km außerhalb der Stadt, allerdings gibt es einen Shuttlebus in die Innenstadt (1,50 €). Viermal täglich fahren Züge nach Trapani (8,70 €, 1¾–2 Std.).

SEGESTA

Die Ruinen von **Segesta** (0924 95 23 56; Erw./Kind 6/frei €; April–Sept. 9–19.30, März & Okt. bis 18.30, Nov.–Feb. bis 17 Uhr) aus dem 5. Jh. v. Chr., am Rand einer tiefen Schlucht inmitten verlassener Berge gelegen, gehören zu den magischsten Stätten der Antike.

Lange vor der Ankunft der Griechen war Segesta die bedeutendste Stadt der Elymer, eines alten Volkes, das angeblich von den Trojanern abstammte und sich in der Bronzezeit auf Sizilien niederließ. Die Elymer befanden sich im Dauerclinch mit dem griechischen Selinunt, dessen Zerstörung (409 v. Chr.) sie blutrünstig und entschlossen vorantrieben. Über 100 Jahre später ließ der griechische Tyrann Agathokles über 10 000 Elymer niedermetzeln und besiedelte Segesta mit Griechen.

Heute sind vom antiken Segesta nur noch das Theater hoch oben auf dem Berg und der nie vollendete dorische Tempel geblieben. Der bemerkenswerte Zustand der Ruinen und die eindrucksvolle ländliche Kulisse machen die Anlage dennoch zu einer der Top-Attraktionen Siziliens. An heißen Sommerabenden gibt's im Theater gelegentlich Konzerte und Kulturevents unter dem Sternenzelt – ein wirklich zauberhaftes Erlebnis.

Um 430 v. Chr. errichtet, steht der **dorische Tempel** wunderbar einsam inmitten von Blumenwiesen. Die Säulen stehen ausnahmslos und werden vom Gebälk und vom einen perfekt erhaltenen Giebel bekrönt. Die fehlenden Kannelüren der Säulen und die rohe Ausarbeitung der Kapitelle weisen darauf hin, dass der Tempel nie fertiggestellt wurde. An windigen Tagen sollen die 36 riesigen Säulen mysteriöse Orgelklänge von sich geben. Der Tempel liegt einen fünfminütigen Spaziergang (250 m) vom Ticketschalter bergaufwärts.

Auf dem Gipfel des Monte Bàrbaro thront das **griechische Theater** aus dem 3. Jh. v. Chr. Es bietet weite Blicke nordwärts zum Golfo di Castellammare, wobei die Szenerie etwas durch eine moderne Autobahn getrübt wird, die sich durch das Tal schlängelt. Ein Shuttlebus (1,50 €, alle 30 Min.) fährt vom Ticketschalter über eine 1,25 km lange Straße hinauf zum Theater. Zurück führt ein hübscher 30-minütiger Fußweg mit schönen Tempelblicken.

ⓘ An- & Weiterreise

AUTO & MOTORRAD

Die Ausfahrt nach Segesta ist an der *autostrada* A29D zwischen Trapani (32 km westlich) und Palermo (76 km östlich) deutlich markiert. Besucher müssen ihr Fahrzeug auf dem großen, eigens errichteten **Parkplatz** (389 9659764; www.segestaparking.com; Contrada Pispisa, SP 68; Auto/Motorrad 5/3 €; 9–19.30 Uhr) abstellen, der 1,5 km von den Ruinen auf dem Hügel entfernt ist. Von dort marschiert man zu den Tempelruinen oder nimmt den Shuttlebus (1,50 €, alle 15 Min.). Ein zweiter Bus (1,50 €) befördert die Besucher zwischen dem Tempel und dem weitere 1,25 km hügelauf gelegenen Theater. Die Shuttlebusse fahren im Sommer bis 18.30 Uhr und im Winter bis 16 Uhr.

BUS

Busse von Tarantola (www.tarantolabus.com) verkehren in begrenztem Umfang zwischen dem Bahnhof von Trapani und Segesta (einfache Strecke/hin & zurück 4/6,60 €, 40–50 Min.). Zwischen April und Oktober fahren auch Busse zwischen Palermo und Segesta (einfache Strecke/hin & zurück 7/11,20 €, 80 Min., Mo–Sa tgl. 3-mal). Bei beiden Strecken sollte man die Fahrpläne sorgfältig checken, weil die angegebenen Abfahrtszeiten nicht unbedingt zuverlässig sind; an Sonntagen und gesetzlichen Feiertagen fahren die Busse nicht.

TRAPANI

67 900 EW.

Trapanis Hafen, in dem Peter von Aragón 1282 landete und die spanische Besetzung Siziliens einleitete, ist von einer sichelförmigen Landmasse umgeben. Hier befindet sich die Altstadt von Trapani, einst das Zentrum einer mächtigen Handelsvereinigung, die von Karthago bis Venedig reichte. Der Reichtum der Stadt beruht auf Korallen, Thunfisch, Salz und Wein.

Heute fahren vom kleinen Hafen Trapanis Fähren zu den abgelegenen Ägadischen Inseln und zu der unweit von Tunesien gelegenen geheimnisvollen felsigen Vulkaninsel Pantelleria. Trapanis angrenzendes historisches Zentrum ist ein kleines, aber bezauberndes Labyrinth aus alten Kirchen und mit Goldfluss verzierten *palazzi*, in dem Einheimische und Traveller, die auf ihr Boot warten, entspannt herumspazieren. Ab dem späten Nachmittag strömt praktisch die gesamte Stadt auf die verkehrsberuhigte Hauptstraße Via Garibaldi, um dort die unverzichtbare *passeggiata* (Abendspaziergang) zu genießen.

⊙ Sehenswertes

Das enge Straßengewirr im historischen Zentrum von Trapani ist arabischen Ursprungs, den Charakter der Stadt prägen jedoch die prächtigen Barockbauten der Spanier aus dem 17. und 18. Jh. Besonders schöne Exemplare sind die **Cattedrale di San Lorenzo** (0923 2 33 62; http://cattedraletrapani.it; 8–16 Uhr) am verkehrsberuhigten Corso Vittorio Emanuele, der eindrucksvolle **Palazzo Senatorio** (Palazzo Caravetta; Ecke Corso Vittorio Emanuele & Via Torrearsa) am Ostende derselben Straße sowie der **Palazzo Riccio di Morana** (Via Garibaldi 89-91) und der **Palazzo Fardella Fontana** (Via Garibaldi 93-101).

★**Chiesa Anime Sante**
del Purgatorio KIRCHE
(0923 56 28 82; Via San Francesco d'Assisi; gegen Spende; Mo–Sa 7.30–12 & 16–19, So 10–12 & 16–19 Uhr) Die Kirche am *corso* mitten im Zentrum beherbergt die beeindruckenden *misteri* aus dem 18. Jh – 20 lebensgroße Holzstatuen, die die Leiden Christi darstellen und bei der alljährlichen Osterprozession durch die Stadt getragen werden (s. Kasten S. 100). Zu jeder Figur gibt's eine Tafel mit ausführlichen Erläuterungen (auch auf Deutsch).

Einige der Statuen sind Originale, andere hingegen Kopien von Statuen, die durch die Bomben der Alliierten im Zweiten Weltkrieg zerstört wurden oder zu Bruch gingen, weil die Träger sie während einer Prozession fallen gelassen haben (da die Statuen sehr schwer und unhandlich sind, kann schon mal die eine oder andere Panne passieren).

Jede Statue entstand im Auftrag einer bestimmten Gilde und wird heute von deren Mitgliedern getragen. *Jesus vor Herodes* wurde z. B. von der Müller- und Bäckergilde in Auftrag gegeben, *Der im Grab liegende Jesus* von der Pastagilde und *Die Geißelung* von der Maurer- und Steinmetzgilde. Eine der Statuen, *Der Weg nach Golgatha,* wird von keiner bestimmten Gilde beansprucht und daher von der Bevölkerung Trapanis getragen.

Villa Margherita PARK
(Viale Regina Margherita; unterschiedliche Öffnungszeiten) Trapanis majestätischer zentra-

ler Park wurde 1878 angelegt und ist ein entspannender Ort, wo man im Schatten hoher Bäume sitzen und Dutzende ungewöhnlicher Baumarten (Drachenbäume, Chinesische Fächerpalmen, Palmfarne) bewundern kann. Kinder freuen sich über die im Park herumstolzierenden Pfauen und die im Teich schwimmenden Enten.

Museo Nazionale Pepoli MUSEUM
(0923 55 32 69; www.comune.trapani.it/turismo/pepoli.htm; Via Conte Pepoli 180; Erw./Kind 6 €/frei; Di-Sa 9-17.30, So bis 12.30 Uhr) Versteckt im stimmungsvollen Kreuzgang eines Karmeliterklosters aus dem 14. Jh. zeigt das 1906-1908 entstandene wundervolle Kunstgewerbemuseum die Sammlung des örtlichen Grafen Agostino Pepoli (1848-1910), der sein Leben der Rettung von Trapanis Kunstgewerbe widmete. Besonders bemerkenswert sind die Korallenschnitzereien aus dem 17. und 18. Jh., die einst der letzte Schrei in Europa waren, weshalb die Korallenbänke vor der Küste Trapanis stark dezimiert wurden.

 **Aktivitäten**

Sun Club STRAND
(320 4653774; www.sunclubtrapani.it; Lungomare Dante Alighieri; Sommer 18-2 Uhr, Winter Do-So 18-2 Uhr;) Mit schicken, weiß angestrichenen oder naturbelassenen Holzmöbeln und eingängigem Euro-Pop als Untermalung ist der Sun Club im Sommer schwer angesagt. Das vielseitige Restaurant/Bar bietet Frühstück, Mittag- und Abendessen sowie denkwürdige Cocktails zum Sonnenuntergang. Man kann auf dem Sand tanzen; an den Wochenenden spielen gelegentlich Livebands. Fürs stilvolle Strandleben kann man tagsüber Liegestühle mit Sonnenschirmen mieten.

Blue Beach STRAND
(393 8289289; www.facebook.com/bluebeachtrapani; Lungomare Dante Alighieri 18; März-Okt.;) Der trendige Strand 3 km (40 Gehminuten) nördlich der zentralen Piazza Vittoria Emanuele bietet alles: goldenen Sand, bequeme Liegestühle, weiße Sonnenschirme, eine schicke Terrasse mit beheizten Sofas, eine hippe Bar mit tollen Cocktails, DJs und Themenpartyabende, die sich über die Saison verteilen.

 Essen

Tramura INTERNATIONAL €
(338 8687002; www.facebook.com/tramura; Via Mura di Tramontana Ovest; Gerichte 15-25 €; Sommer 11-3 Uhr, Winter kürzere Öffnungszeiten;) Das zwanglose Lokal in prächtiger Lage am Küstenweg oberhalb der alten Stadtmauern bietet einen tollen, völlig autofreien Blick aufs Meer. Topfpflanzen, die über allen Tischen aufgehängt sind, geben dem maritim aufgemachten Inneren und der überdachten Terrasse einen Hauch von Zen. Die Küche liefert alles von den typischen Pastagerichten über Burger (darunter in der Thunfisch-Saison auch Burger mit frischem Thunfisch) bis zu *bruschette* und Salaten.

LA PROCESSIONE DEI MISTERI

Seit dem 18. Jh. erinnern die Bürger von Trapani – repräsentiert durch 20 traditionelle *maestranze* (Gilden) – mit viertägigen Prozessionen an den Leidensweg Christi. Bei der ersten Prozession am Dienstag vor Ostern wird eine imposante, lebensgroße Holzstatue der Jungfrau Maria durch die Straßen getragen. An den drei Tagen danach folgen ihr in nächtlichen Prozessionen die restlichen *misteri* (lebensgroße Holzstatuen) durch die Altstadt und den Hafen zu einer eigens hierfür errichteten Kapelle an der Piazza Lucatelli, wo sie über Nacht verwahrt werden. Jede Prozession wird von den Massen der Einheimischen und einer Kapelle aus Trapani begleitet, die Trauerlieder zum langsamen, eintönigen Schlag einer Trommel spielen.

Die Feierlichkeiten erreichen ihren Höhepunkt am Nachmittag des Karfreitags. Dann kommen die Angehörigen der 20 Gilden mit allen Statuen aus der Chiesa del Purgatorio heraus, steigen die Stufen hinunter und tragen die Statuen in einer 1 km langen Prozession bis zur Via Giovanni Battista Fardella hinauf. Am nächsten Morgen kehrt die Prozession dann in die Kirche zurück. Die Menschenmassen, die sich zu dem langsamen Marsch versammeln, geraten oft in eine Art religiöse Trance, die man so nur von den Prozessionen der Semana Santa im spanischen Sevilla kennt.

Wer die Prozessionen miterleben möchte, muss seine Unterkunft lang im Voraus buchen. Für den Rest des Jahres stehen die Statuen in der Chiesa Anime Sante del Purgatorio (S. 104). Weitere Informationen unter www.processionemisteritp.it.

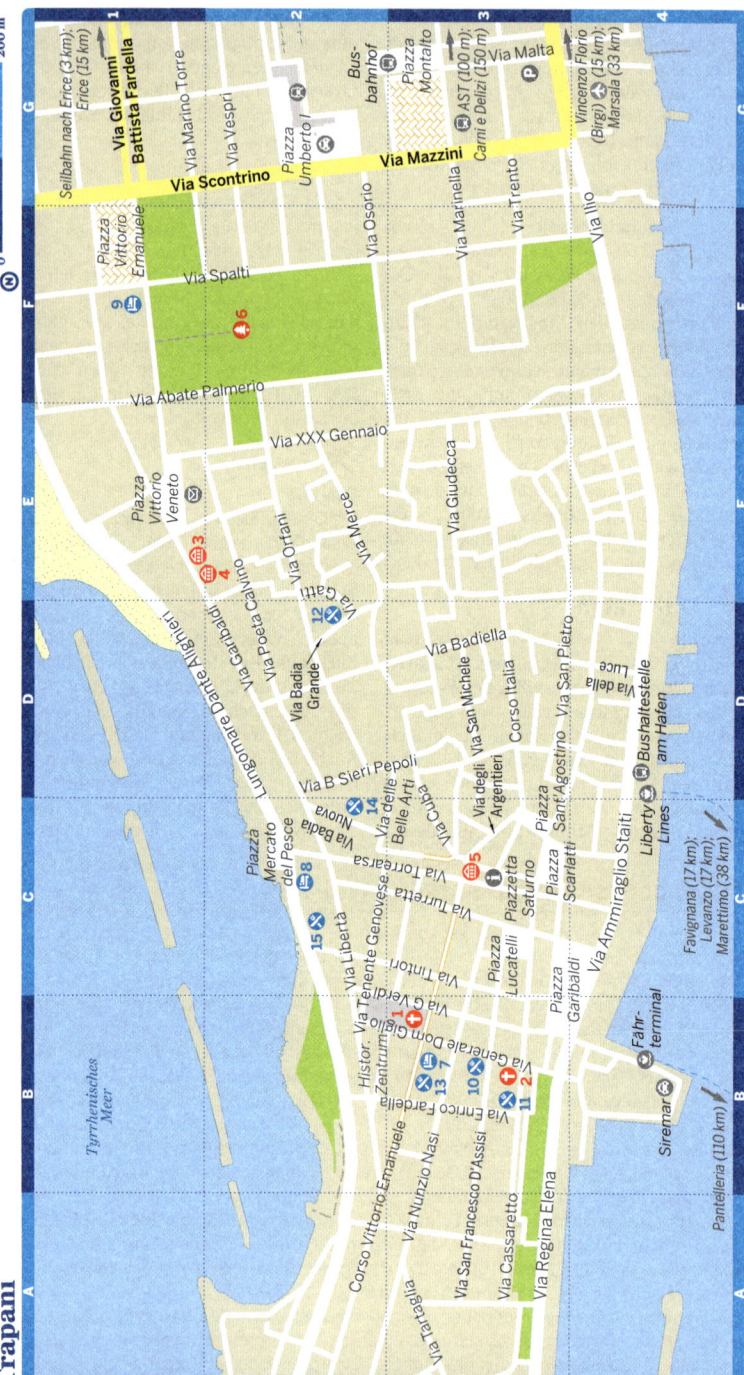

Trapani

🟢 Sehenswertes
1. Cattedrale di San Lorenzo B3
2. Chiesa Anime Sante del Purgatorio ... B3
3. Palazzo Fardella Fontana E1
4. Palazzo Riccio di Morana E2
5. Palazzo Senatorio C3
6. Villa Margherita F2

🔵 Schlafen
7. Ai Lumi B3
8. La Gancia Residence C2
9. Room Mate Andrea F1

🟠 Essen
10. Caupona Taverna di Sicilia B3
11. La Bettolaccia B3
12. La Rinascente D2
13. Tavernetta Ai Lumi B3
14. Tentazioni di Gusto C2
15. Tramura C2

Carni e Delizi FEINKOST €
(☎ 0923 2 64 08; www.facebook.com/francescoaccar; Via Virgilio 35; Gerichte 10–20 €; ⊙ Mo 9–15, Di–Do 9–15 & 17–21, Fr & Sa 9–15 & 17–23 Uhr) Diese *macelleria* (Fleischerei) mit Feinkostladen ist ein typischer Nachbarschaftstreff mit einem Karren an der Straße, an dem *panini con mezza* (Burger) verkauft werden, und ein paar Tischen drinnen. Man wählt aus der Salami, dem kalten Aufschnitt und den vorab zubereiteten Deli-Gerichten, die man hier essen oder mitnehmen kann. Am Freitag und Samstag verweilen die Einheimischen bei der üppigen *apericena* (einer Kombination aus *aperitivo* und *cena*, Abendessen).

La Rinascente GEBÄCK €
(☎ 0923 2 37 67; Via Gatti 3; Kuchen 2 €; ⊙ Mo, Di, Do & Fr 9–13 & 16–19, Sa & So 7.30–14 Uhr) Durch einen Perlschnur-Fliegenschutzvorhang gelangt man in die Bäckerei alter Schule, in der sich seit 1969 nichts geändert hat. Die alten Arbeitsflächen aus weißem Marmor und die älteren Köche in ihrer weißen Wäsche machen einen Teil des Charmes aus. Der joviale Inhaber Giovanni Costadura ist sehr umgänglich; sein Wochenend-Angebot von hausgemachten *cannoli* und anderen kleinen Kuchen ist vor Ort legendär.

⭐ La Bettolaccia SIZILIANISCH €€
(☎ 0923 2 59 32; www.labettolaccia.it; Via Enrico Fardella 25; Gerichte 35–45 €; ⊙ Mo–Fr 12.45–15 & 19.45–23, Sa 7.45–23 Uhr) Das unbeirrt authentische, dabei trendige Slow-Food-Restaurant mit schnittigem, minimalistisch weißem Innenraum in einer verschlafenen Seitenstraße ist *die* Adresse für würzigen Couscous mit gebratenem Fisch oder gemischten Meeresfrüchten *caponata* (Auberginen und sonnengetrocknete Tomaten mit Kapern in süßsaurer Sauce), den Fang des Tages und andere traditionelle Gerichte der Stadt. Reservierung erforderlich!

Caupona Taverna di Sicilia SEAFOOD €€
(☎ 0923 54 66 18, 340 3421335; Piazza Purgatorio 32; Gerichte 25–35 €; ⊙ Mi–Mo 13–14.15 & 20–23.30 Uhr) Frischer Fisch bestimmt die Speisekarte in diesem fabelhaften, zwei Blocks vom Hafen entfernten Familienbetrieb, der sich selber als *la casa del cuscus trapanese* (das Haus des Trapani-Couscous) anpreist. Der Couscous und Meeresfrüchte-Klassiker wie *pesce spada alla pantesca* (Schwertfisch in einer Sauce aus Tomaten, Knoblauch, Petersilie, Oliven und Kapern) sind selbstverständlich hervorragend.

Platz lassen sollte man für die mächtigen *cannoli*, die gut und gern für zwei Personen reichen.

Tentazioni di Gusto SIZILIANISCH €€
(☎ 0923 54 81 65; www.tentazionidigusto.it; Via Badia Nuova 27; Gerichte 45 €; ⊙ 12.30–15 & 19.30–23 Uhr, Okt.–Mai Mi geschl.; 🛜) *Tentazioni* (Versuchungen) ist das Schlüsselwort im Gusto, einem zeitgenössisch eingerichteten Lokal mit Plätzen auf der Straße, wo man romantisch einen *aperitivo* genießt, und einer kreativen Küche, die klassische Gerichte aus Trapani mit Fischspezialitäten des Hauses kombiniert. Lohnend sind das Risotto mit Thymian und wildem Fenchel (sowie passendem Marsala-Weißwein), das Tintenfisch-Ravioli mit pürierten Erbsen und die in einer quadratischen Schale servierte Fischsuppe.

ℹ️ Praktische Informationen

Hospital (Ospedale Sant'Antonio Abate; ☎ 0923 80 91 11; www.asptrapani.it; Via Cosenza 80) Das Hospital 5 km östlich des Zentrums hat eine rund um die Uhr geöffnete Notaufnahme.

Polizei (☎ 0923 59 81 11; http://questure.poliziadistato.it/trapani; Piazza Vittoria Veneto 1) Die Hauptwache der Stadt.

Post (☎ 0923 43 43 82; Piazza Vittorio Veneto 11; ⊙ Mo–Fr 8.30–19, Sa bis 12.30 Uhr)

Touristeninformation (☎ 0923 54 45 33; Piazzetta Saturno 3bis; ⊙ Sommer Mo–Fr 9–13 Uhr, Winter Mo & Do 9–14 & 15–17, Di, Mi & Fr 9–14 Uhr) Nördlich vom Hafen verteilt Trapanis Touristeninformation Stadtpläne und bietet Infos zu Aktivitäten, darunter Tauchgängen und Weinverkostungen, rund um die Stadt. Hier erhält man auch Karten der Ägadischen Inseln, auf denen die Wanderwege eingetragen sind.

ⓘ An- & Weiterreise

Trapanis geschäftiger Hafen ist die Hauptablegestelle zu den Ägadischen Inseln und der entlegenen maurischen Insel Pantelleria. Auf dem nahegelegenen Flughafen Trapani-Birgi Vincenzo Florio landen Budgetflüge vom italienischen Festland und aus dem übrigen Europa.

BUS

Busse von Segesta Autolinee (www.segesta.it) verbinden Trapani mit dem Flughafen von Palermo (8 €, 65 Min., 5.30–20 Uhr mind. stündl.); Busse von **AST** (Azienda Siciliana Trasporti; ☎ 0923 2 10 21; www.astsicilia.it; Via Virgilio 20) fahren von/zum Flughafen Vincenzo Florio in Birgi (2,90 €, 55 Min.). Beide Unternehmen nutzen die Haltestelle vor den Docks der Tragflügelboote. Die Tickets erhält man bei **Egatour** (☎ 0923 2 17 54; www.egatourviaggi.it; Via Ammiraglio Staiti 13) direkt gegenüber.

Die gleiche Haltestelle nutzen auch die Busse von Big Bus (www.bigbus.it) vom/zum Bahnhof Palermo (2 Std.) sowie nach Marsala (50 Min.) und die Nachtbusse von/nach Neapel (13¾ Std., tgl. 1-mal) und Rom (14¼ Std., tgl. 1-mal).

Die sehr wenigen übrigen Intercity-Busse nutzen Trapanis **Busbahnhof** (☎ 0923 2 00 66; Piazza Montalto). Die Tickets erhält man beim Busbahnhof gleich gegenüber auf der anderen Straßenseite in der **Tabaccheria Barraco** (Via Virgilio 6; ⊙ Do–Di 9–13 & 16–19 Uhr).

Vom Busbahnhof aus fährt Tarantola (www.tarantolabus.com) in begrenztem Umfang nach Segesta (hin & zurück 6,60 €, jeweils 40–50 Min., Mo–Sa 2- bis 3-mal). AST fährt nach Erice (2,90 €, 40–60 Min., tgl. 4- bis 6-mal), San Vito Lo Capo (4,60 €, 1½ Std., tgl. 8- bis 10-mal), Marsala (3,60 €, 1¼ Std., Mo–Sa tgl. 4-mal) und Mazara del Vallo (5,30 €, 1¾ Std., Mo–Sa tgl. 3-mal).

FLUGZEUG

Der **Aeroporto di Trapani-Birgi Vincenzo Florio** (☎ 0923 61 01 11; www.airgest.it) hat die dritthöchste Auslastung der Flughäfen Siziliens. Er liegt 16 km südlich von Trapani in Birgi und wird allgemein einfach Flughafen Birgi genannt.

SCHIFF/FÄHRE

Trapanis **Fährhafen** (Stazione Marittima, Porto Trapani) liegt gegenüber der Piazza Garibaldi. **Siremar** (☎ 090 57 37; https://carontetourist.it/en/siremar; Stazione Marittima, Porto Trapani) und **Traghetti delle Isole** (☎ 0923 2 24 67; www.traghettidelleisole.it) betreiben ganzjährig Autofähren nach Pantelleria (33 €, 6–7¼ Std., wöchentlich 3- bis 5-mal). Siremar betreibt auch ganzjährig Fähren zu den Ägadischen Inseln Favignana (10,70 €, 1–1½ Std., tgl. 3-mal), Levanzo (9,70 €, 1–1½ Std., tgl. 3-mal) und Marettimo (14,10 €, 3 Std., tgl. 1-mal).

Die schnellen Tragflügelboote von Liberty Lines legen ein paar Blocks östlich am Terminal der Schnellfähren an der Via Ammiraglio Staiti an – das auffällig zeitgenössische Terminalgebäude soll Ende 2019 fertig sein. Bis dahin kauft man seine Tickets am **Liberty-Lines-Behelfskiosk** (☎ 0923 87 38 13; https://eng.libertylines.it; Via Ammiraglio Staiti) neben dem Dock der Tragflügelboote.

Täglich fahren mindestens zwölf Tragflügelboote nach Favignana (11,80 €, 20–40 Min.) und Levanzo (10,80 €, 25–50 Min.), von denen mindestens vier weiter nach Marettimo (17,80 €, 1–1½ Std.) fahren. Liberty Lines betreibt auch Schnellboote nach Pantelleria (42,50 €, 2 Std., tgl. 1-mal). Kinder zwischen 4 und 11 Jahren fahren zum halben Preis, Kleinkinder bis drei Jahre werden umsonst befördert.

Liberty Lines fährt außerdem ganzjährig von/nach Marsala (17,80 €, 1–1½ Std.).

Bei den Fahrten ist für Passagiere ein Gepäckstück frei, für die übrigen sind Tickets (6,70 €) erforderlich.

ZUG

Trapanis Bahnhof liegt 1 km östlich des Zentrums an der Piazza Umberto. Täglich fahren zehn Züge (So 4-mal tgl.) nach Marsala (3,80 €, 25–40 Min.) und Mazara del Vallo (5,10 €, 55 Min.). Wer nach Palermo möchte, wählt besser den Bus, die schnellere und direktere Option.

ⓘ Unterwegs vor Ort

AUTO & MOTORRAD

Es gibt viele Parkplätze am Hafen und nahe dem Bahnhof. Die Tickets (0,50–0,80 €/Std.; umso teurer, je näher beim Zentrum) zieht man aus den an der Straße aufgestellten Automaten.

Im Juli und August können die Besucher der Ägadischen Inseln ihr Auto auf dem **Parcheggio Egadi** (☎ 348 5952158; 0,70/7 € pro Std./Tag; ⊙ Juli & Aug. 24 Std.) abstellen, einem abgezäunten Parkplatz abseits der Via dei Grandi Eventi ca. 1 km östlich des Hafens. Kostenlose Shuttlebusse (ATM-Linien 2A und 2B) verbinden den Parkplatz mit dem Hafen (Mo–Sa 7–20.30 Uhr), die angeschlagenen Abfahrtszeiten sind aber unzuverlässig. Eine bequemere, das ganze Jahr zur Verfügung stehende Option ist das mehrstöckige, überdachte Parkhaus **Parcheggio Multipiano** (☎ 0923 58 24 39; www.atmtrapani.it; Via Ilio; pro Std./Tag/Woche Sommer 1,20/12/60 €, Winter 1/10/40 €; ⊙ 24 Std.), das 10 Gehminuten vom Hafen entfernt an der Via Ilio steht.

BUS

Die Tickets für die Stadtbusse der örtlichen Busgesellschaft ATM (www.atmtrapani.it) sind

90 Minuten gültig und kosten in der *tabaccheria* (Tabakladen) 1,20 € und direkt im Bus 1,40 €.

FAHRRAD

Mit dem Fahrrad lassen sich die Saline di Trapani, die ebene Landschaft mit Salzteichen und Windmühlen gleich südlich der Stadt, leicht und angenehm erkunden. Fahrräder kann man in der Stadt bei **Trapani Rent Point** (388 2518505; www.trapanirentpoint.it; Via Convento San Francesco di Paola 71; Stadtrad/E-Bike ab 8/20 € pro Tag; 9–16 Uhr) mieten.

VOM/ZUM FLUGHAFEN

Bus Von der Ankunftshalle des Flughafens Trapani-Birgi Vincenzo Florio, fahren AST-Busse (4.90 €, 20 Min., stündl.) zum/vom Hafen Trapanis. Salemi (https://autoservizisalemi.it) mit Basis in Marsala bietet Busse zwischen dem Flughafen von Birgi und Palermo (11 €, 1¾–2 Std., 5- bis 6-mal tgl.); Tickets gibt's online oder im Bus.

Taxi Ein Taxi zwischen Birgi und Trapani kostet 30 €.

TAXI

Taxistände gibt es am Fährhafen und an der Piazza Umberto I vor dem Bahnhof.

RUND UM TRAPANI

Erice

27900 EW. / 751 M

Vom schwindelerregenden, legendären Monte Erice aus, der 750 m über den Meeresspiegel aufragt, wacht das mittelalterliche Erice über den Hafen von Trapani. Das ummauerte Dorf aus dem 12. Jh. hat eine bedeutende Geschichte und bietet Bergcharme sowie einen sensationellen Blick aufs Meer und in das Tal. Das Wetter ist launisch: Auf blendenden Sonnenschein kann innerhalb weniger Minuten dichter Nebel folgen.

Man sollte sich genug Zeit nehmen, um sich im Gewirr der stimmungsvollen, steingepflasterten Straßen zu verlieren – besonders eindrucksvoll, wenn die Sonnenstrahlen durch Nebelschwaden dringen – und in Siziliens berühmtester Pasticceria herrliche süße Leckereien zu genießen.

Vergil verglich den Monte Erice wegen seiner Höhe und seiner spirituellen Bedeutung einst mit dem Berg Athos. Die Stadt ist heute aber keineswegs ein heiliger Ort: Die Tempel und Klöster sind Souvenirständen und Teppichläden gewichen, die die berühmten *frazzate* (leuchtend bunte Teppiche aus Stofffetzen) anbieten. Dennoch sorgen die Gassen zwischen den hohen, mit Votivnischen versehenen Mauern und die versteckten Innenhöfe für einen ganz eigenen Zauber, den man am besten in der Nebensaison oder im Sommer am frühen Morgen oder am Nachmittag, nachdem die Heerscharen der Tagesausflügler abgezogen sind, erleben kann.

Die normannische Burg **Castello di Venere** (Burg der Venus; 320 8672957; www.fondazioneericearte.org/castellodivenere.php; Via Castello di Venere; Erw./erm. 4/2 €; Aug. 10–20 Uhr, Juli–Sept. bis 19 Uhr, Apr.–Juni & Okt. bis 18 Uhr, Nov.–März nur Sa & So 10–13 Uhr) wurde im 12. und 13. Jh. an der Stelle des Venustempels errichtet, der den Elymern, Phöniziern, Griechen und Römern als heiliger Ort diente. Heute sind die Innenräume nicht öffentlich zugänglich, dafür können Besucher den grasbewachsenen Innenhof mit den Überresten des Fundaments und einer eindrucksvollen Steinmauer erkunden, die angeblich von Daedalus erbaut wurde. Eigentliches Highlight sind aber die spektakulären Panorama-Ausblicke, die sich auf der einen Seite bis nach San Vito lo Capo und auf der anderen bis zur Saline di Trapani erstrecken.

Der **Real Duomo** (Königsdom; Via Chiaramonte; 2,50 €; Aug. 10–20 Uhr, Juli & Sept. bis 19 Uhr, übriges Jahr kürzere Öffnungszeiten) von Erice, ein golden leuchtendes Wunderwerk aus behauenem Kalkstein und Carrara-Marmor, wurde 1314 auf Geheiß des dankbaren Friedrichs III. errichtet, der während der Aufstände der Sizilianischen Vesper (1282–1314) in Erice Zuflucht gefunden hatte. Das Innere der Kirche wurde 1865 neugotisch umgestaltet, die Seitenkapellen aus dem 15. Jh. blieben aber unverändert. In der ehemaligen Sakristei zeigt das **Museo di Erice La Montagna del Signore** sakrale Kunstwerke, Abendmahlkelche, Kerzenständer und andere Silberwaren aus dem 15. und 16. Jh.

Die Eintrittskarten für den Dom erhält man im benachbarten **Torre di Federico**, dem freistehenden Campanile der Kirche. Dieser besitzt mit Stabmaßwerk versehene Fenster, einen Zinnenkranz, sechs Glocken und eine Wendeltreppe, die mit 108 Stufen hinauf zur 28 m hohen Spitze führt – der Blick von dort auf die Dächer des Städtchens ist sehr beeindruckend. Das Kombiticket (6 €) gilt für den Dom, seinen Glockenturm und zwei weitere Kirchen in Erice: **San Martino** (Via Pietro Salerno 8; 2,50 €; Aug. 10–20 Uhr, Juli & Sept. bis 19 Uhr, übriges Jahr kürzere Öffnungszeiten) und **San Giuliano** (Via Roma;

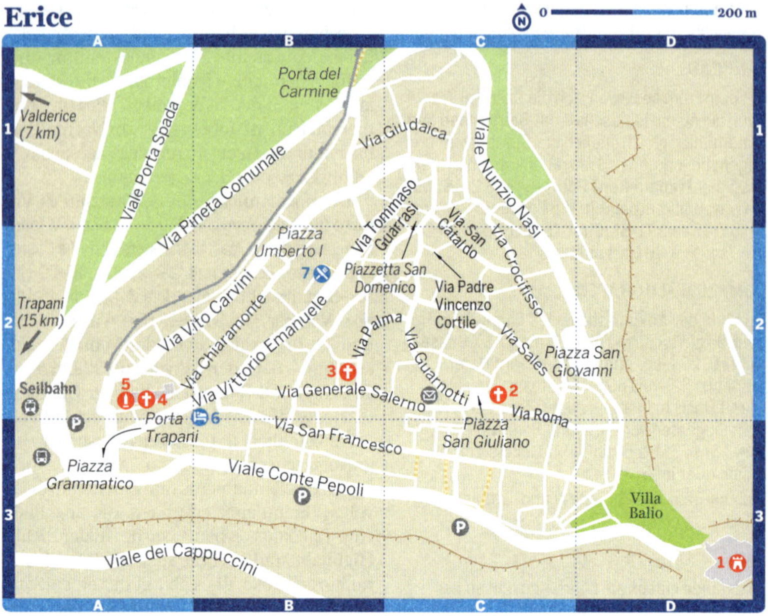

Erice

Sehenswertes
1 Castello di Venere..............D3
2 Chiesa di San Giuliano.........C2
3 Chiesa di San Martino..........B2
4 Real Duomo........................A2
5 Torre di Federico................A2

Schlafen
6 Hotel Elimo........................B2

Essen
7 Pasticceria di Maria Grammatico..........B2

2,50 €; Aug. 10–20 Uhr, Juli & Sept. bis 19 Uhr, übriges Jahr kürzere Öffnungszeiten).

Essen & Ausgehen

Erice ist in Sizilien für seine *dolci ericini* (süßes Mandelgebäck) bekannt, die im historischen Zentrum in den vielen Bäckereien und in Restaurants zu bekommen sind. Als Touristenmagnet bietet die Stadt nicht immer das beste Preis-Leistungs-Verhältnis.

Praktische Informationen

Polizei (0923 55 50 00; Piazza Grammatico; 24 Std.)
Post (Via Guarnotti 7; Mo–Fr 8.15–13.30 Uhr)

An- & Weiterreise

AUTO & MOTORRAD

In Erice gibt's gebührenpflichtige Parkplätze neben der Porta Trapani und an der Viale Conte Pepoli. Unten in Trapani findet sich ein großer Parkplatz neben der Seilbahnstation. Parken kostet 1,50 € pro Stunde für bis zu 3 Stunden, dann 1 € pro Stunde und 10 € für einen ganzen Tag.

BUS

AST (S. 108) bietet eine regelmäßige Busverbindung von/nach Trapani (einfache Strecke/hin & zurück 2,90/4,80 €, 40–60 Min., tgl. 4- bis 6-mal). Die Busse nutzen die Haltestelle Porta Trapani vor dem Dock der Tragflügelboote im Hafen von Trapani und jene am Fuß von Erices Altstadt nahe der Seilbahn.

SEILBAHN

Das beste Transportmittel zwischen Erice und Trapani ist die **Seilbahn** (Cabinovia die Erice; 0923 56 93 06, 0923 86 97 20; www.funiviaerice.it; einfache Strecke/hin & zurück 5,50/9 €; Mo 13–20, Di–Fr 8.30–20, Sa 9.30–20.30, So 10–20 Uhr), die auch bei Einheimischen, Spaziergängern und Mountainbikern sehr beliebt ist. Die Station in Erice liegt gegenüber der Porta Trapani. Um zur Station in Trapani zu gelangen, nimmt man Bus 21 oder 23, der die Via GB Fardella bis zum Ende der Via Alessandro Manzoni fährt (hier endet Trapani und beginnt Erice). Fahrpläne der Busse gibt's auf der Website von Funivia.

Saline di Trapani

An der Küste zwischen Trapani und Marsala erstreckt sich eine faszinierende Landschaft mit flachen Salzbecken (*saline*) und stillgelegten Windmühlen (*mulini*). Das hier gewonnene Salz gilt als das beste Italiens und war über Jahrhunderte eine bedeutende Einnahmequelle. Heute gibt es nur noch wenige kleine Betriebe, die Italiens anspruchsvollere Klientel beliefern. Die schönste Zeit hier ist der Sommer, wenn die Sonne die Salzgärten rosarot färbt und die Salzhügel zum Glitzern bringt. Im Winter hingegen werden die Salzhügel zum Schutz vor Regen mit Ziegeln und Plastikplanen abgedeckt.

Die schönsten Küstenabschnitte gehören zu zwei Sumpfschutzgebieten, der Riserva Naturale Saline di Trapani e Paceco (S. 111) im Norden nahe Trapani und der **Riserva Naturale di Stagnone** im Süden in der Nähe von Marsala. Letztere umfasst die Insel San Pantaleo mit der bedeutenden archäologischen Stätte von Mozia und die größere Isola Lunga, die das seichte Wasser der Stagnone-Lagune schützt.

Sehenswertes

★ Mulino della Saline Infersa   MUSEUM

(348 380 4301, 0923 73 30 03; www.salinedellalaguna.it; Contrada Ettore e Infersa 55; Erw./erm. 7/2,50 €; April–Sept. 9–20.30 Uhr, Okt.–Jan. & März bis 15 Uhr) Das südlichere der beiden Salzmuseen der Region residiert in einer schön restaurierten Windmühle aus dem 16. Jh. gegenüber der Bootsanlegestelle nach Mozia, 10 km nördlich von Marsala. Es bietet Multimedia-Ausstellungen zur Geschichte der Salzgewinnung in der Gegend und viele faszinierende Erlebnisse (alle mit vorheriger Online-Reservierung), darunter thematische Salzverkostungen (20 €) und Führungen in die Salzpfannen (Erw./erm. 15/5 €).

Zwischen Mai und August kann man sich einen halben Tag lang als Salzarbeiter versuchen und sogar Salz ernten (Stiefel werden gestellt; Erw./erm. 25/10 €). Im Sommer können die Besucher auch die Windmühle in Aktion erleben (Mi & Sa 16–18 Uhr).

Mozia   ARCHÄOLOGISCHE STÄTTE

(San Pantaleo) Das antike Mozia, auch bekannt als Motya oder Mothia, liegt auf der

---

NICHT VERSÄUMEN

MARIA GRAMMATICO

Nichts ist besser als ein Cappuccino und eine süße *lingua di suocera* („Schwiegermutterzunge", ein Zitronenkuchen) oder knubbelige *belli e brutti* („Schöne und Hässliche") mit Mandeln in der holzgetäfelten Teestube oder auf dem grünen Hof der altmodischen **Pasticceria di Maria Grammatico** (0923 86 93 90; www.mariagrammatico.it; Via Vittorio Emanuele 14; Gebäck ab 2 €; Mai, Juni & Sept. 9–22 Uhr, Juli & Aug. bis 1 Uhr, Okt.–April bis 19 Uhr). Die berühmte Konditorei war seit den frühen 1960er-Jahren die Wirkungsstätte von Siziliens bekannter Konditorin Maria Grammatico (geb. 1941), der Protagonistin von Mary Taylor Simetis Buch *Bitter Almonds*. Hier kann man in das örtliche Leben eintauchen, vor allem sonntags, wenn die Dorfbewohner wie seit Jahrzehnten nach dem Kirchgang in den altmodischen Laden strömen, um bei Kaffee und Kuchen ein Schwätzchen zu halten.

Anfang der 1950er-Jahre starb der Vater von Maria Grammatico an einem Herzinfarkt. Ihre verarmte Mutter, die ihr sechstes Kind erwartete, beschloss, die elfjährige Maria und ihre jüngere Schwester in das Waisenhaus des Klosters San Carlo in Erice zu schicken, wo sie von den Nonnen die Kunst des Backens erlernen sollten. Die Mädchen schufteten unter brutalsten Bedingungen. Sie mussten in aller Frühe aufstehen, um die Öfen anzuheizen, sechs Stunden lang ununterbrochen Zuckermischungen schlagen und kiloweise Mandeln schälen. Zu essen bekamen sie immer nur Pasta ohne Fleisch oder eine dünne Gemüsesuppe. Mit 22 verließ Maria nach einem Nervenzusammenbruch das Waisenhaus und begann, ihren Lebensunterhalt mit der Herstellung von Naschwerk und Gebäck zu verdienen.

Zu den traditionellen sizilianischen Leckereien, die man probieren sollte, zählen die typischen, mit frischem Ricotta gefüllten *cannoli*, zudem die grüne *cassata* (eine Torte mit Mandeln, Zucker, Vanille, Buttermilch-Quark und kandierten Früchten), perfekt geformte Marzipanfrüchte, mit Zitronensaft aromatisierte *cuscinetti* (kleine frittierte Gebäckstücke) sowie *buccellati* (harte Feigenkekse) mit Feigen, Zimt und Nelkenkonfekt. Zu Ostern stehen in der Konditorei reihenweise kleine, niedliche Lämmchen aus Mandeln und Zitronat, die speziell für die Misteri-Karfreitagsprozession in Erice hergestellt werden.

AUTOTOUR > DAS BESTE VOM WESTEN

Diese Tour verbindet zwei antike archäologische Stätten, ein Küstennaturschutzgebiet, ein mittelalterliches Hügelstädtchen und eine Weinbauregion. Man kann die Rundstrecke als Tagestour bewältigen (der Ausgangspunkt ist nur jeweils 30 Min. von den Flughäfen von Palermo oder Trapani entfernt), weit lohnender ist es aber, sie auf zwei oder drei Tage auszudehnen.

❶ Segesta

Los geht's in Segesta (S. 103) gleich abseits der *autostrada* A29D. Segesta ist mit seinem perfekt erhaltenen dorischen Tempel am Rand einer steilen Schlucht und einem auf dem Hügel liegenden Amphitheater mit freiem Blick aufs Mittelmeer eine der stimmungsvollsten antiken Stätten auf Sizilien.

Weiterfahrt > Von Segesta fährt man kurvenreiche 30 km nordwärts nach Scopello und hält unterwegs zu einem Bad im funkelnden, blaugrünen Wasser der Spiaggia di Guidaloca.

1–3 Tage; 109 km
Toll für ... Geschichte & Kultur; Outdoor-Fans
Beste Reisezeit: Frühjahr & Herbst

Saline di Trapani (S. 111)

❷ Scopello & Riserva Naturale dello Zingaro

Der nächste Halt ist das nette Dorf Scopello (380 Ew.) mit einer Reihe von Steinhäusern rund um ein prächtiges Herrenhaus aus dem 18. Jh. hoch über dem Golfo di Castellammare. Mehrere Attraktionen liegen ganz in der Nähe. Unbedingt ansehen sollte man sich die fotogenen *faraglioni* (Felstürme), die die historische Thunfischfabrik am Ufer unter dem Ort flankieren. Außerdem sollte man sich Zeit nehmen für eine Tageswanderung in der nur 2 km nördlich gelegenen Riserva Naturale dello Zingaro.

Weiterfahrt > Man fährt zurück zur SS187, die sich erst durch Weinberge windet und dann in Serpentinen hinauf nach Erice führt.

❸ Erice

Der Hügel hoch über der Küste wurde schon von den antiken Kulturen gepriesen, die hier durchkamen – von den Elymern bis zu den Normannen. Heute kommen Tagesausflügler hierher, um die Aussicht und verführerische Süßwaren zu genießen. Nachdem man die Landschaft vom Castello di Venere aus betrachtet hat, kehrt man zu Kaffee, *cannoli* und Marzipan bei Maria Grammatico ein.

Weiterfahrt > Von Erice geht's im Zickzack 18 km auf der SS187 und SP21 hinunter ins Küstenland zu den Saline di Trapani.

❹ Saline di Trapani

Die Landschaft mit ihren Salzpfannen und Windmühlen ist seit der Antike ein Zentrum der Salzgewinnung. Von hier bringt einen eine Bootsfahrt zur Insel Mozia, auf der man eine der besten archäologischen Stätten der Phönizier in Europa entdecken kann.

Weiterfahrt > Mit der Fähre geht's zurück von Mozia, dann folgt man der SP21 etwa 9 km südwärts nach Marsala.

❺ Marsala

Das für seine Likörweine berühmte Marsala ist die Hauptstadt einer der besten Weinbauregionen auf Sizilien. Nachdem man die Marsala-Keller des Florio besichtigt hat, gönnt man sich in der Altstadt *aperitivi* und ein Abendessen.

winzigen Insel San Pantaleo und war eine der bedeutendsten Siedlungen der Phönizier im Mittelmeerraum. Mozia wurde im 8. Jh. v. Chr. aus strategischen Gründen angelegt und ist heute die am besten erhaltene Stätte aus phönizischer Zeit.

Die Insel wurde Anfang des 20. Jhs. von dem Ornithologen und Hobby-Archäologen Joseph Whitaker (1850–1936) gekauft und ging nach dem Tod seiner Tochter Delia 1971 in die Joseph Whitaker Foundation über. Joseph stammte aus einer englischen Familie, die im Marsala-Handel ein großes Vermögen erworben hatte. Er baute hier eine Villa und verbrachte Jahrzehnte damit, die Insel umzugraben. So kam eine einzigartige Sammlung phönizischer Fundstücke zustande, von denen viele im Museo Whitaker, das seinen Namen trägt, bewundert werden können.

Rund um das Museum liegen die Ruinen der phönizischen Siedlung verstreut. Besucher können nach Lust und Laune die Insel erkunden. Es gibt ein Netz von Wanderwegen, jede Menge hilfreiche Karten und Informationstafeln. Im ehemaligen Hafen, der mit einem Trockendock ausgestattet war, ist der Anfang einer phönizischen Straße zu erkennen, die einst San Pantaleo mit dem Festland verband, heute aber etwa 1 m unter dem Meeresspiegel liegt. In einer Café-Bar bekommt man Getränke und Snacks.

Um zur Insel zu gelangen, nimmt man vom Imbarcadero Salina Infersa neben der Cafébar **Mamma Caura** (388 8772499, 0923 96 60 36; www.mamma caura.eu; Contrada Ettore e Infersa, Salina Ettore; Sommer 9–22 Uhr, Winter bis 18 Uhr) eine Fähre von Mozia Line (S. 115).

Museo Whitaker MUSEUM
(0923 71 25 98; San Pantaleo; Erw./erm. 9/5 €; April–Okt. 9.30–13.30 & 14.30–18.30 Uhr, Nov.–März 9–15 Uhr) Das Museum auf San Pantaleo, 10 km nördlich von Marsala, beherbergt eine einzigartige Sammlung phönizischer Artefakte, die der Joseph Whitaker über Jahrzehnte zusammengetragen hat. Das wertvollste Stück ist *Il Giovinetto di Mozia,* eine von karthagischen Einflüssen geprägte Marmorstatue eines jungen Mannes aus dem 5. Jh. v. Chr. Das Museum erreicht man, indem man mit dem Auto oder Fahrrad zum Dock von Mozia, 10 km nördlich von Marsala, fährt und eine der Fähren von Mozia Line (S. 115) nimmt. Sie starten halbstündlich und brauchen für die Überfahrt zehn Minuten.

Riserva Naturale Saline di Trapani e Paceco PARK
(327 5621529, 0923 86 77 00; www.salineditrapani.it; SP21) Das vom WWF verwaltete Naturschutzgebiet schützt 1000 ha von *saline* (Salzebenen) in zwei Zonen, die sich vom südlichen Stadtstrand Trapanis bis zum Weiler Saline Grande südlich von Nubia erstrecken. Einfach nach der kleinen Hütte Ausschau halten, die sich ein paar Kilometer südlich von Trapani links von der SP21 zeigt.

Mit Voranmeldung bieten Führer des WWF gelegentlich zweistündige kostenlose Führungen (Mi, Fr & Sa) durch das Schutzgebiet an. Von Februar bis Mai und September bis November liegt der Schwerpunkt dabei auf am Wasser lebenden Zugvögeln, zwischen Juli und September auf der Salzgewinnung. Um zu erfahren, ob Plätze für eine Führung frei sind, muss man mindestens zwei Wochen im Voraus telefonisch oder per E-Mail nachfragen.

Museo del Sale MUSEUM
(Salzmuseum; 320 6575455, 320 6635818; www.museodelsale.it; Via Chiusa, Nubia; Erw./erm. 3/2 €;

KITESURFEN IN DER LAGUNE LO STAGNONE

Nördlich von Marsala locken die grasbewachsenen Ufer der großen Lagune Lo Stagnone Kitesurfer magisch an. Das Wasser ist flach und ruhig, sodass man gut und sicher diesen tollen Sport erlernen kann. Dutzende Schulen vermieten am Ufer um die **Baia dei Fenici** Ausrüstung und bieten Unterricht an. Die Saison dauert von März bis Oktober.

Prokite Alby Rondina (347 5373881; www.prokitealbyrondina.com; Via Passalacqua; 2-/6-stündiger Unterricht 150/370 €, 2-stündiger Unterricht samt 1/2/5 Tage Ausrüstungsverleih 200/330/440 €; März–Okt.;) hat eine praktische Lage nur 10 Minuten vom Flughafen Trapani-Birgi entfernt und 14 km nördlich von Marsala. Das hochprofessionelle Kitesurfing-Resort kombiniert die Schule mit Unterkunft im Hotel oder in Villen und ist eine erstklassige Adresse fürs Kitesurfen in der Lagune.

Das Mieten der Ausrüstung (Lenkdrachen, Bar, Brett und Steuerungsleinen) kostet 75/205/370 € pro Tag/3 Tage/Woche zuzüglich 15/5 € pro Tag für Neoprenanzug/Helm. An Tagen ohne Wind (selten!) kann man hier auch SUP-Bretter (15 €/2 Std.) mieten.

⊙ Sommer 9.30–19 Uhr, Winter 10–17 Uhr, Jan. & Feb. geschl.) Das einfache, familiengeführte Museum ist in einer historischen Windmühle inmitten der Salzbecken, 9 km südlich von Trapani, untergebracht. Es bietet Einblicke in Trapanis Salzindustrie, historische Fotos geben Aufschluss über die Arbeitsteilung: Ältere Fachkräfte hielten die Mühlen in Schuss, während junge Lehrlinge Wasser schleppten.

❶ An- & Weiterreise

Die Saline di Trapani erreicht man über die SP21 (Via del Sale) zwischen Trapani und Marsala.

Um Mozia (hin & zurück Erw./erm. 5/2,50 €, 10 Min., halbstündl.) auf der Insel San Pantaleo zu erreichen, nimmt man eine Fähre von **Mozia Line** (☎0923 98 92 49, 338 7860474; www.mozialine.com; Imbarcadero Salina Infersa; hin & zurück Erw./erm. 5/2,50 €; ⊙9.15–18.30 Uhr) von der Anlegestelle Salina Infersa ca. 20 km südlich von Trapani und 10 km nördlich von Marsala.

ÄGADISCHE INSELN

Die Ägadischen Inseln (Isole Egadi) sind von Trapani oder Marsala aus gut per Tragflächenboot zu erreichen. Hier lässt es sich toll baden, tauchen, essen und entspannen.

Seit Urzeiten leben die Bewohner der Ägadischen Inseln vom Meer. Das beweisen schon die prähistorischen Höhlenmalereien auf Levanzo. 241 v. Chr. – also zu einer Zeit, als die Inseln ein wichtiges Bollwerk der Karthager waren – fand in der Cala Rossa eine der entscheidenden Schlachten des 1. Punischen Krieges statt (der Name „Rote Bucht" rührt von dem vielen Blut her, das die Karthager hier vergossen). Als die Araber Sizilien eroberten, nutzten sie die Inseln als Sprungbrett und befestigten sie gründlich, damit nicht andere auf dieselbe Idee kamen.

1874 verkauften genuesische Bankiers die Inseln an die Familie Florio. Sie errichtete hier eine Niederlassung ihres einträglichen Thunfischunternehmens und verhalf den Inselbewohnern damit zu Wohlstand. Leider ist das Meer rund um die Inseln mittlerweile stark überfischt, was zu schweren Einbußen für die hiesige Wirtschaft führt. Erst seit 1937 gehören die Inseln zu Italien.

Favignana

4350 EW.

Die größte der Ägadischen Inseln ist die wie ein Schmetterling geformte Favignana. Im Westen von der mit einem Fort gekrönten Spitze des Monte Santa Caterina (287 m) beherrscht, ist die Insel im Osten praktisch komplett eben, sodass man sie wunderbar mit dem Fahrrad erkunden kann. Tiefe Einschnitte in den Klippen entlang der Küste erinnern noch an die Tuffsteinbrüche, die sich einst hier befanden. Heute sind sie vom kristallklaren Wasser umspült, in dem es sich herrlich schwimmen lässt.

⊙ Sehenswertes

★**Giardino dell'Impossibile**   GARTEN
(Villa Margharita; ☎0923 92 15 01, 389 8048028; www.villamargherita.it; Strada Comunale Corso 10; Führung 20 €; ⊙Mai–Okt. 10–13 & 18.30–19.30 Uhr) Um der Insel Favignana buchstäblich unter die Haut zu kriechen, sollte man einen Spaziergang durch diesen ungewöhnlichen botanischen Garten machen, den die visionäre Eigentümerin Maria Gabriella Campo seit 2005 anlegt. Rund 300 verschiedene Pflanzenarten aus dem Mittelmeerraum gedeihen hier in einer surrealen Landschaft aus Tunneln, Höhlen, Grotten und Felsgalerien, die während des intensiven Abbaus in den 1950er- und 1960er-Jahren aus dem weichen Tuffstein der Insel gehauen wurden. Besuche sind nur mit Voranmeldung und nur im Rahmen einer Führung (2½ Std.) möglich.

Im Juli und August hält die Buslinie 1 in einer Entfernung von rund 300 m vor dem Garten, ansonsten erreicht man ihn vom Ortszentrum von Favignana aus auf einer malerischen Strecke mit dem Fahrrad (3 km).

★**Castello di Santa Caterina**   AUSSICHTSPUNKT
Kein Besuch Favignanas wäre komplett ohne eine Wanderung oder einen Lauf hinauf zu der Hügelfestung, die im 15. Jh. über einem alten Fort der Sarazenen erbaut wurde und heute eine verlassene Ruine ist. Im Zweiten Weltkrieg diente sie als eine militärische Beobachtungsstation – verständlich angesichts des Panoramablicks auf die Ägadischen Inseln von ihrem Standort auf dem Monte Santa Caterina (287 m). Zu Fuß braucht man ca. eine Stunde, um die Burg zu erreichen; der Weg beginnt hinter dem Haupteingang zum Ex-Stabilimento Florio delle Tonnare di Favignana e Formica.

★**Ex-Stabilimento Florio delle Tonnare di Favignana e Formica**   MUSEUM
(☎324 5631991; www.facebook.com/exstabilimentofloriofavignana; Via Amendola 29; Erw./erm. 6/3 €; ⊙10–14 Uhr) Favignanas aus dem

19. Jh. stammende Thunfischfabrik – ein mächtiger, aus Tuffstein errichteter Uferkomplex mit Blick auf den Hafen – ist heute ein faszinierendes Museum der örtlichen Thunfischindustrie. Auf dem unübersichtlichen Gelände der bis 1977 in Betrieb befindlichen Fabrik finden sich Bootsschuppen mit seetüchtigen Fangbooten, eine Terrasse, auf der der Fisch aufgehängt wurde, die *batteria de cottura* mit drei mächtigen roten Backsteinschloten, in der der Thunfisch gekocht wurde, und schließlich die riesige Werkhalle mit den originalen Verpackungstischen, auf denen die Dosen befüllt wurden.

Kurze Filme beleuchten verschiedene Aspekte der Geschichte der Fabrik und der Geschichte des Fischfangs in den Gewässern um Favignana. Ein Film widmet sich Favignanas berühmtester Familie: Vincenzo Florio Sr. (1799–1886) war ein brillanter Geschäftsmann aus Palermo, der sich mit Schwefel, Marsala und Handelsschifffahrt einen Namen gemacht hatte. Zudem erfand er eine Methode zum Dampfgaren und Konservieren von Thunfisch, mit der er die Fischverpackungsindustrie revolutionierte und den Erfolg des Familienimperiums zementierte. Wie viele andere auf Sizilien gehörte auch diese 1859 erbaute und 1878 massiv erweiterte *tonnara* der reichen Familie Florio.

Die Dauerausstellungen werden durch Wechselausstellungen zeitgenössischer Kunst ergänzt, die stets einen Bezug zur Fischereitradition oder zu Umweltfragen haben. Die optionalen einstündigen Führungen (auf Englisch) sind im Eintrittspreis enthalten.

Aktivitäten

In den Gewässern um Favignana herrschen gute Tauch- und Schnorchelbedingungen; zu den örtlichen Veranstaltern, die geführte Exkursionen anbieten, zählen **Egadi Scuba Diving** (327 3527712, 349 7420106; http://egadiscubadiving.it; Molo Barraco, Porto di Favignana; Einführungs-/nächtlicher Tauchgang 60/40 €, Ausrüstungsvermietung 25 €) und **Posidonia Blu Center** (339 8620116, 340 9650119; www.posidoniablu.com; Porticcioli di Punta Lunga).

★ Cala Rossa — STRAND
Die wilde felsige Bucht am Nordstrand der Insel ist ein toller Ort für ein Bad in dem türkisblauen Wasser. Anschließend legt sich auf die Felsen zum Trocknen – einen eigentlichen Strand gibt's hier nicht. Der letzte Abschnitt zu der gut ausgeschilderten Bucht ist eine unbefestigte Piste, von deren Ende aus man recht steil zur Bucht hinunterklettert.

Scalo Cavallo — STRAND
Eine Radtour zu dieser beliebten Felsbucht – ein paar Felsen mit Sonnenterrassen aus Beton, auf denen man lagern kann – bietet eine faszinierende Einführung in die Geologie der Insel. Häuser mit abgesenkten Gärten in ehemaligen Tuff-Steinbrüchen säumen die zur Bucht führenden Nebenstraßen. Die Bucht liegt 2 km östlich des Zentrums von Favignana an der felsigen Nordküste.

Lido Burrone — STRAND
Der beliebte Strand an der Südküste ist so ziemlich der einzige lange, schöne Sandstrand auf der Insel und daher in der Saison von Urlaubern überfüllt, die auf dem Sand liegen und in dem flachen Wasser schwimmen. Man findet in der Saison auf dem Strand mehrere Cafés und Snackbars; zwischen Ostern und September kann man Liegestühle samt Sonnenschirm mieten (5 €).

Essen & Ausgehen

★ Osteria del Sotto Sale — OSTERIA €€
(329 7726127; www.sottosale.com; Via Vittorio Emanuele 19; Gerichte 30–45 €; Sommer 12.30–16 & 19.30–24 Uhr, Winter kürzere Öffnungszeiten) Die Atmosphäre in dieser einladenden *osteria* (Schänke) mit Plätzen drinnen und draußen an Favignanas Hauptfußgängerstraße ist zwanglos-schick. Der Ableger des gehobeneren Restaurants **Sotto Sale** (320 8432916; www.sottosale.com; Via Garibaldi 9; Gerichte 50–60 €; Sommer 19.30–24 Uhr, Winter kürzere Öffnungszeiten) gleich um die Ecke ist auf kreative Küche mit klassischen sizilianischen Zutaten spezialisiert, z. B. *busiate* (Nudeln in Schraubenform) mit einer schmackhaften Tintenfisch-*ragù*, Thunfischburger und Desserts wie sahnige Crème Brûlée mit örtlichen Pistazien.

Trattoria da Papù — SIZILIANISCH €€
(324 5321497; Via Nocotera 7; Gerichte 25–35 €; Sommer 12–15 & 19–23 Uhr, Winter kürzere Öffnungszeiten) Abseits der Touristenströme findet man in diesem traditionellen Speiselokal Wände mit aufgehängten Fischernetzen und Schwarzweißfotos, die Fischer bei der Arbeit zeigen. Der frische Fisch wird den Gästen auf Metallplatten am Tisch zur Auswahl präsentiert. Auf der kurzen Karte stehen alle typischen *primi* und *secondi* mit Fisch und ein Dutzend *busiate*-Variationen.

Spaghetteria Pakkaro — SEAFOOD €€
(328 0613380; Piazza Madrice 26; Gerichte 25–30 €; 12–15 & 19–23 Uhr) In dieser boden-

ständigen, stimmungsvollen Trattoria an der zentralen Piazza von Favignana serviert der Koch schmackhafte, unprätentiöse Pasta- und Meeresfrüchtegerichte. Zu empfehlen sind die *busiate* mit Garnelen, Pistazien und Fischrogen und Pepes Insel-Abwandlung von *pasta alla carbonara* (mit Thunfisch statt Pancetta), gefolgt von gegrilltem Thunfisch, Gelbschwanzflunder oder Calamari.

Monique Concept Bar BAR
(☏ 0923 178 19 20; www.facebook.com/monique barfavignana; Via Vittorio Emanuele 22; ⊙ 7–14 & 18–3 Uhr) Die nette Loungebar, die auf Favignana noch am ehesten als trendig zu bezeichnen ist, hat draußen vor der Straße ein paar winzige Tische. Mehr finden sich in dem modischen Innenraum mit langer Theke, einem Armsessel und einer abgestellten Vespa. Es gibt ausgewählte Cocktails, Craft-Biere und andere klassische Drinks.

ⓘ Praktische Informationen

Guardia Medica (☏ 0923 92 12 83; Via delle Fosse) Medizinische Versorgung rund um die Uhr.
Polizei (☏ 0923 92 16 70; Piazza Europa 1)
Touristeninformation (☏ 0923 92 54 43; www.welcometoegadi.it; Via Florio, Palazzo Florio; ⊙ Juni–Sept. 9.30–13.30 & 15–18 Uhr, April, Mai & Okt. 9.30–13.30 Uhr) Das nützliche Büro im Erdgeschoss des Palazzo Florio, einen Block vom Anleger der Tragflächenboote entfernt, informiert über Tauchanbieter, Bootsunternehmen, Unterkünfte und Ausflüge.

ⓘ An- & Weiterreise

Das ganze Jahr über sind Tragflächenboote von Liberty Lines (S. 108) von Trapani nach Favignana (11,80 €, 2–40 Min.) und Marsala (11,10 €, 30 Min.) unterwegs. Auch zu den anderen Inseln, also Levanzo (5,80 €, 10 Min.) und Marettimo (9,80 €, 30–40 Min.), fahren die Boote ganzjährig.

ⓘ Unterwegs vor Ort

BUS

Nur im Juli und August betreibt Tarantola Bus (www.tarantolabus.com) drei Buslinien (einfache Fahrt/Tageskarte 1,10/3 €), die den Hafen mit dem östlichen Teil der Insel verbinden. Die Abfahrtzeiten sind an der Haltestelle am Hafen Lungomare Dulio angeschlagen.

FAHRRAD & MOTORROLLER

Fahrräder und Motorroller sind am besten geeignet, um auf Favignana herumzukommen und all die kleinen Buchten und Strände auf der Insel zu erreichen. Im Hafenbereich gibt's viele Vermietungen. Ein Fahrrad kostet je nach Saison zwischen 5 und 10 € pro Tag, ein Motorroller zwischen 20 und 50 €. Im Allgemeinen wird keine Kaution verlangt, man muss aber seinen Ausweis vorzeigen und im Voraus bezahlen.
Infopoint Favignana (☏ 327 8846915, 346 1069124; http://info pointfavignana.it; Largo San Leonardo; Fahrrad 5–10 €/Tag; ⊙ 8–19 Uhr, Winter kürzere Öffnungszeiten) ist eine von mehreren Fahrradvermietungen gegenüber dem Dock der Tragflügelboote.

Levanzo

Es gibt zwei Hauptgründe zum Besuch der kleinen, besonders wilden Insel Levanzo: die Besichtigung der prähistorischen Höhlenmalereien in der Grotta del Genovese und das Baden in dem funkelnden, türkisblauen Wasser vor den Kieselstränden der Insel.

◉ Sehenswertes & Aktivitäten

Auf der Insel gibt es drei gute Badestellen. **Il Faraglione** erreicht man, indem man vom Inselort aus der Straße westwärts etwa 1 km lang folgt, bis man wenige Meter vor der Küste ein paar aus dem Meer ragende Felsen sieht. Wer es noch ruhiger und abgeschiedener mag, folgt dem 4 km langen Weg quer über die Insel zum **Capo Grosso** an der Nordküste, wo zudem ein Leuchtturm steht.

Alternativ verlässt man den Ort gen Osten und folgt der Schotterstraße. 300 m nach der ersten Rechtskurve gabelt sich diese; ein felsiger Pfad führt hinunter zum Meer und weiter bis zur **Cala Minnola**, einer kleinen Bucht mit kristallklarem Wasser, wo man – außer im August – in Ruhe planschen kann.

★ **Grotta del Genovese** HÖHLE
(☏ 0923 92 40 32, 339 7418800; www.grottadelge novese.it; Führung 10 €, inkl. einfache Strecke/hin & zurück 18/25 €; ⊙ Führungen tgl. 10.30 Uhr, Zusatzführungen Juli & Aug. 14.30 od. 15 Uhr) 1949 entdeckte eine gewisse Francesca Minellono, eine Malerin aus Florenz, die auf Levanzo Urlaub machte, die zwischen 6000 und 10 000 Jahre alten Wandgemälde aus der Altsteinzeit und die Ritzungen aus der Jungsteinzeit, die die Genueser Höhle schmücken. Zu sehen sind hauptsächlich Stiere und Pferde, einige der jüngeren Zeichnungen zeigen aber auch Menschen und Thunfische. Die Höhle kann man nur im Rahmen einer Führung besichtigten, die man im Voraus buchen muss.

Die All-Inclusive-Tour dauert zwei Stunden. Bei gutem Wetter erfolgt die Anfahrt per Boot, sonst mit dem Geländewagen (10 Min.), wobei der 700 m lange steile, aber malerische Abstieg vom Ende der Kiespiste zur Höhle zu Fuß bewältigt werden muss. Der Blick auf die felsige Küste mit ihren Wildpflanzen und die Möwen, die in der Luft ihre Kreise ziehen, ist atemberaubend. Man kann die Höhle vom Hafen aus auch zu Fuß (einfache Strecke 1½ Std.) erreichen, oder eine Strecke zu Fuß zurücklegen und für den Hin- oder Rückweg das Boot bzw. den Geländewagen nehmen. In jedem Fall muss die Besichtigung der Höhle aber vorab gebucht werden.

 **Essen**

Bar Arcobaleno SEAFOOD €
(329 6173445, 320 1468245; Via Calvario 8; Gerichte 20–30 €; Sommer 7–2 Uhr, Winter kürzere Öffnungszeiten) Ginos Dorfcafé thront über dem winzigen Hafen und bietet einen weiten Blick aus der Vogelschau auf das Meer und die Fähren, die die Insel anlaufen. Der Fang des Tages bestimmt die Karte: *ricci* (Seeigel), Garnelen, Tintenfisch und Roter Thun werden mit einer süßen Zwiebelsauce serviert. Pastafans genießen die *spaghetti alla Norma* mit Tomaten, Auberginen und Ricotta.

An- & Weiterreise

Liberty Lines (S. 108) schickt das ganze Jahr über Tragflächenboote von Trapani nach Levanzo (10,80 €, 25–50 Min.) und bietet Verbindungen zu den anderen Inseln, also Favignana (7,30 €, 10 Min.) und Marettimo (11,90 €, 25 Min.) an. Eine Verbindung nach Marsala läuft nur mit Umstieg auf Favignana.

Marettimo

Marettimo, die wildeste, westlichste und am wenigsten erschlossene der Ägadischen Inseln, ist eine Collage aus grünen Berggipfeln und weiß getünchten Häusern. Diese reichen bis an den kleinen Hafen heran, in dem die Fischerboote hin- und herschaukeln. Da sich die Überfischung der Thunfischbestände zunehmend auf das Einkommen der Fischer auswirkt, versuchen die Inselbewohner nun verstärkt, das wirtschaftliche Potenzial des Tourismus zu erschließen. So entstanden in den letzten Jahren immer mehr Unterkünfte, was aber nicht heißt, dass Marettimo jemals proppenvoll mit Touristen ist. Im Gegenteil: Im Winter ist auf der Insel buchstäblich alles geschlossen, und auch in der Hauptsaison geht es hier deutlich verschlafener zu als auf den Nachbarinseln.

Auf der Insel gibt es nur eine Straße, das Hauptverkehrsmittel sind Elektrofahrzeuge – also ideale Voraussetzungen für Wanderer. Vom Ortszentrum führen gut beschilderte Wege in alle Richtungen, sodass man problemlos die unberührte Natur erreicht. Durch duftende Kiefernwälder marschiert man hinauf zu grandiosen Aussichtspunkten und wieder hinunter zu abgelegenen Stränden

 Aktivitäten

Von den drei beliebtesten Wanderwegen führt einer vom Ort aus gen Norden zu der verfallenen normannischen Burg, die einsam auf dem Felsvorsprung der **Punta Troia** thront. Der kürzere Weg gen Westen führt zu den **Case Romane**, den Überresten römischer Häuser, und einer schlichten, weiß getünchten, byzantinischen Kirche. Die längste Route verläuft an der Südwestküste zum abgeschiedenen Strand der **Cala Nera**. Unterwegs laden mehrere hübsche Picknickbänke zu einer Pause im Schatten ein.

Marettimo eignet sich aber auch perfekt zum Faulenzen und Baden. Weitere gute Strände findet man z. B. an der **Cala Sarda** an der Südküste und an der eindrucksvollen **Cala Bianca** in der Nordwestecke der Insel.

 **Essen**

★ **La Cambusa** FEINKOST €
(0923 92 34 41; Via Giuseppe Garibaldi 5b; Gerichte 20 €; 9–13.30 & 16.30–21 Uhr) Die Fleischerei mit Gourmet-Feinkost verführt ihre Gäste mit den besten sizilianischen Käsesorten, hausgemachten Würzsaucen, gepökeltem, gebratenen und mariniertem Fleisch, vegetarischen Gerichten und Broten – eine sagenhafte Hommage an Slow Food und die kulinarische Kultur Siziliens. Man nimmt das Essen mit oder genießt ein *apericena*-Festmahl mit 12 Gängen (20 € mit einem Glas Wein) an einem von mehreren Tischen draußen auf der Gasse. Reservierung angeraten!

Trattoria Il Veliero SEAFOOD €€
(0923 92 32 74; Via Umberto 22; Gerichte 30 €; März–Okt. 12–14 & 19–22 Uhr) Direkt am Wasser, nördlich des Anlegers der Tragflächenboote, erfüllt dieses Familienunternehmen die Träume vom Meeresfrüchteliebhabern. Küchenchef und Betreiber Peppe Bevilacqua geht täglich auf den Markt und wählt den frischsten Fang aus. Neben großartig zube-

reiteten sizilianischen Klassikern wie *pasta con le sarde* (Pasta mit Sardinen) und *fritto misto* (frittierte Garnelen und Calamares) kommen Tintenfischsalat, Thunfisch-Carpaccio, perfekt gegrillter Fisch und viele andere Köstlichkeiten auf den Tisch.

❶ An- & Weiterreise

Liberty Lines (S. 108) bietet ganzjährig Tragflügelboote von Trapani (17,80 €, 1¼ Std., tgl. 4- bis 5-mal), Levanzo (9,80 €, 25 Min., tgl. 4-mal) und Favignana (9,80 €, 30–40 Min., tgl. 4- bis 7-mal) nach Marettimo. Saisonal fahren Boote auch nach Marsala (15,80 €, 1¼ Std., tgl. 2-mal).

MARSALA

82800 EW.

Viele Leute kennen den süßen Dessertwein, aber nur wenige wissen, wie zauberhaft sein Heimatort ist. Anders als die vielen stattlichen Barockgebäude und eleganten Piazzas sind die Freizeitaktivitäten in Marsala eher schlichter Natur: Fast jeden Abend pilgern Einheimische und Touristen zur reizenden *passeggiata*, nehmen in den Bars einen *aperitivo* ein und kehren in eines der vielen familienfreundlichen Restaurants ein.

Geschichte

Phönizier gründeten Marsala 397 v. Chr., nachdem Dionysios I. von Syrakus den phönizischen Stützpunkt im nahen Mozia zerstört hatte. Ihre neue Stadt am heutigen Capo Lilibeo nannten sie Lilybaion. Dank der Befestigung mit 7 m dicken Mauern konnte sie sich im 1. Punischen Krieg lange Zeit behaupten; als letzte karthagische Siedlung Siziliens fiel sie erst 241 v. Chr. an die Römer, die sie in Lilybaeum umbenannten. 830 n. Chr. wurde die Stadt von den Arabern erobert, die ihr ihren heutigen Namen Marsa Allah (Hafen Gottes) gaben.

❂ Sehenswertes

Museo Archeologico
Baglio Anselmi MUSEUM
(☏ 0923 95 25 35; Via Lungomare Boeo 30; Erw./erm. 4/2 €; ⊙ Mi–Sa 9–18.30, Di & Mo bis 13.30 Uhr) Marsalas größter Schatz sind die rekonstruierten Überreste einer karthagischen *liburna* (Kriegsschiff), die im 1. Punischen Krieg vor den Ägadischen Inseln gesunken ist. Neben einigen Bestandteilen der Fracht ist das Schiffsgerippe der einzige fassbare Beweis für die seefahrerische Überlegenheit der Phönizier im 3. Jh. v. Chr. Sie gewähren Einblicke in die von den Römern ausgelöschte Zivilisation.

In der Ausstellung sind Gegenstände zu sehen, die an Bord gefunden wurden, u. a. Taue, Kochtöpfe, Korken von Amphoren, eine Bürste, Olivenkerne, der Holzknopf eines Matrosen und sogar ein Cannabisversteck. In einem angrenzenden Raum ist das

---

DER SÜSSE DUFT DES ERFOLGS

Kaum aus dem Sherry-Land Südspanien angekommen, konnte die „süße Nase" von John Woodhouse ein gutes Geschäft schon von Weitem riechen. Der englische Seifenfabrikant ließ sich direkt in Marsala nieder, um die scheinbar unersättlichen, nach Süßem lechzenden Gaumen im England des 18. Jhs. mit dem Wein aus West-Sizilien zu versorgen. Dabei gab es aber ein Problem: Wie konnte er den Wein nach England transportieren, ohne dass er schlecht wurde? Er fügte einfach einen Schuss reinen Alkohol hinzu und, *voilà*, der aufgespritete Marsala-Wein war geboren.

Den großen Durchbruch schaffte der Wein, als sich die britische Kriegsmarine für den Marsala und gegen Portwein entschied, um das den Matrosen zustehende Glas Wein pro Tag ausschenken zu können. Nachdem Lord Nelson im Jahr 1800 eine gewaltige Menge Marsala geordert hatte, wollten auch andere Unternehmer etwas vom Kuchen abhaben. Benjamin Ingham und sein Neffe Joseph Whitaker gründeten 1806 die erste Konkurrenzkellerei und exportierten den Wein in die US und nach Australien. Der dritte im Bunde war – wie konnte es anders sein – der gewiefte Vincenzo Florio, dem bereits die Ägadischen Inseln mit ihren lukrativen Thunfischfabriken gehörten. In den 1920er-Jahren wurden alle drei Kellereien von Cinzano aufgekauft, das sie unter dem Markennamen Florio zusammenführte. 1988 schließlich verkaufte Cinzano das Unternehmen an die Firma Illva Saronno, die den Wein nun unter den drei Marken Florio, Duca di Salaparuta und Corvo vertreibt.

Weitere Infos über den Marsala-Wein und die Firmen, die ihn heute produzieren, finden sich unter www.marsaladoc.it.

Marsala

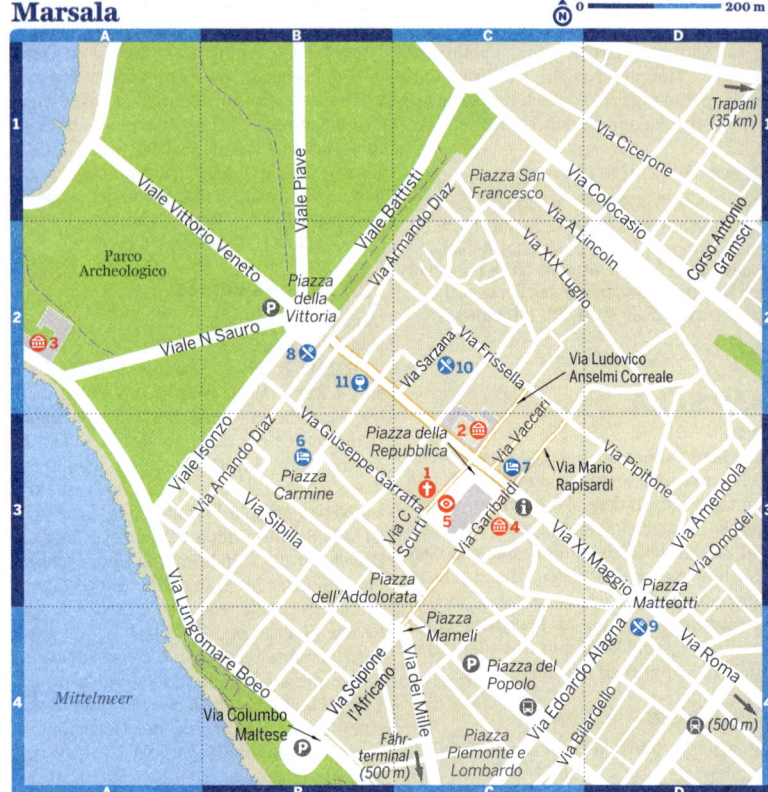

eindrucksvolle Wrack eines römischen Kauffahrtschiffs aus dem 3. oder 4. Jh. n.Chr. ausgestellt. In einem dritten Raum werden weitere archäologische Funde gezeigt, darunter die Marmorstatue der *Venere di lilybaeum* (Venus von Lilybaeum) und einige Mosaiken aus dem 3. bis 5. Jh. n.Chr.

Nach dem Museum sollte man auch den Museumsgarten, die **Insula Romana**, erkunden, eine ausgedehnte archäologische Stätte mit den Überresten einer römischen Villa aus dem 3. Jh. und einem gut erhaltenen, mit riesigen Steinen gepflasterten Decumanus Maximus (römische Zeremonialstraße).

Piazza della Repubblica PLATZ
Der eleganteste Platz Marsalas wird von der imposanten Chiesa Madre dominiert. Gegenüber an der Ostseite des Platzes erhebt sich der mit Arkaden geschmückte **Palazzo VII Aprile**, der einst Palazzo Senatoro (Senatspalast) hieß und jetzt als Rathaus dient.

Chiesa del Purgatorio KIRCHE
(Chiesa Madre; Via Cammareri Scurti 24; ⊙ unterschiedliche Öffnungszeiten) Die schöne Kirche (1771) aus dem 18. Jh. mit einer eindrucksvollen, stark skulptural gestalteten Fassade ist ein schönes Beispiel sizilianischer Barockarchitektur. Gleiches gilt für den prunkvollen Brunnen auf der kopfsteingepflasterten Piazzetta Lombardo detta Purgatorio, auf die die Kirche blickt.

Complesso Monumentale
San Pietro MUSEUM
(☎ 0923 71 87 41; Via Ludovico Anselmi Correale; Erw./erm. 2/1 €; ⊙ Di–So 9–13 & 16–20 Uhr) Das in einem wunderschön restaurierten Kloster aus dem 15. Jh. untergebrachte Kunstzentrum besteht aus mehreren kleineren Museen. Am interessantesten ist der Giuseppe Garibaldi gewidmete Bereich im Obergeschoss. Garibaldi landete am 11. Mai 1860 mit seiner Armee der 1000 Rothemden in Marsala. Das war der erste Schritt seines er-

Marsala

◎ Sehenswertes
1 Chiesa del Purgatorio........................C3
2 Complesso Monumentale San Pietro..C3
3 Museo Archeologico Baglio Anselmi..A2
4 Palazzo VII Aprile................................C3
5 Piazza della Repubblica....................C3

⊜ Schlafen
6 Hotel Carmine....................................B3
7 Il Profumo del Sale............................C3

⊗ Essen
8 Assud..B2
9 Il Gallo e l'Innamorata......................D4
10 Quimera...C2

◉ Ausgehen & Nachtleben
Ciacco Putia Gourmet..............(siehe 5)
11 Enoteca della Strada del Vino di Marsala..B2

folgreichen Siegeszugs zur Eroberung des Königreichs beider Sizilien. Die Garibaldi-Sammlung besteht u.a. aus Waffen, Dokumenten, Uniformen und Porträts, allerdings leider nur mit italienischsprachigen Erläuterungen.

 Aktivitäten

★ Cantine Florio WEIN
(☏ 0923 78 13 05; www.duca.it/en/florio/ospitalita; Via Vincenzo Florio 1; Standardführung Erw./erm. 13/5 €; ⊙ Mo-Fr 9-18, Sa bis 13 Uhr, englischsprachige Führung Mo-Fr 10 & 16, Sa 10 Uhr) Der 1833 gegründete, altehrwürdige Weinkeller in einem großen, ausgedehnten ummauerten Komplex östlich des Zentrums und am Meeresufer öffnet seine Türen für Besucher, die hier Einblicke in den Marsala-Herstellungsprozess und die faszinierende Geschichte des hiesigen Weinbaus erhalten. Anschließend können die Besucher die Produkte in dem schnittigen Verkostungsraum probieren: In der 1½-stündigen Standardführung sind die Verkostung von vier Weinen samt Hors d'oeuvres enthalten.

Zu den umfassenderen Optionen gehören die „Cioccoflorio"-Tour mit der Verkostung von drei Weinen und Modica-Schokolade (nur auf Italienisch; 15/5 €) und das 2½-stündige Verkostungs-Mittagessen (nur für Erw.; 40 €). Alle Führungen müssen vorab telefonisch oder per E-Mail gebucht werden. Zur Anfahrt nimmt man Bus 16 von der Piazza del Popolo.

✕ Essen & Ausgehen

Im historischen Zentrum zwischen Via Garibaldi und Porta Nuova gibt's jede Menge noble Restaurants, zudem servieren ein paar informellere Lokale *panini* (Sandwiches) und *taglieri* (Fleisch- und Käseplatten) zu hiesigem Wein.

Als Zentrum einer der wichtigsten sizilianischen Weinbauregionen bietet Marsala naturgemäß zahlreiche *enoteche* (Weinbars). Die meisten findet man um die Via XI Maggio im historischen Zentrum.

★ Quimera SANDWICHES €
(☏ 349 0765524; www.facebook.com/quimerapub; Via Sarzana 34-36; Sandwiches & Salate ab 5 €; ⊙ Mo-Sa 12-15 & 18.30-2, So 18.30-2 Uhr) Mitten im verkehrsberuhigten Zentrum ist diese geschäftige Mischung aus Restaurant und Bar die örtliche Anlaufstelle für Craft-Bier, Gourmetsandwiches und große Salate. Die freundlichen jungen Inhaber servieren alles mit einem charmanten Lächeln. Man kann bei einer geteilten Aufschnittplatte mit Käse und Salami verweilen und hat bei den kreativ gefüllten *panini* und *piadine* (Wraps) die Qual der Wahl.

Auch Vegetarier und Veganer kommen hier auf ihre Kosten.

Assud MODERN-SIZILIANISCH €€
(☏ 0923 71 66 52; www.facebook.com/ASSUDCucinaMeridionale; Via Armando Diaz 66; Gerichte 25-35 €; ⊙ Di-So 12-15 & 18.30-23 Uhr) *caponata* mit Makrelen und Pistazien, Ravioli mit Rote Beete und Artischocken sowie Schwertfischfrikadellen mit Tintenfischstücken gehören zu den klassischen Gerichten in einfallsreicher Abwandlung in dieser kleinen *osteria* an Marsalas historischer Stadtmauer. Alles hier ist traditionell: das Dekor, die einheimischen Besucher und die kurze, aber ausgezeichnete Weinkarte. Zum Kaffee gibt's kostenlos ein Gläschen süßen Marsala.

Il Gallo e l'Innamorata SIZILIANISCH €€
(☏ 0923 195 44 46; www.osteriailgalloelinnamorata.com; Via Stefano Bilardello 18; Gerichte 25-35 €; ⊙ Di-So 12.30-14.30 & 19.30-22.30 Uhr) Warmes Orange an den Wänden und gewölbte Steinportale geben dem Slow-Food-Restaurant mit dem poetischen Namen „Der Hahn und die Verliebte" eine künstlerisch angehauchte, gesellige Atmosphäre. Die Speisekarte ist kurz und knapp: Es gibt einige wenige, mit Sorgfalt ausgesuchte Tagesgerichte wie das klassische *scaloppine al Marsala* (Kalbsschnitzel in Marsalawein und Zitrone).

> ### WEINVERKOSTUNG IN MARSALA
>
> Zu den angesehenen Weinproduzenten in Marsala zählen Florio, Pellegrino, Donnafugata, Rallo, Mavis und Intorcia. Einige *cantine* (Weinkeller) öffnen ihre Pforten für Besucher, aber grundsätzlich nur nach vorheriger Vereinbarung; angebotene organisierte Touren müssen ebenfalls vorab gebucht werden. Eine komplette Liste der Winzereien findet man in der Touristeninformation (S. 122).
>
> In der Stadt bieten mehrere *enoteche* (Weinbars) wie das fantastische, der Slow-Food-Küche verschriebene Ciacco Putia Gourmet (S. 122) nette Weinverkostungen mit leckeren Häppchen.

★ **Ciacco Putia Gourmet** WEINBAR
(📞 347 6315684; www.ciaccoputia.it; Via Cammareri Scurti 3; ⊙ Mo-Sa 12-15 & 19-23 Uhr; 🛜) Das toskanisch-sizilianische Ehepaar Anna und Francesco betreibt diese unwiderstehliche *enoteca*, in der man wunderbar Marsala trinken und *salumi* (Aufschnitt), *panini* mit *burrata* (Käse aus Mozzarella und Sahne), Sardellen und andere Snacks genießen kann. Im Sommer ist die Terrasse an einem kopfsteingepflasterten Platz mit Springbrunnen vor der prächtigen barocken Fassade der aus dem 18. Jh. stammenden Chiesa del Purgatorio das Tüpfelchen auf dem i.

Enoteca della Strada del Vino di Marsala WEINBAR
(Palazzo Fici; 📞 0923 71 34 89; www.facebook.com/enoteca.stradavinomarsala; Via XI Maggio 32; ⊙ 11-15.30 & 17.30-23.30 Uhr) Die elegante, von einem Gesims gerahmte Fassade des im späten 17. Jh. erbauten Palazzo Fici ist ein prächtiger Vorgeschmack auf den Wein, der in Marsalas städtischer, von den örtlichen Weinhändlern geführter Weinbar ausgeschenkt wird. Von der Einkaufsstraße Via XI Maggio gelangt man durch einen majestätischen, von einem Balkon bekrönten Torbogen in den Innenhof des *palazzo,* der von weiten Säulenhallen aus goldenem Kalkstein umrahmt ist. Örtliche Weine gibt's ab 3,50 € pro Glas.

❶ Praktische Informationen

Polizei (📞 0923 71 88 11; Via Giuseppe Verdi 1; ⊙ 24 Std.)
Post (Via Roma 167; ⊙ Mo-Sa 8-18.30 Uhr)

Touristeninformation (📞 0923 71 40 97, 0923 99 33 38; Via XI Maggio 100; ⊙ Mo-Fr 8.30-13.30 & 15-20, Sa bis 13.30 Uhr) In der Touristeninformation gibt's eine begrenzte Auswahl von Karten und Broschüren sowie eine Liste der Winzereien, die Führungen anbieten. Das Personal kann aber keine Buchungen dafür vornehmen.

❶ An- & Weiterreise

BUS

Von Marsalas Busbahnhof (Piazza del Popolo) fährt **AST** (www.aziendasicilianatrasporti.it) über den Flughafen Birgi (2,70 €) nach Mazara del Vallo (2,90 €, 25-45 Min., bis zu 3-mal tgl. außer So) und Trapani (3,60 €, 1 Std., 4-mal tgl. außer So).

Lumia (www.autolineelumia.it) bietet Busse montags bis freitags dreimal täglich, samstags zweimal und sonntags einmal täglich von der Haltestelle an der Piazza Caprera nach Agrigent (10,10 €, 2¾ Std.) und Sciacca (7 €, 1½ Std.).

Salemi (www.autoservizisalemi.it) fährt von seiner Haltestelle an der Viale Fazio unweit des Bahnhofs fünf- bis sechsmal täglich nach Palermo (11 €, 2¼-2½ Std., bis 6-mal tgl.). Tickets können vorher online gekauft werden.

SCHIFF/FÄHRE

Liberty Lines (S. 108) fährt ganzjährig von/nach Trapani (17,80 €, 1-1½ Std.) und betreibt nur im Sommer Tragflügelboote (2- bis 5-mal tgl.) von/nach Favignana (11,10 €, 30 Min.) und Marettimo (15,80 €, 1¼ Std.).

ZUG

Dieser Küstenabschnitt lässt sich am besten mit dem Zug erkunden. Täglich gibt es zehn Verbindungen (So 4-mal tgl.) nach Trapani (3,80 €, 35 Min.) und Mazara del Vallo (3,10 €, 20 Min.). Um vom Bahnhof ins historische Zentrum von Marsala zu gelangen, läuft man 800 m die Via Roma hinauf, die an der Piazza Matteotti auf die Via XI Maggio trifft.

MAZARA DEL VALLO

51500 EW.

Das Altstadtviertel von Mazara erinnert ein wenig an eine nordafrikanische Kasbah (tatsächlich wird es auch La Casbah genannt). Die engen Gassen werden hier und da gesäumt von Barockgebäuden und Bauwerken aus dem Normannenzeitalter. Die verfallenen, alten Gebäude verleihen dem historischen Kern einen rauen Charme. Das Viertel ist so klein, dass man sich eigentlich nicht verlaufen kann.

In Mazara, das für das arabische Sizilien eine Schlüsselstadt war, ist der nordafrikanische Einfluss noch immer stark zu spüren – Mazara hat den höchsten Immigrantenanteil Italiens. Jährlich kommen Hunderte Menschen aus Tunesien und dem Maghreb, um für die Fischfangflotte Mazaras zu arbeiten.

Im Sommer wird Mazara von Urlaubern überschwemmt, die schnurstracks zur Spiaggia di Tonnarella strömen, dem größten und schönsten weißen Sandstrand westlich des Zentrums.

Sehenswertes

Mazaras Straßen und Gassen sind mit farbenfrohen, handbemalten Fliesen geschmückt – da macht ein Bummel durch die Stadt einfach einen Riesenspaß.

Das multikulturelle Labyrinth aus schmalen Gassen, bekannt als **La Casbah**, erstreckt sich am Nordwestrand des historischen Zentrums und war einst der Mittelpunkt der Sarazenenstadt. Hauptdurchgangsstraße des heute heruntergekommenen, aber interessanten Viertels war die Via Bagno, in der es noch immer einen Hammam (Badehaus) gibt. Das arabische Flair erhalten nicht zuletzt die tunesischen Einwanderer am Leben.

Die zentrale Piazza von Mazara, **Piazza della Repubblica**, ist ein hübscher Platz, der von eleganten Gebäuden gesäumt ist. Dazu gehören die **Cattedrale del San Salvatore**, der zweistöckige **Seminario dei Chierici** von 1710 auf der anderen Seite des Platzes und der **Seminario Vescovile** aus dem 18. Jh. mit einem eindrucksvollen elfbögigen Portikus. Leider ist der Büroturm an der Westseite des Platzes aus den 1970er-Jahren eine Beleidigung fürs Auge.

Als Siziliens größter Fischlieferant bietet Mazara viele Restaurants, die auf Leckereien aus dem Meer spezialisiert sind. Unbedingt probieren sollte man die hiesige Spezialität *gambero rosso di Mazara* (rote Garnele aus Mazara), die in ganz Sizilien bekannt ist. In den Nebenstraßen der Casbah gibt es einige Lokale, die hervorragenden Fisch-Couscous servieren.

Wer Lust auf authentische tunesische Küche hat, ist in dem einladenden kleinen Lokal **Eyem Zemen** (347 3869921; Via Porta Palermo 36; Gerichte 20–25 €; 12.30–15 & 19–24 Uhr) im Herzen von La Casbah richtig. Zu erkennen ist es an dem italienisch und arabisch beschrifteten Schild. Die tunesische Betreiberin Fatiha serviert gegrillte Mazara-Garnelen, Grillspieße, Hammelbraten, diverse Couscous-Varianten (mit Gemüse, Meeresfrüchten, Fleisch oder wild wachsendem Fenchel) und *brik* (herzhafte Pasteten mit Thunfisch- oder Garnelenfüllung). Bei warmem Wetter speist man im Freien an Tischen auf der angrenzenden Piazza. Jedes

---

NICHT VERSÄUMEN

DER SATYR AUS DEM MEER

Mazaras Prunkstück ist das **Museo del Satiro Danzante** (Tanzender-Satyr-Museum; 0923 93 39 17; Piazza Plebiscito; Erw./erm. 6/3 €; 9–19.45 Uhr). Hier dreht sich alles um eine Bronzestaue, den *Satiro danzante* (Tanzender Satyr), der Ende der 1990er-Jahre von einheimischen Fischern aus den Tiefen des Meeres geborgen wurde. Die Skulptur zeigt einen bacchantischen Satyr, der wie ein wilder Derwisch tanzt, die Arme weit ausgestreckt, den Kopf zurückgeworfen und mit fliegenden Haaren. Ursprünglich wurde die Statue vielleicht bei Feierlichkeiten zu Ehren des Weingottes Dionysos eingesetzt, heute ist sie jedoch selbst Gegenstand nicht minder leidenschaftlicher Verehrung.

Das Museum ist in dem profanisierten Bau der Chiesa di Sant'Egidio untergebracht. Man sollte sich unbedingt den 25-minütigen Film am Eingang anschauen: Auf Italienisch mit englischen Untertiteln wird die Geschichte einer Gruppe von Fischern erzählt, die 1997 ihre Netze 40 km vor der tunesischen Küste auswarfen und darin das Bein einer Bronzestatue fanden. In der Folgezeit fischten sie immer wieder in dieser Gegend und hofften, den Rest der Statue zu angeln. Und tatsächlich gelang ihnen ein Jahr später die Sensation: der Fund einer originalen Bronzestaue aus hellenistischer Zeit (3.-2. Jh. v.Chr.). Von seinen Gefühlen überwältigt, erzählt der Kapitän von der dramatischen Rettungsaktion. Während in den folgenden viereinhalb Jahren die Statue sorgfältig restauriert wurde, rang die Stadt Mazara mit den Mächtigen in Rom um die Rückgabe des Satyrs. 2003 kehrte der Satyr schließlich wieder in die Heimat zurück.

Das Kombiticket (9/4,50 €) gilt auch für das Museo Nazionale Pepoli (S. 105) in Trapani.

Mahl endet hier unweigerlich mit Minztee und tunesischem Süßgebäck mit gerösteten Pinienkernen.

In den letzten Jahrzehnten hat sich Chefkoch Pietro Sardo den Ruf eines der besten Spitzenköche Siziliens erarbeitet. In seinem eleganten Meeresfrüchterestaurant **La Bettola** (0923 94 64 22; www.ristorantelabettola.it; Via Maccagnone 32; Gerichte 30–45 €; Do–Di 13–15 & 19.30–23 Uhr), von Mazaras Bahnhof aus gleich um die Ecke, kreiert er weiterhin sensationelle, oft unerwartete Geschmackskombinationen bei Gerichten wie Hummer mit Zitrusnote oder Rotbarben und mit Ricotta gefüllte Tortellini, die in dem schmucken, mit weißer Tischwäsche prunkenden Speisesaal aufgetragen werden.

Zum Auftakt verspeist man einen herrlichen Mix aus gekochten und rohen (*cotto e crudo*) Meeresfrüchten und beschließt das Mahl mit seiner zu Recht berühmten *cassata* (dem traditionellen, mit Likör getränkten sizilianischen Biskuitkuchen mit kandierten Früchten und Ricotta) und dem obligatorischen Glas süßem Marsala. Reservierung erforderlich!

Praktische Informationen

Krankenhaus (Ospedale Civico A Ajello; 0923 65 79 41; Via Salemi 175; 24 Std.)
Polizei (0923 93 44 11; Via Sansone 56)

An- & Weiterreise

AUTO & MOTORRAD

Mazara ist von Palermo aus mit dem Auto unkompliziert in 1½ Stunden auf der A29 zu erreichen. Von Agrigent (116 km, 1½ Std.) oder Sciacca (56 km, 45 Min.) nimmt man die SS115 nach Westen und ab Castelvetrano die A29. Auf der verkehrsreicheren SS115 ab Marsala (23 km, 35 Min.) ist man langsamer unterwegs.

BUS

Von Mazaras **Busbahnhof** (Via Salemi) neben dem Bahnhof fahren Busse von Salemi (www.autoservizisalemi.it) von/nach Palermo (9 €, 2 Std., tgl. bis zu 5-mal). Busse von Lumia (www.autolineelumia.it) fahren ein- bis dreimal täglich nach Agrigent (9,20 €, 2¼ Std.) und Sciacca (5,80 €, 1 Std.), Busse von AST (www.aziendasicilianatrasporti.it) täglich von/nach Marsala (2,90 €, 25–45 Min.) und Trapani (5,30 €, 1¾–2¼ Std.).

ZUG

Täglich fahren zehn Züge von Mazara nach Marsala (3,10 €, 20 Min.) und Trapani (5,10 €, 1 Std.); sonntags sind es nur vier.

SELINUNT

Die Ruinen des **Parco Archeologico di Selinunte** (Archäologische Stätte Selinunt; 334 6040459, 0924 462 77; https://en.visitselinunte.com/archaeological-park/; Via Selinunte, Castelvetrano; Erw./erm. 6/3 €; März–Okt. 9–18 Uhr, Nov.–Feb. bis 17 Uhr) gehören zu den eindrucksvollsten und faszinierendsten archäologischen Stätten Siziliens.

Selinos, wie der Ort von den Griechen genannt wurde, war mit über 100 000 Einwohnern und einem beispiellosen Tempelbauprogramm einst eine der reichsten und mächtigsten Städte der Welt. Die westlichste griechische Kolonie auf Sizilien wurde 628 v. Chr. von Siedlern aus dem nahen Megara Hyblaia gegründet. Sie schätzten die großartige Lage auf der Spitze eines Kaps zwischen zwei großen, heute versandeten Flüssen, dem Modione und dem Cottone. Letzterer bildete einen geschützten natürlichen Hafen. In den umliegenden Ebenen wucherte wilder Sellerie (auf Griechisch *selinon*), auf den der Name der Kolonie zurückgeht.

Heute lädt der riesige Komplex aus Feldern und Tempelruinen direkt am Mittelmeer zu einem ausgedehnten Spaziergang ein. Besonders schön ist es hier im Frühling, wenn die Wildblumen blühen.

Geschichte

Ursprünglich mit Karthago verbündet, wechselte Selinunt nach der karthagischen Niederlage gegen Gelon von Syrakus in Himera 480 v. Chr. die Fronten. Unter dem Protektorat von Syrakus mehrte Selinunt Macht und Ansehen. Das Wachstum der Stadt führte zu einer Litanei von Territorialstreitigkeiten mit ihrem nördlichen Nachbarn Segesta, die 409 v. Chr. abrupt endeten, als Segesta Karthago um Hilfe bat. Der einst verstoßene Verbündete von Selinunt eilte bereitwillig zu Hilfe, um endlich Rache zu nehmen.

Die von Hannibal Mago (nicht zu verwechseln mit dem berühmten Hannibal des Zweiten Punischen Krieges) befehligten karthagischen Truppen machten die Stadt nach einer neuntägigen Belagerung dem Erdboden gleich und ließen nur diejenigen am Leben, die in den Tempeln Zuflucht gesucht hatten. Sie wurden nicht aus humanitären Gründen verschont, sondern aus Angst, sie könnten die Tempel anzünden und eine beutereiche Plünderung verhindern. In einer berühmten Retourkutsche an die Botschafter von Agrigent, die die Verhandlungen

Selinunt

Selinunt

Highlights
1. Akropolis B2
2. Parco Archeologico di Selinunte D1

Sehenswertes
3. Östliche Tempel D1
4. Lido di Zabbara C2
5. Tempel A B2
   Tempel B .... (siehe 1)
   Tempel C .... (siehe 1)
6. Tempel D B2
7. Tempel E D1
8. Tempel F D1
9. Tempel G D1
10. Tempel O B2

Essen
11. Lido Zabbara C2

über das Schicksal der Überlebenden führten, erwiderte Hannibal, dass diejenigen den Gang in die Sklaverei verdienten, die nicht dazu imstande seien, ihre Freiheit zu verteidigen. Ein Jahr später übernahm Hermokrates von Syrakus die Stadt und begann mit ihrem Wiederaufbau, aber sie fiel schon bald wieder unter karthagische Kontrolle. Als sich ca. 250 v. Chr. die Römer anschickten, die Stadt zu erobern, wurden die Bewohner nach Lilybaion (Marsala) umgesiedelt, in die karthagische Hauptstadt Siziliens – allerdings nicht, bevor so viel wie möglich zerstört worden war. Was sie stehen ließen, überwiegend Tempel, erhielt durch ein Erdbeben im Mittelalter den Gnadenstoß.

Die Stadt geriet in Vergessenheit, bis Mitte des 16. Jhs. ein Dominikanermönch ihre Lage rekonstruierte. 1823 begann man mithilfe der beiden englischen Archäologen William Harris und Samuel Angell mit Ausgrabungen. Sie hoben die ersten Metopen aus.

Sehenswertes

Die Ruinen von Selinunt verteilen sich auf ein weites Areal rund um den Hügel Manuzza, auf dem sich die eigentliche antike Stadt befand. Um der Anlage gerecht zu werden, sollte man mindestens drei Stunden für den Besuch einplanen.

Der **Eingang und das Ticketbüro** (0924 4 62 77; https://en.visitselinunte.com/archaeological-park/; Via Selinunte, Castelvetrano; Erw./erm. 6/3 €; März–Okt. 9–18 Uhr, Nov.–Feb. bis 17 Uhr) liegen in der Nähe der östlichen Tempel neben einem großen Parkplatz rund 200 m abseits der SP115dir. Gleich hinter dem Eingang findet man zur Linken einen Kiosk, der Karten für Elektrowagen (1/2/3 Halte Erw. 3/6/12 €, Kind 1,50/ 3/6 €) verkauft, mit denen man zu den Tempeln gefahren wird und sich so die Lauferei erspart.

★ **Akropolis** ARCHÄOLOGISCHE STÄTTE
(Strada dei Templi) Die Akropolis, das Zentrum des politischen und sozialen Lebens von Selinunt, erhebt sich auf einem abgeschrägten Plateau mit Blick auf den heute versandeten Gorgo di Cottone. Im südöstlichen Teil befinden sich fünf Tempel (A, B, C, D & O). **Tempel C**, das eigentliche Symbol von Selinunt, ist der älteste Tempel der Stätte; er entstand Mitte des 6. Jhs. v. Chr.

Die beeindruckenden Metopen, die Harris und Angell fanden, waren einst Teil dieses eindrucksvollen Gebäudes, ebenso wie die riesige Gorgonenmaske, die das Giebeldreieck zierte. Diese Funde kann man heute im Museo Archeologico Regionale in Palermo bewundern. Experten vermuten, dass der Tempel Apollo geweiht war.

Der nördlichste der noch vorhandenen Tempel ist **Tempel D**. Er wurde gegen Ende des 6. Jhs. v. Chr. errichtet und war entweder Neptun oder Venus geweiht.

Der kleinere **Tempel B** stammt aus hellenistischer Zeit und könnte dem Agrigenter Philosophen Empedokles geweiht gewesen sein, dessen Trockenlegung von Sümpfen die Stadt vor dem Übel der Malaria bewahrte (welch bittere Ironie für William Harris, der sich bei den ersten Ausgrabungen an dieser Krankheit infizierte und kurz darauf starb).

Die beiden anderen Tempel, **Tempel A** und **Tempel O**, stehen am dichtesten am Meer. Sie wurden zwischen 490 und 480 v. Chr. erbaut und sind sowohl in ihrem Stil als auch in der Größe buchstäblich identisch. Deshalb wird vermutet, dass sie den Dioskuren, dem Zwillingspaar Kastor und Pollux, geweiht gewesen sein könnten.

Östlicher Tempelbezirk ARCHÄOLOGISCHE STÄTTE
Im östlichen Tempelbezirk befinden sich die eindrucksvollsten Ruinen von ganz Selinunt, allen voran der majestätische **Tempel E**. Der im 5. Jh. v. Chr. errichtete und 1958 rekonstruierte Tempel besticht vor allem durch seine Vollständigkeit. Es ist der erste Tempel hinter dem Kartenhäuschen.

Tempel G ist der nördlichste Tempel. Er wurde im 6. Jh. v. Chr. gebaut und war – obwohl nie vollendet – einer der größten Tempel der griechischen Antike. Heute ist er nur noch ein riesiger, beeindruckender Schutthaufen, genau wie sein direkt südlich stehendes Pendant, **Tempel F**.

ABSEITS DER ÜBLICHEN PFADE

CRETTO DI BURRI

Auf halber Strecke zwischen den antiken Ruinen von Selinunt (38 km südlich) und Segesta (45 km nördlich) findet sich der außergewöhnliche **Cretto di Burri** (Ruderi di Gibellina; SS119 & SP5, Gibellina; ⊙ 24 Std.), ein verstörendes, an eine Mondlandschaft erinnerndes Meer aus weißem Zement, das sich über einen grünen Hügelhang im Valle dei Belice ergießt. Hier wurde im Januar 1968 das Dorf Gibellina von einem verheerenden Erdbeben ausgelöscht. Das Dorf wurde später 18 km weiter westlich als Nuova Gibellina wiederaufgebaut. Auf dem Gelände des ursprünglichen Dorfs machte sich der Künstler Alberto Burri (1915–1995) daran, ein unvergessliches Werk der Land Art zu schaffen.

Burri begrub dazu die Ruinen des Dorfs unter Zement und erzeugte so ein dramatisches Labyrinth aus schmalen Straßen, die dem alten Straßengrundriss des Dorfs entsprechen. Aufgrund fehlender Mittel mussten die Arbeiten an diesem monumentalen Kunstwerk – das mit rund 85 000 m² Fläche zugleich eines der größten in Europa ist – 1989 eingestellt werden, sodass das Werk schließlich erst 2015 anlässlich des 100. Geburtstags des italienischen Künstlers fertiggestellt wurde. Zu Fuß die steilen, gespenstisch ruhigen Wege auf der 1,5 m dicken Betonschicht hinaufzumarschieren, ist ein verstörendes, unheimliches Erlebnis. Dass sich die Anlage in einer weiten grünen Landschaft befindet, erhöht den dramatischen Eindruck noch.

Um sich das ganze Ausmaß des Schreckens, das mit der Zerstörung von Gibellina verbunden war, und die anrührende Geschichte der vertriebenen Bewohner zu vergegenwärtigen, die mit dem Leben in einer „neuen Ortschaft" ohne intime Dorfplätze und kleine Dorfcafés zurechtkommen mussten, lohnt sich anschließend ein kurzer Besuch im 18 km westlich gelegenen **Nuova Gibellina**, das über die Serpentinenstraße SS119 zu erreichen ist. Das als „utopische Stadt" in Zusammenarbeit mit einigen der europäischen Spitzenarchitekten jener Zeit entworfene moderne Städtchen ist ein seelenloser Ort mit verlassenen, rasterförmig angelegten Straßen, der für 20 000 Menschen geplant war, aber heute weniger als 5000 Einwohner hat. Das riesige, nie fertiggestellte Theater steht verlassen und verfallen in der Landschaft, und viele der älteren Einwohner haben Mühe, die monumentale Treppe hinauf zur Chiesa Madre (1972) zu erklimmen, einer modernistischen Kirche rund um einen kolossalen weißen Globus mit 15 m Durchmesser.

Um den Cretto di Burri mit dem Auto zu erreichen, nimmt man die Ausfahrt Santa Ninfa von der *autostrada* Mazara-Palermo (A29) und folgt der braunen Ausschilderung zu den „Ruderi di Gibellina" (Ruinen von Gibellina) auf der SS119. Um Nuova Gibellina direkt zu erreichen, nimmt man weiter nördlich die Ausfahrt Gibellina von der A29.

Lido di Zabbara STRAND

Was wäre ein Besuch in Selinunt ohne einen Spaziergang entlang des schönen Strandes unterhalb der archäologischen Stätte, von dem man einen traumhaften Blick auf die Tempel hoch oben auf dem Felsvorsprung hat? Man erreicht den Strand nur über den Ort Marinella di Selinunte.

 Essen

Die Touristencafés rund um den Parkplatz der archäologischen Stätte meidet man besser. Stattdessen macht man sich lieber auf den Weg nach Marinella di Selinunte oder Porto Palo an der Küste. Dort gibt es einige gute Fischlokale direkt am Strand.

Lido Zabbara BÜFETT €
(✆ 0924 4 61 94; www.facebook.com/lidozabbara; Via Pigafetta, Marinella di Selinunte; Büfett 12 €/Pers.; ⏰ März-Anfang Nov. 12-15 Uhr, Juni-Sept. zusätzlich 19.30-22.30 Uhr) Das seit 1969 bestehende entspannte Strandlokal bietet leckeres Essen zu vernünftigen Preisen auf dem Sand nahe den Ruinen. Der umgängliche langjährige Inhaber Jòjò serviert tempelmüden Travellern auf seiner netten Außenterrasse gegrillten Fisch und ein vielseitiges Büfett mit zwei Dutzend Gerichten, darunter viele Salate und Gemüsegerichte. Anschließend kann man Liegen und Sonnenschirme mieten und zum Sonnenbaden bleiben.

Nach Einbruch der Dunkelheit verwandeln DJs und Dance-Partys das Zabbara in eine muntere Bar.

★ Da Vittorio SEAFOOD €€
(✆ 0925 7 83 81; www.ristorantevittorio.it; Via Friuli Venezia Giulia, Porto Palo; Gerichte 30-45 €; ⏰ 12.30-14.30 & 19-22 Uhr) Traveller mit eigenem Auto können einen Abstecher zu diesem ehrwürdigen Lokal 15 km östlich von Selinunt direkt am Strand in Porto Palo unternehmen. Das Da Vittorio ist seit fünf Jahrzehnten im Geschäft und gilt als eine der besten Adressen für frischen Fisch im Westen Siziliens. Die Logenplätze mit Blick auf die tosende Brandung sind zu jeder Tageszeit wundervoll, ganz besonders aber bei Sonnenuntergang.

Wer zu vollgestopft für die Weiterfahrt ist, findet im Obergeschoss Hotelzimmer (EZ/DZ 60/85 €).

La Pineta SEAFOOD €€
(✆ 0924 4 68 20; Via Punta Cantone, Marinella di Selinunte; Gerichte 25-35 €; ⏰ Sommer 9-22.30 Uhr) Das Strandambiente ist so toll, wie man nur wünschen kann. Vom Eingang des Naturschutzgebiets Foce del Belice am östlichen Rand Marinellas führt ein Schotterpfad hinunter zum Sand und dieser recht großen Strandhütte mit Wellblechdach. Die mit königsblauen Sonnenschirmen beschattete Terrasse ist besonders traumhaft nach Einbruch der Dunkelheit, wenn Bambusfackeln die Szenerie erhellen. Die Spezialitäten des Hauses sind gegrillter Fisch und leckere Meeresfrüchte.

ℹ An- & Weiterreise

AUTO & MOTORRAD
Von Palermo und anderen Orten im Norden kommend, fährt man auf der A29 bis zur Ausfahrt Castelvetrano und folgt den Schildern ein kurzes Stück ostwärts auf der SS115 und dann Richtung Süden auf der SS115dir. Wer aus Agrigent kommt, folgt der SS115 rund 85 km westwärts und fährt dann auf die SS115dir gen Süden. Die Abzweigung zu den Ruinen ist gut ausgeschildert und befindet sich am nordwestlichen Rand des Küstenorts Marinella di Selinunte.

BUS
Salemi https://autoservizisalemi.it) verkehrt regelmäßig zwischen Marinella di Selinunte und dem Bahnhof von Castelvetrano (1,50 €, 25-35 Min.), wo Verbindungen mit dem Zug nach Mazara del Vallo (3,10 €, 20 Min.), Marsala (4,30 €, 45 Min.) und Trapani (6,20 €, 1¼ Std.) bestehen. Busse von **Lumia** (www.autolineelumia.it) fahren von Castelvetrano nach Agrigent im Osten (8,60 €, 2 Std., 1- bis 3-mal tgl.).

PANTELLERIA

Die Vulkaninsel auf halber Strecke zwischen Trapani und Tunesien ist Siziliens größte vorgelagerte Insel. Ihren arabischen Namen *bint al-aryāḥ* (Tochter der Winde) erhielt sie wegen der ganzjährigen Winde. Pantelleria zeichnet sich durch zerklüftete Felsformationen aus Lava, dampfende Fumarolen und Schlammbäder aus. Wegen der einmaligen landwirtschaftlichen Traditionen, die im Anbau von niedrigen Kapernbüschen, verzwergten Weinstöcken und Olivenbäumen auf Terrassen besteht, die von Bruchsteinmauern eingefasst sind, erhielt Pantelleria 2014 den UNESCO-Welterbestatus. Eigentliche Strände gibt es nicht, aber die einsamen Buchten der Insel sind ideal zum Schnorcheln, Tauchen und für Bootsausflüge.

Auf der gesamten Insel findet man die für Pantelleria typischen *dammusi,* Hütten aus

ABSEITS DER ÜBLICHEN PFADE

CAVE DI CUSA

Der Großteil der hellgelben Steine, aus denen die prachtvollen Tempel in Selinunt gebaut wurden, stammt aus den antiken griechischen Steinbrüchen der **Area Archeologica di Cave di Cusa** (334 6040459; http://selinunte.gov.it; 9 Uhr bis 1 Std. vor Sonnenuntergang). Die Kulisse ist zauberhaft – ursprünglich und wild und mit Olivenbäumen und Wildblumen übersät. Überall warten riesige Säulentrommeln noch immer auf ihren Abtransport nach Selinunt. Wer genauer hinsieht, entdeckt außerdem zwei fertig verzierte Säulenfragmente, die noch mit dem Untergrund verbunden sind. Vom Steinbruch wurden die Säulen dann auf Baumstämmen von Ochsen oder Sklaven nach Selinunt gezogen.

Die Anlage liegt rund 17 km nordwestlich von Selinunt. Auf den SS115dir fährt man 4 km in nördliche Richtung und 9 km westwärts auf der SP56 nach Campobello di Mazara. Dort folgt man den verschiedenen ausgeschilderten Nebenstraßen weitere 4 km bis zum Ziel. Von Mazara del Vallo aus nimmt man die SS115 ostwärts 11 km nach Campobello di Mazara; danach führen Schilder 4,5 km zur Cave di Cusa im Süden.

Lavagestein mit dicken, weißen Mauern, flachen Kuppeln und Zisternen zum Auffangen von Regenwasser. Nahe bei Mursia an der Westküste gibt es ausgeschilderte Ruinen von *sesi* (bronzezeitlichen, wohl als Grabmälern dienenden Türmen). Wegen ihrem exotischen und abgelegenen Charakter ist die Insel schon lang bei Promis beliebt. Zu ihren berühmten Gästen zählten Truman Capote, Sting, Madonna und Giorgio Armani.

🅞 Sehenswertes

★ Lago Specchio di Venere THERMALQUELLEN

Gleich hinter Pantellerias Nordküste bildet dieser Vulkansee mit seinem schillernden Wasser eine beeindruckende Sehenswürdigkeit. Am südlichen Seeufer sprudeln natürliche Thermalquellen und Schlammteiche mit Temperaturen von 40 bis 50 °C an die Oberfläche; für eine natürliche Schönheitsbehandlung schmiert man sich mit dem vulkanischen Schlamm ein, lässt ihn auf der Haut trocknen und spült ihn dann mit dem geothermalen Quellwasser ab.

★ Balata dei Turchi STRAND

Wer sich an die steile und abschüssige 3 km lange Fahrt auf einer unbefestigten Straße wagt, wird mit einer der schönsten Badestellen Pantellerias belohnt, einer prächtigen Bucht mit blaugrünen Wasser an der Südspitze der Insel. Wenn man sein Fahrzeug nahe der Talsohle abgestellt hat, geht man das letzte Stück über eine glatte, von den Wellen ausgehöhlte Rinne aus uraltem Lavagestein.

Arco dell'Elefante WAHRZEICHEN

Der weite natürliche Bogen aus zerklüftetem grauen Gestein erinnert an einen Elefantenrüssel. Um hinzugelangen, fährt man zunächst zu den Zwillingsbuchten der Cala Tramontana und der Cala Levante an Pantellerias Ostküste, wendet sich dann nach Süden und folgt der Küste weitere 700 m.

Parco Archeologico dei Sesi ARCHÄOLOGISCHE STÄTTE

GRATIS Die archäologische Stätte an der Nordwestküste Pantellerias schützt die Überreste mehrerer als *sesi* bezeichneter hügelförmiger Megalith-Nekropolen. Von den meisten *sesi*, die aus dem 2. Jahrtausend v.Chr. stammen und für Pantelleria einmalig sind, sind nur noch Trümmer erhalten, aber der größte (Sese Grande oder Sese del Re) ist vollständig erhalten und bietet einen stimmungsvollen Anblick.

🏃 Aktivitäten

Pantelleria ist berühmt für seine süßen Weine, vor allem den bernsteinfarbenen Passito di Pantelleria, der aus sonnengetrockneten Zibibbo-Trauben gewonnen wird. Es gibt einige ausgezeichnete Weingüter auf der Insel, darunter Donnafugata (S. 129), Maddalena (www.vinimaddalena.it), Basile (www.cantinabasile.com), Vinisola (www.vinisola.it) und Salvatore Murana (www.vini murana.it).

Pantelleria bietet einige hervorragende ausgeschilderte Wanderwege längs der Küste und im von Wald und Weinbergen bedeckten Hochland im Inselinneren.

★ Rundweg Leuchtturm Punta Spadillo-Cala Cottone WANDERN

Der mittelschwere zweistündige Rundweg um die Nordostspitze der Insel (Trail Nr. 4) gehört zu den schönsten Tageswanderungen auf Pantelleria. Man begegnet hier vielfältigen Landschaften und Meereslandschaften, von den mit Trockenmauern eingefassten landwirtschaftlich genutzten Terrassen bis zu den zerklüfteten Felsformationen aus Lava in der Cala Cottone und vom Leuchtturm bei Punta Spadillo bis zu den tief eingeschnittenen, blumenbedeckten Klippen der Cala Cinque Denti.

Man parkt gleich nördlich von Gadir nahe der Kreuzung der Salita Carrera mit der SP 54 (Strada Perimetrale Dietro Isola) und folgt der Wegausschilderung in Richtung Cala Cottone.

★ Donnafugata WEIN
(📞335 6242563, 0923 91 56 49; www.donnafugata.it; Contrada Khamma; ⊘Weinladen Anfang Juni–Ende Sept. Mo–Fr 10.30–13.30 & 17–20, Aug. auch Sa & So, Führungen 12, 16.30 & 19 Uhr) Pantellerias berühmtestes Weingut bietet im Sommer Verkostungen und Führungen durch das von jahrhundertealten, terrassierten Weinbergen umgebene alte, mit Stuck verzierte Gutshaus. In der Nähe des Weinguts findet sich ein restaurierter *giardino pantesco* (traditionelle kreisrunde Steineinfriedung zum Schutz der Zitrusbäume vor den heftigen Winden, für die Pantelleria bekannt ist).

✕ Essen

Die Küche der Insel greift ausgiebig auf vor Ort angebaute Oliven, Kapern, Zitronen und Tomaten sowie frisch gefangene Meeresfrüchte zurück. Zu den Spezialitäten gehören *spada alla pantesca* (nach Art der Insel zubereiteter Schwertfisch mit Oliven, Kapern, Tomaten, Knoblauch und Petersilie) und *ravioli alla pantesca* (mit Ricotta und frischer Minze gefüllte Ravioli).

Viele Unterkünfte verfügen über eigene Restaurants.

Il Principe e il Pirata SEAFOOD €€
(📞0923 69 11 08; www.principeepirata.it; Località Punta Karace; Gerichte 35–45 €; ⊘Mitte April–Okt. 12.30–14.30 & 19.30–22.30 Uhr) Von der türkisfarben gefliesten Terrasse aus hat man einen herrlichen Blick aufs Meer. Die Küche serviert ausgezeichnete Gerichte à la Pantelleria (*pantesco*), von Vorspeisen über frisch gefangenen rohen Fisch bis zu *macco di fave* (Favabohnenpüree mit wildem Fenchel) und traditionellem Couscous mit Fisch und Gemüse. Auf alle Fälle sollte man Platz lassen für *bacio pantesco* zum Nachtisch, eine verführerische Leckerei aus zwei knusprigen, radförmigen mit Zitronen-Ricotta gefüllten Waffeln.

Al Tramonto SIZILIANISCH €€
(📞0923 69 74 20; www.ristorantealtramonto.it; Località Penna, Contrada Scauri Basso; Gerichte 39–45 €; ⊘Mitte Mai–Okt. 12.30–14.30 & 19.30–23 Uhr) Wie der Name verrät, ist dieses Restaurant in Hügellage ideal, um den *tramonto* (Sonnenuntergang) zu genießen. Aber auch das Essen ist brillant und bietet z. B. traditionelle Ricotta-Minze-Ravioli, kreative Meeresfrüchtekompositionen und Gemüse aus dem eigenen Garten vor der Tür. Das Restaurant befindet sich in dem Haus, in dem der Inhaber Oscar aufgewachsen ist – seine Mutter veranstaltete in den gleichen Räumen einst große Diners.

❶ An- & Weiterreise

FLUGZEUG
Der **Aeroporto di Pantelleria** (📞0923 91 13 98; www.aeroportodipantelleria.it) liegt auf einem Plateau nahe der Nordspitze der Insel rund 5 km südlich des Fährhafens. DAT (www.dat.dk) fliegt von Palermo, Catania und Trapani direkt nach Pantelleria. Volotea (www.volotea.com) und Alitalia (www.alitalia.com) verbinden Pantelleria mit mehreren Städten auf dem italienischen Festland, darunter mit Rom, Mailand, Venedig, Verona, Turin und Bergamo.

SCHIFF/FÄHRE
Siremar (www.carontetourist.it/en/siremar) und **Traghetti delle Isole** (www.traghettidelleisole.it) betreiben ganzjährig Fähren von Trapani nach Pantelleria (37 €, 7½ Std.). Zwischen Juni und September bedient **Liberty Lines** (www.libertylines.it) die gleiche Route mit Tragflügelbooten (40 €, 2¼ Std., tgl. außer Di). Der Fährhafen befindet sich gleich nördlich vom Ortszentrum.

❶ Unterwegs vor Ort

Vom Fährhafen führt eine 42 km lange Straße rund um die Insel und gewährt Zugang zu den vielen natürlichen Attraktionen Pantellerias. **Autonoleggio Policardo** (📞0923 91 28 44, 339 4287767; www.autonoleggiopantelleria.it; Via Messina 31; Auto pro Tag/Woche ab 35/180 €, Motorroller ab 20/100 €) hat Büros am Hafen und am Flughafen und vermietet Autos und Motorroller auf Tages- oder Wochenbasis. Weitere Autovermieter, darunter das regionale Unternehmen **Sicily by Car** (📞0923 91 29 40; www.sicilybycar.it; Contrada Margana), haben Schalter am Flughafen.

Tyrrhenische Küste

Inhalt ➜
Cefalù..........................131
Parque Naturale Regionale
delle Madonie 137
Castelbuono................137
Parco Regionale
dei Nebrodi 143
Capo D'Orlando 146
Milazzo 146

Gut essen
➜ A Fuoco Lento (S. 140)
➜ Nangalarruni (S. 140)
➜ Il Sarchiapone (S. 146)
➜ Casale Drinzi (S. 143)
➜ Da Salvatore (S. 140)

Tolle Outdoor-Aktivitäten
➜ La Rocca (S. 135)
➜ Piscina di Venere (S. 147)
➜ Spiaggia di Cefalù (S. 134)
➜ Spiaggia San Gregorio (S. 146)
➜ Rocche del Crasto (S. 144)
➜ Dorsale dei Nebrodi (S. 144)

Auf an die Tyrrhenische Küste!

Der Küstenabschnitt zwischen Palermo und Milazzo bietet dramatische Strand- und Bergkulissen und ansprechende Küstenstädte wie Cefalù und Castel di Tusa. Mit dem Sommer kommen die Touristen, dann bestimmen volle Straßen und überfüllte Strände das Bild. Aber weder diese Tatsache noch die Betonkästen halten die Einheimischen davon ab, hier ihren Jahresurlaub zu verbringen und sich großartig zu amüsieren.

Nur wenige Sonnenanbeter nehmen eine Auszeit vom Strandleben und fahren ins Hinterland zu den nicht allzu weit entfernten Monti Madonie und Monti Nebrodi. Kaum in den Bergen angekommen, verliebt man sich in diese geschichtsträchtige Traumlandschaft mit den Dörfern hoch oben auf den Hügeln, in den traditionellen Lebensstil und das ausgezeichnete Essen, darunter wilde Waldpilze, *suino-nero* (Schweinefleisch von den hier heimischen schwarzen Schweinen) und super-frischer Ricotta.

Entfernungen (km)

	Caccamo	Castelbuono	Cefalù	Milazzo
Castelbuono	75			
Cefalù	50	20		
Milazzo	185	135	130	
Petralia Sottana	90	35	60	175

CEFALÙ

📞 0921 / 14 300 EW.

Dieses wunderschöne Städtchen aus dem Mittelalter punktet mit einer ungewöhnlichen Mischung aus Attraktionen: Es kombiniert einen der tollsten Inselstrände mit einem von Siziliens schönsten Architekturwundern im arabisch-normannischen Stil. Die Plätze, Straßen und Kirchen sind ungemein malerisch. So verwundert es nicht, dass Giuseppe Tornatore Teile seines gefeierten Films *Cinema Paradiso* in Cefalù drehte.

Wer vor der spektakulären Bergkulisse die honigfarbenen Steingebäude und die Kathedrale mit ihren vielen Mosaiken bewundert, ist bestimmt nicht allein. Urlauber aus ganz Europa kommen nach Cefalù und relaxen in den Resorts, bummeln über das Kopfsteinpflaster der schmalen Gassen und sonnen sich an dem lagen Sandstrand. Die Eröffnung eines brandneuen Club Med im Jahr 2018 hat den Ort für die Massen noch attraktiver gemacht.

Cefalù ist perfekt für gemütliche Erkundungen zu Fuß. Am kleinen Hafen fällt der Blick der Besucher auf Fischer, die ihre Boote warten, Netze flicken und über den Fang des Tages reden.

⊙ Sehenswertes

Die meisten Sehenswürdigkeiten von Cefalù liegen im historischen Zentrum rund um den Corso Ruggero und die Piazza del Duomo. Die einzige Ausnahme ist La Rocca – wer in den Genuss der großartigen Aussicht von diesem Felsen kommen will, muss zuvor einen steilen Aufstieg auf sich nehmen.

★ Duomo di Cefalù KATHEDRALE

(📞 092 192 20 21; www.cattedraledicefalu.com; Piazza del Duomo; Türme & Apsis oder Schatzkammer & Kreuzgänge 5 €, Kombiticket inkl. Türme, Apsis, Schatzkammer & Kreuzgänge 8 €; ⊙ Dom April–Okt. 8.30–18.30, Nov.–März 8.30–13 & 15 Uhr) Zusammen mit der Cattedrale di Monreale und der Cappella Palatina in Palermo gehört der Dom von Cefalù zu den wohl prachtvollsten und schönsten Relikten der arabisch-normannischen Architektur. Die kunstvolln byzantinischen Mosaiken in der Apsis zeigen die überragende Figur des Cristo Pantocratore (Pantokrator; allmächtiger Christus als Herrscher der Welt) – es ist das älteste und am besten erhaltene Mosaik auf Sizilien (und 20 oder 30 Jahre älter als die Mosaiken in Monreale).

Der barmherzig dreinschauende Jesus hält in seiner Hand eine geöffnete Bibel, mit einer lateinischen und griechischen Inschrift. Weitere Mosaiken zeigen die Jungfrau mit den vier Erzengeln, die wie byzantinische Amtsträger gekleidet sind.

Der Innenraum beherbergt 16 Säulen mit römischen Kapitellen, die wahrscheinlich aus dem Tempio di Diana auf dem La Rocca stammen.

Der Legende nach ließ Roger II. den Dom im 12. Jh. erbauen. Es heißt, er habe damit ein Gelübde erfüllt, das er abgelegt habe, als er mit seiner Flotte in einen heftigen Sturm vor Cefalù geraten sei. Der wahre Grund aber dürften wohl eher Rogers wechselhaften Beziehungen zum Erzbistum Palermo gewesen sein. In seinem Bestreben, den wachsenden Einfluss des Papstes, dessen enger Verbündeter der Erzbischof Palermos war, in Sizilien einzudämmen, sollte der Bau eines mächtigen Doms in so großer Entfernung von Palermo ein Hinweis auf Rogers Macht sein, die er auf der ganzen Insel ausübte. Außerdem sollte sie potenzielle Eindringlinge abschrecken. Es ist kein Wunder, dass der Dom von außen eher einer mächtigen Festung gleicht.

Den Blick auf die Kathedrale mit ihren beiden in den Himmel ragenden Spitztürmen und im Hintergrund La Rocca kann man auf der Piazza del Duomo bei einem Kaffee am Morgen oder einem *aperitivo* am Abend genießen.

Noch besser ist es, auf die **Türme** zu steigen und die Stadt, das Innere der Kathedrale und das glitzernde Tyrrhenische Meer von oben zu bewundern. 2019 wurden die Türme erstmals für die Öffentlichkeit freigegeben. Wer hinauf will, muss sich am Eingang ein Ticket für 5 € kaufen, mit dem man dann auch Zutritt zu einer privilegierten Stelle in der **Apsis** hat und das berühmte Cristo-Pantocratore-Mosaik ganz aus der Nähe bewundern kann.

Mit einem Extra-Ticket (5 €) kommt man in die Schatzkammer und in die Kreuzgänge. Die **Schatzkammer** beherbergt eine Vielzahl von kirchlichen Gewändern und kunstvoll verzierten Metallarbeiten. Auch die **Kreuzgänge** mit ihren Arkaden im arabisch-normannischen Stil, die von antiken Säulen getragen werden, sind sehenswert. Die fein verzierten Kapitele zeigen eine Mischung aus religiösen und weltlichen Abbildungen – am interessantesten sind die Darstellungen der Akrobaten, der beiden Krokodile und der Arche Noah.

Highlights

❶ **Cefalù** (S. 131) Zwischen den glitzernden Mosaiken im Duomo und der Strand-Szene in der Nähe wählen

❷ **Museo Targa Florio** (S. 143) Die glorreichen Tage von Italiens berühmtestem Straßenrennen in diesem kleinen Museum in Collesano wieder zum Leben erwecken

❸ **Petralia Soprana** (S. 140) Die abendliche Kühle in den Bergen mit dem Feuer in einer Pizzeria vertreiben

❹ **Castel di Tusa** (S. 145) Die Sommersonnenwende auf einem Hügel feiern: an der Pyramide, der neuesten Installation des innovativen lokalen Projekts Fiumara d'Arte

5 Castelbuono (S. 137) In einer Bäckerei die so süße wie uralte Köstlichkeit Manna, die aus dem Baumsaft einheimischer Eschen gewonnen wird, probieren

6 Caccamo (S. 136) Von der Burg den Blick auf schroffe Hügel und das ferne Tyrrhennische Meer genießen

7 San Marco d'Alunzio (S. 144) Versuchen, alle Kirchen zu zählen, ohne dass einem dabei die Finger und Zehen ausgehen

Cefalù

★ **Spiaggia di Cefalù** STRAND
Der sichelförmige Strand von Cefalù gehört zu den beliebtesten an der sizilianischen Küste. Im Sommer ist er brechend voll – wer einen guten Platz ergattern will, muss früh aufstehen. Für einige Abschnitte wird eine Eintrittskarte benötigt, nicht aber für den Bereich gleich an der Altstadt. Für etwa 15 € pro Tag kann man sich einen Sonnenschirm und einen Liegestuhl mieten.

Museo Mandralisca MUSEUM
(✆ 0921 42 15 47; www.fondazionemandralisca.it; Via Mandralisca 13; Erw./erm. 6/2 €; ⊘ 9–19, Aug. bis 23 Uhr, Nov.–Feb. Mo geschl.) Die Sammlung von griechischen Keramiken und arabischen Töpferwaren im Museo Mandralisca ist eher unspektakulär, wäre da nicht Antonello da Messinas ausgezeichnetes *Ritratto di un uomo ignoto* (*Porträt eines Unbekannten*; 1465). Ein Besuch des kleinen, in Privatbesitz befindlichen Museums lohnt sich also auf alle Fälle. Es zeigt eine Reihe von Exponaten, die Baron Mandralisca (1809–1864), seines Zeichens Parlamentarier, Archäologe und Naturhistoriker, zusammengetragen hat.

Der Baron entdeckte da Messinas Gemälde, das als provisorische Schranktür in Lipari diente. Es gilt als eines der charakteristischsten Porträts der italienischen Renaissance. Das Lächeln des Porträtierten ist fast ebenso rätselhaft und undeutbar wie das der Mona Lisa – nur wird um dieses Bild kein Brimborium gemacht.

Lavatoio HISTORISCHE STÄTTE
(Via Vittorio Emanuele) GRATIS Eine gewundene Steintreppe führt hinab in diesen schmucken Waschsaal aus dem 16. Jh. Die Quelle unterhalb der Becken war in der Antike ziemlich berühmt.

Bastione Capo Marchiafava AUSSICHTSPUNKT
Für einen herrlichen Blick aufs Meer im Herzen von Cefalù empfiehlt sich diese Be-

Cefalù

Highlights
1 Duomo di Cefalù....................D1
2 Spiaggia di Cefalù..................A3

Sehenswertes
3 Bastione Capo Marchiafava.............C1
4 Lavatoio...........................B2
5 Museo Mandralisca..................C2
6 Salita Saraceni....................C2
7 Tempio di Diana....................D2

Aktivitäten, Kurse & Touren
8 La Rocca...........................D2
9 Visit Sicily Tours.................C2

Schlafen
10 B&B Agrodolce.....................C2
11 La Plumeria.......................C1

Essen
12 Bottega Tivitti...................B3
13 Locanda del Marinaio..............C1
14 Mandralisca 16 Bistrot............C2
15 Sutt'a Ràvia......................B3

festigungsanlage aus dem 17. Jh. abseits der Via Bordonaro. Hier versammeln sich die Menschen, um abends den Sonnenuntergang zu bewundern oder nachmittags ein paar Sonnenstrahlen zu genießen.

Aktivitäten

(Erw./erm. 4/2 €; Mai–Sept. 8–19 Uhr, Okt.–April 9–16 Uhr) Auf einem imposanten Felsen hoch über Cefalù thronen die Ruinen einer normannischen Burg, die 1061 am früheren Standort einer arabischen Zitadelle errichtet wurde. Wer hinauf will, folgt den Schildern in Richtung Tempio di Diana – entweder entlang der Vicolo Saraceni (zweigt vom Corso Ruggero ab) oder entlang der Via Giuseppe Fiore (zweigt von der Piazza Garibaldi ab). Der Aufstieg (30–45 Min.) folgt den Stufen der gewundenen **Salita Saraceni** über drei Einzelebenen mit Festungsmauern. Ganz oben erreicht man dann eine abschüssige Hochfläche mit vielen Felsen. Dort bietet sich eine spektakuläre Aussicht auf die Küste, die Stadt und die Ruinen des Tempio di Diana aus dem 4. Jh. v. Chr.

Bevor man den Gipfel erreicht, führen mehrere ausgeschilderte Wege nach links zum **Tempio di Diana**. Den lohnenswerten Umweg kann man entweder auf dem Hin- oder Rückweg einplanen. Dieser gewaltige, aus dem 4. oder 5. Jh. v. Chr. stammende Bau besteht aus massiven, direkt aus dem Berghang herausgehauenen Kalksteinblöcken. Hier befinden sich ebenfalls eine heilige dolmenartige Zisterne aus dem 8. oder 9. Jh. v. Chr. sowie die Reste einer byzantinischen Kirche, die Santa Venera gewidmet ist. Von dem direkt oberhalb des Tempels gelegenen Aussichtspunkt hat man einen tollen Blick auf Cefalùs Kathedrale, das historische Zentrum und das Tyrrhenische Meer.

Geführte Touren

Visit Sicily Tours BOOTFAHREN
(0921 92 50 36; www.visitsicilytours.com; Corso Ruggero 83; Bootsfahrt 30–80 €; April–Okt.) Dieser Veranstalter bietet dreistündige Bootstouren an der Küste rund um Cefalù mit Stopps zum Baden und Schnorcheln. Frisches Obst, alkoholfreie Getränke und der Transfer von jedem Hotel in Cefalù zum Hafen sind im Preis enthalten. Es werden auch Tagestrips zu den Liparischen Inseln sowie Ausflüge nach Agrigent, Piazza Armerina, Taormina und zu anderen sizilianischen Highlights angeboten.

Essen

Cefalùs viele Restaurants bieten meist ein recht mieses Preis-Leistungs-Verhältnis. Wer nur auf ein akzeptables Essen bei schöner Aussicht aus ist, begibt sich am besten zur Via Bordonaro in der Altstadt: Direkt am Meer gibt's dort viele Lokale mit Terrassen.

Bottega Tivitti PIZZA $
(0921 92 26 42; www.bottegativitti.com; Lungomare Giardina 7; Hauptgerichte 6–15 €; 11–16 & 19–24 Uhr) Das zwanglose Lokal am Wasser serviert Pizzas, Salate und einfallsreiche „sizilianische Burger" mit regionalen Spitzenzutaten, u. a. den Tivitti Burger mit Schafsmilchkäse, Olivenpaste, sonnengetrockneten Tomaten und gerösteten Auberginen. Hier kann man bei Sonnenuntergang wunderbar ein Gläschen sizilianischen Wein oder ein Craft-Bier sowie Käse und Wurstwaren genießen.

Sutt'a Ràvia SEAFOOD $$
(0921 82 02 53; www.facebook.com/suttaravia; Piazza Cristoforo Colombo; Gerichte 20–35 €; Di–So 12–14.45 & 19–23.30 Uhr) Die nette Trattoria in Strandnähe – ein Ableger des benachbarten Fischmarkts – serviert wunderbar frische Meeresfrüchte. Wie wär's mit einem preisgünstigen Pasta-Gericht wie *linguine alla tarantina* (mit Muscheln, Weißwein, Knoblauch, Olivenöl und Petersilie, 7 €) von der Classic-Speisekarte. Wer es ausgefallener

mag, wählt von der teureren Prime-Karte gegrillte Mazara-Shrimps oder mit Wolfsbarsch gefüllte Ravioli mit Zitronenschale.

Mandralisca 16 Bistrot SIZILIANISCH $$
(📞0921 99 22 45; www.facebook.com/mandralisca16; Via Mandralisca 16; Gerichte 25–35 €; ⊙Di–So 12–15 & 19–23 Uhr) Dieser Newcomer vor malerischer Kulisse mit Tischen auf dem Gehweg einer Gasse mit Blick auf die Glockentürme des Duomo serviert tolle sizilianische Speisen. Wie wär's als Vorspeise mit einer perfekten *caponata* (Auberginen, Oliven, Kapern, Zwiebeln und Sellerie in süß-saurer Tomatensauce) und dann mit einer Suppe aus Kichererbsen, Mangold und Salbei oder *involtini* (Rouladen) aus Fisch mit Zitrusfrüchten, Lorbeerblättern und Brotkrumen.

Locanda del Marinaio SEAFOOD $$
(📞0921 42 32 95; www.locandadelmarinaiocefalu.it; Via Porpora 5; Gerichte 35–45 €; ⊙Mi–So 12–14.30 & 19–23, Mo 19–23 Uhr) Das noble Uferrestaurant an der Hauptstraße in der Altstadt nutzt als Speisekarte eine Kreidetafel, auf der vor allem frisches Seafood steht. Je nach Saison gibt's hier z. B. Carpaccio vom Roten Thun mit gerösteten Pinienkernen, Garnelen und Zucchini auf samtweichem Ricotta oder gegrillten Tintenfisch mit Thymian-Kartoffeln – jeweils gepaart mit sizilianischen Spitzenweinen.

ℹ️ Praktische Informationen

Ente Parco delle Madonie (📞0921 92 33 27; www.parcodellemadonie.eu; Corso Ruggero 116; ⊙Mo 8–14, Di–Sa bis 18 Uhr) Das kompetente Personal liefert Infos zum nahegelegenen Parco Naturale Regionale delle Madonie.
Krankenhaus (📞0921 92 01 11, Notruf 0921 92 05 01; www.fondazionesanraffaelegiglio.it; Contrada Pietrapollastra; ⊙24 Std.) Außerhalb der Stadt an der Hauptstraße Richtung Palermo.
Polizei (Questura; 📞0921 92 60 11; Via Roma 15)
Post (Via Vazzana 2; ⊙Mo–Fr 8.30–19, Sa 8.30–12.30 Uhr) Gleich landeinwärts vom *lungomare* (Uferpromenade).
Touristeninformation (📞0921 42 10 50; www.turismocefalu.sicilia.it; Corso Ruggero 77; ⊙Mo–Fr 9–19.30, Sa 8–14 Uhr) Englisch sprechendes Personal, gute Karten und viele Broschüren.

ℹ️ An- & Witerreise

AUTO & MOTORRAD

Cefalù liegt gleich abseits der Mautstraße A20-E90 zwischen Messina und Palermo. Im Sommer sind freie Parkplätze hier mitunter extrem rar. Am praktischsten sind die Abstellmöglichkeiten neben dem Bahnhof und entlang des *lungomare* (1 €/Std.).

Scooter for Rent (📞092 142 04 96; www.scooterforrent.it; Via Vittorio Emanuele 57; Tag/Woche Vespa mit 50 cm³ 35/175 €, Mountainbike 10/45 €; ⊙Mo–Sa 8.30–12.30 & 16–18, So 9–12 Uhr) verleiht Mountainbikes, Vespas und Motorräder.

BUS

Busse starten montags bis samstags regelmäßig, sonntags gelegentlich, an der Haltestelle vor dem Bahnhof. Mit **SAIS** (📞091 617 11 41; www.saistrasporti.it) kommt man nach Palermo (5,70 €, 1 Std., Mo–Sa 5-mal tgl.; So 1-mal tgl.) und Castelbuono (2,60 €, 40 Min., Mo–Sa 5–7-mal tgl.).

ZUG

Es fahren regelmäßig Züge nach Palermo (5,60 €, 45 Min., 1¼ Std.), Milazzo (ab 8,70 €, 1½–1¾ Std.) und in fast alle anderen Orte an der Küste.

Vom Bahnhof aus geht's entlang der Via Gramsci nach rechts zur Via Matteotti, die direkt ins alte Stadtzentrum führt. Wer zum Strand will, folgt der Via Gramsci vom Bahnhof aus nach links und biegt dann nach rechts in die Via N Martoglio ein. Über die Via Vazzana erreicht man schließlich das westliche Ende des *lungomare*.

CACCAMO

📞091 / 8180 EW.

Die auf einem Hügel gelegene normannische Burg ist ein beliebtes Ziel für einen Tagesausflug ab Cefalù oder Palermo. Obwohl die Gegend schon im Altertum besiedelt war, wurde die Stadt offiziell erst 1093 gegründet, als die Normannen auf dem Felsvorsprung des Monte San Calogero eine Festung errichteten. Die Burg wurde im 14. Jh. von der Adelsfamilie Chiaramonte ausgebaut und gehört heute zu den größten und beeindruckendsten Italiens. Sehenswert sind die Wälle und Befestigungsanlagen. Zu diesen gehörten auch einfallsreiche Fallen, in die diejenigen tappen sollten, denen es gelang, die äußeren Befestigungsring zu durchbrechen.

Die Lage des ursprünglich von den Normannen im 11. Jh. auf einer Felsspitze in Caccamo errichtete **Castello di Caccamo** (📞091 814 92 52; www.comune.caccamo.palermo.it; Erw./erm. 4 €/frei; ⊙9–13 & 15–19 Uhr) gehört zu den spektakulärsten Siziliens. Hinter dem ersten Burgtor führt eine Rampe zu einem breiten Innenhof, von dem aus man in die Gefängniszellen, eine Kapelle, ein bunt zusammengewürfeltes Waffenmuseum und mehrere spärlich dekorierte Riesenräume gelangt, von denen aus man einen traumhaften Blick auf die umliegende Landschaft hat.

In den ehemaligen Getreidespeichern der Burg befindet sich jetzt das beliebte Slow-Food-Restaurant **A Castellana** (✆ 091 814 86 67; www.castellana.it; Piazza dei Caduti 4; Menü 25 €; ☉ Di–So 12.30–15 & 19.30–24 Uhr). Das Lokal hat eine Sommerterrasse mit Panoramablick und ist berühmt für seine authentischen sizilianischen Klassiker. Die kann man entweder à la carte oder als Festpreismenü (4 Gänge & Kaffee) mit tollem Preis-Leistungs-Verhältnis bestellen.

❶ An- & Weiterreise

Caccamo liegt an der SS285 zwischen Palermo und Agrigent. Mit Bussen von **Randazzo** (✆ 091 814 82 35; www.autolineerandazzo.it) kommt man nach Cefalù (4,60 €, 70 Min., 1-mal tgl.) und nach Palermo (4,60 €, 70 Min., 2-mal tgl.). Sonntags fahren keine Busse.

PARCO NATURALE REGIONALE DELLE MADONIE

Nachdem sich gewiefte Besucher eine Weile mit sonnenhungrigen Urlauberscharen an der übererschlossenen Küste herumgeschlagen haben, lassen sie ihren Liegestuhl links liegen und fahren in die Berge, um die idyllische Landschaft und die Ruhe des 400 km² großen Regionalparks Madonie zu genießen.

Die Monti Madonie (Madonie-Berge) sind ein Outdoor-Paradies, das für langsames Erkunden mit viel kultureller Abwechslung wie geschaffen ist und von dem Pizzo Carbonara (mit 1979 m Siziliens zweithöchster Berg nach dem Ätna) gekrönt wird. Im Regionalpark gibt es Bauernhöfe, Bergdörfer und sogar einen Skiort.

Im Frühling bedecken spektakuläre Wildblumenteppiche die Berghänge, der Herbst steht im Zeichen von Wildpilzen und buntem Laub, im Winter tummeln sich Wintersportler auf dem Piano Battaglia und von Juni bis August bietet der Park gute Möglichkeiten, den Touristenmassen an der Küste zu entkommen. Es ist jedoch kein reines Naturschutzgebiet, sondern eine Gegend, in der Menschen leben und arbeiten. Man kann seine Wandertouren also mit dem Besuch von historischen Bergdörfern und guten Restaurants verbinden.

Castelbuono

✆ 0921 / 8840 EW. / 423 M

Die bezaubernde Hauptstadt der Madonie liegt inmitten von alten Manna-Eschen und Kastanienwäldern. Viele Gebäude und auch sein Flair hat der Ort den Ventimiglias, einer mächtigen Adelsfamilie, zu verdanken, die hier zwischen dem 14. und 16. Jh. herrschte und deren Burg noch immer die Skyline des Orts beherrscht.

◉ Sehenswertes

Castello dei Ventimiglia BURG
(✆ 0921 67 12 11; www.museocivico.eu; Piazza Castello; Erw./erm. 5/3 €; ☉ April–Sept. 9.30–13 & 15–18.30, Okt.–März 9.30–17 Uhr) Die riesige, ursprünglich unter dem Namen Castello del Buon Aere (Burg der Guten Luft) bekannte Burg thront erhaben über den Häusern des Ortes, dem sie zu seinem Namen verholfen hat und dessen stolzes Wahrzeichen sie ist. Die 1316 von Francesco I. Ventimiglia erbaute Feste zeigt Ausstellungen über die lokale Archäologie und Castelbuonos Geschichte.

Man munkelt, dass es in der Burg spukt: Jeden ersten Dienstag im Monat soll immer um exakt dieselbe Zeit Königin Constance Chiaramonte aus dem 14. Jh. durch die Flure geistern. Den Mittelpunkt der Anlage bildet die Cappella di Sant'Anna (Kapelle der hl. Anna) von 1683, die einige fantastische Stuckarbeiten des bekannten sizilianischen Bildhauers Giacomo Serpotta ihr Eigen nennt. Zudem ist sie die Heimat einer Silberurne mit dem vermeintlichen Schädel der Heiligen.

**Museo Naturalistico
Francesco Minà Palumbo** MUSEUM
(✆ 0921 67 71 74; www.francescominapalumbo.it; Piazza San Francesco 3; Erw./erm. 3/2 €; ☉ Di–So 9–13 & 15–19 Uhr) Das unaufdringliche, nach dem Naturforscher Francesco Minà Palumbo (1814–1899) benannte Museum befindet sich in dem ehemaligen Kloster Santa Venera. Die breitgefächerte Sammlung von Gegenständen – gewissenhaft aufbereitete Insekten, ausgestopfte Tiere, Mineralien, schöne von Palumbo selbst geschaffene Naturillustrationen – bieten einen umfassenden Einblick in die Naturgeschichte und Archäologie der Monti Madonie.

Feste & Events

Funghi Fest ESSEN
(www.funghifest.it; ☉ Okt.) Bei diesem dreitägigen Fest Mitte bis Ende Oktober pilgern

AUTOTOUR > MONTI MADONIE

Auf dieser Tour, die durch Felder und Wälder am Fuß des Pizzo Carbonara (1979 m), dem höchsten Berg der Region, führt, besucht man die malerischsten Ortschaften in den Monti Madonie. Um alles erkunden zu können, sollte man genug Zeit einplanen. Unterwegs bieten sich mehrere Gelegenheiten, die Bergküche Madoniens zu probieren. Ein Tagestrip ist möglich, aber anstrengend. Wer Zeit hat, sollte unterwegs übernachten.

❶ Santuario di Gibilmanna

15 km südlich von Cefalù klebt das Santurio di Gibilmanna (☎ 0921 42 18 35; Contrada Valle Grande, Gibilmanna; ⊙ April–Sept. 8–20, Okt.–März bis 17 Uhr) spektakuläre 800 m über dem Meeresspiegel an den Hängen des Pizzo Sant'Angelo (1081 m). Hier soll die Jungfrau Maria im 17. Jh. zwei Blinde und einen Tauben geheilt haben; später wurden diese

1–3 Tage; 113 km

Toll für ... Essen & Trinken; Outdoor-Fans

Beste Reisezeit: Frühjahr & Herbst

Castelbuono (S. 137)

Wunder vom Vatikan bestätigt. Seitdem ist die örtliche Kirche eine von Siziliens bedeutendsten Andachtsstätten. Davor liegt ein Aussichtspunkt mit Traumblick.

Weiterfahrt > Von Gibilmanna geht's auf der SP9 18 km gen Südosten nach Caselbuono.

❷ Castelbuono

Das Bergdorf Castelbuono, das Tor in die Monti Madonie, wird von einer prächtigen Burg aus dem 14. Jh. dominiert. Im Zentrum empfiehlt sich ein Besuch der Pasticceria Fiasconaro, wo man den *mannetto* (Manna-Kuchen), eine süße Leckerei für die man den Saft blühender Eschen nutzt, probieren sollte.

Weiterfahrt > Weiter geht's 36 km auf der SS286 gen Süden ins Bergdorf Petralia Soprana. Die Straße verläuft teilweise durch dichte Wälder und ist mörderisch kurvenreich, belohnt aber mit einem herrlichen Blick über die Täler.

❸ Petralia Soprana

Petralia Soprana (1147 m) mit der netten Piazza del Popolo im Zentrum ist das höchstgelegene Dorf in den Monti Madonie. Nach einem Bummel durch das Gassenlabyrinth sollte man einen Zwischenstopp in der beliebten Trattoria Da Salvatore einlegen und die traditionellen Antipasti probieren.

Weiterfahrt > Nach weiteren 4 km erreicht man Petralia Sottana, wo man auf die SS120 abbiegt und dann nach 19 km in Polizzi Generosa ist.

❹ Polizzi Generosa

Das Bergdorf am Eingang zum Imera-Tal erhielt seinen Namen *generosa* (großzügig) in den 1230er-Jahren von Friedrich II. Polizzi Generosa mit den vielen oft in Nebel gehüllten Kirchen ist heute eine beliebte Basis für Trekkingtouren. Hier ist auch die Heimat des Gebäcks *sfoglio*, ein süßer Teig gefüllt mit Schafskäse, Zimt, Schokolade und Zucker.

Weiterfahrt > Von Polizzi Generosa fährt man auf der SP119 und SP54 26 km in Richtung Nordwesten nach Collesano. Unterwegs bieten sich spektakuläre Blicke auf die Berge.

❺ Collesano

Das mittelalterliche Collesano ist der letzte Stopp. Pflicht ist hier der Besuch des Museums Targa Florio, das der Geschichte des legendären regionalen Bergautorennens gewidmet ist. Abends sollte man dann die Bergküche im netten Casale Drinzi genießen.

zahllose *funghi*-Fans nach Castelbuono, um Wildpilze im Parco Regionale delle Madonie zu sammeln und Pilzgerichte von Starköchen zu probieren. Das Rahmenprogramm feiert die Erntezeit mit Musik und Sonderveranstaltungen.

Essen

Castelbuonos rustikale Küche bietet Köstlichkeiten der Monti Madonie wie *funghi di bosco* (Waldpilze) und *cinghiale* (Wildschwein). Castelbuono gehört zu den wenigen Orten in Sizilien, die noch Manna, den genießbaren Saft der hiesigen Eschen, ernten.

★ Nangalarruni — SIZILIANISCH $$
(0921 67 12 28; www.hostariananangalarruni.it; Via delle Confraternite 7; Menü 29–45 €; Do–Di 12.30–15 & 19–22 Uhr) Giuseppe Carollos Nangalarruni ist auf Sizilien nicht nur für die hervorragenden Speisen (Waldpilze & Wildschwein) bekannt, sondern auch für seine tolle Auswahl sizilianischer Weine, die über unzählige Regale im Gastraum verteilt sind. Seinen Appetit kriegt man mit einer Reihe regionaler Käsespezialitäten auf Zack, bevor man zum Hauptgang übergeht, frischem Ricotta etwa, oder Braten mit lokalem Gemüse.

Shoppen

Fiasconaro — ESSEN & TRINKEN
(0921 67 12 31; www.fiasconaro.com; Piazza Margherita 10; Do–Di 7–23 Uhr;) Dieser beliebte Süßigkeitsladen auf Castelbuonos Hauptstraße ist der perfekte Ort, um sich mit einzigartigen Gourmet-Geschenken einzudecken. Unbedingt probieren sollte man *cubaita*, den knusprigen Krokantriegel aus Haselnüssen, Pistazien und Sesamkörnern, und *oro di manna*, ein süchtig machender, cremiger Aufstrich aus Honig, Mandeln, Haselnüssen und Manna.

ⓘ Praktische Informationen

Pro Loco (389 6893810; www.prolococastelbuono.it; Piazza Margherita 5; 10–13 Uhr) Am Hauptplatz (3 Min. zu Fuß von der Burg) gibt's hier Infos zu Castelbuono und den ganzen Monti Madonie.

ⓘ An- & Weiterreise

Castelbuono liegt 23 km südöstlich von Cefalù (über SS113 & SS286). Wer über die Autostrada A20 anreist, nimmt die Ausfahrt Pollina/Castelbuono.

SAIS Trasporti (091 617 11 41; www.saistrasporti.it) schickt Busse ab Palermo (8,60 €, 1¾ Std., Mo–Sa 2- bis 3-mal tgl., So 1-mal tgl.) und Cefalù (2,60 €, 40 Min., Mo–Sa 5- bis 7-mal tgl.) nach Castelbuono.

Petralia Soprana
0921 / 3310 EW. / 1147 M

Der wunderschön auf einem Hügel oberhalb von Kiefernwäldern gelegene Ort Petralia Soprana (abgeleitet von dem italienischen Wort *sopra* „oben") gehört zu den am besten erhaltenen Kleinstädten im zentralen Norden Siziliens. Er hat viele malerische Steinhäuser und verschnörkelte schmiedeeiserne Balkone voller Geranien zu bieten. Zudem ist es der höchstgelegene Ort in den Monti Madonie. Für Besucher gibt's hier nicht allzu viel zu tun. Die Aktivitäten beschränken sich auf einen Bummel durch die engen Kopfsteinpflastergassen, die Besichtigung der Kirchen **Santa Maria di Loreto** (Via Loreto; 9–12.30 & 16–19 Uhr) und **Santi Pietro e Paolo** (Piazza del Duomo; 9–12.30 & 16–19 Uhr) und den Genuss des umwerfenden Blicks von den Aussichtspunkten des Orts.

Salvatore Ruvutuso, seine Frau Maria und ihre beiden Kinder betreiben das oft gelobte Slow-Food-Lokal **Da Salvatore** (0921 68 01 69; Piazza San Michele 4; Pizzas 4–8 €, Gerichte 16–25 €; März–Okt. Mi–Mo 13– 15 & 20–23 Uhr, Nov.–Feb. Fr–So 20–23 Uhr). Im Sommer speist man hier draußen an den Tischen auf dem Bürgersteig, an kühleren Tagen im gemütlichen Speisesaal. Starten sollte man mit den köstlichen Antipasti wie Frittata, leckere *caponata* und scharfen *provola delle Madonie*. Weiter geht's mit einem der Gerichte von der Tageskarte, auf der wahrscheinlich ein einfaches Pastagericht, eine Gemüsesuppe und ein wohlriechender Eintopf stehen.

Pizza gibt's nur abends. Das Restaurant versteckt sich an einem kleinen Platz in der Nähe der Chiesa di Santa Maria di Loreto; einfach den Schildern folgen. Achtung: Keine Kreditkartenzahlung!

Das Restaurant **A Fuoco Lento** (338 2890100; www.lalocandadicadi.it/afuocolento.htm; Borgo Cipampini; Gerichte inkl. Hauswein 35 €) ein lauschiges Juwel mit unverputzten Steinwänden in Cipampini, 10 km unterhalb von Petralia Soprana. Die Inhaber und Küchenchefs Diego und Patrizia bewirten jeden Abend lediglich 30 Gäste mit ihren mehrgängigen, aromatischen Menüs. Serviert werden u. a. Holzofenbrot mit PecorinoKäse und Rosenkonfitüre, vor Ort gesammelte Kräuter und Blüten, Aufschnitt aus regionalen Wurstsorten, Frittata mit Ricotta und Minze,

Madonie-Schwein mit Äpfeln und Ingwer, Weine aus der Region und vieles mehr.

Die Gäste werden zum Verweilen und Plauschen eingeladen, wer will kann auf dem Klavier spielen, das in einer Ecke steht.

❶ An- & Weiterreise

AUTO & MOTORRAD

Von Petralia Sottana aus erreicht man Petralia Soprana, indem man über den Corso Paolo Agliata zur Piazza Umberto fährt und dann der kurvigen Straße folgt, die rechts neben der Chiesa Madre den Berg hinaufführt. An der ersten Abzweigung muss man dann rechts abbiegen.

An der Piazza del Popolo gibt's ein paar kostenlose Parkplätze. Alternativ kann man sein Gefährt aber auch in der Straße abstellen, die nach oben in die Stadt führt.

BUS

Busse von SAIS Trasporti fahren von Palermo nach Petralia Soprana (10,30 €, 2 Std., 2- bis 3-mal tgl.).

Petralia Sottana

📞 0921 / 2770 EW. / 1000 M

Unterhalb von Petralia Soprana liegt der Ort Petralia Sottana (abgeleitet von dem italienischen Wort *sotto* „unten"). Es ist das südliche Tor zum Parco Naturale Regionale delle Madonie und Verwaltungssitz des Parks. Ein Bummel durch den Ort lohnt sich wegen der malerischen Steinkirchen und -türme.

Petralia Sottanas Hauptstraße, der Corso Paolo Agliata, ist tagsüber eine beliebte Einkaufsstraße. Am frühen Abend mausert sie

WANDERN & TREKKEN IN DEN MONTI MADONIE

Der Parco delle Madonie bietet ein paar gute Möglichkeiten zum Wandern und Trekken. Leider sind die Wege aber oft schlecht ausgeschildert und ohne eigenes Fahrzeug manchmal nur schwer zu erreichen. Die angenehmste Art, in den Park zu gelangen und ihn zu genießen, ist mit einem zugelassenen Guide, denn so ist gewährleistet, dass man sich weder verläuft noch frustriert ist. Zwei empfehlenswerte Führer, die Englisch sprechen und wirklich alles über den Park wissen, sind Carmelina Ricciardello und Marian Watson von **Sicilian Experience** (📞388 9729174; www.sicilianexperience.com; Sant'Ambrogio). Gute Infoquellen sind auch *Sicily Car Tours and Walks* von Sunflower Books, *Walking in Sicily* von Cicerone und die 1:50 000-Karte *Madonie/Carta dei Sentieri e dei Paesaggi*, die in den Parkbüros erhältlich ist. Allerdings bieten weder die Bücher noch die Karte narrensichere Infos darüber, wie man die Ausgangspunkte der einzelnen Wege findet.

Hier einige der schönsten Wanderrouten im Park:

Pizzo Carbonara Die klassische Besteigung des Pizzo Carbonara (1979 m), dem höchsten Gipfel der Monti Madonie, gehört zu den beliebtesten Wanderungen. Den 6 km langen Rundweg von Piano Battaglia aus kann man in drei Stunden schaffen. Man sollte ihn aus Sicherheitsgründen aber nur bei klarer Sicht in Angriff nehmen – denn bei Nebel kann man sich leicht verlaufen und zudem verpasst man den umwerfenden Blick vom Gipfel.

Der Weg beginnt als Trampelpfad an der Hauptstraße in Piano Battaglia ein paar 100 Meter nordöstlich des Rifugio Marini. Sein Auto sollte man in der Nähe des Schilds mit der Aufschrift „Sentiero Battaglietta–Piano Sempria" abstellen. (Aber Achtung: Das Schild bezieht sich auf einen anderen, längeren Weg ins Hochland.)

Pizzo Caterineci Der traumhafte, vier- bis fünfstündige Rundweg führt hinauf ins Hochland oberhalb von Petralia Soprana und bietet einen weiten Blick über die bewaldeten Hänge und das leicht hügelige Weideland in Richtung Pizzo Carbonara und (bei klarer Sicht) bis zum Ätna. Los geht der Weg in Portella Ferrone, 3 km nördlich von Petralia Soprana oder 4,5 km nordöstlich von Petralia Sottana. Man braucht einen Guide, denn es gibt so gut wie keine Schilder.

Vallone Madonna degli Angeli Dieser Weg (8 km, 2,5 Std.) führt zunächst durch ein Flusstal am Westrand des Parks. Während des Anstiegs kommt man in den Genuss eines spektakulären Blicks auf die zerklüfteten Felsvorsprünge und die leicht hügelige Landschaft in der Ferne. Dann folgt man einem schmaleren Weg entlang der bewaldeten Hänge, wo man ein paar Exemplare der seltenen Nebrodi-Tanne (*Abies nebrodensis*) bewundern kann. Ausschau halten nach dem ausgeschilderten Ausgangspunkt des Wegs an der SP119, 7 km südwestlich von Piano Battaglia.

sich dann zum Ort einer erstaunlich betriebsamen *passeggiata (Abendbummel)*. Wie in Petralia Soprana gibt's hier ein paar schöne Kirchen, u.a. die barocke **Chiesa di San Francesco** (Corso Paolo Agliata 114) und die aus dem 17. Jh. stammende **Chiesa Madre** (Piazza Umberto I) am Nordende des Corsos, deren *campanile* das Wahrzeichen des Städtchens ist. Gleich an der Straße nach Petralia Soprana steht die **Chiesa della Santissima Trinità alla Badia**, in der sich ein kunstvolles Marmorrelief von Giandomenico Gagini befindet.

🛈 Praktische Informationen

Ente Parco delle Madonie (Parkverwaltung; ☏ 0921 68 40 11; www.parcodelle madonie.eu; Corso Paolo Agliata 16) Die offizielle Website des Parks bietet detaillierte Infos.

Touristeninformation (☏ 0921 64 18 11; www.petralia visit.it; Corso Paolo Agliata 100; ⊙ Mo–Fr 8–14 & 15–18.30, Sa & So 9.30–12.30 & 15.30–18.30 Uhr) In der Eingangshalle des Museo Civico Antonio Collisani. Das Büro bietet eine gute Auswahl an Karten und Büchern über Naturkunde, Flora und Fauna und Wandermöglichkeiten in Madonien sowie Infos über den Ort Petralia Sottana.

🛈 An- & Weiterreise

AUTO & MOTORRAD

Petralia Sottana liegt an der SS120. Wer der Autostrada A19 ab Palermo folgt, nimmt die Ausfahrt Tremonzelli.

Gegenüber der Kreuzung von SS120 und Corso Paolo Agliata (Petralias Hauptstraße) liegt ein Parkplatz mit Blick auf das Tal. Ein weiterer befindet sich hinter der Chiesa Madre – einfach durch den Bogen oberhalb der Kirche fahren, die erste Abzweigung links nehmen und dann am linken Straßenrand Ausschau halten.

BUS

SAIS Trasporti schickt Busse von Palermo nach Petralia Sottana (10,30 €, 1¾ Std., 2- bis 3-mal tgl.).

Piano Battaglia

☏ 0921 / 1572 M

Das Hochgebirgsplateau Piano Battaglia erinnert eher an die Schweiz als an Sizilien und ist ein ganzjährig beliebtes Urlaubsziel. Überall stehen Chalets, in denen sich im Winter eine stetig wachsende Zahl schneehungriger Besucher einquartiert. Im Frühjahr wird Piano Battaglia zu einem beliebten Ziel für Wanderer, Kletterer und Mountainbiker, dann warten hier etliche ausgeschilderte Wege und ein Meer von Wildblumen.

 Aktivitäten

Skigebiet Piano Battaglia SKIFAHREN
(☏ 0921 68 81 30; www.pianobattaglia.it; SP54; Liftkarte 30 €; ⊙ Winter 9–16 Uhr, Sommer 10–18 Uhr) Wer sagt eigentlich, dass man auf Sizilien nicht Skifahren kann? Piano Battaglias Nordhänge reichen bis auf 1840 m und bieten Pisten von insgesamt 3,5 km. Am Mufaretta, dem Südwesthang, der bis auf 1680 m reicht, gibt's eine ca. 500 m lange Abfahrt. Zwei Lifte bringen Skifahrer nach oben. Auch Skilanglauf, Rodeln und Snowboarden sind hier beliebte Freizeitaktivitäten.

Im Sommer bringen die beiden Lifte Wanderer und Mountainbiker hinauf auf den Monte Mufara (1865 m), wo mehrere Hochgebirgswege beginnen. Im Skigebiet kann man sich E-Mountainbikes leihen und an einer der hier organisierten Exkursionen in kleinen Gruppen teilnehmen.

 Essen

Ristoro dello Scoiattolo SIZILIANISCH $
(☏ 349 6439987; Gerichte 20–25 €; ⊙ 9–17 Uhr) Das rustikale, ganzjährig geöffnete Restaurant auf 1600 m nahe dem Ende der Mufara-Skipiste ist seit ewigen Zeiten für seine erschwinglichen Gerichte wie Pasta mit Pilzen oder Wildschweinragout, Schweinelendenbraten und andere herzhafte Berg-Gerichte beliebt. Zudem kann man es sich hier an einem Kamin gemütlich machen oder von der Sonnenterrasse den Rundumblick genießen.

🛈 An- & Weiterreise

Von Petralia Sottana aus führt die kurvenreiche SP54 hinauf nach Piano Battaglia (19 km). Ab Collesano (22 km) oder Castelbuono (36 km) geht's entlang der SP9 südwärts zur SP54.

Collesano

☏ 0921 / 4030 / 468 M

Der obere Teil der bezaubernden, mittelalterlichen Stadt wird von der rosa- und sandfarbenen Basilica San Pietro am Corso Vittorio Emanuele und den verwitterten Ruinen der in der Nähe gelegenen normannischen Burg beherrscht. Wie auch in Castelbuono herrschten lang die Ventimiglias über den Ort – daher das aristokratische Flair Collesanos.

Es gibt ein paar Kirchen, in die man einen Blick werfen sollte, u.a. den mit zahlreichen Fresken verzierten **Duomo** (alias Santa Ma-

NICHT VERSÄUMEN

ERINNERUNG AN MADONIENS LEGENDÄRES AUTORENNEN

Fans von Oldtimerrennen werden sich in den beiden Museen, die dem legendären Autorennen Targa Florio gewidmet sind, wie im siebten Himmel fühlen. Mehr als 70 Jahre lockte dieses Rennen Fahrer aus aller Welt in die Monti Madonie, die auf den schmalen Straßen mit ihren Windungen und Kurven ihren Mut beweisen wollten.

Museo Targa Florio (0921 66 46 84; www.museotargaflorio.it; Corso Vittorio Emanuele 3; Erw./erm. 2,50/1,50 €; Mo & Do 9.30–12.30, Di, Mi & Fr–So 9.30–12.30 & 15.30–19 Uhr) Das kleine, einzigartige Museum in Collesano zeigt Fotografien und Erinnerungsstücke vom ältesten Sportwagenrennen der Welt, der Targa Florio. Das von dem reichen Autofan Vincenzo Florio 1906 ins Leben gerufene Rennen wurde 1977 aus Sicherheitsgründen eingestellt. Die 72 km lange Strecke über die heimtückisch schmalen Straßen der Monti Madonie war extrem schwer. Die unzähligen Haarnadelkurven stellten nicht nur an die Fahrer sondern auch an ihre Fahrzeuge höchste Anforderungen. Auf einer Gedenktafel sind die Namen und Automodelle aller Sieger in den sieben Jahrzehnten des Rennens verewigt. (Nicht wundern: Meist gewann Porsche, dicht gefolgt von Alfa Romeo).

Museo del Motorismo Siciliano (335 8026361; www.asimusei.it/museo/museo-del-motorismo-siciliano-e-della-targa-florio; Località Mulinelli, Termini Imerese; 8.30–13 & 15–20 Uhr) GRATIS Das Museum, 33 km nordwestlich von Collesano an der Peripherie von Termini Imerese, ist eine Herzensangelegenheit des Besitzers und Gründers Nuccio Salemi, dessen erstaunliche Sammlung von Originalsportwagen des Targa-Florio-Rennens seinen umgebauten Schlachthof füllt. Den Autorennfimmel hat Salemi schon seit seiner Kindheit. Damals beobachtete er berühmte Targa-Florio-Fahrer, wie sie mit ihren Hubschraubern in der Nähe der Monti Madonie auf den Feldern seines Großvaters landeten. Seine italienisch-englischen Exponate zollen der Geschichte der Rennen Tribut. Die Besucher werden aufgefordert, sich umzuschauen und die Fahrzeuge aus nächster Nähe zu betrachten.

Der Eintritt ist frei, man sollte sich ein Souvenir (Hut, Sticker usw.) mitnehmen.

---

ria la Nuova) aus dem 15. Jh., die **Chiesa di St. Maria la Vecchia** aus dem 12. Jh., die **Chiesa di St. Maria del Gesù** aus dem 17. Jh. und die **Chiesa di St. Giacomo** aus dem frühen 16. Jh.

Casale Drinzi (0921 66 40 27; www.casaledrinzi.it; SP9, Contrada Drinzi; Pizzas 4–8 €, Hauptgerichte 20–25 €; März–Jan. 12–15 & 19–23 Uhr), das Holzchalet in den Hügeln oberhalb von Collesano ist ein echtes Juwel. Einmal nur den Duft, der aus der Küche kommt, erhaschen und man weiß, hier ist man richtig! Die Speisekarte bietet neben anderen Favoriten des Slow Food Spezialitäten aus den Bergen wie geschmortes Schweinefleisch mit Artischocken und geräucherten Schinken. Dass die Zutaten alle heimischer Natur sind, versteht sich von selbst.

Gaumenfreuden wie *degustazione di antipasti* (ein Teller mit gefüllten Zucchini-Blüten, frittiertem Ricotta, Bruschetta mit *lardo* und Zwiebeln vom Holzkohlengrill), *pappardelle al sugo di selvaggina* (hausgemachte Bandnudeln mit Wildsauce) und *fagiolo Badda Nera* (Bohnen aus der Gegend um Polizzi Generosa) sind nur einige der beliebten Gerichte. Abends gibt's auch Pizza – noch ein Grund, ein Zimmer im zugehörigen B&B (EZ/DZ 40/60 €) zu reservieren!

ⓘ An- & Weiterreise

Collesano liegt 23 km (über die SP9) westlich von Castelbuono. Mit **AST** (Azienda Siciliana Trasporti; 091 620 81 11; www.aziendasicilianatrasporti.it) besteht Busverbindung ab Palermo (6 €, 1¼–1¾ Std., Mo–Sa 3- bis 5-mal tgl.).

PARCO REGIONALE DEI NEBRODI

Der Regionalpark Nebrodi (www.parcodeinebrodi.it) mit den Monti Nebrodi (Nebrodi-Bergen) im Nordosten Siziliens wurde 1993 ausgewiesen. Zwischen 1200 und 1500 m Höhe liegt hier das größte zusammenhängende Waldgebiet Siziliens. Höchster Gipfel des Parks ist der Monte Soro (1847 m). Zudem findet man hier mit dem Lago di Biviere einen zauberhaften See mit Reihern und Stelzvögeln. Die entlegenen Dörfer der Gegend sind traditionell geprägt und wenig besucht.

Die so schöne wie ursprüngliche Hügellandschaft wird von Buchen, Eichen, Ulmen,

Eschen, Korkeichen, Ahorn-Bäumen und Eiben bedeckt. Zwischen den Bäumen tummeln sich Siziliens letzte Wildtiere (u. a. Stachelschweine, Wildkatzen, Sanfratellano-Pferde). Zudem hat der Park einen gesunden Bestand an Raubvögeln (z. B. Steinadler, Gänsegeier, Lanner- und Wanderfalken). Seine Bergwiesen sind seit jeher die Heimat hart arbeitender Bauerngemeinden, die hier Haselnüsse ernten, Pilze sammeln, cremigen Ricotta herstellen und Viehzucht (Rinder, Schafe, Pferde, Ziegen, Schweine) betreiben.

Aktivitäten

★ **Dorsale dei Nebrodi** OUTDOORAKTIVITÄTEN
Der bei Wanderern, Mountainbikern und Reitern beliebteste Weg im Parco dei Nebrodi ist der Dorsale dei Nebrodi (Rückgrat des Nebrodi), der 70 km über die gesamte Breite des Parks führt. Der beste Abschnitt für einen Tagesausflug erstreckt sich von der Portella Calacudera (ca. 1,5 km östlich der SS289) zum Lago Biviere, einem abgelegenen See, an dem man gut Vögel beobachten kann.

Den Startpunkt des Weges zum Lago Biviere erreicht man, indem man in Portella Femmina Morta, 0,5 km nördlich des Relais Villa Miraglia (S. 299), von der SS289 abbiegt. Vom Parkplatz in Portella Calacudera ist es dann hin und zurück ein 15,6 km langer Fußmarsch (etwa 6 Std.).

★ **Rocche del Crasto** WANDERN & TREKKEN
Die dramatisch aus den Hochgebirgsalmen am Nordrand des Nebrodi-Parks in den Himmel ragenden Felsen sind ein beliebtes Wanderziel. Nachdem man sein Auto am Bergsattel zwischen Alcara Li Fusi und Longi geparkt hat, kann man den Weg auf den Gipfel (hin & zurück 3 Std.) in Angriff nehmen und den Blick über das Tyrrhenische Meer bis zu den Liparischen Inseln genießen.

Vai Col Trekking Sicilia WANDERN
(☎ 349 7362863; www.vaicoltrekkingsicilia.com) Unter der Leitung des zertifizierten Öko-Guides Attilio Caldarera organisiert diese empfehlenswerte Firma neben Tages-Treks auch mehrtägige Wanderungen durch den Parco Regionale dei Nebrodi.

✕ Essen

★ **Relais Villa Miraglia** SIZILIANISCH $$
(☎095 883 48 98; www.relaisvillamiraglia.it/ristorante; SS289; Gerichte 27–35 €) *Suino nero dei Nebrodi* (das im Park lebende schwarze Schwein mit DOC-Auszeichnung) ist der Renner in diesem hervorragenden Restaurant. Durch die großen Panoramafenster genießt man den Blick über die Wiese bis zum Wald. In der warmen Jahreszeit werden hier auch Picknicktische aufgestellt. Außer *suino nero* serviert man hier herzhafte mit Trüffeln, Kartoffeln und Kürbis gefüllte Ravioli, köstliche Grillwürstchen und Lamm oder Kalb mit sautierten Pilzen aus der Region.

❶ Praktische Informationen

Die **Hauptverwaltung des Parks** (☎ 0941 79 39 04; Via Ugo Foscolo 1; ⊕ wechselnde Öffnungszeiten) befindet sich in dem kleinen Ort Alcara Li Fusi. Ein weiteres Besucherzentrum gibt's in **Cesarò** (☎ 095 773 20 61; Via Bellini 79; ⊕ wechselnde Öffnungszeiten). Sie haben beide keine festen Öffnungszeiten. Die meisten Mitarbeiter sprechen nur Italienisch. Weitere Infos zum Park gibt's unter www.parcodeinebrodi.it.

❶ An- & Weiterreise

Am besten erkundet man diesen Park im eigenen Auto, denn es fahren kaum Busse.
Interbus (☎091 34 20 55; www.interbus.it) fährt wochentags von Messina aus in den Park. Täglich fährt ein Bus nach Cesarò (9,20 €, 3 Std.) und einer nach Mistretta (9,60 €, 2¼ Std.).

San Marco d'Alunzio

☎0941 / 1960 EW. / 548 M
Dieses Bergdorf in atemberaubender Lage ist nur 9 km von der Küste entfernt. Es wurde im 5. Jh. v. Chr. von Griechen gegründet und später von den Römern besetzt, die dem Ort Aluntium nannten und Gebäude wie den Tempio di Ercole (Tempel des Herkules) am Ortseingang errichteten. Später bauten die Normannen auf dem roten Marmorsockel des Tempels eine Kirche, der inzwischen das Dach abhanden gekommen ist.

Südöstlich des Orts liegt Longi, die Ausgangsbasis für Wanderer. In südwestlicher Richtung gelangt man nach Alcara Li Fusi, ein kleines Dorf unterhalb der eindrucksvollen Rocche del Crasto (1315 m); diese wiederum sind eine Brutstätte der Steinadler.

Sehenswertes

Nahezu alle älteren Gebäude in San Marco d'Alunzio sowie die 22 Kirchen (Karten sind in der Touristinformation erhältlich) wurden aus dem vor Ort geschlagenen Marmor erbaut. Oben auf dem Hügel befinden sich ein paar Überreste der ersten von den Nor-

ABSEITS DER ÜBLICHEN PFADE

AUTOTOUR DURCH DIE MONTI NEBRODI

Vorbei an winzigen Bergdörfern und bewaldeten Steilhängen schlängeln sich mehrere reizvolle Routen durch die Monti Nebrodi. Von Capo d'Orlando an der Küste führt die SS116 hinauf nach Floresta, das 1275 m hoch liegt und damit das höchstgelegene Dorf des Parks ist. Alimentari Giuseppe Calabrese am dortigen Hauptplatz verkauft einheimische Oliven, Käsesorten und Fleischwaren. Von Floresta aus geht's dann in spektakulärer Talfahrt hinunter nach Randazzo, wobei sich eine unvergessliche Aussicht auf den Ätna bietet.

Die SS289 führt mitten durch den Park und verbindet Sant'Agata di Militello mit dem weiter im Landesinneren gelegenen Cesarò. An dieser Strecke liegt San Fratello, ein typisches Nebrodi-Städtchen, das von Adelheid von Savona, der dritten Frau von Roger I., für ihre lombardischen Cousins gegründet wurde (daher der merkwürdige örtliche Dialekt).

Kommt man aus den Monti Madonie, bietet sich die SS120 in die Monti Nebrodi an. Von Petralia Sottana geht es nach Osten durch die herrlichen Bergdörfer Gangi, Sperlinga und Nicosia, dann auf der SS117 nach Norden bis Mistretta. Besonders im Frühling, wenn die hohen Hügel mit Wildblumen bedeckt sind, ist die Landschaft von malerischer Schönheit. An klaren Tagen kann man von hier aus im Südosten den Ätna sehen.

---

mannen auf Sizilien errichteten **Burg**. Das kleine **Museum** des Orts (Museum für byzantinische & normannische Kultur & bildende Kunst; 0941 79 73 39; Badia Nica, Via Ferraloro; Erw./erm. 2,50/1,50 €; 9–13 & 15–19 Uhr) zeigt eine bunte Sammlung von hiesigen archäologischen Funden aus griechischer, römischer, byzantinischer und normannischer Zeit.

❶ Praktische Informationen

Touristeninformation (0941 79 73 39; www.facebook.com/SanMarcoTurismo; Via Aluntina 53; ganzjährig 9–13 Uhr; zusätzlich Okt.–April 15–19 Uhr, Mai, Juni & Sept. 15.30–19.30 Uhr, Juli & Aug. 16–20 Uhr) Gegenüber der Chiesa Madre.

❶ An- & Weiterreise

Gleich östlich von Sant'Agata di Militello zweigt von der Küstenstraße SS113 die kurvige und steile SP160 nach San Marco d'Alunzio (7 km) ab.

Mistretta
0921 / 4640 EW. / 970 M

Mistretta am Westrand des Regionalparks Nebrodi ist von Santo Stefano di Camastra aus über die SS117 erreichbar. Das zauberhafte Bergdorf erweckt den Eindruck einer Zeitmaschine: Seine Straßen haben sich in den letzten 300 Jahre kaum verändert. Zudem sehen die meisten Einwohner so aus, als ob sie fast schon genauso lang hier leben würden. Kaum etwas stört die örtliche Bergidylle, was Mistretta zu einem angenehmen Refugium für Naturfans macht.

Die Ruinen von Mistrettas **Castello Arabo-Normanno**, einer normannischen Burg aus dem 11. Jh., liegen nördlich der Stadt auf einer Höhe von fast 1000 m. Es ist ein stimmungsvoller Ort, von dem aus man das Durcheinander der Steinhäuser in der alten Stadt und das sie umgebende Flickwerk von Feldern und sanften Hügeln überblicken kann. Die Burg, die erstmals 1083 in historischen Berichten erwähnt wurde, ist heute nur noch das zerbröckelte Skelett ihrer selbst. Aber der Blick von hier oben ist wunderbar und der sinnträchtige Weg durch Mistrettas enge Steingassen sind allein schon Grund genug für den Anstieg.

❶ Praktische Informationen

Touristeninformation (Pro Loco Mistretta; 334 9355522; www.prolocomistretta.it; Via Libertà 267)

❶ An- & Weiterreise

Mistretta liegt 17 km südlich des Küstenorts Santo Stefano di Camastra. Nachdem man die wahnwitzig kurvige Abfahrt von der Autobahn A20 bewerkstelligt hat, benötigt man noch ca. 25 Minuten.

CASTEL DI TUSA
0921 / 2860 EW.

Der kleine Ferienort liegt ca. 25 km östlich von Cefalù. Über dem Ort thronen in 600 m Höhe die Ruinen der Burg, der das Dorf seinen Namen verdankt. Castel di Tusa hat vor allem durch das umstrittene Projekt **Fiumara d'Arte** Berühmtheit erlangt, einen Skulpturenpark unter freiem Himmel mit einer Sammlung von zeitgenössischen Kunstwerken, die verstreut im *fiumara* (Flussbett) des Tusa stehen. Die jüngste und eindrucksvollste Installation ist die **Piramide 38° Parallelo**, eine rostfarbene Pyramide aus Stahl, die auf einem Hügel über dem Meer errichtet wurde. Sie ist ein regelmäßiger Treffpunkt für Sonnenwendfeiern.

Vom Strand führt eine kleine Straße 9 km zum Dorf Tusa. Auf dem Weg vom Ferienort an der Küste zum Dorf kommt man an einem Schild vorbei, das den Weg zu den alten griechischen Ruinen von Halaesa weist.

An einem Hügel 4 km südlich von Castel di Tusa liegen die spärlichen, durch einen kleinen Olivenhain zu erreichenden Überbleibsel der griechischen Stadt aus dem 5. Jh. v.Chr. **Halaesa Arconidea** (0921 33 45 31; SP177; Erw./erm. 2/1 €; 9 Uhr–1 Std. vor Sonnenuntergang), von der aus man einen schönen Blick auf die umliegende Landschaft und die Liparischen Inseln hat. Am bemerkenswertesten sind die Ruinen der Agora mit ihren gewaltigen Mauern. Ein kleines archäologisches Museum zeigt hiesige Funde. Weiter unten in der Nähe des Eingangs befinden sich die Reste eines Colombariums, einer römischen Nekropole aus dem 2. Jh. mit ein paar gut erhaltenen Steinmetzarbeiten.

❶ An- & Weiterreise

Nur 800 m östlich vom Zentrum halten Züge von Milazzo (7,90 €, 1¼ Std., 2-mal direkte Züge tgl.), Cefalù (3,10 €, 25 Minuten, 8-mal tgl.) und Palermo (6,90 €, 1¼–1½ Std., 8-mal tgl.) am Bahnhof Castel di Tusa (auf der Website von Trenitalia als „Tusa" zu finden).

CAPO D'ORLANDO

0941 / 13 300 EW.
13 305 EW. / 0941

Capo d'Orlando ist nach Cefalù der meistbesuchte Ferienort an der Küste. Das Städtchen wurde (so die Legende) gegründet, als einer der Generäle von Karl dem Großen, ein Typ namens Orlando, auf der *capo* (Landspitze) stand und erklärte, dass man hier doch wunderbar eine Burg bauen könnte. Die Ruinen der Burg sind noch zu sehen. 1299 wurde Friedrich II. von Aragón hier von dem rebellischen Baron Roger von Lauria geschlagen, der von den vereinten Streitkräften von Katalonien und Anjou unterstützt wurde. Rebellen jüngeren Datums waren die Ladenbesitzer und Händler des Ortes, die sich in den 1990er-Jahren gegen die Schutzgeldforderungen *(pizzo)* der Mafia auflehnten.

Die sich zu beiden Seiten des Städtchens erstreckenden Sand- und Kiesstrände ziehen viele Gäste an. Der schönste Badestrand liegt im Osten.

Türkisfarbenes Wasser plätschert an die traumhafte **Spiaggia San Gregorio** östlich der Spitze vom Capo d'Orlando. Dieser von Felsen eingerahmte Sand- und Kieselsteinstrand mit grandiosem Blick auf die Liparischen Inseln gehört zu den charmantesten Orten an der Tyrrhenischen Küste.

Einheimische Familien und Touristen strömen gleichermaßen ins **Il Sarchiapone** (0941 91 27 13; Via Cairoli 6; Gerichte 27–33 €; Do-Di 12–14.30 & 19.30–23.30 Uhr), um die frischen Meeresfrüchte zu genießen, die hier in dem schlichten, senfgelben Speiseraum serviert werden. Auf einer Tafel stehen die stets preisgünstigen Tagesmenüs (ab 3,50 €) und die teureren Leckereien aus dem Meer: von Antipasti aus rohem Fisch über mit Jakobsmuscheln, Shrimps und Schwertfischrogen gefüllte Ravioli bis zu Seafood-Grillplatten.

❶ Praktische Informationen

Touristeninformation (0941 95 52 25; www.turismocapodorlando.it; Lungomare Andrea Doria; Sept.–Juni 9–13 & 15–19 Uhr, Juli & Aug. 9–13 & 17–21 Uhr) Am Ufer gleich westlich der Landspitze.

❶ An- & Weiterreise

Capo d'Orlando liegt an der SS113, der an der Küste verlaufenden Hauptstraße. Wer keinen eigenen fahrbaren Untersatz hat, nimmt am besten den Zug ab Milazzo (5,10 €, 45 Min.), Cefalù (6,20 €, 1 Std.) oder Palermo (9 €, 2 Std.).

MILAZZO

090 / 31 500 EW.

Der Hauptgrund für einen Abstecher in diese Stadt ist für viele der Hafen, von dem aus man im Tragflügelboot zu den Liparischen Inseln kommt. Aber außer den Raffinerien und dem Industriehafen gibt's in Milazzo auch noch eine Burg auf dem Berg und einen netten Borgo Antico (Altstadt). Die sich nach Norden erstreckende Landzunge bietet Naturschönheiten und felsige Buchten – der Besuch lohnt sich für alle, die etwas Zeit haben.

◉ Sehenswertes & Aktivitäten

⭐ **Capo Milazzo**   UFERPROMENADE
Wer ein eigenes Fahrzeug zur Verfügung hat, sollte unbedingt die malerische Fahrt gen

ABSTECHER

CAPO TINDARI

Capo Tindari liegt gleich abseits der Autostrada zwischen Milazzo und Cefalù. Eine historische Kirche namens Santuario della Madonna del Tindari und die griechisch-römische Stätte Tyndaris aus der Antike machen den Ort zu einem interessanten Ziel für einen Abstecher. Bei Anfahrt aus östlicher Richtung verlässt man die Autostrada bei Oliveri und folgt den Schildern nach Tindari/Tyndaris. Wer von Westen her anreist, nimmt die SS113 ab Marina di Patti (12 km). Selbstfahrer müssen den gebührenpflichtigen Parkplatz am Fuß des Hügels nutzen. Von dort aus geht's dann zu Fuß (15 Min.) oder mit dem Shuttlebus (hin & zurück 1 €, 5 Min.) hinauf zur Kirche und zur Ruinenanlage.

Die enorme **Santuario della Madonna del Tindari** (Heiligtum der Madonna von Tindari; 0941 36 90 03; www.santuariotindari.it; Mo–Sa 6.45–12.30 & 14.30–19, So bis 20 Uhr) ist von weither erkennbar: Mit ihrer funkelnden Kuppel krönt sie die Spitze des eigentlichen Capo Tindari. Im 16. Jh. entstand hier ein Heiligtum für die Ikone der Bruna Madonnina del Tindari (Schwarze Madonna von Tindari), unter der die Inschrift *Nigra sum, sed formosa* („Ich bin schwarz, aber wunderschön") zu lesen ist. Vom *belvedere* (Aussichtsterrasse) der Kirche hat man einen tollen Blick auf die Laghetti di Marinello, eine Reihe kleiner Seen auf einer langen andbank umgeben vom Tyrrhenischen Meer.

Das antike griechische Heiligtum **Tyndaris** (0941 36 90 23; Via del Teatro Greco, Tindari; Erw./erm. 6/3 €; 9 Uhr–1 Std. vor Sonnenuntergang) wurde von Dionysios I. von Syrakus nach seinem Sieg über die Karthager im Jahr 396 v. Chr. gegründet. Die abgeschiedenen Ruinen (eine Basilika, eine Agora, ein römisches Haus und ein griechisches Theater) liegen am Rand der Steilkante inmitten von Kaktusfeigen, Olivenbäumen und Zypressen. An klaren Sommertagen kann man die Liparischen Inseln und die zauberhafte Oliveri-Lagune unten in der Bucht sehen. Ein kleines Museum zeigt hier ausgegrabene Artefakte.

Der Sandstrand **Spiaggia di Oliveri** in Oliveri direkt unterhalb der antiken Siedlung Tyndaris eignet sich perfekt für einen Sprung ins kühle Nass. Mehrere Anbieter vermieten Liegestühle und Strandschirme.

Norden auf der Strada Panoramica um das Capo Milazzo machen. Die zerfurchte Küstenlinie ist wunderschön. Am Ende der Landzunge steht ein Leuchtturm. Von dem Parkplatz in der Nähe führen kurze Wege zu den Ruinen des **Santuario Rupestre di San Antonio da Padova** (Capo Milazzo) aus dem 13. Jh. und der Piscina di Venere, einem Naturbecken, das sich an heißen Tagen wunderbar für einen Sprung ins kühle Nass eignet.

Alternativ kann man auch eine Bootsfahrt (in der Touristeninformation nachfragen) um das felsige Kap nach Baia del Tonno an der Westseite der Landzunge machen.

Castello di Milazzo BURG
(090 922 12 91, Führungen 328 8316110; www.compagniadelcastellomilazzo.it; Salita Castello; Erw./erm. 5/3,50 €, So Führung Erw./erm. 5/2; Mai–Sept. 9–13.30 & 16.30–20.30 Uhr, Okt.–April 9–18.30, Mo das ganze Jahr geschl.) Friedrich II. errichtete Milazzos gewaltige Burg 1239; zuvor hatten sich an dieser Stelle zuerst eine griechische Akropolis und dann eine arabisch-normannische Zitadelle befunden. Später wurde das Bollwerk von Karl V. erweitert und schließlich 1860 von Garibaldis Truppen gestürmt. Die mächtigen Mauern umgaben einst die ganze Stadt. Heute kann man hier wunderbar zwischen bröckelnden Bastionen voller Blumen herumklettern. Als ältester und höchster Teil der Anlage bietet der Torre Normanna einen Traumblick auf die Bucht und die Liparischen Inseln.

Innerhalb der aragonesischen Außenmauern aus dem späten 15. Jh. liegen Milazzos Duomo Vecchio (alte Kathedrale) und die Ruinen des Palazzo dei Giurati (altes Rathaus). Mitten durch die Altstadt führt die Salita Castello hinauf zur Burg. Den ganzen Sommer über gibt's sonntags Führungen (16.30 Uhr), die bei rechtzeitiger Benachrichtigung auch auf Englisch stattfinden.

★ Piscina di Venere BADEN
(Becken der Venus) An der äußersten Spitze des Capo Milazzo lädt dieses idyllische, von Felsen gesäumte Becken zum Schwimmen und Sonnenbaden ein. Vom Parkplatz Capo Milazzo ist es ein 15-minütiger Fußmarsch vorbei an Olivenhainen, Kakteen und Steinmauern. Ein kleiner Ring aus Felsen trennt das ruhige türkisfarbene Wasser vom ultramarinblauen Mittelmeer.

🍴 Essen

Am Ufer gleich nördlich vom Hafen wartet eine gute Restaurantauswahl, die von Straßenpizzerien bis hin zu noblen Fischlokalen reicht – auch praktisch, wenn man nur einen Happen zwischen zwei Fähren braucht.

★ Al Bagatto SIZILIANISCH $$
(☎ 090 922 42 12; www.locandadelbagatto.com/restaurant.php; Via Massimiliano Regis 11; Gerichte 25–40 €; ⏲ Mo-Sa 19.30–24 Uhr) Vor 30 Jahren eröffnete Chiara Surdo ihr bis heute gut besuchtes Lokal als eine der ersten regionalen Weinbars. Sanfte Musik, Schummerlicht und eine tolle Weinkarte gehen hier einher mit Essen, das von Slow-Food-Fans sehr geschätzt wird. Die Palette der frischen Gerichte reicht vom Rindfleisch-Carpaccio bis zu röhrenförmigen Paccheri-Nudeln mit *ragù* vom schwarzen Nebrodi-Schwein.

Toto Passami L'Olio OSTERIA $$
(☎ 090 240 30 18; www.totopassamilolio.it; Via Cumbo Borgia 29; Gerichte 35–38 €; ⏲ Do-Di 11.30–16 & 19.30–23 Uhr; 🌱) Dieses Restaurant hat sich auf Zutaten aus der Umgebung spezialisiert und serviert kreative Gerichte, darunter auch vegane und vegetarische Optionen. Von Linsensuppe mit Muscheln und Algen über vegetarische Pasta mit Fenchel, Rosinen, Safran und getoasteten Brotkrumen bis hin zu „*Suino nero dei Nebrodi*" mit Tomaten, Kapern und Zwiebeln wird hier alles appetitlich angerichtet.

Doppio Gusto SEAFOOD $$$
(☎ 090 924 00 45; www.facebook.com/Ristorante DoppioGusto; Via Luigi Rizzo 44; Gerichte 45–55 €; ⏲ Mi-Mo 12–15 & 23.45 Uhr) Das gehobene Restaurant mit vielen einheimischen Stammgästen ist die beste Adresse für sehr gute Meeresfrüchte in Hafennähe. Für den teils etwas steif und formellen Service entschädigt die hohe Qualität des Essens. Gäste können die Kühle der klimatisierten Räumlichkeiten genießen oder draußen unter dem Vordach die Welt an sich vorbeiziehen lassen.

ℹ️ Praktische Informationen

Krankenhaus (Ospedale Giuseppe Fogliani; ☎ 090 9 29 01; Villaggio Grazia; ⏲ 24 Std.)
Polizei (Questura; ☎ 090 923 03 11; Via Municipio 1)
Touristeninformation (☎ 090 922 28 65; strmilazzo@regione.sicilia.it; Piazza Caio Duilio 20; ⏲ Mo-Fr 8–14, zusätzlich Di & Do 15.30–18.30 Uhr) Liegt nur einen kurzen Spaziergang nördlich des Anlegers für die Tragflügelboote.

ℹ️ An- & Weiterreise

AUTO & MOTORRAD
Milazzo liegt gleich abseits der Mautstraße A20-E90 zwischen Messina und Palermo.

Während eines längeren Inseltrips kann man sein Fahrzeug vor Ort u. a. in privat betriebenen Tiefgaragen abstellen (ca. 12 €/Tag). Günstiger sind die Straßenparkplätze mit blauen Markierungslinien. Die dafür erforderlichen Tickets (5 €/24 Std.) in Form von Rubbelkarten gibt's in Tabakläden – einfach für jeden Abstelltag ein Ticket kaufen und hinter der Windschutzscheibe platzieren. Diese Straßenparkplätze können auch kurzzeitig genutzt werden (0,70 €/Std.).

BUS
Von der Haltestelle südlich des Hafens für Tragflügelboote fährt **Giuntabus** (☎ 090 67 37 82; www.giuntabus.com) in der Saison direkt zu Catanias Flughafen Fontanarossa (15 €, 1¾ Std., April & Mai 2-mal tgl., Juni–Sept. 5-mal tgl.). **Giuntabus Trasporti** (☎ 090 67 57 49; www.giuntabustrasporti.com) fährt ganzjährig nach Messina (4,20 €, 50 Min., Mo-Fr 18-mal, Sa 15-mal, So 3-mal). Dort hat man Anschluss nach Taormina und in andere Orte an der Ionischen Küste.

SCHIFF/FÄHRE
Milazzo ist ganzjährig der wichtigste Hafen für Fähren und Tragflügelboote zu den Liparischen Inseln. Als größte Betreibergesellschaften unterhalten **Liberty Lines** (S. 152), Siremar (S. 152) und **NGI** (S. 152) jeweils eigene Ticketbüros an der Via dei Mille nahe des Hafens.

ZUG
Der **Bahnhof** von Milazzo liegt 3,5 km südöstlich des Hafens. Ca. stündlich fahren Züge nach Messina (3,80 €, 20–45 Min.) und Capo d'Orlando (5,10 €, 35 Min.–1 Std.). Sechs bis neun Züge fahren täglich weiter nach Cefalù (8,70 €, 1¾–2 Std.) und Palermo (11,30 €, 2½–2¾ Std.).

ℹ️ Unterwegs vor Ort

BUS
Vom **AST-Busbahnhof** nördlich des Hafens für Tragflügelboote fährt Bus 5 zwischen 6 und 21 Uhr alle 30 Minuten zum Bahnhof von Milazzo (1,50 €, 10 Min.). Bus 6 fährt von 7.50 bis 17.10 Uhr ca. alle 90 Minuten zwischen dem Hafen und dem Capo Milazzo (1,50 €, 15 Min.). Achtung: Sonntags fahren hier keine Busse. Tickets (Gültigkeit 2 Std.) gibt's beim Fahrer, in Tabakläden (u. a. dem Geschäft mit dem AST-Schild gegenüber der Bushaltestelle am Hafen) und am Bahnhof.

TAXI
Ein Taxi vom Bahnhof zum Hafen kostet zwischen 10 € und 15 €.

Liparische Inseln

Inhalt ➡

Lipari	152
Vulcano	159
Salina	164
Panarea	168
Stromboli	169
Filicudi	175
Alicudi	177

Gut essen

- ➡ Ristorante La Canna (S. 176)
- ➡ Trattoria da Pina (S. 163)
- ➡ A Quadara (S. 166)
- ➡ Punta Lena (S. 174)
- ➡ Sangre Rojo (S. 158)
- ➡ Da Alfredo (S. 166)

Schöne Wanderungen

- ➡ Krater des Stromboli (S. 169)
- ➡ Von Pianoconte nach Quattropani (S. 156)
- ➡ Fossa di Vulcano (S. 160)
- ➡ Zucco Grande (S. 176)
- ➡ Filo dell'Arpa (S. 177)
- ➡ Punta del Corvo (S. 168)

Auf zu den Liparischen Inseln!

Die UNESCO-geschützten Liparischen Inseln (Vulcano, Lipari, Salina, Panarea, Stromboli, Filicudi und Alicudi), die vor der Nordostküste Siziliens aus dem kobaltblauen Meer ragen, sind ein kleines Stück vom Paradies. Auf dem aus sieben Inseln bestehenden Archipel kann man wunderbar relaxen und Outdoorspaß haben. In den Gewässern tummeln sich Schwimmer, Bootskapitäne und Taucher; Bergsteiger erklimmen fauchende Vulkane und Gourmets können sich an süßem Malvasia laben.

Das beste Basislager ist Lipari, die größte und am stärksten bevölkerte der sieben Inseln, doch sie ist keineswegs die einzige Option. Salina bietet ausgezeichnete Unterkünfte und gute Verkehrsverbindungen, Stromboli und Vulcano sind mit Vulkanen und schwarzen Sandstränden top für Naturfreunde. Auf dem schicken Panarea gibt es luxuriöse Unterkünfte, die in der Nebensaison bezahlbarer werden, und Filicudi und Alicudi sind für Liebhaber des Reisens abseits ausgetretener Pfade wegen ihrer Abgeschiedenheit unwiderstehlich.

Entfernungen (km)

	Lipari	Messina	Milazzo	Reykjahlið (Myvatn)
Messina	50			
Milazzo	35	40		
Santa Maria Salina	20	80	65	
Stromboli	45	75	70	45

Highlights

1 Lipari (S. 152) Im archäologischen Museum in 5000 Jahre geschichte eintauchen

2 Salina (S. 164) Im ruhigen Inneren der grünsten der Inseln lokale Weine genießen

3 Stromboli (S. 169) Bei Sonnenuntergang den Vulkanausbruch betrachten und auf dem Rückweg den Blick auf das im Mondlicht glänzende Tyrrhenische Meer genießen

4 Panarea (S. 168) Am Pool in der Sonne relaxen oder die fünf vorgelagerten Inselchen erkunden

5 Filicudi (S. 175) Vor dem Capo Graziano tauchen und nach römischen und griechischen Schiffswracks Ausschau halten

6 Vulcano (S. 159) In den außerirdisch anmutenden Schlammbädern seinen Körper mit schwefelhaltigem Matsch bedecken

7 Alicudi (S. 177) Zu diesem entlegenen Außenposten flüchten, wo es manchmal mehr Esel als Besucher gibt

ℹ️ An- & Weiterreise

Fast alle Besucher erreichen die Liparischen Inseln mit einem Schiff – hauptsächlich von Milazzo auf dem sizilianischen „Festland" aus. Dort bestehen ganzjährig Linienverbindungen mit Autofähren und Tragflügelbooten. Als Haupthafen der Inselgruppe ist Lipari auch deren Verkehrsknotenpunkt mit Anschluss zu allen anderen Eilanden. Zwischen Juni und September verkehren die Schiffe am häufigsten; im Winter ist der Betrieb stark eingeschränkt und leidet teilweise unter Verzögerungen infolge der rauen See. Verglichen mit den Tragflügelbooten sind die Fähren deutlich langsamer und weniger häufig unterwegs, aber auch preiswerter und deutlich weniger empfindlich gegenüber Schlechtwetter.

AUTO & MOTORRAD

Für Fahrzeuge geeignete Straßen gibt es nur auf Lipari, Vulcano, Salina und Filicudi. Sein eigenes Auto mit auf die Inseln zu bringen ist teuer. Von Milazzo nach Lipari oder Vulcano kostet eine Strecke mindestens 55 €, nach Salina oder Filicudi 72 €. Wer die Inseln nur ein paar Tage besuchen möchte, fährt besser damit, sein Auto in einer Garage in Milazzo (ab 12 €/Tag) abzustellen. Bei einem längeren Aufenthalt ist das eigene Auto allerdings preiswerter als ein Mietwagen. Aber Achtung: Zwischen Juli und September darf man sein Auto nur mitnehmen, wenn man mindestens sieben Übernachtungen gebucht hat. Auf Lipari, Salina und Vulcano fahren inzwischen Busse und es gibt Motorroller- und Autovermieter, sodass es dennoch keine schlechte Idee ist, sein Auto in Milazzo zu lassen.

BUS

Dank regelmäßig verkehrender Shuttlebusse sind die Liparischen Inseln für Reisende, die an Catanias Flughafen Fontanarossa ankommen, relativ einfach zu erreichen. Die Busse von **Eoliebooking** (📞 090 981 42 57; www.eoliebooking.com/navetta) fahren direkt zum Tragflügelbootanleger in Milazzo (25 €/Pers., mind. 2 Pers., 1¾ Std., bis zu 7-mal tgl.). **Giuntabus** (📞 090 67 37 82; www.giuntabus.com/milazzo-aeroporto-catania) bietet im Frühjahr und Sommer einen ähnlichen Shuttlebus-Service (15 €, 1¾ Std., 2–5-mal tgl.). Bei den ganzjährig verkehrenden, langsameren Bussen muss man in Messina umsteigen (2½–3¾ Std., Mo–Fr 5–7 Abfahrten, am Wochenende seltener).

FLUGZEUG

Auf dem Luftweg sind die Liparischen Inseln nur mit dem Hubschrauber erreichbar. Das auf Panarea ansässige Unternehmen **Air Panarea** (📞 340 3667214; www.airpanarea.com) fliegt ganzjährig von Catania, Taormina und anderen Orten auf Sizilien und dem italienischen Festland aus die Liparischen Inseln an. Die Preise beziehen sich auf alle sechs Plätze im Helikopter

---

DREI PERFEKTE TAGE

Genießen auf Salina

Die grünste der Liparischen Inseln lockt mit gartenfrischem Obst und Gemüse, Meeresfrüchten und Malvasia. Die Hotels gehören zu den gemütlichsten auf den Inseln. Nach dem Ausschlafen genießt man einen Cappuccino mit Blick aufs Meer, verwöhnt sich mit einem *ciclo benessere* (Spa-Anwendung) im Signum Spa (S. 165) in Malfa, macht ein Picknick im malerischen Pollara (S. 164) oder besucht ein Weingut. Abends speist man z. B. im A Cannata (S. 166), im A Quadara (S. 166) im Porto Bello (S. 167) oder im La Pinnata del Monsù (S. 167).

Zwei aktive Vulkane an einem Tag

Wo hat man schon mal die Gelegenheit, in weniger als 24 Stunden zwei aktive Vulkane zu besteigen? Am frühen Morgen nimmt man das Boot von Lipari nach Vulcano und erreicht am Vormittag den rauchenden Inselgipfel (S. 160), noch ehe die Hitze und die Tagesausflügler kommen. Zum Mittagessen fährt man zurück zur Marina Corta (S. 154) auf Lipari und nimmt dort ein Ausflugsboot nach Stromboli, wo man sich am Nachmittag einer Wandergruppe anschließt. Bei Sonnenuntergang bestaunt man Europas aktivsten Vulkan (S. 169). Dann steigt man ab, isst auf der Piazza eine Pizza und fährt mit dem Boot zurück nach Lipari.

Von Insel zu Insel

Egal auf welcher Insel man wohnt, eine Bootstour erweitert den Horizont schnell. Die örtlichen Veranstalter bieten in der Regel Touren zu mehreren Inseln an einem Tag an – eine gute Möglichkeit, die unterschiedlichen Charaktere der einzelnen Eilande kennenzulernen, auch wenn man nur begrenzt Zeit zur Verfügung hat.

TRAGFLÜGELBOOTE ZU DEN LIPARISCHEN INSELN

VON	NACH	PREIS (€)	DAUER	HÄUFIGKEIT
Messina	Lipari	31,10	1½–3½ Std.	Sommer/Winter 5-mal tgl./1-mal tgl.
Milazzo	Alicudi	32,70	3 Std.	2–3-mal tgl.
Milazzo	Filicudi	27,25	2½ Std.	2–3-mal tgl.
Milazzo	Lipari	20,80	1 Std.	12–17-mal tgl.
Milazzo	Panarea	22,80	1½–2½ Std.	3–7-mal tgl.
Milazzo	Salina	22,55	1½ Std.	12-mal tgl.
Milazzo	Stromboli	25,95	1¼–3 Std.	3–7-mal tgl.
Milazzo	Vulcano	20	45 Min.	12–16-mal tgl.

und unterscheiden sich je nach Ausgangspunkt und Ziel. Wegen der Einzelheiten über das Online-Formular Kontakt mit Air Panarea aufnehmen!

SCHIFF/FÄHRE

Liberty Lines (0923 87 38 13; www.libertylines.it) betreibt fast alle Tragflügelboote zu den Inseln, u. a. den Sommer-Service ab Palermo, der alle sieben Inseln ansteuert. Die aktuellen Fahrpläne stehen auf der Website von Liberty Lines.

Fähren von **Siremar** (090 57 37; www.caronetetourist.it/en/siremar) und **NGI Traghetti** (090 928 40 91; www.ngi-spa.it) starten in Milazzo. Sie sind preiswerter, aber auch langsamer und fahren seltener als die Tragflügelboote.

Ab Neapel schippern Autofähren (2-mal wöchentl., Di & Fr nach Süden, Mo & Do nach Norden) zu den Inseln. **SNAV** (081 428 55 55; www.snav.it) verkehrt im Sommer mit Tragflügelbooten (Juni Fr–So, Juli & Aug. tgl.).

LIPARI

090 / 12 800 EW.

Lipari ist die größte, geschäftigste und am leichtesten erreichbare der Liparische Inseln. Für Besucher, die vom Festland kommen, ist sie der entspannende Vorgeschmack auf das Inselleben. Wer gerade von einer der anderen Inseln kommt, wird sie hingegen als geradezu städtisch empfinden.

Ihr Mittelpunkt ist die Stadt Lipari, der wichtigste Verkehrsknotenpunkt des Archipels und das, was einer Hauptstadt der Inseln am nächsten kommt. Die geschäftige kleine Hafenstadt mit schönen pastellfarbenen Häusern am Meer und vielen Unterkünften ist der beste Ausgangspunkt fürs Insel-Hopping. Außerhalb der Stadt weist Lipari eine zerklüftete, typisch mediterrane Landschaft aus niedriger *macchia* (dichtes mediterranes Gestrüpp), ruhigem, vom Wind zerzaustem Hochland, steil abfallenden Klippen und einem verträumten blauen Meer auf.

Geschichte

Lipari wurde nach Liparus benannt, dem Schwiegervater von Aiolos (dem griechischen Gott des Windes). Im 4. Jahrtausend v. Chr. wurde Lipari von den Stentinello, einer jungsteinzeitlichen Kulturgruppe mit Wurzeln in Sizilien und Kalabrien, besiedelt. Die frühen Inselbewohner entwickelten eine florierende Inselwirtschaft mit Obsidian, einem vulkanischen Gesteinsglas, aus dem sie primitive Werkzeuge herstellten.

Der Handel wurde unter den Griechen fortgeführt. Als im 3. Jh. v. Chr. die Römer auf die Insel kamen, war es jedoch um das Glück der Inselbewohner geschehen. Nachdem sich das Inselvolk im Ersten Punischen Krieg gegen sie gestellt hatte, waren die Römer in Rachestimmung und ließen die Insel mittels hoher Strafsteuern der Armut anheimfallen.

In den kommenden Jahrhunderten versetzten Vulkanausbrüche und Piratenangriffe – vor allem der im Jahr 1544, als der osmanische Seefahrer Barbarossa die Stadt Lipari bis auf die Grundmauern niederbrannte und beinahe alle Frauen mitnahm – die Inselbewohner in Angst und Schrecken.

Anhaltende Armut führte bis ins 20. Jh. hinein zu einer hohen Abwanderung der Bevölkerung, sodass die Insel einsam und verlassen dalag. Während des Faschismus in den 1930er-Jahren ließ Mussolini seine politischen Gegner in der Stadtburg von Lipari inhaftieren. In den 1950er-Jahren ging es mit dem einsetzenden Tourismus schrittweise wieder bergauf, und heute gehört Lipari zu einem der beliebtesten Reiseziele Siziliens.

⊙ Sehenswertes

⊙ Lipari (Ort)

Lipari ist zwar das Haupttouristenzentrum der Liparischen Inseln, hat seine Seele aber nicht verkauft und konnte sich die charmante, entspannte Inselatmosphäre bewahren. Außer der hoch aufragenden Zitadelle auf einer Felskuppe und einem archäologischen Museum gibt's hier kaum Sehenswürdigkeiten. Es ist aber herrlich, durch die labyrinthartigen Gässchen zu bummeln, sich die Sonne ins Gesicht scheinen zu lassen und einfach die entspannte Atmosphäre zu genießen. Am einfachsten erreicht man die Zitadelle über die Via del Concordato. Von der Via Garibaldi führt eine Treppe hinauf zur Cattedrale di San Bartolomeo.

★ Museo Archeologico Regionale Eoliano
MUSEUM

(☏ 090 988 01 74; www.regione.sicilia.it/beniculturali/museolipari; Via Castello 2; Erw./erm. 6/3 €; ⊙ Mo-Sa 9-19.30, So 9-13.30 Uhr) Liparis archäologisches Museum besitzt eine der besten Sammlungen antiker Funde in Europa und ist ein Muss für alle, die sich für die Geschichte des Mittelmeerraums interessieren. Besonders sehenswert ist die **Sezione Preistorica**, die vor Ort entdeckten Artefakten von der Jungsteinzeit über die Bronzezeit bis in die griechisch-römische Ära gewidmet ist, und die **Sezione Classica**, zu deren Highlights Frachtgut aus antiken Wracks sowie die weltgrößte Sammlung griechischer Miniatur-Theatermasken gehören. Eintrittskarten bekommt man am **Ticketschalter** ca. 100 m nördlich der Sezione Classica.

Die einzelnen Abteilungen des Museums sind jeweils in separaten Gebäuden untergebracht. Beginnen sollte man mit der Sezione Preistorica im Palazzo Vescovile (Bischofspalast) neben der Kathedrale. Die vielen, in chronologischer Folge ausgestellten Artefakte geben einen faszinierenden Einblick in die Entwicklung der frühen Kulturen der Insel. Zu den ältesten Exponaten gehören fein gearbeitete Werkzeuge aus Obsidian, auf dem die frühe Ökonomie Liparis beruhte – sprechende Zeugnisse für die relativ hohe Entwicklung der prähistorischen Kultur auf der Insel. Prähistorische Funde von den anderen Inseln sind in einem kleinen Pavillon vor dem Palazzo Vescovile ausgestellt.

Auf der anderen Seite der Kathedrale findet sich die Sezione Classica. Zu ihren Highlights gehören Funde aus der aus dem 11. Jh. v. Chr. stammenden Nekropole von Lipari, darunter eine umfangreiche Sammlung von Graburnen. Zudem gibt es zahllose Amphoren zu sehen, die vor den Küsten von Panarea, Filicudi und Lipari aus Schiffswracks geborgen wurden. Im Obergeschoss sind eindrucksvolle bemalte Gefäße und die berühmte Sammlung griechischer Theatermasken ausgestellt. Im selben Stockwerk sieht man auch eine Reihe Statuetten – besonders schön ist die *Andromeda con bambino* (Andromeda mit Kind) – ebenso wie elegante Schmuckstücke und eine Sammlung polychromer Vasen eines Meisters, der unter dem Behelfsnamen Il Pittore Liparoto (Lipari-Maler; 300-270 v. Chr.) bekannt ist.

Andere Abteilungen, die einen schnellen Blick wert sind, sind – auf der anderen Straßenseite gegenüber der Sezione Prehistorica – die **Sezione Epigrafica** (Epigrafische Abteilung) mit einem kleinen Garten voller mit Inschriften bedeckter Steine und einem Saal mit griechischen und römischen Grabmälern sowie die **Sezione Vulcanologica** (Vulkanologische Abteilung), die über die vulkanische Geologie der Liparischen Inseln informiert.

Ortszentrum
VIERTEL

Es macht Spaß, einfach nur durch die Straßen der Ortschaft Lipari zu schlendern und

Lipari (Ort)

die entspannte Inselatmosphäre in sich aufzunehmen. Die belebteste Straße der Gemeinde ist die nette **Corso Vittorio Emanuele**, die von Bars, Cafés und Restaurants gesäumt ist. Wirklich munter geht es hier am frühen Abend zu, wenn die Straße für den Autoverkehr gesperrt wird und die Einwohner zu ihrer *passeggiata* (Abendspaziergang) herauskommen.

Ähnlich stimmungsvoll ist die **Marina Corta**, die sich am unteren Ende der Via Garibaldi befindet, ein hübscher, von beliebten Bars und Restaurants umgebener Jachthafen.

Lipari (Ort)

◉ Highlights
1 Museo Archeologico Regionale Eoliano D3

◉ Sehenswertes
2 Cattedrale di San Bartolomeo D4
3 Burgberg D3
  Museo Archeologico Eoliano
  (Sezione Classica) .... (siehe 1)
4 Museo Archeologico Eoliano
  (Sezione Epigrafica) D4
5 Museo Archeologico Eoliano
  (Sezione Preistorica) D4
6 Museo Archeologico Eoliano
  (Sezione Vulcanologica) C4
7 Parco Archeologico C3
8 Ortszentrum B4

◉ Aktivitäten, Kurse & Touren
9 Da Massimo/Dolce Vita C4
10 Diving Center La Gorgonia C6

◉ Schlafen
11 Diana Brown B5
12 Enzo Il Negro C4

◉ Essen
13 E Pulera A4
14 Filippino C3
15 Gilberto e Vera C4
16 Kasbah C4
17 L'Officina del Cannolo B2

◉ Shoppen
18 Fratelli Laise B4

Burgberg ZITADELLE
Nachdem der Pirat Khair ad-Din Barbarossa Lipari 1544 geplündert, die meisten Männer ermordet und die Frauen versklavt hatte, sicherten die spanischen Herrscher der Inseln Lipari durch den Bau einer Befestigung rund um das Zentrum. Die Siedlung hat sich inzwischen nach unten verlagert, aber große Teile der unbezwingbaren Festungsmauern sind erhalten und, vor allem von unten betrachtet, ein eindrucksvoller Anblick.

Cattedrale di San Bartolomeo KIRCHE
Die im 17. Jh. erbaute Kathedrale ist ein schönes Beispiel barocker Architektur. Die „Mutter-Kirche" der Äolier wurde als Ersatz für den von Khair ad-Din Barbarossa zerstörten ursprünglichen normannischen Bau aus dem 12. Jh. errichtet, von dem außer einem Teil des benediktinischen Kreuzgangs rechts vom Haupteingang kaum etwas erhalten geblieben ist. Drinnen auf dem Altar befindet sich eine Silberstatue des hl. Bartholomäus (1728), des Schutzheiligen von Lipari, der seine abgezogene Haut unter dem Arm trägt.

Parco Archeologico RUINEN
In dem abgesenkten Bereich gegenüber der Kathedrale von Lipari sieht man die Überreste von runden Hütten, deren älteste aus dem 17. Jh. v. Chr. stammen. In der Nähe, am südlichen Rand der Zitadelle, lassen sich einige griechische Sarkophage neben einem 1978 errichteten Nachbau eines griechischen Theaters erkunden.

◉ Rund um Lipari

Die Hauptattraktionen der Insel (vor allem das archäologische Museum) befinden sich im Ort Lipari. Dort ist zudem so viel los, dass man vielleicht sogar ganz auf Ausflüge ins Umland verzichtet. Doch es lohnt sich außerordentlich, den wilden Rest von Lipari zu erkunden: Hier warten neben den besten Badestellen und schönsten Wanderrouten auch ein paar großartige Aussichtspunkte.

★ Quattrocchi AUSSICHTSPUNKT
Rund 3 km westlich der Stadt bietet dieser tolle Aussichtspunkt namens Quattrocchi (Vier Augen) den besten Blick auf Liparis Küste: Gen Süden fallen hier Riesenklippen steil zum Meer hin ab. In der Ferne steigen derweil unheimliche Qualmwolken von den düsteren Höhen des benachbarten Volcano auf. An der Straße nach Pianoconte liegt der Aussichtspunkt am linken Fahrbahnrand der großen Serpentine, die ca. 300 m hinter der Abzweigung zur Spiaggia Valle Muria beginnt.

★ Spiaggia Valle Muria STRAND
Steilklippen umgeben diesen dunklen und ungemein schönen Kiesstrand an Liparis südwestlicher Küste. Hier kann man sonnenbaden und in sauberem Wasser schwimmen. Rund 3 km westlich des Ortes Lipari (Richtung Pianoconte) beginnt die ausgeschilderte Abzweigung. Von dort aus führt ein steiler Pfad (25 Min. zu Fuß) hinunter zum Meer. Genügend Trinkwasser und Sonnencreme nicht vergessen! Bei schönem Wetter öffnet der Ortsansässige **Barni** (☏339 8221583, 349 1839555) seine Strandbar im rustikalen Höhlenstil und verkauft Erfrischungen. Zudem bietet er äußerst malerische Bootstouren zur bzw. ab der Marina Corta an (einfache Strecke/hin & zurück 5/10 €).

Vom Ort Lipari aus ist die Abzweigung leicht per Auto, Motorroller oder Bus erreichbar. Der Weg hinunter zum Strand ist anfänglich befestigt; zum Schluss führt er dann als schmaler Trampelpfad durch eine schroffe Landschaft mit Blumen, Kakteen und hohem Gras. Angesichts des strapaziösen Marsches in Gegenrichtung ist es ratsam, sich vorab bei Barni für eine Rückfahrt per Boot anzumelden. Dabei schippert man durch die *faraglione* (Felstürme) an Liparis Westküste und schaut auf Vulcanos rauchenden Krater am Horizont – vor allem zur Zeit des Sonnenuntergangs ein unvergessliches Erlebnis und die perfekte Heimkehr nach einem langen Strandtag.

L'Osservatorio — AUSSICHTSPUNKT
Dieser Aussichtspunkt in der Nähe von Liparis Südwestzipfel bietet einen unvergleichlichen Blick gen Süden zur Insel Vulcano (und an klaren Tagen bis zum Ätna) und gen Westen in eine schwindelerregend steile Schlucht (bitte nicht zu nah an den Rand gehen!) mit den von der untergehenden Sonne angestrahlten Inseln Alicudi und Filicudi. Um diesen Aussichtspunkt zu erreichen, braucht man einen fahrbaren Untersatz oder gute Lungen und kräftige Beine. Nachdem man sein Auto an Ende der Straße geparkt hat, folgt man dem Schotterweg bis zur Landspitze. Dort hat man den besten Blick.

Spiaggia di Canneto — STRAND
Der lange Kiesstreifen ist der beliebteste Badestrand der Insel und liegt obendrein am nächsten zum Ort Lipari – genauer: rund 3 km weiter nördlich auf der anderen Seite einer ausladenden Landspitze.

Campo Bianco — TAGEBAU
Ein paar Kilometer nördlich des Strandes bei Canneto liegen die Steinbrüche von Campo Bianco, wo gewaltige Einschnitte aus weißem Fels die grünen Hügel bis zum Meer durchziehen. Sie sind das Ergebnis intensiven Bimssteinabbaus, der bis 2000, als die UNESCO als Bedingung zur Verleihung des Welterbestatus an die Liparischen Inseln die Einstellung des Tagebaus forderte, ein wichtiger Gewerbezweig auf der Insel war.

Spiaggia della Papesca — STRAND
Hinter Campo Bianco und den stillgelegten Bimssteinbrüchen bei Porticello erstreckt sich dieser Kiesstrand. Sein Spitzname Spiaggia Bianca (Weißer Strand) kommt von dem Bimssteinstaub, der hier einst dick die Küste bedeckte. Im Lauf der Zeit wurden die weißen Ablagerungen jedoch langsam vom rauen Wintermeer weggespült – übrig blieb ein dunkles Grau. Nichtsdestotrotz verleihen die verbliebenen Bimssteinreste dem Wasser hier immer noch einen transparenten Türkiston.

Aktivitäten
Wandern
Abgesehen vom Badespaß gibt's auf Lipari auch einige hübsche Wanderwege, vor allem an den zerklüfteten Nord- und Westküsten. Bei den meisten muss man einige recht steile Hänge bewältigen, und die Sommerhitze ist mindestens so kräftezehrend wie das Gelände. Daher alle üblichen Vorkehrungen treffen: Hut, Sonnenschutz und viel Trinkwasser mitnehmen und die Mittagshitze meiden!

★ Von Pianoconte nach Quattropani — WANDERN
Die drei- bis vierstündige Wanderung beginnt an der Schule von Pianoconte (5 km westlich des Ortes Lipari) und führt über eine asphaltierte Straße, die sich schließlich zu einem Weg verengt, hinunter zum Meer. Von dort geht es auf einem relativ ebenen Abschnitt an den Klippen von Liparis Westküste entlang, wobei sich eine fabelhafte Aussicht auf Salina, Vulcano, Filicudi und Alicudi bietet, bevor einen ein steiler Anstieg hinauf zum Ort Quattropani bringt.

Beim Abstieg von Pianoconte kommt man an den alten römischen Bädern von **San Calogero** vorbei, die in der Antike wegen der Thermalquelle berühmt waren, die eine konstante Temperatur von 60 °C hatte. Beim Marsch hinauf zurück nach Quattropani passiert man die **Alte Kaolinmine**, deren Schächte am Hang immer noch sichtbar sind. Der Weg lässt sich genauso gut in der entgegengesetzten Richtung wandern und beginnt dann gleich südlich der Ortschaft Quattropani. In welcher Richtung man auch geht, stets wird man für die steilen An- und Abstiege belohnt – die Küstenlandschaft ist einfach spektakulär. Die beiden Endpunkte des Wegs sind mit dem Nahverkehrsbus erreichbar: bei der Hinfahrt den Fahrer bitten, einen am Startpunkt des Weges aussteigen zu lassen! Für die Rückfahrt stellt man sich an die Bushaltestelle in Pianoconte bzw. Quattropani.

Von Quattropani nach Acquacalda — WANDERN
Der angenehme einstündige Spaziergang von Quattropani den Hügel hinunter nach

> **NICHT VERSÄUMEN**
>
> ### TAUCHSTELLEN RUND UM LIPARI
>
> Vor Lipari gibt es einige spektakuläre Tauchspots. Die Leute vom Diving Center La Gorgonia können einen über die unten genannten und viele andere Stellen informieren.
>
> **Punta Castagna** (schwierig; Tiefe 10–40 m) Ein spektakulärer Tauchspot mit einem 10 m breiten, weißen Bimssteinplateau, das von vielfarbigen Kanälen durchzogen ist.
>
> **Secca del Bagno** (schwierig; Tiefe 40–45 m) Eine atemberaubende Ansammlung bunter Wände, vor denen sich Fischschwärme in allen erdenklichen Farben tummeln.
>
> **Pietra Menalda** (mittel; Tiefe 18–40 m) Ein Besuch bei Familie Tintenfisch daheim; außerdem gibt es hier an der Südseite der Insel Aale, Zackenbarsche und andere Meeresbewohner.
>
> **Pietra del Bagno** (alle Schwierigkeitsgrade; 20–40 m) Bunte Felsoberflächen und allerlei Meeresgetier rund um den Bagno-Felsen.
>
> **La Parete dei Gabbiani** (mittel; 20–45 m) Ein Tauchgang in Schwarz-Weiß: schwarze Lava, durchzogen von weißem Bimsstein, in dessen Spalten Hummer wohnen.

Acquacalda führt auf einer asphaltierten, aber kaum befahrenen Straße am Nordufer von Lipari entlang, von der aus man einen tollen Blick auf Salina und das weiter entfernte Stromboli hat. Einfach mit dem Bus nach Quattropani (2,40 €) fahren und dann weiter auf der Hauptstraße den Hügel hinunter 5 km bis nach Acquacalda wandern, von wo aus man dann mit dem Bus (1,55 €) nach Lipari (Ort) zurückfahren kann!

Tauchen

Die kristallklaren Gewässer rund um Lipari sind ein Paradies für Schnorchler und Sporttaucher.

Diving Center La Gorgonia TAUCHEN & SCHNORCHELN
(090 981 26 16; www.lagorgoniadiving.it; Salita San Giuseppe; pro Tauchgang mit eigener/geliehener Ausrüstung 40/60 €, Tauchkurse 70–750 €) Kurse, Bootsshuttles, Leihausrüstung und allgemeine Infos für Besucher, die rund um Lipari tauchen oder schnorcheln wollen. Auf der Website findet man eine komplette Preisliste.

Geführte Touren

Eine Bootstour rund um Lipari ist eine gute Möglichkeit, die Insel zu sehen, und die einzige Option, um einige der abgelegeneren Badestellen zu erreichen. Wegen der vielen Tourveranstalter ist Lipari auch eine hervorragende Basis für Tagestrips zu den äußeren Liparischen Inseln.

Zahlreiche Veranstalter im Ort bieten Touren an. Die Preise schwanken je nach Saison, aber über den Daumen gepeilt zahlt man für eine Tour auf Lipari und Vulcano rund 20 €, für einen Besuch auf Filicudi und Alicudi rund 45 €, ebenso für einen Tagesausflug nach Panarea und Stromboli, sowie rund 80 € für einen Trip nach Stromboli am Nachmittag mit Besteigung des Vulkans bei Sonnenuntergang und nächtlicher Heimfahrt nach Lipari. Die Touren werden normalerweise von März bis Oktober angeboten.

Da Massimo/Dolce Vita BOOTSFAHRT
(090 981 30 86; www.damassimo.it; Via Maurolico 2) Einer der etablierten Veranstalter auf Lipari mit guter Lage in einer Seitenstraße zwischen dem Corso Vittorio Emanuele und der Via Garibaldi. Er ist spezialisiert auf Wanderungen zum Sonnenuntergang auf den Gipfel des Strombolis mit Rückkehr per Boot nach Lipari am gleichen Abend. Das Unternehmen vermietet auch Boote und Jollen.

Feste & Events

Ostern RELIGIÖSES FEST
Die emotionalen und theatralischen traditionellen Osterfeiern (Pasqua) auf Lipari beginnen am Palmsonntag mit der **Via Crucis**, einer Kerzenprozession, die von der Piazza Mazzini zur Zitadelle führt und mit einer gespielten Kreuzigung endet. Am Karfreitag begleiten Gruppen barfüßiger Büßer Statuen Christi durch die Straßen, wobei es still zugeht wie bei einem Begräbnis.

Der Ostertag ist fröhlicher. Es gibt zwei Prozessionen, eine mit einer Statue des auferstandenen Christus an der Spitze, die andere mit einer Statue der Jungfrau Maria ganz vorn. Beide Prozessionen treffen sich an der Marina Corta, wo es ein Feuerwerk gibt und ausgelassen gefeiert wird.

Essen

Lipari (Ort)

Im Zentrum gibt's viele Restaurants, Bars, Cafés und *gelaterie*. Viele davon säumen den Corso Vittorio Emanuele und die Via Garibaldi, die als parallele Hauptverkehrsstraßen zwischen den Marinas Lunga und Corta von Norden nach Süden verlaufen. Weitere Lokale verstecken sich verführerisch in Seitengassen.

Gilberto e Vera SANDWICHES €
(☏ 090 981 27 56; www.gilbertoevera.it; Via Garibaldi 22; halbe/ganze Sandwiches 3,50/5 €; ⊙ Mitte März–Mitte Nov. 7.30–23 Uhr) Der beliebte Laden, der vor nunmehr 40 Jahren eröffnet wurde, wird noch immer vom selben freundlichen Inhaberpaar (mit Unterstützung von Tochter Alessia) betrieben. Von den zwei Dutzend *panini*-Sorten sind einige nach jetzt erwachsenen Einheimischen benannt, die hier früher regelmäßig auf ihrem Schulweg vorbeischauten. Morgens kann man sich hier gut mit Proviant für eine Wanderung oder einen Strandbesuch eindecken. Nachmittags eignet sich die Straßenterrasse wunderbar für ein Gläschen Wein.

L'Officina del Cannolo SEAFOOD €€
(☏ 090 981 34 70; www.officinadelcannolo.com; Corso Vittorio Emanuele 214; Gerichte 30–45 €; ⊙ Di–So 12–14.30 & 19.30–22 Uhr) L'Officina in Liparis Hauptfußgängerstraße in der Nähe des Fährhafens serviert fangfrischen Fisch als Vorspeise (Muschelsuppe, Tintenfischsalat), *primi* (hausgemachte Pasta mit Schwertfisch, Kapern, Tomaten, Oliven und Basilikum) und *secondi* (sautierten Thunfisch in Pistazienkruste). Das absolute Highlight hier sind aber die namensgebenden *cannoli* – knusprige Teigrollen mit einer cremigen Füllung aus Ricotta von der Insel Vulcano.

E Pulera MODERN-SIZILIANISCH €€
(☏ 090 981 11 58; www.pulera.it; Via Isabella Conti; Gerichte 35–45 €; ⊙ Ende April–Mitte Okt. 19.30–23.30 Uhr) Teuer, aber gediegen: Ein lauschiger Garten, Schummerlicht, gefliester Tische und eine hervorragende Küche machen das E Pulera zur prima Wahl für ein romantisches Abendessen. Auf den Tisch kommt hier z. B. Thunfisch-Carpaccio mit Blutorangen und Kapern. Zum Nachtisch empfiehlt sich die *cassata*-Schichttorte (Biskuit, Ricotta, Marzipan, Schokolade, kandierte Früchte) mit süßem Malvasia-Wein.

Filippino SIZILIANISCH €€
(☏ 090 981 10 02; www.filippino.it; Piazza Mazzini; Gerichte 33–45 €; ⊙ 12–15 & 19–23 Uhr, Okt.–März Mo geschl.) Eine Institution der örtlichen Gastro-Szene: Das Filippino ist seit mehr als 100 Jahren im Geschäft und wird oft als das beste Restaurant der Insel bezeichnet. In einem Glaspavillon neben der Zitadelle servieren hier viele Kellner in weißer Kluft u. a. eine verwirrende Zahl von sizilianischen Klassikern – ergänzt durch Eigenkreationen wie pikante Fischeintöpfe oder Jasmin-Mousse zum Dessert. Entsprechend schick anziehen und vorher reservieren ist empfohlen.

Kasbah MEDITERRAN €€
(☏ 090 921 37 42; www.kasbahlipari.it; Vico Selinunte 43; Pizzas 10–12 €, Gerichte 35 €, Degustationsmenü 45 €; ⊙ April–Okt. 19–22.30 Uhr) Am Ende der schmalen Vico Selinunte kann man hier den Küchenchefs durch ein Fenster bei der Arbeit zuschauen. Das vielfältige Angebot reicht von noblen Nudel-, Fisch- und Fleischgerichten bis zu schlichten Holzofenpizzas (Tipp: die Kasbah mit geräuchertem Schwertfisch, Rucola, Zitrone und schwarzem Pfeffer). Der stilvolle Speiseraum mit Tischtüchern aus grauem Leinen wird durch eine lässigere Freiluftterrasse ergänzt.

Rund um Lipari

Die meisten Restaurants der Insel konzentrieren sich auf den Ort Lipari, man findet aber auch Lokale in weiter entfernten Gemeinden wie Canneto, Pianoconte oder Acquacalda. Während der Wintersaison (Ende Okt.– Ostern) ist vielerorts der Laden dicht.

★ Sangre Rojo SIZILIANISCH €€
(☏ 338 2909524; www.facebook.com/ristorante sangrerojo; Gerichte 34–39 €; ⊙ Ostern–Mitte Okt. Mi–Mo 12–14.30 & 19–24 Uhr) Allein der umwerfende Blick auf die Inseln Salina, Filicudi und Alicudi im Tyrrhenischen Meer könnten Grund genug sein für einen Besuch dieses Restaurants oben auf einem Berg in der Nähe von Liparis Nordzipfel. Das entscheidende Argument sind aber die Gerichte aus fangfrischem Fisch und klassischen liparischen Zutaten wie wilder Fenchel, Kapern, Oliven und Minze. Mittags genießt man sein Essen auf der sonnigen Terrasse, zum Abendessen kommt dann noch der Blick auf den Sonnenuntergang dazu.

Le Macine SIZILIANISCH €€
(☏ 090 982 23 87; www.lemacine.org; SP 179, Pianoconte; Gerichte 30–45 €, Pizzas 5–8,50 €;

Mai–Sept. tgl. 12–14.30 & 19–22 Uhr, Okt.–April nur Sa & So) Dieses Landrestaurant in Pianoconte (4,5 km vom Ort Lipari entfernt) ist im Sommer besonders attraktiv: Die tollen Gerichte mit Meeresfrüchten und frischem Gemüse werden dann draußen auf der Terrasse verspeist. Im Angebot sind hier u. a. Schwertfisch-Küchlein mit Artischocken, Ravioli mit Garnelenfüllung oder Fisch in *ghiotta*-Sauce (Olivenöl, Kapern, Tomaten, Knoblauch und Basilikum). Wer vorab anruft, kann sich gratis in der Stadt abholen lassen.

Ausgehen & Nachtleben

Die Marina Corta ist der schönste Ort fürs Leutebeobachten bei kühlen Drinks. Hierzu eignen sich prima die Straßentische der touristischen Bars entlang des Uferplatzes. Der Corso Vittorio Emanuele ist gleichermaßen beliebt für *aperitivi* am frühen Abend.

Shoppen

Fratelli Laise ESSEN & TRINKEN
(090 981 27 31; www.fratellilaise.com; Corso Vittorio Emanuele 118; 7–13 & 16–20.30 Uhr) Nach rund zwei Dritteln des Weges von der Marina Lunga zur Marina Corta zeigen die üppigen, bunten Obststapel, wo sich dieser traditionelle Gemüsehandel befindet, in dem es außerdem Weine, Süßigkeiten, Anisplätzchen, Pâtés, Kapern und Olivenöl gibt. Hier kann man sich prima mit Mitbringseln eindecken oder auch nur Sachen für ein Picknick holen.

Praktische Informationen

Farmacia Sparacino (090 981 13 92; Corso Vittorio Emanuele 176; Mo–Fr 8.30–13 & 16–20 Uhr)
Krankenhaus (Ospedale Civile; 090 988 51 11; Via Sant'Anna) Erste Hilfe und Notaufnahme.
Polizei (090 981 13 33; Via Madre Florenzia Profilio)
Touristeninformation (090 988 00 95; Via Maurolico 17; Mo–Fr 9–13, Mi & Fr auch 16–18 Uhr) Liparis nur sporadisch besetztes Büro hat Infos über alle Liparischen Inseln.

An- & Weiterreise

Liparis Haupthafen ist die Marina Lunga am Nordrand von Lipari (Ort). Hier befindet sich das **Ticketbüro** (090 981 24 48; 5–20.40 Uhr) des Tragflügelboot-Betreibers Liberty Lines und der Fährbetreiber NGI und Siremar. Tragflügelboote fahren regelmäßig zum Festlandhafen Milazzo (15,80 €, 1 Std.) und zu den anderen Liparischen Inseln: Vulcano (5,80 €, 10 Min.), Santa Marina Salina (8,80 €, 20 Min.), Panarea (10,40 €, 1 Std.), Stromboli (17,80 €, 1½–1¾ Std.), Filicudi (15,80 €, 1–1¼ Std.) und Alicudi (18,85 €, 1½–2 Std.). Tragflügelboote flitzen auch nach Messina (26,10 €, 1½–3¼ Std., im Sommer 5-mal tgl., im Winter 1-mal tgl.). Die normalen Fähren sind günstiger, aber sehr viel langsamer und fahren seltener.

Im Sommer (Ende Mai–Anfang Sept.) verkehren Tragflügelboote von SNAV (S. 152) täglich zwischen Neapel und Lipari (ab 62 €, 6½ Std.).

Die Fahrpläne aller Gesellschaften hängen an markanter Stelle draußen am Ticketbüro in der Marina Lunga aus.

Liparis zweiter Hafen, Marina Corta, befindet sich an der Südseite unterhalb der Zitadelle. Er wird nur von Tourbooten benutzt.

Unterwegs vor Ort

AUTO & MOTORRAD

Mit nur 38 km² ist Lipari ziemlich klein; die Küstenstraße rund um die Insel hat eine Gesamtlänge von gerade einmal rund 30 km. Für intensive Erkundungstouren kann ein eigenes Fahrzeug aber sehr praktisch sein. Gegenüber der Anlegestelle der Tragflügelboote an der Marina Lunga gibt's Autos (Kleinwagen 30–70 €/Tag), Fahrräder (10 €/Tag) und Motorroller (15–40 €/Tag) bei diversen Verleihfirmen wie **Da Marcello** (090 981 12 34; www.noleggiodamarcello.com; Via Amendola).

BUS

Autobus Guglielmo Urso (090 981 10 26; www.ursobus.com/orario-ita.htm) schickt Busse über die ganze Insel. Als Drehscheibe dient dabei die firmeneigene Haltestelle gegenüber der Anlegestelle der Tragflügelboote an der Marina Lunga. Entlang der Ostküste führt eine der Hauptrouten vom Ort Lipari nach Canneto (5 Min.) und Acquacalda (20 Min.). Eine weitere verbindet den Ort Lipari mit dem Aussichtspunkt Quattrocchi und den Orten Pianoconte und Quattropani im westlichen Hochland. Einzeltickets kosten 1,30 bis 2,40 €. Bei vielen Fahrten lässt sich Bares per Rundfahrt-Ticket (etwa 20 % günstiger) oder Fahrkartenblock (6/10/20 Tickets 10/14/28 €) sparen. Sonntags sind die Busse nur sehr selten oder gar nicht unterwegs.

VULCANO

720 EW.

Mit seinem Krater über dem weißer Rauch aufsteigt und den stinkenden Schwefeldämpfen hinterlässt Vulcano einen bleibenden ersten Eindruck. Die vulkanische Natur

Vulcano

der Insel beeindruckt Besucher schon lange: Die alten Römer glaubten, dass die Werkstatt des Schmiede- und Feuergottes Vulcanus hier ihren Schornstein hatte. Bis heute ist das Eiland berühmt für seine Thermalquellen und heilsamen Schlammbäder. Ewige Hauptattraktion bleibt jedoch die Fossa di Vulcano (alias Gran Cratere bzw. Großer Krater), die als dampfender Vulkan die nordöstliche Inselküste dominiert.

Vulcanos offensichtliche Highlights – der Aufstieg zum Krater, Abstecher zu den Schlammbädern und die schwarzen Strände bei Porto di Ponente – lassen sich problemlos im Rahmen eines Tagesausflugs von Lipari aus besuchen. Wer jedoch länger bleibt und sich nicht nur im touristischen Porto di Levante aufhält, wird noch ganz andere Seiten der Insel entdecken. So empfehlen sich z. B. Schwimmen vor den Lavastränden von Gelso oder Kajaktrips entlang der wilden Küste. Außerdem punktet das zentrale Plateau mit ländlicher Idylle, die von Vogelgesang und überraschend viel Vegetation (u. a. Gemüsegärten) geprägt ist.

Sehenswertes

★ Capo Grillo   AUSSICHTSPUNKT

Traumaussicht auf die Insel und das Meer gefällig? Aber ohne anstrengenden Aufstieg zur Fossa di Vulcano? Dann einfach der ausgeschilderten Straße zu diesem Aussichtspunkt folgen, der rund 7 km südöstlich des Fährhafens liegt. Hier blickt man herrlich auf Lipari und Salina, während in der Ferne auch Panarea, Stromboli und Filicudi erkennbar sind.

Spiaggia Sabbie Nere   STRAND

Vulcanos Strandszene konzentriert sich auf diesen weichen schwarzen Sandstrand bei Porto di Ponente. Er liegt zehn Gehminuten hinter den Schlammbecken auf der Westseite der Halbinsel und gehört zu einem der wenigen Sandstrände auf den Liparischen Inseln. Die Spiaggia liegt landschaftlich reizvoll an einer Bucht mit glasklarem Meer, aus dem *faraglioni* (Felstürme) emporragen.

Vom Strand führt eine Straße über eine kleine Landenge nach **Vulcanello** (123 m). Diese kleine Landmasse ist durch einen Vulkanausbruch 183 v. Chr. entstanden. Hier liegt das berühmte **Valle dei Mostri** (Tal der Monster), das aus einer Gruppe dunkler Felsen besteht, die vom Wind zu grotesken Gebilden geformt wurden.

Gelso   GEBIET

An der Südküste der Insel liegt am Ende einer kurvenreichen, schmalen Asphaltstraße Gelso, ein winziger, malerischer Hafen mit zwei Restaurants in Familienhand und ein paar schwarzen Sandstränden, die nur selten überfüllt sind. Im Sommer fahren Busse hierher. Es ist aber praktischer, ein Auto oder einen Motorroller zu mieten, da die öffentlichen Verkehrsmittel nur selten verkehren und wer seinen Bus verpasst, muss 15 km zurücklaufen.

Westlich des Hafens erreicht man nach ein paar Hundert Metern die Kirche **Santa Maria delle Grazie** aus dem 18. Jh. und einen verlassenen **Leuchtturm**. Gleich oberhalb (nördlich) des Hafens zweigt ein steiler Trampelpfad (nur für Fußgänger) zur **Spiaggia dell'Asino** (Eselsstrand) ab, einem sichelförmigen Strand mit schwarzem Sand und einladendem Wasser. Ein zweiter Strand, die **Spiaggia Cannitello**, ist von üppiger, fast schon tropisch anmutender Vegetation umgeben. An beiden Stränden gibt's im Sommer schlichte Cafébars, die Liegestühle und Sonnenschirme vermieten.

Aktivitäten

★ Fossa di Vulcano   WANDERN & TREKKEN

Vulcanos Hauptattraktion ist der unkomplizierte Aufstieg (kein Guide erforderlich) am

Wanderung
von den Schlammbädern zum Krater

START PORTO DI LEVANTE
ZIEL PORTO DI LEVANTE
LÄNGE/DAUER 9 KM; 4 STD.

Diese Nachmittagswanderung führt zu Vulcanos bekanntesten Sehenswürdigkeiten. Vom Anleger für Tragflügelboote läuft man 100 m nach Westen vorbei an dem *faraglione* (Felsturm), der über dem Hafen thront. Je näher man an die ❶ **Pozza dei Fanghi** kommt, umso stärker steigt einem der Geruch von faulen Eiern in die Nase. In diesem Becken mit dickem Schlamm, tummeln sich in der Regel Touristen in eigenartiger Badekleidung.

Weiter geht's kaum zehn Minuten gen Nordwesten über die Landenge zu Vulcanos berühmtem schwarzen Sandstrand ❷ **Spiaggia Sabbie Nere** (S. 160). Der schön geformte Strand gehört zu den wenigen Sandstränden auf den Liparischen Inseln und ist eine sehr beliebte Badestelle.

Nun gönnt man sich einen Mittagsimbiss im ❸ **Malvasia** (S. 163), wo es nach Meinung vieler das beste *pane cunzatu* (traditionelles liparisches belegtes Sandwich) des Archipels gibt. Das selbstgebackene Brot wird mit nativem Olivenöl *extra vergine* beträufelt, damit es knusprig wird, und mit Unmengen der besten auf der Insel erhältlichen Zutaten belegt: Thunfisch, Ricotta, Oliven, Kapern, Kirschtomaten, Basilikum und mehr. Dazu gibt's ein Glas des liparischen Malvasia-Weins.

So gestärkt kann man sich nun an die Besteigung von Vulcanos rauchendem ❹ **Krater** machen. Von dem breiten, sanft im Zickzack auf den Berg führenden Weg vorbei an rötlichen, von Schwefel durchzogenen Hängen hat man einen grandiosen Blick auf die Insel. Nach einem Anstieg von weniger als 300 m erreicht man den Rand, von wo aus man hinunter in die außerweltlichen Tiefen des Kraters blicken kann. In der Mythologie der Römer wohnte hier der Gott des Feuers.

Wem dieser Anblick nicht spektakulär genug ist, kann gegen den Uhrzeigersinn um den Kraterrand laufen. Vom Südrand des Vulkans kann man im Norden die sechs anderen Liparischen Inseln am Horizont sehen. Zum Schluss geht's dann den gleichen Weg wieder hinunter zum Hafen.

> **ℹ️ SCHLAMMBAD-TIPPS**
>
> ➡ Wegen der leichten Radioaktivität im Pool sollte man nicht länger als zehn bis 15 Minuten im Wasser bleiben. Schwangere sollten gar nicht erst hineingehen.
>
> ➡ Darauf achten, dass man den Schlamm nicht in die Haare oder Augen bekommt (Schwefel ist säurehaltig).
>
> ➡ Nicht mit dem weichen Hotelhandtuch abtrocknen! Auf Nachfrage bekommt man dort spezielle *fanghi*-(Schlammbad-)Handtücher.
>
> ➡ Wer eine Schwefelallergie hat, sollte aufs Schlammbad verzichten.
>
> ➡ Uhren und Schmuck ablegen!
>
> ➡ Flip-Flops oder Sandalen tragen, denn sonst kann man sich an den Heißluftspalten die Füße verbrennen.
>
> ➡ Alte Badesachen anziehen, die kaputt gehen dürfen: Riechen sie erst einmal nach Schwefel, ist es einfacher, sich neue zu kaufen als den Gestank herauszubekommen.

391 m hohen Inselvulkan. Wer diesen absolvieren will, sollte möglichst früh starten und passend ausgerüstet sein (Trinkwasser, Kopfbedeckung, Sonnencreme). Der kurvige Kiesweg zum Gipfel zweigt von der Strada Provinciale ab (südwärts den Schildern folgen). Nach 30 bis 60 Minuten erreicht man dann schließlich den tiefsten Punkt des Kraterrands auf 290 m Höhe. Hier bietet sich ein großartiger Blick auf den dampfenden Krater, der mit roten und gelben Kristallen überzogen ist.

Es lohnt sich sehr, an dieser Stelle etwas zu verweilen und dann zum südlichen Kraterrand hinüberzulaufen (15 Min.): Über den gähnenden Kraterrand hinweg reicht die Aussicht dort bis zu den anderen Liparischen Inseln am nördlichen Horizont. Mutige Wanderer können zudem den steilen Abstieg zum Kraterboden wagen. Achtung: Dabei besteht eine gewisse Gefahr durch Fumarolen, aus denen giftige Dämpfe austreten!

Pozza dei Fanghi THERMALQUELLEN
(Schlammbad; ☎ 338 8335514; www.geoterme.it; Eintritt 3 €, Duschbenutzung/Handtuch 1/2,60 €; ⊙ Juli & Aug. 7–22 Uhr, Ende März–Juni & Sept.–Anfang Nov. 8–19.45 Uhr) Die Anlage am Hafen ist nicht gerade ein Fünfsterne-Spa: Vor einem *faraglione* (Felsenturm) riecht es hier stark nach faulen Eiern. Doch der warme zähflüssige Schlamm (29 °C) mit kaffeebrauner Farbe gilt als ausgezeichnetes Behandlungsmittel bei rheumatischen Beschwerden und Hautkrankheiten. Zudem macht es Spaß, sich in der Pampe herumzuwälzen – vorausgesetzt, man stört sich nicht daran, anschließend ein paar Tage lang seltsam zu riechen. Doch Vorsicht: Der Schlamm sollte sorgsam von den Augen ferngehalten werden, da der saure Schwefelanteil die Hornhaut schädigen kann. Kontakt mit den Haaren ist ebenfalls zu vermeiden.

Nach einer Runde Relaxen im schlammigen Wasser heißt's Körper und Gesicht mit weichem Lehm vom Beckenboden einreiben. Die angetrocknete Packung dann einfach im Becken abspülen und zum natürlichen Meerwasser-Whirlpool um die Ecke flitzen: Dort blubbern heiße Thermalquellen in einem kleinen Naturbecken.

★ Sprint da Luigi RADFAHREN
(☎ 347 7600275; www.nolosprintdaluigi.com; Porto di Levante; Fahrrad/E-Bike/Roller/Auto pro Tag ab 7/20/25/50 €) Luigi und Nidra, die seit ewigen Zeiten auf der Insel leben und stets zur Verfügung stehen, verleihen qualitativ hochwertige (sowohl herkömmliche als auch elektrische) Fahrräder und Trekkingausrüstung. Außerdem bekommt man hier hervorragende Tipps für Inselerkundungen in mehreren Sprachen. Wer es ruhiger angehen lassen will, kann sich auch im Auto oder auf einem Motorroller herumfahren lassen. Zudem vermieten die beiden eine Ferienwohnung (40–70 €) im beschaulichen Inselinneren.

Diving Center Saracen TAUCHEN & SCHNORCHELN
(☎ 347 7283341; www.scuolasubpalermo.it; Resort Mari del Sud, Via Porto Ponente; Schnorcheln 35 €, Tauchgänge inkl. Leihausrüstung ab 50 €; ⊙ Ostern–Okt.) Dieses örtliche Tauchzentrum bietet diverse Tauchtrips an und sponsert auch das **Vulcano Dive Festival** (www.vulcanodivefestival.it) Ende Juni. Zudem veranstaltet es Schnorchelausflüge mit Schwerpunkt auf den vielen Meereshöhlen und unterirdischen Thermalquellen der Insel.

Centro Nautica Baia di Levante BOOTSFAHRT
(☎ 339 3372795; www.baialevante.it; ⊙ April–Okt.) Wer die Gewässer rund um Vulcano auf eigene Faust erkunden möchte, kann sich in

diesem Zentrum 200 m südlich der Anlegestelle der Tragflügelboote ein Boot mieten.

Geführte Touren

Sicily in Kayak BOOTSFAHRT
(329 5381229; www.sicilyinkayak.com; Ausflüge ab 55 €) Eugenio Viviani, Kajakliebhaber und Inhaber des Unternehmens, bietet von halbtägigen Erkundungstouren durch Vulcanos Meereshöhlen bis zu mehrtägigen Paddelausflügen und dem Besuch mehrerer Inseln des Liparischen Archipels so ziemlich alles an. Seit Kurzem stehen auch Segeltörns und Stehpaddeltrips entlang der spektakulären Westküste Liparis auf dem Programm. Weitere Details bekommt man direkt von Eugenio und auf der Website.

Essen

★ Malvasia SANDWICHES €
(346 6039439; www.ristorantemalvasiavulcano.it; Via degli Eucaliptus; Sandwiches ab 12 €; ⊙ Ende April-Anfang Okt. 11.30–14.30 & 19.30–23 Uhr) In der Nähe vom Hafen betrieb der fröhliche Maurizio Pagano jahrelang einen Imbisswagen und verkaufte dort belegte Sandwiches. 2015 eröffnete er dann dieses beliebte Restaurant mit Weinbar. Auf der sonnigen Terrasse vorn kann man wunderbar die Spezialität des Hauses *pane cunzatu eoliano* (mit nativem Olivenöl *extra vergine* beträufeltes, selbstgebackenes, getoastetes Brot mit Thunfisch, Oliven, Kapern, Tomaten und Mozzarella aus Büffelmilch), einen Salat oder das Tagesspecial genießen.

★ Trattoria da Pina SEAFOOD €€
(368 668555; Gelso; Gerichte 29–32 €; ⊙ April–Mitte Okt. 12.30–14.30 & 20–21.45 Uhr) Auf der netten Terrasse mit Blick auf den schwarzen Sandstrand am Südzipfel von Vulcano werden in dieser bodenständigen Trattoria auf meeresblauen Tischdecken köstliche Pasta und frisch gefangener Fisch serviert. Zwei Inselbewohner fangen die Fische, die dann von ihren Familien zubereitet werden. Unbedingt noch etwas Platz lassen für die leckeren Desserts wie Pistazien *semifreddo* oder hausgemachte Biscotti mit süßem Malvasia-Wein.

La Forgia Maurizio SIZILIANISCH €€
(334 7660069; www.laforgiamaurizio.it; Strada Provinciale 45, Porto di Levante; Gerichte 30–45 €; ⊙ 12.30–15 & 19–23 Uhr;) Das höllisch gute Restaurant zwischen Hafen und Vulkan gehört Maurizio, der insgesamt 20 Winter im indischen Goa verbracht hat. Die sizilianischen Spezialitäten auf der Karte (u. a. vegetarisch bzw. vegan) haben daher teils einen östlichen Touch. Besonders empfehlenswert ist das mehrgängige Probiermenü (30 € inkl. Wein, Mineralwasser und Dessert). Danach genehmigt man sich am besten Maurizios selbstgemachtes *liquore di kumquat e cardamom,* das eine Art Abwandlung des *limoncello* (süditalienischer Zitronenlikör) ist.

Maria Tindara SIZILIANISCH €€
(090 985 30 04; www.mariatindaravulcano.it; Strada Provinciale 37, Piano; Gerichte 25–35 €; ⊙ 12.30–14.30 & 20–22 Uhr) Ca. 7 km südlich vom Hafen liegt dieses familiengeführte Lokal auf dem fruchtbaren Plateau in der Mitte Vulcanos. Serviert werden hier z. B. leckerer *caponata* (süß-saurer Gemüsesalat), selbstgemachte Pasta und bergtypische Spezialitäten wie gegrilltes Lamm. Hinzu kommen stärkere Snacks für hungrige Wanderer und Radfahrer (u. a. einheimischer Käse mit Kapern; 7 €). An der Bar vorn tummeln sich viele Einheimische – auch darum ein angenehmer Gegenpol zu den Touristenfallen in Porto di Levante.

ⓘ Praktische Informationen

Notarzt (Guardia Medica; 090 985 22 20, 335 7662988; Via Favaloro, Porto di Levante; ⊙ 24 Std.)

Farmacia Bonarrigo (090 985 22 44; Via Favaloro 1, Porto di Levante; ⊙ Mo–Fr 9–13 & 16–20, Sa 9–13 Uhr)

Polizei (090 985 21 10; Strada Provinciale)

ⓘ Anreise & Unterwegs vor Ort

Von den sieben Liparischen Inseln liegt Vulcano am nächsten zum Festland. Daher sind die Verbindungen per Tragflügelboot besonders zahlreich (ca. alle 60 Min.): Auf dem Weg nach Lipari machen alle von Milazzo oder Messina kommenden Boote zuerst hier fest.

AUTO & MOTORRAD

Sprint da Luigi (S. 162) Diese deutlich ausgeschilderte Firma südlich vom Hafen verleiht Autos und Motorroller.

BUS

Scaffidi Bus (Vulcania Tour; 338 6961723, 090 985 30 73) betreibt die Inselbusse. Diese verbinden Porto di Levante ganzjährig mit Porto di Ponente (2 €), Piano (2,50 €) und Capo Grillo (2,50 €, 20 Min., Mo–Sa 5-mal tgl., So 2-mal tgl.). Von Mitte Juni bis Mitte September fahren sie zudem nach Gelso (2,80 €, 40 Min., ca. 3-mal tgl.). Ein Fahrplan hängt an der Haupthaltestelle aus, die sich nahe der Anlegestelle der Tragflügelboote am Anfang der Strada Provinciale befindet. Wer zu den Stränden von Gelso will, kann sich am Anfang des Trampelpfads absetzen lassen. Tickets gibt's jeweils direkt beim Busfahrer.

FAHRRAD

Sprint da Luigi (S. 162) verleiht Drahtesel und organisiert Radtouren über die Insel.

SCHIFF/FÄHRE

Vulcano ist ein Zwischenstopp zwischen Milazzo (Fähre/Tragflügelboot 12,30/15 €, 1¼ Std./50 Min.) und Lipari (Fähre/Tragflügelboot 6,20/5,80 €, 25 Min./10 Min.) mit regelmäßigen Verbindungen in beide Richtungen. Liberty Lines (S. 152) und Siremar (S. 152) sind die Hauptanbieter von Tragflügelbooten bzw. Fähren. Ab Lipari fahren die meisten Boote zu den anderen Liparischen Inseln weiter draußen.

Alternativ kann man eine der zweimal wöchentlich von Neapel nach Vulcano schippernden Fähren von Siremar (ab 58 €, 14½–16½ Std.) oder im Sommer auch ein Tragflügelboot (ab 62 €, 6¼ Std.) von SNAV (S. 152) nehmen.

Ticketbüros (☎ 090 985 22 30; ⊗ Mo–Sa 6.15–20, So 6.40–20 Uhr) aller Gesellschaften befinden sich direkt südlich des **Anlegers** in Porto di Levante.

TAXI

Santi (☎ 366 3028712; www.taxivulcanosantitour.com) Bietet neben normalen Taxifahrten auch geführte Inseltouren an (Preise vorab telefonisch aushandeln).

SALINA

4000 EW.

Die zweitgrößte Insel des Archipels steht in angenehmem Kontrast zu den anderen Liparischen Inseln: Statt nacktem Vulkangestein erstreckt sich hier dank natürlicher Süßwasserquellen eine üppig grüne Landschaft. Wälder, Wildblumen, dichte gelbe Ginsterbüsche und eng geschlossene Rebenreihen bedecken die Hänge Salinas. Unterhalb davon donnert das Meer an hohe Steilklippen.

Die Insel ist nach den *saline* (Salinen) von Lingua an der südöstlichen Küste benannt und wird von zwei erloschenen Vulkanen dominiert: Als zwei der höchsten Berge der Liparischen Inseln bilden der Monte dei Porri (860 m) und der Monte Fossa delle Felci (962 m) eine natürliche Barriere in Salinas Mitte. Diese sorgt dafür, dass sich die verschlafenen Dörfer drum herum bis heute ihren individuellen Charakter bewahrt haben. Am stärksten touristisch geprägt ist der Haupthafen namens Santa Marina Salina. Überall sonst wähnt man sich richtig weit weg vom Rest der Welt. Klingt interessant? Dann auf nach Salina!

◉ Sehenswertes

Einige der besten Badestellen in der Gegend sind nur auf dem Wasserweg erreichbar. Man muss also an einer Bootstour teilnehmen oder sich ein eigenes Boot mieten. **Salina Relax Boats** (☎ 345 2162308; www.salinarelaxboats.com; Piazza Santa Marina 4, Santa Marina Salina; Tour 60–70 €/Pers.) bietet diverse Bootstouren rund um Salina und zu den anderen Inseln an, vermietet Boote und betreibt einen Wassertaxidienst.

Santa Marina Salina   ORTSCHAFT
Salinas Haupthafen Santa Marina ist eine typische Inselsiedlung mit weiß getünchten Häusern, die sich an einem Hang aneinanderdrängen. Die Hauptstraße ist die Via Risorgimento, eine muntere, von Cafés und Boutiquen gesäumte Fußgängerzone. Der Ort ist nicht groß und bietet keine besonderen Sehenswürdigkeiten, ist aber ein idealer Ausgangspunkt, um den Rest der Insel zu erkunden.

Malfa   ORTSCHAFT
Die von einem Hang zu einem kleinen Kieselstrand hinunterreichende Siedlung an Salinas Nordküste ist die größte auf der Insel, was man angesichts der ruhigen Atmosphäre kaum glauben mag. Ungefähr auf halber Strecke zwischen dem Ortseingang und dem Meer befindet sich der Hauptkirchplatz, das Zentrum des geruhsamen geselligen Lebens. Von ihm aus führen Gassen fächerartig den Hang hinauf und hinunter.

Pollara   ORTSCHAFT
Nicht versäumen sollte man einen Ausflug ins verschlafene Pollara, das wunderschön zwischen dem Meer und den Steilhängen eines erloschenen Vulkankraters an der Westküste von Salina liegt. Der prächtige hiesige Strand war ein Schauplatz im Film *Der Postmann* (1994); der Landweg zum Strand ist aber inzwischen wegen der Gefahr von Erdrutschen gesperrt.

Man kann aber noch die steilen Steinstufen am nordwestlichen Ortsende hinuntersteigen und zum Strand hinüberschwimmen, wenn man sich nicht damit begnügen mag, vor der Kulisse der Vulkanklippen die spektakuläre Aussicht zu genießen.

Lingua ORTSCHAFT
Das 3 km südlich von Santa Marina Salina gelegene winzige Dorf Lingua ist ein beliebtes Urlaubsziel im Sommer mit ein paar Hotels, einigen Trattorias und einem kleinen Strand. Die Hauptattraktion ist die **Salzlagune** unterhalb eines alten Leuchtturms am Ende des Dorfes. Das Zentrum der Urlauberszene im Sommer ist die Piazza Marina Garibaldi am Meeresufer.

Bis vor relativ kurzer Zeit war die Saline ein wichtiger örtlicher Arbeitgeber, aber heute bietet die Lagune nur noch den Zugvögeln Nahrung, die im Frühjahr und Herbst auf dem Weg von und nach Afrika hier Rast machen. Linguas berühmtestes Unternehmen dieser Tage ist das Da Alfredo (S. 166), eine Bar bzw. Gelateria, die in ganz Sizilien für ihr leckeres *granita* bekannt ist.

Rinella ORTSCHAFT
Der winzige Weiler an Salinas Südküste ist der zweite Hafen auf der Insel und wird regelmäßig von Tragflügelbooten und Fähren angefahren. Pastellfarbene Häuser drängen sich am Ufer zusammen, und in der Nähe gibt es ein paar ordentliche Badestellen. Falls der Sandstrand beim Dorfzentrum überfüllt sein sollte, folgt man dem Pfad nach Punta Megna, von wo man Zugang zu der mit Kieseln bedeckten **Spiaggia Pra Venezia** hat.

Aktivitäten

★ Monte Fossa delle Felci WANDERN & TREKKEN
Als höchster Berg der Liparischen Inseln wartet der Monte Fossa delle Felci (962 m) mit einer atemberaubenden Aussicht auf: Von hier oben blickt man herrlich auf das symmetrisch wirkende Vulkan-Ensemble aus Monte dei Porri, Filicudi und Alicudi in der Ferne. Der Aufstieg (2 Std.) beginnt am **Santuario della Madonna del Terzito** aus dem 19. Jh. Bei Valdichiesa steht diese imposante Kirche im Tal zwischen den beiden Inselvulkanen. Vor allem rund um Mariä Himmelfahrt (15. Aug.) ist sie ein bedeutender Wallfahrtsort der Inselbewohner.

Vom Santuario aus führt ein beschilderter Pfad durch Farnfelder, Kiefern- und Kastanienwälder bis hinauf zum Gipfel. Unterwegs offenbart sich eine farbenfrohe Flora mit wilden Veilchen, Spargel und der einheimischen Pflanze *cipudazza* (lat. *Urginea marittima*). Letztere dient auf Salina traditionell als Mäusegift, wurde aber einst als Seifengrundstoff nach Kalabrien verkauft!

Die letzten 100 m vor dem Gipfel sind besonders anstrengend. Doch wer durchhält, wird schließlich mit einer Traumaussicht belohnt – vor allem westwärts Richtung Filicudi und Alicudi. Der genauso spektakuläre Blick vom südöstlichen Bergkamm schweift über die Salzlagune von Lingua hinweg bis hinüber nach Lipari und Vulcano.

Um den Ausgangspunkt des Wegs mit öffentlichen Verkehrsmitteln zu erreichen, nimmt man den Bus von Santa Marina Salina nach Malfa, steigt dann in den Bus nach Rinella um und lässt sich vom Fahrer in Valdichiesa absetzen (Ausschau halten nach der Kirche auf der linken Seite des Busses in Fahrtrichtung zwischen Malfa und Rinella).

★ Signum Spa SPA
(Salus Per Aquam; ☎ 090 984 42 22; www.hotelsignum.it; Via Scalo 15, Malfa; Eintritt 30 €, zzgl. Anwendungen; ⊙ April–Sept. 10–20 Uhr) Das tolle Spa des Hotel Signum bietet einem u. a. die Chance, in einer traditionellen Dampfsauna mit Lehmziegelwänden zu schwitzen. Ebenfalls möglich sind belebende Thermalwasserbäder in mehreren stilvollen Whirlpools auf einer hübschen gefliesten Terrasse. In dem attraktiven Komplex kann man sich zudem massieren lassen, seinen Körper mit Salzkristallen bedecken oder sich selbst mit natürlichen Essenzen aus dem Saft von Malvasia-Trauben, Zitrusfrüchten und Kapern verwöhnen.

✕ Essen

Malvasia-Wein und dicke saftige Kapern sind die beiden Spezialitäten Salinas. Sie stehen auf so ziemlich jeder Speisekarte. Die Küche der Insel profitiert außerdem von dem vielen frischen Obst und Gemüse aus hiesigen Gärten. Essen kann man in Bars, Cafés, Sandwich-Buden, *trattorie* und Seafood-Restaurants. Die meisten Lokale befinden sich in Santa Marina und Malfa, aber auch Lingua, Pollara und Rinella haben ein paar Optionen zu bieten.

★ Da Alfredo   SANDWICHES, GELATERIA €

(Piazza Marina Garibaldi; Granite 3 €, Sandwiches 10–14 €; ⊙ Juni–Sept. 8–23 Uhr, Okt.–Mai verkürzte Öffnungszeiten) Das Lokal in Lingua mit einer sonniger Uferterrasse ist in ganz Sizilien bekannt für seine *granite*: sorbetartiges Eis mit Kaffee, Früchten oder Pistazien, Haselnüssen und Mandeln aus heimischem Anbau. Ein erschwinglicher Mittagsimbiss sind *pane cunzato,* Sandwiches belegt mit Carpaccio von geräuchertem Thunfisch, Zitrusfrüchten, wildem Fenchel, Mandel-Kapern-Pesto, Ricotta, Tomaten, Kapern, Oliven und mehr. Die Portionen hier sind derartig riesig, dass man sie am besten mit jemandem teilt!

★ A Quadara   TRATTORIA €€

(☏ 389 1519650; www.aquadaratrattoria.it; Via Roma 88; Gerichte 25–39 €; ⊙ 18.30–23 Uhr) Seit der Eröffnung im Jahr 2018 hat Malfas Newcomer unter den Restaurants viele treue Kunden, die die köstliche, echt liparische Küche zu schätzen wissen. Auf der Speisekarte stehen saisonale Specials sowie verführerische lokale Speisen – von Pasta mit Kichererbsen und Fenchel bis hin zu Kanincheneintopf mit Gemüse, Pinienkernen, Mandeln, Zitrone, Zimt und Kapern. Knusprige, hausgemachte *cannoli* und eine hervorragende Auswahl an regionalen Weinen sind das i-Tüpfelchen.

★ A Cannata   SIZILIANISCH €€

(☏ 090 984 31 61; www.acannata.it; Lingua; Gerichte 35 €; ⊙ 12.30–14.30 & 19.30–22 Uhr) In dem schlichten, aber ausgezeichneten Restaurant, das schon seit 40 Jahren von derselben Familie betrieben wird, werden die Gerichte aus vor Ort angebautem Gemüse und täglich frisch von dem Betreiber Santino gefan-

---

MALVASIA: SALINAS HONIGSÜSSER WEIN

Als einzige Liparische Insel hat Salina natürliche Süßwasserquellen. Dieser Schatz macht das Eiland verblüffend grün und bildet auch die Basis für die Produktion des lokaltypischen Malvasia-Weins. Dieser ist nach der antiken attischen Stadt Monemvasía benannt: Die Griechen sollen die Trauben im Jahr 588 v. Chr. auf die Insel gebracht haben.

Bis heute keltern die Einheimischen ihre guten Tropfen traditionell aus Trauben der Sorten Malvasia und Corinthia (rot; inzwischen selten). Diese werden zumeist in der zweiten Septemberwoche geerntet und auf Flechtmatten aus Schilf getrocknet. Letzteres ist entscheidend für die Konzentration der Süße. Um unerwünschte Karamellisierung zu vermeiden, darf die Trocknungszeit aber andererseits nicht zu lang ausfallen.

Der fertige Wein hat einen dunklen Gold- bzw. hellen Bernsteinton und wird üblicherweise in sehr kleinen Gläsern serviert. Sein Aroma erinnert etwas an Honig, was hervorragend zu Käse, süßen Keksen und Mandelgebäck passt.

Seit ein paar Jahren produzieren örtliche Weingüter auch ein paar trockene weiße Varianten, die sich sehr gut mit Meeresfrüchten kombinieren lassen.

Die Verkostung des berühmten Malvasia-Weins ist ein Highlight für Besucher der Insel. Die meisten Produzenten befinden sich in und um Malfa. An der Hauptstraße in Malfa weisen Schilder zu den Weingütern **Caravaglio** (☏ 339 8115953; www.caravaglio.it; Via Provinciale 33), **Colosi** (☏ 090 938 55 49; www.cantinecolosi.it; Via Nazionale 80), **Fenech** (☏ 090 984 40 41; www.fenech.it; Via Fratelli Mirabito 41), **Marchetta** (☏ 090 984 40 48; www.vinidisalina.it; Via Umberto I, No 9) und **Virgona** (☏ 090 984 44 30; www.malvasiadellelipari.it; Via Bandiera 2). Weitere gute Malvasia-Weine werden auch im Inselinneren auf der **Azienda Agrobiologica d'Amico** (☏ 335 7878795; www.cantinedamico.it; Via Libertà 27) in Leni und von **Hauner** (☏ 090 984 31 41; www.hauner.it; Via Umberto I, Lingua) unweit des Orts Lingua an Salinas südöstlichem Zipfel hergestellt. Alle diese Weingüter bieten in der Regel Verkostungen nach vorheriger telefonischer Anmeldung an. Alternativ steht einheimischer Malvasia-Wein auf den Karten vieler Inselrestaurants. Er ist auch auf den anderen Liparischen Inseln erhältlich.

genem Seafood zubereitet. Auf den Tisch kommen Risotto mit Tintenfisch-Tinte, *maccheroni* (Makkaroni) mit Auberginen, Pinienkernen, Mozzarella und Ricotta, gegrillter Fisch mit wildem Fenchel, Mandel-*semifreddi* (halbgefrorene Desserts) und regionaler Malvasia-Wein.

La Pinnata del Monsù TRATTORIA €€
(327 7971853; www.lapinnatadelmonsu.it; Via Sorgente 1a; Gerichte 30–40 €; ✆Mitte April–Okt. 12–14 & 19.30–22 Uhr) Die lockere Trattoria an Malfas Südrand hat eine sonnige Terrasse mit Blick auf die Weinberge und das Meer. Aus der Küche kommen hervorragend zubereitete Klassiker wie *caponata, busiate* (Spiralnudeln) mit Tintenfisch und wildem Fenchel sowie mit frischem Ricotta von der benachbarten Insel Vulcano gefüllte *cannoli*.

Porto Bello SEAFOOD €€
(090 984 31 25; www.portobellosalina.com; Via Lungomare 2, Santa Marina Salina; Gerichte 25–45 €; ✆Ostern–Okt. 12–14.30 & 19.15–23 Uhr, Nov.–Ostern auf Reservierung) Dieses Restaurant wird seit 1978 von derselben Familie geführt. Auf der Terrasse mit Blick über den Hafen gibt's das beste Seafood in Santa Marina. In der Nachsaison empfiehlt sich das Tagesmenü (25 €) mit tollem Preis-Leistungs-Verhältnis. Es besteht aus der Spezialität des Hauses *pasta al fuoco* (feurig scharfe Pasta mit Chili), als *secondi* kann man zwischen gegrilltem Fisch oder in Malvasia-Wein gedünstetem Tintenfisch wählen.

Al Cappero SIZILIANISCH €€
(090 984 39 68; www.alcappero.it; Via Chiesa 38; Gerichte 25–30 €; ✆Juni–Mitte Sept. 12–14 & 19.30–22 Uhr;) Das von einer Familie geführte Restaurant in Pollara mit seiner großen Terrasse ist auf traditionelle sizilianische Hausmannskost spezialisiert, darunter auch mehrere vegetarische Gerichte. Hier werden zudem vor Ort angebaute Kapern verkauft und in der Straße weiter unten einfache Zimmer vermietet (350–550 €/Woche).

Trattoria Cucinotta SIZILIANISCH €€
(090 984 34 75; Via Risorgimento 66, Santa Marina Salina; Gerichte 30–45 €; ✆März–Okt. 12.30–14.30 & 19–22.30 Uhr) Auf der täglich wechselnden Speisekarte dieses Restaurants in dem gelben Haus in der Via Risorgimento, Santa Marinas Hauptfußgängerstraße, stehen vor allem hausgemachte Pasta und fangfrischer Fisch. Hier herrscht eine angenehm schlichte Atmosphäre und von der höher liegenden Veranda aus kann man wunderbar Leute beobachten.

Ausgehen & Nachtleben

★ Maracaibo BAR
(331 6244981; Punta Scario; ✆Ende Mai–Sept. 8–23 Uhr) Die palmengedeckte Strandbar am Felsufer der Punta Scario (gleich unterhalb von Malfa) ist ein Traumplatz für Sundowner. Die netten Inhaber verleihen auch Liegestühle, Sonnenschirme und Kajaks.

Praktische Informationen

Notarzt (Guardia Medica; 090 984 40 05; Via Risorgimento; ✆24 Std.)

Farmacia Comunale (090 984 30 98; Via Risorgimento 112, Santa Marina Salina; ✆Mo 17–20, Di–Fr 9–13 & 17–20, Sa 9–13 Uhr)

Polizei (090 984 30 19; Via Lungomare, Santa Marina Salina)

Anreise & Unterwegs vor Ort

Salina hat zwei Fährhäfen: Santa Marina an der Ostküste und das winzige Rinella an der Südküste. Die meisten Boote ab Lipari machen auf dem Weg nach Filicudi und Alicudi in Rinella fest. Die Route nach Panarea und Stromboli führt dagegen meist über Santa Marina Salina. Manche Boote laufen auch beide Häfen an.

AUTO & MOTORRAD

Antonio Bongiorno verleiht Motorroller (ab 20 €/Tag) und Autos (ab 50 €/Tag).

BUS

Das Lokalbusnetz von **CITIS** (090 984 41 50; www.trasportisalina.it) bietet ganzjährig einen verlässlichen Service. In Santa Marina und Rinella gibt's hafennahe Haltestellen; Fahrpläne hängen auf der ganzen Insel aus.

Ab Santa Marina besteht Direktverbindung nach Lingua (2 €, 5–10 Min.), Malfa (2 €, 15–20 Min.), Valdichiesa (2,50 €, 25 Min.), Leni (2,80 €, 30 Min.) und Rinella (2,80 €, 40 Min.). Wer nach Pollara (2,50 €, 25–90 Min.) will, muss jedoch immer in Malfa umsteigen. Von Juli bis August werden alle Inselrouten häufiger bedient (für aktuelle Fahrpläne s. Website).

FAHRRAD

Einen Block oberhalb der Anlegestelle der Tragflügelboote in Santa Marina können Mountainbikes bei **Antonio Bongiorno** (338 3791209; Via Risorgimento 222, Santa Marina Salina; ✆8–20 Uhr) ausgeliehen werden.

SCHIFF/FÄHRE

Tragflügelboote von **Liberty Lines** (090 984 30 03; www.libertylines.it; ✆Mo–Fr 5.20–

20.05, Sa 5.20–20.55, So 6–20.05 Uhr) fahren regelmäßig von Lipari (8,80 €, 20–45 Min.), Vulcano (10,40 €, 35–50 Min.) und Milazzo (17,55 €, 1½–1¾ Std.) nach Santa Marina Salina. Etwas seltener geht's von Santa Marina nach Stromboli, Panarea, Filicudi und Alicudi. Liberty Lines bietet auch Überfahrten nach/ab Messina (28,85 €, 2¼–2¾ Std., Sommer/Winter 3-/1-mal tgl.) an. Einige dieser Boote machen in Rinella Station. Das Ticketbüro befindet sich direkt oberhalb des Tragflügelbootsanlegers.

Alternativ kommt man von Neapel nach Santa Marina Salina mit der einmal wöchentlich verkehrenden Fähre von Siremar (S. 152) (ab 57 €, 12¾ Std.) oder im Sommer auch mit einem von SNAV (S. 152) betriebenen Tragflügelboot (ab 62 €, 5¾ Std., tgl.).

PANAREA

280 EW.

Das exklusive und teure Panarea ist die kleinste und schickste der Liparischen Inseln, die den internationalen Jet-Set und Modeleute aus Mailand zu ein bisschen *dolce far niente* (süßes Nichtstun) verführt. Im Sommer füllen Luxusjachten den Hafen, und Scharen von Tagesausflüglern flanieren durch die autofreien Straßen der Hauptsiedlung San Pietro mit ihrem Hafen. Panarea ist nur im Sommer ein Reiseziel. Außerhalb der Saison ist es sehr wenig los. Zwischen November und Ostern ist vieles geschlossen.

◉ Sehenswertes

Alle Sehenswürdigkeiten der Insel liegen in unmittelbarer Nähe der Bootsstege von San Pietro. Nördlich dieser Siedlung befinden sich der winzige Weiler **Ditella** und der felsige Strand Spiaggia Fumarola. Südlich von San Pietro liegen das Dorf **Drautto**, der Sandstrand Spiaggetta Zimmari, das prähistorische Dorf sowie die kristallklaren Gewässer von Cala Junco.

★ Cala Junco   STRAND
Direkt unterhalb von Panareas prähistorischem Dorf, ca. 45 Minuten südlich von San Pietro, führen Stufen hinunter zu dieser traumhaften kleinen Bucht mit einem Strand voller Felsen und herrlich aquamarinblauem Wasser.

Villaggio Preistorico   ARCHÄOLOGISCHE STÄTTE
In spektakulärer Lage oben auf der Punta Milazzese kann man hier die runden Fundamente von 22 Steinhütten besichtigen. Bei diesen handelt es sich um die einzigen Überreste eines prähistorischen Dorfs aus dem 15. Jh. v. Chr. Vor Ort entdeckte Töpfereien weisen deutliche minoische Einflüsse auf – was die Theorie stützt, dass die Einwohner Panareas einst Handel mit Kreta trieben. Umgeben vom Meer liegt die Landzunge mit dem Dorf rund 45 Gehminuten südlich von San Pietro. Um die Stätte von der Spiaggetta Zimmari aus zu erreichen, einfach die steile Treppe hinaufsteigen und dann den Schildern entlang der Küste folgen.

Spiaggia della Calcara   STRAND
Diesen Kieselsteinstrand an Panareas Nordostzipfel erreicht man über einen steilen, kurvigen Schotterweg, der nördlich von Ditella von der Hauptstraße nach unten abzweigt. Er bietet einen großartigen Blick auf Stromboli und aus Unterwasserfumarolen spritzt warmes Wasser. Außerhalb der Hauptsaison ist der abgelegene Ort ideal für ein ruhiges Bad, aber im Juli und August fallen die Sonnenhungrigen in Massen hier ein. Das Klingeln von Handys ist dann schier unerträglich.

Spiaggetta Zimmari   STRAND
Etwa 25 Gehminuten südlich von San Pietro erstreckt sich Panareas einziger Sandstrand vor einer steilen und dicht bewachsenen Düne. Der kleine Streifen aus braunem Sand ist im Sommer rappelvoll mit Besuchern.

🏃 Aktivitäten

Panarea ermöglicht allerlei nette Aktivitäten zu Wasser und zu Lande. Die größtenteils autofreien Straßen und das kleine Wegenetz laden besonders im Frühling oder Herbst zu schönen Spaziergängen ein.

Punta del Corvo   WANDERN
Mit 421 m ist dieser Felsvorsprung der höchste Punkt auf Panarea und ein beliebtes Ziel für Tagesausflüge. Zwei Wege (auf Karten als „1" bzw. „2" markiert) treffen hier zusammen und lassen sich auch zu einem malerischen Rundweg um die ganze Insel kombinieren. Für den gesamten Rundkurs braucht man ungefähr vier Stunden und muss dabei einige steile und steinige An- und Abstiege bewältigen.

Von der Spitze hat man einen spektakulären Blick auf die benachbarten sechs Liparischen Inseln.

🍴 Essen

Viele der Restaurants nahe Panareas Hafen punkten mit attraktivem Meerblick in Richtung Stromboli. Ein paar wenige weitere Lokale säumen die schmalen Gassen, die nordwärts nach Ditella und südwärts nach Drautto führen.

Da Francesco   SIZILIANISCH €€
(090 98 30 23; www.dafrancescopanarea.com; Via San Pietro; Gerichte 28–33 €; März–Nov. 12–14.30 & 19–22 Uhr) Vom Hafen aus führt eine kurze Treppe (einfach den Schildern folgen) hinauf zu dieser ruhigen Trattoria. Der schöne Meerblick von der Terrasse im oberen Stockwerk reicht bis hinüber nach Stromboli. Bei der schnörkellosen Speisekarte des Da Francesco liegt der Schwerpunkt auf Fisch. Spezialität des Hauses sind die empfehlenswerten *spaghetti alla disgraziata* mit Tomaten, Auberginen, Chilis, Kapern, Oliven und Ricotta. Das Restaurant vermietet auch schlichte Zimmer (EZ 35–70 €, DZ 70–140 €).

Trattoria da Paolino   SIZILIANISCH €€
(090 98 30 08; Via Iditella 75; Gerichte 29–35 €; Ostern–Mitte Okt. 12.30–15 & 19.30–22 Uhr) Auf seiner luftigen, in blau-weiß gehaltenen Terrasse am Meer, zehn Gehminuten nördlich vom Hafen, serviert das Paolino seit viereinhalb Jahrzehnten erstklassige, ländliche Spezialitäten von den Liparischen Inseln. Thunfisch spielt eine große Rolle auf der Karte (ob geräuchert, in Öl gebraten oder gemischt mit Pinienkernen und wildem Fenchel in der *pasta magna magna*), es gibt hier aber noch viele andere Fisch-, Pasta- und Gemüsegerichte.

Cusiritati   SIZILIANISCH €€€
(090 98 30 22; Via San Pietro; Gerichte 55 €; April–Okt. 12–15 & 19–24 Uhr) Seit 1970 bzw. seit drei Generationen befindet sich dieses klassische Lokal oberhalb des Hafens in der Hand von Frauen aus ein- und derselben Familie. Federica, deren Großmutter Amelia das Restaurant gegründet hat, begrüßt jeden Gast mit einem Lächeln, während ihre Mutter Marilena phänomenal leckere liparische Seafood-Spezialitäten zubereitet. Wie wär's zum Nachtisch mit hausgemachten *sesamini* (Sesamkeksen) und süßem Malvasia-Wein?

❶ An- & Weiterreise

In San Pietro, dem größten Ort der Insel, legen Tragflügelboote und Fähren an.

Im Sommer fährt Liberty Lines (S. 152) bis zu siebenmal täglich mit Tragflügelbooten nach Stromboli (11,10 €, 30–45 Min.), Santa Marina Salina (9,60 €, 30 Min.), Lipari (10,40 €, 25–60 Min.) und Milazzo (17,80 €, 1¼–2¼ Std.). Im Winter gibt es weniger Verbindungen.

Fähren von Siremar (S. 152) steuern diese Ziele ebenfalls an. Die Fähren sind zwar günstiger als die Tragflügelboote, aber auch etwa doppelt so lange unterwegs.

Die schnellste Option, um vom italienischen Festland nach Panarea zu kommen, sind die nur im Sommer von Neapel aus verkehrenden Tragflügelboote von SNAV (S. 152) (ab 62 €, 5 Std., Ende Mai–Anfang Sept.).

Das **Ticketbüro** (090 98 33 44; 7.15–12.30 & 14.20–19.30 Uhr) für alle Gesellschaften befindet sich am Hafen von San Pietro.

❶ Unterwegs vor Ort

Auf Panarea sind Privatautos nicht erlaubt. Das stellt aber kein Problem dar: Die Insel ist klein genug für Erkundungen zu Fuß, während Golfwagen als Hauptverkehrsmittel dienen. Wer dennoch ein Taxi braucht, ruft bei **Pantaxi** (333 3138610) an.

STROMBOLI

Für viele die faszinierendste Liparische Insel: Wie ein rauchender Bilderbuchvulkan ragt Strombolis symmetrische Silhouette spektakulär aus dem Meer empor. Die Insel ist ein äußerst beliebtes Tagesziel – geprägt von ursprünglicher Schönheit, gemächlichem Lebenstempo und einem hohen Romantikfaktor (der lockte Roberto Rossellini und Ingrid Bergman im Jahr 1949 hierher). Für den vollen Genuss empfiehlt sich jedoch ein zumindest mehrtägiger Aufenthalt.

Durch vulkanische Aktivität ist der Großteil der Insel vernarbt und geschwärzt, aber ihre Nordostecke ist bewohnt. Hier liegen die berühmten schwarzen Strände und die größte Siedlung der Insel idyllisch an den unteren Hängen des Vulkans. Doch trotz der Bilderbuchkulisse ist das Leben auf der Insel hart: Essen und Getränke müssen mit der Fähre hergebracht werden, es gibt keine Straßen über die Insel, und bis vor Kurzem gab es in Ginostra an der Westküste nicht einmal Strom.

◎ Sehenswertes

★ Stromboli   VULKAN
Für Naturliebhaber ist die Besteigung des Stromboli eines der Erlebnisse, die bei einem Sizilienbesuch nicht fehlen dürfen. Seit 2005 ist der Zugang strikt reglementiert: Bis zu einer Höhe von 400 m darf man sich frei

Stromboli

bewegen, wer darüber hinaus will, braucht in jedem Fall einen Führer. Organisierte Wanderungen beginnen täglich zum geeigneten Zeitpunkt (zw. 15.30 & 18 Uhr, je nach Jahreszeit), um den Gipfel (924 m) bei Sonnenuntergang zu erreichen, wo man dann 45 bis 60 Minuten Zeit hat, um sich das Feuerwerk am Krater anzuschauen.

Der Aufstieg dauert zweieinhalb bis drei Stunden, der Abstieg wieder hinunter zur Piazza San Vincenzo geht schneller (1½–2 Std.). Alles in allem nimmt die Wanderung bis zum Gipfel und zurück fünf bis sechs Stunden in Anspruch. Sie ist anstrengend! Man braucht angemessene Wanderschuhe, einen Rucksack, um beide Arme frei zu haben, Kleidung für kaltes und feuchtes Wetter, ein T-Shirt zum Wechseln, ein Taschentuch zum Schutz gegen Staub (keine Kontaktlinsen, sondern eine Brille tragen!), eine Taschenlampe, 1–2 l Trinkwasser und etwas zu essen. Wem etwas davon fehlt, der kann bei **Totem Trekking** (S. 173) die erforderliche Ausrüstung mieten, z. B. Wanderschuhe (6 €), Rucksäcke (5 €), Wanderstöcke (4 €), Taschenlampen (3 €) und Anoraks (5 €).

★ **Sciara del Fuoco** AUSSICHTSPUNKT
(Feuerpfad) Wer nicht zum Gipfel des Stromboli hinaufklettern will, kann alternativ diesen Aussichtspunkt auf 400 m Höhe besuchen: Hier bietet sich ein direkter Blick auf die Sciara del Fuoco („Feuerrutsche"), wo Lava und Gesteinsbrocken am öden Nordhang des Vulkans zu Tal stürzen. Gleichzeitig schaut man wunderbar die etwas weiter entfernten Eruptionen des eigentlichen Kraters. Der Aufstieg zum Aussichtspunkt (1 Std., ohne Führer möglich) erfordert genügend Trinkwasser und bei Nacht auch eine Taschenlampe. Der Pfad (ursprünglich eine Serpentinenstraße) beginnt rund 2 km westlich des Inselhafens in Piscità. Auf halber Höhe gibt's stärkende Pizzas im L'Osservatorio (S. 173).

Stromboli

◎ Highlights
1. Aussichtspunkt Sciara del Fuoco........ B2
2. Stromboli-Krater................................. B2

◎ Sehenswertes
3. Forgia Vecchia D2
4. Rotes Haus D3
5. Spiaggia di Ficogrande D3
6. Spiaggia di Piscità C1

◎ Aktivitäten, Kurse & Touren
7. Il Vulcano a Piedi D4
   La Sirenetta Diving................... (siehe 15)
8. Magmatrek D3
9. Pesca Turismo Antonio Caccetta........ D4
10. Società Navigazione Pippo D4
    Stromboli Adventures .... (siehe 8)
11. Stromboli Fire Trekking D3
12. Totem Trekking D3

◎ Schlafen
13. B&B Luna Rossa A3
14. Casa del Sole C1
15. La Sirenetta Park Hotel C3
16. Locanda del Barbablù C3
17. Pensione Aquilone..............................C3

◎ Essen
18. Ai Gechi D4
19. La Bottega del Marano C3
20. Lapillo Gelato D4
21. L'Osservatorio B1
22. Pardès D3
23. Punta Lena D3
24. Ritrovo Ingrid D3

◎ Ausgehen & Nachtleben
25. La Tartana Club C3

Während der Aktivitätsphasen kommt es etwa alle 20 Minuten zu Eruptionen. Diesen geht jeweils ein lautes Grollen voraus – verursacht von den Gasen, die das heiße Magma in die Luft schleudern. Nach besonders starken Eruptionen purzeln rot glühende Gesteinsbrocken den scheinbar endlosen Hang hinunter und lassen das Meer beim Einschlag sichtbar aufspritzen. An klaren Abenden wirken die Ausbrüche und die hellrote Sciara besonders spektakulär.

Es empfiehlt sich, den Aussichtspunkt etwa zu Sonnenuntergang zu erreichen: So kann man bei Tageslicht hinaufsteigen und auf dem Rückweg im L'Osservatorio einkehren, um etwas zu essen und den Vulkan noch einmal zu bewundern. Kurz vor Sonnenaufgang ist die Wanderung ebenfalls grandios, da dann zumeist kaum andere Besucher am Berg unterwegs sind. Der Fußmarsch von Piscità zum L'Osservatorio dauert rund 30 Minuten; nach einer weiteren halben Stunde erreicht man schließlich den Aussichtspunkt.

Achtung: Je höher man kommt, desto schmaler und steiler wird der Weg. Am Ende steht ein mehrsprachiges Schild mit den Worten: „Achtung! Warnung! Nicht über diesen Punkt hinausgehen".

Rotes Haus   HISTORISCHES GEBÄUDE
(Via Vittorio Emanuele 22) Ingrid Bergman und Roberto Rossellini lebten in diesem rostroten Haus zusammen, als sie 1949 den Film *Stromboli* drehten. Ihre Liaison verursachte einen Skandal in der Filmwelt, weil beide damals noch mit anderen Partnern verheiratet waren. Geht man von der Kirche San Vincenzo an Strombolis Hauptplatz den Weg hinunter, steht das mit einer Gedenktafel aus weißem Marmor versehene Haus rechter Hand.

Das Haus ist nicht für Besucher geöffnet, aber es ist allemal interssant, sich den Schauplatz einer so berühmten Romanze von außen anzusehen.

Spiaggia di Ficogrande   STRAND
Strombolis schwarze Sandstrände sind die schönsten der Inselgruppe. Am leichtesten zugänglich ist die Spiaggia di Ficogrande, die bei Schwimmern und Sonnenanbetern hoch im Kurs steht. Der Streifen aus Felsen und schwarzem Vulkansand erstreckt sich ca. zehn Gehminuten nordwestlich der Anlegestelle der Tragflügelboote.

Spiaggia di Piscità   STRAND
Vor schroffen Klippen liegt dieser schwarze Sandstrand mittlerer Größe am Rand des weiß verputzten Nests Piscità (ca. 2 km westlich vom Hafen).

Forgia Vecchia   STRAND
Rund 300 m südlich vom Hafen verläuft hier ein langer Streifen aus schwarzen Kieseln am Rand einer ruhigen Bucht entlang. Dahinter ragen die grünen Hänge des Vulkans empor.

Chiesa di San Vincenzo   KIRCHE
(Piazza San Vincenzo) Strombolis größte Kirche gehört auch zu den bekanntesten Wahrzeichen der Insel. Zwischen Nachmittag und Abend rüsten sich Wanderer auf dem davor befindlichen Platz für den Aufstieg am Vulkan.

Wanderung
Stromboli & die Sciara del Fuoco

START TRAGFLÜGELBOOTSANLEGER
ZIEL SCIARA DEL FUOCO
LÄNGE/DAUER 4KM; 1½–2 STD. EINFACHE STRECKE

Diese Wanderung führt durch die Straßen des Orts Stromboli hinauf bis auf halbe Höhe, von wo aus man die Eruptionen des Vulkans gut beobachten kann. Diese Wanderung ist ohne Guide möglich, da der Aussichtspunkt unterhalb der „Sperrzone" (400 m) liegt.

Man sollte zwei bis drei Stunden vor Sonnenuntergang am Hafen starten, damit man rechtzeitig am Aussichtspunkt ankommt. Taschenlampe nicht vergessen. Sie ist für den Rückweg zwingend erforderlich.

Vom Hafen aus geht's auf der Via Roma hinauf zu Strombolis Hauptplatz, wo man sich bei ❶ **Lapillo Gelato** ein Eis gönnen sollte. Nachdem man Strombolis Hauptkirche, die ❷ **Chiesa di San Vincenzo**, passiert hat, geht es weiter bergab zum ❸ **Roten Haus** (S. 171), dem Schauplatz der Liebesaffäre zwischen Ingrid Bergman und Roberto Rossellini. Ein paar Hundert Meter weiter knickt die Hauptstraße kurz nach links ab. Dort sollte man Ausschau halten nach ❹ **La Bottega del Marano**. Hier bekommt man Snacks und Wasser für die Wanderung.

Rund 2 km vom Startpunkt entfernt steht links die ❺ **Chiesa di Piscità**. Hier lohnt sich ein Abstecher (5 Min.) hinunter zum schwarzen Sandstrand ❻ **Piscità**. Nun geht's wieder hinauf zur Kirche und auf der Hauptstraße weiter bis zu einer Abzweigung nach Westen, die mit L'Osservatorio beschildert ist. Der Aufstieg beginnt gemächlich, verläuft zunächst parallel zum Meer und führt dann über ein paar Spitzkehren bis zur Pizzeria ❼ **L'Osservatorio** (S. 173).

Der Weg bis zum Aussichtspunkt ist nun deutlich steiler. Wenn man am ❽ **Aussichtspunkt Sciara del Fuoco** (S. 170) ankommt, ist man bestimmt von den Socken! Bei klarer Sicht ist der Blick auf die Eruptionen des Vulkans und das leuchtend rote Gesteins, das krachend den Hang hinunter ins Meer stürzt, atemberaubend. Unbedingt bis in die Nacht hinein bleiben, denn dann ist das Glühen des Vulkans am dramatischsten.

🏃 Aktivitäten

Vullkanbesteigungen

Um den Gipfel des Stromboli besteigen zu können, muss man sich einer organisierten Wanderung anschließen. Die maximale Gruppengröße beträgt 20 Personen, und obwohl in der Regel mehrere Touren gleichzeitig stattfinden, können die Plätze schnell vergeben sein. Um Enttäuschungen zu vermeiden, sollte man seinen Platz mindestens eine Woche oder noch länger im Voraus buchen. Der Standardpreis für einen Aufstieg in der Gruppe beträgt 28 € pro Person. Zu den Veranstaltern vor Ort gehören Magmatrek, **Stromboli Adventures** (📞 090 98 60 95, 339 5327277; www.stromboliadventures.it; Via Vittorio Emanuele 17), **Stromboli Fire Trekking** (📞 090 98 62 64; www.strombolifiretrekking.com; Via Vittorio Emanuele) und **Il Vulcano a Piedi** (📞 090 98 61 44; www.ilvulcanoapiedi.it; Via Pizzillo).

⭐ Magmatrek   WANDERN & TREKKEN
(📞 090 986 57 68; www.magmatrek.it; Via Vittorio Emanuele) Magmatrek ist eine der ältesten und professionellsten Agenturen mit erfahrenen, mehrsprachigen Führern (Englisch, Deutsch, Französisch). Zusätzlich zu den regelmäßig jeden Tag angebotenen Vulkanbesteigungen (max. 20 Teilnehmer) werden auch individuelle Treks für Einzelpersonen oder Gruppen angeboten.

Totem Trekking   WANDERN & TREKKEN
(📞 090 986 57 52; www.totemtrekkingstromboli.com; Piazza San Vincenzo 4; ⓢ März–Nov. 9.30–13 & 15.30–19 Uhr) Die freundlichen Inhaber Gabriella, Domenico und Naomi verleihen Wanderausrüstung wie Stiefel (6 €), Rucksäcke (5 €), Wanderstöcke (4 €), Taschenlampen (3 €), Fleecejacken (5 €) und Anoraks (5 €).

Bootstouren

Eine der beliebtesten Möglichkeiten, sich das nächtliche Feuerwerk des Stromboli anzuschauen, sind Bootstouren um die Insel. Die **Società Navigazione Pippo** (📞 090 98 61 35, 348 0559296; www.facebook.com/pipponavigazionestromboli; Porto Scari) und **Antonio Cacetta** (📞 339 5818200; Vico Salina 10) gehören zu den zahlreichen Veranstaltern, die Bootstouren ab Porto Scari anbieten. Am beliebtesten sind die dreistündige Tour bei Tag rund um die Insel (25 €) mit einer Stunde Erkundungsaufenthalt in Ginostra und einer Badepause auf Strombolicchio (der Felseninsel vor der Nordküste) sowie die einhalbstündige Ausfahrt bei Sonnenuntergang (20 €) zur Beobachtungen der Explosionen an der Sciara del Fuoco vom Meer aus. Eine weitere beliebte Alternative ist ein etwas längerer abendlicher Ausflug mit Zwischenstopp in Ginostra, wo man einen *aperitivo* oder ein Abendessen genießen kann.

Tauchen

La Sirenetta Diving   TAUCHEN
(📞 331 2545288; Via Mons di Mattina 33; ⓢ Ende Mai–Mitte Sept.) Gegenüber vom Strand am La Sirenetta Park Hotel gibt's hier Tauchkurse und geführte Tauchtouren.

Essen

Restaurantbesuche auf Stromboli können ganz schön teuer sein, da viele Lebensmittel mit dem Schiff hergebracht werden müssen. Meeresfrüchte sind hier Standard; als günstigere Alternative empfehlen sich Pizzas.

⭐ Lapillo Gelato   GELATO €
(Via Roma; *gelato* 3–5 €; ⓢ Juni–Aug. 10–13 & 15.30–24 Uhr, Mitte Sept.–Mai 10.30–12.45 & 15.30–20 Uhr) In dieser *gelateria* an der Hauptstraße zwischen Kirche und Hafen kann man sich vor dem Krater-Kraxeln prima mit selbstgemachtem Eis stärken. Die Sorte mit Pistaziengeschmack ist herrlich sahnig.

La Bottega del Marano   FEINKOST €
(Via Vittorio Emanuele; Snacks ab 2 €; ⓢ Mo–Sa 8.30–13 & 16.30–20 Uhr) Der Lebensmittelladen an einer kleinen Hauptstraßenkurve ist die perfekte Quelle für erschwinglichen Wander- oder Mittagsproviant: Rund fünf Minuten westlich der Wanderveranstalter gibt's hier eine gut bestückte Feinkosttheke mit Fleischwaren, Käsesorten, Oliven, Artischocken und sonnengetrockneten Tomaten. Hinzu kommen sagenhaft leckere Focaccias (frisch gebacken) und Regale voller Weinflaschen.

L'Osservatorio   PIZZA €
(📞 090 958 69 91; www.facebook.com/osservatoriostromboli; Pizzas 8–11 €; ⓢ April–Juni & Sept.–Mitte Nov. 10–22 Uhr, Juli & Aug.10–2 Uhr) Klar, man kann auch im Ort eine Pizza essen – aber hallo, man ist schließlich auf Stromboli! An klaren Abenden gibt es nichts Besseres als den Blick von der Panoramaterrasse des l'Osservatorio auf den ständig aktiven Vulkan. Von Piscità, 2 km westlich von Strombolis Hafen, ist es ein 30-minütiger Marsch bergauf oder eine holprige Fahrt mit dem kostenlosen Shuttlebus (vorher anrufen,

wenn man in Piscità abgeholt werden möchte).

Ritrovo Ingrid CAFÉ €
(☏ 090 98 63 85; Piazza San Vincenzo; Pizza ab 6,50–12 €; ⏱ Juli & Aug. 8–15 Uhr, Sept.–Jun. bis 13.30 Uhr) Das Zwischending aus Café, *gelateria* und Pizzeria ist mit seiner Aussichtsterrasse eine Institution auf Stromboli. Hier herrscht den ganzen Tag über Betrieb: Die Insulaner trinken ihren Morgen-Cappuccino, Traveller holen sich ein Gelato, und Wanderer vergleichen abends bei einer Pizza ihre Aufzeichnungen.

★ Punta Lena SIZILIANISCH €€
(☏ 090 98 62 04; http://ristorantepuntalena.business.site; Via Marina 8; Gerichte 36–45 €; ⏱ Do–Di 12.15–14.30 & 19–22.30 Uhr, Mai–Sept. Mi 19–22.30 Uhr) Mit seinem fröhlich blauen Dekor, dem zauberhaften Meerblick und dem beruhigenden Wellenrauschen im Hintergrund ist dieses gehobene Restaurant am Wasser genau das Richtige für Romantiker. Die Speisen gehören zu den besten auf der Insel. Zu den Spezialitäten gehören frisches Seafood, Fischeintopf mit Oliven und Kapern aus der Region sowie *spaghetti alla stromboliana* (mit wildem Fenchel, Minze, Sardellen, Kirschtomaten und Brotkrumen).

Pardès SIZILIANISCH €€
(☏ 377 1505194; www.facebook.com/pardes.stromboli; Via Vittorio Emanuele 81; Gerichte 30–42 €; ⏱ Mai–Okt. 12–14.30 & 18–22 Uhr; 🛜) Diese Weinbar mit Café westlich des Orts an der Hauptstraße nach Piscità serviert kleine, aber leckere Portionen, u. a. hausgemachte Linsensuppe, Pasta sowie einheimischen Fisch und dazu gibt's Gemüse aus dem hauseigenen Garten. Auch sizilianische Weine und Bier vom Fass fehlen nicht. Von den Tischen auf der netten Terrasse hinten schauen die Gäste direkt zum Vulkan hinauf.

Ai Gechi SEAFOOD €€
(☏ 338 3577559; www.facebook.com/trattoriagechistromboli; Vico Salina 12, Porto Scari; Gerichte 30–45 €; ⏱ Ostern–Mitte Okt. 12–15 & 18.30–22 Uhr) Folgt man den aufgemalten Eidechsen, gelangt man zu der schattigen Veranda dieses weiß angestrichenen liparischen Hauses, das sich in einer Seitengasse abseits der Via Roma versteckt. Das Ai Gechi ist hübsch mit Schiffslaternen, einem hohen Kaktus und einem in der Nähe gefundenen Walskelett dekoriert und serviert traditionelles Seafood mit modernem Touch. Auch die Karte mit lokalen Weinen kann sich sehen lassen.

🍷 Ausgehen & Nachtleben

La Tartana Club BAR
(☏ 090 98 60 25; Via Regina Elena, Ficogrande; ⏱ Ende Juni–Anfang Sept. 9.30–2 Uhr) Die schicke Restaurantbar ist schon lang ein Favorit von Strombolis reichen und schönen Besuchern: Unter den Gästen waren z. B. Dolce, Gabbana und italienische Präsidenten. Elegantes Publikum schlürft hier allabendlich *aperitivi* in der Pianobar, während verliebte Paare bei Cocktails und

---

ABSEITS DER ÜBLICHEN PFADE

STROMBOLIS RUHIGERE SEITE

Lust auf weniger Touristen? Dann einfach nach **Ginostra** schippern: Das winzige Nest an Strombolis Westküste hat ganzjährig nur 30 Einwohner. Dennoch warten hier das **B&B Luna Rossa** (☏ 090 988 00 49; www.ginostra-stromboli.it/bed-breakfast.php; Via Piano 3; DZ 40–100 €; ⏱ April–Okt.) und einige andere *affittacamere* (Gästezimmer; vor Ort nachfragen) auf Übernachtungswillige. Hinzu kommen ein paar kleine Lebensmittelläden und zwei Restaurants, die einheimisches Seafood servieren.

Auch von Ginostra aus sind Wanderungen zum Krater des Stromboli möglich. Der Aufstieg ist in diesem Fall aber viel anstrengender, was an der steilen Route und der konstanten Sonneneinstrahlung aus Richtung Westen liegt. In Ginostra lebt der erfahrene Guide Mario Pruiti, dessen Touren abhängig von Nachfrage und Wetter stattfinden (aktuelle Infos hierzu gibt's bei Magmatrek; S. 173). Bei ausreichender Gruppengröße (28–35 €/Pers.) kosten Marios Kratertouren etwa gleich viel wie die klassischen Varianten ab San Vincenzo.

Liberty Lines schickt gelegentlich Tragflügelboote von Strombolis Haupthafen nach Ginostra (7,80 €, 10 Min., Sommer/Winter 3-/1-mal tgl.). Tragflügelboote ab Lipari (17,60 €, 90 Min.), Santa Marina Salina (16,30 €, 55 Min.) und Panarea (10,90 €, 20–25 Min.) legen ebenfalls hier an.

Kerzenlicht an den Tischen auf der Uferterrasse turteln. Stammgäste finden sich aber auch zum Frühstücken mit Kaffee und Morgenzeitung ein oder plündern mittags das zwanglose Büfett.

Spezialität des Hauses ist ein Dessert namens *coppa Stromboli* – ein „Vulkan" aus Schokolade, süßer Sahne und Haselnusseis, der mit kandierten Kirschen und „Lavaströmen" aus Erdbeersirup garniert wird.

❶ Praktische Informationen

Notarzt (☏ 090 98 60 97; Via Vittorio Emanuele; ⊙ 24 Std.)

Polizei (☏ 090 98 60 21) Links an der Via Picone in Richtung Via Roma.

❶ An- & Weiterreise

Als östlichste der Liparischen Inseln wird Stromboli von Fähren und Tragflügelbooten seltener angelaufen als die zentraler gelegenen Inseln des Archipels. Auch beeinträchtigt stürmisches Wetter die Schiffsverbindungen vergleichsweise häufiger. Wer nur den Vulkan besteigen will, sollte wissen, dass viele private Bootsbetreiber auf Lipari Tagesausflüge anbieten. Diese Pauschalpakete enthalten eine geführte Kraterwanderung sowie die Rückfahrt nach Lipari noch am gleichen Abend.

Liberty Lines (S. 152) schickt täglich Tragflügelboote nach Panarea (11,10 €, 25 Min.), Santa Marina Salina (16,30 €, 1–1¼ Std.), Lipari (19,30 €, 1–2 Std.) und Milazzo (20,95 €, 2¼–3 Std.). Die Häufigkeit schwankt dabei zwischen maximal acht (Hauptsaison) und zwei bis drei Fahrten (Winter) pro Tag.

Siremar (S. 152) verbindet Stromboli mit Neapel (ab 48,40 €, 10 Std.), Milazzo (ab 16,75 €, 6¾ Std.), Lipari (13,90 €, 3½ Std.) und den anderen Liparischen Inseln ebenfalls mit Autofähren. Bei schlechtem Wetter wird der Betrieb aber oft unterbrochen oder ganz eingestellt, da Stromboli im Vergleich zu den anderen Inseln einen kleineren Fährhafen hat.

Die schnellste Option vom italienischen Festland aus ist das Tragflügelboot von SNAV (S. 152), das einmal täglich zwischen Neapel und Stromboli verkehrt (ab 62 €, 4½ Std., nur Ende Mai–Anfang Sept.).

Das **Ticketbüro** (☏ 090 98 60 03; ⊙ 6–8, 9.30–12.30 & 15–15.30 Uhr) dieser drei Gesellschaften befindet sich 150 m nördlich von Strombolis Fährhafen.

❶ Unterwegs vor Ort

Auf Stromboli gibt's keine Autos, nur Motorroller, Elektrokarren und dreirädrige Fahrzeuge, sogenannte *ape*. Viele Hotels bieten einen kostenlosen Shuttle-Service zwischen Hafen und Hotel an. Taxiunternehmer in der Stadt, darunter **Paolo Taxi** (☏ 327 0916421, 339 3253419), kutschieren ihre Fahrgäste in Golfmobilen ähnelnden Fahrzeugen herum. Man kommt auf der Insel aber auch wunderbar zu Fuß voran.

Giovanni 'Il Catanese' (☏ 090 98 63 37; Lungomare; Motorroller 20 €/Tag) verleiht Motorroller. Sein Shop liegt ca. 800 m nördlich der Anlegestelle der Tragflügelboote (bzw. 150 m nördlich vom ENEL-Gebäude) an der Uferstraße in Richtung Ficogrande.

FILICUDI

235 EW.

Filicudi ist nicht nur eine der schönsten und einsamsten Liparischen Inseln, sie ist auch die älteste der Gruppe und verdankt ihre Entstehung tektonischer Aktivität vor 700 000 Jahren. Die aus einigen Blickwinkeln an eine Schnecke erinnernde Insel bezaubert Besucher mit ihrer zerklüfteten, von kristallklarem Wasser überspülten Küste und ihren tiefen Grotten. Auf der Insel gibt es nur ein paar kleine Siedlungen.

◉ Sehenswertes

Villaggio Preistorico di Capo Graziano   ARCHÄOLOGISCHE STÄTTE

GRATIS Vom Hafen aus geht's zehn Minuten entlang der Hauptstraße südostwärts zum Capo Graziano. Hier zweigt ein ausgeschilderter Weg ab, auf dem man nach einem 10-minütigen Marsch auf einem terrassierten Hang die von Flechten überwucherten Steinfundamente von 27 Hütten aus der Bronzezeit erreicht. Sie wurden 1952 entdeckt und stammen von ca. 1700 v. Chr. Somit sind sie 300 Jahre älter als ihr Pendant bei Punta Milazzese auf Panarea. Es ist ein außerordentlich sinnträchtiger Ort mit spektakulärem Blick aufs Meer und die umliegenden Inseln. Zweisprachige Infotafeln bringen das Ganze in einen historischen Kontext.

Vom Dorf aus kann man zum einzigen echten Strand Filicudis hinunterlaufen. Er ist zwar steinig, aber die am leichtesten zu erreichende Badestelle auf der Insel – überall sonst muss man entweder schroffe Felsen hinabklettern oder ein Boot mieten.

Grotta del Bue Marino   HÖHLE

Viele Bootstouren führen zu dieser wunderschönen an Filicudis Westküste gelegenen Meereshöhle mit türkisfarbenem Wasser. Sie ist grob 30 m breit, 20 m hoch und 20 m tief, also groß genug für kleinere Boote.

Scoglio della Canna AREAL
(Rohrriff) Vor Filicudis Nordwestküste ragt ein dramatischer, 71 m hoher *faraglione* (Felsturm) in die Höhe. Auf einer Bootstour rund um die Insel, kann man ihn aus der Nähe betrachten.

Aktivitäten

Das **Museo Archeologico Sottomarino** draußen vor dem Capo Graziano ist ein Unterwassermuseum, das mit neun Schiffswracks aus der griechischen und römischen Antike zu tollen Tauchgängen einlädt. Außerdem gibt's auf Filicudi ein kleines Netz von Wanderrouten. Zu diesen Wegen gehört auch der mehrstündige Aufstieg zur **Fossa Felci** (774 m) in der Inselmitte.

 Zucco Grande WANDERN & TREKKEN
Eine schöne, 60- bis 75-minütige Wanderung führt vom Hafen bergauf nach Zucco Grande. Dieses Dorf liegt an der Nordostflanke Filicudis und ist weitgehend verlassen. Nördlich der Gemeinde Valle di Chiesa schlängelt sich ein Weg an kaktus- und blumenbedeckten Hängen hoch über dem Meer entlang und bietet einen spektakulären Blick zurück auf das Capo Graziano und den Hafen.

Filicudi Wildlife Conservation OUTDOORAKTIVITÄTEN
(349 4402021; www.filicudiconservation.com; Pecorini Mare) Diese von Monica Francesca Blasi und ihrem aus Profi-Biologen bestehenden Team geführte Einrichtung organisiert naturbezogene Tageswanderungen und Bootsausflüge rund um Filicudi. Mit den Einnahmen werden die Bemühungen unterstützt, Schildkröten, Delfine und andere Meeresbewohner zu schützen.

Lido La Sirena STRAND
(349 3617577; Pecorini Mare; Mitte Juni–Anfang Sept. 9.30–24 Uhr) An dem traumhaften Fleckchen Erde am Ende von Pecorini Mare kann man Liegestühle und Sonnenschirme mieten (15 €/Pers.). Hier kann man den ganzen Nachmittag damit verbringen, in der Sonne zu relaxen und ab und zu ins kühle Nass zu springen. Fürs leibliche Wohl sorgen Spieße mit gegrilltem Lamm- oder Schweinefleisch aus Siziliens Nebrodi-Bergen. Aber auch liparische Klassiker wie *caponata* und *granite* werden angeboten. Als Sundowner kann man einen *aperitivo* schlürfen.

I Delfini OUTDOORAKTIVITÄTEN
(090 988 90 77, 340 1484645; www.idelfinifilicudi.com; Via Pecorini Mare) Mit diesem Unternehmen bietet Nino Terrano so ziemlich alles: Er organisiert Tauchausflüge, vermietet Tauchausrüstung sowie Motorroller und veranstaltet Bootstouren rund um die Insel, bei denen die örtlichen Sehenswürdigkeiten erläutert werden. Meist findet man ihn in dem kleinen Jachthafen von Pecorini.

Essen

Die meisten Unterkünfte auf Filicudi haben eigene Restaurants, die frische Meeresfrüchte servieren. Außerdem gibt's unten am Hafen ein paar einfache Lokale.

★ Ristorante La Canna SEAFOOD €€
(090 988 99 56, 336 926560; www.lacannahotel.it; via Rosa 43; Gerichte 28 €; 12.30–13.30 & 19–21.30 Uhr) In diesem am Hang gelegenen Restaurant neben dem gleichnamigen Hotel werden köstliche, nach sizilianischen Traditionsrezepten zubereitete Meeresfrüchte mit frischem Gemüse aus den umliegenden Gärten serviert. Vom Hafen aus ist das Restaurant in 10 bis 15 Minuten über eine Reihe von steilen Stufen zu erreichen. Wer nicht im Hotel wohnt, sollte vorab reservieren.

La Sirena Restaurant SEAFOOD €€
(090 988 99 97; www.pensionelasirena.it; Gerichte 35–55 €; Ende April–Sept. 13-15 & 20–24 Uhr) La Sirenas farbenfrohe Terrasse direkt am Wasser im winzigen Ort Pecorini Mare eignet sich wunderbar für ein stimmungsvolles Mahl. Man sitzt auf Strohstühlen, genießt den Blick auf die bunt gestrichenen Boote, den felsigen Strand und das glitzernde Mittelmeer, während man frisches Seafood und Vorspeisen wie frittierten Thunfisch und *neonata* oder *carbonara di pesce* (Spaghetti mit Fisch-Carbonara-Sauce) genießt.

An- & Weiterreise

Tragflügelboote von **Liberty Lines** (0923 02 20 22; www.liberty lines.it) fahren von Filicudi nach Alicudi (11,10 €, 25 Min.), Rinella (10,40 €, 25 Min.), Santa Marina Salina (12,70 €, 40 Min.), Lipari (15,80 €, 1¼ Std.) und Vulcano (15 €, 1½ Std.). Es gibt deutlich weniger Fahrten als von den übrigen Inseln des Archipels. Autofähren von Siremar (S. 152) und NGI (S. 152) fahren ebenfalls gelegentlich von/nach Filicudi. Die **Ticketbüros** (327 8827777; 5.55–17.05 Uhr) aller Gesellschaften befinden sich am **Fähranleger**.

 Unterwegs vor Ort

Der freundliche Taxifahrer **Guido** (346 0255905) bietet Inselrundfahrten zu abgelegenen Aussichtspunkten und zu weniger bekannten Sehenswürdigkeiten an, z. B. Le Macine (aus Steinschichten gehauene Schleifscheiben aus dem 19. Jh., die jetzt am felsigen Ufer des Capo Graziano herumliegen).

ALICUDI

120 EW.

Wer wirklich einmal komplett abschalten will, findet mit Alicudi vielleicht sein absolutes Traumziel: Diese Insel gehört zu den entlegensten im Mittelmeer. Ihre Hauptsiedlung hat keine Straßen und kaum Einrichtungen. Als Transportmittel dienen hier meist Boote und Maultiere. Letztere schleppen allerlei Lasten entlang der steilen Hafentreppe hinauf und hinunter – ein Anblick, der sich einem sofort bei der Ankunft bietet.

Außerhalb der Sommersaison ist Alicudi die Art von Ort, in dem man Einheimische direkt nach Gästezimmern fragen muss und als Abendunterhaltung hauptsächlich Fischern beim Entladen oder Putzen ihres Fangs zuschaut. Tagsüber warten hier tolle Möglichkeiten zum Wandern in der Wildnis. Zudem können sich Besucher ungestört in der Sonne aalen – die besten Plätzchen hierfür liegen südlich vom Hafen, wo man über Felsbrocken hinunter zum kristallklaren Meer klettern muss. Bis auf das gelegentliche Tuckern eines Fischerboots stört nichts die herrliche Ruhe.

🏃 Aktivitäten

Filo dell'Arpa  WANDERN & TREKKEN

Eine extrem steile, aber hübsche Treppenreihe aus Stein führt hinauf zu Alicudis höchstem Punkt (675 m) in der Inselmitte. Beim zweistündigen Aufstieg folgt man einfach den blauen Pfeilen, die an die Wände gepinselt sind. Auf halber Strecke passiert die Route die hübsche Kirche **Chiesa di San Bartolo**. Ganz oben erreicht sie dann eine T-Kreuzung vor einer Steinmauer: Wer hier nach links läuft, umrundet den Krater des erloschenen Vulkans. Der Hauptweg (rechts) führt dagegen weiter zu den spektakulären Klippen an Alicudis Westküste.

In Gipfelnähe findet man zudem die **Timpone delle Femmine**. In diesen gewaltigen Felsspalten sollen sich einst Frauen vor marodierenden Piraten versteckt haben.

Unbedingt stabiles Schuhwerk tragen und genügend Trinkwasser mitnehmen – unterwegs gibt's praktisch keinen Schatten!

🍴 Essen

Unten am Hafen befinden sich ein paar Bars und eine Pizzeria. Während der kurzen Sommersaison hat auch das Restaurant im Hotel Ericusa geöffnet. Im übrigen Jahr lassen sich Mahlzeiten bei einheimischen Fischerfamilien über die jeweiligen Unterkünfte arrangieren (beim Buchen des Zimmers nachfragen).

Silvio & Gabriella Taranto SEAFOOD €
(✆ 090 988 99 22; Gerichte 25 €) Unter Alicudis wenigen ständigen Einwohnern ist dieses Fischerpaar, das ganzjährig einfache, aber leckere Hausmannskost serviert – vorausgesetzt, man reserviert spätestens einen Tag vorher per Telefon. Oberhalb des Hafens (nur ein Block nach Süden) wohnen die beiden direkt neben den *affittacamere* (Gästezimmern) von **Marcella und Isabella** (✆ 090 988 99 17; Zi. ohne Bad 25–30 €/Pers.).

ℹ️ An- & Weiterreise

Tragflügelboote von Liberty Lines fahren zweibis viermal täglich von Alicudi nach Filicudi (11,10 €, 25 Min.), Rinella (15,80 €, 55 Min.), Santa Marina Salina (17,80 €, 1¼ Std.), Lipari (18,85 €, 1¾ Std.) und Vulcano (18,35 €, 2 Std.). Die **Ticketbüros** (⊙ 8.30–11.30 & 13–18 Uhr) befinden sich am Anleger.

Ionische Küste

Inhalt ➡

Messina	179
Taormina	184
Catania	192
Acireale	204
Aci Trezza	206
Aci Castello	206
Ätna	207

Gut essen

- Il Barcaiolo (S. 188)
- Osteria Nero D'Avola (S. 188)
- Mè Cumpari Turiddu (S. 200)
- Cave Ox (S. 211)
- I Dolci di Nonna Vincenza (S. 198)

Beste Feste

- Carnevale (S. 205)
- Taormina Arte (S. 188)
- Festa di Sant'Agata (S. 198)
- Alkantara Fest (S. 211)
- Marranzano World Fest (S. 198)

Auf an die Ionische Küste!

Die Ionische Küste wartet mit einer erstaunlichen Attraktionsdichte auf: Hier befinden sich die schmale Straße von Messina, der mächtige Ätna und das antike griechische Theater mit der wohl spektakulärsten Lage der Welt. Zentrum der Region ist Catania, eine etwas heruntergekommene, aber quirlige Stadt voller Studenten, Bars und Ausgehoptionen. Der schwarz-weiße Barockstil brachte ihr den UNESCO-Welterbestatus ein, während der betriebsame Fischmarkt zu den appetitlichsten Anblicken Siziliens gehört. Das edel-exklusive Taormina thront majestätisch an einem felsigen Hang und ist ein beliebtes Ziel erholungssuchender Promis und Tagesausflügler. Vor den Stadttoren brodelt bedrohlich der Ätna. Die Wege zu den Kratern und die Wälder an den Hängen bieten traumhafte Wandermöglichkeiten. Zudem ist die Region ein Weinbaugebiet mit renommierten Weingütern. Mit dem Auto und ein wenig Planung steht der Suche nach dem perfekten Tropfen vor der eindrucksvollen Bergkulisse nichts im Weg.

Entfernungen (km)

	Acireale	Catania	Messina	Nicolosi
Catania	15			
Messina	85	95		
Nicolosi	20	15	100	
Taormina	40	50	50	60

MESSINA

📞 090 / 234 300 EW.

Das unterschätzte Messina liegt an einem geschwungenen Hafen an der nördlichsten Spitze der ionischen Küste, nur wenige Kilometer vom italienischen Festland entfernt. Jahrhundertelang war die Stadt ein bedeutender Verkehrsknotenpunkt und ist auch heute noch ein wichtiges Tor zur Insel.

Nachdem ein verheerendes Erdbeben 1908 den größten Teil des historischen Messina zerstört hatte, wurde die Stadt im Stil der Belle Époque wieder aufgebaut. Breite Boulevards und nur wenige Stockwerke hohe Häuser der Jahrhundertwende sorgen für viel Freiraum und Ruhe, ganz anders als in anderen großen Städten auf Sizilien. Auch wenn Messina in kultureller Hinsicht nicht mit ihren Rivalinnen mithalten kann, befinden sich hier doch eine der schönsten Kathedralen der Insel und ein hervorragendes Regionalmuseum. Kulinarisch dreht sich alles um Schwertfisch und *granita*, die von Feinschmeckern in ganz Sizilien in den höchsten Tönen gelobt werden.

◉ Sehenswertes

★ Museo Regionale Interdisciplinare   MUSEUM

(📞 090 36 12 92; Viale della Libertà 465; Erw./erm. 8/4 €; ⊙ Mo–Sa 9–19, So 9–13 Uhr) Das gründlich sanierte Regionalmuseum ist eines der weniger bekannten Highlights Siziliens. Es verfügt über eine große Sammlung faszinierender Kunstwerke und archäologischer Fundstücke. Darunter sind der Rammbug eines römischen Kriegsschiffs, das wunderbare Polyptychon *San Gregorio* (Der hl. Georg) des heimischen Künstlers Antonello da Messina (1430–1479) und zwei herrliche Werke von Caravaggio (1571–1610): *L'Adorazione dei pastori* (Die Huldigung der Schafhirten) und *Risurrezione di Lazzaro* (Die Wiederauferstehung des Lazarus).

Weitere einzigartige Gemälde sind *Cristo alla colonna* (Christus an der Säule) aus dem frühen 16. Jh. und die bemerkenswerte *Deposizione dalla croce* (Kreuzabnahme) von Colijn de Coter (1474–1536). Zu der Sammlung gehören auch die Originalstatue des Neptun von der **Fontana del Nettuno** in Messina aus dem 16. Jh. und eine faszinierende Seekarte des Mittelmeers, die Placido Caloiro e Oliva 1646 gezeichnet hat. Außerdem befinden sich hier die Überreste des *putridarium* eines Klosters. In der Krypta wurden einst Leichname in die Mauerni-schen gesetzt, wo sie verwesten. Danach wurden die Knochen eingesammelt, gereinigt und im Beinhaus aufbewahrt.

Um zum Museum zu gelangen, steigt man an der Piazza Cairoli in die Straßenbahn und fährt am sichelförmigen Hafen entlang. Auf halber Strecke zwischen zwei stark befahrenen Straßen steht die Fontana del Nettuno aus dem 16. Jh., während hoch über dem Hafen die riesige goldene Statue der **Madonna della Lettera** thront. Von der Haltestelle Ringo ist es noch ein kurzer Fußmarsch zum Museum.

Duomo di Messina   KATHEDRALE

(Messina Kathedrale; Piazza del Duomo; ⊙ Kathedrale Mo–Sa 7–12.30 & 15.30–19.30, So 8–13 & 15.30–19.30 Uhr, Kathedralenmuseum Di–Sa 11–13 Uhr) Messinas größte Sehenswürdigkeit ist der normannische Duomo, eine der schönsten Kathedralen Siziliens – oder besser gesagt: eine originalgetreue Nachbildung davon. Zu den Highlights gehören ein eindrucksvoller geschnitzter Altar und eine prächtige, mit Einlegearbeiten versehene Orgel, die zweitgrößte Italiens. Das Original entstand im 12. Jh. und brannte 1254 nieder. Danach wurde die Kathedrale noch drei weitere Male zerstört: bei zwei Erdbeben (1783 und 1908) sowie durch einen Brandbombenangriff 1943.

Von dem ursprünglichen Bau ist mit Ausnahme der gestreiften Marmorintarsien, des Maßwerks an der Fassade und des faszinierenden katalanisch-gotischen Portals kaum noch etwas erhalten. Weitere Schätze, z. B. die berühmte Manta d'Oro (goldener Umhang), in die während religiöser Zeremonien heilige Bilder eingehüllt waren, werden im Museo della Cattedrale aufbewahrt; dessen Eingang befindet sich im Inneren der Kathedrale.

Piazza del Duomo   PLATZ

An der Piazza del Duomo steht Messinas Kathedrale samt ihrem kuriosen 60 m hohen *campanile* (Glockenturm). Diesen schmückt eine astronomische Uhr – es ist angeblich die größte weltweit. Sie wurde 1733 in Straßburg angefertigt und schlägt immer um 12 Uhr. Im Anschluss daran wird eine Prozession bronzener Figuren in Gang gesetzt (deren Highlights sind übrigens der brüllende Löwe und der krähende Hahn). Vor dem Turm steht der Marmorspringbrunnen aus dem Jahr 1553, **Fontana di Orione**. Er wurde vom florentinischen Bildhauer Giovanni Angelo Mon-

Highlights

1 Ätna (S. 207)
Den höchsten aktiven Vulkan Europas erklimmen und dabei surreale Mondlandschaften, Ausblicke aufs italienische Festland und die tiefe Stille genießen

2 Catania (S. 192)
In Siziliens angesagtester Stadt die lebhaften Bars und Restaurants, laute Märkte und Barockarchitektur entdecken

3 Teatro Greco (S. 185) In Taorminas antikem griechischen Theater dramatische Panoramablicke und im Sommer Opern erleben

4 Isola Bella (S. 191) Im türkisfarbenen Wasser dieser winzigen Insel direkt unter Taormina sommerlichen Vergnügen wie Baden, Schnorcheln und Tauchen nachgehen

5 Planeta Feudo di Mezzo (S. 210) Auf einem der renommiertesten Weingüter am Ätna vor den Stadttoren von Passopisciaro außergewöhnlichen *vino* kosten

6 Museo Regionale Interdisciplinare (S. 179) In dem viel zu wenig beachteten Museum in Messina umwerfende Kunst und Archäologie bestaunen

7 Trattoria La Grotta (S. 205) Sich in der beliebten, gemütlichen Trattoria in dem winzigen Küstendorf Santa Maria la Scala Meeresfrüchte schmecken lassen

Messina

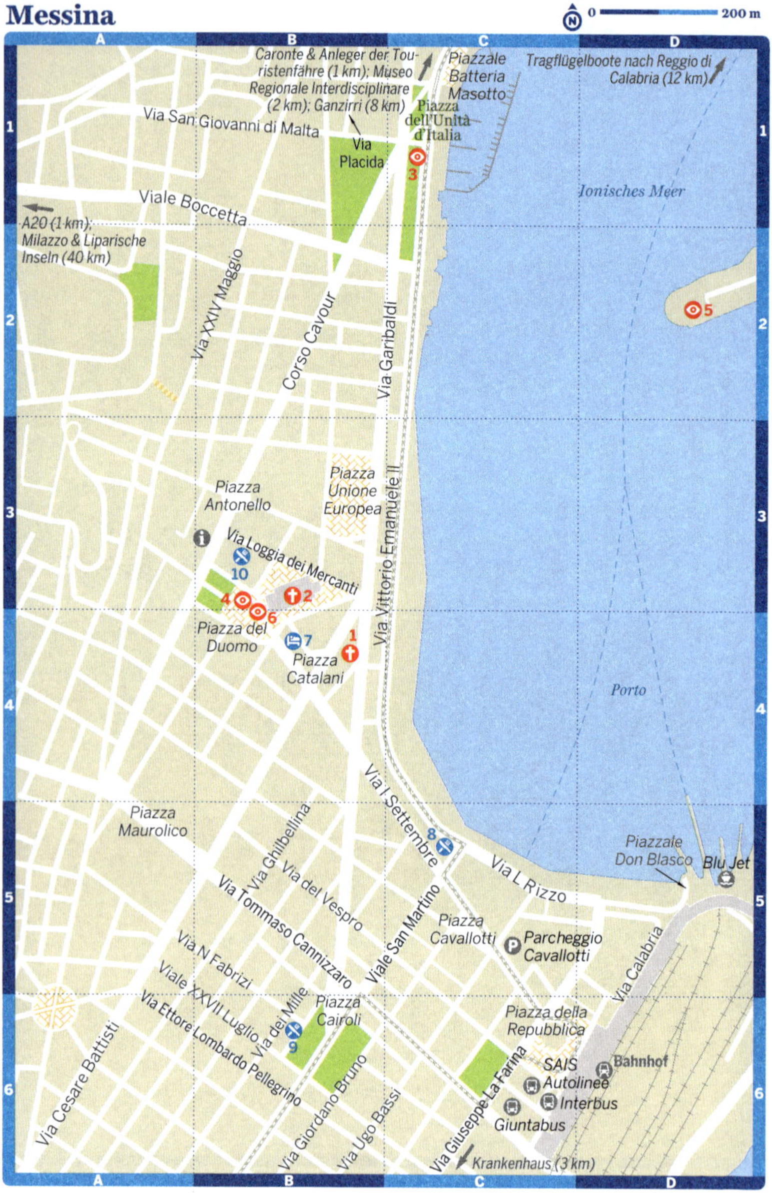

torsoli, einem der Schüler Michelangelos, in Gedenken an Orion errichtet, der als Gründer Messinas gilt.

Die **Chiesa della Santissima Annunziata dei Catalani** (Via G Garibaldi 111) aus dem 12. Jh. an der nahen Piazza Catalani ist ein Beispiel für den arabisch-normannischen Stil.

Essen

Messina ist bekannt für seinen guten *pesce spada* (Schwertfisch), der typischerweise à la *agghiotta* serviert wird, also mit Pinienkernen, Rosinen, Knoblauch, Basilikum und Tomaten. Zudem wird die Stadt für ihre *gra-*

Messina

⊙ Sehenswertes
1 Chiesa della Santissima
   Annunziata dei Catalani B4
2 Duomo di Messina B3
3 Fontana del Nettuno C1
4 Fontana di Orione B3
5 Madonna della Lettera D2
6 Piazza del Duomo B4

🛏 Schlafen
7 B&B del Duomo B4

✖ Essen
8 Fratelli La Bufala C5
9 Irrera 1910 .... B6
10 Osteria del Campanile B3

nita con panna (*granita* mit Sahne) gefeiert, die viele für die beste Siziliens halten. Am besten ist sie in der historischen *pasticceria* des Café Irrera 1910 (S. 183).

Irrera 1910 CAFÉ, KUCHEN €
(✆ 090 71 21 48; www.irrera.it; Piazza Cairoli 12; Granita mit Brioche 4 €, Gebäck/Kuchen ab 2,50 €; ⊙ Mo–Fr 8–20.30, Sa & So 8–21 Uhr; 🛜 🅿) Messina ist bekannt für seine *granita*, und die mit Abstand beste gibt's in diesem Hochglanz-Café mit Konditorei. Wer es wie die Einheimischen machen will, bestellt eine *mezza con panna e brioche* und bekommt ein Glas *granita* mit Kaffeegeschmack und Sahne und dazu ein Brioche-Brötchen zum Tunken. Die *granita* gibt's auch in vielen anderen Geschmacksrichtungen und außerdem gute Kuchen und köstliches Gebäck.

Fratelli La Bufala PIZZA €
(✆ 090 66 25 13; www.fratellilabufala.com; Ecke Via Vittorio Emanuele II & Viale San Martino; Pizzas 4–9 €, Gerichte 6–19 €; ⊙ So–Fr 12.30–15.30 & 19.30–0.30, So bis 1 Uhr; 🛜 🅿) Modern, hell und betriebsam: Die erfolgreiche Kette aus Neapel serviert eine recht bunt gemischten Klientel dampfende neapolitanische Pizza mit jeder Menge Käse. Das Highlight schlechthin ist die mit Büffelmozzarella und Büffelfleisch, wobei die genannten Zutaten auch in anderen Gerichten vorkommen, von Antipasti-Platten bis hin zu Grillspeisen. Darüber hinaus gibt es hier auch frische, sättigende Salate und obendrein eine anständige vegetarische Auswahl.

Osteria del Campanile SIZILIANISCH €€
(✆ 090 71 14 18; www.osteriadelcampanile.com; Via Loggia dei Mercanti 7-13; Mahlzeiten 20–30 €; ⊙ 12–15 & 19–24 Uhr; 🛜) Das gemütliche, altmodische Gasthaus in bester Lage – direkt hinter dem *duomo* – bietet klassische sizilianische Hausmannskost. Auf der Speisekarte stehen die üblichen Verdächtigen wie Pasta mit Meeresfrüchten, Fleisch und Fisch vom Grill, aber auch einige ausgefallene Gerichte. So gibt's freitags immer *stocco alla ghiotta*, eine örtliche Spezialität aus getrocknetem Kabeljau in einem *sugo* aus Oliven, Kapern und Tomaten.

ℹ Praktische Informationen

Polizei (✆ 090 36 61; Via Placida 2) Ein Häuserblock westlich der Fontana del Nettuno.
Policlinico G. Martino (✆ 090 22 11; www.polime.it; Via Consolare Valeria 1) Das große Krankenhaus hat eine rund um die Uhr geöffnete Notaufnahme.
Touristeninformation (✆ 090 67 29 44; Corso Cavour; ⊙ Mo–Fr 8–13 & 14.30–16.30 Uhr) Die freundlichen Mitarbeiter sprechen Englisch und versorgen einen mit jeder Menge Infos über Messina. Das Büro ist auf dem Corso Cavour, in der Nähe der Piazza del Duomo.

ℹ An- & Weiterreise

AUTO & MOTORRAD
Wenn man nach Palermo, Milazzo (für Verbindungen zu den Liparischen Inseln), Taormina, Catania und Syrakus fahren möchte, muss man an den Docks rechts abbiegen und der Via Vittorio Emanuele II am Wasser entlang bis zur Piazza dell'Unità d'Italia folgen. Dort geht's in Gegenrichtung weiter auf dem Corso Cavour, auf dem man dann rechts in die Viale Boccetta abbiegt (den grünen A20-*autostrada*-Schildern folgen!).

Autos können bei **Hertz** (✆ 090 34 44 24; www.hertz.it; Garibaldi 128) und **Sicilcar** (✆ 339 4484484, 090 4 69 42; www.sicilcar.net; Via Garibaldi 187) gemietet werden.

BUS
Alle Anbieter von Fernbusverbindungen verkehren ab der Piazza della Repubblica direkt vor dem Bahnhof.

Flixbus (https://global.flixbus.com) Fährt zweimal täglich nach Rom (ab 38 €, 9–10 Std.), einmal nachmittags und einmal über Nacht.
Giuntabus (✆ 090 67 57 49; www.giuntabus.trasporti.com; Piazza della Repubblica) Fährt nach Milazzo (4 €, 50 Min., Mo–Sa 15- bis 18-mal tgl., So 3-mal), wo Anschluss zu den Liparischen Inseln besteht.
Interbus (✆ 090 66 17 54; www.interbus.it; Piazza della Repubblica 16) Verkehrt nach Taormina (4,30 €, 1½–1¾ Std., Mo–Fr 5-mal tgl., Sa 4-mal, So 1-mal).
SAIS Autolinee (✆ 090 77 19 14, 800 211020; www.saisautolinee.it; Piazza della Repubblica

11) Busse nach Palermo (14 €, 2¾ Std., Mo-Fr 7-mal tgl., Sa 3-mal & So 4-mal), Catania (8,40 €, 1½ Std., Mo-Fr 22-mal tgl., Sa 13-mal, So 10-mal) und zum Flughafen von Catania (9,30 €, 1¾ Std., Mo-Fr 17-mal tgl., Sa 13-mal, So 11-mal).

SCHIFF/FÄHRE

In Messina legen die meisten Fähren und Tragflügelboote vom italienischen Festland an.

Blu Jet (Bluferries; 340 9848540, 340 1545020; www.blujetlines.it) Die Tragflügelboote fahren von Messina nach Reggio di Calabria (3,50 €, 30 Min., Mo-Fr 16-mal tgl., Sa & So jeweils 6-mal) und Villa San Giovanni (2,50 €, 20 Min., Mo-Fr 10-mal tgl., Sa & So jeweils 7-mal).

Caronte & Tourist (090 5737; www.carontetourist.it; Viale della Libertà) Die Autofähren verkehren häufig zwischen Messina und Villa San Giovanni (Fußgänger/Auto mit max. 5 Pers. 2,50/38 €, 25 Min.). Eine Autofähre pro Tag fährt auch von Salerno nach Messina (Fußgänger/mit Auto ab 29/79 €, 9 Std.). Von Messina nach Salerno fährt dienstags bis samstags jeweils eine Fähre, sonntags fahren zwei. Die Autofähren legen im Fährhafen Rada San Francesco in der Via della Libertà ab, rund 1,3 km nördlich der Piazza dell'Unità d'Italia.

ZUG

Im Allgemeinen sind Busse der Bahn vorzuziehen, besonders wenn man nach Milazzo und Taormina möchte. Dennoch fahren täglich Züge nach Catania (7,60 €, 1½–2 Std.), Syrakus (10,50 €, 2½–3 Std.) und Palermo (12,80 €, 3 Std.). Sonntags gibt es weniger Verbindungen.

❶ Unterwegs vor Ort

AUTO & MOTORRAD

Wer keinen Parkplatz auf der Straße findet (die blau umrandeten Parkplätze sind gebührenpflichtig), kann es im Parkhaus **Parcheggio Cavallotti** (Via I Settembre; 0,50 €; 4.30–23 Uhr) in der Nähe von Bahnhof und Hafen versuchen. Die Parkgebühr muss vor dem Ausfahren am Automaten bezahlt werden.

STRASSENBAHN

Die Straßenbahn fährt von der Piazza Cairoli über den Bahnhof bis zum Museo Regionale Interdisciplinare. Fahrkarten (hin & zurück 1,70 €) werden im *tabacchi* (Tabakladen) verkauft. Es gibt auch Tagestickets (2,60 €).

PUNTA DEL FARO

Jenseits von Messina schlängelt sich die Küste zu Siziliens nordöstlichstem Punkt, der **Punta del Faro** (auch Capo Peloro genannt). Sie liegt nur 3 km vom italienischen Festland entfernt. Südlich des Kaps befindet sich **Ganzirri**, ein beliebter Sommerort am See mit hübscher Kulisse für ein Abendessen mit Fisch. Auf der anderen Seite des Kaps liegt der beliebteste Sommerbadeort der Region, **Mortelle**. Dorthin zieht es die Einwohner von Messina zum Sonnenbaden und Entspannen.

Essen

Muscheln *(cozze)* sind die Spezialität von Punta del Faro. Gezüchtet werden sie im salzigen Seewasser der Halbinsel. Zudem gibt es leckere frische *vongole* (Venusmuscheln), *pesce spada* und *stoccafisso* (Stockfisch).

Trattoria La Sirena di Mancuso SEAFOOD €€ (090 39 12 68; https://mancusolasirenaganziri.oneminutesite.it; Via Lago Grande 96, Ganzirri; Mahlzeiten 25–35 €; Do-Di 12.15–15 & 20–23.30 Uhr;) Aus den zahllosen Restaurants am Lago di Ganzirri sticht dieses wegen der liebenswürdigen Atmosphäre und der hervorragenden Hausmannskost heraus. Hier wird Seafood regelrecht zelebriert und zu pikant marinierten Garnelen, Tintenfisch-Salat und knusprigen *alici fritte* (gebratene Anchovis) verarbeitet. Weithin berühmt sind aber die Muscheln hier, die als klassisch einfache *impepata di cozze* (gekochte Muscheln mit Pfeffer) serviert werden. Man sollte im Voraus reservieren, vor allem wenn es Richtung Wochenende geht.

❶ An- & Weiterreise

Am besten lässt sich Punta del Faro mit dem Auto erkunden. In Messina nimmt man die SP43, eine malerische Küstenstraße, die nach Ganzirri und Mortelle führt. In Ganzirri geht's durch den Ort zum angrenzenden Viertel Torre Faro und zur Spitze der Halbinsel.

TAORMINA

0942 / 10900 EW. / 204 M

Taormina ist spektakulär an einem Berghang gelegen und der beliebteste Sommerort Siziliens. Das schicke Urlaubsrefugium ist bei den Betuchten und allen, die Einblicke ins sizilianische Dolce Vita erhaschen möchten, beliebt.

Obwohl die Stadt unverhohlen touristisch und teuer ist, lohnen das eindrucksvolle antike Theater, das bunte Treiben und die atemberaubende Aussicht einen Aufenthalt.

Taormina wurde im 4. Jh. v. Chr. gegründet und war eine sehr wohlhabende Siedlung, zuerst unter dem griechischen Herrscher Gelo II., dann unter den Römern. Nach der Eroberung durch die Normannen 1087 wurde es jedoch still um die Stadt. Der Touristen-Boom begann im 18. Jh. Zu jener Zeit wurde Taormina von Nordeuropäern, die auf der „Grand Tour" unterwegs waren, entdeckt. Zu seinen frühen Fans gehörte D. H. Lawrence, der hier von 1920 bis 1923 lebte.

In den zwei Monaten Juli und August wird es in Taormina extrem trubelig und voll, von November bis Ostern ist der Ort hingegen so gut wie ausgestorben. Die beste Reisezeit ist im April, Mai, September und Oktober.

Sehenswertes

★ Teatro Greco   RUINE
(0942 2 32 20; Via Teatro Greco; Erw./erm. 10/5 €; 9 Uhr–1 Std. vor Sonnenuntergang) Taorminas Hauptattraktion ist dieses Theater in perfekter Hufeisenform – es liegt vor einer Kulisse aus Meer und Himmel, mit dem Ätna am südlichen Horizont. Es wurde im 3. Jh. v. Chr. errichtet und ist das zweitgrößte griechische Theater Siziliens (nach dem von Syrakus). Im Sommer finden hier immer noch Konzerte und Festivals statt. Wer das Amphitheater in Ruhe besichtigen will, sollte früh am Morgen kommen.

Corso Umberto I   STRASSE
Highlight eines Besuchs in Taormina ist ein Spaziergang entlang dieser fußgängerfreundlichen, von Boutiquen gesäumten Hauptstraße. Ausgangspunkt ist die Touristeninformation im **Palazzo Corvaja** (Piazza Santa Caterina; Öffnungszeiten variieren), der auf das 10. Jh. zurückgeht. Dann geht's Richtung Südwesten zur **Piazza IX Aprile** mit spektakulären Panoramablicken. An dem Platz steht die **Chiesa di San Giuseppe** (0942 2 31 23; 8.30–20 Uhr) aus dem frühen 18. Jh. Westwärts passiert man nun den **Torre dell'Orologio**, einen Uhrenturm aus dem 12. Jh., und geht zur **Piazza del Duomo** mit einem verzierten barocken Springbrunnen (1635), den das Wahrzeichen der Stadt, ein zweibeiniger Zentaur mit der Büste eines Engels, schmückt.

Nun befindet man sich im Borgo Medievale, dem ältesten Viertel der Stadt. An der Ostseite der Piazza del Duomo steht die **Kathedrale** aus dem 13. Jh. Sie überstand die Umgestaltung im Renaissance-Stil, die der spanische Adel im 15. Jh. in der ganzen Stadt vornahm, größtenteils un Unmittelbar nördlich des Corsos sich der **Palazzo Ciampoli** (Salita aus dem 14. Jh., angrenzend an das Jebel. Direkt südlich davon (nahe de Catania) thront der **Palazzo Duca di Santo Stefano** (Vicolo De Spuches). In dem Palast aus dem 13. Jh. residierte einst die Adelsfamilie De Spuches, sie war spanischen Ursprungs. Heute dient er funktionellen Zwecken, die normannisch-gotischen Fenster und arabischen Elemente machen ihn jedoch noch immer zu einem architektonischen Highlight der Stadt.

Villa Comunale   PARK
(Parco Duchi di Cesarò; Via Bagnoli Croce; Sommer 8–24 Uhr, Winter 8–18 Uhr;) Der im späten 19. Jh. von der Engländerin Florence Trevelyan geschaffene Landschaftsgarten bietet auch einen atemberaubenden Blick auf die Küste und den Ätna. Er ist voller tropischer Pflanzen und zarter Blüten. Dazwischen wachsen zudem ein paar Kuriositäten. Damit ist er eine herrliche Zuflucht vor den Menschenmassen in der Stadt. Für die Kleinen gibt's auch einen Spielplatz.

NICHT VERSÄUMEN

SPEZIALITÄTEN DER REGION

Schwertfisch (Messina) *Pesce spada* wird in Restaurants überall auf Sizilien zubereitet, doch die leckersten Exemplare werden zwischen Mai und Juli in der Straße von Messina gefangen.

Pasta alla Norma (Catania) Diese reichhaltige Spezialität aus Catania ist nach der berühmten Oper von Bellini benannt und besteht aus gebratener Aubergine, Tomaten sowie gesalzenem Ricotta.

Wein (Ätna) Aus den Trauben, die in der Ätna-Region geerntet werden, wird der Etna DOC gekeltert, einer der bekanntesten sizilianischen Weine.

Honig (Zafferana Etnea) Die kleine Stadt an den Südhängen des Ätna ist für den dort produzierten Honig bekannt. Grundstoff ist der Nektar verschiedener Blumen der Region.

Muscheln (Ganzirri) Gourmets aus Messina strömen nach Ganzirri, um *cozze* (Muscheln) in Salzlake zu genießen.

Taormina

IONISCHE KÜSTE TAORMINA

Taormina

◉ Highlights
1 Teatro Greco G3

◉ Sehenswertes
2 Chiesa di San Giuseppe D3
3 Corso Umberto I D3
4 Monte Tauro C1
5 Palazzo Ciampoli B1
6 Palazzo Corvaja E2
7 Palazzo Duca di Santo Stefano A2
8 Porta Messina E1
9 Santuario Madonna della Rocca C2
10 Saracen Castle C1
11 Torre dell'Orologio C4
12 Villa Comunale F4

◉ Aktivitäten, Kurse & Touren
13 SAT D2

◉ Schlafen
14 Casa Turchetti D3
15 Hotel Villa Belvedere G4
16 Hotel Villa Schuler D3
17 Médousa Suites A1
18 Villa Nettuno F1

◉ Essen
19 Andreas F4
20 La Piazzetta B2
21 L'Arco dei Cappuccini E1
22 Minotauro E2
23 Osteria Nero D'Avola B2
24 Osteria RossoDivino A2
25 Tischi Toschi B2

◉ Ausgehen & Nachtleben
26 Ape Nera E2
   Médousa .... (siehe 17)
27 Morgana D3
28 Wunderbar Caffè C3

◉ Shoppen
29 Carlo Mirella Panarello D3
30 Dieffe A1
31 Kerameion B1
32 La Torinese D2
33 Majolica E3
34 Pafumi A1

Castelmola DORF

Das charmante Bergdorf oberhalb von Taormina, das von einer Burgruine gekrönt wird, wartet mit eindrucksvollen Ausblicken auf die Küste und den Ätna auf. Ist man fit genug, kann man den Aufstieg zu Fuß bewältigen (1 Std.). Für die Anstrengungen wird man mit weiten Panoramablicken belohnt. Alternativ nimmt man die stündlich verkehrende Interbus-Verbindung (einfache Strecke/hin & zurück 1,90/3 €, 15 Min.). Oben bietet sich ein Abstecher in die **Bar Turrisi** (S. 190), eine mehrstöckige Bar mit frecher Deko, an, die Mandelwein serviert.

Zu dem Bergdorf führen die beiden Wege Sentiero dei Saraceni und Sentiero Madonna della Grazie hinauf. Infos hält die Touristeninformation in Taormina (S. 191) bereit.

Monte Tauro AUSSICHTSPUNKT

Der kurze Aufstieg zum Monte Tauro (378 m) ist nicht gerade mit einer Himalaja-Exkursion zu vergleichen, dennoch ist der Weg steil, und die letzten Meter sind ziemlich anstrengend. Belohnt wird man mit atemberaubenden Panoramablicken auf die Dächer von Taormina, das Teatro Greco und die Küste.

Von der Via Circonvallazione führt ein ausgewiesener Weg am winzigen **Santuario Madonna della Rocca** (333 8033448; ⊙Öffnungszeiten variieren) vorbei. Die Kirche wurde um das Jahr 1640 vom Abt Francesco Raineri gegründet und ist in einer Höhle untergebracht. Der Legende nach erschienen die Jungfrau Maria und das Jesuskind einem jungen Schäfer, der während eines plötzlichen Sturms in der Höhle Zuflucht suchte. Das Höhenpanorama von der Kirchenplattform ist fast ebenso himmlisch und umfasst Taormina und das tiefblaue Ionische Meer im Hintergrund. Ein Stück den Berg hinauf liegen die verwitterten Ruinen eines sarazenischen **Castello** (Burg), wo einst Taorminas antike Akropolis thronte. Bis zur Burg kommt man leider nicht – ein verschlossenes Tor macht das Weitergehen unmöglich –, doch das eigentliche Highlight ist ohnehin die Aussicht.

Geführte Touren

SAT BUS

(0942 2 46 53; www.satexcursions.it; Corso Umberto I 73; ⊙8.30–13 & 16–19.30 Uhr) Eines der vielen Unternehmen, die Tagestouren zum Ätna (ab 35 €), nach Syrakus (45 €), Noto (50 €), Palermo und Cefalu (55 €) sowie Agrigento (55 €) anbieten.

Feste & Events

Italian Opera Taormina MUSIK

(340 6426230; www.italianoperataormina.com; Teatro San Giorgio, Via Don Bosco; ⊙April–Nov.)

Von Frühjahr bis Herbst treten montags, mittwochs, freitags und samstags jeweils um 21.15 Uhr berühmte Opernsänger auf. Die Konzerte am Samstagabend finden aber nur im April statt. Ein Glas Prosecco gibt's gratis.

Taormina Arte DARSTELLENDE KUNST
(391 7462146; www.taoarte.it; Juni–Sept.) Das Festival besteht aus einer Fülle kultureller Veranstaltungen in der Stadt, darunter auch das alljährliche **Taormina Film Fest** (http://taofilmfest.it; Juni od. Juli). Höhepunkt der Festival-Saison ist im Sommer, wenn im Teatro Greco Oper, Tanz, Theater und Konzerte auf Weltklasse-Niveau stattfinden. Der Veranstaltungskalender ist auf der Website zu finden.

Essen

Essengehen ist teuer in Taormina. Die Preise sind hier generell höher als im restlichen Sizilien, der Service deshalb aber nicht unbedingt besser. Dennoch gibt es einige exzellente Restaurants, die hochwertige lokale Produkte und Wein servieren. Beides wird von Einheimischen und anspruchsvollen Besuchern gleichermaßen geschätzt. Die enttäuschenden Touristenlokale meidet man und reserviert lieber bei den exklusiveren, beliebteren Adressen – im Sommer muss man sich darum übrigens bis zu einer Woche im Voraus kümmern.

★**Minotauro** GEBÄCK & KUCHEN €
(0942 2 47 67; Via di Giovanni 15; Gebäck ab 1 €; Cannoli 2,50 €; 9–20.30 Uhr, Mitte Juni–Aug. bis 24 Uhr, Dez.–Mitte März geschl.) Das winzige Minotauro ist für seine grandiosen hausgemachten Kalorienbomben bekannt. Die Auslagen füllen verführerische Klassiker, wie kunstvolle Marzipankreationen, klebriges *torrone* (Nougat) und *paste di mandorla* (Mandelkekse) mit Orangen- oder Kürbisfüllung. Unwiderstehlich sind außerdem die samtig-weichen Ricotta-*cannoli*, die direkt vor Ort gefüllt werden und mit Pistazien, Zimt und kandierter Orange verfeinert sind.

★**Il Barcaiolo** SIZILIANISCH €€
(0942 62 56 33; www.barcaiolo.altervista.org; Via Castellucci 43, Spiaggia Mazzarò; Gerichte 33–45 €; Mitte Juni–Aug. 13–14.30 & 19–22.45 Uhr, April, Mai, Sept.–Anfang Jan. Mi–Mo bis 22 Uhr) Hier muss man im Sommer fünf Tage im Voraus buchen, denn dann ist jeder *buongustaio* (Feinschmecker) und jeder hoffnungslose Romantiker scharf auf einen Tisch in der großartigen Trattoria. Gemütlich in einer von Booten gesäumten Bucht des Strandes von Mazzarò gelegen, werden hier grandiose frische Meeresfrüchte serviert, etwa *gamberi rossi marinati agli agrumi* (rohe Garnelen mit Zitrusfrüchten) und *sarde a beccaficu* (gefüllte Sardinen).

Unbedingt Platz lassen für die hausgemachte *cassata* oder die wunderbar sündige Schokoladen-Orangen-Mousse!

★**Osteria Nero D'Avola** SIZILIANISCH €€
(0942 62 88 74; Piazza San Domenico 2b; Mahlzeiten 40–50 €; Mitte Juni–Mitte Sept. tgl. 19–23 Uhr, übriges Jahr Di–So 12–14.30 & 19–23 Uhr;) Der herzliche Betreiber Turi Siligato angelt, jagt und erntet die Zutaten für seine schicke *osteria* selbst, und manchmal besucht er die Gäste an ihren Tischen auch persönlich, erzählt Anekdoten über die kulinarische Ausbeute des Tages und klimpert ein bisschen auf dem Klavier. So ist dies nicht umsonst eines der besten Restaurants in Taormina. Aus saisonalen, regionalen Produkten und Leidenschaft entstehen Leckereien wie gegrillte Fleischklößchen in Zitronenblättern und frischer Fisch mit sizilianischem Pesto.

L'Arco dei Cappuccini SIZILIANISCH €€
(0942 24 893; Via Cappuccini 5; Gerichte 30–45 €; Do–Di 12.30–14.30 & 17–23.30 Uhr, Mitte Juli–Aug. nur abends, Aug. auch Mi geöffnet, Nov.–Mitte Dez. & Anfang Jan.–Mitte März geschl.) Wer Lust auf superfrische Meeresfrüchte hat, reserviert einen Tisch in diesem grandiosen, bei Einheimischen sehr beliebten Restaurant. Der perfekte Einstieg ist *crudo* (Antipasto), danach folgen perfekt abgerundete Speisen wie *fettuccine cernia* (Pasta mit Zackenbarsch) oder die bodenständige *pasta con le sarde* (Spaghetti mit Sardinen, Rosinen, Pinienkernen und Fenchel), bei denen jede Zutat zur Geltung kommt. Top Service!

Tischi Toschi SIZILIANISCH €€
(339 3642088; www.tischitoschitaormina.com; Vico Paladini 3; Mahlzeiten 35–45 €; Sommer Mi–So 12.30–14.30 & 19–22.30 Uhr, Winter Mi–So 12.30–14.30 & 19–22.30 Uhr) Das hochgelobte Slow-Food-Restaurant mit nur wenigen Tischen (unbedingt reservieren!) bietet jene Kreativität und Detailverliebtheit, die das touristische Taormina oft vermissen lässt. Die kleine Speisenauswahl wechselt regelmäßig und richtet sich nach der Saison. Der Schwerpunkt liegt auf selteneren regionalen Spezialitäten wie *caponata* (warmer, süßsaurer Salat mit gekochten Auberginen, Paprika und Zwiebeln) oder köstlichen Fenchelbällchen.

La Piazzetta
SIZILIANISCH €€

(☎ 0942 62 63 17; www.ristorantelapiazzettataormina.it; Via Paladini 5; Mahlzeiten 30–45 €; ⊙ Juli–Sept. tgl. 19.30–24 & Fr–So 14.30–14.30 Uhr, Okt.–Juni Di–So 12.30–14.30 & 19.30–22.30 Uhr; 🕾) Das kleine Eckrestaurant an der malerischen Piazza Paladini bietet beste sizilianische Hausmannskost mit Schwerpunkt auf Seafood. Zu Klassikern wie *pasta alla Norma* (Pasta mit Basilikum, Aubergine, Ricotta und Tomaten) und gegrilltem Fisch kommen immer besondere Tagesgerichte wie Risotto mit Shrimps und süßer Zitronenschale. Der Service ist superb, und es gibt einen schönen, grünen Außenbereich.

Osteria RossoDivino
SIZILIANISCH €€€

(☎ 0942 62 86 53; www.osteria-rosso-divino.com; Vico De Spuches 8; Mahlzeiten 45–65 €; ⊙ Juli–Anfang Sept. 19–24 Uhr, März–Juni & Mitte Sept.–Dez. Mi–Mo 12–15 & 19–23 Uhr 🕾) Das rasend beliebte, schicke Lokal (unbedingt reservieren!) mit einem lauschigen, mit Kerzen beleuchteten Hof wird mit viel Leidenschaft von den Schwestern Jacqueline und Sara Ragusa betrieben. Die Tagesspezialitäten sind auf einer Tafel angeschrieben und richten sich nach der Saison, dem Fang der hiesigen Fischer und der Ausbeute aus dem morgendlichen Marktbesuch der Schwestern. Freuen kann man sich auf Gerichte wie köstliche Tempura-Anchovis (das Geheimnis: Mineralwasser im Teig!) oder leckere *paccheri*-Pasta mit Gorgonzola-Sahne und Dörrbirnen.

Andreas
SIZILIANISCH €€€

(☎ 0942 2 40 11; Via Bagnoli Croce 88; Mahlzeiten 35–55 €, 4-Gänge-Menü 55–60 €; ⊙ Mi–So 12.30–14.30 & Di–So 19.30–22.30 Uhr; 🕾) Das zurückhaltende und kultivierte (wenn auch etwas sterile) Lokal steht unter Leitung von Andreas Zangerl, einem Urgestein der noblen Restaurantszene in Taormina. Die Qualität der Speisen schwankt sehr stark, doch mit den Antipasti und *primi* mit Meeresfrüchten kann man nicht viel falsch machen. Dabei werden Shrimps und Gemüse aus der Region in Tempura gebacken oder *paccheri*-Pasta mit Thunfisch und scharfer *'nduja* (streichfähiger Salami) kombiniert.

🍷 Ausgehen & Nachtleben

Taorminas Nachtleben konzentriert sich auf die trendigen Bars und Cafés der Stadt, die größtenteils am oder in der Nähe des verkehrsberuhigten Abschnitts des Corso Umberto I liegen. Die meisten Läden bieten auch Tische im Freien – ideal, um Leute zu beobachten (und sich sehen zu lassen).

★ Morgana
COCKTAILBAR

(☎ 0942 62 00 56; www.morganataormina.it; Scesa Morgana 4; ⊙ April–Okt. & Mitte Dez.–Anfang Jan. tgl. 19.30 Uhr–open end, Nov.–Mitte Dez. Fr & Sa 19.30 Uhr–open end; 🕾) Diese ach-so-vornehme Cocktail-Lounge kommt jedes Jahr in neuem Gewand daher, immer inspiriert von der Kultur, den Kunsthandwerkern und der Landschaft Siziliens. Hier heißt es Sehen

---

ABSTECHER

GOLE ALCANTARA

Von Giardini-Naxos aus sind es nur ungefähr 15 km bis zur landeinwärts gelegenen **Gole Alcantara** (☎ 0942 98 50 10; www.golealcantara.com; 1,50 €; ⊙ 8 Uhr–Sonnenuntergang; 🅿), einer 25 m tiefen, natürlichen Schlucht, durch die sich das eiskalte Wasser des Flusses Alcantara windet (der Name geht auf das arabische Wort *al qantara*, Brücke, zurück). Charakteristisch für die Schlucht sind die seltsam symmetrischen Gesteinsformen. Sie entstanden, als ein glühend heißer Lavastrom auf das Wasser traf und sich der Basalt dabei in Lavaprismen spaltete – ein spektakulärer Anblick!

Die Schlucht gehört heute zum Gole Alcantara Parco Botanico e Geologico, der sich wiederum auf dem Gelände des Regionalparks Parco Fluviale dell'Alcantara befindet. Von November bis März kann sie nicht besichtigt werden, da das Risiko für Springfluten dann zu hoch ist, das restliche Jahr ist sie jedoch für Besucher zugänglich. Zum Grund der Schlucht geht's mit dem Lift in der Nähe des Parkplatzes oder über 224 steile Treppenstufen, rund 200 m oberhalb des Aufzugs. Hat man den Fluss erreicht, kann man sich Stiefel ausleihen und im eiskalten Wasser herumwaten oder sich einfach am Ufer in die Sonne legen. Im Sommer wirkt die Schlucht wegen der vielen Besucher oft weniger ursprünglich und idyllisch, ein 3,5 km langes Netz von Naturpfaden führt jedoch in entlegenere Gebiete.

Interbus bietet Verbindungen ab Taormina (3,20 €, 1 Std., bis zu 8-mal tgl.).

und Gesehenwerden, sei es auf der kleinen Tanzfläche oder im paradiesischen, schicken Hof inmitten von Pfirsich- und Orangenbäumen. Gegen den Durst helfen tolle Kreationen mit Zutaten von der Insel, von wildem Fenchel und Orange bis hin zu Salbei.

Um sich den Eintritt zu sichern, sollte man im Voraus buchen.

Médousa — COCKTAILBAR
(☏ 0942 38 87 33; www.facebook.com/medousa taormina; Via Sesto Pompeo 1; ⊙ 8–1 Uhr; ⏏) Der zauberhafte Garten ist weit mehr als die romantische Kulisse für einen *aperitivo* zwischen 15 und 21 Uhr, also zur idealen Zeit in diesem Café mit Bar und Bistro. Für die einmaligen Cocktails werden auch frische Früchte und aromatische Kräuter verwendet. Zu den Snacks im Tapas-Stil gehören sizilianische Sushi und französische Austern. Es gibt zwar auch eine richtige Speisekarte, aber es lohnt sich eher, wegen der Getränke herzukommen.

Ape Nera — CAFÉ
(☏ 0942 2 39 38; www.facebook.com/ApeNeraTaormina; Corso Umberto I 65; ⊙ Sommer 9 Uhr–open end, im übrigen Jahr verkürzte Öffnungszeiten; ⏏) Das in Altrosa, Blau und Gold gehaltene Café ist rundum gut: Es gibt Cappuccino mit Mandelmilch, Smoothies und Tee, der mit Ingwer, Zitrone, Limette, Minze, Apfel und Honig aufgekocht wird. Außerdem bekommt man erstklassige Weine und Cocktails. Das Speisenangebot reicht vom Frühstück mit *cornetti* (Croissants), Rührei und Pfannkuchen bis zu *panini*, Salaten und Kuchen.

Wunderbar Caffè — CAFÉ
(☏ 0942 62 50 32; www.wunderbarcaffe.com; Piazza IX Aprile 7; ⊙ 9–open end; ⏏) Dies ist ein Wahrzeichen Taorminas, und zwar seit den 1960ern, die ganz im Zeichen des *dolce vita* standen. Das geradezu schmerzhaft teure Cafè hat sie alle bedient: Tennessee Williams, der gern das Treiben auf dem Platz beobachtete, Greta Garbo, Richard Burton und Elizabeth Taylor. Die Tische sind über die lebendige Piazza verteilt, und Kellner in Livree nehmen die Bestellungen entgegen.

Bar Turrisi — BAR
(☏ 0942 2 81 81; www.barturrisi.com; Piazza Duomo, Castelmola; ⊙ 10 Uhr–open end; ⏏) Die witzige Bar befindet sich im Bergdorf Castelmola, nur ein paar Kilometer außerhalb Taorminas. Sie ist weithin bekannt für ihre ungewöhnliche Deko, wozu auch eine riesige *minchia* gehört (was das ist, ist sofort zu erkennen, sobald man es sieht). Am besten setzt man sich einfach, trinkt ein Glas Mandelwein, genießt den Blick und lässt die Seele baumeln.

 ## Shoppen

In Taormina wird gern eingekauft, insbesondere auf dem verkehrsberuhigten Corso Umberto I. Dort gibt es exklusive Mode, Schuhe und Accessoires, hochwertige Keramik, Spitzen- und Leinenwaren, Antiquitäten, Feinkost und Wein aus der Region. Auch die Nebenstraßen sind voller interessanter Boutiquen und Kunsthandwerksläden.

Dieffe — MODE & ACCESSOIRES
(☏ 0942 62 86 79; Corso Umberto I 226; ⊙ April–Nov. 10–22 Uhr, Dez.–Feb. Do–Di 11–19 Uhr) Alles *made in Italy*: Hier gibt es exklusive Mode, Schuhe und Accessoires für den Herrn aus Sizilien und vom italienischen Festland. Das Sortiment reicht von Seidenkrawatten über handgenähte Hemden bis hin zu handbemalten Ledergürteln. Bei den Schuhen ist von lässig schicken Mokassins bis zu ultramodernen Halbschuhen alles zu finden. Ein Muss für Fans italienischer Herrenmode!

Majolica — KERAMIK
(☏ 327 4075883; Via Bagnoli Croci 6; ⊙ Sommer Mo–Sa 9.30–21.30, So 17–21.30 Uhr, übriges Jahr kürzere Öffnungszeiten) Die Werkstatt für fröhliche, moderne Keramik der Schwestern Maria und Elvira versteckt sich in einer Nebenstraße von Taormina. Ob Espressotassen, Kaffeebecher, Gewürzdosen, Servierplatten, Schmuck oder kleine Tretroller: Alles ist in leuchtenden Farben glasiert, bleifrei, für Spülmaschine und Mikrowelle geeignet und kann in alle Welt versandt werden.

Pafumi — SCHMUCK
(☏ 0942 62 50 35; Corso Umberto I 251; ⊙ Mo–Sa 9.30–11.30 Uhr, So im Sommer 9.30–13.30 & 15–23.30 Uhr, im Winter bis 19.30 Uhr) Die bunten Ohrringe, Armreifen und Anhänger der Schmuckserie Isola Bella werden auf Sizilien gefertigt und nur auf der Insel verkauft. Sie sind Grund genug für einen Besuch in diesem Geschäft in der Nähe der Porta Catania. Es gibt auch Stücke anderer Hersteller.

Kerameion — KERAMIK
(☏ 339 2079032; www.kerameion.com; Corso Umberto I 198; ⊙ Mo–Sa 9–13 & 14.30–20.30, So 9–13 Uhr) Kunsthandwerker Marco Monforte hat sich auf farbenfrohe Fliesen spezialisiert, die er von Hand mit Szenen aus dem sizilianischen Leben bemalt. Die Fliesen fertigt er auch nach speziellen Kundenwünschen an.

Außerdem verkauft er bunte Teller, Platten, Becher und niedliche Espressotassen.

Carlo Mirella Panarello SOUVENIRS& GESCHENKE (Corso Umberto I 122; Sommer 10–22 Uhr, übriges Jahr kürzere Öffnungszeiten) In dem bunten Sammelsurium kann man herrlich nach tollem italienischem Schmuck, Keramik, Gemälden, Parfums und Kuriositäten aus der Region stöbern.

La Torinese ESSEN & TRINKEN (0942 2 31 43; Corso Umberto I 59; 9.30–13 & 16–2030 Uhr) In dem apothekenähnlichen Geschäft gibt's Köstlichkeiten aus der Region wie Olivenöl, Kapern, Marmelade, Honig, Käse, Trockenfleisch, altmodische Süßigkeiten und Wein. Die bruchsichere Verpackung mit Polsterfolie sorgt dafür, dass alles heil zu Hause ankommt.

❶ Praktische Informationen

Krankenhaus (Ospedale San Vincenzo; 0942 57 91; Contrada Sirina) Das Krankenhaus mit Notaufnahme liegt am Hügel 2 km unterhalb des Stadtzentrums.

Polizei (0942 61 11; Piazza San Domenico de Guzman 1) 100 m südlich der Piazza del Duomo.

Post (0942 21 30 52; Piazza Sant'Antonio Abate; Mo–Fr 8.20–19, Sa 8.20–12.30 Uhr) Direkt außerhalb des Stadttors Porta Catania.

Touristeninformation (0942 2 32 43; Palazzo Corvaja, Piazza Santa Caterina; Jan.–Dez. Mo–Fr 8.30–14.15 & 15.30–18.45 Uhr, Sommer Sa 9–13 & 16–18.30 Uhr) Das Büro bietet jede Menge Infos sowie Fahr- und Stadtpläne.

❶ An- & Weiterreise

AUTO & MOTORRAD

Taormina liegt an der *autostrada* A18 und an der SS114. Im historischen Zentrum dürfen nur Anwohner fahren, und der Corso Umberto I ist für den Verkehr gesperrt. Autos und Roller vermietet **California Car Rental** (0942 2 37 69; www.californiarentcar.com; Via Bagnoli Croce 86; Roller pro Tag/Woche 40/250 €, Fiat Panda 70/333 €) in der Nähe der Villa Comunale.

Ein paar Luxushotels haben eine Handvoll Parkplätze, ansonsten muss man seinen Wagen in einem der drei Parkhäuser außerhalb des historischen Stadtkerns abstellen: **Porta Catania** (24 Std. Jul. & Aug. 16 €, Sept.–Juni 14 €), **Porta Pasquale** (24 Std. Jul. & Aug. 16 €, Sept.–Juni 14 €) oder **Lumbi** (24 Std. Jul. & Aug. 16 €, Sept.–Juni 14 €). Alle drei sind vom Corso Umberto I aus zu Fuß zu erreichen; Lumbi (am weitesten entfernt) bietet außerdem einen kostenlosen Shuttle-Bus ins Zentrum.

BUS

Taormina ist am einfachsten mit dem Bus zu erreichen. Der Busbahnhof ist in der Via Luigi Pirandello, 400 m östlich der Porta Messina, des nordöstlichsten Stadttors der Altstadt. **Interbus** (0942 62 53 01; www.interbus.it; Via Luigi Pirandello) fährt täglich nach Messina (4,30 €, 55 Min.–1¾ Std., 1- bis 5-mal tgl.), Catania (5,10 €, 1¼–2 Std., 1- bis 2-mal stündl.) und zum Flughafen Catania (8,20 €, 1½ Std., 1- bis 2-mal stündl.). Von 9.40 bis 17.40 fährt auch alle ein bis zwei Stunden ein Bus nach Castelmola (1,90 €, 15 Min.).

NICHT VERSÄUMEN

STRÄNDE RUND UM TAORMINA

Der Taormina am nächsten gelegene Strand ist der **Lido Mazzarò**. Er ist von der Via Luigi Pirandello aus mit der **Funivia** (Seilbahn; Via Luigi Pirandello; Ein-Weg/Tageskarte 3/10 €; alle 15 Min., Mo 9–1, Sommer Di–So ab 8 Uhr, Winter verkürzte Zeiten) zu erreichen. An dem beliebten Kieselstrand werden Sonnenschirme und Liegestühle vermietet (Sonnenschirm & 2 Liegestühle ca. 20–25 €).

Südlich von Mazzarò führt ein gemütlicher Spaziergang vorbei am Hotel Sant'Andrea zur **Isola Bella** (www.parconaxostaormina.com; Erw./erm. 4/2 €; Mai–Aug. 9–19 Uhr, April & Anfang–Mitte Sept. bis 18.30 Uhr, übriges Jahr kürzere Öffnungszeiten), einer winzigen Insel in einer bildschönen Bucht. In dem Haus, das sich in stiller Einsamkeit auf dem felsigen Eiland erhebt, lebte einst Florence Trevelyan. In dem kristallklaren Wasser kann man wunderbar schnorcheln. Alternativ mietet man sich ein Boot und schippert durch die felsigen Buchten. Will man die Unterwasserwelt erkunden, ist das **Nike Diving Centre** (339 1961559; www.diveniketaormina.com; Spiaggia dell'Isola Bella) am nördlichen Ende des Strandes, das verschiedene Tauchausflüge im Programm hat, die richtige Adresse.

Wer einen echten Sandstrand sucht, muss bis **Spisone** fahren, gleich unterhalb der Abfahrt von der *autostrada*. Von der Seilbahnstation Mazzarò läuft man rund 2 km in nördliche Richtung.

ZUG
Regelmäßig verkehren Züge nach/ab Messina (ab 4,30 €, 45 Min.–1¼ Std.) und Catania (4,30 €, 35 Min.–1 Std.); die äußerst unpraktische Lage des Bahnhofs von Taormina (steile 4 km unterhalb der Stadt) spricht jedoch gegen eine Bahnfahrt. Wer dennoch mit dem Zug anreist, nimmt ein Taxi (15 €) oder einen Interbus (1,90 €, 10 Min., ca. 1- bis 3-mal stündl.) hinauf in die Stadt. Sonntags fahren weniger Züge.

SAVOCA
📞 0942 / 1720 EW. / 303 M

In den Hügeln über Santa Teresa di Riva versteckt sich das winzige Savoca mit Hollywood-Vergangenheit. Francis Ford Coppola drehte hier Teile des Films *Der Pate* – so diente das Dorf als Corleone-Double. Einer der Drehorte war die klapprige **Bar Vitelli** (📞 334 9227227; Piazza Fossia 7; ⊙ Sommer 9–24 Uhr, übriges Jahr bis 19.30 Uhr), ein Café in der Nähe des Ortseingangs. Hier fragte der verliebte Michael Corleone (Al Pacino) den falschen Mann nach Apollonia Vitelli, der wunderschönen Frau, auf die er ein Auge geworfen hatte. Wer möchte, bestellt sich in der Bar eine *granita* (mit *biscotti* zum Tunken) und genießt sie auf der Terrasse vorm Haus. Von hier aus überblickt man die Chiesa di Santa Lucia aus dem 14. Jh., wo Michael Apollonia heiratet.

Die Zeit scheint hier angenehm stillzustehen. Mit seiner Stadtmauer, den rustikalen Steinhütten und den faszinierenden Kirchen scheint sich das Dorf seit dem Mittelalter tatsächlich kaum verändert zu haben.

🔴 Sehenswertes

Katakombe   KATAKOMBE
(📞 380 6948408; www.conventocappuccinisavoca.com; Via Cappuccini 10; Eintritt gegen Spende; ⊙ April–Okt. 9.30–19.30 Uhr, Nov.–März Mi–So bis 17.30 Uhr) Die kleine Katakombe unter einem Kapuzinerkloster aus dem 17. Jh. gilt als die bedeutendste Siziliens. Die mumifizierten Leichname einflussreicher Persönlichkeiten der Stadt stammen aus dem 17. und 18. Jh. Dazu gehört auch der Mönch Bernardo della Limina, der zweite von links in der mittleren Reihe gegenüber den Treppen. Er galt als Wunder vollbringender Quasi-Heiliger, und so wurde der Stoff für sein Gewand von Gläubigen gespendet.

Andere Gewänder wurden u. a. aus herrlicher Seide gefertigt, was von der einst florierenden Seidenindustrie in Savoca zeugt.

ℹ️ Praktische Informationen
Touristeninformation (📞 0942 76 11 25; www.comunesavoca.gov.it/turismo; Via Pineta; ⊙ Mo–Fr 9–14, Sa & So 9–18 Uhr) Das kleine Büro hält Details über das Dorf bereit.

ℹ️ An- & Weiterreise
Um nach Savoca zu gelangen, benötigt man ein Auto. Von Taormina aus nimmt man die A18/E45 Richtung Messina und dann die Ausfahrt nach Roccalumera. Dann folgt man den Schildern nach Catania/Savoca, die Richtung Süden über Santa Teresa di Riva an der SS114 führen. Nun geht's ins Landesinnere und auf der SP19 bergauf ins 4 km entfernte Savoca.

CATANIA
📞 095 / 311600 EW.

Auf den ersten Blick wirkt Catania laut, chaotisch und ungepflegt, und doch übt die Stadt eine starke Anziehungskraft aus. Hier präsentiert sich Sizilien von seiner jugendlichsten Seite – dafür sorgen die vielen coolen, dunklen Bars, jede Menge Energie und ein dennoch bodenständiges Flair, das für den Kontrast zum aristokratischen Palermo sorgt.

Catanias historischer Stadtkern, wo schwarz-weiße *palazzi* über weitläufigen barocken Piazzas aufragen, wurde von der UNESCO zur Welterbestätte erklärt. Gerade noch hat man die Skyline von einer hoch aufragenden Kuppel bewundert und schon findet man sich neben zeitgenössischer Kunst in einem Kloster aus dem 18. Jh. wieder. Unterhalb Catanias warten zudem die antiken Ruinen einer Stadt, die über 2700 Jahre auf dem Buckel hat. Auch Feinschmecker kommen auf ihre Kosten: Sie werden Siziliens bekannte *pasta alla Norma* und den herausragenden Markt La Pescheria lieben.

Über all dem thront Catanias geliebter und gehasster Ätna, der mit seiner Kraft Siziliens zweitgrößter Stadt zusätzliche Intensität und Schönheit verleiht.

🔴 Sehenswertes

Piazza del Duomo   PLATZ
Der zentrale Platz von Catania, eine UNESCO-Welterbestätte, ist ein Kunstwerk aus Lava und Kalkstein, die miteinander kontrastieren. Gesäumt wird er von Gebäuden im einzigartigen lokalen Barockstil und der prachtvollen Cattedrale di Sant'Agata. In der Mitte sprudelt die **Fontana dell'Elefante** (1736). Die naiv lächelnde Elefantenstatue

TOP-TOUREN & WANDERUNGEN

Geführte Touren zum Ätna (S. 210) Man kann den Ätna auf eigene Faust besteigen, doch besser ist es, mit einem erfahrenen Tourführer zu gehen. Diese sorgen für zusätzliche Infos und mehr Sicherheit. Vor allem kleinere, nicht so touristische Anbieter ermöglichen eine sehr persönliche Erfahrung des feurigen Riesen von Sizilien.

Gole Alcantara (S. 189) Durch die traumhaft schöne Felsenschlucht fließt der eiskalte Alcantara. Im Sommer kann man durch den Fluss waten, sich am Ufer sonnen oder auf den Wegen der Umgebung wandern.

Riviera dei Ciclopi (S. 204) Mit einem Boot lassen sich die Höhlen und schwarzen Vulkanfelsen an der beliebten Küste nördlich von Catania gut erkunden. Die Touristeninformation in Catania (S. 202) hat weitere Infos.

Castelmola (S. 187) Von Taormina führen zwei herrliche Wanderwege zu dem hübschen Dorf Castelmola. Einer davon ist der schöne Sentiero dei Saraceni. Ausführliche Infos zu den Wegen bietet die Touristeninformation in Taormina (S. 191).

Isola Bella (S. 191) In der idyllischen Bucht der winzigen Insel vor Taormina kann man herrlich schwimmen und mit den Leuten vom Nike Diving Centre am Strand auch ausgezeichnet tauchen.

Ferrovia Circumetnea (S. 211) Wer lieber in sicherer Entfernung von den Kratern des Ätna bleibt, kann mit dem Zug durch die vielen kleinen Städte am Fuß des Berges fahren.

---

aus schwarzer Lava geht auf römische Zeiten zurück und wird von einem ägyptischen Obelisken überragt. Die **Fontana dell'Amenano**, ein weiterer Brunnen in der Südwestecke der Piazza, markiert den Eingang zum Fischmarkt von Catania.

Der Legende nach gehörte die Elefantenstatue dem Magier Eliodorus, der im 8. Jh. lebte und seinen Lebensunterhalt angeblich damit verdiente, Menschen in Tiere zu verwandeln. Dem Obelisken selbst werden magische Kräfte nachgesagt, die den sprunghaften Ätna besänftigen sollen. Um einiges jünger ist der Amenano-Brunnen aus dem 19. Jh. Das fröhliche Werk des neapolitanischen Bildhauers Tito Angelini erinnert an den Fluss Amenano, der einst über der Erde verlief und an dessen Ufer die Griechen die Stadt mit dem Namen Katáne gründeten.

★ La Pescheria MARKT
(Via Pardo; Mo-Sa 7-14 Uhr) Catanias lauter Fischmarkt, der werktags immer morgens auf den Straßen hinter der Piazza del Duomo stattfindet, ist ein echtes Spektakel. Die Tische biegen sich unter der Last der enthaupteten Schwertfische, rosaroten Garnelen und Tabletts voller Venus- und Miesmuscheln, Seeigel und anderer ungewöhnlicher Meeresbewohner. Fischhändler nehmen silberglänzende Fische aus, und Hausfrauen stöckeln auf hohen Absätzen würdevoll durch Pfützen aus blutverschmutztem Wasser. Eine einmalige Erfahrung! Rund um den Markt gibt es einige gute Fischrestaurants.

★ Teatro Massimo Bellini THEATER
(095 730 61 35, Führungen 344 2249701; www.teatromassimobellini.it; Via Perrotta 12; Führung Erw./Kind 6/4 €) Das 1890 für den einheimischen Komponisten Vincenzo Bellini fertiggestellte Opernhaus ist eine einzige Pracht, angefangen beim extravaganten Foyer aus Stuck und Marmor (dem sogenannten *ridotto*) bis zum grandiosen Innenraum mit vier goldenen Rängen. Das Deckengemälde von Ernesto Bellandi zeigt Szenen aus den vier bekanntesten Opern von Bellini. Die **Associazione Guide Turistiche Catania** (www.guidecatania.it; info@guidecatania.it) bietet 45-minütige Führungen durch das Theater an. Sie müssen telefonisch oder per E-Mail gebucht werden.

Monastero dei Benedettini di San Nicolò l'Arena KLOSTER
(095 710 27 67; www.monasterodeibenedettini.it; Piazza Dante 32; Besichtigung frei, Führung Erw./erm. 8/5 €; Mo-Fr 8.30-20, Sa 8.30-14 Uhr, Führungen Mo-So stündl. 9-17 Uhr, Aug. tgl. 11-18 Uhr) Das Kloster ist eines der größten in Europa und ein gutes Beispiel für den Reichtum des Benediktinerordens. Es wurde 1703 erbaut und gehört nun zur Universität von Catania. Das Kloster verfügt über zwei großartige innere Kreuzgänge und eine der bedeutendsten Bibliotheken auf Sizilien. Bei den tägli-

Catania

chen Führungen werden die Kreuzgänge und die Bibliothek sowie andere Teile des Klosters besucht, die normalerweise nicht zugänglich sind. Es ist aber auch möglich, die Kreuzgänge auf eigene Faust über die umlaufenden Gänge zu besichtigen. Nur wenige der Führungen sind auf Englisch. Deshalb sollte man unbedingt im Voraus anrufen, um eine englische Führung zu buchen.

Für das Kloster gibt es zwei Arten von Tickets: eines (Erw./erm. 9/3,50 €) nur für das Kloster, ein anderes (Erw./erm. 14/4,50 €) auch für das **Museo Diocesano** (095 28 16 35; www.museodiocesanocatania.com; Piazza del

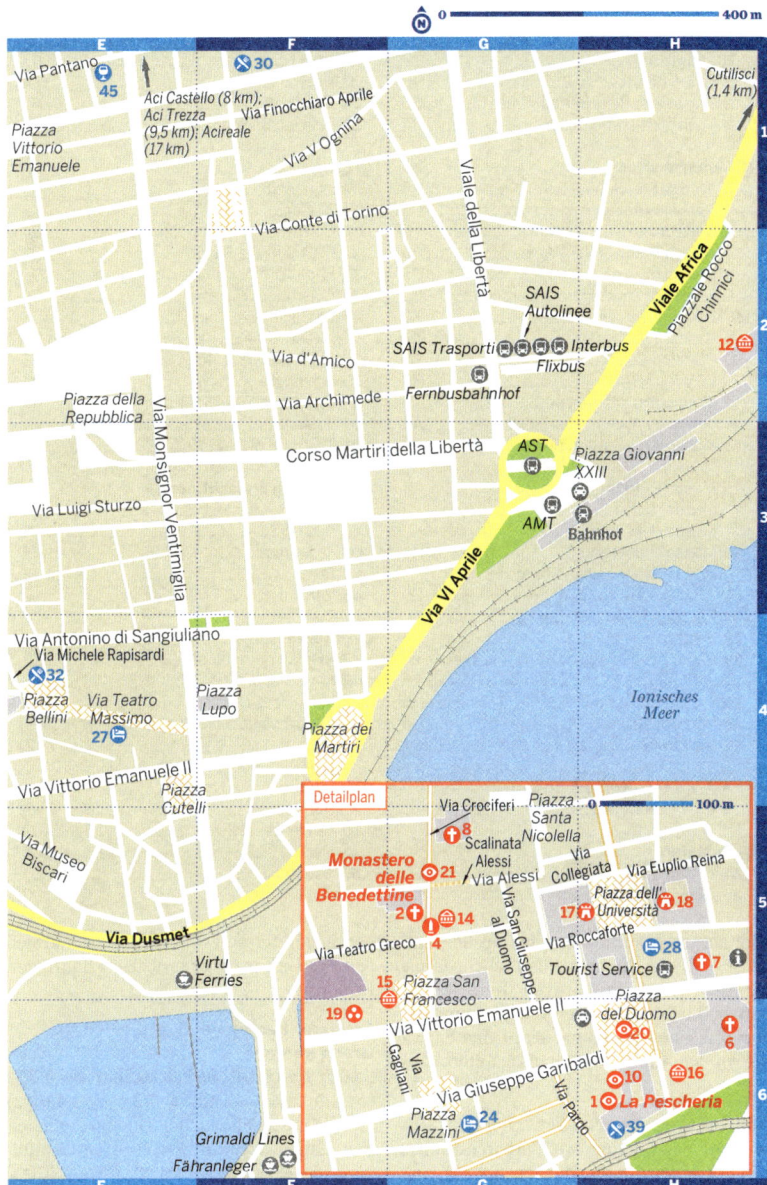

Duomo; Erw./erm. 7/4 €, inkl. Bäder 10/6 €; ⊙ Mo, Mi & Fr 9–14, Di & Do 9–14 & 15–18, Sa 9–13 Uhr) und die unterirdischen römischen Bäder.

★ **Monastero delle Benedettine** KIRCHE (www.officineculturali.net/benedettine.htm; Ecke Via Teatro Greco & Via Crociferi; Erw./erm. 5/3 €; ⊙ Di, Fr & Sa 10–17, 1. So im Monat auch 11–17 Uhr) Das Monastero delle Benedettine besteht aus zwei Gebäuden: einem Benediktinerinnenkloster und der **Chiesa di San Benedetto**. Eindeutig das schönere Gebäude ist die Kirche. Sie wurde von 1704 bis 1713 erbaut und mit prachtvollem Stuck und Mar-

Catania

⊙ Highlights
- **1** La Pescheria H6
- **2** Monastero delle Benedettine G5
- **3** Teatro Massimo Bellini D4

⊙ Sehenswertes
- **4** Arco di San Benedetto G5
- **5** Castello Ursino C6
- **6** Cattedrale di Sant'Agata H6
- **7** Chiesa Badia di Sant'Agata H5
- **8** Chiesa di San Giuliano G5
- **9** Chiesa di Sant'Agata al Carcere B3
- **10** Fontana dell'Amenano H6
- Fontana dell'Elefante .... (siehe 20)
- **11** Giardino Bellini C1
- **12** Le Ciminiere H2
- **13** Monastero dei Benedettini di San Nicolò l'Arena A4
- **14** Museo Arte Contemporanea Sicilia G5
- **15** Museo Belliniano G6
- Museo Civico .... (siehe 5)
- Museo del Cinema .... (siehe 12)
- **16** Museo Diocesano H6
- Museo Storico dello Sbarco in Sicilia .... (siehe 12)
- **17** Palazzo dell'Università H5
- **18** Palazzo Sangiuliano H5
- **19** Parco Archeologico Greco Romano F6
- **20** Piazza del Duomo H6
- **21** Via Crociferi G5
- **22** Via Etnea C4

⊙ Aktivitäten, Kurse & Touren
- **23** Etna Experience C6

⊙ Schlafen
- **24** Asmundo di Gisira G6
- **25** B&B Crociferi C3
- **26** B&B Faro D3
- **27** Habitat E4
- **28** Ostello degli Elefanti H5
- **29** Palazzu Stidda C6

⊙ Essen
- **30** Agricolab F1
- **31** Al Vicolo C3
- **32** Comis Ice Cafè E4
- **33** FUD Bottega Sicula C2
- **34** I Dolci di Nonna Vincenza D5
- **35** Il Gambero Pazzo C6
- **36** La Cucina dei Colori D3
- La Deliziosa .... (siehe 25)
- **37** Mè Cumpari Turiddu D3
- **38** Millefoglie D4
- **39** Pescheria Fratelli Vittorio H6
- **40** Spinella C1
- **41** Trattoria di De Fiore D3

⊙ Ausgehen & Nachtleben
- **42** Bohéme Mixology Bar D3
- **43** Fud Off C1
- **44** Razmataz D3
- **45** Rix E1
- **46** Vermut C2

⊙ Unterhaltung
- **47** Arena Argentina D1
- **48** MA Catania C6
- **49** Monk Jazz Club C6
- Teatro Massimo Bellini .... (siehe 3)
- Zo .... (siehe 12)

⊙ Shoppen
- Boudoir 36 .... (siehe 43)
- **50** La Fiera D2
- **51** Nelson Sicily C4
- **52** Tabaré D3

mor ausgeschmückt. Der Altar aus dem späten 18. Jh. besteht aus sizilianischem Jaspis. Zu den vielen großartigen Kunstwerken zählen die Deckenfresken von Giovanni Tuccari und eine Darstellung der hl. Agatha, wie sie vor den Augen des Sultans gefoltert wird.

Via Crociferi   STRASSE
Die Via Crociferi, eine der schönsten Straßen der Stadt, ist ein wunderbarer, ruhiger Ort für einen morgendlichen Spaziergang. Sie ist bekannt für ihre Barockkirchen und imposanten *palazzi* aus dem 18. Jh.

Der **Arco di San Benedetto** (Via Crociferi) wurde im Jahr 1704 von Benediktinern errichtet und markiert den Ausgangspunkt der Via Crociferi. Es heißt, dass der Torbogen in nur einer Nacht entstand, um eine Gemeindeverordnung zu umgehen, die seinen Bau untersagte – immerhin befand sich das Bauwerk in einer erdbebengefährdeten Region.

Parco Archeologico Greco Romano   RUINEN
(☏ 095 715 05 08; Via Vittorio Emanuele II 262; Erw./erm. inkl. Casa Liberti 6/3 €; ◎ 9–19 Uhr) Westlich der Piazza del Duomo befinden sich Catanias eindrucksvollste antike Ruinen: die Überreste eines römischen Theaters aus dem 2. Jh. und das zugehörige kleine Probentheater, das Odeon. Die Ruinen beeindrucken mit ihrer stimmungsvollen Lage mitten in einem heruntergekommenen Wohnviertel. Die mit Weinreben bedeckten Gebäude scheinen aus der halb versunkenen Bühne erwachsen zu sein. Neben dem Haupttheater steht die **Casa Liberti** (So ge-

schl.). Das elegant restaurierte Haus aus dem 19. Jh. beherbergt heute Artefakte aus zwei Jahrtausenden, die während der Ausgrabungen entdeckt wurden.

Via Etnea — STRASSE

Woher die wichtigste Einkaufsstraße Catanias ihren Namen hat, ist ganz offensichtlich: Bei gutem Wetter sieht man den Ätna majestätisch an ihrem Ende aufragen. Die Via Etnea führt geradewegs von der Piazza del Duomo zu den Hügeln unterhalb des Vulkans und wird von Kaufhäusern, Bars und Straßencafés gesäumt. Hier herrscht fast immer große Betriebsamkeit, samstagnachmittags ist jedoch besonders viel los, denn dann strömen Einkaufslustige aus den Vororten herbei, um zu flanieren und ihre Garderobe aufzumotzen.

Am südlichen Ende der Straße lädt die stimmungsvolle Piazza dell'Università zu einer Pause bei Kaffee und Kuchen ein. Auf der anderen Seite des Platzes erhebt sich der **Palazzo dell'Università**. Dieses von Vaccarini entworfene Gebäude beherbergt die städtische Universität. Im Osten kann noch ein weiteres Bauwerk von Vaccarini bewundert werden, und zwar der **Palazzo Sangiuliano**.

Wer den Menschenmassen entgehen möchte, steuert den **Giardino Bellini** (Sommer 6–23 Uhr, Frühling & Herbst bis 22 Uhr, Winter bis 21 Uhr; ♿) an. In dem schattigen Park kann man sich auf einer Bank ausruhen und den Ausblick auf den Vulkan bewundern.

Chiesa Badia di Sant'Agata — KIRCHE

(📞 340 4238663; www.badiasantagata.wordpress.com; Via Vittorio Emanuele II 182; Kuppel 5 €; tgl. 9.30–12.30, zusätzlich Di–Sa 15.30–17.30 & 16–20.30 Uhr) Die Kirche aus dem 18. Jh. mit einer eleganten konkav-konvexen Fassade, die an Werke Borrominis erinnert, wurde ebenfalls von dem Architekten Giovanni Battista Vaccarini aus Palermo entworfen. Nach dessen Tod 1768 übernahm Nicolò Daniele die Fertigstellung des Interieurs. Er steuerte u. a. den spektakulären Boden aus Carrara-Marmor und die bernsteinfarbenen Altäre aus Castronovo-Marmor bei. Highlight ist jedoch der tolle 360-Grad-Blick von der Kuppel über die Dächer der Stadt und bis hin zum brodelnden Ätna im Norden.

Cattedrale di Sant'Agata — KATHEDRALE

(📞 095 32 00 44; Piazza del Duomo; Mo–Sa 7–12 & 16–19, So 7.30–12.30 & 16.30–19.30 Uhr) Die Kathedrale hat eine beeindruckende Marmorfassade mit zwei Säulenordnungen aus dem römischen Amphitheater. In dem überwölbten Innenraum ruhen die Reliquien der Schutzpatronin der Stadt. Ein weiterer bekannter Bewohner ist der weltberühmte Komponist Vincenzo Bellini aus Catania. Seine Überreste wurden 1876, 41 Jahre nach seinem Tod in Frankreich, hierher verlegt. Lohnend ist auch ein Besuch des Museo Diocesano (S. 194) nebenan mit Zugang zu den römischen Bädern direkt unter der Kirche.

Die jugendliche Jungfrau Agata widersetzte sich den Avancen des ruchlosen Quintian (250 n. Chr.) und wurde deswegen brutal verstümmelt: Man hackte ihre Brüste ab und rollte ihren Körper durch glühende Kohlen. Das Verlies, in dem diese Grausamkeiten verübt wurden, kann besichtigt werden. Es erstreckt sich unterhalb der **Chiesa di Sant'Agata al Carcere** (📞 338 1441760; Piazza San Carcere; Juni & Juli Mi–Sa, Sept.–Mai Sa & So 10–12 Uhr, Aug. geschl.) hinter dem römischen Theater an der Piazza Stesicoro. Dem mit Juwelen besetzten Abbild der Heiligen wird am 5. Februar im Rahmen eines der größten Feste der Insel auf opulente Weise gehuldigt.

Castello Ursino — BURG

(Piazza Federico II di Svevia) Catanias furchteinflößende Burg aus dem 13. Jh. wachte einst von einer Klippe am Meer über die Stadt. 1669 veränderte sich die Landschaft jedoch infolge des Ausbruchs des Ätnas: Das Gelände südlich der Klippe wurde mit Lava aufgefüllt, und seither ist die Burg vollständig von Land umschlossen. Heute beherbergt der Bau das **Museo Civico** (📞 095 34 58 30; Castello Ursino, Piazza Federico II di Svevia; Erw./erm. 6/3 €; 9–19 Uhr) mit einer kostbaren archäologischen Sammlung der Biscaris, Catanias einflussreichster Aristokratenfamilie. Zu den Ausstellungsstücken gehören riesige Skulpturen aus klassischer Zeit, griechische Vasen und feine Mosaiken.

Museo Arte Contemporanea Sicilia — GALERIE

(MACS; 📞 095 617 20 35; www.museomacs.it; Via San Francesco 30; Erw./erm. 5/3,50 €; Di–So 10.30–17.30 Uhr) In dem kleinen modernen Kunstmuseum in einem Benediktinerkloster aus dem 18. Jh. gehen Alt und Neu eine herrliche Symbiose ein. Auf zwei Stockwerke verteilen sich mehr als 70 Werke, darunter Gemälde und Skulpturen, Fotografien und Multimedia-Arbeiten. Sie stammen von Künstlern aus Sizilien, dem übrigen Italien und ganz Europa sowie aus Ländern wie Kuba, Argentinien und Singapur.

Chiesa di San Giuliano KIRCHE
(351 9301007; Via Crociferi; Führung 4 €; Do-Sa 10–13 Uhr) Die zwischen 1739 und 1751 erbaute Kirche wird dem sizilianischen Barockbaumeister Vaccarini zugeschrieben. Über dem Portal der eleganten konvexen Fassade ist ein zerbrochenes Giebelfeld mit zwei allegorischen Frauenfiguren. Auf dem Dach der Kirche befindet sich ein mehreckiger Aufbau. Von dort konnten die Nonnen des Klosters (die zumeist aus adeligen Familien stammten) die Prozession zu Ehren der hl. Agatha verfolgen. Bei den Führungen gelangt man auch auf die Loggia, die einen atemberaubenden Blick auf die Stadt bietet.

Museo Belliniano MUSEUM
(095 715 05 35, Piazza San Francesco 3; Erw./erm. 5/2 €; Mo–Sa 9–19, So bis 13 Uhr) Einer der bedeutendsten Opernkomponisten Italiens, Vincenzo Bellini, wurde 1801 in Catania geboren. Das Haus, in dem er aufwuchs, wurde mittlerweile zu einem Museum umfunktioniert. Es zeigt eine interessante Sammlung von Memorabilien, darunter Original-Partituren, Fotografien, Klaviere, auf denen Bellini gespielt hat, und seine Totenmaske.

Während seines kurzen Lebens (er starb im Alter von 34 Jahren) schrieb Bellini zehn Opern, u.a. das berühmte Trio aus *La Sonnambula* (Die Schlafwandlerin), *I Puritani* (Die Puritaner) und *Norma*; nach diesem Werk wurde die *pasta alla Norma*, das berühmteste Gericht Siziliens, benannt.

Le Ciminiere MUSEUM
(Viale Africa 12) Der moderne Museumskomplex ist in einer ehemaligen Schwefelraffinerie untergebracht. Am interessantesten ist das **Museo Storico dello Sbarco in Sicilia** (095 401 19 29; www.facebook.com/museostoricodellosbarco1943; Erw./erm. 4/2 €; Juli & Aug. Di–So 10–18, letzter Einlass 16 Uhr, Sept.–Juni Di–So 9–17, letzter Einlass 15 Uhr), das die Landung der Alliierten auf Sizilien im Zweiten Weltkrieg dokumentiert. Ebenfalls sehenswert ist das **Museo del Cinema** (095 401 19 28; Erw./erm. 4/2 €; Juli & Aug. Di–So 10–17 Uhr, Sept.–Juni Di–So 9–16 Uhr). Es erzählt die Geschichte des Films anhand von Kinoplakaten, Erinnerungsstücken und alten Filmkameras. Neben den Museen befindet sich im Le Ciminiere auch das Veranstaltungszentrum **Zo** (095 816 89 12; www.zoculture.it; Piazzale Rocco Chinnici 6;).

 Feste & Events

Festa di Sant'Agata RELIGION
(www.festadisantagata.it; 3.–-5. Feb.) Bei Catanias größtem Kirchenfest folgen gut 1 Mio. Menschen der Fercolo (einer silbernen Reliquienbüste der hl. Agatha) durch die Hauptstraße der Stadt. Am Abend des 3. Februar findet ein spektakuläres Feuerwerk mit Musik statt. Um sich einen guten Platz zu sichern, strömen die Menschen schon ab dem Nachmittag auf die Piazza.

Marranzano World Fest MUSIK
(www.mondodimusica.it; Monastero dei Benedettini di San Nicolò l'Arena, Piazza Dante 32; Juni) Das internationale Musikfestival findet an vier Abenden im historischen Monastero dei Benedettini di San Nicolò l'Arena statt. Künstler aus Sizilien und der ganzen Welt spielen alles von traditioneller sizilianischer Volksmusik über Wüstenblues bis hin zu elektronischer Schamanenmusik.

Essen

In Catania ist Essengehen ein wahres Vergnügen, sei es an den Marktständen von La Pescheria oder in der trendigen Via Santa Filomena. Es gibt eine riesige Auswahl von Snackbars, Trattorias und Restaurants, darunter auch vegetarische und vegane Optionen. Auch die Imbisskultur ist großartig. Zu den klassischen Snacks gehören *arancini* (gebratene Reisbällchen), *cartocciate* (Brot, gefüllt mit Schinken, Mozzarella, Oliven und Tomaten) und *pasta alla Norma*, die alle hier erfunden wurden.

★ I Dolci di Nonna Vincenza SÜSSIGKEITEN €
(095 715 18 44; www.dolcinonnavincenza.it; Piazza San Placido 7; Cannoli & Arancini ab 2,30 €; Mo–Sa 8.30–20, So 9–13.30 Uhr;) Die Nonnen brachten der jungen Nonna Vincenza einst das Backen bei. Heute sind ihre duftenden Köstlichkeiten der Traum aller Naschkatzen. Unter riesigen Kronleuchtern stehen ellenlange Theken voller unwiderstehlicher Leckereien wie *geli* (Wackelpudding) mit Zimt- und Zitronengeschmack und knusprige *cannoli* mit Ricotta-/Haselnuss- und anderen Füllungen. Leckereien zum Mitnehmen wie die *cassatella di Agira* (mürbe Kekse mit Kakao, Zimt, Mandeln und Zitronenschale) haben Kultstatus.

Am besten sind aber die goldgelben *arancini*, insbesondere die *arancino al pistachio*. Im Sommer gibt's in dem Laden mit Café auch Eis.

La Deliziosa SIZILIANISCH €
(☎ 095 668 18 06; www.deliziosacatania.it; Via Crociferi 77; Mahlzeiten 20–25 €; ⏱ Di–So 12.30–16 & 17.30–24 Uhr; 🛜 📶) Das stimmungsvolle, kleine Restaurant mit Tischen auf der Via Crociferi wird von den liebenswürdigen Damen Aurora und Carminia geführt. Die Speisekarte ändert sich wöchentlich, weist aber immer modern abgewandelte sizilianische Küche mit regionalen Produkten auf. Zu den Klassikern zählt *facciazza*, eine Art Pizza mit einem Belag aus rohen Zutaten wie Tomaten, Käse und Schinken. Wer nur eine kurze Pause einlegen will, kommt nachmittags auf einen *aperitivo* mit sizilianischen Snacks, Wein, Bier oder *spritz*.

Al Vicolo ITALIENISCH €
(☎ 095 836 07 30; www.alvicolopizzaevino.it; Via del Colosseo 5; Panini 5–7 €, Käse- und Wurstteller ab 12 €, Pizza 6–16 €; ⏱ So–Fr 12–0.30, Sa 12–1 Uhr; 🛜) 🍴 Das Al Vicolo ist vieles in einem: geschäftige Pizzeria, Feinkostladen und Designerbistro. Die Pizzas sind riesig und gut, vor allem die *bordo* mit Frischkäse, Pistazien und Kirschtomaten, die es aber samstags nicht gibt. Die Feinkosttheke bietet alles zum Mitnehmen, beispielsweise *panini* oder *taglieri* mit Wurst und Käse. Auch Glutenfreies ist im Angebot.

Agricolab SIZILIANISCH €
(☎ 095 1693 2878; www.agricolab.it; Via F Crispi 258; Mahlzeiten 20–27 €; ⏱ Mo, Mi & Do 12.30–15 & 18–22.30, Fr & Sa 12.30–15 & 18–24 Uhr, im Winter wechselnde Öffnungszeiten; 🛜 📶) 🍴 Das hippe, fröhliche Bistro-Café wird von der Singapurerin Fawn und ihrem sizilianischen Partner Giuseppe geführt. Auf den Tisch kommen Produkte kleiner Bauernhöfe und Erzeuger aus ganz Sizilien. Diese werden u. a. zu Sauerteigbrot mit hausgemachtem Aufstrich und der Spezialität des Hauses *pasta aglio e olio* (Nudeln mit Olivenöl und Knoblauch) verarbeitet. Der Service ist freundlich, und wer allein ist, kann sich an die Theke setzen. Fürs Wochenende sollte man im Voraus reservieren.

La Cucina dei Colori VEGETARISCH €
(☎ 095 715 98 93; Via San Michele 9; gem. Platten 10–14 €, Mahlzeit 20 €; ⏱ 12.30–15 & 19.30–23 Uhr, Mitte Juni–Sept. So geschl.; 📶) Die saisonalen, biologischen und fleischlosen Gerichte kann man mitnehmen oder vor Ort an großen Tischen essen. Zum täglich wechselnden Angebot gehören Vollkorn-Pasta mit Artischocken, gebratener Seitan (Weizengluten) mit Gemüse und *caciocavallo*-Flan mit Ei, Gemüse und Käse. Vegane und glutenfreie Optionen sind ebenso erhältlich wie Bio-Wein.

Comis Ice Cafè EISDIELE €
(☎ 095 715 24 99; Piazza Vincenzo Bellini 8; Granita 3 €; ⏱ Sommer Mo 7–16.30, Di–So 7–13.30 Uhr, Winter Mo–Do 7–20.30, Fr–So 7–13.30 Uhr; 🛜 📶) Die Brüder Santino und Sergio sind für die beste *granita* der Stadt bekannt, weil sie besonders cremig und sahnig ist. Ihre hausgemachten Brioches sind ebenfalls herrlich weich, und die zwei stellen auch ihr eigenes Eis her. Besonders beliebt ist Ricotta-Pistazie. Dazu gibt's guten Kaffee und *spritzes*, ideal, um sich an einem der schönsten Plätze Catanias zu entspannen.

Millefoglie VEGETARISCH €
(☎ 331 2505331; Via Sant'Orsola 12; Gerichte 6,50–12 €; ⏱ Nov.–April Mo–Sa 12.45–15 Uhr, Mai–Okt. Mo–Fr; 🛜 📶) Im kleinen Millefoglie, einem Lokal mit weiß getünchten Betonboden, Gemeinschaftstischen, Shabby-Schick und einer offenen Küche erwarten Gäste leckere vegetarische Gerichte. Die Speiseauswahl richtet sich nach dem morgendlichen Marktbesuch und umfasst z. B. kräftige Vollkorn-*casarecce* (eingedrehte Pasta) mit Zucchini, Ackerbohnen, Erbsen, Pecorino, Zitronenzesten und Basilikum oder Schokoladenmousse mit Chili und Erdbeeren. Meist stehen auch ein paar vegane Optionen zur Auswahl.

FUD Bottega Sicula BURGER €
(☎ 095 715 35 18; www.fud.it; Via Santa Filomena 35; Burger 7–12,50 €, Salate 9,50–11,50 €, Pizza 6,50–10 €; ⏱ 12.30–15 & 19–1 Uhr; 🛜 📶) Mit schnellem Service und Außentischen an der trendigen Via Santa Filomena befriedigt das hippe Lokal in einer Seitenstraße das Bedürfnis der jüngeren Stadtbewohner nach sizilianischem Fast Food. Zubereitet wird es aus hochwertigen Zutaten aus der Region, etwa sizilianischen Käse und Schweinefleisch aus Nebrodi (Nero Siciliano). Die Speisekarte zeigt Humor: Die Schreibweise der Burger und *panino* richten sich nach der italienischen Phonetik, vom „cis burgher" (Cheeseburger) bis zum rustikalen „cauntri" (Country) Sandwich.

Pizza nach neapolitanischer Art gibt's nachts oder auch mittags am Wochenende.

Trattoria di De Fiore TRATTORIA €
(☎ 095 31 62 83; Via Coppola 24/26; Gerichte 20–27 €; ⏱ Mo 19–0.30, Di–So 13–0.30 Uhr) Seit über 50 Jahren kocht die über 70 Jahre alte Chef-

köchin Rosanna (ja, das ist die in Jamie Olivers TV-Serie *Jamie kocht Italien*) nach Rezepten ihrer Urgroßmutter, u.a. die wohl beste *pasta alla Norma* ganz Siziliens. Der Service ist mitunter fürchterlich langsam, Geduldige erhalten jedoch die seltene Gelegenheit, klassische Küche aus dem Catania vergangener Zeiten zu kosten. Als Dessert sind Rosannas bekannte *zeppoline* (gezuckertes Fettgebäck mit Ricotta-Zitronen-Füllung) sehr zu empfehlen. Oktober bis April montags geschlossen.

Rosanna sagt, ihre Großmutrter nannte die *pasta alla Norma* eigentlich *pasta Mungibeddu*, in Gedenken an den Ätna (Mungibeddu war der ursprüngliche Name für Catanias berühmten Vulkan): Die Tomaten repräsentierten die rote Lava, Aubergine die schwarze Kohle, Ricotta den Schnee und die Basilikumblätter die Bergvegetation.

★ Mè Cumpari Turiddu   SIZILIANISCH €€
(095 715 01 42; www.mecumparituriddu.it; Piazza Turi Ferro 36–38; Gerichte 26–40 €; 11.30–0.30 Uhr;) Kerzenleuchter, Vintage-Möbel und alte Spiegel sorgen in diesem unkonventionellen Bistro-Restaurant mit Laden für nostalgisches Flair. Die Verbindung aus Tradition und Moderne beeindruckt, zudem wird auf kleine Lieferanten und Slow-Food-Prinzipien Wert gelegt. Das Ergebnis sind raffinierte, klassisch inspirierte Gerichte wie Ricotta-Majoran-Ravioli in Schweinefleischsauce, milder Ustica-Linseneintopf oder verspielt „dekonstruierter" *cannolo*. Zudem gibt es eine tolle Auswahl sizilianischen Käses, leichterer Bistrokost und Kuchen.

Es empfiehlt sich, für ein Abend- oder fürs Mittagessen am Sonntag vorher zu reservieren.

Pescheria Fratelli Vittorio   SEAFOOD €€
(339 7733890; Via Dusmet 1; Gerichte 25–40 €; Di–So 11.30–15.30 & 19–24 Uhr, Nov.– Mitte Mai So abends geschl.) Katzen würden für einen Tisch bei Fratelli Vittorio wahrscheinlich töten, denn in der Theke des Kultrestaurants glitzern Catanias frischste Fische und Meeresfrüchte. Das ist wenig überraschend, schließlich ist Mitbesitzer Giovanni Fischhändler und wählt persönlich die besten Zutaten auf dem nahe gelegenen Markt aus. Eine Kostprobe liefert *degustazione di antipasti del giorno*, doch auch die sättigende *zuppa di pesce* (Meeresfrüchtesuppe) ist sehr zu empfehlen.

Wer noch etwas Platz im Bauch hat, beschließt den Abend mit *fedora*, einem Dessert mit Ricotta, Schokoladenchips und gerösteten Mandeln.

Le Tre Bocche   SEAFOOD €€
(095 53 87 38; Via Ingegnere 11; Mahlzeiten 35–45 €; 8.30–23.45, So auch 13–15.30 Uhr) Eine fantastische Trattoria (von *Slow Food* empfohlen), in der nur die frischesten Meeresfrüchte und Fische auf den Tisch kommen (das Le Tre Broche hat sogar einen eigenen Stand auf dem Markt La Pescheria) und in der man rechtzeitig reservieren muss. Nach den superfrischen Antipasti aus dem Meer bieten sich als *primo* (erster Gang) Spaghetti in Seeigel- oder Tintenfischtinte oder ein Risotto mit Zucchini und Garnelen an.

Il Gambero Pazzo   SIZILIANISCH €€
(333 4616819; Via Vela 1; Mahlzeiten 25–35 €; Okt.–Mai Mi–Mo 18.45–23, So auch 12.45–14.30 Uhr;) „Die verrückte Garnele" ist über verwitterte Stufen zu erreichen. Der einfache Familienbetrieb ist weithin bekannt für seine frischen, erschwinglichen Meeresfrüchte und gute Hausmannskost. Besonders zu empfehlen sind die *carrellata di antipasti*, ein Mini-Tsunami an Vorspeisen, die fast schon eine ganze Mahlzeit darstellen. Wie nicht anders zu erwarten, bestehen sowohl die *primi* (erste Gänge) als auch *secondi* (Hauptgerichte) aus Fisch und Meeresfrüchten, beispielsweise gibt es Knoblauch-Spaghetti mit Muscheln oder goldbraun frittierte Calamares. Im Voraus reservieren!

Cutilisci   SIZILIANISCH €€
(095 37 25 58; www.cutilisci.it; Via San Giovanni li Cuti 67–69; Pizza 6,50–14 €, Gerichte 28–35 €; Mi–Mo 12.30–15 & 19.30–24, Di 19.30–24 Uhr;) Bei gutem Wetter können Gäste des beliebten Restaurants am Wasser im Hafen von San Giovanni li Cuti auf der Terrasse am Bürgersteig sitzen. Vollwertige Zutaten und globale Einflüsse prägen die Speisekarte, die z.B. Schwertfischsteak mit Orangen-Fenchel-Salat und Taboulé mit Gerste, Dinkel und Gemüse umfasst. Eine Taxifahrt ab dem Zentrum kostet pro Strecke rund 15 €.

Ausgehen & Nachtleben

★ Mercati Generali   CLUB
(334 9197095, 095 57 14 58; www.mercatigenerali.org; Strada Statale 417, Contrada Lungetto; Sa 21–4 Uhr;) Die 11 km lange Fahrt aufs Land südwestlich von Catania lohnt sich! In einem der besten Clubs Siziliens legen Top-DJs aus Italien und der ganzen Welt auf, und es gibt auch Livemusik, avantgardisti-

sche Ausstellungen und andere Kulturveranstaltungen. Dazu kommt das zauberhafte Ambiente in einer ehemaligen Kelter aus dem 19. Jh., zu der auch ein schöner Innenhof gehört. Die Liebe zum Detail zeigt sich auch bei Speis und Trank, vor allem bei der Pizza aus dem Holzbackofen.

Der Eintritt richtet sich nach der jeweiligen Veranstaltung und liegt zumeist zwischen 10 und 20 €. Der Veranstaltungskalender findet sich auf der Homepage.

★ Fud Off COCKTAILBAR
(☎ 347 1360586; www.fudoff.it; Via Santa Filomena 28; ⊙ 18–2 Uhr; 🛜) Hier ist alles super, von den Cocktails bis zum aufmerksamen Personal. Die schummrige, sexy Bar mit farbigem Glas, neonpinken Wänden und Samtstühlen ist eine der besten in Catania. Neben Cocktails gibt's auch eine kleine Auswahl interessanter Weine, die im Glas ausgeschenkt werden, und ausgezeichnete Snacks im Stil von Tapas, z. B. geräucherter und gegrillter Tintenfisch mit Kartoffelpüree.

Bohéme Mixology Bar COCKTAILBAR
(☎ 095 250 33 40; www.bohememixologybar.com; Via Montesano 27-29; ⊙ 19–3 Uhr; 🛜) In der heimeligen Bar mit zusammengewürfeltem Mobiliar, Spiegeln in Goldrahmen und einem alten Grammofon gibt's keine Getränkekarte. Die Gäste sagen einfach, was sie mögen und lassen die Barkeeper dann machen. Die Cocktails sind zwar teuer (8–12 €), aber auch besser als die meisten der Konkurrenz, denn hier wird vom Sirup bis zur Ananasmarmelade alles selbst gemacht.

Mehrmals in der Woche wird Live-Jazz oder -Blues gespielt, zumeist ab 22 Uhr.

Vermut BAR
(☎ 347 6001978; Via Gemmellaro 37-39; ⊙ 11–2 Uhr; 🛜) Wermut, Wein und *salumi* (Wurst) sorgen für gute Stimmung in der preiswerten Bar. An den Wänden hängen alte Getränkereklamen, die Holztische sind ebenfalls alt, und auf der umfangreichen Getränkekarte stehen zahllose Varianten des klassischen Martini-Cocktails und dienstags noch mehr als 20 verschiedene Spirituosen. Zu essen gibt's rustikale fleischhaltige und vegetarische Tapas (1–7,50 €), die auf buntem Papier serviert werden.

Wer abends einen Sitzplatz möchte, muss im Voraus reservieren.

Rix COCKTAILBAR
(www.facebook.com/ritzcatania; Via Pantano 54; ⊙ Sommer Mo–Sa 19–1.30 Uhr, Winter Di–So; 🛜)
Die Cocktails im eleganten, geselligen und sehr urbanen Rix sind hervorragend. Sie werden mit viel Leidenschaft und Kompetenz gemixt, sei es ein starker Aviation oder ein origineller Ätna-Kir (aus Rosé-Sekt, Kirschlikör und Haselnuss). Im Angebot sind auch weniger bekannte Alkoholika aus der Region, und knapp die Hälfte der Weine sind Naturweine. Das Essen ist saisonal und erstklassig. Vor allem die Desserts sind einzigartig.

Razmataz BAR
(☎ 095 31 18 93; Via Montesano 17; ⊙ Mo–Sa 9 Uhr–open end, So 17 Uhr–open end, im Winter So ab 9 Uhr; 🛜) Die offenen Weine sind hier vielleicht nur durchschnittlich, aber die kleine Eckkneipe mit Tischen unter schattenspendenden Bäumen im Hinterhof ist urgemütlich und sehr entspannend. Um die Zeit des *aperitivo* wird es dann plötzlich voll. Die bodenständigen Speisen – von deftigen Suppen über Pasta und Fleisch bis hin zu Meeresfrüchten (ab 7 €) – sind auf einer Tafel angeschrieben.

☆ Unterhaltung

★ Teatro Massimo Bellini THEATER
(☎ 095 730 61 11; www.teatromassimobellini.it; Via Perrotta 12) Catanias bestes Theater ist nach dem berühmtesten Sohn der Stadt, dem Komponisten Vincenzo Bellini benannt. Es ist auch eines der großartigsten alten Theater in ganz Italien. Jedes Jahr werden hier Opern von Weltklasse-Niveau aufgeführt, und es finden Klassikkonzerte und Tanzvorführungen statt. Alle Karten werden online verkauft. Sie kosten von rund 20 € bis zu mehr als 100 € für einen Logenplatz.

MA Catania LIVEMUSIK
(☎ 095 34 11 53; www.macatania.com; Via Vela 6-8; ⊙ Do & So 20–2, Fr & Sa 20–4 Uhr) Lange Warteschlangen sind hier die Regel. Der schicke Nobelclub bietet beste DJs, Livemusik und Jamsessions. Es gibt auch ein hauseigenes Restaurant, und der *aperitivo* am Sonntagabend (bekannt als No Ordinary Sunday) ist bei den Einheimischen besonders beliebt. Alle Veranstaltungen werden auf Facebook angekündigt.

Monk Jazz Club JAZZ
(☎ 340 1223606; www.facebook.com/MonkClub Catania; Via Scuto 19; ⊙ wechselnde Öffnungszeiten) Hier treten die besten Jazztalente aus Italien und der ganzen Welt auf, z. B. Pietro Tonolo mit dem Saxophon und der weltbe-

kannte Pianist Dado Moroni. Aber auch der Nachwuchs bekommt hier seine Chance. Alle Veranstaltungen und Jamsessions werden auf Facebook angekündigt.

Arena Argentina KINO
(095 32 20 30; www.cinestudio.eu; Via Vanasco 10; Erw./erm. 3,50/3 €; Juni–Sept.) Das Open-Air-Kino ist der Sommer-Treffpunkt der einheimischen Filmfans. Gezeigt werden zumeist Kult- und Kunstfilme wie *Purple Rain* und *Labyrinth*, aber auch neue Spielfilme wie *Capernaum* und *Three Billboards Outside Ebbing, Missouri*. Achtung: Die Filme sind zumeist nur in italienischer Sprache. Freitags kostet der Eintritt für alle unter 26 Jahren nur 1,50 €.

 Shoppen

★ **Nelson Sicily** ESSEN & TRINKEN
(095 836 16 34; www.nelsonsicily.com; Via Crociferi 50; Mo–Sa 10–14 & 16–21, So 10–14 & 16–20 Uhr) In dem Feinschmecker-Tempel werden nur traditionell hergestellte Erzeugnisse aus Sizilien verkauft: sortenreine Olivenöle vom Ätna, Gläser mit Pistazienpesto, Peperoncino, Thunfisch, Bio-Tomatensugo und mariniertem roten Knoblauch aus Nubia und vieles mehr. Es gibt auch eine erlesene Auswahl von Likören und Naturweinen kleiner Erzeuger sowie ganz besondere *amari*-Schnäpse.

Boudoir 36 PARFÜM
(095 715 23 58; www.boudoir36.it; Via Santa Filomena 36; Di–Sa 18–22 Uhr) Ingenieur am Tag, Parfum-Maestro am Abend: Antonio Alessandria geht in seiner schicken, kleinen Parfümerie seiner Leidenschaft für Düfte nach. Mainstream-Marken sucht man hier vergeblich, dafür gibt's Duftwasser für anspruchsvolle Kenner aus Europa und der ganzen Welt. Antonios eigene Kreationen sind von der vielfältigen Kultur und Geographie Siziliens geprägt. Edle Seifen, Rasierschaum, Haarpflege und Raum- und Wäschesprays gehören ebenfalls zum Sortiment.

Tabaré KUNST
(338 7509597; Via San Michele 24; Mo 16.30–20, Di–Sa 10–13 & 16.30–20 Uhr) Das Tabaré verkauft die Werke von fünf Künstlerinnen aus Catania. Marisa Casaburi fertigt skurrile Modelle und Skulpturen aus Pappmaché, Carla Marletta macht aus recycelten Materialien Fotorahmen, Ljubiza Mezzatesta malt und druckt. Von Lina Lizzio gibt's schrägen Schmuck und von Giovanna Cacciola bedruckte T-Shirts. In der kleinen Galerie im Obergeschoss finden Wechselausstellungen von örtlichen Künstlern statt sowie jede Woche Kunst-Workshops für Kinder (15 €). Die Mitarbeiter sprechen Englisch.

La Fiera MARKT
(Piazza Carlo Alberto; Mo–Fr 8–13, Sa 8–19 Uhr) Jeden Morgen außer sonntags wird die Piazza Carlo Alberto (unweit der Via Etnea) chaotischer Schauplatz von La Fiera. Der Markt ähnelt einem Basar und verkauft alles Mögliche, von prallen Auberginen und Orangen über Fisch und Fleisch bis hin zu CDs, Handtaschen, superbilligen Jeans, Oberteilen, BHs und Unterwäsche.

ⓘ Praktische Informationen

Catania Pass (www.cataniapass.it) Bietet freien oder ermäßigten Eintritt zu vielen Museen und die unbegrenzte Nutzung öffentlicher Verkehrsmittel. Es gibt ihn als Tages- oder Mehrtageskarte für Einzelpersonen (Karte für 1/3/5 Tage 12,50/16,50/20 €) und Familien (23/30,50/38 €). Zu den Stellen, wo er erhältlich ist, zählen die Touristeninformation im Flughafen von Catania., das Hauptbüro der Touristeninformation an der Piazza del Duomo und die teilnehmenden Museen, etwa das Museo Civico, das Museo Belliniano, das Museo Dicoesano und das Monastero dei Benedettini di San Nicolò l'Arena.
Krankenhaus (Presidio Ospedaliero Garibaldi-Centro; 095 759 11 11; www.ao-garibaldi.catania.it/presidio-osp-garibaldi; Piazza Santa Maria di Gesù 5) Das große Krankenhaus hat eine rund um die Uhr geöffnete Notaufnahme.
Polizei (Questura; 095 736 71 11; Piazza Santa Nicolella 8) Unweit der Via Etnea.
Post (095 715 50 71; www.poste.it; Via Etnea 215; Mo–Fr 8.20–19, Sa 8.20–12.30 Uhr) Die Post liegt sehr günstig an einer der Hauptverkehrsstraßen von Catania.
Touristeninformation (095 742 55 73; www.com une.catania.it/la-citta/turismo; Via Vittorio Emanuele II 172; Mo–Sa 8–19, So 8.30–13.30 Uhr) Die Touristeninformation der Stadt befindet sich an der Piazza del Duomo.
Touristeninformation im Flughafen (095 723 96 82; www.comune.catania.it/la-citta/turismo; 8–19, So 8.30–13.30 Uhr) In der Ankunftshalle.

An- & Weiterreise

AUTO & MOTORRAD

Catania ist von Messina aus über die *autostrada* A18 und von Palermo aus über die A19 zu erreichen. An der *autostrada* weisen die Schilder zum Zentrum den Weg zur Via Etnea.

BUS

In der Regel sind Busse schneller als Züge. Die Fernbusse fahren am **Busbahnhof** (Via Archimede) 300 m nordwestlich des Bahnhofs ab. Tickets werden in der Via D'Amico gegenüber verkauft.

Tickets für SAIS Autolinee, Salemi und Big Bus werden auch im **Nafè** (📞 095 219 45 50; https://coffeebarnafe.business.site; Piazza Papa Giovanni XXIII 6; ⊙ 5.30–20.30 Uhr, im Winter So geschl.) verkauft, der Cafébar gegenüber dem Bahnhof. Um die Ecke vom Nafè bietet **TDS Service** (📞 095 216 64 54; Via Sturzo 245; ⊙ Mo–Sa 9–20 Uhr) eine preiswerte Gepäckaufbewahrung (Std./Tag 2/6 €), die bar bezahlt werden muss. Das Personal verkauft auch Tickets vieler Fernbusgesellschaften, wie SAIS Autolinee.

Flixbus (https://global.flixbus.com; Via d'Amico) Fährt von Catania direkt in viele Städte auf dem Festland, darunter Taranto (ab 20 €, 7½ Std., 1-mal tgl.), Bari (ab 23 €, 8–9 Std., 2-mal tgl.) und Neapel (ab 26 €, 8½–9 Std., 2-mal tgl.).

Interbus (📞 095 53 27 16; www.interbus.it; Via d'Amico 187) Fährt nach Syrakus (6 €, 1½ Std., Mo–Fr 20-mal tgl, Sa & So jeweils 10-mal), Taormina (5 €, 1¼–2 Std., Mo–Sa 20-mal tgl., So 15-mal), Ragusa (8,50 €, 2 Std., Mo–Fr 14-mal tgl., Sa & So jeweils 8-mal) und zur Piazza Armerina (9 €, 1¾ Std., Mo–Fr 6-mal tgl., Sa 4-mal, So 2-mal).

SAIS Autolinee (📞 800 211020, 095 53 61 68; www.saisautolinee.it; Via d'Amico 181) Fährt nach Palermo (14 €, 2¾ Std., Mo–Fr 14-mal tgl., Sa 12-mal, So 10-mal), Messina (8,50 €, 1½ Std., Mo–Fr 23-mal tgl., Sa 13-mal, So 12-mal) und Enna (8 €, 1¼ Std., Mo–Fr 8- bis 9-mal tgl., Sa 6-mal, So 3-mal).

SAIS Trasporti (📞 090 601 21 36; www.saistrasporti.it; Via d'Amico 181) Verkehrt zu vielen Zielen, darunter Agrigento (13,50 €, 3 Std., Mo–Sa 14-mal tgl., So 10-mal) und über Nacht nach Rom (44 €, 10½ Std., 1-mal tgl.).

Tourist Service (📞 095 820 42 81; www.touristservice2006.com; Via Vittorio Emanuele II 188) Die Hop-on-hop-off-Busse verkehren zwischen Catania und Aci Castello bzw. Aci Trezza. Ein Ticket kostet 15 € und ist einen Tag lang gültig. Die Haltestelle und das Verkaufsbüro sind an der Piazza del Duomo.

FLUGZEUG

Catania Fontanarossa Airport (📞 095 723 91 11; www.aeroporto.catania.it; 🛜) Der Flughafen liegt 7 km südwestlich des Stadtzentrums. Der größte Flughafen Siziliens bietet regelmäßige Direktverbindungen in die großen Städte Italiens und zu vielen Zielen in Europa sowie nach Dubai.

Alibus (www.amt.ct.it; 🛜) sorgt für einen Bus-Shuttle vom Flughafen ins Zentrum von Catania. Unterwegs gibt's zahlreiche Haltestellen, darunter auch am Bahnhof (4 €, 20–30 Min., alle 25 Min.). Tickets werden im Bus verkauft und können bar oder mit Kreditkarte bezahlt werden.

Ein **Taxi** (📞 095 33 09 66; www.radiotaxi catania.org) ab dem Flughafen kostet 20 bis 26 €.

SCHIFF/FÄHRE

Catanias **Fähranleger** (Via Dusmet) befindet sich am südöstlichen Rand der Altstadt. Von hier fahren die Autofähren von **Grimaldi Lines** (📞 095 586 22 30; www.grimaldi-lines.com; Via Dusmet) über Nacht nach Salerno (Fußgänger/ mit Auto ab 23/57 €, 13 Std., Mo–Sa 1-mal tgl.).

Von Mai bis September fahren die Katamarane von **Virtu Ferries** (📞 095 703 12 11; www.virtuferries.com) jeden Tag von Pozzallo (südlich von Catania) nach Malta (1¾ Std.). Der Preis richtet sich nach der Aufenthaltsdauer in Malta (Hin- & Rückfahrt am gleichen Tag Erw. 90–141 €, spätere Rückfahrt je nach Saison 118–166 €). Die Busfahrt von Catania nach Pozzallo (einfache Strecke 14 €) dauert zwei Stunden. Von Oktober bis April fahren die Katamarane nicht so häufig.

ZUG

Am Bahnhof Catania Centrale an der Piazza Papa Giovanni XXIII gibt es regelmäßige Zugverbindungen. Zu den Zielen gehören Messina (7,50 €, 1¼–2¼ Std.), Syrakus (7 €, 1–1½ Std.) und Palermo (13,50 €, 3 Std.). Sonntags verkehren sehr viel weniger Züge.

ⓘ Unterwegs vor Ort

AUTO & MOTORRAD

Catania ist von Messina aus über die *autostrada* A18 und von Palermo aus über die A19 zu erreichen. Die Schilder zum Zentrum an der *autostrada* weisen den Weg zur Via Etnea. Wer sich mit dem eigenen Wagen durch die Stadt quälen möchte, muss sich auf ein verwirrendes Einbahnstraßensystem gefasst machen: Die Via Vittorio Emanuele II kann z. B. nur von Westen nach Osten befahren werden, die parallel verlaufende Via Giuseppe Garibaldi führt von Osten nach Westen.

Im Stadtzentrum einen Parkplatz zu finden, ist extrem schwierig. Wer mit dem eigenen Wagen anreist, sollte sich vielleicht in einem Hotel oder B & B mit Parkgelegenheiten einquartieren. Wer über einen Mietwagen (für Tagesausflüge) nachdenkt, sollte das Auto erst nach Verlassen der Stadt abholen und vor der Rückkehr wieder abgeben.

BUS

Viele Stadtbuslinien von **AMT** (📞 800 018696, 095 751 91 11; www.amt.ct.it) enden vor dem Bahnhof Centrale in Catania, darunter die Linien 2 bis 5, die alle zehn bis 40 Minuten am Bahnhof westlich der Via Etnea und südwestlich der Piazza Borsellino (südlich der Cattedrale di Sant'Agata) starten. Sehr praktisch ist auch Bus D, der alle 50 Minuten von der Piazza Borsellino zu den Stränden südlich der Innenstadt fährt. Tickets, die es beim *tabacchi* (Tabakladen) gibt, kosten 1 € und gelten 90 Minuten lang. Ein Kombiticket für Bus und Metro, das 2 Stunden gültig ist, kostet 1,20 €. Tagestickets kosten 2,50 €.

AST (📞 095 723 05 11; www.aziendasiciliana trasporti.it) fährt in die kleineren Städte rund um Catania, etwa nach Acireale (2,70 €). Außerdem verkehren Busse von Catania zum Rifugio Sapienza am Ätna. Tickets sind im Verkaufsbüro der AST im **Ufficio Movimento** (Via Sturzo 230-232; ⊙ Mo–Sa 6.30–20 Uhr) unweit der Piazza vor dem Bahnhof Centrale erhältlich.

METRO

Aktuell gibt es in Catania eine Metrolinie mit elf Haltestellen in Randbezirken des Stadtkerns. Für Traveller nützlich ist vor allem die Strecke vom Bahnhof Catania Centrale zum Circumetnea-Zug, der den Ätna umrundet. Ein 90 Minuten gültiges Metroticket kostet 1 €, ein Zwei-Stunden-Ticket für Metro und Bus 1,20 €.

TAXI

Wer ein Taxi braucht, ruft **Radio Taxi Catania** (S. 203) an. Taxistände findet man am Bahnhof und an der Nordwestecke der Piazza del Duomo.

RIVIERA DEI CICLOPI

Nördlich von Catania erstreckt sich die Riviera dei Ciclopi. Der hübsche Küstenabschnitt zieht jede Menge *catanesi* (Bewohner Catanias) an, die sich am Strand entspannen wollen. Vor gar nicht allzu langer Zeit war dies noch eine recht arme Gegend voller einsamer Fischerdörfer, doch der Tourismus hat für dringend nötige Impulse gesorgt, und heute ist die Küste ein beliebtes Ziel für Sommerurlauber. Viele Strände sind felsig, doch die Bademöglichkeiten sind hervorragend, und nach einem Tag im Wasser locken verschiedene Restaurants, Bars, Nachtclubs und Unterkünfte.

Der Name der Küste geht auf eine Erzählung von Homer zurück, der zufolge die hoch aufragenden schwarzen Steine, die aus dem Wasser ragen (dabei handelt es sich um große Stücke erstarrter Lava), vom blinden Zyklopen Polyphem ins Meer geschleudert wurden. Verzweifelt versuchte er so, den flüchtenden Odysseus aufzuhalten. Durch vulkanische Aktivitäten entstand eine dramatische Küstenlandschaft mit wunderschönen Grotten und hoch aufragenden Klippen inmitten dichter grüner Vegetation.

Acireale

📞 095 / 52 300 EW.

Der Hauptort der Riviera, Acireale, breitet sich auf einer Reihe Lavaterrassen aus, die ca. 17 km nördlich von Catania zum Meer hin abfallen. Die Gegend ist nicht unbedingt ein ursprüngliches Fleckchen Erde, doch nach wie vor hält sich die Touristenzahl in Grenzen, was angesichts des prachtvollen barocken Zentrums und der imposanten öffentlichen Bauten verwundert. Nur einen 2 km langen Weg bergab lädt das winzige Fischerdorf Santa Maria la Scala zu einem Mittagessen mit Meeresfrüchten ein.

Acireale ist schon lange für seine Thermalbäder bekannt, mittlerweile gibt es jedoch noch ein weiteres Highlight: die spektakulären Karnevalsfestivitäten im Februar oder Anfang März.

◉ Sehenswertes

Wer die großartige Architektur von Acireale erleben möchte, wählt am besten die Piazza Duomo als Ausgangspunkt, einen tollen Platz, der auf drei Seiten von imposanten Gebäuden gesäumt wird. An der Westseite erhebt sich die **Kathedrale** (⊙ 8.30–12.30 & 16–20 Uhr). Sie entstand um 1600 und wird von Spitztürmen mit konisch geformten Dächern gekrönt. Die widerhallenden Gewölbe und Kapellen im Innenraum sind mit aufwendigen Fresken ausgemalt.

Die **Basilica dei Santi Pietro e Paolo** (⊙ 8.30–12.30 & 16–20 Uhr) neben der Kathedrale weist eine überladene Fassade aus dem 18. Jh. auf. Rechter Hand beeindruckt der **Palazzo Municipale** mit seinen schmiedeeisernen Balkonen und dem imposanten zentralen Portal.

Von der Piazza führt die Via Ruggero Settimo nach Süden zur Piazza Lionardo Vigo und der wunderschönen **Basilica di San Sebastiano** (⊙ 8.30–12.30 & 16–20 Uhr), einem der schönsten Barockgebäude der Stadt. Statuen von Figuren aus dem Alten Testament wachen über der prachtvollen Fassade, die von neckischen *putti* (Cherubim) flankiert wird. Im Inneren erzählen kunstvolle Fresken aus dem Leben des hl. Sebastian.

Santa Maria la Scala   DORF

Es gibt zwei gute Gründe dafür, den 2 km langen Spaziergang zu dem winzigen Fischerdorf zu unternehmen. Einer ist der Weg selbst: Sobald man die Hauptstraße hinter sich gelassen hat, findet man sich in einer herrlich ländlichen Gegend mit schönem Blick aufs Meer wieder. Grund Nr. 2 sind die superfrischen Fisch- und Meeresfrüchtegerichte in den Trattorien des Ortes.

Dieser besteht aus nicht viel mehr als einem winzigen Hafen, einer Kirche, ein paar Häusern und einem schwarzen Strand. Um dorthin zu gelangen, spaziert man die Via Romeo von der Piazza Duomo hinunter, geht unter der Eisenbahnbrücke aus blauem Sandstein hindurch, über die Fußgängerbrücke und weiter auf dem Naturpfad mit dem Schild „La Chiazzette".

Teatro-Museo dell'Opera dei Pupi THEATER
(Museum 329 1189522, Theaterkasse 347 8061464; www.operadeipupi.com; Via Nazionale 195; Erw./erm. 10/5 €; Sommer 9–12 & 17–20 Uhr, Winter 9–12 & 15–18 Uhr) GRATIS Acireale hat eine lange Tradition des Puppentheaters, über die man hier alles erfährt. Die einstündigen Führungen werden auch auf Englisch durchgeführt, dann allerdings weniger ausführlich als auf Italienisch. Auf jeden Fall sollte man vorher anrufen, denn das Museum ist oft geschlossen. Wer möchte, kann sich dann am Bahnhof von Acireale abholen lassen (hin & zurück 5 €).

 Feste & Events

Carnevale KARNEVAL
(www.carnevaleacireale.it; Feb. od. März) Am besten besucht man Acireale anlässlich des Carnevale. Die hiesige Karnevalsparty ist eines der tollsten Spektakel in ganz Sizilien! Das Highlight sind die aufwendig dekorierten Umzugswagen. Manche sind über und über mit grellbunten Blumenmustern bedeckt, auf anderen thronen riesige Figuren aus Pappmaché – Karikaturen lokaler Größen. Ringsum wird Musik gemacht, kostümierte Tänzer wirbeln umher, und es regnet Konfetti.

Die Festtage variieren von Jahr zu Jahr; genauere Informationen findet man auf der Website. Wer das „Original" verpasst hat, kann immer noch an der kleineren Karnevalsparty Anfang August teilnehmen.

 Essen

★ In Un Angolo di Mondo PIZZERIA €
(095 87 77 24; www.inunangolodimondo.it; Via Nazionale por Catania 180, Capomulini; Pizza 12–16 €; Do–So 20–23 Uhr) Der gemütliche Familienbetrieb südlich von Acireale backt sagenhafte Bio-Pizza im Holzofen. Die Preise sind hoch, die Qualität aber auch. Der herrlich luftige Teig wird sehr kreativ mit gesunden saisonalen und lokalen Erzeugnissen belegt. Die Weine stammen von weniger bekannten sizilianischen Winzern. Zum Restaurant gehört auch ein kleiner Bio-Laden, der von Olivenöl bis Seife alles verkauft. Unbedingt im Voraus reservieren!

Caffè Cipriani CAFÉ €
(095 60 56 96; Piazza Lionardo Vigo 3; Granita 2,20 €, Kuchen 3,50 €; Do–Di 15.30–24 Uhr;) Das Uralt-Café aus den 1950er-Jahren macht Gebäck, Kuchen und Eis selbst, doch wirklich gefeiert wird seine *granita*, die als eine der besten Siziliens gilt. Bei schönem Wetter kann man an einem der Tische draußen sitzen und den Blick auf die herausragende Basilica di San Sebastiano genießen. Wer ganz genau hinschaut, erkennt auf einem der Nachbargebäude noch ein verblasstes Symbol der Faschisten.

Trattoria La Grotta TRATTORIA €€
(095 764 81 53; Via Scalo Grande 46, Santa Maria la Scala; Mahlzeiten 30–35 €; Mi–Mo 13–14.30 & 20–22.30 Uhr) Im besten Meeresfrüchtelokal von Santa Maria la Scala muss man unbedingt im Voraus reservieren. Direkt beim Eingang steht die Fischtheke, wo man sich einen Fisch aussucht. Dieser wird dann gewogen und zubereitet. Im Winter wird im winzigen Speiseraum (in einer Höhle) gegessen, im Sommer auf der Terrasse am Hafen.

Sehr zu empfehlen sind der *insalata di mare* (Meeresfrüchtesalat) und sensationell gegrillter Fisch.

L'Oste Scuro SEAFOOD €€
(095 763 40 01; Piazza Lionardo Vigo 5-6; Mahlzeiten 30–40 €; 12.30–15.30 & 19–24 Uhr;) In dem mit alten Fotos zugekleisterten Restaurant scheint die Zeit stehen geblieben zu sein. Auch die Meeresfrüchte sind klassische Hausmannskost. Alles ist superfrisch und wird schlicht zubereitet, etwa die hausgemachten *panzotti* (mit Fisch gefüllte Pasta), gegrillten Calamares oder der Fang des Tages, der in einer köstlichen Brühe geschmort und mit Kirschtomaten und frischer Petersilie serviert wird. Das Restaurant liegt direkt gegenüber der Basilica di San Sebastiano.

Praktische Informationen

Touristeninformation (Piazza Lionardo Vigo; Mo–Fr 15–18 Uhr) Der kleine, praktische Kiosk hat nur kurze Öffnungszeiten.

❶ An- & Weiterreise

AUTO & MOTORRAD
Von Catania kommend, fährt man nordwärts die Küstenstraße SS114 entlang. Alternativ folgt man der gebührenpflichtigen A18 und nimmt die Ausfahrt nach Acireale.

BUS
Busse von AST (S. 204) verkehren häufig zwischen Catania und Acireale (2,70 €, 80 Min., Mo-Sa alle 15 Min.-stündl.). Die Busse halten am Bahnhof von Acireale.
Außerdem fährt Interbus (S. 203) von Catania (2,70 €, 50 Min., Mo-Sa 4-mal tgl., So 1-mal) und Taormina (4 €, 70 Min., Mo-Sa 3- bis 4-mal tgl., So 1-mal) nach Acireale. Die Busse halten jeweils auf dem Corso Umberto I und in der Via Vittorio Emanuele II im Zentrum von Acireale.

ZUG
Ein- bis dreimal stündlich fahren Züge von Catania nach Acireale (2,50 €, 10-20 Min.). Von Taormina nach Acireale gibt es ein bis zwei Verbindungen pro Stunde (3,80 €, 25-45 Min.). Sonntags fahren deutlich weniger Züge. Der Bahnhof Acireale liegt unpraktische 2 km südlich vom Zentrum entfernt, deswegen ist der Bus die bessere Option.

Aci Trezza
 095 / 4950 EW.

Ein paar Kilometer südlich von Acireale liegt Aci Trezza, ein kleines Fischerdorf mit einer Uferpromenade und guten Restaurants. Vor der Küste ragen einige surreal anmutende, gezackte Basaltfelsen auf, die **Scogli dei Ciclopi**. Sie sind die „Wurfgeschosse" aus der Legende, mit denen der blinde Zyklop Polyphem (er lebte am Ätna) versuchte, den flüchtenden Odysseus aufzuhalten. Aci Trezza wird darüber hinaus als Schauplatz des literarischen Meisterwerks *I Malavoglia* von Giovanni Verga (1840-1922) gefeiert, in dem das Leben in einer armen Fischergemeinde beschrieben wird.

🍴 Essen & Ausgehen

Osteria dei Marinari   SEAFOOD €€
(📞 095 27 79 21; http://maredeiciclopi.com/osteria-dei-marinai; Lungomare Ciclopi 185; Mahlzeiten 30-45 €; ⊙ Fr-Mi 12.30-15 & 19.30-24 Uhr) In der auf Hochglanz polierten Institution direkt am Hafen lassen sich die Einheimischen frischen Fisch und Meeresfrüchte schmecken, darunter bewährte Klassiker wie Thunfisch-Tatar, Linguine mit Muscheln, Fischrogen und Zitronenschale oder einfach eine fantastische *frittura mista del golfo* (gebratene Meeresfrüchte von hier). Im Sommer unbedingt im Voraus reservieren!

Banacher   CLUB
(📞 095 27 10 24, 389 6472466; www.banacher.com; Via Vampolieri 2; ⊙ variierende Öffnungszeiten) Der Nachtclub gehört zu den größten der Riviera und bietet mehrere Tanzflächen, einen Pool und ein Programm für junge und jung gebliebene Gäste.

❶ Praktische Informationen

Pro Loco Aci Castello (📞 347 6868900, 095 092 35 72; www.prolocoacicastello.com; Lungomare dei Ciclopi 137; ⊙ Mo-Fr 9-12, Di & Do auch 15.30-17.30 Uhr) Vom Namen sollte man sich nicht in die Irre führen lassen, denn die Touristeninformation ist tatsächlich im Hafen von Aci Trezza zu finden. Sie bietet jede Menge Infos über die Riviera dei Ciclopi, auch zu Bootsfahrten.

❶ An- & Weiterreise

Von Catania aus fährt man nach Norden entlang der SS114.
Stadtbus 534 von AMT (S. 203) fährt von der Piazza Borsellino in Catania nach Aci Trezza (1 €, stündl.) und Aci Castello. Etwas teurer ist der *Hop-on-hop-off*-Bus von Tourist Service (S. 203), der ebenfalls von Catania nach Aci Castello und Aci Trezza (Tagesticket 15 €) fährt. In Catania fahren die Busse stündlich (im Winter alle 90 Min.) in der Via Vittorio Emanuele, unweit der Piazza del Duomo ab.

Aci Castello
 095 / 18580 EW.

Am Anfang bzw. Ende der Riviera dei Ciclopi liegt die kleine Stadt Aci Castello. Sie ist 9 km vom Zentrum Catanias entfernt und lässt sich bequem im Rahmen eines Tagesausflugs besuchen. Es fahren sogar öffentliche Verkehrsmittel. Wer möchte, kann eine Runde schwimmen gehen und sich auf den Vulkanfelsen sonnen, ansonsten lohnt das normannische *castello* auf einem riesigen schwarzen Felsblock einen Besuch.

👁 Sehenswertes

Castello Normanno   BURG
(📞 320 4339691; Erw./erm. 3/1,50 €; ⊙ Mitte Juni-Aug. 9.30-13 & 16-20.30 Uhr, Ende März-Mai & Sept.-Okt. 9-13 & 15-19 Uhr, übriges Jahr 9-13 & 15-17 Uhr) Die düstere normannische Burg wurde im 13. Jh. auf den Fundamenten einer arabischen Befestigungsanlage errich-

tet. Angesichts ihres Alters ist sie in einem überraschend guten Zustand und beherbergt ein kleines Museum, in dem geologische Gesteinsproben und bizarre prähistorische Schädel zu sehen sind. Die Burg scheint auf die Rocca di Acicastello, einen riesigen schwarzen Vulkanfelsen, gesetzt worden zu sein. Dieser gilt als vulkangeologische Rarität – er entstand aus einer Erdspalte unterhalb der Wasseroberfläche.

 Essen

Pizzeria Pellegrino PIZZA €
(☏ 095 27 40 12; Via Francesco Crispi 17; Pizza 3,50–10,50 €; ⊙ Juni–Sept. 19–1 Uhr, Okt.–Mai kürzere Öffnungszeiten; 🚻) Das beliebte Restaurant ist nur einen kurzen Spaziergang von der Burg entfernt. Neben Salaten und Burgern ist es vor allem für seine leckere Pizza aus dem Holzofen bekannt. Diese gibt's in den einfachen klassischen Varianten, aber auch in kreativeren Ausführungen wie die Finocchietto mit *datterino*-Tomaten, Bocconcini, Fenchelcreme, Semmelbröseln und Olivenöl.

❶ An- & Weiterreise

Von Catania aus fährt man nordwärts auf die SS114. Der AMT-Stadtbus (S. 203) 534 (1 €, stündl.) fährt von der Piazza Borsellino in Catania nach Aci Castello und Aci Trezza. Die teurere Variante ist der *Hop-on-hop-off*-Bus (Tagesticket 15 €) von Tourist Service (S. 203), der ebenfalls von Catania nach Aci Castello und Aci Trezza verkehrt. In Catania fahren stündlich Busse in der Via Vittorio Emanuele, unweit der Piazza del Duomo, ab.

ÄTNA

3326 M

Der Ätna dominiert die Landschaft im Osten Siziliens mit seiner erhabenen, massiven Präsenz. Er ist 3326 m hoch und damit der höchste Berg Italiens südlich der Alpen. Noch dazu ist er auch der größte aktive Vulkan Europas – aktiv im wahrsten Sinne des Wortes: Denn er brodelt und schwelt munter vor sich hin und muss manchmal sogar für den Publikumsverkehr gesperrt werden, weil er regelmäßig ausbricht. Besonders spektakulär ist es, wenn sich die Eruptionen in den vier Gipfelkratern ereignen, häufiger (und gefährlicher) sind allerdings die Ausbrüche in den Spalten und den alten Kratern entlang der Berghänge. 120 Kontrollstationen und Satelliten überwachen die seismischen Aktivitäten des Ätna sorgfältig.

Seit 1987 ist der Vulkan Teil eines 581 km² großen Nationalparks mit dem Namen **Parco dell'Etna**. Auf seinem Gelände befinden sich 21 Städte und die unterschiedlichsten Landschaftsformen, vom wuchtigen, schneebedeckten Gipfel über Buchenwälder bis hin zu kahlen „Wüsten" aus schwarzem Lavagestein und fruchtbaren Weinbergen, in denen der hochgelobte DOC-Wein hergestellt wird.

 Aktivitäten

Wandern

SÜDHANG

Der Südhang des Ätna ist die leichteste und beliebteste Option für einen Vulkanaufstieg. Ausgangspunkt für eine Wanderung zum Krater ist das **Rifugio Sapienza** (1923 m), eine kleine Ansammlung von Souvenirläden und Bars rund um die namensgebende Berghütte (S. 303). Von hier aus gibt es verschiedene Möglichkeiten, den Gipfel zu besteigen.

Am einfachsten ist die Fahrt mit der **Funivia dell'Etna** (☏ 095 91 41 41; www.funiviaetna.com; Seilbahn hin & zurück Erw./Kind 30/23 €, inkl. Bus & Guide 63/48 €; ⊙ 9–16 Uhr) bis zur Station auf 2500 m Höhe. Dort fahren Minibusse bis zum Torre del Filosofo auf 2920 m Höhe ab. Man kann das letzte Stück von der Seilbahnstation aus auch zu Fuß in Angriff nehmen. Die 2 km lange Wanderung ist steil; für den Hin- und Rückweg sollte man gut vier Stunden einkalkulieren, damit man auf jeden Fall noch eine Seilbahn ins Tal erwischt. Wanderer können auch die gesamte Strecke ab dem Rifugio Sapienza laufen, das ist allerdings anstrengend (bergauf ca. 4 Std., bergab etwas kürzer). Wenn es sehr windig ist, fährt statt der Seilbahn ein Minibus.

Der Gipfel des Ätna hat vier Krater: Bocca di Nord-Est (Nordostkrater), Voragine, Bocca Nuova und Cratere Sud-Est (Südostkrater). Die meisten Besucher besuchen den Cratere Sud-Est, der besonders aktiv ist, und die Bocca Nuova. Wie nah man sich an die Krater heranwagen kann, hängt vom jeweiligen Grad der vulkanischen Aktivität ab. Wer ohne Führer unterwegs ist, sollte aber lieber übervorsichtig sein – denn mit Vulkanen ist definitiv nicht zu spaßen. Östlich der Kratergegend erstreckt sich das Valle del Bove, eine gewaltige Senke. Sie entstand vor mehreren tausend Jahren, als ein Kegel in sich zusammenfiel. Sie ist 1000 m tief.

AUTOTOUR > DER WESTHANG DES ÄTNA

Die fünf kleinen Städte im westlichen Teil des Parco dell'Etna bieten eine Abwechslung zu den Menschenmassen, die sich auf den bekannten Pfaden rund um den Ätna tummeln. Zudem kann man auf dieser gemütlichen Tour die besten Pistazien Siziliens verkosten und uralte normannische Burgen und barocke Kirchen bewundern. Und der Anblick des schneebedeckten Gipfels des Ätna ist atemberaubend!

❶ Paternò

Die Stadt am Südhang des Ätna gut 20 km westlich von Catania ist gespickt mit barocken Kirchen und Klöstern. Im Laufe ihrer langen Geschichte war sie von Griechen und Römern, Arabern und Normannen besetzt. Von Letzteren zeugt der Bergfried einer Burg aus dem 11. Jh., die zu einer Reihe von Burgen gehörte, die Roger II. einst als Verteidi-

Ein Tag, 78 km

Toll für ... Essen & Trinken, Geschichte & Kultur, Landschaft

Beste Reisezeit: Mai, Juni, September & Oktober

Pistazien samt Blättern

gung im Tal des Simeto errichten ließ. Der Burgfried ist ein schönes Beispiel für die Militärarchitektur der Normannen und bietet einen tollen Blick ins Tal und auf den Ätna.

Weiterfahrt > Weiter geht es für 12 km auf der SP229ii nach Norden bis nach Biancavilla.

❷ Biancavilla

Mit riesigen Hainen von *fichi d'india* (Feigenkaktus) und Orangenbäumen begrüßt Biancavilla seine Besucher. Die kleine Stadt wurde 1480 von albanischen Flüchtlingen gegründet, ist heute aber ein typisch sizilianischer Ort mit vielen Barockkirchen.

Weiterfahrt > Auf der SP229ii geht es 4 km in Richtung Nordwesten nach Adrano.

❸ Adrano

Die Marktstadt ist rund um ein normannisches *castello* entstanden, das Roger II. Ende des 11. Jhs. errichten ließ. Heute ist darin ein kleines Museum ansässig. An der Via Catania sind die Überreste von Adranon, einer griechischen Siedlung aus dem 4. Jh. v. Chr., zu sehen.

Weiterfahrt > Die SS284 gen Norden führt direkt nach Bronte (17 km).

❹ Bronte

Die Stadt inmitten riesiger Walnussplantagen ist – trotzdem – in ganz Italien für ihre Pistazien bekannt. Die grünen Steinfrüchte mit dem DOP-Prädikat werden nur alle zwei Jahre geerntet. Die italienische Slow-Food-Organisation für Biodiversität hat die Pistazien von Bronte als nationales Kulturgut eingestuft. Deshalb sollte man hier unbedingt eine Pause machen und in der Hauptstraße Corso Umberto ein Pistazieneis essen.

Weiterfahrt > Hinter Bronte führt die Straße durch eine immer stärker zerklüftete Landschaft mit Resten von Lava nach Randazzo. Es ist die interessanteste Stadt am Ätna.

❺ Randazzo

Nach den Bombardements des Zweiten Weltkriegs musste die mittelalterliche Altstadt neu aufgebaut werden. Hauptattraktionen sind die zinnenbewehrten Kirchen Cattedrale di Santa Maria, Chiesa di San Nicolò und Chiesa di San Martino, die im 16. Jh. jeweils abwechselnd als Dom dienten. Hier beschließt man den Tag mit einem Essen bei San Giorgio e Il Drago, das von *Slow Food* empfohlen wird (Di Ruhetag).

DER ÄTNA FÜR GENIESSER: WEIN- UND HONIGVERKOSTUNG

Auf dem fruchtbaren Vulkanboden des Ätna werden einige der besten Weine Italiens angebaut. Dazu gehört auch der Etna DOC, einer von 23 sizilianischen Weinen mit dem Prädikat Denominazione di Origine Controllata. Bei vielen der zahllosen Weingüter (s. unten) muss man eine Verkostung mindestens einen Tag im Voraus buchen.

Zu den besten Weingütern der Gegend gehört **Planeta Feudo di Mezzo** (0925 195 54 60; https://planeta.it; Contrada Sciara Nuova). Das sehr renommierte Gut liegt 3,2 km südwestlich von Passopisciaro. Die Verkostungen finden in einem alten Pressraum statt. Zu den fünf Probeweinen (30 €/Pers.) werden typische Snacks aus der Region serviert. Es gibt auch ein traditionelles Mittagessen (55–65 €).

Ein sehr persönliches Weingut ist die kleine **Cantina Malopasso** (393 9728960; www.cantinamalopasso.it; Via Sguazzera 25, Zafferana Etnea) südlich von Zafferana am Osthang des Ätna. Die jungen, sehr talentierten Winzer machen mit ihren ausdrucksstarken Weinen in kleinen Mengen auf sich aufmerksam, für die sie teilweise auch ungewöhnliche Trauben aus der Region verarbeiten. Verkostungen (22 €, mit einem *primo*-Gericht 27 €) sind von Mitte April bis Dezember möglich. Die Stadt Zafferana Etnea blickt insgesamt auf eine lange Tradition der Landwirtschaft zurück. Heute werden hier bis zu 35 % des italienischen Honigs produziert. Kostproben offeriert **Oro d'Etna** (095 708 14 11; www.orodetna.it; Via San Giacomo 135, Zafferana Etnea; 8.30–18.30 Uhr), wo Besucher Honig aus Orangen-, Kastanien- und Zitronenblüten probieren können.

NORDHANG

Das Tor zum ruhigeren und malerischeren Nordhang ist **Piano Provenzana** (1800 m), eine kleine Skistation, rund 16 km oberhalb von Linguaglossa.

Weiter unten kann man im Sommer durch die Pinien-, Birken- und Lärchenwälder des **Pineta Ragabo** wandern. Das riesige Waldgebiet ist über die Straße von Mareneve zwischen Linguaglossa und Milo zu erreichen.

Sowohl für Piano Provenzana als auch für Pineta Ragabo ist ein eigenes Fahrzeug erforderlich, denn hierher fahren keine öffentlichen Verkehrsmittel.

Radfahren

Für Radfahrer gibt's einige schöne, wenn auch anspruchsvolle Weg rund um den Berg. **Etna Touring** (095 791 80 00; www.etnatouring.com; Via Roma 1, Nicolosi) in Nicolosi organisiert geführte Radtouren auf Anfrage. 2020 sollen auch wieder Fahrräder verliehen werden ((15 €/Tag). Aktuelle Infos gibt's beim Veranstalter.

Skifahren

Dass man auf Sizilien Ski fahren kann (Abfahrt und Langlauf), klingt erst einmal seltsam, ist aber tatsächlich von Ende Dezember bis März möglich. Der Zustand der Pisten und die Zahl der funktionierenden Lifte hängen davon ab, wie viel vulkanische Aktivität gerade verzeichnet wird. Aktuelle Infos hierzu findet man unter www.etnasci.it. Eine sehr gute Website über das Skigebiet am Ätna auf Englisch ist www.skiresort.info.

Bei normalen Bedingungen können fünf Pisten an der Südseite und drei an der Nordseite genutzt werden. Ein Tagespass kostet 30 €.

Geführte Touren

Viele Veranstalter bieten geführte Touren zu den Kratern und anderen Zielen auf dem Berg an. Auch wer solchen Touren eher abgeneigt ist, sollte diese in Betracht ziehen. Die Guides kennen den Berg wie ihre Westentasche, führen Tourteilnehmer zu den spektakulärsten Stellen und geben entsprechende Erklärungen ab. Zudem sorgen sie für wichtige Sicherheitsmaßnahmen. Meist ist man auf den Touren zu Fuß oder mit dem Jeep unterwegs.

Zu den verlässlichen Anbietern gehören **Etna Guided Tours** (340 5780924; www.facebook.com/EtnaGuidedTours), **Gruppo Guide Alpine Etna Nord** (348 0125167, 095 777 45 02; www.guidetnanord.com; Via Roma 81-83, Linguaglossa), **Gruppo Guide Alpine Etna Sud** (389 3496086, 095 791 47 55; www.etnaguide.eu) und **Etna Experience** (349 3053021, 347 6620341; www.etnaexperience.com; Piazza Federico di Svevia 32).

Die Preise sind von Tour zu Tour unterschiedlich, liegen in der Regel jedoch bei rund 45 € für eine halbtägige Exkursion (zumeist morgens oder bei Sonnenuntergang) und bei rund 65 € für einen ganzen Tag.

Feste & Events

Alkantara Fest MUSIK
(☏ 349 5149330; www.alkantarafest.it; ☉ Juli–Aug.) Das populäre Festival für Folk- und Weltmusik dauert drei Wochen. Gefeiert wird mit Livemusik, Musik-Workshops, Kunstausstellungen, Yoga und jeder Menge Essen, Craft-Bier und Wein vom Ätna. Zu den zahllosen Veranstaltungsorten rund um den Ätna gehören Bronte, Linguaglossa, Zafferana Etnea, Taormina und Catania.

Essen

Die Hänge des Ätna sind gesprenkelt mit Trattorien, Restaurants und *agriturismi* (Bauernhöfen mit Gästezimmern), von denen viele rustikale, bodenständige Küche im Angebot haben. Viele Weingüter servieren zudem im Rahmen von Wein- und Olivenölproben lokale Wurst- und Käseplatten oder auch sättigendere Gerichte. Die Verkostungen müssen jedoch in der Regel mindestens einen Tag im Voraus gebucht werden.

Cave Ox SIZILIANISCH €€
(☏ 0942 98 61 71; www.caveox.it; Via Nazionale Solicchiata 159, Solicchiata; Mahlzeiten 25–30 €, Pizza 5–10 €; ☉ Mi–Mo 12–15.30 & 19–23 Uhr) Das schlichte Restaurant bietet fantastische Erzeugnisse aus der Region wie *salumi* (Wurst) aus Fleisch von den hiesigen schwarzen Schweinen. Und das schmeckt man: ob in Pasta Carbonara mit Speck und Spargel oder in der sensationellen Wurst aus Schweinefleisch mit wildem Fenchel. Abends bekommt man auch Pizza. Im Weinkeller von Inhaber Sandro Dibella lagern eigene Tropfen, die in Zusammenarbeit mit dem unkonventionellen Winzer Frank Cornelissen vor Ort entstanden sind.

Antico Orto Dei Limoni SIZILIANISCH €€
(☏ 095 91 08 08; www.ortolimoni.com; Via Grotte 4, Nicolosi; Mahlzeiten 25–30 €, Pizza 4–10 €; ☉ Mi–Mo 13–16.30 & 20–24 Uhr; 🛜) Es gibt wohl kaum eine schönere Belohnung für einen Tag Wandern in den Bergen als ein Essen in dieser Institution in Nicolosi. Das Restaurant in einer ehemaligen Weinkelter und Ölmühle hat sich auf rustikale, bodenständige Küche spezialisiert. Als Appetitanreger empfehlen sich mariniertes Gemüse, Salami und Käse, danach Klassiker wie *trofie*-Pasta mit Steinpilzen oder *cotechino e lenticchie* (Schweinswürste mit Linsen).

Abends kann man auch riesige Pizzas aus dem Holzofen genießen.

ⓘ Orientierung

Die meisten Besucher nähern sich dem Ätna von Norden oder von Süden her. Die Südroute, sie ist ausgeschildert als „Etna Sud", führt über Nicolosi und dann vorbei am Rifugio Sapienza, ungefähr 18 km weiter bergabwärts. Die Nordroute, sie heißt „Etna Nord", verläuft über Piano Provenzana, 16 km südwestlich von Linguaglossa.

ⓘ Praktische Informationen

Bergrettung Tel. 118.
Touristeninformation Nicolosi (☏ 095 91 44 88; Piazza Vittorio Emanuele 32; ☉ tgl. 9–13, Mi & Do auch 16–18 Uhr) Das Büro ist mitten in Nicolosi am Südhang des Ätna.
Parco dell'Etna (☏ 095 91 44 88; www.parcoetna.ct.it; Via del Convento 45; ☉ Mo–Fr 9–13.30, Mi & Do auch 16–18 Uhr) Bietet spezielle Infos zum Ätna, vor allem zum Klettern und Wandern. Das Büro befindet sich rund 1,3 km nördlich des Zentrums von Nicolosi.
Proloco Linguaglossa (☏ 095 64 30 94; Piazza Annunziata 5; ☉ Mo–Sa 9–13 & 16–19, So 9–12 Uhr) Mitten in Linguaglossa am Nordhang des Ätna.

ⓘ An- & Weiterreise

AUTO & MOTORRAD
Nicolosi liegt ca. 17 km nordwestlich von Catania an der SP10. Von Nicolosi aus sind es weitere 18 km bis zum Rifugio Sapienza. Nach Linguaglossa nimmt man ab Catania die A18, fährt in Fiumefreddo ab und folgt der SS120 Richtung Randazzo.

BUS
AST (☏ 095 723 05 11; www.aziendasicilianatrasporti.it) fährt täglich von Catania über Nicolosi zum Rifugio Sapienza (einfache Strecke/hin & zurück 3,40/6,50 €, 2 Std.). Die Busse fahren jeweils um 8.15 Uhr auf dem Parkplatz gegenüber dem Bahnhof von Catania ab. Zurück vom Rifugio Sapienza fährt der Bus um 16.30 Uhr und ist um 18.30 Uhr in Catania.

ZUG
Ein langsamer Zug von **Ferrovia Circumetnea** (FCE; ☏ 095 54 11 11; www.circumetnea.it; Via Caronda 352a, Catania) fährt von Catania rund um den Vulkan nach Riposto (114 km). Die Ausblicke sind zwar fantastisch, doch der Zug hält auch in vielen kleinen Städten wie Bronte und Randazzo. Deshalb dauert es von Catania nach Randazzo auf der Nordseite auch zwei Stunden. (einfache Strecke/hin & zurück 5,50/9 €). Da die meisten Züge in Randazzo enden, muss man dort rund 40 bis 80 Minuten warten, bis man nach Riposto weiterfahren kann.

Syrakus & der Südosten

Inhalt ➜
Syrakus 213
Palazzolo Acreide 225
Noto 226
Modica 230
Scicli......................244
Ragusa 246
Chiaramonte Gulfi 251

Gut essen
➜ Ristorante Duomo (S. 250)
➜ Accursio (S. 242)
➜ Ornato (S. 242)
➜ Sicilia in Tavola (S. 222)
➜ Moon (S. 221)

Beste historische Stätten
➜ Parco Archeologico della Neapolis (S. 218)
➜ Museo Archeologico Paolo Orsi (S. 219)
➜ Necropoli di Pantalica (S. 225)
➜ Basilica Cattedrale di San Nicolò (S. 226)
➜ Duomo di San Giorgio, Modica (S. 231)

Auf nach Syrakus & in den Südosten!

Der Südosten Siziliens ist der verlockendste Teil der Insel. Dies ist das *Sicilia* aus der TV-Serie *Inspector Montalbano*, eine Szenerie aus barocken Hügelstädten, weitläufigen Stränden und mit Olivenbäumen übersäten Hügelhängen.

Die Hauptattraktion an der Küste ist Syrakus (Siracusa). Hier finden Besucher griechisch-römische Ruinen, prächtige Piazzas, mit Boutiquen gesäumte Gassen und kristallklares Wasser. Im Südwesten liegt das Val di Noto mit seinen sanften Hügeln, dessen spätbarocke Städte die schönsten Siziliens sind – Noto, Modica, Ragusa und Scicli sind die hübschesten von allen. Neben vielen architektonischen Highlights warten hier auch kulinarische Hochgenüsse.

Und dann ist da noch die Landschaft, eine sonnengebleichte Leinwand aus verschlafenen Nebenstraßen, felsigen, mit prähistorischen Gräbern durchzogenen Schluchten und zerklüftete, mit baufälligen *tonnare* (Thunfischfabriken) übersäten Küstenstreifen. Auf dem Boden wachsen Kräuter, während am Himmel Wandervögel vorbeiziehen.

Entfernungen (km)

	Modica	Noto	Pachino	Ragusa
Noto	40			
Pachino	40	25		
Ragusa	15	50	55	
Syrakus	75	40	55	85

SYRAKUS & UMGEBUNG

Syrakus
 0931 / 121 600 EW.

Mehr als jede andere Stadt verkörpert Syrakus (Siracusa) die zeitlose Schönheit Siziliens: Zwischen den üppigen Zitronenhainen ragen antike griechische Ruinen empor, Cafétische füllen die barocken Piazzas und honigfarbene mittelalterliche Gässchen führen hinunter zum Meer. Heute kann sich nur schwer vorstellen, dass Syrakus in seiner Blütezeit die größte Stadt der Antike war und zwischenzeitlich sogar Athen oder Korinth in den Schatten stellte. Seine glorreiche Geschichte begann 734 v. Chr., als sich Eroberer aus Korinth erstmals auf der Insel Ortygia (Ortigia) niederließen. Vier Jahre danach wurde die eigentliche Stadt auf dem Festland gegründet. Fast dreitausend Jahre späzer sind die Ruinen der damals neuen Stadt im Parco Archeologico della Neapolis zu bewundern, einer der bedeutendsten archäologischen Stätten Siziliens. Ortygia, direkt vor der Festlandsküste, ist noch immer der schönste Ort von Syrakus, ein zutiefst stimmungsvolles Viertel mit einer wachsenden Fangemeinde, die von den schönen Straßenzügen und reizvollen Restaurants, Bars und Geschäften angezogen wird.

Sehenswertes

Ortygia

Dieses Labyrinth aus stimmungsvollen Gassen und Piazzas verkörpert all das, wofür Syrakus steht. Die schmalen Staßen werden von schmucken *palazzi (Villen)*, belebten Restaurants und Cafés gesäumt. Der zentrale Platz, die Piazza del Duomo, zählt zu den eindrucksvollsten auf Sizilien. Schöne Häuser und Ufermauern umrahmen die ganze Seeseite der Mini-Halbinsel. Besucher können ganzjährig die tolle Aussicht genießen und im Sommer draußen vor den Felsen schwimmen. Wer den Touristenscharen entkommen will, erkundet das alte jüdische Viertel La Giudecca. Ortygia ist über die Ponte Umbertino oder Ponte Santa Lucia zugänglich und wird am besten zu Fuß besichtigt.

★ Piazza del Duomo   PLATZ
(Karte S. 216) Der Vorzeigeplatz von Syrakus ist ein Meisterstück barocker Stadtplanung. Die lang gestreckte und von pompösen Palazzi eingefasste Piazza befindet sich an der Stelle der antiken Akropolis.

An der nördlichen Straßenseite der Via Minerva befindet sich gegenüber dem Dom der **Palazzo Municipale** (Karte S. 216) (oder Palazzo Senatoriale), in dem heute die Stadtverwaltung von Syrakus ihren Sitz hat. Der 1629 vom Spanier Juan Vermexio erbaute Palast trägt den Spitznamen „Il Lucertolone" (Die Eidechse). Der Architekt hat sein Markenzeichen (eine kleine Eidechse) in einen Quader an der linken Ecke des Dachsims gemeißelt. Auf der anderen Seite des Doms steht der elegante **Palazzo Arcivescovile** (Erzbischöflicher Palast; Karte S. 216; 0931 6 65 71; http://arcidiocesi.siracusa.it/biblioteca-alagoniana; Piazza del Duomo 5) aus dem 17. Jh., in dem die **Biblioteca Alagoniana** mit seltenen Manuskripten aus dem 13. Jh. untergebracht ist.

An der nordwestlichen Ecke des Platzes erhebt sich der **Palazzo Beneventano del Bosco** (Karte S. 216) mit einer hübschen Fassade aus dem 18. Jh. Die **Chiesa di Santa Lucia alla Badia** (Karte S. 216; 0931 6 53 28; Via Santa Lucia alla Badia 2; Eintritt gegen Spende; Di-So 11–16 Uhr) am Südende beherbergt Caravaggios faszinierendes Meisterwerk *Il seppellimento di Santa Lucia* (*Begräbnis der Hl. Lucia*), das der Maler 1608/09 in Syrakus geschaffen hat.

★ Duomo   DOM
(Karte S. 216; Piazza del Duomo; Erw./erm. 2/1 €; April–Okt. Mo–Sa 9–18.30 Uhr, Nov.–März 9–17.30 Uhr) Der Dom von Syrakus aus dem 7. Jh. erhebt sich am Standort eines früheren griechischen Athene-Tempels aus dem

> ### ℹ FLÜGE IN SIZILIENS SÜDOSTEN
>
> Catania Fontanarossa (S. 356), der nächste größere Flughafen, liegt 62 km nördlich von Syrakus und ist leicht über die Autobahn E45 zu erreichen. Viele Fluggesellschaften fliegen von hier Ziele in Italien und im restlichen Europa an. Interbus (S. 224) pendelt regelmäßig zwischen dem Flughafen und Syrakus (6,20 €, 1¼ Std.); zudem fährt das Busunternehmen direkt nach Noto (8,40 €, 1½–2¾ Std.) und Ragusa (8,60 €, 1¾ Std.). Wochenends verkehren die Busse seltener (Fahrpläne s. Website).
>
> Ein paar Flüge zu europäischen Städten starten auch vom **Flughafen Comiso** (0932 96 14 67; www.aeroportodicomiso.eu; SP5, Comiso;) der 27 km nordwestlich von Ragusa liegt.

Highlights

❶ Syrakus (S. 213) Die uralten Ruinen und kosmopolitischen, labyrinthartigen Straßen des Stadtzentrums erkunden

❷ Noto (S. 226) In der Vorzeigestadt des Val di Noto Eis und Spätbarock genießen

❸ Scicli (S. 244) Die historischen Adelspaläste und Kirchen sowie das Büro von Inspektor Montalbano in Val di Notos authentischster und entspanntester Stadt erkunden

❹ Modica (S. 230) In spektakulärer Lage Schokolade und Barock der Superlative genießen

❺ Ragusa (S. 246) Im historischen Stadtkern durch verwinkelte Straßen schlendern und prachtvolle Barockarchitektur bewundern

❻ Riserva di Vendicari (S. 230) In einer märchenhaften geschützten Naturlandschaft gefiederte Reisende beobachten und in türkisem Wasser schwimmen

❼ Necropoli di Pantalica (S. 225) Die Wanderschuhe schnüren und Siziliens bedeutendste Nekropole der Eisen- und Bronzezeit erkunden

❽ Marzamemi (S. 230) In einem hübschen, baufälligen Fischerdorf essen, trinken und die Sonne genießen

Ortygia

🔴 Highlights
1. Duomo B4
2. Piazza del Duomo B4

🔴 Sehenswertes
3. Castello Maniace C7
4. Chiesa di Santa Lucia alla Badia B5
5. Fontana Aretusa B6
6. Fontana di Artemide B4
7. Galleria Regionale di Palazzo
    Bellomo C5
8. Miqweh D4
9. Museo dei Pupi C5
10. Palazzo Arcivescovile B5
11. Palazzo Beneventano del Bosco B4
12. Palazzo Lanza-Bucceri B4
13. Palazzo Municipale B4
14. Palazzo Platamone B4

🔵 Aktivitäten, Kurse & Touren
   Biblios Cafè .... (siehe 31)
15. Compagnia del Selene A3
16. Forte Vigliena D4

🟣 Schlafen
17. Algilà Ortigia Charme Hotel C3
18. B&B Aretusa Vacanze B6
    B&B dei Viaggiatori,
    Viandanti e Sognatori .... (siehe 7)
19. Henry's House B6
20. Hotel Gutkowski C2
21. Palazzo Blanco B6

❌ Essen
22. Caseificio Borderi B1
23. Don Camillo C4
24. Fratelli Burgio B1
25. Il Pesce Azzurro B3
26. La Medusa B6
27. Moon C5
28. Retroscena C4
29. Sicilia in Tavola B3

🟢 Ausgehen & Nachtleben
30. Barcollo B5
31. Biblios Cafè B4
32. Cortile Verga C4
    Enoteca Solaria .... (siehe 27)

🎭 Unterhaltung
33. Fondazione Inda Ticket Office B3
34. Teatro dei Pupi C4

🛍 Shoppen
35. Ebano C5
    Fish House Art .... (siehe 25)
36. Giudecca Trentasette C4
37. Hélène Moreau C4

5. Jh. v. Chr., von dem drinnen und draußen noch ein paar dorische Säulen zeugen. Der Tempel war einst im ganzen Mittelmeerraum berühmt – nicht zuletzt dank Cicero, der Ortygia im 1. Jh. v. Chr. besuchte. Der Bau wurde zur Kirche geweiht, als Paulus das Christentum auf die Insel brachte.

Architektonisches Highlight des Doms ist die barocke Säulenfassade (1728–1753), die Andrea Palma dem Gotteshaus nach dem Erdbeben von 1693 hinzufügte. Eine Marienstatue krönt das Dach an der Stelle, an der einst ein goldenes Abbild der Athene als Leuchtfeuer für einlaufende griechische Seeleute fungierte. Das Taufbecken rechts vom Eingang besteht aus einem antiken griechischen *krater* (Großvase), der von sieben Bronzelöwen aus dem 13. Jh. gestützt wird.

Castello Maniace   BURG
(Karte S. 216; Piazza Federico di Svevia; Erw./erm. 4/2 €; ⊙ April–Sept. Mo 14.30–18.45, Di–Fr & So 8.30–13, Sa 8.30–18.45 Uhr, restliches Jahr kürzere Öffnungszeiten) Die Festung, die die Südspitze der Halbinsel schützt, wurde im 13. Jh. erbaut. In der atmosphärischen Burganlage kann man wunderbar herumschlendern, auf das Meer hinausblicken und in Syrakus glorreicher Vergangenheit schwelgen. Die für Kaiser Friedrich II. erbaute Burg ist ein bedeutendes Beispiel für schwäbische Architektur, mit einer herrlichen Zentralhalle mit Kreuzrippengewölbe (Sala Ipostila). Die Anlage beherbergt eine kleine Ausstellung, die archäologische Objekte zeigt, die vor Ort gefunden wurden, darunter normannische Keramiken und ein paar seltsam anmutende keramische Handgranaten aus dem 16. Jh.

Galleria Regionale di Palazzo
Bellomo   GALERIE
(Karte S. 216; ☎ 0931 6 95 11; www.regione.sicilia.it/beniculturali/palazzobellomo; Via Capodieri 16; Erw./erm. 8/4 €; ⊙ Di–Sa 9–19 Uhr, So bis 13.30 Uhr) Ein im 13. Jh. im Stil der katalanischen Gotik erbauter Palast beherbergt dieses Kunstmuseum mit vielfältiger Sammlung. Zu sehen gibt's z. B. Steinmetzarbeiten aus frühbyzantinischer und normannischer Zeit und Keramiken aus dem 19. Jh. aus Caltagirone. Zu sehen sind außerdem mittelalterliche Skulpturen sowie religiöse Gemälde aus dem Mittelalter, der Renaissance und dem Barock, darunter die *Verkündigung* (1474) des bedeutendsten Künstlers Siziliens des 15. Jhs., Antonello da Messina. Das Museum beherbergt außerdem zwei märchenhafte sizilianische Kutschen aus dem 18. Jh.

⦿ Festland

Syrakus' Stadtteile auf dem Festland sind zwar lange nicht so malerisch wie Ortygia, bieten dafür aber eine Reihe faszinierender archäologischer Sehenswürdigkeiten. Besonders beeindruckend ist der Parco Archeologico della Neapolis nordwestlich des Zentrums, aber auch im berühmten Museo Archeologico Paolo Orsi gibt es eine Menge interessante Fundstücke.

★ Parco Archeologico della Neapolis ARCHÄOLOGISCHE STÄTTE

(Karte S. 221; ☎ 0931 6 62 06; Viale Paradiso 14; Erw./erm. 10/5 €, inkl. Museo Archeologico 13,50/7 €; ⊙ 8.30 Uhr–1 Std. vor Sonnenuntergang) Für Althistoriker ist dieser archäologische Park die eigentliche Hauptattraktion von Syrakus. Hier befindet sich u. a. das perlweiße **Teatro Greco**, das im 5. Jh. v. Chr. erbaut und im 3. Jh. n. Chr. wieder aufgebaut wurde. Das Amphitheater bot 16.000 Zuschauern Platz. Diese ergötzten sich hier an den letzten Tragödien des Aischylos (z. B. *Die Perser*), die in Anwesenheit des Dichters uraufgeführt wurden. Von Anfang Mai bis Anfang Juni erwacht das Theater mit der Aufführung klassischer Stücke zum Leben.

Die geheimnisvolle **Latomia del Paradiso** (Paradiesgarten) neben dem Theater ist ein tiefer und steilwandiger Kalksteinbruch, in dem in der Antike Baumaterial gewonnen wurde. Auf dem Boden wachsen heute Zitruspflanzen und Magnolienbäume. Einst waren hier unten die 7000 Überlebenden des Krieges zwischen Syrakus und Athen (413 v. Chr.) eingesperrt. Zu den zahlreichen künstlichen Höhlen in den Felswänden gehört das **Orecchio di Dionisio** (Ohr des Dionysios). Caravaggio benannte die 23 m hohe und 65 m lange Grotte nach dem Tyrannen Dionysios, der die fast perfekte Akustik des Steinbruchs zum Belauschen seiner Gefangenen genutzt haben soll.

Draußen hinter dem Areal liegt der Eingang zum **Anfiteatro Romano** (Karte S. 204), in dem ursprünglich Gladiatorenkämpfe stattfanden. Im 16. Jh. zerstörten die Spanier diese römische Stätte aus dem 2. Jh. größtenteils, indem sie die Steine zum Bau von Ortygias Stadtmauern verwendeten – offenbar hatten sie für das klassische Altertum nur wenig übrig. Beim **Ara di Gerone II** (Altar Hierons II) westlich des Amphitheaters handelt es sich um einen monolithischen Opferaltar, auf dem maximal 450 Ochsen gleichzeitig zu Ehren Hierons II. geschlachtet werden konnten.

Zum Park fährt die Minibuslinie 2 von Sd'A Trasporti (1 €, 15 Min.), die westlich der Hauptbrücke nach Ortygia abfährt. Die Fahrkarten werden im Bus gekauft. Alternativ läuft man von Ortygia hierher (30 Min.). Wer mit dem Auto unterwegs ist, kann an der Viale Augusto parken.

Es gibt zwei Ticketbüros: Eines nahe der Ecke Via Cavallari und Viale Augusto, gegenüber der Hauptstätte, ein weiteres entlang

---

NICHT VERSÄUMEN

LA GIUDECCA

Ein Bummel durch Ortygias nougatfarbenes Gassengewirr – vor allem die engen Straßen der **Via della Maestranza**, dem Herzen des alten Gildeviertels und des aufstrebenden jüdischen Viertels rund um die Via della Giudecca – ist eine stimmungsvolle Erfahrung. Unter dem Hotel Alla Giudecca kann man ca. 20 m unter der Erde eine uralte jüdische **Mikwe** (Ritualbad; Karte S. 216; ☎ 0931 2 14 67; Via Alagona 52; Führung 5 €; ⊙ geführte Touren Mai–Okt. 10–18, restliches Jahr kürzere Öffnungszeiten) besuchen. Die Bäder wurden nach der Vertreibung der jüdischen Gemeinde aus Ortygia im Jahr 1492 zugeschüttet und im Zuge der Renovierung des Hotels wiederentdeckt.

Ein paar Gehminuten entfernt liegt das beliebte Marionettentheater der Stadt. Im **Teatro dei Pupi** (Karte S. 216; ☎ 0931 46 55 40; www.teatrodeipupisiracusa.it; Via della Giudecca 22; ⊙ März–Juli, Sept. & Okt. 6-mal wöchentl. Aug. 6–18-mal wöchentl., Nov.–Feb. seltener) werden traditionelle Erzählungen mit Zauberern, Prinzessinnen, Rittern und Drachen gezeigt. Die Termine findet man auf der Website. Zu den Hausnummern weiter beleuchtet das kleine **Museo dei Pupi** (Karte S. 216; ☎ 328 5326600; www.museodeipupisiracusa.it; Palazzo Midiri-Cardona, Piazza San Giuseppe; Erw./erm. 3/2 €; ⊙ März–Nov. Mo–Sa 11–13 & 14–19 Uhr) die Geschichte des Puppentheaters. Unterwegs stolpert man über interessante Boutiquen, darunter Giudecca Trentasette (S. 223), in denen man alles erstehen kann, was Sizilien und Kunsthandwerk angeht, von Keramiken und Schokolade zu Schmuck und Mode.

SAGENHAFTE QUELLE

Am Standort der **Fonte Aretusa** (Karte S. 216; Largo Aretusa) sprudelt kühles Nass schon seit ewigen Zeiten: In der Antike befand sich hier die wichtigste Süßwasserquelle der Stadt. Heute ist diese ein beliebter Treffpunkt an Sommerabenden, Herz des riesigen Gebildes ist ein Teich voller Papyruspflanzen und Fische. Der Legende nach verwandelte Artemis, die griechische Göttin der Jagd, ihre schöne Schülerin Arethusa in eine Quelle, um sie vor den Nachstellungen des Flussgottes Alpheios zu schützen. Arethusa stürzte sich derart „verkleidet" in Arkadien ins Meer, wobei ihr Alpheios stets dicht auf den Fersen blieb. Als sie schließlich auf Ortygia zu Tage trat, vermischte sich ihr Wasser mit dem des Alpheios.

Artemis ist die Hauptattraktion der **Fontana di Artemide** (Fontana di Diana; Karte S. 216), die seit dem 19. Jh. die Piazza Archimede ziert. Diesen schmucken Platz säumen imposante *palazzi* im Stil der katalanischen Gotik, darunter der **Palazzo Lanza-Bucceri** (Karte S. 216) und der **Palazzo Platamone** (Palazzo dell'Orologio; Karte S. 216), der heute eine Niederlassung der Banca d'Italia beherbergt.

---

dem Pfad, der zu den eigentlichen Ruinen führt. Wer eine Pause braucht, kann sich im Café zwischen dem zweiten Ticketbüro und dem Anfiteatro Romano erfrischen.

⭐ **Museo Archeologico Paolo Orsi** MUSEUM
(Karte S. 221; ☎ 0931 48 95 11; www.regione.sicilia.it/beniculturali/museopaoloorsi; Viale Teocrito 66; Erw./erm. 8/4 €, inkl. Parco Archeologico 13,50/7 €; ⊙ Di-Sa 9-18 Uhr, So bis 1 Uhr) Rund 500 m östlich vom archäologischen Park beherbergt dieses Museum eine der größten und interessantesten archäologischen Sammlungen Siziliens. Für die Erkundung der diversen weitläufigen Sammlungen benötigt man ein paar Stunden Zeit. Neben der Frühgeschichte der Region wird auch die Entwicklung von Syrakus von der Stadtgründung bis zur spätrömischen Periode beleuchtet.

**Basilica Santuario di
Santa Lucia al Sepolcro** KIRCHE
(Karte S. 221; ☎ 0931 6 46 94; www.kairos-web.com; Piazza Santa Lucia; geführte Tour Katakomben Erw./erm. 8/5 €; ⊙ Basilika Mo-Sa 7.30-12.15 & 16-19, So 8-12.15 & 16-19 Uhr) Diese Basilika aus dem 17. Jh. steht dort, wo die Schutzheilige von Syrakus, Lucia, ein adliges Mädchen, das sich der Frömmigkeit verschrieben hatte nachdem sie von der Heiligen Agatha gesegnet wurde, 304 n. Chr. gemartert wurde. Die Marmorsäule rechts vom Altar steht angeblich genau an der Stelle, an der die Heilige getötet wurde. Darunter befinden sich die frühchristlichen Katakomben, die im Rahmen von geführten Touren erkundet werden können (nur auf Englisch). Die Zeiten der Führungen variieren, daher sollte man sich im Voraus per E-Mail oder Telefon erkundigen.

**Basilica & Catacombe
di San Giovanni** KATAKOMBEN
(Karte S. 221; ☎ 0931 6 46 94; www.kairos-web.com; Via San Sebastiano; Führung Erw./erm. 8/5 €; ⊙ April-Juli, Sept. & Okt., 10-13.00 & 14.30-18.00 Uhr, Aug. kürzere Öffnungszeiten) Die weitläufigsten Katakomben der Stadt erstrecken sich unterhalb der hübschen Ruine der Basilica di San Giovanni, die im 17. Jh. als Dom von Syrakus diente. Geweiht ist sie dem hl. Marcian, dem ersten Bischof von Syrakus, der hier 254 n. Chr. an eine der Säulen gefesselt und zu Tode gegeißelt wurde. Kirche und Katakomben können nur im Rahmen einer Führung (30-40 Min.; auch auf Englisch) besichtigt werden; die Touren starten regelmäßig am örtlichen Ticketbüro.

 Aktivitäten

Compagnia del Selene SEGELN
(Karte S. 216; ☎ 347 1275680; www.compagniadelselene.it; Foro Vittorio Emanuele II; 50-minütige Segeltour Erw./Kind unter 10 Jahren 10 €/frei) Kunden dieses Veranstalters umrunden Ortygia im Segelboot und genießen dabei einen tollen Blick auf die Stadt. Im Sommer finden zusätzlich Trips mit Sightseeing und Schwimmen sowie eine Abendkreuzfahrt statt.

Forte Vigliena SCHWIMMEN
(Karte S. 216; Via Nizza) Die zinnenbesetzten Mauern des Forte Vigliena an Ortygias Ostküste flankieren diese Badeplattform inmitten von flachen Felsen. Im Sommer treffen sich Einheimische hier gern zum Schwimmen und Sonnenbaden.

Lido Arenella SCHWIMMEN
(Traversa Arenella) Passionierte Strandgänger fahren von Ortygia aus ein kurzes Stück Richtung Süden, wo der Lido Arenella mit

> **TOP-KURSE**
>
> **Italienische Kochkurse** Im **La Corte del Sole** (📞 0931 82 02 10; www.lacortedelsole.it/en/lezioni-di-cucina-siciliana; Contrada Bucachemi, Lido di Noto; 2½-3-stündiger Kochkurs für Hotelgäste/Nichtgäste 85/95.€; ⏰ Di–Sa 9.30–12.30 Uhr, Aug. geschl.), ein in ein Hotel umgewandeltes Bauernhaus (a masseria) nahe Lido di Noto, kann man seine sizilianischen Kochkünste aufpolieren.
>
> **Sprachkurse** Das **Biblios Cafè** (Karte S. 216; 📞 0931 6 16 27; www.biblioscafe.it; Via del Consiglio Reginale 11) in Syrakus bietet Italienischunterricht für Leute an, die tiefer in die Region einsteigen wollen.

sandigen Stränden aufwartet. Allerdings ist hier vor allem an Sommerwochenenden oft die Hölle los. Hierher geht's mit dem Bus 23 ab dem Corso Umberto I. Einfach den Fahrer bitten, am Lido Arenella zu halten.

Geführte Touren

Natura Sicula OUTDOOR
(Karte S. 221; 📞 328 8857092; www.naturasicula.it; Piazza Santa Lucia 24c) Die lokale Vereinigung Natura Sicula veranstaltet Ausflüge und geführte Naturspaziergänge (7-8 €/Pers.) in der Gegend um Syrakus. Auf der Website gibt's Infos zu den Veranstaltungen.

Feste & Events

★ Festival del Teatro Greco THEATER
(Festival des griechischen Theaters; www.indafondazione.org; ⏰ Mitte Mai–Anfang Juli) Syrakus besitzt die einzige Schule klassischen griechischen Dramas außerhalb von Athen. Von Anfang Mai bis Anfang Juli werden im Teatro Greco von den besten Bühnedarstellern Italiens griechische Stücke (in italienischer Sprache) aufgeführt. Tickets (29-55 €) können im Internet, im **Ticketbüro Fondazione Inda** (Karte S. 216; 📞 Büro 0931 48 72 48, Tickets 800 542644; www.indafondazione.org; Corso Matteotti 29; ⏰ Mo–Sa 10–13 Uhr) in Ortygia oder am **Ticketschalter** (Karte S. 221; 📞 800 542644; ⏰ Mo 10–17, Di–So bis 19 Uhr) vor dem Theater gekauft werden.

★ Ortigia Sound System MUSIK
(www.ortigiasoundsystem.com; ⏰ Juli) Das OSS ist eines der besten Musikfestivals Siziliens und findet an fünf Tage im Sommer in Ortygia statt. Gespielt wird elektronische Musik verschiedener Stilrichtungen. Die Events finden auf der ganzen Halbinsel statt, mit Bootpartys und hervorragenden italienischen und internationalen Künstlern. Zu den Gästen gehörten in der Vergangenheit Virgil Abloh (USA), Danielle (GB) und Italiens ureigener „Disco-Vater" Giorgio Moroder.

Festa di Santa Lucia RELIGION
(⏰ 13. Dez.) Am 13. Dezember wird mit einer Prozession die riesige Silberstatue der Schutzheiligen der Stadt begleitet von Feuerwerk vom Dom zur Piazza Santa Lucia gebracht.

Essen

Ortygia ist das beste Pflaster, um Essen zu gehen. Belebte Trattorias, trendige Restaurants und hübsche Cafés säumen die malerischen Straßen. Während es sich bei einigen eindeutig um Touristenfallen handelt, gibt es auch viele gute Restaurants – auf jeden Fall ist für jeden Geschmack etwas dabei. Die meisten Restaurants haben sich auf Meeresfrüchte spezialisiert, Pasta mit Meeresfrüchten und frischer Fisch vom Grill stehen auf jeder Karte. Die Halbinsel beherbergt zudem das vegane Restaurant Moon.

★ Caseificio Borderi SANDWICHES €
(Karte S. 216; 329 9852500; www.caseificiobor deri.eu; Via Benedictis 6; Sandwiches 6 €; ⏰ Mo–Sa 7–16 Uhr) Pflicht bei einem Marktbesuch in Syrakus ist ein Abstecher zu diesem farbenfrohen Feinkostladen unweit von Ortygias äußerstem Nordzipfel. Vor dem Eingang steht Sandwich-Veteran Andrea Borderi hinter einem Tisch voller Käse, Oliven, Blattgemüse, Kräuter, Tomaten und anderer Leckereien. Während der Meister seine üppigen Freestyle-Sandwiches zusammenstellt, plauscht er nonstop mit den Kunden.

Fratelli Burgio SIZILIANISCH €
(Karte S. 216; 📞 0931 6 00 69; www.fratelliburgio.com; Piazza Cesare Battisti 4; Panini 3,50–7,50 €, Platten 12–20 €; ⏰ Mo–Sa 7–16.00 Uhr; 🌱) Am Rand von Ortygias Markt dreht sich in diesem trendigen Mix aus Restaurant, Feinkost- und Weinladen alles um traditionell hergestellte Gaumenschmäuse. Empfehlenswert sind die kunstvoll angerichteten *tagliere* (Holzplatten), auf denen z. B. *caponata* (süß-sauer eingelegtes Gemüse) oder Käse, Feinkost und geräucherter Fisch liegen. Für den kleineren Geldbeutel gibt's leckere *panini*, die mit Kräutern, Käse, Rauchfleisch und Gemüse der Saison belegt sind.

Syrakus

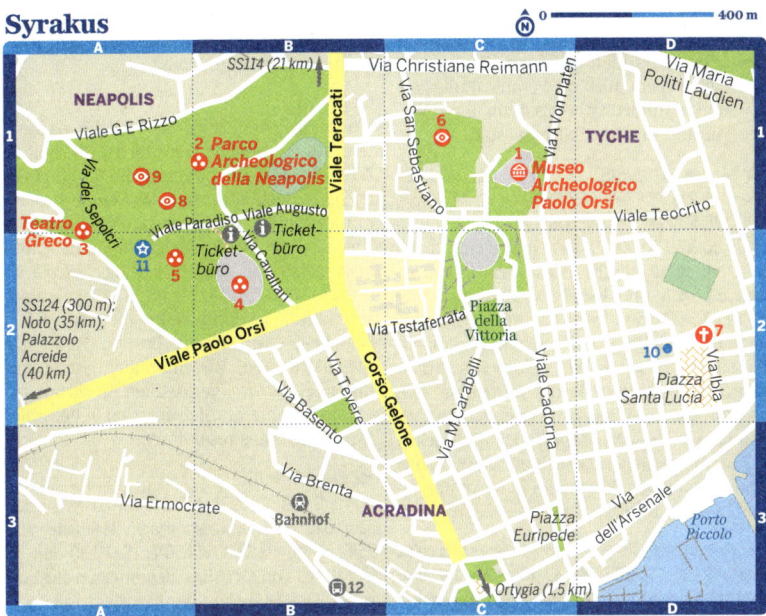

Gelateria Voglia Matta EIS €
(☎ 0931 6 71 18; Corso Umberto 34; Eis ab 2,30 €; ⊙ 8 Uhr–open end, Okt.–April Do geschl.) „Voglia Matta" bedeutet „wildes Verlangen" – und das ist genau das, was man in dieser beliebten Gelateria empfindet. Das Eis hier ist hervorragend, frisch und aus hochwertigen Zutaten hergestellt. Die Geschmacksrichtungen reichen von sizilianischer *cassata* und üppigem *nero fondente* (dunkle Schokolade) zu ungewöhnlicheren Sorten wie *ricotta e pera* (Ricotta und Birne) und Cheesecake.

★ Moon VEGAN €€
(Karte S. 216; ☎ 0931 44 95 16; www.moonortigia. com; Via Roma 112; Mahlzeiten 22–30 €; ⊙ April–Juni, Sept. & Okt. Mi-Mo 18–23.30, Mi-Mo auch 12.30–15 Uhr, Mitte Jan.–Mitte März geschl.; 🔊 ✏) Dieses stimmungsvolle Restaurant mit Bar im Boho-Schick serviert derart gutes veganes Essen, dass man selbst einen Hardcore-Fleischesser bekehren könnte. Die vorwiegend biodynamischen Zutaten kommen in ausgewogenen, leckeren Gerichten zur Geltung, z. B. einer Pastete aus dünn gespaltenen Birnen und einer Füllung aus reichhaltigem, sojabasiertem Cashew-Frischkäse oder Kichererbsen und Tofu in einer geräucherten Carbonara-Pasta, die genauso verführerisch schmeckt wie das römische Original.

Syrakus

⊙ Highlights
1 Museo Archeologico Paolo Orsi C1
2 Parco Archeologico della Neapolis B1
3 Teatro Greco A1

⊙ Sehenswertes
4 Anfiteatro Romano B2
5 Ara di Gerone II A2
6 Basilica & Catacombe di San Giovanni C1
7 Basilica Santuario di Santa Lucia al Sepolcro D2
8 Latomia del Paradiso A1
9 Orecchio di Dionisio A1

⊘ Aktivitäten, Kurse & Touren
10 Natura Sicula D2

⊛ Unterhaltung
11 Fondazione Inda, Ticketschalter A2

ⓘ Transport
AST ....(siehe 12)
12 Busbahnhof B3
Flixbus ....(siehe 12)
Interbus ....(siehe 12)
Minibus 1 nach Ortygia (Haltestelle Stazione FS) ...... (siehe 12)
SAIS Autolinee ....(siehe 12)

Von der zeitgenössischen Kunst und den kreative Lampen bis zu den Möbeln aus Recyclestoffen, kann man im Moon alles kaufen. Der Laden dient auch als Veranstaltungsort: Im Sommer finden zwei- bis dreimal pro Woche Theater- und Musik-Events statt.

★ Sicilia in Tavola   SIZILIANISCH €€
(Karte S. 216; ☏ 392 4610889; www.siciliaintavola.eu; Via Cavour 28; Mahlzeiten 27–40 €; ⊗ Di–So 13–14.30 & 19.30–22.30 Uhr) Diese gemütliche, herrlich gastfreundliche Trattoria gehört zu den ältesten und beliebtesten Restaurants an der Via Cavour. Ihren Ruf hat sie sich mit Seafood-Gerichten und toller hausgemachter Pasta erarbeitet. Wer beides zusammen genießen will, bestellt die *fettuccine allo scoglio* (Bandnudeln mit Meeresfrüchten), gefolgt von einem *secondi* (Hauptgericht), z. B. dem herrlichen gekochten Oktopus mit Chili, Knoblauch, Kartoffeln in leckerem Tomaten-*sugo*. Reservierung empfohlen.

Retroscena   SIZILIANISCH €€
(Karte S. 216; ☏ 0931 185 42 78; www.facebook.com/retroscenaristorante; Via della Maestranza 108; Mahlzeiten 40 €; ⊗ Sommer Mo–Sa 19.30–23.30, Winter bis 22.30 Uhr; 🛜) Nachdem er 18 Jahre lang ein Restaurant in Griechenland betrieben hatte, eröffnete Fabio aus Syrakus mit seiner griechischen Partnerin Kiri dieses beliebte Restaurant in Ortygia, wo sie seitdem Gaumenfreuden zaubern. Spiegel im Vintage-Stil, Lampen aus der Mitte des Jahrhunderts und Samt in Blau- und Rosétönen bilden ein herrliches Ambiente für die kreativen Gerichte. Auf den Tisch kommt z. B. Trofie-Pasta mit Pesto, Ricotta, sonnengetrockneten Tomaten und knuspriger Zucchini oder Garnelen glasiert mit Mandarinen und Honig. Fabio verwendet nur frischen Fisch und seine Weinliste beinhaltet ausschließlich sizilianische Weine, darunter wunderbare Produkte einiger kleinerer Winzer. In den wärmeren Monaten kann man einen Tisch im Innenhof reservieren.

Il Pesce Azzurro   SEAFOOD €€
(Karte S. 216; ☏ 366 2445056; Via Cavour 53; Mahlzeiten 30–35€; ⊗ 12–15.30 & 19–23 Uhr) Meeresfrüchte liebende Einheimische schwören auf diese kaum zu verfehlende *osteria*, die mit ihrer weiß-blauen Inneneinrichtung entfernt an eine griechische Taverne erinnert. Auf der Karte stehen vorwiegend einfache, aber hervorragende Gerichte, z. B. Mazara-Shrimps mit Limettensaft, Spaghetti mit *vongole* (Muscheln) und Knoblauch oder *polpo* (Oktopus) *alla luciana* (in einer üppigen Tomaten- und Zwiebelsauce). Ehrliche, schmackhafte, gute Küche.

La Medusa   SIZILIANISCH €€
(Da Kamel; Karte S. 216; ☏ 0931 6 14 03; Via Santa Teresa 21–23; Mahlzeiten 26–45€; ⊗ Di–So 12–15 & 19–23 Uhr) Dieses freundliche, familienbetriebene Restaurant hat sich seinen Namen mit köstlichem Couscous gemacht, aber der Koch Kamel weiß auch, wie man guten Fisch zubereitet. Ein Muss ist das *fritto misto* (gemischter frittierter Fisch). Wer zu mehreren hierher kommt, sollte die *pasta fibus* bestellen, eine epische Portion Pasta mit Meeresfrüchten, Kirschtomaten, Radicchio und *pangrattato* (getoasteten Brotkrümeln) – man möchte am liebsten den Teller ablecken. Im Voraus reservieren.

★ Don Camillo   SIZILIANISCH €€€
(Karte S. 216; ☏ 0931 6 71 33; www.ristorantedoncamillo.it; Via della Maestranza 96; Mahlzeiten 45–75 €; ⊗ Mo–Sa 12.30–14.30 & 20–22.30 Uhr; 🛜) Eines von Ortygias elegantesten Restaurants. Das Don Camillo überzeugt mit Spitzenservice und innovativer sizilianischer Küche. Als Vorspeise lockt z. B. ein *crudo* aus Krustentieren mit süß-saurem Sellerieeis, üppige Rindfleisch-Ravioli mit Butter, Salbei und *ragusan*-Käse oder die hervorragende *tagliata di tonno* (Thunfischsteak) mit einer „Konfitüre" aus roten Peperoni. Ein Muss für Slow-Food-Fans.

Ausgehen & Nachtleben

Als Universität- und Touristenstadt bietet Syrakus eine lebendige Ausgehszene mit Cafés, Weinbars, Pubs und Cocktailbars, deren Sitzgelegenheiten sich auf die Gassen von Ortygia ergießen. Man findet auch eine Handvoll beliebte Bars und Kneipen gleich gegenüber von den Brücken auf dem Festland, z. B. an und um die Via Cairoli.

★ Cortile Verga   COCKTAILBAR
(Karte S. 216; ☏ 333 1683212; www.facebook.com/cortilevergaortigia; Via della Maestranza 33; ⊗ Sommer 11–24 Uhr, Winter ab 17.30 Uhr, Jan.–Mitte März geschl.; 🛜) Man nehme einen herrschaftlichen Innenhof und füge eine stimmungsvolle Chesterfield-Lounge und Vintage-Kaffeetische hinzu – und schon hat man das Cortile Verga, eine der besten Cocktailbars von Ortygia. Zu den Top-Drinks gehört Eleutheria, ein Mix aus Wermut, Meskal, *amaro* (italienischer Kräuterschnaps) und Hibiskus-Tonic. Die Getränke hier sind nicht

billig (8–10 €), aber besser als bei der Konkurrenz. Zum Snacken gibt's großartige *taglieri* (Probierplatten) mit sizilianischem Käse und Aufschnitt sowie *bruschette* und einen recht dekadenten Toast mit Ei, Trüffelsahne, Porcinipilzen und geriebenem schwarzen Trüffel.

Biblios Cafè CAFÉ
(Karte S. 216; 0931 6 16 27; www.biblioscafe.it; Via del Consiglio Reginale 11; Mi–Sa 17–23 Uhr) Dieser beliebte Mix aus Buchladen und Café organisiert allerlei kulturelle Veranstaltungen, z. B. italienische Sprachkurse und regelmäßige Lesungen. Zudem kann man sich hier prima unters Volk mischen und einen belebenden *caffè* (Kaffee) oder *aperitivo* genießen.

Barcollo BAR
(Karte S. 216; 0931 45 80; www.facebook.com/barcollosiracusa; Via Pompeo Picherali 10; 18.30 –2 Uhr;) In einem prachtvollen barocken Innenhof empfängt das opulente Barcollo seine Gäste mit frischen Blumen, flackernden Teelichtern, einer schicken Außenterrasse und *aperitivi* (tgl. 19–21 Uhr, So als Büfett). Freitags und sonntags legen DJs auf, samstags gibt's Livemusik auf die Ohren.

Enoteca Solaria WEINBAR
(Karte S. 216; 0931 46 30 07; www.facebook.com/solariaenoteca; Via Roma 86; Mo–Sa 12–14 & 18–1 Uhr;) In dieser herrlichen traditionellen *enoteca* servieren die Sommeliers Elisa und Gianfilippo nur ihre eigenen Lieblingsweine. Hier reihen sich Holztische auf dem Boden und dunkle Flaschen auf deckenhohen Regalen. Über zwei Drittel der guten Tropfen stammen aus Sizilien, darunter viele Bioweine. Zur begrenzten Auswahl an Snacks gehören *bruschette* und *taglieri* -Käsesorten, Aufschnitte und Oliven.

Shoppen

Ein Bummel durch Ortygias schräge Boutiquen macht eine Menge Spaß: Im Angebot sind hier z. B. Keramikwaren, handgemachter Schmuck oder Papier aus Papyrus. In der Via Cavour, der Via Roma und der Via della Giudecca erstrecken sich interessante Boutique- und Galeriemeilen. Weitere Läden verteilen sich über die ganze Insel.

★ **Giudecca**
Trentasette GESCHENKE & SOUVENIRS
(Karte S. 216; 349 0837461; www.facebook.com/giudeccatrentasetteortigia; Via della Giudecca 37-39; Mai–Okt. 10–13 & 15–22 Uhr, restliches Jahr Mo–Sa 10–12.30 & 16–19 Uhr) Salvatore Davì liebt Sizilien und Kunsthandwerke jeder Art leidenschaftlich. Sein kleines Emporium beherbergt ausschließlich ausgefallene, Qualitätsprodukte mit sizilianischer DNA. Ein fantastischer Laden für hochwertige Souvenirs und Geschenke: zeitgenössische Versionen traditioneller Inselkeramiken, handgearbeitete Kleider und Kaftane, stylishe Karten von Ortygia, Gläser mit Bio-Pistaziencreme, *amaro* (Kräuterlikör) mit Zitronengeschmack und sogar gestrickte Kaktus-Kühlschrankmagneten.

Ebano MODE & ACCESSOIRES
(Karte S. 216; 331 4311553; www.ebanostore.com; Via Roma 154; 12–21 Uhr, Anfang Jan.–Ostern geschl.) Die Künstler Kal und Giuliana nutzen toskanisches Leder und Recyclingstoffe (z. B. Fahrradreifen und -schläuche sowie alte Armeezelte), um nachhaltige, handgearbeitete Lederartikel zu fertigen. Hier gibt es Portemonnaies, Einkaufstaschen, Handtaschen, Laptophüllen, Geldbeutel und Schuhe sowie supercoole Rucksäcke (bei denen man garantiert gefragt wird: „Wo hast Du denn den her?"). Zudem werden hier ausgefallene Industrielampen aus Autoteilen und Ölzylindern verkauft.

Hélène Moreau MODE & ACCESSOIRES
(Karte S. 216; 333 5944518; www.silkinortigia.wordpress.com; Via Roma 27; 11–14 & 17–20.30 Uhr) In ihrer Inselwerkstatt lenkt die französische Künstlerin Hélène Moreau ihre Liebe zu Sizilien und dem Mittelmeerraum in ihre Arbeit und erschafft so überwältigende und einzigartige handbemalte Seidenschals und Bilder. Die Muster sind inspiriert von dem Licht, den Farben, der Natur und der Architektur der Region. Auf Wunsch sind Sonderanfertigungen möglich, für die die Künstlerin der Regel zwei bis drei Tage benötigt. Es lohnt sich, im Voraus anzurufen, da die Öffnungszeiten variieren.

Fish House Art KUNSTHANDWERK
(Karte S. 216; 339 7771364; www.fishhouseart.it; Via Cavour 29-31; Mo–Sa 10–21 Uhr) Das Meer als Motto: Die so skurrilen wie toll gefertigten Kunsthandwerksartikel in diesem schrägen Mix aus Galerie und Laden haben durchweg einen Bezug zum Meer. Das umfangreiche Sortiment – kunterbunte Fische aus mundgeblasenem Glas, kunstvolle Klamotten oder abgefahrene Figuren aus wiederverwertetem Metall – stammt sowohl von aufstrebenden als auch renommierten Kunsthandwerkern aus Italien.

❶ Orientierung

Die wichtigsten Sehenswürdigkeiten von Syrakus verteilen sich auf zwei Bezirke: Ortygia und den rund 2 km von hier entfernten Parco Archeologico della Neapoli. Ortygia, historisches Zentrum und stimmungsvollstes Viertel von Syrakus, ist eine Insel, die durch ein paar Brücken mit dem Festland verbunden ist. Es ist gut ausgeschildert und hat einen praktischen Parkplatz (Parcheggio Talete). Wer mit dem Bus kommt, wird am Busbahnhof vor dem Bahnhof abgesetzt. Von hier ist es ein rund 1 km langer Spaziergang bis nach Ortygia – einfach den Corso Umberto folgen! Alternativ kann man den grauen Minibus 1 nehmen, der etwa jede halbe Stunde die Insel umrundet und an zahlreichen Plätzen hält. Die Via Roma ist die Hauptstraße von Ortygia.

❶ Praktische Informationen

Krankenhaus (Ospedale Umberto I; ☏ Notfallstation 0931 72 42 85, Durchwahl 0931 72 41 11; www.asp.sr.it/default.asp?id=424; Ecke Via Testaferrata & Corso Gelone) Gleich östlich des Parco Archeologico.

Polizei (☏ 0931 6 51 76; Piazza San Giuseppe 6) Ortygias Polizeistation.

Post (Karte S. 216; ☏ 0931 2 17 79; www.poste.it; Via dei Santi Coronati 12; ⓒ Mo–Fr 8.20–13.30, Sa bis 12.30 Uhr) Praktische Poststelle in Ortygia.

Touristeninformation (Karte S. 216; ☏ 800 055500; www.provincia.siracusa.it; Via Roma 31; ⓒ Mo, Di, Do & Fr 7.30–14, Mi bis 16.30 Uhr) Bietet einen kostenlosen Stadtplan und eine kleine Auswahl an Broschüren.

❶ An- & Weiterreise

AUTO & MOTORRAD

Die zweispurige Schnellstraße SS114 führt nordwärts nach Catania, die SS115 gen Süden nach Noto und Modica. Auf den Zufahrtsstraßen in Richtung Syrakus herrscht nur selten viel Betrieb. Der Verkehr nimmt jedoch ab dem Stadtrand zu und kann im Zentrum ganz schön übel sein.

Wer in Ortygia übernachtet, stellt sein Auto am besten im **Parkhaus Talete** (Parcheggio Talete; Karte S. 216; ☏ 0931 46 32 89) an der Nordspitze der Insel ab (max. 10 €/24 Std.; der Automat akzeptiert Bargeld und Kreditkarten). Weitere Parkplätze gibt's am Molo Sant'Antonio (Via Bengasi; Auto 1€/Std., Wohnmobil pro Std./Tag 1,50/30 € auf dem Festland, direkt an der Brücke nach Ortygia.

Der Großteil Ortygias ist eine verkehrsberuhigte Zone, in der nur Anwohner und Inhaber einer Sondererlaubnis mit dem Auto fahren dürfen. Parkplätze am Straßenrand sind werktags rar, sonntags hingegen leichter zu finden und dann oft auch kostenlos.

BUS

Busse sind im Allgemeinen schneller und praktischer als Züge. Alle Fernbusse starten und enden am **Busbahnhof** (Karte S. 221; Corso Umberto I), 180 m südöstlich vom Bahnhof.

Interbus (Karte S. 221; ☏ 091 611 95 35; www.interbus.it) fährt nach Catania (6,20 €, 1½ Std., alle 1–2 Std.) und zum Flughafen, nach Noto (3,60 €, 55 Min., 3–7-mal tgl.) und Palermo (13,50 €, 3½ Std., 2–3-mal tgl.). Fahrkarten gibt's am Kiosk am Busbahnhof.

AST (Karte S. 221; ☏ 0931 46 27 11; www.aziendasicilianatrasporti.it) fährt u. a. nach Palazzolo Acreide (4,30 €, 1¼ Std., Mo–Sa 10-mal tgl.). Fahrkarten gibt's am *edicola* (Zeitungsstand) im Busbahnhof.

SAIS Autolinee (Karte S. 221; ☏ 091 617 11 41; www.saistrasporti.it) betreibt einen Übernachtbus nach Rom (41 €, 12 Std.) und Tag- und Nachtbusse nach Bari (40 €, 9½–11 Std., 1–2-mal tgl.). Fahrkarten gibt's am *edicola* (Zeitungsstand) im Busbahnhof.

Flixbus (Karte S. 221; https://global.flixbus.com) betreibt Direktbusse von Syrakus zu zahlreichen Zielen auf dem italienischen Festland, z. B. Taranto (ab 26 €, 9 Std., 1-mal tgl.) Bari (ab 26 €, 10½ Std., 1-mal nachts) und Neapel (ab 28 €, 10¼ Std., 1-mal nachts) Fahrkarten gibt's auf der Flixbus-Webseite.

SCHIFF/FÄHRE

Eine Reihe von internationalen Kreuzfahrtschiffen legt von Frühling bis Herbst in Syrakus an. Das **Kreuzfahrt-Terminal** (Porto Grande; Largo Molo Stazione di Porto) liegt 500 m westlich von Ortygia.

ZUG

Von Syrakus **Bahnhof** (Via Francesco Crispi) fahren Züge täglich nach Catania (6,90 €, 1–1½ Std., Mo–Sa 12-mal tgl., So 6-mal tgl.) und Messina (ab 10,50 €, 2½–3¼ Std., Mo–Sa 11-mal tgl., So 5-mal tgl.). Einige fahren weiter zum italienischen Festland. Achtung: Passagiere, die von Syrakus nach Messina unterwegs sind, müssen vielleicht an der Station Catania Centrale umsteigen.

Züge fahren außerdem nach Noto (3,80 €, 30–45 Min., Mo–Fr 7-mal tgl., Sa 6-mal tgl.), Scicli (6,90 €, 1½–1¾ Std., Mo–Fr 6-mal tgl., Sa 5-mal tgl.), Modica (7,60 €, 1¾–2 Std., Mo–Fr 6-mal tgl., Sa 5-mal tgl.) und Ragusa (8,30 €, 2¼ Std., Mo–Fr 5-mal tgl., Sa 4-mal tgl.).

❶ Unterwegs vor Ort

Siracusa d'Amare Trasporti (☏ 0931 175 62 32; 90-Min.-Fahrkarte 1 €) betreibt ein innovatives System aus preisgünstigen elektrischen Minibussen um Syrakus und Ortygia. Um vom Busbahnhof oder Bahnhof nach Ortygia zu kommen, nimmt man den Minibus 1 (Karte

S. 221). Um zum Parco Archeologico della Neapolis zu kommen, nimmt man den Minibus 2 ab Molo Sant'Antonio (gleich westlich der Brücke nach Ortygia). Die Busse fahren von März bis Juni alle 20 Minuten zwischen 8 und 20 Uhr und von Juli bis Dezember alle 30 Minuten zwischen 9 und 21 Uhr. Fahrkarten können im Bus gekauft werden.

Achtung: Während des Festivals Ciclo di Rappresentazioni Classiche ist der Minibus Nr. 2 extrem überfüllt und fährt nur mit sehr viel Verspätung.

DER SÜDOSTEN

Valle Dell'Anapo, Ferla & Necropoli di Pantalica

Die Necropoli di Pantalica ca. 40 km nordwestlich von Syrakus sind eine bedeutende, zum Weltkulturerbe zählende Begräbnisstätte aus der Eisen- und Bronzezeit. Auf einem riesigen Plateau gelegen, ist sie von der unberührten Naturlandschaft des wunderschönen Valle dell'Anapo (Anapo-Tal) umgeben. Dessen tiefe Kalksteinschlucht haben einst die Flüsse Anapo und Calcinara hinterlassen. Durch das Tal verlaufen diverse Wanderrouten, wobei die mit einem „B" markierten Wege etwas anspruchsvoller sind.

◎ Sehenswertes

★ **Necropoli di Pantalica** ARCHÄOLOGISCHE STÄTTE
GRATIS Siziliens bedeutendste Nekropole aus der Eisen- und Bronzezeit thront hoch über dem Valle dell'Anapo auf einem gewaltigen Plateau. In dessen Kalksteinfelsen sind mehr als 5000 unterschiedlich große und geformte Gräber geschlagen, die in ihrer Anordnung an Bienenwaben erinnern. Mit Ausnahme der Entstehungszeit (13.–8. Jh. v. Chr.) ist die Geschichte der uralten Stätte weitgehend unbekannt. Es wird jedoch vermutet, dass die Nekropole zur Hauptsiedlung der Sikeler gehörte, von der lediglich der Anaktron, ein Herrenhaus aus der Zeit um 1100 v. Chr., ausgegraben wurde.

Für die Erkundung der Stätte sollte man sich einen halben Tag Zeit nehmen. Am besten besucht man sie mit einem sachkundigen Guide – Pantalica Experience (📞 338 4752390; p.cavarra@tin.it) hat einen guten Ruf. Stabile Wanderstiefel und ausreichend Trinkwasser mitnehmen!

❶ An- & Weiterreise

Um das Gebiet zu erkunden, benötigt man seine eigenen vier Räder. Von Syrakus zur Necropoli di Pantalica fährt man am Besten auf der Autobahn A18/E45 Richtung Norden und nimmt dann die Ausfahrt Richtung Sortino. Sortino liegt 15 km südwestlich entlang der SP2 und SP60. Im Ort führen Straßenschilder zur Nekropolis und dem umliegenden Valle dell'Anapo.

Wer kein Auto mieten möchte, für den bietet Pantalica Experience maßgeschneiderte Touren der Stätte und der Gegend. Teilnehmer können vom Hotel in Syrakus oder anderen Orten in der Gegend abgeholt werden.

Palazzolo Acreide

📞 0931 / 8670 EW. / 670 M

Die Wenigen, die es nach Palazzolo Acreide verschlägt, finden eine entzückende, entspannte Stadt vor, in der es viel barocke Architektur und einige der schönsten (und unbekanntesten) antiken Ruinen zu entdecken gibt. Nach dem Erdbeben von 1693 wurde die mittelalterliche Stadt aufgegeben und ein neues Palazzolo im Schatten der antiken griechischen Siedlung Akrai aufgebaut.

◎ Sehenswertes

Den Mittelpunkt des Städtchens bildet die schöne **Piazza del Popolo**, die von den reich verzierten Fassaden der **Chiesa di San Sebastiano** aus dem 18. Jh. und dem **Palazzo Municipale**, dem vom Jugendstil inspirierten Rathaus aus dem 20. Jh. dominiert wird. Von hier führt ein kurzer Spaziergang nach Norden zur **Piazza Moro** und zwei weiteren herrlichen Barockkirchen, der **Chiesa Madre** und der **Chiesa di San Paolo**.

Diese zwei Kirchen – die eine an der Südseite, die andere an der Nordseite des Platzes – bilden ein spektakuläres Ensemble aus Säulen, Wasserspeiern und heraldischen Lilien. Am oberen Ende der Via Annunziata (der Hauptstraße, die direkt von der Piazza Moro wegführt) befindet sich der vierte barocke Schatz, die **Chiesa dell'Annunziata**, mit ihrem reich verzierten und von Spiralsäulen eingefassten Portal.

Area Archeologica Akrai ARCHÄOLOGISCHE STÄTTE
(📞 0931 87 66 02; Colle dell'Acromonte; Eintritt Erw./erm. 4/2 €; ⊙ Juni–Sept. Sommer 8–18 Uhr, Okt.–Mai Mo–Sa 8–16 Uhr) Von der Piazza del Popolo aus kann man in 20 Minuten hinauf nach Akrai marschieren, alternativ erreicht man den archäologischen Park, der eines

der am besten gehüteten Geheimnisse der Gegend ist, in einer kurzen Fahrt entlang der Via Teatro Greco. Gegründet wurde Akrai von Kolonisten aus Syrakus, die mit der Tochtergründung die Handelsrouten zu anderen griechischen Siedlungen schützen wollten. Die Überreste Akrais bieten heute einen atemberaubenden Anblick. Besonders eindrucksvoll und markant sind die Relikte des **griechischen Theaters**, das Ende des 3. Jhs. v. Chr. errichtet und später von den Römern umgebaut wurde.

Das Theater in der Form eines perfekten Halbkreises bot früher 600 Zuschauern Platz. Die beiden *latomie* (Steinbrüche) dahinter nutzten die frühen Christen als Grabstätte. In die Felswände des größeren Steinbruchs, **Intagliata** genannt, schlugen sie Altäre und Katakomben. **Intagliatella**, das kleinere Pendant, wird vom wunderschönen Relief eines großen Festmahls geziert.

Südlich des eigentlichen archäologischen Parks stehen diverse Steinskulpturen aus dem 3. Jh. v. Chr., auch als Santoni (heilige Männer) bekannt – sie sind auf unbestimmte Zeit wegen Restaurierung unzugänglich.

✗ Essen

Vor Ort gibt's ein paar traditionelle *trattorie*, die einheimische Spezialitäten servieren. Wer sich mit einer süßen Leckerei stärken will, sollte die **Pasticceria Caprice** (📞 0931 88 28 46; www.pasticceria price.com; Corso Vittorio Emanuele 21; Snacks ab 1,50 €; ⊙ Di–Fr 6–23, Sa 6–1, So 6–24 Uhr) ansteuern.

❶ Praktische Informationen

Touristeninformation (📞 0931 87 12 60; www.palazzoloacreideturismo.it; ⊙ Mo–Fr 9–12 & 15–18 Uhr) Im Palazzo Municipale (Rathaus) an der Piazza del Popolo.

❶ An- & Weiterreise

Palazzolo liegt ca. 42 km westlich von Syrakus und ist über die malerische SS124 zu erreichen.

Busse von AST (S. 224) verbinden den Ort mit Syrakus (4,30 €, 45–75 Min., Mo–Sa 9-mal tgl.).

Noto

📞 0931 / 24 000 / 152 M

Noto ist eine Art architektonisches Supermodel im barocken Outfit – so großartig, dass man das Ganze für ein Filmset halten könnte. Nicht einmal 40 km südwestlich von Syrakus wartet einer der schönsten historischen Stadtkerne Siziliens. Sein Prunkstück ist der Corso Vittorio Emanuele, der von atemberaubenden *palazzi* und barocken Kirchen gesäumt wird. Die elegante Flaniermeile bietet immer einen faszinierenden Anblick – vor allem aber am frühen Abend, wenn die rot-goldenen Gebäude sanft von innen heraus zu glühen scheinen.

Noto (alias Netum) wurde bereits etliche Jahrhunderte vor Christi Geburt besiedelt. Die heutige Architektur stammt allerdings größtenteils aus dem frühen 18. Jh., da die Stadt nach dem verheerenden Erdbeben von 1693 fast komplett an neuer Stelle neu aufgebaut wurde. Viele der herrlichsten Gebäude stammen von dem sizilianischen Architekten Rosario Gagliardi, dessen extrovertierter Stil auch Kirchen in Modica und Ragusa prägt.

Sehenswertes

★ **Basilica Cattedrale di San Nicolò** DOM
(📞 327 0162589; ww.oqdany.it; Piazza Municipio; ⊙ Juli & Aug. 10–14 & 16–21 Uhr, Sept.–Juni 10–18 Uhr) Der prachtvolle barocke Dom ist Notos ganzer Stolz. Die Vierungskuppel stürzte 1996 während eines Unwetters zusammen mit den Seitenschiffen ein. Dies machte eine Generalrestaurierung (1999–2007) erforderlich, die das ganze Bauwerk vom Staub und Schmutz der Jahrhunderte befreite. So dominiert die schimmernde Kuppel heute das Stadtbild wieder im alten Glanz.

Piazza Municipio PLATZ
Etwa in der Mitte des Corso Vittorio Emanuele flankieren Notos spektakulärste Gebäude die würdevolle Piazza Municipio. Im Norden des Platzes führt eine monumentale Freitreppe von Paolo Labisi hinauf zur pompösen Basilica Cattedrale di San Nicolò (s. oben), die mehrere elegante Paläste einrahmen: Der **Palazzo Landolina** im Westen (links) war einst die Residenz der mächtigen Familie Sant'Alfano. Der gegenüberliegende **Palazzo Ducezio** (heute Notos Rathaus) (📞 0931 83 64 62; www.comune.noto.sr.it/la-cultura/la-sala-degli-specchi; Sala degli Specchi 2 €, Panoramaterasse 2 €; ⊙ 10–18 Uhr) besitzt eine in der Mitte nach vorne gewölbte Fassade, deren würdevolle Bögen von Säulen mit ionischen Kapitellen flankiert werden.

★ **Palazzo Castelluccio** PALAST
(📞 0931 83 88 81; http://palazzocastelluccio.it; Via Cavour 10; Erw./Kind 12 €/kostenlos; ⊙ 11–19 Uhr) Dieser *palazzo* aus dem 18. Jh. stand Jahrzehnte lang verlassen da, ehe er in dem französischen Journalisten und Dokumentarfil-

Noto

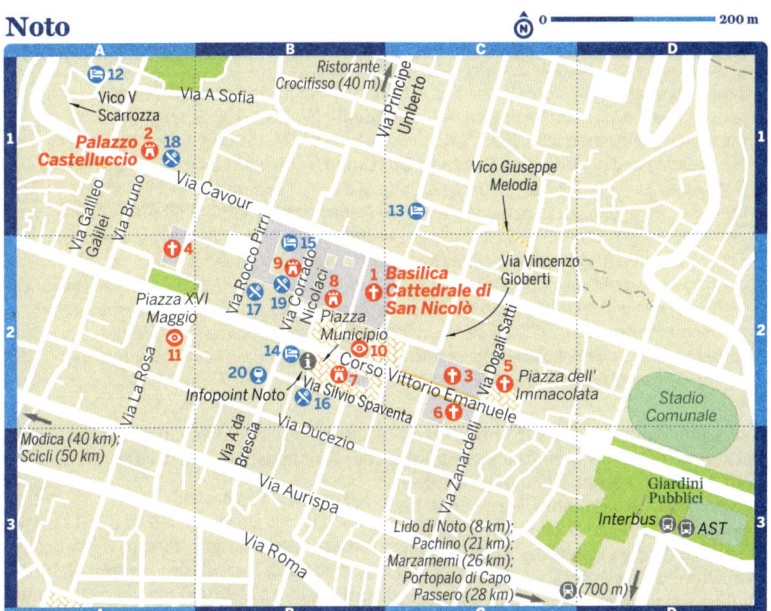

mer Jean-Louis Remilleux seinen Retter fad. Er kaufte und sanierte das aristokratische Domizil, der nun im Rahmen einer geführten Tour besichtigt werden kann. Der Palast bietet den vollständigsten Einblick in das einstige Leben von Notos Aristokraten. Die opulenten Zimmer sind mit Originalfresken und -fliesen ausgestattet, die Tapeten wurden originalgetreu nachempfunden und die sizilianischen und neapolitanischen Barockmöbeln stammen aus der Sammlung des Besitzers.

Palazzo Nicolaci di Villadorata PALAST
(338 7427022; www.comune.noto.sr.it/palazzo-nicolaci; Via Corrado Nicolaci; Eintritt 4 €; Mitte März–Mitte Oktober 10–18, restliches Jahr 15–17 Uhr) Die Hingucker an der großartigen Fassade dieses Palasts aus dem 18. Jh. sind die schmiedeeiserne Balkone, die von allerlei grotesken Figuren gestützt werden. Die Deckenfresken und reich mit Brokat verzierten Wände im Inneren vermitteln einen Eindruck vom luxuriösen Leben des sizilianischen Adels, wie es Giuseppe Tomasi di Lampedusa in seinem Roman *Il Gattopardo* (*Der Leopard*) beschrieb.

Basilica del Santissimo Salvatore KIRCHE
(327 0162589; www.oqdany.it; Via Vincenzo Gioberti; Juli & Aug. 10–14 & 16.30–21 Uhr, Sept.–Juni 10–18 Uhr) In Richtung der prachtvollen Porta Reale befindet sich die Basilica del

Noto

Highlights
1 Basilica Cattedrale di San Nicolò B2
2 Palazzo Castelluccio A1

Sehenswertes
3 Basilica del Santissimo Salvatore C2
4 Chiesa di San Domenico A2
5 Chiesa di San Francesco d'Assisi all'Immacolata C2
6 Chiesa di Santa Chiara C2
7 Palazzo Ducezio B2
8 Palazzo Landolina B2
9 Palazzo Nicolaci di Villadorata B2
10 Piazza Municipio B2
11 Teatro Tina Di Lorenzo A2

Schlafen
12 Nòtia Rooms A1
13 Ostello Il Castello C1
14 San Carlo Suites B2
15 Seven Rooms Villadorata B2

Essen
Caffè Sicilia .... (siehe 14)
16 Dolceria Corrado Costanzo B2
17 Manna B2
18 Ristorante Il Cantuccio A1
19 Ristorante Vicari B2

Ausgehen & Nachtleben
20 Anche gli Angeli B2

> **NICHT VERSÄUMEN**
>
> ### EISCREME & GRANITE
>
> Laut einigen *gelato aficionados* gibt es in Noto zwei der besten *gelaterie* (Eisdielen) Italiens. Konkret: Das national bekannte **Caffè Sicilia** (✆ 0931 83 50 13; www.caffesicilia.it; Corso Vittorio Emanuele 125; Gebäck ab 2,50 €; ◷ Di–So 8–22 Uhr, Nov. & Anfang Jan.–Anfang März geschl.) und die **Dolceria Corrado Costanzo** (✆ 0931 83 52 43; Via Silvio Spaventa 9; gelato ab 2 €; ◷ Do–Di 7.30–23 Uhr) gleich um die Ecke. Letztere hat die bessere Eiscreme – besonders gut haben uns die Sorten Pistazie und Amaro (bitterer Kräuterlikör) geschmeckt. Das Caffè Sicilia ist dagegen berühmt für seine *granite* (sorbetähnliches Eis). Neben den Klassikern wie *caffè* (Kaffee) und *mandorla* (Mandeln) sind saisonal auch Varianten mit *fragolini* (kleinen Walderdbeeren) oder *gelsi* (Maulbeeren) erhältlich.
>
> Beide Lokale servieren zudem himmlischen *torrone* (Nougat) sowie großartige *dolci di mandorle* (Kuchen bzw. Süßigkeiten mit Mandeln) und *cassata* (sizilianische Schichttorte mit Ricotta, Schokolade und kandierten Früchten). Nur: was soll man probieren? Am besten alles! (Wir verraten es nicht, versprochen!)

Santissimo Salvatore. Ihr vor kurzem renoviertes Inneres ist das beeindruckendste von Noto. Es wird gekrönt von dem prächtigen Deckenfresko von Antonio Mazza, das die Ankunft des Heiligen Geistes darstellt. Mazza ist auch für die Fassade der Kirche verantwortlich, die 1791 fertig gestellt wurde und Einflüsse eines eher zurückhaltenden neoklassizistischen Stils zeigt. Das benachbarte Benediktinerkloster bietet von seinem Glockenturm weite Blicke auf die Umgebung.

Chiesa di San Domenico   KIRCHE
(✆ 327 0162589; www.oqdany.it; Piazza XVI Maggio; Kirche frei, geführte Tour der Grabstelle 2 €; ◷ Juli & Aug. 10–14 & 16.30–21, Sept.–Juni 10–18 Uhr) Die Kirche aus dem 18. Jh. überragt die Touristeninformation an der Piazza XVI Maggio und gilt als eines von Notos schönsten barocken Bauwerken. Ihr Grundriss in Form eines griechischen Kreuzes stammt von dem Barockarchitekten Rosario Gagliardi, der hier angeblich auch bestattet wurde. Ein paar der herrlichen Stuckarbeiten im Inneren sind von der Verehrung der Rosenkranzmadonna durch den hl. Dominikus inspiriert.

Chiesa di Santa Chiara   KIRCHE
(Corso Vittorio Emanuele; Erw./erm. 2/1 €; ◷ Mitte März–Mitte Okt. 10.30–13 & 14.30–16 Uhr;) Die vom Benediktinerorden beauftragte Chiesa di Santa Chiara wurde von Rosario Gagliardi zwischen 1730 und 1758 erbaut. Man kann noch immer das ursprüngliche, wundervoll verzierte Portal am Corso Vittorio Emanuele sehen, das nicht mehr verwendet wird, seitdem die Straße im 19. Jh. abgesenkt wurde. Das elliptische Innere, das von verschnörkelten Stuckarbeiten übersät ist, beherbergt einen der schönsten Barockaltäre von Noto, auf den die Apostel von hohen Säulen hinuntersehen. Die Hauptattraktion ist jedoch der Panoramablick von der Dachterrasse.

Teatro Tina Di Lorenzo   THEATER
(Teatro Vittorio Emanuele; ✆ 0931 83 50 73; www.fondazioneteatrodinoto.it; Piazza XVI Maggio; Besichtigung 2 €, Theaterkarten Erw./erm. ab 10/8 €; ◷ Besichtigung 10–18 Uhr) Ein überwältigendes Rund aus Logen und Stuck. Das kleine Theater aus dem 19. Jh. ist nach der italienischen Bühnen- und Stummfilmschauspielerin Tina Di Lorenzo (1872–1930) benannt, eine von vielen Berühmtheiten, die auf dieser Bühne gestanden haben. Eine weitere ist die begnadete Eleonora Duse (1858–1924). Das Theater wird noch immer genutzt, sowohl für klassische als auch für zeitgenössische Theaterstücke in italienischer Sprache.

Chiesa di San Francesco d'Assisi all'Immacolata   KIRCHE
(✆ 0931 83 52 79; Corso Vittorio Emanuele 142; ◷ 9–12.30 & 15–18.30 Uhr) Diese schöne Franziskanerkirche wurde zwischen 1704 und 1745 erbaut und besteht aus nur einem Hauptschiff. Sie ist das Werk der Architekten Rosario Gagliardi und Vincenzo Sinatra. Im Inneren kann man Olivio Sozzis Gemälde *Die Verzückung des heiligen Franziskus* und *Der heilige Antonius predigt den Fischen* aus dem 18. Jh. bewundern, die sich am ersten Altar links und am ersten Altar rechts befinden. Die hölzerne Statue der Unbefleckten Empfängnis in der Apsis stammt aus dem 16. Jh.

Feste & Events

Infiorata   KARNEVAL
(◷ Mitte Mai) Drei Tage lang finden bei Notos großem Jahresfest u. a. Konzerte und Umzüge statt. Parallel wird die ganze Via Corrado

Nicolaci mit atemberaubenden Mustern aus Blütenblättern dekoriert.

Essen & Ausgehen

Wie viele Städte in Siziliens Südosten hat auch Noto eine lebendige gastronomische Szene. Innovative Nobelrestaurants gibt es hier genauso wie altmodische *trattorie*, die schlichte Klassiker servieren. Die besten Lokale findet man im *centro storico* (historischen Zentrum) in Laufentfernung rund um den Corso Vittorio Emanuele.

⭐ Manna SIZILIANISCH €€
(📞 0931 83 60 51; www.mannanoto.it; Via Rocco Pirri 15; Gerichte 35–47 €; ⊙ Ostern–Juli & Sept.–Dez. Mi–Mo 12–14.30 & 19–22.30 Uhr, Aug. tgl. 19–22.30 Uhr; 📶) Das Manna empfängt Gäste mit einer hippen Bar (vorn) und opulenten Speiseräumen (hinten) sowie ausgezeichneten, zeitgenössischen Gerichten aus erstklassigen Zutaten. Serviert werden z.B. *tagliatelle* mit Enten-*ragù* und Parmesanstreifen sowie Makrelenfilet mit aromatischen Kräutern, Algen und einem salzigen Zitronen-*gelo*. Die Mitarbeiter sind kompetent und freundlich und die Weinkarte umfasst gute Tropfen.

Ristorante Il Cantuccio SIZILIANISCH €€
(📞 0931 83 74 62; www.ristoranteilcantuccio.it; Via Cavour 12; Gerichte 32–36 €; ⊙ Juni–Sept. 19.45–23 Uhr, restliches Jahr Di–So 12.30–14.30 & 19.45–22.30 Uhr; 📶🍴) Im Innenhof eines früheren Adelspalasts kombiniert dieses einladende Restaurant einfallsreich typisch sizilianische Zutaten. Immer eine gute Wahl sind z.B. die tollen *gnocchi al pesto del Cantuccio* (Kartoffel-Ricotta-Klößchen mit Basilikum, Petersilie, Minze, Kapern, gerösteten Mandeln und Kirschtomaten). Als saisonale Spezialitäten gibt's u.a. Wolfsbarsch mit Zitronenfüllung und Orangen-Fenchel-Salat oder in Weißwein geschmortes Kaninchen mit *caponata* (süßsaures Gemüsegericht).

⭐ Ristorante Vicari SIZILIANISCH €€€
(📞 0931 83 93 22; www.ristorantevicari.it; Ronco Bernardo Leanti 9; Gerichte 45–60 €; ⊙ Juli–Sept. Mo, Di & Do–Sa 12.30–14 sowie tgl. 19–22 Uhr, Okt.–Juni Di–Sa 12.30–14 sowie Mo–Sa 19–22 Uhr) In der Küche verwöhnt der aufstrebende Spitzenkoch Salvatore Vicari die Gaumen seiner Gäste mit seinen ungewöhnlichen Kreationen aus sizilianischen Zutaten: Saftiger Tintenfisch gefüllt mit Tomaten und Mandeln auf Pistaziencreme oder Ravioli gefüllt mit Grillhühnchen an einer Karotten-, Zitrone- und Spinatcreme. Niedrig hängende Lampen setzen das Essen auf weißen Leinentüchern passend in Szene. Es empfiehlt sich, im Voraus zu Reservieren.

⭐ Anche gli Angeli LOUNGE
(📞 0931 57 60 23; www.anchegliangeli.it; Via A da Brescia 2; ⊙ 8–1 Uhr; 📶) „Sogar Engel" (so der Name) ist eine mondäne, LGBTI-freundliche, total coole Lounge und *der* Ort zum Schwätzchenhalten. Das Anche gli Angeli ist Café-Bar, Lounge, Restaurant und Concept Store in einem und eignet sich hervorragend für einen Cappuccino mit hausgemachten Gebäckstücken und Blättern in Büchern, für einen *aperitivo*, ein modern-sizilianisches Abendessen (Gerichte 32–60 €) oder einen Absacker. Mittwochs und freitags gibt's Livemusik, freitags und samstags legen DJs auf.

ℹ️ Praktische Informationen

Infopoint Noto (📞 339 4816218; www.notoinforma.it; Corso Vittorio Emanuele 135; ⊙ April, Mai & Okt. 10–19 Uhr, Juni & Sept. bis 20 Uhr, Aug. bis 22 Uhr, restliches Jahr bis 18 Uhr) Bietet Karten, Broschüren, kostenlosen PC-Zugang und eine kostenlose Gepäckaufbewahrung. Besucher können Boardingpässe oder andere Dokumente ausdrucken (1 €). Die enthusiastischen, mehrsprachigen Mitarbeiter organisieren außerdem geführte Touren auf Italienisch, Englisch und Französisch.

Polizei (📞 0931 83 52 02; Vico Brindisi 1) Nahe der Giardini Pubblici.

ℹ️ An- & Weiterreise

AUTO & MOTORRAD

Die SS115 verbindet Noto mit Syrakus (ca. 36 km nordöstlich).

BUS

Notos Busbahnhof liegt praktischerweise gleich südlich der Porta Reale und der Giardini Pubblici.

AST (📞 0931 46 27 11; www.aziendasicilianatrasporti.it) bedient u.a. Syrakus (3,60 €, 1 Std., Mo–Sa 7-mal tgl.) und Catania (über Flughafen; 7,50 €, 1½ Std., Mo–Sa 6-mal tgl., So 2-mal tgl.).

Interbus (📞 091 611 95 35, 0935 2 24 60; www.interbus.it) fährt ebenfalls nach Catania (8,40 €, 1½–2½ Std., Mo–Fr 8- bis 10-mal tgl., Sa 6-mal tgl., So 3-mal tgl.) und Syrakus (3,60 €, 1 Std., Mo–Fr 4- bis 5-mal tgl., Sa 4-mal tgl., So 3-mal tgl.).

Fahrkarten gibt's bei der **Bar Flora** (Hotel Flora, Via Pola 1).

ZUG

Züge fahren nach Syrakus (3,80 €, 30–40 Min., Mo–Fr 7-mal tgl. Sa 6-mal tgl.) Scicli (4,30 €, 1 Std., Mo–Fr 6-mal tgl., Sa 5-mal tgl.), Modica

(5,10 €, 1¼ Std., Mo–Fr 6-mal tgl., Sa 5-mal tgl.) und Ragusa (6,20 €, 1½ Std., Mo–Fr 5-mal tgl., Sa 4-mal tgl.). Der Bahnhof liegt unbequem 1 km bergab vom historischen Zentrum.

Die Küste bei Noto

Während die Südostküste Siziliens keine überwältigenden kulturellen Sehenswürdigkeiten bietet, eignen sich ihre elektrisierenden Farben, römischen Mosaiken, zerklüfteten Strände und weitläufigen Weinberge gut für einen entspannten Tagesausflug. Von Noto aus führt die SP19 Richtung Süden zum stimmungsvollen Fischerdorf **Marzamemi**, einem beliebten Ausflugsziel im Sommer, das mit geschäftigen Bars und Restaurants lockt.

Von hier führt die SP84 an der Küste entlang in südlicher Richtung nach **Portopalo di Capo Passero**, wo sich einst die größten *tonnare* (Thunfischfabriken) Siziliens befanden. Auf der kleinen Insel **Isola Capo Passero** vor der Küste erhebt sich eine mächtige Festung.

Von Portopalo di Capo Passero verläuft die SP8 nach Südwesten zur winzigen **Isola delle Correnti** (Insel der Strömungen) mit ihrem Leuchtturm. Dies ist Siziliens südlichster Punkt, südlicher noch als die nordafrikanische Stadt Tunis.

Sehenswertes

Riserva di Vendicari NATURRESERVAT
(0931 46 88 79; www.riserva-vendicari.it; April–Okt. 7–20 Uhr, Nov.–März 7–17 Uhr) GRATIS An die Ruinen von Eloro grenzt ein wilder Küstenstreifen mit drei Feuchtgebieten und ein paar Sandstränden. Der schönste, die Spiaggia Marianelli, ist als schwulenfreundlicher FKK-Strand bekannt. Vom Haupteingang (an der Straße Noto–Pachino ausgeschildert) führt ein gut zehnminütiger Fußmarsch zum nächstgelegenen Strandabschnitt, wo ein Pfad an der Küste entlang beginnt.

Zum Naturschutzgebiet gehören ein alter Wachturm, eine verlassene Thunfischfabrik und mehrere Beobachtungsposten, von denen aus man relativ bequem die hiesige Vogelwelt bewundern kann: Das Gelände ist ein wichtiges Refugium für Stand- und Zugvögel (u. a. Störche, Flamingos, Wildgänse, Stelzenläufer).

Villa Romana del Tellaro RÖMISCHE STÄTTE
(0931 57 38 83; www.villaromanadeltellaro.com; 8.30–19.30 Uhr, letzter Einlass um 18 Uhr) GRATIS Fährt man auf der SP19 von Pachino aus südwärts, gelangt man zu den Ruinen dieser römischen Villa mit einigen faszinierenden Mosaiken. Die Villa wurde schon im 4. Jh. weitgehend durch einen Brand zerstört; die gründliche Ausgrabung hat aber Fragmente der Bodenmosaiken zu Tage gefördert, auf denen Jagdszenen und Episoden aus der griechischen Mythologie dargestellt sind.

Essen

Das Fischerdorf Marzamemi ist die beste Anlaufstelle für Hungrige in der Region. Zahlreiche *trattorie* servieren hier vor allem frischen Fisch und Meeresfrüchte. Zu den besten Restaurants gehören **Liccamúciula** (338 4638731; www.liccamuciula.it; Piazza Regina Margherita 2, Marzamemi; Panini & Salate 6–9 €; Juli & Aug. tgl. 10–3 Uhr, restlices Jahr Mo–Do 10–22, Fr & Sa bis 3, So bis 24 Uhr, Jan. geschl.;) und **La Cialoma** (0931 84 17 72; Piazza Regina Margherita 23, Marzamemi; Gerichte 40–50 €; Ostern–Anfang Nov. tgl. 13–15 & 19.30–23 Uhr, restliches Jahr Nov. & Di geschl.;). Weiter südlich beherbergt das nördliche Randgebiet von Portopalo di Capo Passero das herausragende, gehobene Restaurant **ViDi** (345 1663741; www.ristorantevidi.it; Castello Tafuri, Via Tonnara 1, Portopalo di Capo Passero; tgl. 19.30–21.30, So auch 12–14 Uhr;), das auf einer spektakulären Terrasse mit Meerblick kreative sizilianische Küche serviert.

An- & Weiterreise

Zum Erkunden der Gegend ist ein eigenes Auto erforderlich, öffentliche Verkehrsmittel sind hier kaum bis gar nicht vorhanden. Interbus betreibt Busse zwischen Noto und Pacino (2,90 €, 25 Min., Mo–Fr 10-mal tgl., Sa 8-mal, So 5-mal). Von dort aus geht's dann aber nur mit dem Taxi weiter nach Marzamemi (einfache Fahrt 8–10 €).

Modica

0932 / 54 530 EW. / 296 M

Modica ist eine von Südsiziliens markantesten Städten. Ihr steil ansteigendes mittelalterliches Zentrum wird von einer barocken Kathedrale dominiert. Im Gegensatz zu den anderen, ebenfalls zum Weltkulturerbe der UNESCO gehörenden Städte in der Gegend konzentrieren sich die Highlights hier nicht auf eine einzige, leicht auffindbare Hauptstraße oder zentrale Piazza, sondern verteilen sich auf die ganze Stadt. Dies fordert einigen Entdeckergeist und es kann eine Weile dauern, bis man sich orientiert hat.

ABSEITS DER ÜBLICHEN PFADE

WEINPROBEN IM SÜDOSTEN SIZILIENS

Siziliens südöstliche Spitze ist eine der unbekannteren Weinregionen der Insel, eine Landschaft aus Oliven-, Mandel- und Zitrusbäumen. Zu den hier wachsenden Trauben gehören Nero d'Avola und Syrah (Rotweine) und Moscato Boanco (Weißweine). Aus letzterer entstehen Notos hocharomatischer Moscato di Noto und der Dessertwein Passito di Noto.

Mehrere *cantine* (Weingüter) in der Region heißen Besucher willkommen und bieten Führungen der Weinberge, Verköstigungen der Weine und Olivenöle und sogar Probierplatten oder Mittagessen aus lokalen Produkten an. Zu diesen gehören **Cantina Zisola** (☏ 0931 83 92 88, 392 6865741; www.mazzei.it; Contrada Zisola; Weintour & -probe 20 €/Pers.), **Feudo Maccari** (☏ 346 8071173, 0931 59 68 94; www.feudomaccari.it; Strada Provinciale 19 Noto-Pachino; Weinprobe ab 15 €/Pers.) und **Planeta Buonivini** (☏ 0925 195 54 65; https://planeta.it; Contrada Buonivini; Weinprobe ab 30 €/Pers.). Letzterer ist einer von Siziliens geschäftigsten Weinherstellern. Unbedingt per E-Mail oder Telefon reservieren; einige Tage im Voraus ist normalerweise ausreichend.

Wer sich die geschäftigen Straßen und steilen Treppen jedoch einmal erschlossen hat, lernt eine warmherzige, authentische Stadt mit einer einladenden Atmosphäre, kosmopolitischen Flair und ausgeprägtem Selbstbewusstsein kennen.

Zu den Zeiten der Griechen und Römer war Modica bereits eine bedeutende Stadt. Ihre Glanzzeit erlebte sie jedoch im 14. Jh. als sie das persönliche Lehnsgut der Familie Chiaramonte und damit einer der mächtigsten Städte Siziliens war.

⊙ Sehenswertes

★ Duomo di San Giorgio   KIRCHE
(☏ 0932 94 12 79 Corso San Giorgio, Modica Alta; ⊙ 8–12.30 & 15.30–19 Uhr) Der Höhepunkt eines Besuchs in Modica – und das auch im wörtlichen Sinne, da er hoch oben in der Oberstadt liegt – ist der Duomo di San Giorgio. Er gilt als eine der außergewöhnlichsten Barockkirchen Siziliens und als großartiges Meisterwerk von Rosario Gagliardi. In seiner ganzen Pracht thront das Gotteshaus am Ende einer aus dem 19. Jh. stammenden majestätischen Treppe mit 250 Stufen und überragt mit seiner opulenten dreistöckigen Fassade die kleinen mittelalterlichen Gässchen des historischen Stadtkerns.

Das überreiche Innere – ein Kaleidoskop aus Silber, Gold und Eierschalenblau – vereint alle Kennzeichen des sizilianischen Barocks des frühen 18. Jhs. Eine der beiden Kapellen, die die zentrale Apsis/Hauptapsis flankieren, beherbergt die Reiterstatue von San Giorgio, die während der jährlichen Festivitäten zu Ehren des Heiligen im April durch die Stadt getragen wird. Seine irdischen Überreste befinden sich in der sogenannten *Santa Arca* (Heiligen Arche) im rechten Kirchenschiff. Interessanterweise wurde der Duomo auch Sant'Ippolito gewidmet, dessen Tod auf Cicalesius' *Martirio di Sant'Ippolito* (*Das Martyrium des heiligen Hippolytus*) aus dem 17. Jh. dargestellt wird. Auch die Marmorstatue der *Madonna della Neve* (Unsere Liebe Frau vom Schnee) aus dem frühen 16. Jh., die Giuliano Mancino und Bartolomeo Berrettaro zugeschrieben wird, ist bemerkenswert.

Duomo di San Pietro   KATHEDRALE
(Corso Umberto I 159, Modica Bassa; ⊙ Mo–Sa 8.30–12.30 & 14–19, SO bis 20 Uhr) In Modica wird der Duomo di San Pietro nur noch von der Cattedrale di San Giorgio übertroffen. Die Kirche aus dem 14. Jh. wurde beim Erdbeben von 1693 beschädigt und ab 1697 wiederaufgebaut. Die Arbeiten dauerten bis weit ins 19. Jh. an. Die Freitreppe, die von lebensgroßen Statuen der Apostel gesäumt wird, wurde erst 1876 fertiggestellt.

Der der Marmor- und Pechsteinboden im Inneren stammt ebenfalls aus dem 19. Jh. Die Decke darüber schmücken Szenen aus dem Alten Testament, die von Gian Battista und Stefano Ragazzi im späten 18. Jh. ausgeführt wurden. Die rechte Seite des Kirchenschiffes beherbergt eine Marmorstatue der *Madonna di Trapani* aus dem 15. Jh. und eine Gruppe Holzstatuen aus dem späten 19. Jh. Diese stellen *San Pietro e il Paralitico* (den hl. Petrus und den gelähmten Mann) dar – ein Werk des Bildhauers Benedetto Civiletti. Ebenfalls bemerkenswert sind die beiden Gemälde in der ersten Kapelle auf der linken Seite des Schiffes aus dem 17. Jh. Eines zeigt Christus, der Petrus die Schlüssel zum himmlischen Königreich gibt, das andere den Tod des hl. Josef.

AUTOTOUR > SIZILIANISCHER BAROCK

Diese Tour führt zu Siziliens spektakulärsten von der UNESCO gelisteten Barockstätten, vom Ionischen Meer zu den Hügeln und Schluchten des Inselinneren. Unterwegs kann man in Noto spazierengehen, sich in den Straße von Modica verlieren und den Charme von Ragusa, Scicli und den andere Städten im Südosten Siziliens entdecken, die nach dem Erdbeben im Jahr 1693 im Barockstil wiederaufgebaut wurden.

❶ Catania

Obwohl die Vororte nicht gerade sehenswert sind, ist Siziliens zweitgrößte Stadt eine aufstrebende Metropole mit einer großen Universität und einem schönen von der UNESCO gelisteten Zentrum. Am Horizont sorgt der Ätna für eine beeindruckende Kulisse.

Der Vulkan hat sich tief in Catanias DNA gegraben. Ein Großteil des historischen Zentrums wurde aus Lava erbaut, die bei einem

5 Tage; 213 km

Toll für… Geschichte & Kultur; Essen & Trinken

Beste Reisezeit: April, Mai, September & Oktober

Cava d'Ispica (S. 244)

Ausbruch 1669 an den Hängen des Ätna hinunterfloss. Die Barock-*palazzi* und *piazzas* zeigen alle Schattierungen der Lava. Im Zentrum liegt die **Piazza del Duomo** (S. 192), das kollektive Wohnzimmer der Stadt. Hier steht auch Catanias **Cattedrale di Sant'Agata** (S. 197), der letzte Ruheort des Komponisten Vincenzo Bellini. Gleich abseits des Platzes befindet sich der Fischmarkt **La Pescheria** (S. 193), der für mehr Farbe, Geräusche und Theatralik sorgt als jede Bellini-Oper.

Weiterfahrt > Von Catania aus kommt man auf der A18/E45 nach 66 km nach Syrakus. Die Ausfahrt auf die SS124 führt nach 4 km ins Zentrum von Syrakus.

❷ Syrakus

Das von Kolonialisten aus Korinth 734 v. Chr. besiedelte Syrakus galt einst als die schönste Stadt der alten Welt, die Athen Konkurrenz machte. Im **Parco Archeologico della Neapolis** (S. 218) kann man noch immer das antike Herz der Stadt erkunden. Die Hauptattraktion hier ist das riesige griechische Theater, dessen Ursprünge im 5. Jh. vor Chr. liegen

Nach dem Erdbeben 1693 erhelt Syrakus ein barockes Lifting. In der **Galleria Regionale di Palazzo Bellomo** (S. 217) gibt es einige Barockgemälde, aber das wahre Meisterwerk ist die **Piazza del Duomo** (S. 213), ein Juwel der Stadtplanung des 17. Jhs. Das Highlight hier ist der **Duomo** (S. 213), dessen Fassade ein Meisterwerk des sizilianischen Hochbarocks (18. Jh.) ist. Es lassen sich auch Spuren der griechischen Ursprünge der Stadt entdecken, z.B. die Tempelsäulen aus dem 5. Jh. v.Chr., die in die Domfassade eingebettet sind.

Weiterfahrt > Von Syrakus gelangt man auf der SS124 nach 42 km durch hügelige und unberührte Landschaft nach Palazzolo Acreide.

❸ Palazzolo Acreide

Eine charmante Stadt mit barocker Architektur und uralten Ruinen. Den Mittelpunkt bildet die **Piazza del Popolo** (S. 225), die von der Pracht der **Chiesa di San Sebastiano** und des **Palazzo Municipale**, dem Rathaus, dominiert wird. Von hier führt ein 20-minütiger Spaziergang von der Piazza del Popolo hinauf zum archäologischen Park von **Akrai** (S. 225), einst eine aufstrebende griechische Siedlung. Zu entdecken gibt es ein antikes griechisches Theater sowie christliche Grabkammern mit fein gearbeiteten Reliefs.

Basilica Cattedrale di San Nicolò (S. 226)

Weiterfahrt > Die SS287 führt 30 km in südöstlicher Richtung nach Noto. Die Straße wird kurviger, je näher man Noto kommt.

④ Noto

Nach der Zerstörung durch das Erdbeben 1693 ist Noto als eines der schönsten Barockzentren Siziliens wieder auferstanden. Viele der Sandsteingebäude und Kirchen, die den **Corso Vittorio Emanuele** säumen, wurden vom lokalen Architekten Rosario Gagliardi entworfen. Sie sind besonders beeindruckend im Licht des frühen Abends, und nachts, wenn raffinierte Beleuchtungen die Schönheit der Fassaden hervorheben.

Sehr bemerkenswert ist die **Basilica Cattedrale di San Nicolò** (S. 226), ein spätbarockes Meisterwerk, das von einer Kuppel gekrönt wird. Wer einen erhöhten Blick auf die Kathedrale werfen möchte, sollte die Terrasse des **Palazzo Ducezio** (S. 226) besuchen, der wegen seines Sala degli Specchi (Spiegelsaals) selbst einen Besuch lohnt.

Um zu sehen, wie der hiesige Adel zu Barockzeiten lebte, sollte man durch den nahen **Palazzo Nicolaci di Villadorata** (S. 227) gehen oder eine geführte Tour des **Palazzo Castelluccio** (S. 226) machen.

Weiterfahrt > Auf der SS115 gelangt man nach 22 km Richtung Südwesten durch noch mehr Felder und Obstplantagen sowie das Städtchen Rosolini nach Ispica. Die steile, kurvige SP47 führt ins Zentrum.

⑤ Ispica

Zwischen Noto und Modica bietet dieses Hügelstädtchen einige schöne Barockgebäude. Der Hauptgrund, um hier zu stoppen ist aber ein Blick in die **Cava d'Ispica** (S. 244), eine 13 km lange Schlucht, die mit Tausenden Höhlen und Grotten aufwartet. Nachweise menschlicher Existenz hier gehen bis auf das Jahr 2000 v.Chr. zurück. Über die Jahrtausende haben die Höhlen als neolithische Gräber, frühchristliche Katakomben und mittelalterliche Wohnungen gedient.

Weiterfahrt > Nach 17 km auf der SS115 gelangt man in die Vororte von Modica. Hier folgt man den Schildern nach Modica Centro und dann zum Corso Umberto I., der Hauptstraße.

⑥ Modica

Mit ihrem steil ansteigenden mittelalterlichen Zentrum und ihrer lebhaften Haupt-

---

MEISTER DER HOHEN TÖNE

Catanias berühmtester Sohn, Vincenzo Bellini (1801–1835), war *der* Komponist von *bel canto*-Opern. Der bereits zu Lebzeiten sehr erfolgreiche Komponist war bekannt für seine Fähigkeit, Sinnenlust mit melodischer Klarheit zu kombinieren. Das **Museo Belliniano** (S. 198), in seinem ehemaligen Zuhause in Catania, beherbergt eine tolle Sammlung aus Erinnerungsstücken. Catanias **Teatro Massimo Bellini** (S. 201) aus dem 19. Jh. ist der Ort, um *I Puritani*, *Norma* und Bellinis andere Meisterwerke zu hören.

Ragusa Ibla (S. 246)

straße ist Modica eine der atmosphärischsten Städte Südsiziliens. Highlight ist der **Duomo di San Giorgio** (S. 231), eine spektakuläre Barockkirche, die als das Meisterwerk des Architekten Rosario Gagliardis gilt. Der Dom steht in einsamer Pracht am Ende einer 250 Stufen langen Treppe.

Neben ihren Kirchen ist Modica auch für ihre Schokolade berühmt. Wer sich damit die Koffer füllen will, sollte zur **Antica Dolceria Bonajuto** (S. 243), Siziliens ältester Schokoladenfabrik gehen, oder das **Caffè Adamo** (S. 242) besuchen. Letzteres ist auch für sein *gelato* and *cremolate* (Wassereis) berühmt.

Weiterfahrt > Auf der SP54 fährt man kurvige 10 km in südwestlicher Richtung durch zerklüftete, felsige Landschaft bis Scicli.

❼ Scicli

Scicli ist die authentischste der Städte des Val di Noto, mit einem entspannten Vibe, der von immer mehr VIP-Bewohnern geschätzt wird, von norditalienischen Unternehmern zu internationalen Fotografen und Künstlern.

Zur Fülle an Barockkirchen gehört die **Chiesa di Santa Teresa** (S. 245), die ein Fresko aus dem 16. Jh. mit einer seltenen Inschrift in sizilianischem Latein zeigt. Um die Ecke findet man an der nur für Fußgänger zugänglichen Via Francesco Mormino Penna einige Sehenswürdigkeiten, z. B. den **Palazzo Bonelli Patanè** (S. 244), die Apotheke **Antica Farmacia Cartia** (S. 245) und den **Palazzo Municipio** (S. 245), in dem auch Dreharbeiten zur TV-Serie *Inspector Montalbano* stattfinden.

Von einem Felsen blickt die verlassene Kirche **Chiesa di San Matteo** auf all diese Barockpracht hinunter. Nach einem zehnminütigen Spaziergang hinauf wird man mit einem tollen Blick auf die Stadt belohnt.

Die Fahrt > Auf der SP94 gelangt man nach rund 13 km in nördlicher Richtung zur SS115, die nach rund 13 km hinauf nach Ragusa führt. Der letzte Teil der Fahrt ist kurvenreich. Jenseits einer kleinen Schlucht sieht man dann das historische hügelige Zentrum von Ragusa liegen.

❽ Ragusa

Das zwischen Felsenhügeln gelegene **Ragusa Ibla** – Ragusas historisches Zentrum – eignet sich wunderbar zum Herumschlendern. Seine labyrinthartigen Gassen sind gesäumt von *palazzi* und öffnen sich zwischendurch auf *piazzas*. Nach dem Erdbeben 1693 baute der stets optimistische Adel Ragusa an genau derselben Stelle wieder auf. Hier verläuft man sich leicht, aber keine Panik: Früher oder später gelangt man zur **Piazza Duomo**. Am oberen Ende des abschüssigen Platzes steht der ganze Stolz der Stadt, der 1744 erbaute **Duomo di San Giorgio** (S. 247), der am Ende einer prächtigen Treppe emporragt. Er ist eines der Meisterwerke von Rosario Gagliardi: Die verschwenderische Fassade erhebt sich wie eine Hochzeitstorte über drei Etagen und wird von schmal zulaufenden korinthischen Säulen gestützt.

Den Hügel hinauf von Ragusa Ibla liegt **Ragusa Superiore**, die moderne – und weniger hübsche – Hälfte von Ragusa.

AUTOTOUR > WUNDER DES ANTIKEN SIZILIENS

Dies ist nicht nur eine Fahrt durch bella Sicilia, sondern auch eine Reise durch die Zeit. Unterwegs trifft man auf Überreste griechischer Tempel, eine römische Villa, normannische Paläste voller arabischer und byzantinischer Pracht und Barockkirchen, die unter der spanischen Herrschaft errichtet wurden. Auf dem Weg um die Insel begegnet man überall einem reichen multinationalen Mix historischer und kultureller Einflüsse.

❶ Palermo

Palermo bietet eine faszinierende Kulisse aus Pracht und Verfall. Im Vergleich zu Florenz und Rom sind viele der Schätze hier eher versteckt und wurden (noch) nicht für Ströme von Touristen herausgeputzt. Die komplexe Kulturgeschichte der Stadt durchdringt das Alltagsleben ihrer Bewohner. Die

12–14 Tage; 664 km
Toll für... Geschichte & Kultur; Essen & Trinken; Outdoor
Beste Reisezeit: April, Mai, September & Oktober

Piazza della Repubblica, Marsala (S. 120)

Märkte in ihren Gassen haben ein orientalisches Flair und in ihrer Architektur vereinen sich Ost und West auf einzigartige Weise.

Seit phönizianischer Zeit ist Palermo ein Handelshafen, den man am besten **zu Fuß** (S. 72) erkundet. Die Stadt wurde zuerst als Hauptstadt des arabischen Siziliens im 9. Jh. bekannt. Als die Normannen im 11. Jh. in die Stadt eintraten, nutzten sie arabisches Knowhow um Palermo zur reichsten und kultiviertesten Stadt des Christentums zu machen. Die **Cappella Palatina** (S. 61) ist der perfekte Ausdruck dieser Verbindung: Ihre byzantinischen Mosaiken werden von einer *muqarnas*-Decke gekrönt – einem Meisterwerk arabischer Handwerkskunst.

Wer einen Einblick in Siziliens lange und turbulente Vergangenheit erhaschen möchte, sollte das **Museo Archeologico Regionale Antonio Salinas** (S. 67) besuchen.

Weiterfahrt > Auf der A29 führt die 82 km lange Fahrt an den Bergen westlich von Palermo vorbei durch landwirtschaftlich genutztes Gebiet zu den Hügeln von Segesta. Die griechische Ruine liegt gleich abseits der A29dir.

❷ Segesta

Am Rand einer Schlucht inmitten von trostlosen Bergen liegen die Ruinen von **Segesta** (S. 103) aus dem 5. Jh. v. Chr. Die von den Elymern gegründete Stadt befand sich in ständiger Auseinandersetzung mit Selinunt, dessen Zerstörung sie mit unerbittlicher Entschlossenheit verfolgte. Während Selinunt mit Gewalt zerstört wurde, setzte Segesta die Zeit zu: Kaum etwas ist heute noch von der Stadt übrig, außer das Theater und ein nie fertiggestellter dorischer Tempel. Er stammt von 430 v. Chr. und ist erstaunlich gut erhalten. An windigen Tagen sollen seine 36 Säulen wie eine Orgel wirken und geheimnisvolle Töne hervorbringen.

Weiterfahrt > Auf der A29dir fährt man 40 km weiter Richtung Trapani. Wenn man in dessen Außenbezirken angekommen ist, geht es auf der sehr kurvenreichen SP31 hinauf nach Erice, von wo aus man tolle Ausblicke genießen kann.

❸ Erice

Eine spektakuläre Hügelstadt mit mittelalterlichem Charme und einem wunderbaren

Duomo di San Giorgio, Modica (S. 231)

360-Grad-Blick vom **Mt. Eryx** (750 m). In Erice kann man durch mittelalterliche, von Kirchen, Festungen und winzigen Piazzas gesäumte Gassen wandern. Nur wenig zeugt von der uralten Geschichte des Ortes, aber als Zentrum des Venuskults wartet Erice mit einer verführerischen Geschichte auf.

Die beste Aussicht hat man vom **Giardino del Balio**, der über schroffe Felsen und bewaldete Hügel hinunter auf die Salzpfannen von Trapani und das Meer blickt. Neben den Gärten liegt das normannische **Castello di Venere** (S. 109), das im 12. und 13. Jh. über dem alten Tempel der Venus erbaut wurde. Und während die Venus die Göttin der Liebe ist, ist Erices Göttin des Süßen Maria Grammatico, deren *pasticceria* (S. 111) weltweit verehrt wird. Man sollte die Stadt nicht verlassen, ohne ihre *cannoli* oder zitronigen *cuscinetti* probiert zu haben.

Weiterfahrt > Für die 12 km nach Trapani geht's die Serpentinen der SP31 wieder hinunter.

④ Trapani

Trapani, einst eine Schlüsselstelle im mächtigen Handelsnetz, das sich von Kathargo bis Venedig erstreckte, liegt auf einem sichelförmigen Landstück, das den alten Hafen umschließt. Obwohl Trapanis Industriegebiete am Stadtrand eher trostlos wirken, bietet sein historisches Zentrum hübsche Kirchen und Barockgebäude. Das Netz aus engen Straßen ist noch immer ein maurisches Labyrinth, obwohl viel des Charakters der Stadt auf den Barock aus dem 18. Jh. – der spanischen Ära – zurückgeht. Man sollte sich Zeit für die **Chiesa Anime Sante del Purgatorio** (S. 104) nehmen, Heimat des *Misteri* aus dem 18. Jh., 20 lebensgroße Bildnisse, die die Passion Christi darstellen.

Weiterfahrt > Auf der SS115 führt die 33 km lange Fahrt in südlicher Richtung nach Marsala an der Westküste.

⑤ Marsala

Marsala, eine elegante Stadt mit herrschaftlichen Barockgebäuden, die in einem Quadrat aus Stadtmauern stehen, ist bekannt für den gleichnamigen Dessertwein. Die Stadt wurde von Phöniziern gegründet, die vor römischen Angriffen flüchteten. Die 7 m dicke Mauer, die sie bauten, stellte sicher, dass Marsala als letzte punische Siedlung in die Hände der Römer fiel. Überreste sind bis heute erhalten.

Marsalas größter Schatz sind die teilweise restaurierten Überreste eines karthagischen *liburna* (Kriegsschiffes) – der einzige physische Beweis für die Überlegenheit der Phönizier auf dem Meer im 3. Jh. v.Chr. Das Schiff kann im **Museo Archeologico Baglio Anselmi** (S. 119) bewundert werden.

Weiterfahrt > Die SS115 führt 52 km durch Farmland und diverse Orte bis zur A29. Auf ihr geht's nach Castelvetrano, dann auf der SS115 und der SS115dir nach Selinunt.

⑥ Selinunt

Die auf einem Kap mit Blick auf das Meer gelegenen griechischen **Ruinen von Selinunt** (S. 124) gehören zu den beeindruckendsten von Sizilien. Selinunt wurde im 7. Jh. v.Chr. erbaut. Es gibt nur wenige historische Nachweise der Stadt, die einst zu den mächtigsten der Welt gehörte, und sogar die Namen ihrer Tempel sind in Vergessenheit geraten und werden nun mit Buchstaben bezeichnet. Der beeindruckendste, **Tempel E**, wurde teilweise wiederaufgebaut. Die Säulen wurden aus ihren Fragmenten wieder zusammengesetzt und sogar ein Teil des Tympanons wurde restauriert. Viele Schnitzereien, die mit den Marmorarbeiten des Parthenon mithalten können, insbesondere die des **Tempels C**, kann man heute in Palermos Archäologischem Museum bestaunen.

> **DAS ERDBEBEN IM JAHR 1693**
>
> Am 11. Januar 1693, zerstörte ein Erdbeben der Stärke 7,4 den Südosten Siziliens. Die Verwüstung war furchtbar, führte jedoch dazu, dass Architekten die Städte und Dörfer der Region noch einmal völlig neu – im neuesten Stil und im Sinne einer praktischen Stadtplanung (einem Konzept, das seit der Antike in Vergessenheit geraten war) – aufbauen konnten. Das Erdbeben führte so zu einem neuen Architekturstil, bekannt als sizilianischer Barock, der mit verführerischen Rundungen und aufwendigen Details aufwartet. All dies kann man in Ragusa, Modica, Catania und vielen andere Städten der Region bewundern.

Weiterfahrt > Nun geht's zurück hinauf zur SS115 und auf ihr vorbei an Hügeln und Ebenen bis man nach 37 km Sciacca erreicht.

❼ Sciacca

Sciacca wurde im 5. Jh. v.Chr. als Thermalbad für Selinunt gegründet. Bis das Bad 2015 wegen finanzieller Probleme auf unbestimmte Zeit schließen musste, zog das heilende Wasser Busladungen italienischer Touristen an, die ihre Zipperlein mit Schwefeldämpfen und mineralhaltige Schlamm behandeln ließen. Aber auch ohne Spas und Thermalkuren ist Sciacca ein nettes Städtchen mit einem schönen mittelalterlichen Kern und einigen tollen Meeresfrüchterestaurants.

Weiterfahrt > Auf der SS115 geht's nach Osten weiter an der Südküste entlang nach Porto Empedocle und dann 10 km ins Inselinnere zum Zentrum von Agrigent, das auf einem Hügel liegt. Die Etappe ist rund 62 km lang.

❽ Agrigent

Von fern gesehen lenken die am Hügel gelegenen Apartmentblöcke Agrigents von dem herrlichen Tal der Tempel ab, das darunter liegt. Das Tal beherbergt die faszinierende **Ruinen** (S. 276) des antiken Akragas, darunter die am besten erhaltenen dorischen Tempel außerhalb von Griechenland.

Die Ruinen verteilen sich auf ein über 13 km² großes Gebiet, das sich in eine westliche und eine östliche Hälfte teilt. Zuerst sollte man die östliche Zone besuchen, in der sich die drei besten Tempel finden: Der **Tempio di Hera**, der **Tempio di Ercole** und, der spektakulärste, der **Tempio della Concordia** (Tempel der Concord). Dieser Tempel, der einzige, der relativ gut erhalten ist, wurde um 440 v.Chr. erbaut und im 6. Jh. in eine christliche Kirche umgewandelt.

Bergauf von den Ruinen liegt Agrigents **mittelalterliches Zentrum**, das mit seiner Kathedrale aus dem 14. Jh. und einer Reihe von mittelalterlichen und barocken Gebäuden ebenfalls Charme hat.

Weiterfahrt > Für die 133 km lange Etappe geht's zurück zur SS115. Nach Gela wird die Landschaft hügeliger. Es folgt ein steile Etappe hinauf nach Comiso, gefolgt von einer langen Geraden auf der SP52 bis nach Ragusa.

❾ Ragusa

Das zwischen Felsen nordwestlich von Modica gelegene Ragusa hat zwei Gesichter: Auf dem Hügel liegt **Ragusa Superiore**, eine geschäftige Stadt mit allen Annehmlichkeiten einer modernen Provinzhauptstadt. **Ragusa Ibla** ist dagegen förmlich in den Hügel eingegraben. Es ist durchzogen von Gassen, Steinhäusern und barocken *palazzi* und bildet Ragusas historisches Zentrum.

Wie andere Städte in der Region wurde Ragusa Ibla beim Erdbeben 1693 zerstört,

Farbenfrohe Stufen in Agrigent (S. 272)

ABSTECHER: VILLA ROMANA DEL CASALE

Start: **8** **Agrigent** (S. 239)

Nahe Piazza Armerina im Zentrum Siziliens liegt die **Villa Romana del Casale** (S. 265) aus dem 3. Jh. v. Chr., von der man annimmt, dass sie als Landsitz von Marcus Aurelius Maximianus diente, neben Diokletian Kaiser des Römischen Reiches. Die Villa wurde bei einer Überschwemmung im 12. Jh. unter Schlamm begraben und blieb 700 Jahre lang verborgen, bis ihre Mosaike in den 1950er-Jahren wiederentdeckt wurden. Die Mosaike bedecken fast den ganzen Boden der Villa. Ihre Farbtöne und ihr realistischer Erzählstil machen sie einzigartig.

aber der Adel baute die Häuser an derselben Stelle wieder auf. Barockkirchen und *palazzi* säumen die engen Gassen, die sich plötzlich auf sonnige *piazzas* öffnen. Die Piazza del Duomo, das Zentrum der Stadt, wird vom barocken **Duomo di San Giorgio** (S. 247) aus dem 18. Jh. mit einer neoklassizistischen Kuppel und Buntglasfenstern dominiert.

Weiterfahrt > Auf der SS115 geht es 15 kurvenreiche Kilometer durch Felsenhügel bis Modica.

10 Modica

Das atmosphärische Modica erinnert an ein *presepe* (traditionelles Krippenspiel). Seine mittelalterlichen Gebäude klettern steil zu beiden Seiten einer tiefen Schlucht die Hänge hinauf. Aber im Gegensatz zu einigen anderen von der UNESCO gelisteten Städten in der Gegend findet man die Schätze der Stadt nicht in einer einzigen Straße oder an einer einzigen Piazza. Sie verteilen sich über die ganze Stadt und man braucht einige Zeit, um sie zu entdecken. Die Hauptaktion ist der barocke **Duomo di San Giorgio** (S. 231), der in einsamer Pracht am Ende einer 250 Stufen langen Treppe throhnt.

Das Nervenzentrum der Stadt ist der Corso Umberto, eine breite Prachtstraße, die von anmutigen Palästen, Kirchen, Restaurants und Bars gesäumt wird. Der Corso ist die Flaniermeile der Einheimischen, die hier ihren abendlichen *passeggiata* (Spaziergang) unternehmen. Ursprünglich floss ein riesiger Strom durch ein Stadt, aber nachdem eine Flut 1902 riesigen Schaden anrichtete, wurde dieser gestaut und der Corso Umberto darüber erbaut.

Die Fahrt > Man fährt zurück zur SS115, die immer kurviger wird, je näher man zum 40 km entfernten Noto kommt.

11 Noto

Noto wurde beim Erdbeben von 1693 zerstört, aber schnell – und prächtig – wieder aufgebaut. Die Sandsteingebäude machen Noto zu einer der schönsten Barockstädte Siziliens. Besonders beeindruckend ist es abends, wenn kunstvoll inszenierte Beleuchtungseffekte ihre Fassaden zur Geltung bringen. Das *pièce de résistance* ist der **Corso Vittorio Emanuele**, eine elegante Flaniermeile, die von barocken *palazzi* und Kirchen gesäumt ist.

Gleich abseits des Corso Vittorio Emanuele enthüllt der **Palazzo Castelluccio** (S. 226) den Luxus, an den der lokale Adel gewöhnt war. Der erst kürzlich renovierte Palazzo beherbergt viele prächtige Räume mit Wandmalereien, sinnträchtigen Bildern, goldenen Kanapees und abgelaufenen, lackierten Böden, die die Wege lang verstorbener Bedienstete aufzeigen.

Weiterfahrt > Die 39 km lange Etappe führt zuerst auf der SP59 und dann auf der A18/E45 Richtung Nordosten, vorbei an der majestätischen Riserva Naturale Cavagrande del Cassibile nach Syrakus an Siziliens Ostküste.

12 Syrakus

Heute kann man sich kaum vorstellen, dass Syrakus einst die größte Stadt der Antike war, größer als Athen und Korinth. Ein Besuch hier kann – wie die Stadt selbst – in zwei Hälften geteilt werden: In die antike archäologischen Stätte und in Ortygia, den uralten Inselnachbarn, der von der modernen Stadt über eine Brücke erreichbar ist.

Der **Parco Archeologico della Neapolis** (S. 218) beherbergt gut erhaltene griechische (und römische) Überreste. Die Hauptattraktion ist das recht intakte **Teatro Greco**. Auf dem Gelände der Villa Landolina, rund 50 m östlich des archäologischen Parks, befindet sich das außergewöhnliche **Museo Archeologico Paolo Orsi** (S. 219).

Das kompakte, labyrinthartige **Ortygia** spiegelt eine 25 Jahrhunderte lange Geschichte. Im Herz der Stadt thront der **Duomo** (S. 213) aus dem 7. Jh. über der Piazza del Duomo, einer der prächtigsten Plätze Italiens. Die Kathedrale wurde über einem griechischem Tempel aus dem 5. Jh. v. Chr. erbaut, die originalen, dorischen Säulen wurden in seine dreischiffige Struktur integ-

Parco Archeologico Greco Romano, Catania (S. 196)

riert. Die prächtige Barockfassade kam im 18. Jh. hinzu.

Weiterfahrt > Auf der A18/E45 erreicht man nach einer 66 km langen Fahrt – oft durch Orangenplantagen, die in der Blütezeit wunderbar duften – Catania.

⑬ Catania

Das raue, pulsierende Catania ist eine echte Vulkanstadt. Viele Gebäude wurden aus der Lava gebaut, die bei einem Ausbruch des Ätna im Jahr 1669 die Hänge hinunterfloss. Das barocke Zentrum ist lavaschwarz, als würde eine feine Rußschicht seine eleganten Gebäude bedecken. Die meisten von ihnen stammen von Giovanni Battista Vaccarini. Der Architekt, der im 18. Jh. lebte, baute das Zentrum fast alleine wieder auf. Das Ergebnis ist eine elegante, moderne Stadt mit geräumigen Prachtstraßen und Piazzas.

Die lange unter der Lava begrabene Bühne eines römischen Theaters aus dem 2. Jh. und ein kleiner Probenraum sind Teil des **Parco Archeologico Greco Romano** (S. 196). Sie erinnern daran, dass Catanias Geschichte weit zurückreicht. Die pittoresk inmitten eines baufälligen Wohngebiets liegenden Ruinen werden hier und dort durch Wäsche aufgehellt, die auf den Dächern der Gebäude im Wind weht.

Weiterfahrt > Auf der A18/E45 führt die 53 km lange Etappe an der Küste Richtung Norden durch Orangenplantagen nach Taormina und bietet hier und dort Blick auf das Ionische Meer.

⑭ Taormina

Über die Jahrhunderte hat Taormina viele Schriftsteller und Künstler verführt, von Goethe bis zu D. H. Lawrence. Der Hauptgrund für Ihre Vernarrtheit? Das perfekt hufeneisenförmige **Teatro Greco** (S. 185), ein erhabenes antikes Wunder mit Bllick auf den mächtigen Ätna und das Ionische Meer. Das im 3. Jh. v. Chr. erbaute *teatro* ist das am dramatischsten gelegene griechische Theater der Welt und das zweitgrößte Siziliens (nach dem in Syrakus).

Taormina war die Hauptstadt des byzantinischen Siziliens im 9. Jh. kann und kann sich einer gut erhaltenen, wenn auch touristischen, **mittelalterlichen Altstadt** rühmen. Ihre mondäne Straßen sind mit Cafés und Bars gesäumt, die sich hervorragend dazu eignen, auf das Ende der Tour anzustoßen.

Chiesa di San Giovanni Evangelista   KIRCHE
(Piazza San Giovanni, Modica Alta; ⊙ wechselnde Öffnungszeiten) Auf dem höchsten Punkt von Modica Alta führt eine breite Freitreppe hinauf zu dieser prachtvollen Kirche, die ebenfalls Rosario Gagliardi zugeschrieben wird. Das barocke Bauwerk mit ellipsenförmigem Grundriss wurde im 19. Jh. umfassend restauriert. Die heutige Fassade wurde jedoch erst zwischen 1893 und 1901 vollendet. Im Inneren kann man schöne Stuckarbeiten im neoklassischen Stil bestaunen. Am nahe gelegenen Ende der Via Pizzo gibt's eine Terrasse mit tollem Blick auf die Altstadt.

Chiesa Rupestre di San Nicolò Inferiore   KIRCHE
(⌕ 333 1271331; www.viatourism.it; Piazzetta Grimaldi, Modica Bassa; Erw./erm. 2,50/1,50 €; ⊙ Sommer 10–13.30 & 14.30–18 Uhr, restliches Jahr kürzere Öffnungszeiten) Die in den Fels gehauene und zufällig 1987 wiederentdeckte Kirche aus dem 12. Jh. ist die älteste von Modica. Sie lohnt einen Besuch wegen ihrer byzantinischen Fresken. Die zentrale Figur zeigt Cristus Pantokrator (Christus in seiner Allmacht), der das Evangelium mit den Worten *Ego Sum Lux Mundi* (Ich bin das Licht der Welt) aufschlägt.

Feste & Events

Festa di San Giorgio   RELIGION
(⊙ Apr.) Bei diesem religiösen Fest wird eine Statue von Modicas Schutzheiligem durch die Straßen getragen. Trommelwirbel, Konfetti und Feuerwerk geben der Prozession eine hypnotische Atmosphäre. Höhepunkt des Ganzen ist der feierliche Einzug in den Duomo di San Giorgio.

 Essen

Modica ist ein gutes Ziel für Feinschmecker, um deren Wohl sich Slow-Food-*trattorie* und kreative Nobelrestaurants kümmern. Zudem ist die Stadt berühmt für ihre kernige Schokolade, eine Mischung aus bitterem Kakao, Zucker und Gewürzen, die bei geringer Temperatur nach einer uralten Methode hergestellt wird. Zu den herzhaften Spezialitäten zählen *scacce* (Fladenbrottaschen mit diversen Füllungen), *buccatureddi* (halbmondförmige Brötchen, traditionell gefüllt mit Brokkoli) und *'mpanati* (Focaccia aus Hartweizen, traditionell mit Lammfleisch gefüllt).

★ Caffè Adamo   GELATERIA €
(⌕ 0932 197 25 46; www.caffeadamo.it; Via Maresa Tedeschi 15-17, Modica Bassa; Becher/Waffel ab 2/2,50 €; ⊙ Sommer 6–1 Uhr, restliches Jahr bis 23 Uhr, Sept.–März Mo geschl.; 🛜) Es gibt tolles *gelato* – und es gibt *gelato* von Antonio Adamo. Der sympathische *modinese* stellt seine Kreationen komplett selbst her und baut sogar seine Agrigento-Pistazien vor Ort an. Das Ergebnis ist Eiscreme von ungewöhnlich natürlichem Geschmack und Frische. Neben dem Milcheis gibt es Antonios hausgemachtes *cremolate* (Wassereis) sowie Blöcke von Modica-Schokolade und Gläser mit *babà* (rumgetränktem Biskuitkuchen), die man mit nach Hause nehmen kann.

★ Ornato   SEAFOOD €€
(⌕ 0932 94 24 23; http://ornato-ristorante-di-pesce.thefork.rest; Via Pozzo Barone 30, Modica Bassa; Gerichte 35–50 €, Probiermenü 60 €; ⊙ Sept.–Juli Di–So 12–14 & 19–22.30 Uhr, Aug. tgl. 19–22.30 Uhr; 🛜) Die dekorativen *tajine* im stylischen Ornato zeugen von Luca Ornatos Liebe zur globalen Küche, eine Tatsache, die sich auch in den außergewöhnlichen Gerichten – z. B. *crudo* (rohe Meeresfrüchte) mit Yuzu – spiegelt. Der talentierte Koch vereint Tradition und Innovation mit beeindruckenden Fertigkeiten. Auf der Karte stechen makellose *spaghetti con frutti di mare* (Spaghetti mit Meeresfrüchten) sowie eine süße Interpretation des Salat Caprese.

Die Liebe zum Detail zieht sich hier durch alles – von der lokal angefertigten Glasplatte bis zur Weinkarte ausgewählter kleinerer Produzenten. Man sollte im Voraus buchen.

★ Cappero   SIZILIANISCH €€
(⌕ 393 9078088; www.facebook.com/Cappero Bistrot; Corso Umberto I 156, Modica Bassa; Mahlzeiten 25–40 €; ⊙ Fr–Mi 12–15 & 19–22.30 Uhr, Aug. geschl.; 🛜🍴) Das kleine, auf eine stille Art sehr selbstbewusste Cappero lockt Foodies mit wunderbarer Küche, die zugleich kultiviert und dennoch bodenständig ist. Die hausgemachte Pasta wird aus uralten Getreiden hergestellt, die Kräuter werden frisch vom vertikalen Kräutergarten des Restaurants geerntet und auf der saisonal wechselnden Karte stehen typische Gerichte aus Modica, z. B. Brühe mit Kalbsbällchen und Nudeln. Falls er gerade auf der Karte steht, sollte man den saftigen Hasen wählen. Reservierungen empfohlen.

★ Accursio   SIZILIANISCH €€€
(⌕ 0932 94 16 89; www.accursioristorante.it; Via Grimaldi 41, Modica Bassa; Gerichte 80–90 €, Probiermenüs 90–150 €; ⊙ Di–Sa 12.30–14 & 19.30–22, So 12.30–14 Uhr) Die modernen Möbel und

Vintage-Fliesen aus Sizilien sind wunderbar, aber der wahre Knüller hier ist das Essen. In dem familiären vom Guide Michelin ausgezeichneten unkonventionellen Restaurant hat sich der Koch Accursio Craparo auf kreative, nuancierte Gerichte spezialisiert, die von Kindheitserinnerungen inspiriert und ein Paradebeispiel für die moderne Küche Siziliens sind. Für das volle Abenteuer empfehlen sich die Probiermenüs.

Ein paar Schritte weiter liegt der einfachere, günstigere Ableger **Accursio Radici** (331 2369404; www.accursioristorante.it/en/radici; Via Grimaldi 42, Modica Bassa; Gerichte 37–40€; Mi–Mo 12.30–14.30 & 19.30–22.30 Uhr).

Ausgehen & Nachtleben

Auf dem Corso Umberto I. treffen sich abends die Einheimischen zum Spazierengehen, Abhängen und Eisessen. An der schmalen Via Clemente Grimaldi gleich dahinter plaudern und bechern Nachtschwärmer jeden Alters in einer Handvoll Bars. Weiter bergauf in Modica Alta befindet sich die belebte Weinbar **Rappa Enoteca** (328 5446285; www.face book.com/rappaenoteca; Corso Santa Teresa 97-99; Mo–Sa 17–23.30 Uhr).

Shoppen

Antica Dolceria Bonajuto   SCHOKOLADE
(0932 94 12 25; www.bonajuto.it; Corso Umberto I 159, Modica Bassa; Sept.–Juli 9–20.30 Uhr, Aug. 9–24 Uhr) Modicas berühmte Schokolade enthält u. a. Zimt, Vanille, Orangenschalen und sogar scharfes Chilipulver. Sie ist ein Erbe der einstigen spanischen Lehensherren, die Kakao aus ihren südamerikanischen Kolonien importierten. Und Siziliens älteste Schokoladenfabrik ist pefekt, um die süße Köstlichkeit zu probieren. Unbedingt testen sollte man auch für Modica typischen *'mpanatigghi* – süße Kekse, die mit Schokolade, Gewürzen und Hackfleisch (!) gefüllt sind.

Mercatino delle Pulci   MARKT
(Viale Medaglie d'Oro, Modica Bassa; letzter So des Monats 7–16 Uhr) Modicas beliebter Flohmarkt zählt zu den besten der Gegend. Die Händler verkaufen hier Schmuck, Teeservices, Schallplatten, Postkarten, Schlösser und sizilianische Truhen, gemeißelte Wappen, Keramiken aus Caltagirone usw. Passionierte Jäger gehen früh auf die Pirsch, um die wertvollsten alten Schätze zu erbeuten.

Casa del Formaggio   KÄSE
(0932 94 61 92; www.casadelformaggiomodi ca. com; Via Marchesa Tedeschi 5, Modica Bassa; Mo–Sa 9.30–14 & 16.30–21 Uhr) Der Käsehändler Giorgio Cannata bietet eine köstliche Palette an *formaggi* (Käse), darunter auch seltenere sizilianische Sorten. Wer Glück hat, entdeckt den *tumazzo modicano*, einen uralten Blauschimmelkäse, der von Hirten in Höhlen hergestellt wird. Außer Käse findet man hier auch handwerklich hergestellten sizilianischen *salumi* (Aufschnitt), z. B. mit Pistazien gespickte Wurst, schwarze Nebrodi-Schweinesalami oder *salsiccia al finocchietto* (Schwein- und Fenchel-Würstchen).

❶ Orientierung

Modica besteht aus zwei Teilen: Der Oberstadt Modica Alta und der Unterstadt Modica Bassa. Wer mit dem Auto oder mit öffentlichen Verkehrsmitteln anreist, kommt immer zuerst in Modica Bassa an. Die Hauptstraße Modicas, der Corso Umberto I, bildet den Endpunkt des V-förmigen Keils, auf dem sich das historische Zentrum erhebt. Die meisten Hotels und Restaurants liegen in Modica Bassa in bequemer Gehentfernung vom Corso Umberto I; die Kathedrale und einige Kirchen sind jedoch in der Oberstadt. Der Marsch bis nach oben ist ganz schön anstrengend.

❶ Praktische Informationen

Polizei (0932 76 92 11; Via del Campo Sportivo 481) Südöstlich von Modica Bassas historischem Zentrum.

Touristeninformation (0932 75 96 34, 346 6558227; www.comune.modica.rg.it; Corso Umberto I 141; Mo–Fr 8.30–13.30 & 15–19, Sa 9–13 & 15–19 Uhr) Städtische Touristeninformation in Modica Bassa.

❶ An- & Weiterreise

AUTO & MOTORRAD

Die SS115 verbindet Modica mit Noto (ca. 40 km).

Vor allem am späten Vormittag sind Parkplätze oft rar. Ganz gute Chancen, einen zu ergattern, bestehen jedoch am Corso Garibaldi (am Duomo di San Pietro recht abbiegen). Zudem gibt's einen kostenlosen Parkplatz an der Viale Medaglie d'Oro (gegenüber vom Bahnhof).

BUS

Modicas Busbahnhof säumt die Piazzale Falcone Borsellino am oberen Ende des Corso Umberto I. Von hier aus fährt **AST** (0932 76 73 01; www.aziendasicilianatraspor ti.it) u. a. nach Noto (3,90 €, 1½–1¾ Std., Mo–Fr 7–11-mal tgl., So 1-mal tgl.), Ragusa (2,40 €, 25–30 Min. Mo–Sa 14–18-mal tgl. So 2-mal tgl.) und Catania (9 €, 2¼ Std., Mo–Sa 7–8-mal tgl., So 4-mal tgl.). AST-Busse fahren auch nach Scicli (2,40 €,

40 Min., Mo–Sa 7-mal tgl., So 3-mal tgl.), aber der begrenzte Zugverkehr, der die beiden Städte Montag bis Samstag verbindet, ist viel schneller.

TAXI
Wer ein Taxi benötigt, wählt 392 1027894 bzw. 338 9402682, oder geht zum Stand am Corso Umberto I (gleich neben dem Kreisverkehr an der Piazza Principe di Napoli).

ZUG
Züge fahren nach Ragusa (2,50 €, 20–30 Min., Mo–Fr 9-mal, Sa 7-mal), Scicli (1,70 €, 10 Min., Mo–Fr 6-mal, Sa 5-mal) und Syrakus (7,60 €, 1¾ Std., Mo–Fr 6-mal, Sa 5-mal).

Scicli
☎ 0932 / 27 050 EW. / 106 M

Rund 10 km südwestlich von Modica liegt Scicli, die authentischste und entspannteste der Vorzeige-Barockstädte im Val di Noto. Ihr relativ kompaktes, aufstrebendes historisches Zentrum strotzt nur so vor kulturellen Sehenswürdigkeiten: Von schönen Kirchen und aristokratischen *palazzi* zu eklektischen Museen und einer Apotheke, um in der Zeit stehen geblieben zu sein scheint. Die Stadt hat regelmäßige Cameo-Auftritte in der bekannten TV-Serie *Inspector Montalbano* und Besucher können zwei der Drehorte im Palazzo Municipio besichtigen.

Hoch über der Stadt auf einem Felsen thronnt die verlassene **Chiesa di San Matteo**. Der Aufstieg ist nicht allzu anstrengende und von oben hat man einen tollen Blick auf die Umgebung. Einfach den gelben Wegweisern bergauf vom Palazzo Beneventano folgen; nach zehn Minuten ist man dort.

⊙ Sehenswertes

★ Palazzo Bonelli Patanè PALAST
(☎ 340 4756053; Via Francesco Mormino Penna; Erw./erm. 9/5 €; ⊙ Mitte März–Anfang Nov. 10–13 & 16–19.30 Uhr) Man sollte ein Buch nicht nach seinem Einband beurteilen – und einen *palazzo* nicht nach seiner Fassade. Die nüchterne, neoklassizistische Fassade des Palazzo Bonelli Patanè aus dem 19. Jh. verrät nur wenig über die Jugendstil-Dekadenz im Inneren. Auf Besucher wartet eine schwindelerregende Orgie aus Seidentapeten, Stuckarbeiten und kostbaren Antiquitäten, die zeigt, welchen Luxus Siziliens Oberschicht im frühen 20. Jh. genoss. Zu den Höhepunkten gehören die Fresken des sizilianischen Künstlers und Raumgestalters Raffaele Scalia, der einen Teil seiner beruflichen Laufbahn in New York verbrachte.

Chiesa di San Bartolomeo KIRCHE
(☎ 333 9252365; Via San Bartolomeo; ⊙ Sommer Mo–Do 10.30–13 & 16–20, Fr–So 10.30–13 & 15.30–22.30 Uhr, restliches Jahr kürzere Öffnungszeiten) Obwohl ihre Ursprünge im 15. Jh. liegen, wurde die lichtdurchflutete Kirche, die heute hier steht, zwischen der Mitte des 18. und dem Ende des 19. Jhs. erbaut. Wie bei vielen sizilianischen Kirchen zeigt ihre Fassade drei Säulenordnungen. Hier handelt es sich bei den unteren um dorische, den mittleren um ionischen und den oberen um korinthische Säulen. Giovanni Gianformas reiche Rokoko-Stuckarbeiten schmücken das Innere, zu dessen Schätze Francesco Pascuccis Altarbild *Das Martyrium des heiligen Bartholomäus* aus dem späten 18. Jh. und eine monumentale *presepe* (Krippe) aus dem 18. Jh. gehören. Letztere wird dem neapolitanischen Kunsthandwerker Pietro Padula zugeschrieben.

Palazzo Beneventano ARCHITEKTUR
(Via Penna 202) Mehr sizilianischen Barock als in dem von der UNESCO gelisteten Palazzo Beneventano aus dem 18. Jh. gibt es nicht. Fantastische Steinkreaturen spotten, erschrecken und belustigen ihre Betrachter von den Balken, Bögen und Brüstungen des

---

ABSEITS DER ÜBLICHEN PFADE

CAVA D'ISPICA

Die Stadt Ispica, ca. 12 km südöstlich von Modica, liegt am Ende einer 13 km langen Schlucht, bekannt als **Cava d'Ispica** (☎ 0932 95 26 08; www.cavadispica.org; Crocevia Cava Ispica; Erw./erm. 4/2 €; ⊙ Mai–Okt. 9–18.30 Uhr, Nov. & Dez. Mo–Sa bis 13.15 Uhr). Die Höhlen wurden lang als neolithische Grabstätten genutzt und im Mittelalter in Höhlenwohnungen umgewandelt. Die Schlucht ist sattgrün und man kann einem Weg die gesamte Länge des Tales folgen. Zu dem Gebiet gehört eine restaurierte Wassermühle aus dem 18. Jh., die jetzt das faszinierende **Museo Cavallo d'Ispica** (☎ 0932 77 10 48; https://cavallodispica.it; Via Cava Ispica 89; Erw./erm. 3,50/2 €; ⊙ 10–19 Uhr) beherbergt, das einen Einblick in das ländliche Leben auf Sizilien der damaligen Zeit bietet.

Wer die Schlucht erkunden will, sollte gute Wanderschuhe tragen und Wasser mitbringen.

Palastes. Darunter befinden sich turbantragende Mauren und halsbandtragende, kahlköpfige, dunkelhäutige Sklaven – ungewöhnliche Bildnisse im sizilianischen Barock und ernüchternde Erinnerungen an Europas Sklavenhandel. Der Palast selbst ist nach den Beneventano benannt, einer adligen Familie, die ursprünglich aus der sizilianischen Stadt Lentini, südlich von Cantania, stammt.

Chiesa di San Giuseppe KIRCHE
(338 8614973; www.tanitscicli.wix.com; Via San Marco 5; Führung Erw./erm. 2,50/2 €; Juni–Sept. 10–13 Uhr) Die 1772 fertiggestellte, minimalistische, spätbarocke Chiesa di San Giuseppe beherbergt herrliche Stuckarbeiten und eine wertvolle Marmorstatue der Santa Agrippina, die Gabriele Di Battista zugeschrieben wird und von 1497 stammt. Eine weitere bedeutende Sehenswürdigkeit ist die Holzstatue des San Giuseppe, die mit Silberplatten mit floralen Motiven verziert ist und von Pietro Padula und Pietro Cultraro zwischen 1773 und 1780 geschaffen wurde. Ende März ist die Kirche Mittelpunkt der farbenfrohen Festa di San Giuseppe (S. 245).

Palazzo Municipio DREHORT
(Palazzo Iacono; 333 2613428; www.facebook.com/agirescicli; Via Francesco Mormino Penna; Eintritt inkl. Führung 3 €; Sommer 10–22 Uhr, Winter 10–14 & 15–18.30 Uhr) Fans der beliebten Fernsehserie *Inspector Montelbano* ist das Rathaus von Scicli, das 1906 fertiggestellt wurde, besser bekannt als Polizeistation der fiktiven Stadt Vigàta. 30-minütige Führungen des Gebäudes zeigen zwei der Drehorte der Serie: die Polizeistation, die von Montalbano geleitet wird, und das größere Büro, das Montalbanos Vorgesetztem gehört, dem Polizeichef Questore Bonetti Alderighi.

Der Dreh der Serie findet im Frühjahr oder Sommer statt. Zu dieser Zeit läuft man in Sciclis fotogenen Straßen vielleicht dem zerzausten Inspektor, der von dem Schauspieler Luca Zingaretti verkörpert wird, über den Weg. Kombitickets sind verfügbar, z. B. ein Ticket (8 €), das geführte Touren des **Palazzo Spadaro** (Via Francesco Mormino Penna 34) und der **Chiesa di Santa Teresa** (Via Santa Teresa 16) einschließt.

Museo del Costume MUSEUM
(328 9432070, 334 3658158; www.associazioneisola.it; Via Francesco Mormino Penna 65; Eintritt 3,50 €; April–Juli & Sept. 10.30–13 & 16–20 Uhr, Aug. 10.30–13 & 16–23 Uhr, Okt.–März 10.30–13 Uhr) In dem früheren Kloster sind hauptsächlich Trachten und Moden der Region zu sehen. Die Sammlung umfasst mehrere Jahrhunderte und bietet einen stimmungsvollen Einblick in die Lebensbedingungen, Traditionen und Vorlieben der Einheimischen in den letzten Jahrhunderten. Einstündige Führungen sind auf Englisch verfügbar, sollten jedoch einen Tag im Voraus angemeldet werden.

Antica Farmacia Cartia HISTORISCHE STÄTTE
(La Farmacia di Montalbano; 338 8614973; www.tanitscicli.wix.com; Via Francesco Mormina Penna 24; Erw./erm. 2/1 €; Juli–Sept. 10–13 & 17–20 Uhr, April & Okt.–Mitte Nov. 10–13 & 16–19 Uhr, März & Dez. 10–13 & 15–18 Uhr, Rest des Jahres geschl.) Eine echte Zeitmaschine: Mit alten Medizingläsern, einer betagten Waage und einer ebenso ehrwürdigen Registrierkasse bietet diese historische Apotheke von 1902 einen bleibenden Eindruck. Fans von *Commissario Montalbano* dürften sie sofort wiedererkennen: Diverse Szenen der TV-Serie wurden hier gedreht – daher auch der Spitzname *La Farmacia di Montalbano*.

 Feste & Events

Festa di San Giuseppe RELIGION
(März) Am Wochenende vor oder nach dem Josefstag (19. März) gedenkt Scicli mit einem farbenfrohen zweitägigen Fest der biblischen Flucht nach Ägypten. Zu den Events gehören Feuerwerke, Probiergelegenheiten lokaler Produkte und – am Samstag – eine spektakuläre Parade, bei der die Einheimischen hoch zu Ross in mittelalterlichen Bauerngewändern (darunter handgewebte florale Mäntel) durch die Stadt reiten.

 **Essen**

Don Tabaré CAFÉ €
(349 2428333; www.facebook.com/dontabare; Via Aleardi 16a; Arancini 3,50 €, Schiacciate 5,50–7 €, Gelato 3 €; Di–So 10–23 Uhr;) Ein verspieltes, modernes Café und zugleich *pasticceria* und Lieferant. Don Tabaré arbeitet mit berühmten sizilianischen Köchen sowie traditionellen Erzeugern zusammen und bietet qualitativ hochwertige, leichte Leckereien an. Die Auswahl rangiert von ausgezeichneten *arancini* (Reisbällchen) und *schiacciate farcite* (lokalen, gefüllten Focaccia) zu Käsepatten, *cannoli* und *gelato*. Hier gibt es auch sehr guten Kaffee, *granite*, sizilianische Weine, Craft-Biere und Cocktails. Elegante Tische im Freien und hervorragender Service runden alles ab.

Baqqala SIZILIANISCH €€
(☏ 0932 93 10 28; Piazzetta Ficili 3; Gerichte 30–40 €; ◎ Juli–Sept. 12.30–14.30 & 19.30–22.30 Uhr, Mo, Mi, So mittags geschl., Okt.–Juni Mi geschl.) Peppe Mezzasalmas schönes, bohemisches Lokal serviert sizilianische Klassiker mit durchdachten Nuancen. Die Tagesgerichte orientieren sich an der Jahreszeit und dem Marktangebot. Auf den Tisch kommen z. B. *parmigiana di alici* (Anchovie-Parmigiana) mit frischem Tomatenschaum oder Spaghettone mit Scampi und einer feinen Mandelcreme. Wer einen Platz auf der herrlichen schattigen Terrasse ergattern möchte, kann von hier aus den barocken Überfluss des Palazzo Beneventano bewundern.

An- & Weiterreise

AUTO & MOTORRAD
Sowohl die SP54 als auch die SP42 verbinden Scicli mit Modica, rund 10 km im Nordosten.
Wer ein Taxi braucht, wählt 388 0643263.

BUS
Am Largo Gramsci im Zentrum starten Busse von AST nach Modica (2,40 €, 35–55 Min., Mo–Sa 8-mal tgl., So 3-mal tgl., letzter Bus jeweils um 17.50 Uhr). Tickets gibt's bei der Bar Rendo am Largo Gramsci. Man sollte beachten, dass der letzte Bus nach Modica um 16.50 Uhr in Scicli abfährt (Sonntags um 17.50 Uhr)

ZUG
Von Scicli fahren Züge nach Modica (1,70 €, 10–14 Min., Mo–Fr 6-mal tgl. Sa 5-mal tgl.), Ragusa (3,10 €, 30–40 Min., Mo–Fr 5-mal tgl., Sa 4-mal tgl.), Noto (4,30 €, 50–60 Min., Mo–Fr 6-mal tgl., Sa 5-mal tgl.) und Syrakus (6,90 €, 1½ Std., Mo–Fr 6-mal tgl., Sa 5-mal tgl.). Samstags fahren keine Züge. Der Bahnhof liegt 550 m südwestlich von Sciclis historischem Kern.

Ragusa

 0932 / 73640 EW. / 502 M

Nordwestlich von Modica liegt inmitten der felsigen Berglandschaft Ragusa, eine Stadt mit zwei Gesichtern. Oben auf dem Berg thront Ragusa Superiore, eine ganz alltägliche, geschäftige Stadt mit im Schachbrettmuster angelegten Straßen und allem, was zu einer modernen Provinzhauptstadt gehört. Weiter unten am Hügel klebt das alte Ragusa Ibla. Abschüssige, enge und verwinkelte Gassen, graue Steinhäuser und barocke Paläste an hübschen Plätzen bilden das eigentliche historische Stadtzentrum von Ragusa – einfach großartig!

Wie alle anderen Städte in der Region wurde auch Ragusa Ibla bei dem Erdbeben von 1693 zerstört. Die neue Stadt Ragusa Superiore wurde auf einem Hochplateau errichtet. Weil sich aber die alteingesessenen Adeligen der Stadt weigerten, ihre baufälligen Palazzi zu verlassen, wurde Ragusa Ibla an exakt derselben Stelle wieder aufgebaut. Die beiden Städte wurden 1927 zusammengelegt und auf Kosten von Modica zur Provinzhauptstadt ernannt.

Sehenswertes

★ Ragusa Ibla GEBIET
In Ragusa Ibla kann man wunderbar herumspazieren. Die labyrinthartigen Gassen sind gesäumt von felsengrauen *palazzi* und öffnen sich auf schöne, sonnenüberflutete *piazzas*. Es ist leicht, sich zu verirren, aber keine Panik: Früher oder später gelangt man zur **Piazza Duomo**, Ragusas Hauptplatz.

Mit Blick auf den Platz, am Corso XXV Aprile, befindet sich der **Palazzo Arezzo di Trifiletti** (☏ 339 4000013, 349 6487463; www.palazzoarezzo.it; Corso XXV Aprile 4; 20-minütige Führung 5 €, Führung & Aperitiv 15–40 €; ◎ geführte Touren Juni–Sept. tgl. 10.30–19 Uhr, restliches Jahr nach Vereinbarung), der zwischen dem 17. und dem frühen 19. Jh. erbaut wurde. Geführte Touren des Adelspalastes beinhalten den prachtvollen Ballsaal, der mit seltenen neapolitanischen Majolikafliesen aus dem späten 18. Jh. und leuchtende Fresken aus dem 19. Jh. ausgestattet ist, die noch nie erneuert werden mussten.

Gegenüber vom Palast führt die Via Novelli zum Eingang des Schmuckkästchens **Teatro Donnafugata** (☏ 334 2208186; www.teatrodonnafugata.it; Via Novelli 3; geführte Tour 10 €; ◎ April–Okt. geführte Touren, ganzjährig Aufführungen), ein Theater mit 99 Sitzen, das wie ein prächtiges italienisches Opernhaus in Miniaturform aussieht. Das Theater ist ein Stopp auf dem Stadtspaziergang A Porte Aperte (S. 247) in der Ragusa Ibla.

Die Via Novelli führt zur Via Orfanotrofio, der Heimat von Cinabro Carrettieri, der farbenfrohen Werkstatt der weltbekannten sizilianischen Kutschenmaler Biagio Castiletti und Damiano Rotella. Die Straße führt weiter südlich zurück zum Corso XXV Aprile, wo man eine auffällige Gagliardi-Kirche sieht: Die **Chiesa di San Giuseppe** (Piazza Pola; ◎ Juni–Sept. tgl. 9–12.30 & 15–19 Uhr, restliches Jahr kürzere Öffnungszeiten) hat einen ellipsenförmigen Grundriss und wird von einer Kuppel mit Sebastiano Lo Monacos Fresko

Gloria di San Benedetto (*Glorie des hl. Benedikt*, 1793) geziert.

Weiter bergab kommt dann rechts vom Eingang zum Giardino Ibleo (S. 247) ein Portal im Stil der katalanischen Gotik in Sicht – ein Überrest der einst großen **Chiesa di San Giorgio Vecchio** (Via dei Normanni), die heute jedoch größtenteils zerstört ist. Die Lünette schmückt ein interessantes Basrelief des hl. Georg, der den Drachen tötet.

Am anderen Ende der Ragusa Ibla ist die **Chiesa delle Santissime Anime del Purgatorio** (☎ 0932 62 18 55; Piazza della Repubblica; ⊙ Juni–Sept. tgl. 10–19 Uhr, restliches Jahr kürzere Öffnungszeiten) eine der wenige Kirchen im Ort, die das Erdbeben von 1693 überstanden hat. Im Inneren kann man Francesco Mannos *Anime in Purgatorio* (*Arme Seelen*; 1800) am Hauptaltar bewundern.

★ Duomo di San Giorgio   DOM

(Ragusa Ibla; ⊙ Apr.–Okt. & Dez. 10–13 & 15–18.30 Uhr, restliches Jahr kürzere Öffnungszeiten) Ragusa Iblas Dom aus der Mitte des 18. Jhs. erhebt sich am oberen Ende der abschüssigen Piazza Duomo und ist der ganze Stolz der Stadt. Bewundert werden können u. a. herrliche Kirchenfenster und eine wunderschöne Kuppel im neoklassizistischen Stil. Die prachtvolle Fassade ist eine von Rosario Gagliardis gelungensten Kreationen: Die geschwungene Konstruktion mit hervorstehenden Gesimsen ragt wie eine dreistufige Hochzeitstorte in den Himmel. Flankiert wird sie von korinthischen Säulen, die sich nach oben hin verjüngen.

Cinabro Carrettieri   WERKSTATT

(☎ 340 8444804; www.cinabrocarrettieri.it; Via Orfanotrofio 22, Ragusa Ibla; 15-/30-minütige geführte Tour 3/5 €; ⊙ 10.30–21 Uhr) Biagio Castilletti und Damiano Rotella sind zwei von nur einer Handvoll von Meisterhandwerkern, die noch immer *carretti siciliani* (traditionelle sizilianische Wagen) auf traditionelle Art und Weise verzieren. Ihr Stil – geprägt von kühnen Farben – ist auch den italienischen Designern Dolce & Gabbana ins Auge gestochen, die das Paar beauftragten, die künstlerische Gestaltung für ihre Smeg-Küchengeräte zu übernehmen. Geführte Touren der Werkstatt (auf Italienisch) umfassen ein kurzes historisches Video mit englischen Untertiteln. Man muss nicht im Voraus buchen, empfehlenswert ist es dennoch.

Wer selbst versuchen möchte, dieses traditionelle Genre der sizilianischen Malerei auszuprobieren, kann vor Ort an einem Workshop (40 €) teilnehmen, der ebenfalls in italienischer Sprache stattfindet. Die Kurse dauern mindestens zwei Stunden und müssen mehrere Tage im Voraus gebucht werden, entweder per E-Mail oder Telefon. Kinder sind willkommen.

Ragusa Superiore   GEBIET

Ein Grund für den Besuch des höher gelegenen Ragusa, der modernen und weniger attraktiven Hälfte der Stadt, ist der anschließende Abstieg. Man benötigt etwa eine halbe Stunde, um auf der *Salita Commendatore,* der gewundenen Treppe mit engen Bogendurchgängen, nach Ragusa Ibla hinabzusteigen. Unterwegs kommt man an der **Chiesa di Santa Maria delle Scale** (⊙ Juni–Sept. tägl. 10–13 & 15–19 Uhr, restliches Jahr verkürzte Öffnungszeiten) aus dem 15. Jh. vorbei, von wo aus man einen beeindruckenden Blick auf die Stadt hat. Die *Salita* beginnt in der Via XXIV Maggio, die vom östlichen Ende des Corso Italia abzweigt.

Die bedeutendste Sehenswürdigkeit der Oberstadt ist die **Cattedrale di San Giovanni Battista** (☎ 0932 62 15 99; www.cattedralesangiovanni.it; Piazza San Giovanni, Ragusa Superiore; Glockenturm 2 €; ⊙ Juni–Sept. tgl. 10–20 Uhr, restliches Jahr Mo–Sa 7.30–12.30 & 15–19.30, So 8.30–12.30 & 15–19 Uhr, Glockenturm Mo–Sa 9–12 & 15–18.30 Uhr), eine riesige Kirche aus dem 19. Jh., deren überladene Fassade im Gegensatz zum hübschen *campanile* von Mario Spada steht. Ganz in der Nähe befindet sich unterhalb des Ponte Nuovo das etwas triste **Museo Archeologico Ibleo** (☎ 0932 62 29 63; Via Natalelli, Ragusa Superiore; 3 €; ⊙ Mo–Sa 9–18.30 Uhr). GRATIS Es zeigt die bedeutenden archäologischen Fundstücke aus der griechischen Siedlung Kamarina, die im 6. Jh. v. Chr. an der Küste gegründet wurde.

Giardino Ibleo   GÄRTEN

(☎ 0932 65 23 74; Piazza Odierna, Ragusa Ibla) Am östlichen Ende der Altstadt liegt dieser hübsche öffentliche Garten, der im 19. Jh. angelegt wurde und sich hervorragend für ein Picknick eignet.

🏃 Aktivitäten

A Porte Aperte   STADTSPAZIERGANG

(☎ 366 3194177; www.facebook.com/aporteaperte; geführte Tour 10 €; 👣) Die kulturelle Vereinigung „Iblazon" veranstaltet 50-minütige Spaziergänge zu drei historischen Stätten in Ragusa Ibla: dem „Circolo di Conversazione" (ein Club für Ragusas Adlige), dem Privatgarten Palazzo Arezzo-Bertini und dem Tea-

Ragusa

tro Donnafugata (S. 246), ein Juwel aus dem 19. Jh. Die Touren werden auf Italienisch und Englisch angeboten und müssen mindestens einen Tag im Voraus gebucht werden, entweder per E-Mail, SMS oder telefonisch.

Feste & Events

Ibla Grand Prize MUSIK
(www.ibla.org; Juli) Bei dem einwöchigen internationalen Musikfestival und -wettbewerb werden an zahlreichen Orten in der ganzen Stadt kostenlose Konzerte mit Klassik, Jazz und zeitgenössischer Musik veranstaltet, z. B. in historischen Kirchen und Theatern.

★ Scale del Gusto ESSEN & TRINKEN
(www.scaledelgusto.it; Okt.) Für drei Tage im Oktober verwandeln sich Ragusas Plätze, Straßen und von der UNESCO gelisteten Gebäude, die normalerweise nicht für die Öffentlichkeit zugänglich sind, in atmosphärische Kulissen für dieses beliebte Festival der sizilianischen Küche und traditionellen Lebensmittelhersteller. Auf dem Programm stehen beispielsweise Meisterkurse mit bekannten Köchen, Vorträge, *aperitivo*-Runden, Kurzzeit-Restaurants, Kunstausstellungen, diverse Live-Auftritte und Licht-Installationen.

Essen

Ragusas hochgelobte Food-Szene umfasst vom Guide Michelin ausgezeichnete Restaurants, fröhliche Nachbarschafts-*trattorie* und hippe Café-*providores*. Das allseits beliebte Schweinfleisch wird in typischen Gerichten wie *cavati* (muschelförmiger Pasta) in Schweinesauce und *sfogghiu* (feiner Blätterteig, gefüllt mit Ricotta und Schweinewürstchen) verwendet. Zu Weihnachten gibt es *mucatoli* (Plätzchen gefüllt mit Trockenfrüchten). Im Oktober bilden handwerklich zubereitetes Essen, Wein und Kultur ein leckeres Trio beim dreitägigen Festival Scale del Gusto.

Delicatessen in Drogheria MEDITERRANE KÜCHE €
(0932 191 05 51; Via Archimede 32, Ragusa Superiore; Panini 4–8 €, Gerichte 8–10 €; Mo–Fr 8–12, Sa ab 9 Uhr;) Das DID ist eine Mischung aus hippem Feinkostladen, Café und Bistro. Hier sitzt man an Gemeinschaftstischen oder an der Bar. Verspielte Tapeten im Stil der 1970er-Jahre zieren die Wände und Decken. Aus der offenen Küche kommen gesunde Gerichte, egal ob Joghurt, Smoothies oder *ricotta calda* (warmer Ricotta), klassische *panini* gefüllt mit biodynamischen Zutaten oder substantiellere Gerichte wie Couscous mit saisonalen Gemüse. Der Scho-

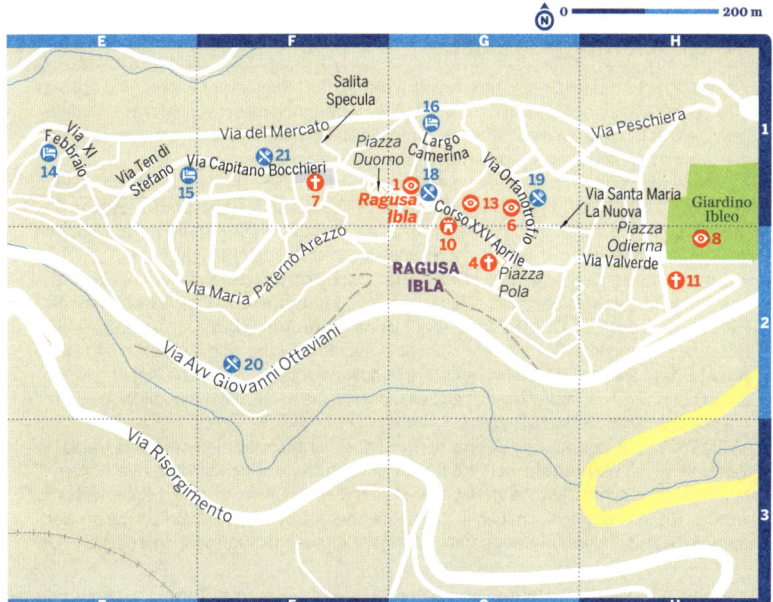

koladen-, Birne-, Ricottakuchen ist ein absolutes Muss. Vegetarische, vegane und glutenfreie Gerichte stehen zur Auswahl.

Gelati DiVini GELATO €
(0932 22 89 89; www.gelatidivini.it; Piazza Duomo 20, Ragusa Ibla; Gelato ab 2 €; 10 Uhr–open end, im Winter Mo geschl.) In der ungewöhnlichen *gelateria* gibt es hausgemachte Eissorten mit Weingeschmack, z.B. Marsala, Passito und Muskat sowie andere unkonventionelle Sorten wie Pinienkern, Kaktusfeige, Wassermelone, Ricotta und Schokolade-Chili. Wer auf der Suche nach einem guten sizilianischen *vino* für Zuhause ist, kann in der *enoteca* auch diesen erstehen.

★ I Banchi ITALIENISCH €€
(0932 65 50 00; www.ibanchiragusa.it; Via Orfanotrofio 39, Ragusa Ibla; Panini 6–6,50 €, Gerichte 40–50 €, Probiermenüs 30–70 €; 8.30–23 Uhr;) Inhaber dieses modernen, schick-lässigen Lokals ist der Michelin-Sternekoch Ciccio Sultano. Zum Restaurant gehören eine eigene Bäckerei und eine Feinkosttheke. Hier gibt es alles, von *caffè* und frischen Backwaren zu vor Ort zubereiteten Gourmet-*panini,* Wein-und-Käse-Angeboten und aufwendigeren, kreativen Gerichten, die sizilianische Klassiker abwandeln, z.B. mit einer Carobglasur bestrichenes ein-

Ragusa

◉ Highlights
1 Ragusa Ibla G1

◉ Sehenswertes
2 Cattedrale di San Giovanni
 Battista A2
3 Chiesa delle Santissime Anime
 del Purgatorio D1
4 Chiesa di San Giuseppe G2
5 Chiesa di Santa Maria delle
 Scale D2
6 Cinabro Carrettieri G1
7 Duomo di San Giorgio F1
8 Giardino Ibleo H2
9 Museo Archeologico Ibleo A2
10 Palazzo Arezzo di Trifiletti G2
11 Portale San Giorgio Vecchio H2
12 Ragusa Superiore A2
13 Teatro Donnafugata G1

◉ Schlafen
14 Locanda Don Serafino E1
15 L'Orto Sul Tetto E1
16 Risveglio Ibleo G1

◉ Essen
17 Agli Archi D1
18 Gelati DiVini G1
19 I Banchi G1
20 Locanda Don Serafino F2
21 Ristorante Duomo F1

INSIDERWISSEN

STADT DER WANDMALERIEN

Wer an Street Art denkt, hat wahrscheinlich nicht sofort Ragusa vor Augen. Und doch ist diese Barockschönheit eine der wichtigsten Vertreterinnen dieser Kunstform in Süditalien. Die Stadt ist übervoll mit spektakulären, riesigen Wandmalereien, die alles schmücken – von Schulen über Apartmentgebäude bis zu Dächern.

Viele davon sind ein Erbe des FestiWall, eines Street-Art-Festivals, das jährliche von 2015 bis 2019 in Ragusa veranstaltet wurde. Das Event soll trostlose Straßenzüge in Ragusa Superiore aufhübschen und zieht einige der kreativsten Street-Art-Talente der Welt an. Ihre Werke verwandeln alltägliche Straßezüge in einfallsreiche Highlights.

Zu den besten Werken gehören **Der Bauer** (Via Berlinguer) des australischen Künstlers Fintan Magee, das ebenfalls sehr sizilianische **Ficupala** (Ecke Via G la Pira & Viale dei Platani) des Griechens Dimitris Taxis, **Ogni bene è mobile** (Ecke Via Anfuso & Viale Melilli) des in Berlin lebenden italienischen Künstlers Agostino Iacurci und das berührende **Preparato** (Ecke Via Canova & Via Pio La Torre) des holländischen Duos Telmo Pieper and Miel Krutzmann. Die FestiWall-Website zeigt eine praktische Karte aller Wandbilder, die über die gesamte Stadt verstreut liegen.

Ein Werk, das ganz neu auf der Karte ist, ist das des australischen Künstlers Guido Van Helton, die **Wandmalerei** (Via G Bruno) einer Mutter, die um ihre zwei Kinder kümmert. Das eindrucksvolle Werk befindet sich 750 m nordwestlich des Bahnhofs und wurde 2019 fertiggestellt, um den 40. Jahrestag der *Associazione Volontari Italiani del Sangue* (AVIS), Italiens größter gemeinnütziger Blutspendeorgansiation, zu feiern.

---

heimisches Schwein mit Humus und einer Salsa aus Modica-Schokolade.

Agli Archi
SIZILIANISCH €€
(📞 0932 62 19 32; www.facebook.com/agliarchi trattoria; Piazza della Repubblica 15, Ragusa Ibla; Gerichte 25–30 €; ⊙ Fr–Mi 12.30–15 & 19.30–22.30 Uhr, Jan & Feb geschl.; 🛜🍴) Mit seiner Außenterrasse mit Blick auf die hübsche Chiesa delle Santissime Anime del Purgatorio zeigt das Agli Archi eine echte Leidenschaft für lokale Zutaten und seltene regionale Rezepte. Je nach Jahreszeit stehen auf der Karte *cavatelli* (langgestreckte muschelförmige Pasta) mit Brokkoli, Anchovis und Brotkrümeln oder saftiges Schweinefilet gekocht mit Orangen und serviert in Carobsalsa.

⭐ Ristorante Duomo
SIZILIANISCH €€€
(📞 0932 65 12 65; www.cicciosultano.it; Via Capitano Bocchieri 31, Ragusa Ibla; Probiermenüs 135–150 €; ⊙ Mo 12.30–14, Di–Sa 12.30–14 & 19.30–22.30 Uhr) Das Duomo gilt weithin als eines von Siziliens besten Restaurants. Hinter einer bunten Glastür verstecken sich mehrere kleine Räume, die wie Separees gestaltet sind. Das romantische Ambiente passt prima zu den edlen Kreationen von Küchenchef Ciccio Sultano, der viele klassische sizilianische Zutaten (u.a. Pistazien, Fenchel, Mandeln, Wein der Sorte Nero d'Avola) auf einfallsreiche und unkonventionelle Weise kombiniert. Ohne Reservierung geht nichts.

Locanda Don Serafino
SIZILIANISCH €€€
(📞 0932 22 00 65; www.locandadonserafino.it/ristorante; Via Giovanni Ottaviano 13, Ragusa Ibla; 3-Gänge-Menü 55 €, Gerichte 90 €, 6-/9-Gänge-Probiermenü 120/155 €; ⊙ Mi–Mo 13–14.30 & 20–22.30 Uhr) Der Power-Koch Vincenzo Candiano leitet dieses schummrig beleuchtete, vom Guide Michelin ausgezeichnete Lieblingsrestaurant, das sich in einer Reihe von stimmungsvollen Felsenhöhlen befindet. Hier kann man einen Tisch mit weißem Leinentuch reservieren und lokale Zutaten von höchster Qualität genießen, die in ungewöhnlichen Kreationen – z.B. Millefeuille mit rohen Jakobsmuscheln, grünen Tomaten und Fenchel, Mandelmilch, Kaviar und Plankton oder Kürbis-Gnocchi mit Kürbiscreme, Hanföl, Lamm-Fleischbällchen und lokalen Gemüsen – serviert werden. Unbedingt reservieren.

Ausgehen & Nachtleben

Prima Classe
BAR
(📞 0932 65 23 00; www.primaclassebar.com; Via Ercolano 7, Ragusa Superiore; ⊙ Mo–Sa 7–1.30, So 17–1 Uhr, Juni–Sept. So geschl.; 🛜) Abseits vom Touristentrubel tummeln sich die Einheimischen in diesem schick-spartanischen Mix aus Café, Bar und Kunstgalerie mit Betonfußböden und spanischen Designerlampen. Auf Gäste warten wechselnde Kunstausstellungen, regelmäßige Livemusik (außer im Sommer), anständige Drinks und Aperitifs

mit super Snacks. Benutzer des Busbahnhofs (400 m weiter südlich) können sich hier auch recht stressfrei ein Mittagessen oder einen schnellen Kaffee genehmigen.

Die Bar zeigt aufstrebende sowie etablierte italienische Musiker, die alles – von Rock zu Funk und Reagge – spielen. Auf keinen Fall verpassen sollte man das grüne WC.

 Shoppen

Le Formiche GESCHENKE & SOUVENIRS
(⌕ 389 4828295; www.facebook.com/LeFormiche Store; Ecke Via San Massimiliano Kolbe & Via Ozanam, Ragusa Superiore; ⊙ Mo 16.30–20.30, Di–Sa 9–13 & 16.30–20.30 Uhr) Der Concept Store – der Name bedeutet übersetzt „Die Ameisen" – liegt in einer aufstrebenden Ecke des modernen Stadtteils und verkauft Produkte, die von italienischen und internationalen Künstlern, Kunsthandwerkern und Architekten entworfen und hergestellt wurden. Hier gibt es alles, von geometrischen Schmuckstücken, Naturseifen und wunderschön designten Spielzeugen und handgenähten sizilianischen Handtaschen aus Recyclestoffen bis hin zu Weinen aus der Region, Likören und Esswaren. *Der* Ort für den Souvenirkauf.

Orientierung

Wer mit dem Auto anreist, folgt den Wegweisern nach Ragusa Ibla, wo sich die wichtigsten Sehenswürdigkeiten, Hotels und Lokale konzentrieren. Nachdem man das Auto in einem der gut ausgeschilderten Parkhäuser abgestellt hat, geht es dann zu Fuß in die Stadt. Von der Tiefgarage unter der Piazza della Repubblica sind es etwa zehn Gehminuten zur zentralen Piazza Duomo: zuerst die Via Del Mercato entlang, dann nach rechts in die Via XI Febbraio, nach links in die Via Ten Di Stefano und dann ihrer Verlängerung, der Via Capitano Bocchieri, bis zur Piazza folgen!

Mit Bus oder Bahn kommt man in Ragusa Superiore an. Die dortigen Hauptstraßen sind die Via Roma und der Corso Italia. Von der Oberstadt fahren Busse zum Stadtpark Giardino Ibleo in Ragusa Ibla.

Information

Polizei (⌕ 0932 67 31 11; Via Ispettore Giovanni Lizzio, Ragusa Superiore)
Touristeninformation (⌕ 0932 68 47 80; www.comune.ragusa.gov.it; Piazza San Giovanni, Ragusa Supeiore; ⊙ Ganzjährig Mo–Fr 9–19 Uhr, Ostern–Mitte Okt. & Dez.auch Sa & So 9–14 Uhr) Ragusas Hauptbüro mit freundlichem und hilfsbereitem Personal.

An- & Weiterreise

AUTO & MOTORRAD
Ragusa liegt 15 km entfernt von Modica und 90 km südöstlich von Syrakus an der SS115.

Wenn das Hotel keinen Parkplatz hat und auch keinen empfehlen kann, parkt man das Auto in der Tiefgarage unter der Piazza della Repubblica in Ragusa Ibla; der Großteil der Altstadtstraßen ist Anliegern vorbehalten.

BUS
Fern- und Nahbusse teilen sich einen Busbahnhof an der Via Zama in der Oberstadt (Ragusa Superiore). Fahrkarten gibt's am Fahrkartenkiosk am Terminal oder in der 70 m entfernten Bar **Tre Passi Avanti** (⌕ 0932 191 00 60; Via Zama 24; ⊙ Mo–Sa 5–21 Uhr).

AST (⌕ 0932 76 73 01; www.aziendasiciliana trasporti.it; Via Zama) betreibt Direktbusse zu zahlreichen Zielen, z. B. Modica (2,70 €, 25 Min., Mo–Sa 15–17-mal tgl., So 2-mal tgl.) und Syrakus (7,20 €, 3¼ Std., Mo–Sa 3-mal tgl.).

Interbus (⌕ 091 611 95 35; www.interbus. it; Via Zama) fährt nach Catania (8,60 €, 2 Std., Mo–Fr stündl., Sa alle 1–3 Std., So alle 1–2 Std.).

Flixbus (https://global.flixbus.com) betreibt Direktbusse zum kalabrischen Hafen von Villa San Giovanni (ab 14 €, 3¾–5 Std., 3-mal tgl.) auf dem italienischen Festland.

ZUG
Züge fahren nach Modica (2,50 €, 20–25 Min., Mo–Fr 9-mal tgl., Sa 7-mal tgl.), Scicli (3,10 €, 30–35 Min., Mo–Fr 4-mal tgl., Sa 3-mal tgl.) und Syrakus (8,30 €, 2–2½ Std., Mo–Fr 4-mal tgl. Sa 3-mal tgl.).

Chiaramonte Gulfi

⌕ 0932 / 8125 / 668 M

Chiaramonte Gulfi wird nicht umsonst auch *il Balcone della Sicilia* (Balkon Siziliens) genannt: An klaren Tagen reicht der Blick hier von Gela im Süden bis hinauf zum Ätna im Norden. Viele Besucher kommen jedoch vor allem wegen der kulinarischen Highlights. Denn die Einwohner des hübschen Bergstädtchens produzieren u. a. ein sehr hochwertiges Olivenöl mit dem Qualitätsprädikat Denominazione d'Origine Protetta (DOP). Und obendrein allerlei Spitzenprodukte aus Schweinefleisch, von *salumi* bis hin zu *salsiccie* (Würstchen).

Wer seinen Appetit ankurbeln will, genießt einfach die sensationelle Aussicht und bummelt durch das mittelalterliche Straßengewirr im historischen Zentrum. Zudem lohnt sich ein Blick in das beste Museum vor

> **ABSTECHER**
>
> ### DAS CASTELLO DI DONNAFUGATA
>
> Rund 18 km südwestlich von Ragusa beherbergt das prächtige **Castello di Donnafugata** (0932 67 65 00; www.comune.ragusa.gov.it; Contrada Donnafugata; Erw./erm. 6/3 €; Sommer Di–So 9–13 & 14.30–19 Uhr, Winter Di–So 14–16.45 Uhr) die Collezione Gabriele Arezzo di Trifiletti, eine außergewöhnliche Moden- und Trachtensammlung. Der einfachste Weg hierher ist mit dem Auto. Von Sonntag bis Samstag fahren Züge von Ragusa nach Donnafugata (3–4-mal tgl. 25 Min., 2,50 €). Vom Bahnhof sind es zu Fuß 600 m zur Burg. Alternativ betreibt **Autotrasporti Tumino** (0932 62 31 84; www.tuminobus.it; Via Zama) einige (wenige) Busse ab Ragusa (hin und zurück 4,80 €); auf der Website des Unternehmens stehen die Abfahrtszeiten.
>
> Die wertvollen Exponate (16.–20. Jh.) erlauben Einblicke in den früheren Pomp des sizilianischen Adels. Die Sammlung ist so kostbar, dass bereits vorgeschlagen wurde, sie komplett in die Kostümgalerie des Palazzo Pitti in Florenz zu verlegen – was Siziliens Regierung jedoch sehr schnell und vehement ablehnte. Unter den fast 3000 im Wechsel ausgestellten Stücken finden sich Ballkleider, Uniformen, Mieder, Frauenhemden, Umhänge, Halstücher, Unterwäsche, Handschuhe, Strümpfe, Schleier, Schuhe und Kopfbedeckungen wie Soldatenhüte oder Bischofsmützen. Ebenfalls zu sehen gibt's Kämme, Fingerhüte, Taschen, Fächer, Sonnenschirme und kosmetische Utensilien. Zu den vielen Highlights gehören ein Abendkleid von Donna Franca Florio, einer Modeikone der Belle Époque, ein seltener Jagdanzug aus dem späten 17. Jh., Livreen der sizilianischen Adelsdienerschaft aus dem 18. Jh. und das Originalkleid, das als Vorlage für Claudia Cardinales berühmtes Outfit in Luchino Viscontis Film *Der Leopard* (1963) diente.
>
> Ursprünglich stand hier nur ein mittelalterlicher Wachturm. Dann jedoch erwarb Vincenzo Arezzo La Rocca, der Baron von Serri, das Anwesen im Jahr 1648 und erweiterte das vorhandene Bollwerk. Das Ergebnis wurde wiederum im 19. Jh. umfassend von Corrado Arezzo de Spuches, dem Baron von Donnafugata, umgebaut und als Landsitz genutzt.

Ort, das **Museo dell'Olio** (Olivenöl-Museum; 338 5048476; www.comune.chiaramonte-gulfi.gov.it/musei; Palazzo Montesano, Via Montesano; 1 €; wechselnde Öffnungszeiten).

Essen

Chiaramonte Gulfi ist zwar klein, aber in Italiens Feinschmeckerszene eine feste Größe. Besonders lecker schmecken die Salamisorten, für die das erlesene Fleisch der schwarzen Schweine aus den Monti Nebrodi verwendet wird – teils noch verfeinert mit wildem Fenchel, Carobpulver oder Pistazien aus Bronte.

Ristorante Majore SIZILIANISCH €€
(0932 92 80 19; www.majore.it; Via dei Martiri Ungheresi 12; Gerichte 25–30 €; Di–So 9–16 & 18–23 Uhr) Nicht minder bekannt und geschätzt sind die Schweinefleischerzeugnisse, die im Ristorante Majore nicht nur zu einem leckeren Mittagessen verarbeitet werden, sondern auch im Direktverkauf erhältlich sind. Die hoch gelobte Trattoria in der Nähe der zentralen Piazza Duomo ist einfach und traditionell, die Speisekarte betont fleischlastig. Die Spezialitäten des Hauses sind das Risotto *alla majore* (mit Schweinefleisch-*ragù* und Käse aus der Region) und *falsomagro alla siciliana* (Schweinefleischbällchen gefüllt mit Salami, Käse, Eiern und Karotten).

An- & Weiterreise

Chiaramonte Gulfi liegt rund 20 km nördlich von Ragusa. Die SP10 ist die kürzeste und malerischste Verbindungsroute zwischen den beiden Städten.

Busse von AST (S. 251) fahren nach Ragusa (2,70 €, 50 Min., Mo–Sa 1-mal tgl.).

Zentral-Sizilien

Inhalt ➡
Enna 255
Piazza Armerina 261
Villa Romana
del Casale 265
Caltagirone 266

Gut essen

- La Rustica (S. 257)
- Al Fogher (S. 264)
- Coria (S. 268)
- Disìu (S. 263)
- Umbriaco (S. 256)

Beste Feste

- Karwoche (S. 256), Enna
- Festa di San Giacomo (S. 267), Caltagirone
- Palio dei Normanni (S. 263), Piazza Armerina

Auf nach Zentral-Sizilien!

Siziliens dünn besiedeltes Landesinnere ist schön und unerbittlich zugleich, eine zeitlose Landschaft aus stillen, sonnenverbrannten Gipfeln, grauen Steindörfern und vergessenen Tälern. Die Region feiert die einfachen Freuden des Lebens – ausgedehnte Mittagessen mit bodenständigen Gerichten, Spaziergänge durch Bergdörfer und das Genießen der hügeligen Landschaft. Zudem ist die Natur überraschend facettenreich – während man gerade noch über wellige Hügel gefahren ist, die denen der Toskana ähneln, findet man sich plötzlich zwischen Eukalyptushainen wieder.

Geprägt ist die Landschaft vom Erbe vieler Kulturen und Generationen, davon zeugen verwitterte griechische Schreine, von der Sonne ausgebleichte normannische Kirchen und kunstvolle barocke Fresken. In der Villa Romana del Casale findet man die bedeutendsten römischen Mosaiken der Welt, im winzigen Morgantina eine hellenische Statue, die einen modernen Machtkampf auslöste, und in Caltagirone einige der begehrtesten Keramiken Italiens. In jedem Fall sollte man sich auf angenehme Überraschungen einstellen!

Entfernungen (km)

	Caltagirone	Caltanissetta	Enna	Nicosia
Caltanissetta	85			
Enna	60	30		
Nicosia	100	65	50	
Piazza Armerina	30	50	35	70

Highlights

① Villa Romana del Casale (S. 265) In der Villa Handwerkskunst und Kreativität in Form der außergewöhnlichsten römischen Fliesenarbeiten der Welt bewundern

② Caltagirone (S. 266) Nach dem Erklimmen von Siziliens spektakulärster Treppe Keramikarbeiten kaufen

③ Morgantina (S. 264) Sich auf den Stufen niederlassen, auf denen die Griechen einst debattierten und Komplotte schmiedeten

④ Piazza Armerina (S. 261) Sich durch das Labyrinth hübscher Straßen treiben lassen und tolle lokale Museen besuchen

⑤ Enna (S. 255) Eine Kathedrale bestaunen, eine lombardische Burg besteigen und die Aussicht in der geschäftigsten Stadt der Region genießen

⑥ Calascibetta (S. 260) Eine Auszeit nehmen und durch die Straßen des verschlafenen Bergorts schlendern

ENNA

📞 0935 / 27 240 EW. / 931 M

Italiens höchstgelegene Provinzhauptstadt Enna erhebt sich über den Hügeln und Tälern Zentral-Siziliens. Die Stadt bietet einen dramatischen Anblick, scheinbar uneinnehmbar thront sie auf einem steilen Berg. Im Inneren entdeckt man ein ruhiges Geschäftszentrum mit nettem mittelalterlichem Kern und hat, sofern es die Wolkendecke zulässt, einige beeindruckende Ausblicke. Ein längerer Aufenthalt lohnt sich nicht, aber es ist ein tolle Ort, um den Touristenmassen zu entkommen und ein wenig frische Bergluft zu genießen – vor allem im Sommer, wenn die Sonne alles im Umkreis zu gelbbrauner Schlacke verbrennt.

Enna ist zweigeteilt: in das historische Zentrum auf dem Hügel, Enna Alta, und ins moderne Enna Bassa unten. Alles von Interesse liegt oben in Enna Alta.

◉ Sehenswertes

Castello di Lombardia BURG
(📞 0935 50 09 62; ⏰ Apr.–Aug. 9–20 Uhr, Sept. & Okt. bis 19 Uhr, Nov.–März bis 17 Uhr) GRATIS Eine der eindrucksvollsten Burgen Siziliens bewacht Ennas höchsten Punkt am Ostende des historischen Zentrums. Die ursprüngliche Burg wurde von den Sarazenen erbaut und später von den Normannen verstärkt; der Stauferkönig Friedrich II. ordnete den Bau einer mächtigen Ringmauer mit Türmen auf jeder Seite an.

Die Mauer ist immer noch intakt, doch stehen nur noch sechs der ursprünglich 20 Türme. Der größte davon ist der **Torre Pisano**, der vom Cortile dei Cavalieri aus zugänglich ist, einem der gut erhaltenen Innenhöfe der Burg. Der Turm bietet einen märchenhaften Blick über das Tal auf die Stadt Calascibetta und den Ätna im Nordosten.

Rocca di Cerere AUSSICHTSPUNKT
Direkt unterhalb des Eingangs zum Castello di Lombardia liegt ein riesiger Felsen. Hier stand einst Ennas Tempel der Demeter, der Göttin der Fruchtbarkeit und Landwirtschaft, die von den Römern Ceres genannt wurde. 480 v. Chr. baute der Tyrann Gelon den Tempel, in dem eine Statue des Königs Triptolemos gestanden haben soll. Der König ist in der Mythologie der einzige Sterbliche, der Zeuge der Verführung von Demeters Tochter Persephone wurde.

Heute ist nicht mehr viel vom Tempel übrig geblieben, aber die Felsplattform, die man über Treppen erreicht, ist ein herrliches Plätzchen für ein Picknick oder um den Sonnenuntergang zu genießen.

Duomo KATHEDRALE
(Via Roma; ⏰ 9–13 & 16–19 Uhr) Der Duomo ist das beeindruckendste historische Gebäude an der Via Roma, Ennas Vorzeigestraße. Gebaut wurde er vor 200 Jahre, nachdem die ursprüngliche gotische Kirche 1446 niedergebrannt war. Der heutige Bau wird von einem Glockenturm aus dem 17. Jh. bekrönt und hat einen prunkvollen Innenraum. Dorthin gelangt man durch Jacopo Salemis Seitenportal aus dem 16. Jh. Es wird von Sankt Martin geziert, der seinen Mantel den Armen gibt.

Während das Querschiff und die vieleckigen Apsisschiffe des Originalbaus erhalten geblieben sind, weist das Innere größtenteils Barockelemente auf, von der kunstvollen Kassettendecke über die Kerzenleuchter bis hin zum eindrucksvollen Altar. Ebenfalls interessant sind die grauen Basaltsäulen mit ihren grotesken Verzierungen in Form von Schlangen mit Menschenköpfen, die Kanzel und das Weihwasserbecken, beides griechisch-römische Überreste aus dem Tempel der Demeter, presbytarianische Malereien aus dem 17. Jh. von Filippo Paladino und die Altarstücke von Guglielmo Borremans.

Piazza Crispi PIAZZA
Die kleine Piazza F Crispi neben der Piazza Vittorio Emanuele bietet einen beeindruckenden Blick über das Tal nach Calascibetta. Auf dem Platz steht die Fontana del Ratto di Prosperina, ein gewaltiger Brunnen, der an Ennas beständigsten Mythos erinnert.

Torre di Federico II TURM
(Viale IV Noembre; ⏰ 8–18 Uhr) GRATIS Geheimgänge führten früher einmal zu diesem achteckigen, fast 24 m hohen Turm. Einst Teil des alten Verteidigungssystems der Stadt, steht er heute in Ennas mit Pinien gespickten Grünanlagen.

Museo Archeologico di Palazzo Varisano MUSEUM
(📞 0935 507 63 04; Piazza Mazzini 8; ⏰ 9–19 Uhr) GRATIS Ennas archäologisches Museum beherbergt eine gute Sammlung hiesiger, auf Italienisch beschrifteter Artefakte, die in der gesamten Region ausgegraben wurden, sowie Leihgaben der archäologischen Museen in Syrakus und Agrigent. Besonders interessant ist der rot-schwarze *krater* (Krug) im attischen Stil, der in der Stadt selbst gefunden wurde und auf das 5. Jh. v. Chr. zurückgeht.

Enna

Enna

Sehenswertes
1 Castello di Lombardia..........................D1
2 Duomo...C1
  Fontana del Ratto di
  Prosperina............................. (siehe 4)
3 Museo Archeologico di Palazzo
  Varisano...C1
4 Piazza Crispi..B1
5 Rocca di Cerere...................................D1
6 Torre di Federico II..............................A2

Schlafen
7 B&B Centro Sicilia............................... B1

Essen
8 La Rustica..A1
9 Meimuna...D1
10 Paccamora Bio Bar.............................B1
11 Umbriaco...A2

Ausgehen & Nachtleben
12 Al Kenisa...C1

**Fontana del Ratto
di Prosperina** BRUNNEN
(Brunnen der Vergewaltigung der Persephone) Mitten auf der Piazza Crispi steht ein gewaltiger Brunnen, der an eine der ältesten Legenden von Enna erinnert.

Lago Di Pergusa SEE
Der Lago di Pergusa liegt rund 9 km südlich der Stadt mitten im Wald und ist einer der wenigen natürlichen Seen Siziliens. Mit einigen kompakten Stränden, großen Resorthotels und einer – recht unpassenden – Autorennbahn ist er im Sommer ein beliebtes Ausflugsziel, außerhalb der Saison wirkt er dagegen fast wie ausgestorben. An die mythische Geschichte von Persephone, durch die der See so berühmt ist, erinnert eigentlich nichts.

Der See ist auf der SS561 ausgeschildert. Wer ausschließlich auf öffentliche Verkehrsmittel angewiesen ist, steigt an der Haltestelle an der Via Pergusa in den Linienbus 5 (1,20 €). Die Fahrkarten dafür verkauft das Reisebüro Coppola direkt neben der Bushaltestelle.

 Feste & Events

Karwoche RELIGION
Die Woche vor Ostern ist von religiösen Feiern geprägt: Die religiösen Gemeinschaften ziehen in unheimlichen Umhängen und mit weißen Kapuzen durch die Stadt. Die wichtigsten Veranstaltungen finden am Palmsonntag, Karfreitag und Ostersonntag statt.

**Festa di Maria Santissima
della Visitazione** KARNEVAL
(2. Juli) Feuerwerk und leicht bekleidete Bauern prägen den Tag des Schutzheiligen der Stadt (2. Juli). Die Bauern tragen lange weiße Tücher und ziehen ein Abbild der Madonna der Heimsuchung auf einem Wagen namens La Nave d'Oro (goldenes Schiff) durch die Stadt.

 Essen

★ Umbriaco FAST FOOD €
(0935 37467; Viale 4 Novembre 11; Snacks ab 1,50 €;) Slow Food *meets* biologische Zutaten – das Ergebnis sind einige der besten *arancini* (gefüllte frittierte Reisbäll-

chen) Siziliens. Die Füllungen richten sich meist nach dem Angebot der Saison, es können Steinpilze oder Mortadella und Pistazien sein. Außerdem gibt's tolle Pizza. Im zugehörigen Laden werden zudem interessante Köstlichkeiten aus ganz Sizilien verkauft, darunter auch sizilianischer Gin.

Die größte *arancini*-Auswahl gibt's mittags und abends.

★ La Rustica — SIZILIANISCH €
(☏ 0935 2 55 22; Via Aidone 28; Gerichte 17–22 €; ⊙ Mo–Sa 13–15 & 20–22.30 Uhr) Das Slow-Food-Lokal überzeugt auf ganzer Linie: Es ist wunderbar untouristisch, bei Einheimischen beliebt und wird von einem Pärchen betrieben, das sich ganz der klassischen regionalen Küche verschrieben hat. Gaetano kümmert sich um die Tische mit den Vinyldecken, während seine Frau Carmela in der Küche alte Familienrezepte wie großartige *caponata* (süß-saurer warmer Gemüsesalat) und *polpettone ripieno all'enese* (mit Ei gefüllter Hackbraten, mit Erbsen und Tomatensauce) kocht.

Osteria al Canale — SIZILIANISCH €
(☏ 339 6155928, 0935 95 89 66; Via Mazzini 101, Valguarnera Caropepe; Gerichte 20–28 €; ⊙ 12–14.30 & 20–22 Uhr; 🛜) Feinschmecker aus Enna schätzen dieses einfache Dorflokal, eine 24 km lange Fahrt südöstlich von Enna. Küchenchef Lillo Serra legt Wert auf ehrliche Gerichte mit lokalen Zutaten wie reifem Pecorino mit Zwiebelmarmelade, mit Gemüse der Saison gefüllte *pasta sfoglia* (Gebäck aus Blätterteig) und Spaghetti mit *pesto siciliano* (Tomate, gesalzener Ricotta, Basilikum, Chili und Mandeln). Abends ist eine Reservierung erforderlich.

Dass die Vitrine im Speiseraum ein Foto der in Australien geborenen Sängerin Tina Arena ziert, ist kein Zufall: Ihre Eltern stammen aus dem Dorf, und sie soll Lillo nach einigen ihrer Rezepte gefragt haben.

Paccamora Bio Bar — SIZILIANISCH €
(Piazza Vittorio Emanuele 21-22; Sandwiches 3,50 €, Hauptgerichte mittags 9 €, abends ab 8 €; ⊙ Mo–Sa 7.30–13 Uhr; 🛜) Das Café der nächsten Generation legt den Schwerpunkt auf frische, gesunde und lokale Produkte. Das Angebot reicht von hervorragendem Bio-Kaffee (auch mit laktosefreier Milch), über Säfte und Vollkorn-*cornetti* (Croissants) bis zu *panini* mit Sojabrot und Tagesgerichten wie Lasagne mit Karotten und Artischocken. Abends gibt's Tapas-Platten und erfrischendes Craft-Bier aus Sizilien.

Meimuna — ITALIENISCH €€
(☏ 0935 2 22 36; www.meimuna.it; Via Lombardia 5; Mahlzeiten 30–35 €; ⊙ 19–23.30 Uhr; 🛜) Das Meimuna ist eine moderne Interpretation einer Trattoria. In stylischem Ambiente kommen moderne Abwandlungen der traditionellen sizilianischen Küche auf den Tisch. Zu den herzhaften Gerichten wie Pasta mit Pistaziencreme, Pilzen und Speck passt gut ein sizilianisches Craft-Bier, z. B. das würzige Weizenbier von Bruno Ribaldi. Es gibt auch eine gute Auswahl vegetarischer Gerichte. Die Menüs bieten das beste Preis-Leistungs-Verhältnis.

🍸 Ausgehen & Nachtleben

★ Al Kenisa — CAFÉ
(☏ 0935 500972; http://alkenisa.blogspot.com; Via Roma 481; ⊙ Di–So 18–24 Uhr) Das Café in einer ehemaligen Kapelle der benachbarten Kathedrale ist ideal für einen *aperitivo*, ein Glas Wein oder einen Craft-Bier. Es werden auch Bücher und Kunstdrucke verkauft.

DER PERSEPHONE-MYTHOS

Die Geschichte der Entführung von Demeters Tochter Persephone (Proserpina) durch Hades gehört zu den berühmtesten griechischen Mythen. Nach der Erzählung von Homer stieg Hades (Gott der Unterwelt) aus seiner Höhle auf und verführte Persephone, während sie am Ufer des Lago di Pergusa Blumen pflückte. Demeter (Göttin der Ernte), die nicht wusste, wo ihre Tochter war, wanderte auf der Suche nach ihr durch die Welt und verbat der Erde, Früchte zu tragen. Schließlich wandte sie sich an Zeus und drohte, die Welt verhungern zu lassen, wenn er ihr ihre Tochter nicht zurückbrächte. Zeus befahl Hades, Persephone freizulassen, jedoch nicht ohne einen Kompromiss: Sie sollte jedes Jahr vier Monate mit Hades in der Unterwelt und acht Monate mit ihrer Mutter verbringen (bei Ovid sind es je 6 Monate). Und so trauert Demeter während der Zeit, die Persephone in der Unterwelt verbringt, und bringt den Winter in die Welt; ihre Freude über die Rückkehr ihrer Tochter wird durch das Erwachen der Natur im Frühling verkündet.

AUTOFAHRT > VON ENNA ZUM ÄTNA

Die Tour führt mitten durchs ländliche Herz Siziliens, wo die Landschaft von Feldern und Bergdörfern geprägt ist. Auf den Hügeln thronen Festungen und Kirchen, an den Hängen kleben bunte Häuser. Die Geschichte dieser Gegend erstreckt sich über mehrere Jahrtausende, über die Frühgeschichte und den Zweiten Weltkrieg. Im Frühjahr verschwindet das Land unter einem Teppich aus Wildblumen.

❶ Enna

Die Fahrt beginnt in Enna, dem geografischen Mittelpunkt Siziliens. Am höchsten Punkt der Stadt ragt das Castello di Lombardia auf und bietet Ausblick über die wellige Landschaft im Norden.

Weiterfahrt > Von Enna geht es hinunter ins Tal und weiter ins 7 km entfernte Calascibetta.

1–2 Tage, 115 km

Toll für... Geschichte & Kultur, Landschaft

Beste Reisezeit: Mai, September & Oktober

Calascibetta (S. 260)

❷ Calascibetta

Calascibettas größte Sehenswürdigkeit ist die beeindruckende Kathedrale Chiesa Madre aus dem 14. Jh. 3 km nordwestlich liegt die Necropoli di Realmese mit 300 Felsengräbern, die z. T. von 850 v. Chr. stammen.

Weiterfahrt > Von Calascibetta windet sich die SS121 über 20 km bergauf nach Leonforte.

❸ Leonforte

Die hübsche Barockstadt war einst für Pferdezucht bekannt. Das imposanteste Gebäude ist der Palazzo Baronale, der Hit ist jedoch der Granfonte-Brunnen (1651) von Nicolò Branciforte. 24 Fontänen schießen hier vor einer reich verzierten Fassade in die Höhe.

Weiterfahrt > Weiter geht es auf der SS117 durch schöne Landschaft nach Nicosia (26 km).

❹ Nicosia

Die Stadt breitet sich rund um die zentrale Piazza Garibaldi über vier Hügel aus. Sehenswert sind die **Cattedrale di San Nicolò** (S. 261), die *palazzi* und die **Basilica di Santa Maria Maggiore** (S. 261). Am Ortseingang liegt das Lokal **Baglio San Pietro** (S. 261), wo man auch übernachten kann.

Weiterfahrt > Auf der SP43 und SP18 geht es gen Südosten, bis nach 26 km Agira erreicht ist.

❺ Agira

Das hübsche Bergdorf Agira wird von einer normannischen Burg aus dem Mittelalter beherrscht. Ein paar Kilometer außerhalb der Stadt liegt ein sehr gepflegter kanadischer Soldatenfriedhof an der SS121. Hier fielen im Juli 1943 490 Soldaten.

Weiterfahrt > Von Agira führt die SS121 in Richtung Osten nach Lago di Pozzillo (9 km). Der schöne See inmitten von Bergen und Mandelbäumen lädt zu einem Picknick ein. Nach weiteren 20 km auf der SS121 erreicht man Centuripe.

❻ Centuripe

Centuripe ist eine kleine Stadt mit tollem Blick auf den Ätna, der ihr den Spitznamen *il Balcone di Sicilia* (Balkon Siziliens) eingebracht hat. Ihre strategisch günstige Lage war aber auch Ursache für viel Blutvergießen; die Stadt war oft umkämpft. 1943 eroberten die Alliierten die Stadt, und die Wehrmacht zog sich aufs italienische Festland zurück, als sie erkannte, dass sie ihre sichere Stellung in Sizilien verloren hatte.

> **NICHT VERSÄUMEN**
>
> ### KOCHKURSE & WEINPROBEN
>
> Die Gegend westlich von Caltanissetta ist wild und abgelegen. Wer die völlige Abgeschiedenheit sucht, fährt zum wunderschönen **Tenuta Regaleali** (0921 54 40 11; www.tascadalmerita.it; Contrada Regaleali, Sclafani Bagni) in der Nähe des Dorfes Vallelunga. Es ist eines der fünf Weingüter der Familie Tasca d'Almerita mit rund 400 ha Gelände voller Weinreben, einem High-Tech-Weinanbaubetrieb in einem restaurierten Gebäude aus dem 19. Jh. und der **Anna Tasca Lanza Cooking School** (0934 81 46 54; www.annatascalanza.com).
>
> Man kann das Weingut nur im Rahmen einer Führung (mit optionaler Weinprobe) in Gruppen von acht bis 25 Personen besuchen, die man im Voraus buchen muss. Kochkurse gibt es von eintägigen Einheiten mit Mittagessen (175 €) bis zu Paketen mit einer oder vier Übernachtungen (495–2475 €/Pers. inkl. Übernachtung). Für die Mühen in der Küche wird man mit tollem Wein vom Weingut belohnt. Weitere Infos finden sich auf der Website. Außerdem werden das ganze Jahr über Kurse in Yoga, Zeichnen, Brotbacken und Pasta-Herstellung angeboten.

Donnerstag- und Samstagabends gibt's ab 22 Uhr zumeist Livemusik, oder es legen DJs auf. Wer es gruselig mag, kann auch in die Krypta hinuntersteigen.

❶ Praktische Informationen

Hospital (Ospedale Umberto I; 0935 51 67 54; Contrada Ferrante, Enna Bassa) Das große Krankenhaus befindet sich in der Unterstadt.

Städtische Touristeninformation (Castello di Lombardia; 10–19 Uhr) im Hauptof der Burg. Hier gibt's auch eine interessante Ausstellung zur Geschichte von Enna und seiner Burg sowie einen Kunsthandwerksladen.

Polizei (0935 52 21 11; Via San Giovanni 4)

Touristeninformation der Provinz (Infopunkt; 0935 50 23 62; www.provincia.enna.it/infopoint.htm; Via Roma 413; Mo–Fr 9–13 & 15–17.30, So 9–13 Uhr) In der Hauptstraße der Altstadt.

❶ An- & Weiterreise

AUTO & MOTORRAD

Enna liegt an der Hauptverbindung zwischen Catania und Palermo, der Autobahn A19, 83 km von Catania bzw. 135 km von Palermo entfernt. An der Piazza Rosso direkt neben dem Castello di Lombardia gibt es kostenlose Parkplätze, ebenso wie auf der Piazza Europa unweit des Torre di Federico II.

BUS

Der Bus ist die beste Möglichkeit, um Enna mit öffentlichen Verkehrsmitteln zu erreichen. Ennas offizieller **Busbahnhof** (Viale Diaz) befindet sich in der Oberstadt; von dort kommt man ins Zentrum, indem man sich rechts hält, der Viale Diaz zum Corso Sicilia folgt, erneut rechts abbiegt und dann die Via Sant'Agata entlanggeht, die zur Via Roma, Enna Altas Hauptstraße, führt.

Am Busbahnhof in Enna Bassa, 3 km den Berg hinab, gibt es häufigere Verbindungen. Stadtbusse verbinden stündlich Enna Bassa mit der Oberstadt, an Sonntagen nur alle zwei Stunden. Bei der Hotelbuchung sollte man darauf achten, auf welchem Busbahnhof man ankommt. Der Busbahnhof in der Oberstadt liegt günstiger zu den guten Unterkünften und Restaurants.

SAIS Autolinee (0935 50 09 02; www.saisautolinee.it) bedient Catania (8 €, 1½ Std., Mo–Fr bis zu 9-mal tgl., Sa 6-mal, So 3-mal) und Palermo (9 €, 1¾ Std., Mo–Sa 1-mal tgl.). Sonntags gibt es zwei Verbindungen von Palermo nach Enna. Zudem fahren regelmäßig Busse nach Piazza Armerina (3,60 €, 40 Min., Mo–Fr bis zu 7-mal tgl., Sa bis zu 6-mal, So 2-mal) und Calascibetta (1,90 €, 30 Min., Mo–Sa 5- bis 8-mal tgl.).

Coppola Viaggi & Turismo (0935 50 20 11; Via Sant'Agata 86; Mo–Fr 9–13 & 16–19.30, Sa 9–13 Uhr) verkauft Busfahrkarten.

❶ Unterwegs vor Ort

Um mit öffentlichen Verkehrsmitteln zum Lago Di Pergusa zu gelangen, steigt man an der Haltestelle der Via Pergusa in den Stadtbus 5 (1,20 €). Fahrkarten gibt's im Reisebüro Coppola direkt neben der Haltestelle.

CALASCIBETTA

0935 / 4400 EW. / 691 M

Calascibetta besteht aus einem dicht gedrängten Labyrinth enger Gassen über einer senkrecht abfallenden Steilwand und liegt 7 km nördlich von Enna. Die Sarazenen errichteten die Stadt während ihrer Belagerung von Enna 951, der normannische König Roger I. verstärkte sie später. Die beeindruckendste Attraktion ist die im 14. Jh. erbaute **Chiesa Madre** (📞0935 3 38 49; Piazza Matrice; ⊙9–13 & 15.30–19 Uhr), Calascibettas Wahrzeichen und Kathedrale. Sich durch das Gassenlabyrinth der verschlafenen Stadt treiben zu lassen, ist eine gute Möglichkeit, sich ein paar Stunden zu vertreiben.

Die 3 km nordwestlich liegende **Necropoli di Realmese** GRATIS lohnt mit ihren rund 300 Felsgräbern von 850 v. Chr. einen Besuch. Um hierher zu gelangen, verlässt man die Stadt in nördlicher Richtung auf der Strada Statale 290, biegt rechts auf die Strada Provinciale 80 ab und hält nach dem Schild mit der Aufschrift *Necropoli di Realmese* (nach weiteren 700 m links) Ausschau.

ⓘ An- & Weiterreise

Calascibetta ist 7 km von Enna entfernt. Busse von SAIS Autolinee fahren von Enna nach Calascibetta (1,90 €, 30 Min., Mo–Sa 5- bis 8-mal tgl.).

NICOSIA

📞0935 / 13760 EW. / 724 M

Die Fahrt in die hübsche, alte Stadt lohnt sich wegen der beiden Kirchen und der zentralen Piazza Garibaldi. Nicosia liegt auf vier Hügeln und war die bedeutendste normannische Festungsstadt zwischen Palermo und Messina. Davon ist nicht mehr viel übrig, denn in den 1950er- bis 1970er-Jahren verließ knapp die Hälfte der Bevölkerung die Stadt.

Eine gute Unterkunft ist das *agriturismo* mit tollem Restaurant ganz in der Nähe.

⊙ Sehenswertes

Zentrum des Geschehens ist die Piazza Garibaldi, die von der Fassade und vom *campanile* der **Cattedrale di San Nicolò** (⊙9–12 & 16–19 Uhr) aus dem 14. Jh. im Stil der katalanischen Spätgotik beherrscht wird.

Von der Piazza führt die Via Salamone an den französisch-lombardischen *palazzi* vorbei zur **Basilica di Santa Maria Maggiore** (📞0935 64 67 16; Largo Santa Maria; ⊙9–12 & 16–19.30 Uhr). Die ursprünglich aus dem 13. Jh. stammende Basilika wurde durch einen Erdrutsch 1757 stark zerstört und 1767 wieder aufgebaut. Von der Dachterrasse hat man Ausblick auf die Reste einer normannischen Burg auf einem Felsvorsprung.

Essen

Nicosias berühmteste Speise ist das himmlische *nocattolo*, ein Gebäck mit Keksboden und Mandel-Zimt-Creme, das mit Puderzucker bestäubt wird. Außer in einigen der Lokalen in der Stadt isst man mit Abstand am besten im Restaurant des *agriturismo* Baglio San Pietro.

Baglio San Pietro SIZILIANISCH €€

(📞0935 64 05 29; www.bagliosanpietro.com; Contrada San Pietro; Mahlzeit 30–40 €, Verkostungsmenü 70 €; ⊙Do–Di 12–14.30 & 17.30–22 Uhr) Das Restaurant des *agriturismo* ist nicht nur für seine lässige Mischung aus ländlicher und kreativer Küche (z. B. Trüffel mit Kaviar gefolgt von geräuchertem Kalbs-Carpaccio), sondern auch für sein leckeres *porchetta* (Spanferkel) aus dem Holzofen berühmt. Die umfangreichen Verkostungsmenüs sind auch sehr gut. Eine echte Überraschung in dem verschlafenen Bergdorf ist das ausgezeichnete Craft-Bier der örtlichen Brauerei 24 Baroni. Für Freitag-und Samstagabend muss man im Voraus reservieren.

ⓘ An- & Weiterreise

Die SS117 verbindet Nicosia mit Leonforte, 26 km weiter südlich. Von dort führt die SS121 ins 21 km südwestlich gelegene Enna.

Interbus (📞0913 4 20 55, 0935 2 24 60; www.interbus.it) fährt nach Catania (8,40 €, 2–2¼ Std., Mo–Fr 4-mal tgl., Sa 3-mal, So 1-mal). Die Busse starten an der Piazza San Francesco di Paola.

PIAZZA ARMERINA

📞0935 / 21800 EW. / 697 M

Die mittelalterliche Altstadt auf dem Hügel ist ein stimmungsvolles Gewirr von Straßen rund um eine Kathedrale mit einer 66 m hohen Kuppel. Die bezaubernde Marktstadt liegt inmitten fruchtbaren Ackerlands. Ihren Namen verdankt sie dem Colle Armerino, einem der drei Hügel, auf denen sie entstand.

Eigentlich handelt es sich um zwei Städte. Das ursprüngliche Piazza wurde im 10. Jh. auf dem Berg Colle Armerino von den Sarazenen gegründet. Die Erweiterung Richtung Südosten im 15. Jh. wurde im 17. Jh. noch einmal durch ein städtisches Straßenraster umgestaltet. Der Ort ist eine praktische Ausgangsbasis für einen Ausflug zu den außergewöhnlichen antiken Mosaiken in der nahen Villa Romana del Casale.

⊙ Sehenswertes

Abseits der Piazza Duomo verläuft die Via Monte. Von der Hauptverkehrsstraße des

Piazza Armerina

Piazza Armerina

Sehenswertes
1. Casa Museo del Contadino C2
2. Kathedrale A2
3. Chiesa di San Giovanni
   Evangelista D2
4. Chiesa di San Rocco B2
5. Palazzo di Città B2
6. Palazzo Trigona A2
7. Pinacoteca Comunale A2
8. Statue von Baron Marco Trigona A2

Schlafen
9. Home Hotels C2
10. Suite d'Autore A2

Essen
11. Da Totò C2
12. Dislù D2
13. La Locanda A2

13. Jhs. zweigt ein Gewirr winziger Gässchen ab wie Fischgräten. Dieser Teil der Stadt ist am malerischsten und lädt zu einem Bummel ein. Oder man entscheidet sich für die Via Floresta, die neben dem Palazzo Trigona beginnt, und schaut sich die Ruinen des Castello Aragonese aus dem 14. Jh. an.

Von der Kathedrale schlängelt sich die Via Cavour hinab zur Piazza Garibaldi, dem eleganten Herzen der Altstadt. Den Platz beherrschen der spätbarocke **Palazzo di Città**, Piazzas früheres Rathaus (für die Öffentlichkeit nicht zugänglich), und die **Chiesa di San Rocco** (Piazza Garibaldi; ⊙ Öffnungszeiten variieren), auch Fundrò genannt, mit einem eindrucksvollen Portal aus Tuffstein.

Kathedrale KATHEDRALE
(Piazza Duomo; ⊙ 8.30–12 & 15.30–18 Uhr) Die Kuppel der riesigen Kathedrale ist kilometerweit zu sehen. Der Bau thront majestätisch auf dem Hügel und wird unten stufenförmig von terrassierten Häusern flankiert. Die strenge Fassade stammt von 1719, die Kuppel wurde 1768 hinzugefügt. Im blauweißen Innenraum hängt hinter dem Altar die Kopie des byzantinischen Gemäldes *Madonna delle Vittorie* (Jungfrau der Siege). Angeblich schenkte Papst Nikolaus II. es Graf Roger I.

Vor der Kathedrale befindet sich ein schöner *belvedere* (Panoramaterrasse), rechter Hand liegt der feudale **Palazzo Trigona** (Piazza Duomo). Auf dem Platz thront eine **Statue** des Baron Marco Trigona, der den Bau der Kathedrale finanziert hat.

Der 44 m hohe **Campanile** neben der Hauptkirche ist der Überrest einer früheren Kirche aus dem 14. Jh.

Pinacoteca Comunale KUNSTGALERIE
(☏ 0935 68 76 13; Via Monte 4; ⊙ Di–So 9–18 Uhr) GRATIS Die kleine, schicke öffentliche Kunst-

galerie zeigt in erster Linie lokale Kunstwerke vom 15. bis zum 19. Jh., darunter Altarbilder und Fresken aus Kirchen, die längst nicht mehr existieren, sowie Werke des bekannten hiesigen Malers Giuseppe Paladino (1856–1922). Interessant ist das Porträt des Gelehrten und jesuitischen Missionars Prospero Intorcetta. Dieser wurde im 17. Jh. in Piazza Armerina geboren, war in China tätig und übersetzte als erster Europäer die Werke von Konfuzius ins Lateinische.

Einen Blick lohnt außerdem das Altarbild *Sant'Andrea Avellino intercede per Piazza presso la Madonna delle Vittorie* (Der hl. Andreas Avellino leistet bei der Jungfrau der Siege Fürbitte für Piazza), das Piazza Armerina im 17. Jh. zeigt.

Casa Museo del Contadino MUSEUM
(333 9138634; Via Garibaldi 57; Spende erbeten; 9–12 & 15.30–18.30 Uhr) Das kleine, aber sehr detaillierte ethnografische Museum wird mit viel Leidenschaft von Mario Albanese betrieben und ist einem typischen sizilianischen Bauernhaus aus dem 19. Jh. nachempfunden. Mario weiß genau über die Ausstellungsstücke Bescheid und gibt Besuchern fesselnde, oft bewegende Einblicke in die Lebensbedingungen und den Einfallsreichtum der Landarbeiter der Region (auf Italienisch und Französisch).

Chiesa di San Giovanni Evangelista KIRCHE
(Largo San Giovanni; Öffnungszeiten variieren) Die ursprüngliche Chiesa di San Giovanni Evangelista geht auf das 14. Jh. zurück, der jetzige Bau stammt jedoch aus dem 18. Jh. Den Innenraum zieren die großartigen, lebendigen Pinselstriche des niederländischen Malers Guglielmo Borremans (1670–1744) und seiner Schüler.

Parco Minerario Floristella Grottacalda HISTORISCHE STÄTTE
(www.enteparcofloristella.it; Sonnenaufgang–Sonnenuntergang) GRATIS Rund 15 km nördlich von Piazza Armerina befinden sich die Überreste einer alten Schwefelmine, die bis in die Mitte des 20. Jhs. in Betrieb war. Heute ist die Stelle malerisch überwuchert und dicht bewaldet, erinnert aber mit ergreifenden Schwarz-Weiß-Fotos im interessanten Industriemuseum an die harten Arbeitsbedingungen von einst, die vor allem die unter prekären Umständen arbeitenden Kinder erlebten. Am besten lässt sich der Park mit einer Wanderung oder Tagestour mit Cafeci in Valguarnera erkunden.

Geführte Touren

Cafeci WANDERN & TREKKEN
(Officina AgroCulturale Cafeci; WhatsApp/Carmen 328 1357424, WhatsApp/Michele 328 6812913; www.facebook.com/OfficinaAgroCulturaleCafeci; Valguarnera; geführte Wanderung ab 120 €/Gruppe & Tag) Der Veranstalter in der Nähe von Valguarnera, 20 km südlich von Piazza Armerina, bietet verschiedene Outdoor-Aktivitäten wie Wandern mit Eseln, Tagesausflüge zu Bio-Bienenstöcken (25 €) und auch Touren bis zum Ätna an. Bei den mehrtägigen Wanderungen wird in B&Bs und *agriturismi* übernachtet. Es wird auch ein Besuch des Parco Minerario Floristella Grottacalda organisiert.

Carmen und Michele sprechen beide sehr gut Englisch. Sie sind über WhatsApp zu erreichen und teilen ihren Gästen dann mit, wie diese zu dem Bauernhof gelangen können. Auf Wunsch holen sie die Gäste auch in Enna oder Piazza Armerina ab.

 Feste & Events

Palio dei Normanni KARNEVAL
(www.paliodeinormanni.it; 12.–14. Aug.) Im August erwacht Piazza Armerina zum Leben, denn dann wird in einem mittelalterlichen Umzug die Befreiung der Stadt von den Mauren 1087 durch Roger I. gefeiert. Los geht's am ersten Tag mit der Segnung der Ritter, gefolgt von kostümierten Umzügen am 13. August. Am Abschlusstag steht dann ein Ritterturnier *(quintana)* zwischen den vier Stadtteilen auf dem Programm.

Der siegreiche Stadtteil bekommt eine Sturmfahne mit der Madonna delle Vittorie.

Essen

★ Disiu EIS €
(389 485 8865; https://disiu-gelateria-naturale.business.site; Piazza Umberto 1; Eis ab 2 €; 7–13 & 14–24 Uhr) Das einfache, aber moderne Café ist eine der besten Eisdielen auf Sizilien. Das ausgezeichnete Eis und das *granite* (zerstoßenes Eis mit Früchten der Saison) gibt's bei der Chiesa Santo Stefano. Das junge, hippe Team bietet aber auch eine gute Auswahl sizilianischer Weine und Craft-Biere. Am besten macht man es sich an einem der Tische draußen gemütlich.

Da Totò TRATTORIA €
(0935 68 01 53; Via Mazzini 27; Gerichte 22–26 €; Di–So 12–15 & 18–24 Uhr) Man sollte sich nicht von dem grellen, weißen Licht und der trostlosen Deko abschrecken lassen, denn diese beliebte, freundliche Trattoria

ABSTECHER

AIDONE & MORGANTINA

Wer Lust auf ein ruhiges Rendezvous mit der Antike hat, setzt sich ins Auto und fährt von Piazza Armerina nach Nordosten. 10 km entfernt liegt Aidone, ein verschlafenes Bergdorf mit einem kleinen **archäologischen Museum** (📞0935 8 73 07; www.regione.sicilia.it/beniculturali/deadimorgantina; Largo Torres Truppia 1; Erw./erm. 6/3 €, inkl. Morgantina Erw./erm. 10/5 €, inkl. Villa Romana del Casale & Morgantina 14/7 €; ⊘ Di–So 9–19 Uhr), das auf dem Weg zu den antiken griechischen Ruinen von Morgantina einen Zwischenstopp lohnt. Die Sammlung umfasst Artefakte von der Stätte in Morgantina und Exponate zum Leben in alten Zeiten. Zudem ist die lange vermisste *Dea di Morgantina* ausgestellt. 2011 kehrte die antike Venusstatue vom Getty Museum in Los Angeles, Kalifornien, in ihre italienische Heimat zurück.

Eine 4 km lange Fahrt bergab von Aidone führt zu den Ruinen von **Morgantina** (📞0935 8 79 55; Erw./erm. 6/3 €, inkl. Museo Archeologico di Aidone 10/5 €, inkl. Villa Romana del Casale & Museo Archeologico di Aidone 14/7 €; ⊘ Juni–Aug. Di–So 14–19 Uhr, Sept.–Mai Di–So 10–17 Uhr). Das Zentrum der alten Stadt ist die zweistöckige Agora (Marktplatz), deren trapezförmige Treppe bei öffentlichen Zusammenkünften als Sitzgelegenheit diente. Auf der oberen Etage fand der Markt statt. Man kann immer noch die Wände sehen, die einen Laden vom nächsten trennten. Die untere Ebene diente als Theater mit 1000 Sitzplätzen. Ursprünglich stammte es aus dem 3. Jh. v. Chr., wurde aber später von den Römern ausgebaut.

Richtung Nordosten lagen die Wohnviertel der Stadt. Hier standen die Häuser der Wohlhabenden, worauf die reich verzierten Wände und schönen Mosaiken in den Innenräumen schließen lassen. Ein weiteres Wohnviertel wurde hinter dem Theater gefunden. Seine beachtlichen Überreste lohnen eine Erkundung. In der südwestlichen Ecke des Komplexes befinden sich die Ruinen eines öffentlichen Bades.

Einst erstreckte sich hier Morgeti, eine frühe sizilianische Siedlung, die 850 v. Chr. auf dem Hügel Cittadella gegründet, 459 v. Chr. wieder zerstört und auf einem zweiten Hügel, der Serra Orlando, wieder aufgebaut wurde. Morgeti war ein wichtiger Handelsposten während der Herrschaft des Tyrannen von Syrakus, Hieron II. (reg. 269–215 v. Chr.), versank aber nach dem Sieg der Römer 211 v. Chr. in der Bedeutungslosigkeit und wurde schließlich verlassen. 1955 identifizierten Archäologen die Stätte und begannen mit Ausgrabungen, die bis heute andauern.

Zu der Anlage gelangt man nur mit dem Auto, in der Nähe halten nämlich keine Busse.

---

bietet ein exzellentes Preis-Leistungs-Verhältnis. Die Antipasti umfassen Schinken, Käse und gegrilltes Gemüse, während die Pasta mit rustikalen Saucen von Steinpilzen oder hiesigem Gemüse serviert wird. Zur ähnlich unprätentiösen Auswahl von Hauptgerichten gehört z. B. gegrilltes Pfeffersteak.

La Locanda SIZILIANISCH €€
(📞377 125 3594; https://la-locanda.business.site; Via de Assoro 2-12; Mahlzeiten 30–35 €; ⊘ Fr–Mi 12–15.30 & 19–22 Uhr) Das Restaurant auf einem Hügel in der Nähe der Kathedrale von Piazza Armerina serviert traditionelle Küche mit kreativem Touch und dazu die besten Weine Siziliens. Besonders empfehlenswert ist Pasta mit wildem Fenchel, Sardinen und Pinienkernen sowie Schwertfisch mit Pistazien-Mandel-Kruste. Eine Wand des Speiseraums im Erdgeschoss ist komplett mit einer Weltkarte bedeckt.

⭐ **Al Fogher** MODERN-SIZILIANISCH €€€
(📞093 568 41 23; https://alfogher.sicilia.restaurant; Contrada Bellia SS117bis; Gerichte 50 €; ⊘ So abends & Mo geschl.) In einem der besten Restaurants Zentral-Siziliens wird gehobene Küche für anspruchsvolle Genießer serviert. Das Lokal liegt ca. 3 km außerhalb, dafür wird man mit Spanferkel mit Thunfisch-Ei-Sauce und Spargel oder Meeräsche mit gelbem Paprika, Wildreis und Pistazien belohnt.

Genauso exquisit ist die Weinkarte mit über 400 Weinen. Vorab reservieren!

An- & Weiterreise

AUTO & MOTORRAD

Die SS117bis verbindet Piazza Armerina mit dem 33 km nördlich gelegenen Enna. Einen großen Parkplatz gibt's auf der Piazza Europa am Nordostrand der Altstadt.

BUS

Interbus (0913 4 20 55, 0935 2 24 60; www.interbus.it) fährt nach Catania (9,20 €, 1¾ Std., Mo–Fr 6-mal tgl., Sa 4-mal, So 2-mal). Die Busse von **SAIS Autolinee** (199 244141, 800 211020; www.saisauto linee.it) verbinden Piazza Armerina mit Enna (3,60 €, 40 Min., Mo–Fr bis zu 6-mal tgl., Sa bis zu 5-mal) und Palermo (12,50 €, 2 Std., Mo–Fr 5-mal tgl., Sa 3-mal, So 2-mal). In Piazza Armerina fahren die Busse an der Piazza Senatore Marescalchi ab.

Von Mai bis September fahren die Busse von **SAVIT Autolinee** (0934 55 66 26; www.savitautolinee.it) achtmal täglich von der Piazza Senatore Marescalchi nach Villa Romana del Casale (1 €, 30 Min., 9–12 & 15–18 Uhr jeweils zur vollen Std.). Die Rückfahrt erfolgt jeweils zur halben Stunde.

Ein **Taxi** (329 2911435) nach Villa Romana del Casale kostet rund 25 €; der Betrag umfasst Hin- und Rückfahrt.

VILLA ROMANA DEL CASALE

Die Villa Romana del Casale steht als Weltkulturerbe auf der UNESCO-Liste und ist zu Recht die größte Attraktion Zentral-Siziliens. Sie befindet sich in einem bewaldeten Tal, 5 km südwestlich von Piazza Armerina, und beherbergt die kunstvollsten römischen Mosaiken der Welt.

Sehenswertes

★ Villa Romana del Casale
ARCHÄOLOGISCHE STÄTTE

(0935 68 00 36; www.villaromanadelcasale.it; Erw./erm. 10/5 €, Kombiticket inkl. Morgantina & Museo Archeologico di Aidone 14/7 €; April–Okt. 9–19 Uhr, Nov.–März bis 17 Uhr, Juli & Aug. Fr–So auch bis 23 Uhr) Die Villa Romana del Casale ist selbst für dekadente römische Standards opulent. Vermutlich diente sie als ländliches Refugium für Marcus Aurelius Maximianus, der von 286 bis 305 n. Chr. zusammen mit Diokletian Kaiser des Römischen Reiches war. Zweifellos deuten die Größe des Ge-

Villa Romana del Casale

Sehenswertes
1. Ambulacro della Grande Caccia........C2
2. Atrium...................................B2
3. Basilica..................................C2
4. Frigidarium..............................B2
5. Kleine Jagd..............................C1
6. Haupteingang............................B2
7. Palaestra.................................B2
8. Peristyle..................................C2
9. Sala delle Dieci Ragazze................C2
10. Tepidarium...............................B2
11. Triclinium................................C2

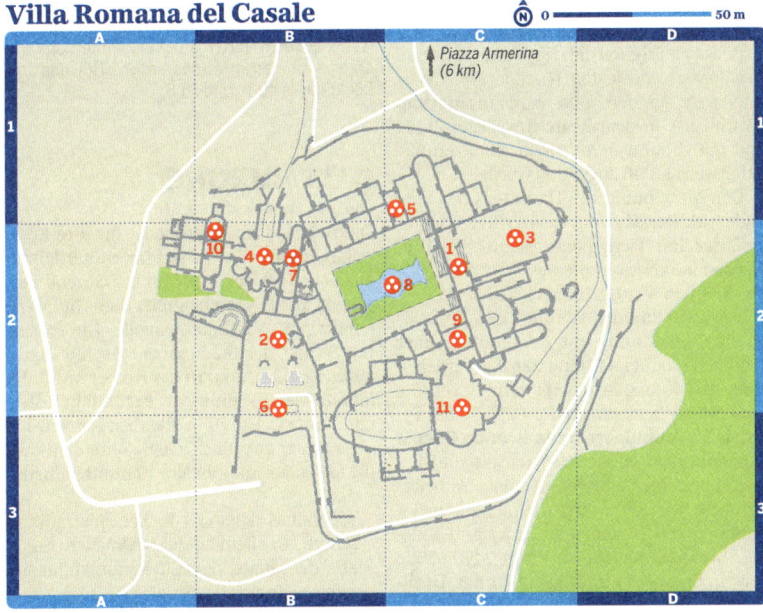

bäudekomplexes – vier untereinander verbundene Gebäudeteile, die über den Hügel verteilt sind – und die zusammen 3535 m² großen, erstaunlich gut erhaltenen, vielfarbigen Bodenmosaiken auf einen Palast hin, der kaiserlichen Ansprüchen gerecht wurde.

Nach einem Erdrutsch im 12. Jh. lag die Villa rund 700 Jahre unter einer 10 m dicken Schlammschicht, was sie vor den schädigenden Auswirkungen von Luft, Wind und Regen schützte. Erst als in den 1950er-Jahren ernsthafte Ausgrabungsarbeiten begannen, kamen die Mosaiken wieder ans Tageslicht. Sie gelten wegen ihres natürlichen erzählenden Stils, der thematischen Bandbreite und der Farbenvielfalt als einzigartig.

Bei der erst kürzlich erfolgten Sanierung wurde fast der gesamte Komplex mit einem Holzdach bedeckt, um die Mosaiken vor den Elementen zu schützen. Über einen erhöhten Laufsteg können Besucher die Mosaiken und die Struktur in ihrer Gesamtheit betrachten. Architekten klagen zwar über die Konstruktion, weil Licht fehle und der Schatten die Farben und Lebendigkeit der Mosaiken beeinträchtige, aber der Zustand der Mosaiken hat sich erheblich verbessert.

Nördlich des **Haupteingangs** der Villa, der durch die Überreste eines monumentalen Bogens in ein elegantes **Atrium** (Vorraum) führt, liegt der Bäderkomplex der Villa. Über die **Palästra** (Übungsraum) mit einem prächtigen Mosaik eines Wagenrennens im Circus Maximus in Rom kommt man zum achteckigen **Frigidarium** (Kaltbad), in dessen sternförmig angelegten Nischen kalte Wasserbecken standen, und zum **Tepidarium** (Warmbad), in dem heute freigelegte Ziegel und die Öffnungen zu sehen sind, mithilfe derer warme Luft zugeführt wurde.

Den Mittelpunkt des Hauptteils der Villa bildet das **Peristyl**, ein riesiger überdachter Hof, der von Tierköpfen gesäumt ist. Hier wurden die Gäste empfangen, bevor man sie zur **Basilica** (Thronzimmer) begleitete.

Von den Räumen nördlich des Peristyls ist ein Speisezimmer mit dem Mosaik einer Jagdszene namens **Kleine Jagd** am interessantesten. Kleine Jagd heißt es im Gegensatz zur Großen Jagd, die an der Ostseite des Peristyls im **Ambulacro della Grande Caccia** (Korridor der Großen Jagd) dargestellt ist.

Auf der einen Seite des Ambulacro befindet sich eine Reihe Apartments, deren Bodenmosaiken Szenen von Homer und andere Episoden der griechischen Mythologie zeigen. Besonders interessant ist das **Triclinium** (Speisesaal) mit einer Darstellung der Heldentaten des Herkules, in der gequälte Monster von einem grinsenden Odysseus eingefangen werden.

Am südlichen Ende des Ambulacro della Grande Caccia stellt das berühmteste Mosaik der Villa in der **Sala delle Dieci Ragazze** (Raum der zehn Mädchen) neun (ursprünglich waren es zehn) mit einer Art Bikinis bekleidete Mädchen bei der Gymnastik mit Gewichten und winzigen Hanteln dar.

Man kann die Villa sehr gut auf eigene Faust besichtigen, denn überall stehen informative Hinweistafeln (auf Englisch). Wer aber lieber einen Führer engagieren will, kann sich an die STS Servizi Turistici in Piazza Armerina oder an die Mitarbeiter vor Ort wenden.

❶ An- & Weiterreise

Wer mit dem Auto zur Villa Romana del Casale fährt, folgt vom Zentrum von Piazza Armerina aus den Schildern entlang der SP15.

Mit öffentlichen Verkehrsmitteln ist die Tour schwieriger, aber nicht unmöglich. Zwischen Mai und September fahren achtmal täglich Busse von SAVIT Autolinee von Piazza Armerina (1 €, 30 Min.) zur Villa. Abfahrt ist vom Piazza Senatore Marescalchi zur vollen Stunde (9–12 & 15–18 Uhr), Rückfahrt von der Villa jeweils zur halben Stunde.

Außerhalb der Sommersaison muss man laufen – es geht bergab, ist nicht zu anstrengend und dauert etwa eine Stunde. Der Rückweg ist nur auf dem letzten Stück steil. Alternativ organisiert man im Voraus ein Taxi; Hin- und Rückfahrt kosten rund 25 €.

CALTAGIRONE

☎ 0933 / 38500 EW. / 608 M

Die Bergstadt Caltagirone ist für ihre Keramik berühmt, die hier seit über 1000 Jahren aus dem hochwertigen Ton der Gegend hergestellt wird. Noch heute ist diese Industrie eine wichtige Einnahmequelle. Die frühesten Siedler der Stadt arbeiteten mit Terrakotta. Erst die Ankunft der Araber im 10. Jh. läutete den Beginn der Keramikindustrie ein: bunte Glasuren in allen Farben wurden eingeführt, vor allem Gelb- und Blautöne, die seitdem die lokale Keramikindustrie prägen.

Überall wird man an die Keramiktradition erinnert, vor allem an der Scalinata di Santa Maria del Monte, der mit Keramikintarsien verzierten Treppe der Stadt.

Caltagirones Geschichte geht auf die Zeit vor den Griechen zurück, der Name ist jedoch arabischen Ursprungs. Er leitet sich von den Wörtern *kalat* und *gerun* ab, „Burg" und „Höhle". Nur noch wenig ist übrig geblieben von den frühesten Ursprüngen der Stadt. Sie wurde größtenteils bei einem Erdbeben im Jahr 1693 zerstört und später im für Südost-Sizilien typischen Barockstil wieder aufgebaut.

Sehenswertes

Caltagirone verfügt über eine unglaubliche Anzahl an Kirchen, davon 30 allein in der Altstadt. Die meisten sind im Stil des Barock gehalten und stammen aus der Zeit des großen Bau-Booms Anfang des 18. Jhs.; es gibt aber auch ältere.

★Scalinata di Santa Maria del Monte   HISTORISCHE TREPPE
Caltagirones auffälligste Sehenswürdigkeit ist die gewaltige Treppe. Sie führt von der Piazza Municipio zur **Chiesa di Santa Maria del Monte**. Ursprünglich war sie im 17. Jh. als Verbindung zwischen dem alten Zentrum auf dem Hügel und der neueren Bebauung rund um die Piazza Municipio errichtet worden und durch mehrere kleine Plätze in einzelne Treppenabschnitte unterteilt. Diese Abschnitte wurden in den 1880er-Jahren in einer großen Treppe mit 142 Stufen verbunden. Die handbemalten Majolika-Kacheln sind relativ neu. Sie wurden erst 1956 hinzugefügt.

Die Kacheln sind sehr beeindruckend, ist man jedoch erst einmal oben angekommen, möchte man sich vermutlich lieber erst einmal hinsetzen, statt sie zu bewundern. Der prächtige Blick bringt einen jedoch schnell wieder auf Trab. Auf beiden Seiten der Treppe liegen bunte Keramikläden. Am schönsten wirken sie, wenn die alljährliche **Festa di San Giacomo** (Fest des hl. Jakobus) gefeiert wird.

Am Fuß der Treppe liegt die **Piazza Municipio**. Sie wird von mehreren prächtigen Gebäuden gesäumt. Unter ihnen ist auch der **Palazzo Senatorio**, wo früher der Senat zusammenkam. Heute befindet sich ein Café in dem Gebäude.

Museo della Ceramica   MUSEUM
(Regionales Keramik-Museum; ☎0933 5 84 18; Via Giardini Pubblici; Erw./erm. 4/2 €; ⊙Di–So 9–18.30 Uhr) Ein Stück unterhalb des eigentlichen historischen Zentrums gelegen ist dieses Museum der beste Ort, um etwas über die sizilianische Keramikindustrie zu erfahren. Ausstellungen, bei denen auch griechische Terrakotta-Arbeiten, mittelalterliche Küchenutensilien und einige überaus kunstvolle Majolika-Statuetten aus dem 18. Jh. zu sehen sind, zeigen die Entwicklung von prähistorischen Zeiten bis ins 19. Jh.

Giardino Pubblico   GÄRTEN
(Via Giardini Pubblici) Der Giardino Pubblico neben dem Museo della Ceramica ist am Spätnachmittag besonders schön. Wer mag, kann ein Eis oder ein kühles Getränk in der Bar im Park genießen. Gepflegte Wege führen hinab zu einem hübschen, wenn auch kaum genutzten Pavillon im maurischen Stil aus den frühen 1950er-Jahren.

Schaut man in die andere Richtung, kann man an klaren Tagen bis zum Ätna gucken.

Aktivitäten

Ebike On   FAHRRADVERLEIH
(☎347 8032681; www.facebook.com/ebikeon; Via Roma 45; Leihgebühr ab 5 €; ⊙9–13 & 16.30–19.30 Uhr) Hier werden Mountainbikes und E-Bikes sowie alle anderen Arten von Fahrrädern verliehen. Dazu gibt's gute Tipps zu Radtouren rund um die Stadt.

Feste & Events

Festa di San Giacomo   KULTUR
(⊙24. & 25. Juli) Beim alljährlichen Fest des hl. Jakob stehen auf der berühmten Treppe Scalinata di Santa Maria del Monte mehr als 4000 brennende Öllämpchen. Das Spektakel wird am 14. und 15. August wiederholt.

Essen

Die Spezialitäten der Bergstadt sind urig und rustikal, darunter *pasta cu maccu* (mit Ackerbohnenpüree), *pasta chi mirangiani* (mit Aubergine und gesalzenem Ricotta) und *piruna* (mit Spinat und anderem Gemüse gefüllte Calzoni). An Weihnachten gibt's *cuddureddi ri Natali* (ein Mürbteiggebäck gefüllt mit Mandeln, Honig und süßer *vincotto*-Paste aus eingedicktem Wein). In Sachen Restaurants ist neben ein paar geschäftigen Pizzerias nur das noble Coria zu nennen.

La Piazzetta   SIZILIANISCH €
(☎0933 2 41 78; www.ritrovolapiazzetta.it; Via Vespri 20; Pizza ab 5 €, Mahlzeiten 22–25 €; ⊙Fr–Mi 13–14.30 & 20–23 Uhr; 🛜) Für viele Einheimische gehört ein Besuch des Restaurants zu jedem Samstagabend. Sie essen dort nur eine Pizza oder aber frische Pasta mit Pista-

zien-Pesto und danach einen riesigen Grillteller. Das ist definitiv keine Haute Cuisine, aber das Essen ist lecker, die Atmosphäre angenehm, und die Preise sind auch in Ordnung.

Bar Judica & Trieste SIZILIANISCH €
(0933 2 20 21; Via Principe Amedeo 22; Calzone 2 €; Mi–Mo 8–24 Uhr) Die unauffällige Bar mit Terrasse am Gehsteig ist auf Straßenessen spezialisiert. In der Auslage liegen günstige, sättigende Snacks wie *pizza a taglio* (Pizzastücke), *arancini* und *calzoni* mit verschiedenen Füllungen, darunter gedünsteter Spinat und Pecorino sowie eine Kombination aus Aubergine, Mozzarella und Tomate, zur Wahl.

Zwei *calzoni* helfen auch gegen den größten Hunger. Zum Verdauen gibt's dann ein Eis, eine *granita* oder einen Espresso.

Il Locandiere SEAFOOD €€
(0933 5 82 92; Via Sturzo 55-59; Gerichte 30–35 €; Di–So 12.30–14.30 & 20–22.30 Uhr;) Wer es kennt, speist in diesem schicken, kleinen Restaurant mit makellosem Service und erstklassigen Meeresfrüchten. Was genau auf der Karte steht, hängt vom Fang des Tages ab. Hervorragend sind das Fisch-Couscous und die *casarecce con ragù di tonno* (Pasta mit Thunfischsauce). Zu den beliebtesten *dolci* gehören göttliche *cannoli a cucchiao* (mit Feigencreme).

Die hauptsächlich sizilianische Weinliste ist so lang, dass jeder etwas für seinen Geschmack findet.

★**Coria** SIZILIANISCH €€€
(0933 2 65 96; www.ristorantecoria.it; Via Infermeria 24; Mahlzeiten & Verkostungsmenüs 75–90 €; Di–Sa 12.30–14 & 19.30–22, Mo 19.30–22 Uhr) Das Top-Restaurant von Caltagirone ist eine etablierte Größte der Gourmetszene Siziliens. Bekannt ist es für innovative, eindrucksvoll präsentierte saisonale Gerichte wie gegrillten Kabeljau mit Pflaumenmayonnaise oder zartes Rindfleisch mit Johannisbrot. Nicht alle Gerichte sind fantastisch, aber doch die meisten. Reservierung erforderlich.

Ausgehen & Nachtleben

Gusto e Arte CAFÉ
(Via Bosco; 19–24 Uhr) Alte Gartengeräte und Retro-Möbel bilden die Ausstattung des freundlichen Cafés in einer kleinen Gasse der Altstadt von Caltagirone. Zum sizilianischen Wein oder Bier passt am besten ein großer Teller mit Käse und Wurst. Das Café ist gut am hellrosa Fahrrad vor dem Eingang zu erkennen.

Shoppen

Wer auf Souvenirsuche ist, findet in der Stadt rund 120 Keramikläden.

★**Ceramiche Alessi
Di Giacomo Alessi** KERAMIK
(0933 2 19 67; www.giacomoalessi.com; Corso Principe Amedeo 9; 9.30–13.30 & 15.30–20 Uhr) Giacomo Alessi ist der wohl bekannteste Keramikkünstler Caltagirones. Seine Werke wurden bei der Biennale in Venedig gezeigt, zudem erhob man ihn 2007 in den Ritterstand der italienischen Republik. Inspiriert von klassischen Mythen, sizilianischen Bräuchen, Magie, Poesie und sogar dem Krieg, schafft er erstaunliche Arbeiten, die meisterhaft Tradition und Moderne miteinander verbinden. Es gibt auch Läden an den Flughäfen von Palermo und Catania.

**Le Maioliche di Riccardo
Varsallona** KERAMIK
(0933 2 61 67; www.maiolichevarsallona.com; Via Colombo 33; Mo–Sa 9–13 & 14.30–20 Uhr) Der für seine kreativen, innovativen Arbeiten bekannte hiesige Keramikkünstler kreiert interessante Designs sowie den traditionelleren *testa di Moro* (Maurenkopf).

Praktische Informationen

Touristeninformation (335 5795945; www.comune.caltagirone.ct.it; Via Duomo 15; Mo–Sa 9–19 Uhr) Das Büro ist am Hauptplatz der Stadt am Fuß der Treppe Scalinata di Santa Maria del Monte.

An- & Weiterreise

AUTO & MOTORRAD

Caltagirone liegt an der SS417, der Straße, die von Gela an der Südküste nach Catania im Osten führt. Von Piazza Armerina kommend folgt man der SS117bis nach Süden und fährt dann auf der SS124 weiter.

Wer in der Oberstadt unterkommt, kann gut an der Viale Regina Elena parken.

BUS

AST (840 000323; www.aziendasiciliana trasporti.it) verkehrt nach Piazza Armerina (4,30 €, 1½ Std., Mo–Sa 1-mal tgl.) und Syrakus (10,50 €, 3 Std., Mo–Sa 2-mal tgl.), **SAIS Autolinee** (199 244141, 800 211020; www.saisautolinee.it) wiederum nach Enna (5,80 €, 1¼ Std., Mo–Sa 2-mal tgl., So 1-mal tgl.).

Mittelmeerküste

Inhalt ➜
Agrigent 272
Tal der Tempel............ 276
Sciacca...................... 282
Gela 288
Lampedusa 289

Gut essen

➜ Ristorante La Madia (S. 288)

➜ M.A.T.E.S. (S. 287)

➜ Kalòs (S. 274)

➜ Hostaria Del Vicolo (S. 286)

➜ Aguglia Persa (S. 274)

➜ Terracotta (S. 274)

Archäologische Stätten

➜ Tempio della Concordia (S. 276)

➜ Giardino della Kolymbetra (S. 278)

➜ Museo Archeologico, Agrigent (S. 280)

➜ Museo Archeologico, Gela (S. 288)

Auf an die Mittelmeerküste!

Die Hauptattraktion der Mittelmeerküste Siziliens sind die spektakulären Ruinen im Tal der Tempel, deren Bedeutung, Größe und Schönheit auf der ganzen Insel ihresgleichen suchen. In der Nähe liegt Agrigent mit einer eleganten mittelalterlichen Altstadt samt guter Restaurants und Unterkünfte. Gleich außerhalb der Stadt findet man den Farm Cultural Park, ein innovatives, dynamisches Kunstprojekt, das der benachbarten Ortschaft Favara neues Leben eingehaucht hat. Westlich von Agrigent dünnt die Bebauung aus, und die Landschaft wird wilder und natürlicher. Hier findet man traumhafte Sandstrände in der Riserva Naturale Torre Salsa und in Eraclea Minoa sowie die spektakulären weißen Kalkklippen der Scala dei Turchi. Weiter westlich liegt der Kurort Sciacca, der schon wegen seiner tollen Fischrestaurants und der malerischen historischen Straßen einen Besuch lohnt.

Rund 200 km vor der Küste liegt die nur mit der Fähre von Porto Empedocle erreichbare Insel Lampedusa mit einigen der schönsten Strände in der Umgebung Siziliens.

Entfernungen (km)

	Agrigent	Caltabellotta	Gela	Licata
Caltabellotta	60			
Gela	75	130		
Licata	45	100	30	
Sciacca	60	20	130	100

Highlights

❶ **Tal der Tempel** (S. 276) Beim ehrfurchtsvollen Wandeln zwischen den spektakulären Ruinen Agrigents über die Genialität der alten Griechen staunen

❷ **Farm Cultural Park** (S. 277) Im innovativen „Künstlerviertel" in Favara sizilianische Kultur einmal aus einem anderen Blickwinkel betrachten

❸ **SciacCarnevale** (S. 286) Bei Sciaccas Karneval neben riesigen Puppen aus Pappmaché durch die Straßen tanzen

❹ **Riserva Naturale Torre Salsa** (S. 281) Einen der

einsamsten Strände Siziliens bestaunen

⑤ Eraclea Minoa (S. 281) Das antike Theater erkunden und sich einem Schlamm-Peeling unterziehen

⑥ Scala dei Turchi (S. 281) Von den herrlichen Klippen aus den Sonnenuntergang über dem Meer bewundern

⑦ Caltabellotta (S. 287) Von den Ruinen der normannischen Burg oberhalb des an den Hügel gebauten Städtchens den atemberaubenden Ausblick genießen

Agrigent

☎ 0922 / 59600 EW.

Mitten durch den mittelalterlichen Stadtkern verläuft die Via Atenea, die von schicken Läden, Trattorien und Bars gesäumte Hauptverkehrsader Agrigents. Von ihr gehen enge Gassen voller *palazzi* und historischer Kirchen ab. Dank der guten Auswahl an Restaurants, Cafés und Unterkünften ist die Stadt eine hervorragende Ausgangsbasis zur Erkundung des nahe gelegenen Tals der Tempel und der guten Strände weiter westlich an der Küste.

Jenseits der eleganten Altstadt ist das übrige Agrigent allerdings nicht unbedingt ansprechend. Riesige, erhöht verlaufende Autobahnen führen die Blechlawinen durch das brutal mit Hochhäusern verschandelte und von Verkehrsstaus geplagte Zentrum auf dem Hügel. Am besten konzentriert man sich auf die hübsche Altstadt und die Nähe zum Tal der Tempel, um den Aufenthalt in Agrigent maximal zu genießen.

◉ Sehenswertes

Kathedrale KATHEDRALE

(www.cattedraleagrigento.com; Via Duomo; ⊙ April–Okt. 10–13.30 & 15.30–19 Uhr, Nov.–März 10–13 Uhr, Mo geschl.) Die prächtige und eindrucksvolle Kathedrale aus dem 11. Jh. wurde im Verlauf der Jahrhunderte mehrmals umgebaut. Sie hat eine wunderschöne normannische Decke und birgt zudem einen mysteriösen Brief des Teufels. Letzterer soll angeblich versucht haben, Schwester Maria Crocifissa della Concezion, eine Nonne in Agrigents Benediktinerinnenkloster, in Versuchung zu führen, indem er ihr alle Schätze dieser Welt versprach. Doch die treue Schwester Maria blieb standhaft und verpetzte den Teufel mit einem Schreiben an die Kirche, in der dieses ungewöhnliche Schriftstück noch heute aufbewahrt wird.

Monastero di Santo Spirito KLOSTER

(☎ 0922 20664; www.monasterosantospirito.com; Cortile Santo Spirito 9; ⊙ 9–19 Uhr) Am Ende einer Treppe, die von der Via Atenea wegführt, erreicht man das Monastero di Santo Spirito, das um 1920 von Zisterziensernonnen gegründet wurde. Durch ein hübsches gotisches Portal gelangt man ins Innere, wo noch immer Nonnen wohnen, beten, meditieren und himmlisches Gebäck herstellen, u. a. *cuscusu* (süßer Couscous mit heimischen Pistazien), *dolci di mandorla* (Mandelgebäck) und *conchigliette* (süßes Marzipan in Muschelform mit einer leckeren Füllung aus Pistaziencreme). Einfach an der Tür klingeln und sagen: *Vorrei comprare*

Agrigent

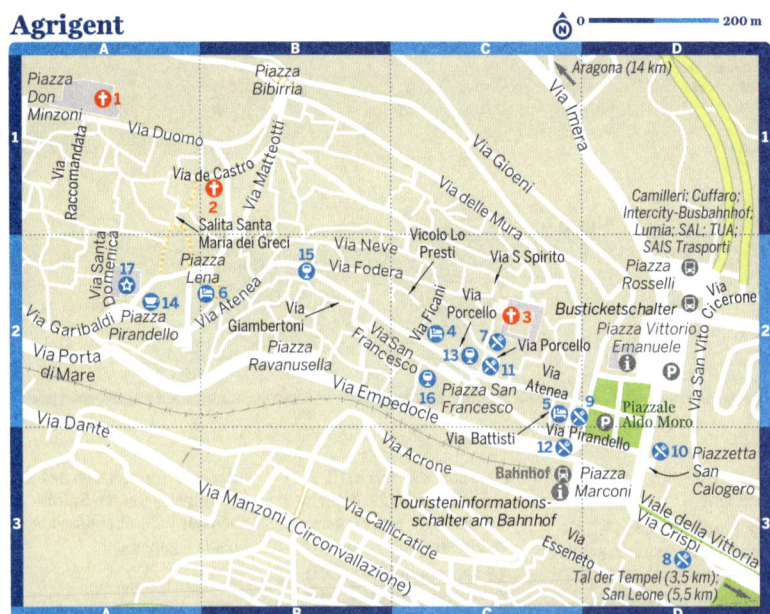

qualche dolce (Ich möchte etwas Gebäck kaufen)!

Casa Natale di Pirandello MUSEUM
(☎ 0922 51 18 26; Piazzale Kaos; 4 €; ⊗ 9–13 & 15–19 Uhr) Fans von Luigi Pirandello (1867–1936) sollten unbedingt in diesem kleinen Museum 5 km südwestlich von Agrigent vorbeischauen, das in der familieneigenen Villa untergebracht ist, in der der Autor geboren wurde. Pirandello gehört zu den ganz Großen der modernen italienischen Literatur und wurde 1934 mit dem Nobelpreis für Literatur ausgezeichnet. Am Anfang seiner Karriere schrieb er Kurzgeschichten und Romane, wirklich bekannt wurde er aber als Dramatiker mit Meisterwerken wie *Sechs Personen suchen einen Autor* und *Heinrich IV.*

Als junger Mann verließ Pirandello Agrigent, er kehrte danach aber fast jeden Sommer in die Familienvilla zurück. Das Museum zeigt jede Menge Erstausgaben, Fotos, Rezensionen und Theaterplakate. Die Asche von Pirandello wird in einer Urne aufbewahrt, die unter einer Kiefer im Garten vergraben ist.

Der von TUA (S. 276) betriebene Bus 1 fährt viermal täglich von Agrigent zum Museum (30 Min.). Kauft man sein Ticket vorab in einem *tabacchi*-Laden, kostet es 1,20 €, im Bus bezahlt man 1,70 €.

Chiesa di Santa Maria dei Greci KIRCHE
(www.museodiocesanoag.it; Salita Santa Maria dei Greci; ⊗ April–Okt. 10–13.30 & 15.30–19 Uhr, Nov.–März 10–13 Uhr, Mo geschl.) Die reizende, kleine Kirche steht an der Stelle eines dorischen, der Athene geweihten Tempels aus dem 5. Jh. Im Inneren befinden sich einige stark beschädigte byzantinische Fresken, die Reste der originalen normannischen Decke sowie ein paar Überbleibsel der ursprünglichen griechischen Säulen.

 Aktivitäten

Amici Del Cavallo REITEN
(☎ 328 9615224; www.amicidelcavalloag.com) Der einheimischer Pferdenarr Alessandro Salsedo betreibt das Unternehmen, das sich auf Ausritte ins Tal der Tempel oder auch zu anderen Stätten überall auf Sizilien spezialisiert hat. Die Ausflüge sind tolle Erkundungstouren abseits der herkömmlichen Touristenpfade.

Geführte Touren

Associazione Guide Turistiche Agrigento STADTSPAZIERGANG
(☎ 345 8815992; www.agrigentoguide.org) Die offizielle Fremdenführervereinigung von Agrigent bietet Führungen im Tal der Tempel, in Agrigent sowie in der Umgebung an. Neben Deutsch und Englisch werden hier noch sieben weitere Sprachen gesprochen.

Temple Tour Bus BUS
(☎ 331 8313720; www.templetourbusagrigento.com; Erw./Kind Tagesticket 15/8 €, Abendticket 10/6 €, Kombiticket 20/10 €) Der Bus ohne Dach ist mit bunten Mustern bemalt, sodass er an einen traditionellen sizilianischen Karren erinnert, und funktioniert nach dem „Hop-on-hop-off"-Prinzip: Man kann jederzeit ein- und aussteigen. Er fährt tagsüber und abends zwischen Agrigent und dem Tal der Tempel hin und her und legt mehrere optionale Stopps an anderen Attraktionen wie etwa der Scala dei Turchi und der Casa Natale di Pirandello ein. Ein Zwei-Tages-Ticket kostet 38/18€.

 Feste & Events

Mandorlo in Fiore KULTUR
(Mandelblütenfest) Das neuntägige Fest mit Speisenverkostungen und Weinproben, Konzerten und Folkloreveranstaltungen erstreckt sich über zwei Wochenenden Ende

Agrigent

⦿ Sehenswertes
1. Kathedrale..A1
2. Chiesa di Santa Maria dei Greci..........B1
3. Monastero di Santo Spirito................C2

⦿ Schlafen
4. Camere a Sud.....................................C2
5. PortAtenea...C2
6. Terrazze di Montelusa.......................B2

⦿ Essen
7. A' Putia Bottega Siciliana....................C2
8. Aguglia Persa.....................................D3
9. Antichi Sapori Salumeria....................C2
10. Kalòs..D3
11. Naif...C2
    Sal8..(siehe 5)
12. Terracotta...C3

⦿ Ausgehen & Nachtleben
13. Café Girasole....................................C2
14. Caffè Concordia................................A2
    Caffè San Pietro.......................(siehe 12)
15. Enotria..B2
16. Mojo Wine Bar..................................C2

⦿ Unterhaltung
17. Teatro Pirandello..............................A2

> **PSST! KIRCHE!**
>
> Aufgrund eines verblüffenden akustischen Phänomens, das als *il portavoce* (die getragene Stimme) bekannt ist, werden selbst die leisesten Geräusche in der Kathedrale von Agrigent (S. 272) übertragen. Das scheint aber nur dem Priester zugute zu kommen, der in der Apsis steht. Wenn ein Gemeindemitglied in der letzten Reihe nahe dem Eingang etwas flüstert, kann der Priester jedes einzelne Wort davon verstehen, obwohl er 85 m weit entfernt ist!

Februar oder Anfang März, wenn im Tal der Tempel die Mandelbäume blühen.

 Essen

Antichi Sapori Salumeria FEINKOST €
(☎ 0922 55 45 85; Via Cesare Battisti 20; Sandwiches 4–5 €; ⊙ 8.30–23.30 Uhr; ⏎) Gute Option für *panini* und *piadine* (italienisches Fladenbrot), die man sich entweder nach eigenem Wunsch mit Käse, Gemüse und/oder Wurst belegen lässt oder den Empfehlungen der knappen Karte folgt. Zum Giunone-Sandwich (mit Räucherschinken, Pilzen und Pistaziencreme) passt hervorragend ein fruchtiger sizilianischer Wein. Hier kann man sich auch mit essbaren Souvenirs und lokalen Spezialitäten wie Blutorangenmarmelade eindecken.

A' Putia Bottega Siciliana ITALIENISCH €
(☎ 0922 20 743; www.facebook.com/aputiasiciliana; Via Porcello 18; Sandwiches 6 €, Platten ab 12 €; ⊙ 18.30–24 Uhr; ⏎) Diese Weinbar füllt die Lücke zwischen Snackbar und Restaurant und ist eine gute Option für ein zwangloses Mittag- oder Abendessen. Sizilianische Weine und Kleinbrauereibiere genießt man am besten mit einer der preiswerten Käse- oder Wurstplatten. Die Karte umfasst auch Focaccias und große Platten z. B. mit gegrillten Auberginen. Sehr lecker ist die Pancetta vom schwarzen Schwein.

★ Terracotta SIZILIANISCH €
(☎ 0922 2 97 42; www.spaziotemenos.it/terracotta; Via Pirandello 1; Gerichte 35–40 €; ⊙ Di–So 19–24 Uhr) Das Terracotta über dem beliebten Caffe San Pietro kombiniert den Slow-Food-Hype mit einem modernen, stylishen Ambiente. Zu den besten saisonalen Gerichten zählen *antipasti* wie *buffala*-Käse mit Granatapfel und Pistazien oder *tagliolini* mit *bottarga* (Schwertfisch-Rogen), Artischocken und sonnengetrockneten Tomaten. Platz lassen für das Dessert aus Ricotta-Eis mit gebranntem Zimt!

★ Aguglia Persa SEAFOOD €€
(☎ 0922 40 13 37; www.agugliapersa.it; Via Crispi 34; Gerichte 30–40 €; ⊙ Mi–Mo 12–15.30 & 19–23 Uhr) Das Aguglia Persa ist in einer Villa mit grünem Hof unmittelbar unterhalb des Bahnhofs untergebracht und ein willkommenes neues Mitglied in Agrigents gehobener Restaurantszene. Es wurde 2015 von den Besitzern des beliebten Restaurants Salmoriglio in Porto Empedocle eröffnet, und sein Aushängeschild sind frisch gefangene Meeresfrüchte, die zu Gerichten wie Risotto mit Zitronennote und Shrimps an wilder Minze oder mariniertem Lachs mit Salbeicreme und frischem Obst verarbeitet werden.

★ Kalòs SIZILIANISCH €€
(☎ 0922 2 63 89; www.ristorantekalos.it; Piazzetta San Calogero; Gerichte 35–45 €; ⊙ Di–So 12.30–15 & 19–23 Uhr) Ein elegantes Restaurant und eine gute Adresse für gehobene Küche unmittelbar außerhalb des historischen Zentrums: An Tischen auf winzigen Balkonen warten in traumhafter Atmosphäre hausgemachte Pasta *all'agrigentina* (mit frischen Tomaten, Basilikum und Mandeln), gegrillte Lammkoteletts oder *spada gratinata* (mit Semmelbröseln überbackener Fisch) serviert. Dazu gibt's leckeren Nachtisch, beispielsweise hausgemachte *cannoli* (Gebäck mit süßer Füllung) oder Mandel-*semifreddi* (ein leichtes, gefrorenes Dessert).

Naif STEAK €€
(☎ 0922 187 07 35; www.facebook.com/naifsteakhouse; Via Vela 8; Gerichte 30–45 €; ⊙ 18.30–22.30 Uhr) Bei warmer Witterung stehen die Tische auch im Hof dieses netten Restaurants, das sich im mittelalterlichen Zentrum zwischen zwei Seitenstraßen versteckt. Das Naif nennt sich selbst zwar Steakhaus und verwöhnt Fleischliebhaber mit verlockenden Gerichten wie Wildschweineintopf, Schweinebraten in Nero d'Avola oder Steak mit Steinpilzen, aber auch die Meeresfrüchte hier sind einen Versuch wert.

Sal8 INTERNATIONAL, VEGAN €€
(☎ 0922 66 19 90; Via Cesare Battisti 8; Gerichte 30–40 €; ⊙ 12–15 & 18–23 Uhr; ⏎) Die kreativen Speisen auf der Karte dieser Weinbar mit Restaurant nahe dem Beginn der Via Atenea werden von guten Drinks begleitet.

Je nach Lust und Laune des Küchenchefs kann es hier von Sushi über Tagliatelle mit Meeresfrüchten bis hin zu Tapas nach sizilianischer Art – etwa Shrimps mit Ackerbohnenkuchen oder *panelle* (Kichererbsenbratlinge) mit Schaumwein – alles geben. Die Speisekarte beinhaltet einen ganzen Abschnitt mit vegetarischen Gerichten.

Ausgehen & Nachtleben

Das mittelalterliche Zentrum Agrigents wartet mit einem pulsierenden Nachtleben auf. Die Fußgängerzone Via Atenea ist die perfekte Adresse für eine abendliche *passeggiata* (Spaziergang). Hier gibt es überall an der Straße Bars, auf deren Terrassen am Straßenrand *aperitivi* (Aperitifs) serviert werden. Auch in den Nebenstraßen der Via Atenea finden sich ein paar gute Bars.

Enotria WEINBAR
(✆ 0922 2 75 16; www.enotriashop.it; Via Atenea 223; ✆ Mo–Di & Do–Sa 17–23, So ab 18 Uhr; 🖥) Unser Lieblingsort für ein paar *aperitivi* bietet einen warmen, freundlichen Service und eine große Auswahl von vorabendlichen Snacks, die einen zu einem weiteren Negroni verführen könnten. Von den Tischen im Freien kann man prima die Fußgänger in der Altstadt beobachten, während man die kostenlosen Knabbereien genießt. Es gibt auch eine richtige Karte mit guten Salaten, Burgern und großen Platten.

Caffè San Pietro WEINBAR
(✆ 0922 2 97 42; www.spaziotemenos.it/sanpietro; Via Pirandello 1; ✆ Okt.–April 7.30 Uhr–open end, Mai–Sept. ab 11 Uhr, Mo geschl.) Das angesagte Café serviert hervorragenden Kaffee, sizilianische Weine und abends *aperitivi*, was es aber wirklich einmalig macht, ist die Kirche San Pietro aus dem 18. Jh., die gleich nebenan liegt und die über einen Eingang hinter der Bar betreten werden kann. Die Kirche wurde innerhalb von acht Jahren vom Barbesitzer liebevoll restauriert und dient nun als Veranstaltungsort für Konzerte, Filmvorführungen und ähnliche Events.

Oben befindet sich zudem das angeschlossene Restaurant Terracotta, das sich auf sizilianische Slow-Food-Gerichte spezialisiert hat.

Caffè Concordia CAFÉ
(Piazza Pirandello 36; Mandelmilch 2 €; ✆ Di–Sa 6–21.30 Uhr) Bereits seit 1948 ist dieses einfache Café bei den Einheimischen wegen seiner leckeren Mandelmilch beliebt. Sie wird aus frisch gemahlenen Mandeln aus der Region, Zucker, Wasser und einem Hauch Zitronenschale hergestellt.

Mojo Wine Bar WEINBAR
(✆ 339 3543211; www.facebook.com/mojowinebar.agrigento; Via San Francesco 15; ✆ Mi–Mo 19.30–3 Uhr) Trendige *enoteca* (Weinbar) an einer hübschen Piazza nahe der Hauptstraße. Zum kühlen *aperitivo* werden Oliven gereicht; dazu gibt's Jazz.

Café Girasole BAR
(✆ 393 6288189; Via Atenea 68-70; ✆ Mo–Sa 8 Uhr–open end) Das Café mit Sitzgelegenheiten im Freien mitten auf der Via Atenea verwandelt sich abends in eine angesagte Location für *aperitivi*-Trinker in den Dreißigern, die hier wegen der Cocktails, Gratis-Snacks und der gelegentlichen DJ-Abende vorbeikommen.

Unterhaltung

Teatro Pirandello THEATER
(✆ 0922 59 02 20; www.fondazioneteatropirandello.it; Piazza Pirandello; Karten 18–23 €) Das von der Stadt geführte Theater ist nach dem Teatro Massimo in Palermo und dem Teatro Massimo Bellini in Catania das drittgrößte Siziliens. Auf dem Programm stehen hauptsächlich Stücke von dem Nationalhelden Luigi Pirandello. Vorführungen gibt's von November bis Anfang Mai.

Praktische Informationen

Touristeninformation (✆ 0922 59 32 27; www.living agrigento.it; Piazzale Aldo Moro 1; ✆ Mo–Fr 8–19, Sa bis 13 Uhr) Im Gebäude der Provinzregierung.

Touristeninformationsschalter am Bahnhof (Bahnhof, UG; ✆ Mo–Fr 9–13 Uhr)

An- & Weiterreise

AUTO

Agrigent ist von allen größeren Städten Siziliens aus problemlos mit dem Auto zu erreichen. Die SS189 und die SS121 verbinden die Stadt mit Palermo, die SS115 führt an der Küste entlang nach Sciacca und Licata. Nach Enna oder Catania kommt man auf der SS640 über Caltanissetta.

BUS

Von den meisten Orten aus ist Agrigent am einfachsten mit dem Bus zu erreichen. Der Fernbusbahnhof und der Fahrkartenschalter befinden sich an der Piazza Rosselli, gleich abseits der Piazza Vittorio Emanuele.

Busse nach Palermo (9 €, 2 Std.) werden von **Cuffaro** (091 616 15 10; www.facebook.com/cuffaro.info; Mo–Fr 8-mal tgl., Sa 6-mal, So 3-mal) und **Camilleri** (0922 47 18 86; www.camilleri argentoelattuca.it; Mo–Fr 5-mal tgl., Sa 4-mal, So 1-mal) angeboten. **SAL** (Società Autolinee Licata; 0922 40 13 60; www.autolineesal.it) fährt zu Palermos Flughafen Falcone-Borsellino (12,60 €, 2¾ Std., Mo–Sa 3- bis 4-mal tgl.) und auch südostwärts an der Küste entlang nach Gela (1¾–2¼ Std.) und Licata (1 Std.).

Mit **Lumia** (0922 2 04 14; www.autolinee lumia.it) kommt man nach Trapani und zum Flughafen Trapani-Birgi (11,90 €, 3–4 Std., Mo–Fr 3-mal tgl., Sa 2-mal, So 1-mal).

SAIS Trasporti (0922 2 60 59; www.sais trasporti.it) betreibt täglich zehn bis 14 Busse nach Catania und zum Flughafen Catania-Fontanarossa (13,40 €, 3 Std.) über Caltanissetta (6,40 €, 1¼ Std.).

SCHIFF/FÄHRE

Am Industriehafen Porto Empedocle, 7 km südwestlich von Agrigent, legen die Fähren und Tragflügelboote nach Lampedusa (S. 292) ab: Letzteres ist die beliebteste Stranddestination der Pelagischen Inseln.

ZUG

Es fahren regelmäßig Züge nach/ab Palermo (9 €, 2 Std., stündl.). Nach Catania nimmt man besser den Bus, da es keine Direktverbindungen mit dem Zug gibt. Am Bahnhof befinden sich Schließfächer (2,50 €/12 Std.).

Unterwegs vor Ort

TUA (Trasporti Urbani Agrigento; 0922 41 20 24; www.trasportiurbaniagrigento.it) betreibt Busse vom Fernbusbahnhof hinunter zum Tal der Tempel mit Halt am Bahnhof.

Die Via Atenea, die Hauptstraße in der Altstadt Agrigents, ist von 9 bis 20 Uhr für Fahrzeuge gesperrt, mit einer kurzen Unterbrechung um die Mittagszeit, wenn Autos zum Ein- und Ausladen durch das Zentrum fahren dürfen. Die Suche nach einem Parkplatz kann in Agrigent zum Albtraum werden. Gebührenpflichtige Parkplätze gibt's an der Piazza Vittorio Emanuele und in den Straßen rund um die Piazzale Aldo Moro; allerdings sind diese schnell voll.

Tal der Tempel

Das **Tal der Tempel** (Valle dei Templi; 0922 62 16 11; www.parcovalledeitempli.it; Erw./erm. 15/8 €, inkl. Museo Archeologico 13,50/7 €, inkl. Museo Archeologico & Giardino della Kolymbetra 15/10 €; 8.30–20 Uhr, Mitte Juli–Mitte Sept. bis 23 Uhr), das zum UNESCO-Weltkulturerbe gehört, liegt etwa 3 km unterhalb der modernen Stadt Agrigent. Die Anlage mit den am besten erhaltenen dorischen Tempeln außerhalb Griechenlands gehört zu den faszinierendsten Stätten im gesamten Mittelmeerraum. Schon im 18. Jh. sang Goethe ein Loblied auf die Tempel, die heute die größte Touristenattraktion der Insel sind und jedes Jahr 600 000 Besucher zählen. Die Tempel sind zwar höchst beeindruckend, was man heute jedoch im Tal der Tempel bewundern kann, ist nicht mehr als ein winziger Teil der antiken Stadt Akragas, die einst die viertgrößte Stadt der damals bekannten Welt war.

Sehenswertes

Siziliens spannendste archäologische Stätte umfasst die Ruinenstadt Akragas. Das Highlight sind die atemberaubenden, oben auf dem Bergrücken errichteten Tempel, die einst den heimkehrenden Seeleuten den Weg weisen sollten. Der 3 km südlich von Agrigent gelegene, 13 km² große Park ist in einen Ost- und einen Westteil unterteilt.

Der Ostteil

★**Tempio della Concordia** RUINEN
(Concordiatempel) Dieser Tempel ist einer der am besten erhaltenen antiken griechischen Tempel überhaupt und hat seit seiner Errichtung 430 v. Chr. fast vollständig dem Zahn der Zeit getrotzt. Im 6. Jh. wurde er in eine christliche Basilika umgewandelt und seine Konstruktion verstärkt, damit er Erdbeben besser überstehen würde. Im Jahr 1748 wurde der Tempel in seiner ursprünglichen Form restauriert und erhielt seinen jetzigen Namen.

Ein weiterer Grund, warum er im Gegensatz zu anderen Tempeln die Zeit überdauert hat, ist die Tatsache, dass sich unter dem harten Felsen, auf dem der Tempel errichtet wurde, eine weiche Lehmschicht befindet, die wie ein natürlicher Stoßdämpfer wirkt und den Tempel bei Erdbeben schützt. Ob dies den griechischen Ingenieuren beim Bau bewusst war, wird heiß diskutiert. Die Wissenschaftler von heute tendieren jedoch zu der Annahme, dass diese Umstände damals bekannt waren.

Tempio di Hera RUINEN
(Heratempel oder Junotempel) Der im 5. Jh. v. Chr. erbaute Tempio di Hera ist auch unter der Bezeichnung Tempio di Giunone (Junotempel) bekannt. Obwohl er im Mittel-

ABSEITS DER ÜBLICHEN PFADE

FAVARA

Das 10 km östlich von Agrigent gelegene mittelgroße Städtchen Favara (32 900 Ew.) verspricht dank der innovativen Künstlergemeinde des **Farm Cultural Park** (www.farmculturalpark.com; Cortile Bentivegna; Galerie 5 €; Di–Do 10–22, Fr–So bis 24 Uhr) GRATIS einen unterhaltsamen Tagestrip abseits ausgetretener Touristenpfade. Für Besucher besonders interessant sind die Galerie mit provokativer moderner Kunst und die vielen Kulturveranstaltungen. Die beste Zeit für einen Trip hierher ist am Wochenende, wenn sich den Besuchern aus Agrigent und von weiter weg die größte Auswahl an Veranstaltungen bietet und die meisten Bars bzw. Cafés geöffnet sind.

Im Jahr 2010 erwarben Andrea Bartoli und die aus Favara gebürtige Florinda Saieva mehrere verlassene Gebäude in dem heruntergekommenen Ortszentrum und bauten dort dieses einzigartige Kunstviertel auf. Seitdem hat sich die Farm zu einem Zentrum für Ausstellungen in- und ausländischer Künstler mit einer Kunstgalerie voller zum Nachdenken anregender, oft politisch motivierter Werke entwickelt. Daneben gibt es noch Läden, Bars und Cafés und das ganze Jahr über Kulturveranstaltungen, Gesprächsrunden, Filmvorführungen, Workshops und Shows. Inzwischen stehen sogar stilvolle Unterkünfte inmitten der kunstgespickten Straßen der Gegend zur Verfügung.

Das Projekt hat Favara wieder neues Leben eingehaucht, war es zuvor doch vor allem für eine der höchsten Arbeitslosenraten ganz Italiens und seinen generellen Zerfall bekannt. Einige ältere Damen, die in ihren Häusern im halb verlassenen Stadtzentrum geblieben sind, leben nun inmitten der Ausstellungsflächen. Sie freuen sich über die Gesellschaft und darüber, wieder in einem sicheren und dynamischen Viertel zu wohnen, während immer mehr der hier lebenden Jugendlichen als freiwillige Helfer des Projekts aktiv werden.

Die Mauern der Häuser dienen als riesige Leinwände für Gemälde und Ausstellungsfläche für Skulpturen; die Höfe sind vollgestopft mit Installationen wie Blumentopfstühlen und Steinbrunnen. Alles ist wunderschön entworfen und voller Innovation und Energie. Bartoli und Saieva ist es zudem gelungen, die weitestgehend unbenutzte Burg, das Castello dei Chiaramonte aus dem 13. Jh., mit in ihr Projekt einzubeziehen; sie bieten hier nun ab und zu Workshops an.

Im angrenzenden Ortszentrum haben sich in letzter Zeit rund um die Piazza Cavour immer mehr Restaurants, Bars und andere neue Geschäfte angesiedelt, sodass dies eine nette Übernachtungsalternative zu Agrigent ist. Man kann aber auch nur im Rahmen eines Tagesausflugs hier ein paar entspannte Stunden verleben. Zwei der besten Adressen für den kleinen Hunger sind das **Cosi Dunci** (0922 66 51 23; www.facebook.com/Cosi dunci; Via Salita Madrice 10; Snacks ab 2 €; 10–18 Uhr), wenn man Lust auf *cannoli* hat, und das **U Maccicuni Wine & Food** (347 8500844; Piazza Cavour 29; Gerichte 20–25 €; 12–15 & 18.30–23 Uhr), das traditionelle sizilianische Spezialitäten sowie Bier und Liköre aus der Region serviert.

Fans der berühmten sizilianischen Mandeln sollten dem neu in der Stadt eröffneten **Museo della Mandorla Siciliana** (Marzipan; 0922 83 89 95, 338 6797105; https://marzipan-museo-della-mandorla-siciliana.business.site; Via Vittorio Emanuele 96/100; 9–18.30 Uhr) GRATIS einen Besuch abstatten. Das interessante Museum befindet sich in einem restaurierten Herrenhaus in Favara und verdeutlicht die Bedeutung der Mandel für Sizilien. Die Ausstellungen sind gut sowohl auf Italienisch als auch auf Englisch beschildert, und es gibt einen hervorragenden Laden vor Ort, der Gourmetprodukte aus der Region verkauft. Wer an einem Kochkurs (100 €/Pers.) in der gut ausgestatteten Küche des Museums teilnehmen will, ruft ein paar Tage vorher an.

Favara liegt etwa 10 km östlich von Agrigent und ist über die SP80 oder die SS122 erreichbar. Achtung: Der Farm Cultural Park ist nur dürftig ausgeschildert, und in den schmalen Straßen der Gegend ist das Parken fast unmöglich. Am besten sucht man sich an der Via Umberto, der Hauptstraße oberhalb der Piazza Cavour, einen Parkplatz und fragt sich dann durch.

Cuffaro (S. 276) betreibt Busse von Palermo nach Favara (9 €, 2 Std., Mo–Fr 6-mal tgl., Sa 4-mal, So 2-mal). Die meisten Busse fahren über Agrigent.

Tal der Tempel

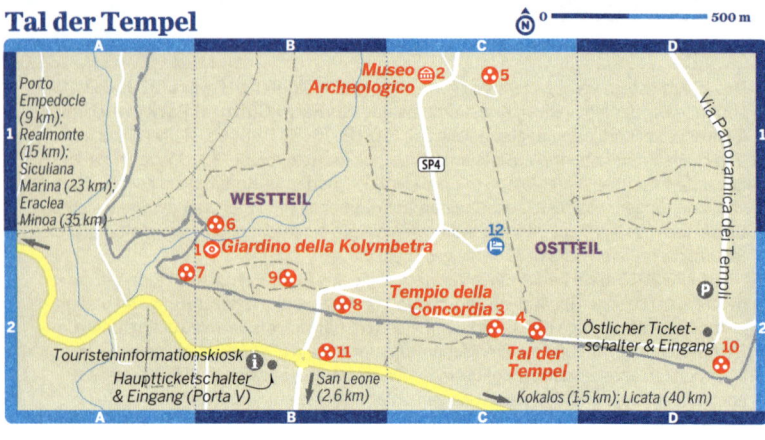

Tal der Tempel

◉ Highlights
1. Giardino della Kolymbetra B2
2. Museo Archeologico C1
3. Tempio della Concordia C2
4. Tal der Tempel C2

◉ Sehenswertes
5. Quartiere Ellenistico-Romano C1
6. Santuario delle Divine Chtoniche B1
7. Tempio dei Dioscuri A2
8. Tempio di Ercole B2
9. Tempio di Giove B2
10. Tempio di Hera D2
11. Tomba di Terone B2

◉ Schlafen
12. Villa Athena C2

alter durch ein Erdbeben teilweise zerstört wurde, sind der Großteil des Säulengangs und der lange Altar, der früher als Opferaltar benutzt wurde, noch intakt. Die roten Brandspuren sind die Zeugnisse eines Feuers, das wahrscheinlich während der karthagischen Invasion 406 v.Chr. wütete.

Tempio di Ercole   RUINEN
(Herkulestempel) Der letzte Tempel im Ostteil ist der Tempio di Ercole. Er ist der älteste und stammt vom Ende des 6. Jhs. v.Chr. Acht seiner 38 Säulen wurden wieder aufgebaut, und die Besucher können zwischen den Resten der übrigen herumwandern.

Tomba di Terone   RUINEN
(Grab des Theron) Auf einem hohen Sockel steht ein kleiner Tempel, der als das Grab des Theron bekannt ist. Er stammt aus dem Jahr 75 v.Chr. und wurde somit ca. 500 Jahre nach dem Tod Therons, des griechischen Tyrannen von Agrigent, errichtet.

◉ Der Westteil

★ Giardino della Kolymbetra   GARTEN
(☎ 335 1229042; www.visitfai.it/giardinodella kolymbethra; Erw./erm. 6/2 €; ⊙ Juli & Aug. 9.30–19.30 Uhr, Mai, Juni & Sept. bis 18.30 Uhr, März, April & Okt. bis 17.30 Uhr, Feb., Nov. & Dez. 10–14 Uhr) In einer natürlichen Spalte zwischen weichen Tuffwänden (Vulkangestein) liegt dieser üppig grüne Garten mit Oliven- und Zitrusbäumen und dazwischen mehr als 300 gekennzeichneten Pflanzenarten und einigen einladenden Picknicktischen. Er wird von der gemeinnützigen Denkmalschutz-Organisation FAI eigenständig verwaltet. Die friedliche, schattige Anlage ist perfekt, um der Hitze des Tals zu entfliehen und ein Mittagspicknick zu genießen. Der Weg hinunter ist steil und nichts für wacklige Knie!

Es werden Führungen durch ein innerhalb der Gartenanlage gelegenes Hypogäum (unterirdisches Gewölbe) angeboten (Erw./erm. 16/11 €; Mitte Juni-Sept. tgl., März-Mitte Juni & Okt.-Dez. Sa & So), bei denen man auch enge Tunnel und einen unterirdischen Fluss passiert. Vorab unter www.agri gentosotterranea.it buchen.

Tempio di Giove   RUINEN
(Tempel des Olympischen Zeus) Die Hauptattraktion im Westteil des Parks ist die verfallene Ruine des Tempio di Giove. Mit einer Fläche von 112 x 56 m und 20 m hohen Säulen wäre er wohl der größte dorische Tempel geworden, der jemals gebaut wurde, wäre seine Errichtung nicht von der karthagi-

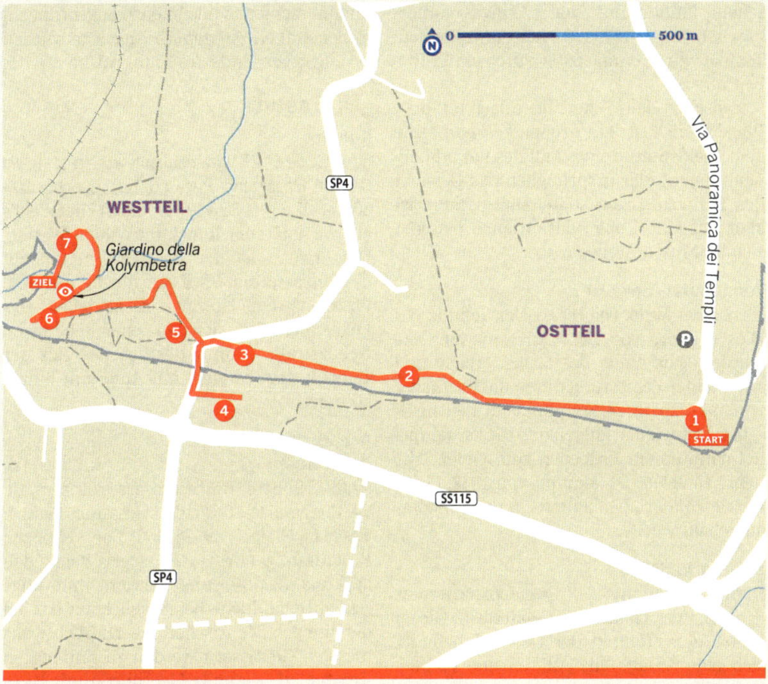

Spaziergang
Tal der Tempel

START TEMPIO DI HERA
ZIEL GIARDINO DELLA KOLYMBETRA
LÄNGE/DAUER 3 KM; 3 STD.

Die Tour beginnt im Ostteil der Anlage, wo die am besten erhaltenen Tempel stehen. Vom Ticketschalter am Osteingang führt ein kurzer Weg zu dem aus dem 5. Jh. v. Chr. stammenden ❶ **Tempio di Hera** (S. 276) auf dem Bergkamm. Obwohl der Tempel teilweise durch ein Erdbeben zerstört wurde, sind der Säulengang der Opferaltar größtenteils intakt.

Als nächstes geht's vorbei an einem knorrigen, 500 Jahre alten Olivenbaum und einer Reihe byzantinischer Gräber hinunter zum ❷ **Tempio della Concordia** (S. 276). Der Bau, der Vorbild für das Logo der UNESCO war, ist seit seiner Errichtung 430 v. Chr. fast vollständig intakt geblieben. Das liegt einerseits an der stoßdämpfenden Eigenschaft der weichen Tonschicht unter dem Grundgestein und andererseits an der Tatsache, dass der Tempel im 6. Jh. in eine Kirche umgewandelt wurde.

Weiter bergab findet man den Ende des 6. Jhs. v. Chr. erbauten ❸ **Tempio di Ercole** (S. 278), den ältesten Tempel hier. Unterhalb der Haupttempel steht die winzige ❹ **Tomba di Terone** (S. 278) von 75 v. Chr.

Man überquert die Fußgängerbrücke zum Westteil der Anlage. Erster Stopp ist der ❺ **Tempio di Giove** (S. 278). Er wäre wohl der größte dorische Tempel der Welt, wenn der Bau nicht durch die Plünderung Akragas durch die Karthager unterbrochen worden wäre. Ein Erdbeben machte den unvollendeten Tempel zu der Ruine, die heute zu sehen ist. Zwischen den Trümmern liegt ein 8 m großer *telamon*, der ursprünglich das Gewicht des Tempels tragen sollte. Die hiesige Statue ist allerdings nur eine Nachbildung; das Original befindet sich im archäologischen Museum.

Einen Blick wert sind auch die Ruinen des ❻ **Tempio dei Dioscuri** (5. Jh. v. Chr.) und der ❼ **Santuario delle Divine Chtoniche** genannten Komplex aus Altären und kleinen Gebäuden (6. Jh. v. Chr.). Die Tour endet mit dem Besuch im Giardino della Kolymbetra (S. 278), einem Garten in einer natürlichen Spalte mit mehr als 300 (gekennzeichneten) Pflanzenarten und Picknicktischen.

schen Plünderung von Akragas unterbrochen worden. Der deshalb unvollendete Tempel wurde dann später durch ein Erdbeben zerstört.

Zwischen dem Schutt liegt flach auf dem Rücken ein fast 8 m großer *telamon* (eine gemeißelte Statue eines Mannes mit erhobenen Armen), der ursprünglich das Gewicht des Tempels tragen sollte. Diese Statue ist aber nur eine Kopie; das Original befindet sich im Museo Archeologico.

Tempio dei Dioscuri RUINEN
(Tempel des Kastor und Pollux) Der Tempio dei Dioscuri wird von vier Säulen markiert. Er wurde gegen Ende des 5. Jhs. erbaut und nach seiner Zerstörung durch die Karthager zu einem späteren Zeitpunkt im hellenistischen Stil wieder aufgebaut. Dieser Tempel fiel dann einem Erdbeben zum Opfer. Was heute zu sehen ist, stammt von 1832, als er mit den Materialien anderer Tempel wiederaufgebaut wurde.

Santuario delle Divine Chtoniche ARCHÄOLOGISCHE STÄTTE
(Heiligtum der Chthonischen Gottheiten) Gleich hinter dem Tempio dei Dioscuri befindet sich eine Anlage aus Altären und kleinen Gebäuden, die wahrscheinlich zum Santuario di Demetra e Kore gehören. Es stammt aus dem frühen 6. Jh. v. Chr.

Noch mehr Stätten

★ Museo Archeologico MUSEUM
(0922 40 15 65; Contrada San Nicola 12; Erw./erm. 8/4 €, inkl. Tal der Tempel 13,50/7 €; Di–Sa 9–19.30, So & Mo bis 13.30 Uhr) Das rollstuhlgerechte Museum nördlich der Tempel gehört zu den besten Siziliens. Es beherbergt eine umfangreiche Sammlung von gut beschrifteten Artefakten der Ausgrabungsstätte. Besonders sehenswert sind auch die schillernden, handbemalten griechischen Keramiken und der beeindruckend rekonstruierte *telamone*, ein riesiger Atlant, der Teil des nahe gelegenen Tempio di Giove war.

Quartiere Ellenistico-Romano ARCHÄOLOGISCHE STÄTTE
(Hellenistisch-römisches Viertel; Eintritt nur mit Ticket fürs Tal der Tempel) Östlich des Museo Archeologico befindet sich das hellenistisch-römische Viertel mit seinem gut erhaltenen Netz aus Straßen, die Teil des städtischen Akragas (bzw. später, unter den Römern, Agrigentum) waren. Der regelmäßige Grundriss besteht aus Hauptstraßen *(plateiai)* und im rechten Winkeln dazu angeordneten Nebenstraßen *(stenopoi)*. Angelegt wurden sie alle gegen Ende des 4. Jhs. v. Chr.

 Essen

Kokalos PIZZA €
(0922 60 64 27; www.ristorante-kokalos.com; Via Cavaleri Magazzeni; Pizzas 6–11 €, Gerichte 20–30 €; 12.30–14.30 & 19–23.30 Uhr) Hier sieht's aus wie auf einer Ranch im Wilden Westen. Die Pizzeria ist der richtige Ort, um auf der Terrasse mit Blick auf die Tempel eine Pizza aus dem Holzofen zu genießen. Das Lokal befindet sich an einer staubigen Nebenstraße 2 km südöstlich des Tals der Tempel; man braucht ein Auto, um hinzukommen.

Accademia del Buon Gusto SIZILIANISCH €€
(0922 51 10 61; www.accademiadelbuongusto.it; Via Guastella 1c, Contrada Maddalusa; Gerichte 40–45 €; Mo–Fr 19–24 Uhr) Das gehobene Restaurant gehört zur Foresteria Baglio della Luna (S. 309) und serviert innovative sizilianische Küche bei Ausblick auf das Tal der Tempel. Die frischen Meeresfrüchte aus hiesigen Gewässern werden zu raffinierten Kreationen wie etwa Meerbrasse mit Pecorino und Auberginentartar oder gegrilltem Thunfisch mit Minz-Couscous und Pfeffersauce verarbeitet. Reservieren ist dringend erforderlich.

Praktische Informationen

Es gibt zwei Eingänge zur archäologischen Stätte, jeweils mit eigenem Parkplatz. Der **Haupteingang (Porta V)** (Piazzale dei Templi) mit dem Hauptticketschalter befindet sich am Fuß des Hügels in der Nähe des westlichen Tempel, der kleinere Osteingang mit eigenem Ticketschalter oberhalb des östlichen Tempel auf dem Bergrücken. An beiden Eingängen kann man sich über Führungen informieren und einen Audioguide (nur auf Englisch und Italienisch, gegen Gebühr) ausleihen. Es gibt auch einen **Kiosk der Touristeninformation** (Piazzale Porta V; Mo–Fr 9–13 Uhr) am Haupteingang (Porta V) in einer kleinen Holzhütte neben dem Parkplatz.

An- & Weiterreise

AUTO & MOTORRAD

Von der Piazza Marconi (vor dem Bahnhof von Agrigent) geht's die Via Francesco Crispi den Hügel hinunter in Richtung der Tempel. Nach 1,5 km biegt man leicht nach links in die Via Panoramica Valle dei Templi ein, um zum Osteingang des Tals und zum Parkplatz zu gelangen.

Wer zum Haupteingang (Porta V) und dem dortigen Parkplatz will, fährt rechts in die Via Passeggiata Archeologica, dann links auf die SP4 und rechts auf die Viale Caduti di Marzabotto.

BUS

Der von **TUA** (S. 276) betriebene Stadtbus 1 fährt alle halbe Stunde vom Bahnhof und Busbahnhof in Agrigent zum archäologischen Museum (15 Min.) und zur Porta V, dem Haupteingang zu den Tempeln (20 Min.). Bus 2/ (Achtung: nicht Bus 2! Letzterer folgt einer anderen Route; deshalb immer auf den schwer erkennbaren Schrägstrich achten!) fährt ungefähr einmal pro Stunde zum Osteingang der Tempel nahe dem Tempio di Hera (10–15 Min.). Kauft man sein Ticket vorab in einem *tabacchi*-Laden, kostet es 1,20 €, im Bus bezahlt man 1,70 €.

Scala dei Turchi, Siciliana Marina & Torre Salsa

Wer seinen eigenen fahrbaren Untersatz dabeihat, kann westlich von Agrigent einige wunderbare Strände und atemberaubende Orte besuchen. Dies sind von Süd nach Nord u. a. Scala dei Turchi, Siciliana Marina und Torre Salsa, die alle entspannt über die SS115 in 30 bis 45 Minuten erreicht sind.

Sehenswertes

★ **Riserva Naturale Torre Salsa**   PARK
(www.wwftorresalsa.com) Dieser atemberaubende, 761 ha große Naturpark wird vom WWF (World Wildlife Fund) verwaltet und ist mit seinen gut markierten Wanderwegen und herrlichen Panoramablicken auf die umliegenden Berge und die Küste ein Paradies für Wanderer. Der lange, menschenleere Strand Torre Salsa ist besonders schön, wenngleich die Zufahrtsstraße etwas holprig ist. Der Park ist von der SS115 ausgeschildert: Man nimmt die Ausfahrt zur Siciliana Marina (die auch einen tollen Sandstrand hat) oder fährt 10 km weiter nach Norden zur zweiten Ausfahrt nach Montallegro und folgt der Ausschilderung zur „WWF Riserva Naturale Torre Salsa".

Der Strand Torre Salsa ist über den Nordeingang zu erreichen. Um einen Eindruck zu erhalten, kann man sich die spektakulären Drohnenaufnahmen auf der Website des Schutzgebiets anschauen.

Scala dei Turchi   STRAND
Dieser schneeweiße Felsen, der wie eine riesige Treppe geformt ist, fällt beim Örtchen Realmonte, 15 km westlich von Agrigent, ins Meer ab. Er ist bei einheimischen Sonnenanbetern sehr beliebt, die sich auf dem glatten, milchig weißen Felsen in der Sonne aalen und im indigoblauen Meer baden. Um den Massen etwas zu entfliehen, geht man ein paar Hundert Meter weiter nach Norden über die Felsen und steigt dann zum langen Sandstrand hinunter.

Der Strand verdankt seinen Namen den arabischen Piraten, die hier bei Sturm Schutz suchten und umgangssprachlich Turchi, also Türken, genannt wurden.

Siciliana Marina   STRAND
Der Strand von Siciliana Marina erstreckt sich von der gleichnamigen verschlafenen Ortschaft Richtung Nordwesten.

ⓘ An- & Weiterreise

Alle Strände sind von der Schnellstraße SS115 ausgeschildert. Von Agrigent kommend einfach die SS115 nach Scala dei Turchi an der ausgeschilderten Ausfahrt nördlich von Porto Empedocle verlassen (ca. 10 km von Agrigent entfernt) und auf der SP68 entlang der Küste weiter nach Nordwesten fahren (der Ausschilderung folgen)! Die Ausfahrt Siciliana Marina der SS115 liegt etwa 20 km von Agrigent entfernt, während man nach Torre Salsa die Abfahrt nach Campobianco, 34 km nordwestlich von Agrigent, nehmen muss.

Das Parken an der Scala dei Turchi kann im Juli und August zum Problem werden. Vielleicht sollte man stattdessen den Temple Tour Bus (S. 273) ab Agrigent nehmen.

Eraclea Minoa

♪ 0922 / 3810 EW.

Eraclea Minoa war in der Antike eine bedeutende griechische Siedlung. Heute ist es ein kleiner Ferienort, der im Juli und August proppenvoll, ansonsten aber recht leer ist. Der Legende nach wurde Eraclea Minoa ursprünglich vom kretischen König Minos gegründet, der auf der Suche nach Dädalus (dieser war von Kreta geflohen) nach Sizilien kam. Historiker gehen davon aus, dass die Stadt im 6. Jh. v. Chr. von griechischen Kolonisten gegründet wurde und im 5. und 4. Jh. v. Chr. ihre Blütezeit erlebte. Die kargen Ruinen der Stadt können im archäologischen Park (♪ 0922 84 60 05; Erw./erm. 4/2 €; ⊙ 9–1 Std. vor Sonnenuntergang) oberhalb des Ortes besichtigt werden.

Die Hauptattraktion Eraclea Minoas ist mittlerweile sein malerischer goldener **Sandstrand**, der von schlanken Eukalyptusbäumen, Zypressenhainen und Kreidefelsen gesäumt ist. Am Westende des Strandes befindet sich ein natürlicher Schlammfelsen, von dem man Schlamm abkratzen und sich auf die Haut reiben kann. Dann lässt man das Ganze von der Sonne trocknen und wäscht es anschließend im Meer wieder ab. So soll man sich angeblich innerhalb von zehn Minuten zehn Jahre vom Körper schrubben können.

An- & Weiterreise

Eraclea Minoa liegt 4 km abseits der SS115, etwa auf halbem Weg zwischen Agrigent und Sciacca. Um hinzukommen, nach Verlassen der Schnellstraße der SP30 nach Südwesten in Richtung Strand folgen!

Sciacca

0925 / 40 700 EW.

Das für seine historischen Spas und den farbenprächtigen Karneval bekannte Sciacca ist ein entspanntes Städtchen mit einem hübschen mittelalterlichen Kern und ein paar vorragenden Fischrestaurants. Es wurde im 5. Jh. v. Chr. als Kurort des nahen Selinunts gegründet und erlebte später unter den Sarazenen, die im 9. Jh. hier eintrafen und den Ort Xacca (arab. Wasser) nannten, sowie den Normannen seine Blütezeit. Das heilkräftige Wasser blieb der größte Publikumsmagnet bis 2015, als das Thermalbad aufgrund finanzieller Schwierigkeiten auf unbestimmte Zeit schließen musste.

Sciacca hat sich seinen originalen Grundriss, der die Stadt in Viertel unterteilt, bewahrt. Sie befinden sich alle auf Felsstreifen, die in Richtung Meer abfallen. Das historische Zentrum liegt rund um die Hauptverkehrsader, den Corso Vittorio Emanuele, und die große viereckige Piazza Scandaliato, die eine schöne Aussicht (und eine Treppe) hinunter zum Fischerhafen bietet.

Sehenswertes

Palazzo Steripinto GEBÄUDE
(Corso Vittorio Emanuele) Den imposantesten *palazzo* in Sciacca erkennt man an seiner mit spitz zugehauenen Steinen rustizierten und mit Zwillingsfenstern versehenen Fassade. Erbaut wurde er Anfang des 16. Jhs. im Stil der katalanischen Gotik.

Südlich des *palazzo* befindet sich die **Porta San Salvatore**. Das Stadttor aus dem 16. Jh. ist mit Renaissance-Ornamenten bedeckt.

Chiesa Madre KIRCHE
(Piazza Duomo; 8–12 & 16.30–19.30 Uhr) Nordöstlich der Piazza Scandaliato befindet sich Sciaccas Kathedrale, die erstmals 1108 errichtet und 1656 umgestaltet wurde. Nur die drei Apsiden sind vom ursprünglichen normannischen Bau erhalten. An der unvollendeten barocken Fassade ist eine Reihe Marmorstatuen von Gagini zu erkennen.

Chiesa di Santa Margherita KIRCHE
(Via Incisa; 8–12 & 16–19 Uhr) Die Kirche aus dem 14. Jh. hat ein wunderschönes Renaissance-Portal und eine ziemlich ramponierte barocke Inneneinrichtung.

Castello Incantato KUNST
(Verzaubertes Schloss; 339 2340174; www.sciaccamusei.it; Via Bentivegna 16; 4 €; April–Okt. 9–13 & 15.30–20 Uhr, Nov.–März 9–13 & 15.30–17.30 Uhr) Etwa 3 km östlich der Stadt liegt das Castello Incantato, das eigentlich ein großer Park mit Tausenden gemeißelten Köpfen ist. Der Begründer dieser bizarren Sammlung ist Filippo Bentivegna (1888–1967), ein einheimischer Künstler, der die Skulpturen dazu benutzte, die Erinnerungen an seine unglückliche Zeit in den USA zu verarbeiten. Sehr wahrscheinlich soll jeder Kopf einen seiner Feinde darstellen.

Bentivegnas Verschrobenheit war schon fast legendär, und noch heute erinnern sich die Menschen gern an ihn. Anscheinend betrachtete er sein Werk als sexuelle Handlung. Er verlangte von seinen Mitmenschen sogar, dass sie ihn stets mit der Ehrenbezeichnung Eccellenza (Eure Exzellenz) ansprachen!

Essen

Trattoria Al Faro SEAFOOD €
(092 52 53 49; Via Al Porto 25; Gerichte 20–25 €; Menüs 30 €; Mo–Sa 12.30–15 & 19–23 Uhr) Wer der Meinung ist, dass preiswerte Meeresfrüchte nicht wirklich gut sein können, sollte das noch einmal überdenken. Diese einladende Trattoria am Hafen gehört zu den wenigen Lokalen, in denen man für weniger als 20 € in schmackhaften, frischen Meeresfrüchten schwelgen kann. Was jeweils auf den Tisch kommt, hängt natürlich vom Fang der Fischer ab.

Probieren sollte man hier *pasta con le sarde* (Pasta mit Sardinen, Fenchel, Brotkrumen und Rosinen) und gegrillte Calamares. Unbedingt einen Versuch wert sind auch die hauchzarten Ricotta-Ravioli zum Dessert.

Sciacca

Otto
SIZILIANISCH €€

(☏ 0925 08 01 99; www.ottoristorante.it; Corso Vittorio Emanuele 107; Gerichte 35–40 €; ⊙ 12.30–15 & 19–23 Uhr) Das im Juli 2018 eröffnete Otto hat einen stylish-minimalistisch gestalteten Speiseraum mit nur zehn Tischen und ist die perfekte Kulisse für moderne Neuinterpretationen traditioneller sizilianischer Gerichte. Oft sind Meeresfrüchte aus der Region die Stars auf der saisonalen Speisekarte, z. B. in Gerichten mit frischen roten Garnelen oder Tintenfisch. Ottos Version der *cannoli* ist einfach himmlisch – also unbedingt Platz fürs Dessert lassen!

Osteria Il Grappolo
OSTERIA €€

(☏ 0925 8 52 94; www.facebook.com/OsteriailGrappoloSciacca; Via Conzo 9a; Gerichte 25–35 €; ⊙ Di–So 13–15 & 20–23 Uhr) Die freundliche Kiez-*osteria* (zwanglose Taverne) von Salvatore Ciaccio hat sich ganz dem Slow Food verschrieben: Sorgsam ausgewählte frische Zutaten aus der Region werden hier zu sizilianischen Klassikern wie *cozze al limone* (Miesmuscheln mit frischer Zitrone), *pasta con sarde e finocchietto* (Pasta mit Sardinen, wildem Fenchel, Pinienkernen, Rosinen und Semmelbröseln) oder *maltagliati pesce spada e melanzane* (grob geschnittene Pasta mit Schwertfisch und Aubergine) verarbeitet.

Sciacca

⊙ Sehenswertes
1 Chiesa di Santa Margherita A1
2 Chiesa Madre C2
3 Palazzo Steripinto A1
4 Porta San Salvatore A1

⊜ Schlafen
5 Domus Maris Relais B2

⊗ Essen
6 Hostaria Del Vicolo B1
7 La Lampara C3
Otto .... (siehe 5)
8 Trattoria Al Faro B2

⊙ Ausgehen & Nachtleben
9 Gran Caffè Scandaglia B2
10 Mastro Malto A2

⊜ Shoppen
11 Ceramiche Gaspare Patti C2

Draußen auf der Kreidetafel stehen regelmäßig saisonale Spezialitäten.

La Lampara
SEAFOOD €€

(☏ 0925 8 50 85; Lungomare Cristoforo Colombo 13; Gerichte 30–45 €; ⊙ Mo–Sa 12–14 & 19.30–23 Uhr) Das La Lampara hat nichts mit den schmuddeligen Straßen am Hafen gemein. Es ist ein zeitgenössisches Restaurant, das

AUTOTOUR > TEMPEL, KUNST & STRÄNDE

Bei dieser mehrtägigen Autotour von Sciacca nach Licata erlebt man das Beste von Siziliens Mittelmeerküste. Unterwegs kann man Halt machen und über einige der schönsten Strände der Insel schlendern, die antiken griechischen Tempel in Agrigent bestaunen und den Farm Cultural Park, eine Künstlergemeinde in Favara, besuchen. Bei jedem Stopp kann man mit fangfrischem Seafood neue Kraft tanken.

1 Sciacca

Die Tour beginnt im Küstenstädtchen Sciacca (S. 282), wo man das historische Zentrum mit den eleganten *palazzi* erkunden oder den Vormittag mit Stöbern nach Keramik verbringen kann, bevor man sich am Hafen einen fangfrischen Fisch gönnt.

Weiterfahrt > Auf der SS115 Richtung Südosten; 30 km der Küste folgen bis Eraclea Minoa

3–4 Tage; 150 km

Toll für ... Geschichte & Kultur, Outdoor, Essen & Trinken

Beste Reisezeit: April, Mai, September oder Oktober

Scala dei Turchi (S. 281)

❷ Eraclea Minoa & Scala dei Turchi

Dann geht's nach Eraclea Minoa. Hier taucht man zuerst im archäologischen Park in die Antike ein und anschließend unten am Strand ins Meerwasser. Am Ende des Strandes kann man sich mit Lehm, den man vom Felsen abkratzt, einreiben. Dann zieht man die Küste entlang weiter zur Scala dei Turchi, einer kreideweißen Felsformation in Form einer Treppe. Hier kann man prima zu Abend essen und den Sonnenuntergang über dem Mittelmeer genießen.

Weiterfahrt > Von der Scala dei Turchi auf der SS115 etwa 16 km gen Osten nach Agrigent

❸ Tal der Tempel

Das Highlight der Tour ist das Tal der Tempel in Agrigent, Siziliens bedeutendste archäologische Stätte. Man sollte sich einen Tag Zeit nehmen, um den Park mit den prächtigen Tempeln, vom gut erhaltenen Tempio della Concordia bis zu den Resten des Tempio dei Dioscuri, zu erkunden.

Weiterfahrt > Auf der kurvenreichen SP80 von Agrigent 10 km ostwärts nach Favara

❹ Favara

Ein Muss in Favara ist der innovative Farm Cultural Park. Die Künstlergemeinde hat einen zusammenhängenden Teil des historischen Ortszentrums übernommen und der ganzen Gemeinde neues Leben eingehaucht. Favaras lohnendes neues Museum widmet sich der Bedeutung der Mandeln für die Region.

Weiterfahrt > Auf der SS115 73 km weiter nach Osten Richtung Gela.

❺ Strände östlich von Agrigent

Den letzten Nachmittag verbringt man mit einer Strändetour entlang der Küste von Agrigent nach Osten. Höhepunkt ist die raue Gegend um Gela. Am Westrand Gelas lohnt ein Stopp am Capo Soprano, wo man antike Befestigungsmauern und Überreste griechischer Bäder bewundern kann. Nun geht's auf der SS115 bis zum Endpunkt der Tour: nämlich nach Licata, wo das mit zwei Michelin-Sternen ausgezeichnete Ristorante La Madia für ein tolles Finale der Tour sorgt.

moderne, kreative Fischspeisen serviert. Besonders empfehlenswert sind das Thunfischsteak, das hier mit Sesamkörnern paniert und mit Balsamico serviert wird, sowie der Schokoladenkuchen mit Pistazieneis.

★ **Hostaria Del Vicolo** SIZILIANISCH €€€
(☏ 0925 2 30 71; www.hostariadelvicolo.it; Vicolo Sammaritano 10; Gerichte 45–70 €; ⊙ Di–So 12.30–14 & 19.30–22.30 Uhr; ✎) Das noble Restaurant liegt versteckt in einer winzigen Gasse in der Altstadt und ist auf ganzer Ebene eine kulinarisches Meisterleistung: Es gibt hier schwere Tischdecken, geräuschlose Bedienung und eine ellenlange Weinkarte. Es ist schon viele Jahre ein Liebling der Slow-Food-Gemeinde und serviert traditionelle sizilianische Küche mit modernem Touch, darunter auch viele glutenfreie und vegetarische Gerichte. Degustationsmenüs (60–70 €) sind eine hervorragende, kulinarische Erfahrung.

Als *primo* (erster Gang) sollte man die *taglioni al nero di seppia e ricotta salata* (schmale Bandnudeln mit Sepiatinte und salzigem Ricotta) bestellen. Als *secondo* (Hauptgang) bietet sich dann *merluzzo ai fichi secchi* (Kabeljau mit getrockneten Feigen) an.

KARNEVAL IN SCIACCA

Sciaccas Karneval **SciacCarnevale** (Carnevale di Sciacca; www.facebook.com/sciaccarnevale; ⊙ Feb. od. März) ist wegen seiner Extravaganz und der famosen Partystimmung bekannt. Er findet vom letzten Donnerstag vor der Fastenzeit bis zum Faschingsdienstag statt und besteht aus einer verblüffenden Parade mit auf Wagen befestigten Pappmachéfiguren. Die Festlichkeiten beginnen damit, dass dem Karnevalskönig Peppi Nappa symbolisch die Schlüssel der Stadt überreicht werden. Danach ziehen die farbenprächtigen Karnevalswagen mit den grotesken Karikaturen durch die Straßen.

Die Figuren – Persönlichkeiten aus Politik und Gesellschaft – werden alljährlich in Handarbeit in traditioneller Technik hergestellt. Die Wagen rollen durch die kurvigen Straßen der Altstadt, während maskierte Narren um sie herumspringen und zu sizilianischer Musik tanzen. Auch satirische Dichtkunst wird vorgetragen.

 Ausgehen & Nachtleben

Mastro Malto CRAFT-BIER
(☏ 389 1830958; www.facebook.com/mastromalto beershop; Via Gaie di Garaffe 24/25; ⊙ Di–So 18.30–2 Uhr; ☎) Eine der freundlichsten Bars in Sciacca hat zugleich eine breite Palette an italienischen und internationalen Kleinbrauereibieren. Jeweils vier wechselnde Biere vom Fass halten die Sache interessant, und der Kühlschrank am Tresen ist prall gefüllt mit diversen leckeren Hopfentropfen. Der vordere Außenbereich ist ziemlich nah an der Straße, aber hinten im Biergarten ist es dafür umso gemütlicher. Dazu gibt's immer auch gute Musik.

Gran Caffè Scandaglia CAFÉ
(☏ 334 3265648, 0925 2 10 82; Piazza Scandaliato 5–6; ⊙ 7.30–23.30 Uhr) Dies ist der perfekte Ort für ein Frühstück im Schatten oder einen Drink bei Sonnenuntergang mit Blick auf den Hafen. Dazu gibt's richtige Leckereien: zartes Gebäck, *caffè latte* in hohen Gläsern und frisch gepressten Orangensaft, ebenso lecker sind die *granite* (aromatisiertes zerstoßenes Eis) und die Eiscreme. Leider lässt die Bedienung manchmal zu wünschen übrig, doch der himmlische Ausblick macht den Besuch hier trotzdem zu einem Highlight in Sciacca.

 Shoppen

Ceramiche Gaspare Patti KERAMIK
(☏ 092 599 32 98; www.gasparepatti.com; Corso Vittorio Emanuele 95; ⊙ 9–13 & 15.30–19 Uhr) Sciacca hat eine lange Tradition der Keramikproduktion, und es gibt hier zahlreiche Läden, die farbenfrohes Geschirr verkaufen. Wer etwas Originelleres sucht, sollte in diesem Laden gegenüber der Chiesa Madre vorbeischauen. Er ist eine wahre Schatztruhe, und Gaspare Patti ist stolz auf seinen eigenwilligen Stil: Sein Laden ist vollgestopft mit seltsamen, aber originellen Kreationen. Auch wenn man nichts kaufen will, lohnt sich der Besuch. Der Zugang erfolgt über den Parkplatz.

❶ Praktische Informationen

Haupttouristeninformation (☏ 0925 2 04 78; www.prolocosciaccaterme.com; Corso Vittorio Emanuele 87; ⊙ Di–Fr 16–19, Sa & So 10–13 & 16–19 Uhr) An der Hauptstraße von Sciacca. Betreibt manchmal auch einen **Info-Punkt** (☏ 324 8720502; www.prolocosciaccaterme. com; Piazza Friscia; ⊙ 10–13 & 16–19 Uhr) gleich östlich am Villa Comunale Park.

Krankenhaus (Ospedale Giovanni Paolo II; ☎ 0925 96 21 11; Via Pompei; ⊗ 24 Std.)
Polizei (☎ 092 596 50 11; Via Ruffini 12)

ⓘ An- & Weiterreise

AUTO & MOTORRAD
Sciacca liegt etwa 65 km von Agrigent entfernt an der SS115. Parken kann man an der Via Agatocle in der Nähe vom Nuovo Stabilimento Termale sowie auf der Piazza M. Rossi neben der Piazza Scandaliato.

BUS
Lumia (☎ 0925 2 11 35; www.autolineelumia.it) fährt nach Agrigent (6,50 €, 1½ Std., Mo–Sa 11-mal tgl., So 1-mal) und Trapani (9 €, 2¼ Std., Mo–Sa 3-mal tgl., So 1-mal). Alle ankommenden Busse nutzen die Haltestelle an der Via Figuli in Villa Comunale, alle abfahrenden die Haltestelle an der nahe gelegenen Via Agatocle. Fahrpläne und Abfahrtszeiten hängen dort aus. Fahrkarten kauft man am Antico Chiosco an der Piazza Friscia.

Caltabellotta

☎ 0925 / 3610 EW.

Die Fahrt nach Caltabellotta hat es durchaus in sich: Die Straße windet sich fast senkrecht den Berg hinauf bis 949 m über dem Meeresspiegel. Wer die Mühe nicht scheut, wird mit einem fantastischen Rundumblick auf 21 (nur scheinbar) ganz in der Nähe liegende Dörfer belohnt. Der höchste Punkt im ganzen Ort ist die Ruine einer **normannischen Burg**, in der 1302 der Friedensvertrag unterzeichnet wurde, der die Wirren infolge der Sizilianischen Vesper (Erhebung der Sizilianer gegen die französische Herrschaft) beendete. Von hier aus betrachtet, scheinen die Terrakottadächer und die grauen Häuser wie ein perfektes Mosaik an den Felsen zu kleben. Der Ort wurde früher von den Arabern Kal'at Bellut (Eichenfelsen) genannt.

Am Dorfrand befindet sich das verfallene Kloster von **San Pellegrino**. Von hier aus kann man die Höhlen sehen, die in prähistorischen Zeiten als Gräber dienten.

⦿ Sehenswertes

Chiesa Madre KIRCHE
(⊗ 10.30–13 & 15.30–19 Uhr) Die reizende Kirche auf einem Hügel stammt aus dem späten 11. Jh. An ihrer breiten steinernen Fassade sind noch das originale gotische Portal und die Spitzbogen erhalten.

 Essen

★ **M.A.T.E.S.** SIZILIANISCH €€
(☎ 0925 95 23 27; www.matesonline.it/ristorante.html; Vicolo Storto 3; Gerichte 30–35 €; ⊗ Mo–Sa 12–14 & 19–22, So 12–14 Uhr, im Okt. 2 Wochen geschl.) Lust auf traditionelle sizilianische Küche in einem gemütlichen, rustikalen Ambiente? Dann ist dieses familienbetriebene, sehr empfehlenswerte Slow-Food-Restaurant in der Altstadt von Caltabellotta genau das Richtige. Auf der regional und saisonal geprägten Karte finden sich Gerichte wie Pasta mit Pistazien, Mandeln und Auberginen, Bratkartoffeln mit wildem Fenchel sowie saftiger, sich zart vom Knochen lösender Schweine- und Lammbraten. Zum Abschluss des Mahls sollte man sich noch die fantastischen *cannoli* gönnen.

ⓘ An- & Weiterreise

Für die kurvenreichen 20 km von Sciacca nach Caltabellotta entlang der SP37 sollte man mindestens eine halbe Stunde einplanen. In der Unterstadt angekommen, folgt man den Schildern den Hügel hinauf bis zur Piazzale Ruggero di Lauria, wo man zwischen der Burg und der Chiesa Madre das Auto abstellen kann. Vorher gilt es aber, einige ganz schön schmale Straßen zu meistern.

Wer kein eigenes Auto hat, kommt mit einem der Lumia-Busse (S. 287) von Sciacca aus hierher (2,90 €, 40 Min., Mo–Fr 5-mal tgl., Sa 4-mal tgl.).

Licata

☎ 0922 / 37 400 EW.

Die prosaische Hafenstadt Licata lohnt wegen ihrer feinen Restaurants, die ein echtes Feinschmeckerziel auf Sizilien sind, und der bezaubernden, recht verfallenen Altstadt einen Besuch.

Die Action findet auf der **Piazza Progresso** statt, die zwischen den beiden Hauptstraßen liegt, dem Corso Roma mit seinen eleganten Barockpalästen und dem Corso Vittorio Emanuele. Oberhalb der Stadt steht eine **Burg** aus dem 16. Jh., von der aus man einen schönen Blick hinunter auf den Hafen hat.

Etwa 22 km westlich von Licata liegt **Palma di Montechiaro**, das zwar nichts Besonderes zu bieten hat, dafür aber die Heimat der Prinzen von Lampedusa ist. Der Ort wurde durch Giuseppe Tomasi di Lampedusa, Autor von *Der Leopard*, berühmt. Der Ahnenpalast der Familie aus dem 17. Jh. ist schon seit einiger Zeit nicht mehr bewohnt. Die **Chiesa Matrice** steht aber noch und kann besichtigt werden.

 Essen

⭐Ristorante La Madia SIZILIANISCH €€€
(☎ 0922 77 14 43; www.ristorantelamadia.it; Via Filippo Re Capriata 22; Gerichte 95–130 €; ⊙ Mi-Mo 13–14 & 10–22 Uhr) Das gleich mit zwei Michelin-Sternen ausgezeichnete Restaurant gilt als eines der besten Siziliens. Der in Licata geborene Küchenchef Pino Cuttaia bereitet alle seine Speisen mit viel Liebe zu. Er zaubert moderne sizilianische Gerichte aus echten Mittelmeerzutaten wie über Tannenzapfen geräuchertem *merluzzo* (Kabeljau) oder Tintenfisch mit Fenchelcreme. Die Gänge der ausgefeilten Probiermenüs werden wie Kunstwerke präsentiert und schmecken selbstverständlich auch noch exquisit.

**Hostaria L'Oste e
il Sacrestano** SIZILIANISCH €€€
(☎ 0922 77 47 36; www.losteeilsacrestano.it; Via Sant'Andrea 19; Gerichte 28–69 €; ⊙ Di-So 12.30-14, Di-Sa 19.30–22 Uhr) Das Slow-Food-Restaurant direkt beim Corso Vittorio Emanuele serviert Fleisch aus der Region und frische Meeresfrüchte. Entweder man wählt *à la carte* aus drei Vorspeisen, drei *primi*, drei *secondi* und drei Desserts aus – von denen viele originelle Namen wie „Evolution des Oktopus" oder „Ein Spaziergang durch Sizilien" tragen – oder man geht gleich in die Vollen und bestellt das Sieben-Gänge-Probiermenü.

❶ An- & Weiterreise

Licata liegt an der Küstenstraße SS115, 50 km südöstlich von Agrigent und 32 km westlich von Gela.

Stündlich verkehren auch Busse von SAL (S. 276), die Licata mit Agrigent (1 Std.) und Gela (45 Min.) verbinden.

Falconara

☎ 0934 / 100 EW.
Die winzige Siedlung Falconara an Siziliens Südküste zwischen Licata und Gela besteht gerade einmal aus ein paar Hotels, Campingplätzen und Ferienhäusern. Hauptmagnet für Besucher ist der herrliche Sandstrand, über dem eine beeindruckende Burg aus dem 14. Jh., das Castello di Falconara, thront. Die Burg ist für die Öffentlichkeit nicht zugänglich, da sie sich in Privatbesitz einer Adelsfamilie befindet. Das Übernachten ist dort jedoch möglich.

An der Straße zwischen Falconara und Gela gibt es, bevor die sogenannte Gela Riviera kurz vor Gela erreicht ist, mehrere naturbelassene, unberührte Strände. Dieser Abschnitt der sizilianischen Südküste hatte sich im Zweiten Weltkrieg vehement gegen die drohende Invasion der Alliierten gestemmt, und in der ganzen Gegend gibt es auch heute noch verlassene ebenerdige Bunker zu sehen.

❶ An- & Weiterreise

Falconara liegt an der SS115 zwischen Gela (21 km östl.) und Licata (11 km westl.).

Gela

☎ 0933 / 75 500 EW.
In Gela gibt es ein faszinierendes, gut geführtes archäologisches Museum und gut erhaltene Reste der alten Befestigungsmauer der Stadt. Abgesehen von diesen Attraktionen und einer vornehmen Vergangenheit als eine der wichtigsten antiken Städte Siziliens ist Gela heute kaum mehr als ein chaotisches Industriezentrum mit einem Ruf als Mafia-Hochburg. Aus ihrer Blütezeit als wirtschaftliche Triebfeder der mächtigen griechischen Kolonie, die sich schließlich ausbreitete, um Akragas, Eraclea Minoa und Selinunt zu gründen, ist nicht viel übrig geblieben.

405 v. Chr. wurde die Stadt von Karthago geplündert und 282 v. Chr. von Agrigents Heer dem Erdboden gleichgemacht. Gela war die erste italienische Stadt, die von den Alliierten im Zweiten Weltkrieg (im Juli 1943) befreit wurde, allerdings erst nachdem sie zuvor mit Bomben in Schutt und Asche gelegt worden war. In den Nachkriegsjahren wurden hier große petrochemische Raffinerien gebaut, die zusammen mit billigen Wohnblocks noch immer die Stadt verschandeln.

◉ Sehenswertes

⭐Museo Archeologico MUSEUM
(☎ 0933 91 26 26; Corso Vittorio Emanuele; Erw./erm. inkl. Acropoli & Capo Soprano 4/2 €; ⊙ Mo-Sa 9–18 Uhr, zusätzl. am 1. So im Monat) Dieses großartige archäologische Museum gewährt einen Einblick in Gelas eindrucksvolle künstlerische Vergangenheit. Es zeigt Artefakte der antiken Akropolis der Stadt und ist berühmt für die weltweit größte Sammlung

rot-schwarzer Krater. Diese Vasen aus Terrakotta wurden zum Mischen von Wein und Wasser verwendet und waren zwischen dem 7. und 4. Jh. v. Chr. Gelas Spezialität. Sie wurden in der gesamten griechischen Welt wegen ihres filigranen Designs und der erstklassig gearbeiteten Symbole bewundert. Ein weiterer Schatz des Museums ist die bemerkenswerte Sammlung von 530 Silbermünzen, die in Agrigent, Gela, Syrakus, Messina und Athen geprägt wurden.

Die Münzsammlung bestand einst aus über 1000 Münzen, nach einem Diebstahl 1976 konnte jedoch nur rund die Hälfte wiedergefunden werden. In jüngerer Zeit erwarb die Stadt ein griechisches Schiff aus dem 6. Jh. v. Chr. (das 1988 auf dem Meeresgrund vor Gela gefunden wurde) und drei ungewöhnliche Terrakotta-Altäre. Diese hatte man 2003 in einer Lagerhalle aus dem 5. Jh. v. Chr. entdeckt, die unter einer 6 m dicken Sandschicht begraben lag.

Griechische Befestigungsmauern von Capo Soprano RUINEN

(Mura Timoleonte di Capo Soprano; Erw./erm. inkl. Acropoli & Museo Archeologico 4/2 €; ⊙ April–Okt. Mo–Sa 9.30–13 & 14–18 Uhr, Nov.–März bis 16.30 Uhr) Die griechischen Befestigungsmauern entlang Gelas westlicher Küste am Capo Soprano wurden 333 v. Chr. vom Syrakuser Tyrannen Timoleon in Auftrag gegeben. Sie sind erstaunlich gut erhalten, was wahrscheinlich den Sanddünen zu verdanken ist, unter denen sie Tausende Jahre begraben waren, bevor sie 1948 entdeckt wurden. Die 8 m hohen Mauern sollten auch die Unmengen von Sand aufhalten, die vom stürmischen Seewind in die Stadt geblasen wurden. Heutzutage werden auf Anweisung der Behörden als Schutz gegen den Sand Bäume gepflanzt.

Die hübsche, mit Mimosen und Eukalyptusbäumen bepflanzte Stelle eignet sich perfekt für ein Picknick. Um vom archäologischen Museum in Gela hierher zu gelangen, der *lungomare* (Küstenstraße) 4 km nach Westen folgen!

❶ An- & Weiterreise

AUTO & MOTORRAD

Gela ist gut mit dem Auto zu erreichen: Die SS115 führt in westlicher Richtung nach Agrigent und in östlicher Richtung nach Ragusa und Modica. Die SS117bis verbindet die Stadt mit Caltagirone (über die SS417) und Piazza Armerina.

Man folgt den Schildern ins Stadtzentrum und zum Museum, das sich am östlichen Ende des Corso Vittorio Emanuele, der Ost-West-Achse des Ortes, befindet.

BUS

Von der Piazza Stazione vor dem Bahnhof starten regelmäßig Busse von SAL (S. 276), die nach Licata (45 Min.) und Agrigent (1¾–2¼ Std.) fahren. Es gibt auch Busse nach Syrakus und Caltanissetta.

Lampedusa

Lampedusa, die größte der drei Pelagischen Inseln (die beiden anderen heißen Linosa und Lampione), liegt etwa 200 km südlich von Sizilien und damit näher bei Tunesien als bei Italien. Die von dem herrlich aquamarinblauen Meer umgebene Insel, an deren Südufer ein Meeresschutzgebiet liegt, ist ein beliebtes Ferienziel, vor allem im Sommer. Dann steigt die Zahl der Einwohner von ansonsten 6300 auf mehr als das Dreifache an. Im Winter gibt es weniger Verkehrsverbindungen, und fast alle Hotels und Restaurants sind geschlossen.

Die Haupttouristenattraktion der Insel sind ihre Strände an der 11 km langen Südküste. Der berühmteste Strand der Gegend, und zugleich einer der schönsten am ganzen Mittelmeer, ist die Spiaggia dei Conigli (Kaninchenstrand) auf der Isola dei Conigli – eine traumhaft einsame Bucht mit seichtem, türkisfarbenem Wasser.

Lampedusa hat in den letzten Jahren Schlagzeilen gemacht als Italiens größte Anlaufstelle von Flüchtlingen aus Afrika und dem Nahen Osten. Zehntausende Migranten sind hier hauptsächlich aus Libyen und Tunesien angekommen.

◉ Sehenswertes

Die schönsten Buchten und Strände auf Lampedusa von Ost nach West sind: **Mare Morto, Cala Pisana, Cala Francese, Cala Guitgia, Cala Croce, Cala Madonna, Cala Greca, Cala Galera**, Cala Tabaccara, Spiaggia dei Conigli und Cala Pulcino.

★ Spiaggia dei Conigli STRAND

(Kaninchenstrand) Nur wenige Strände weltweit genießen solchen legendären Ruhm wie dieser lange, einsame weiße Sandstrand mit seinem seichten, türkisblauen Wasser und hübschen Blick auf ein vorgelagertes kleines grünes Eiland. Seine natürliche Schönheit hat sich der Strand größtenteils deshalb bewahrt, weil er mitten in dem Naturschutzgebiet **Riserva Naturale Isola di Lampedusa** liegt. Den Strand erreicht man nur per Boot oder zu Fuß über einen 15-minütigen Trampelpfad, der von der Hauptstraße abzweigt (Ausschau halten nach dem Schild mit dem faulenzenden Kaninchen!).

Die Spiaggia dei Conigli ist einer der wenigen Orte in Italien, wo die *Caretta caretta* (Unechte Karettschildkröte) ihre Eier ablegt. Deshalb ist der Zutritt zum Strand während der Eiablage (in der Regel Mai–Aug.) nachts strikt verboten (es gibt Schilder mit den aktuellen Sperrzeiten).

★ **Cala Tabaccara** BUCHT
Die nur per Boot erreichbare Bucht mit glasklarem, stahlblauem Wasser liegt an der Südküste von Lampedusa und ist eine der schönsten Sehenswürdigkeiten der Insel. Es gibt hier keinen Strand – wer also ins Wasser springen will, kann dies nur vom Boot aus tun. Jeder beliebige Bootsbetreiber auf Lampedusa kann einen hierher bringen (ca. 40 €/Pers.).

Capo Ponente AUSSICHTSPUNKT
Den schönsten Sonnenuntergang auf Lampedusa erlebt man von diesem Aussichtspunkt aus, der nahe der nordwestlichen Spitze der Insel zu finden ist. Von hier blickt man Richtung Tunesien, während die Sonne in der Weite des Meeres versinkt. Etwa 3 km östlich vom Capo Ponente kommt man an der Hauptstraße an **Albero Sole** (133 m), Lampedusas höchstem Punkt, vorbei – noch ein toller Ort zum Beobachten von Sonnenuntergängen. Von Mai bis September kampiert die mobile Bar Sprizzando täglich auf dem Parkplatz und versorgt die Leute zum *aperitivo* am späten Nachmittag mit Aperol Spritz.

Lampedusa Turtle Group TIERSCHUTZGEBIET
(338 2198533; www.lampedusaturtlegroup.org; Lungomare Luigi Rizzo; Mo-Sa 17-19 Uhr) GRATIS
Die einsamen Strände auf Lampedusa sind ein wichtiges Habitat von Meeresschildkröten, vor allem von *Caretta caretta* (Unechten Karettschildkröten). Diese auf freiwillige Mitarbeiter angewiesene Organisation hat sich in den letzten zehn Jahren stark für den Schutz der Tiere eingesetzt: Sie liest verletzte Schildkröten auf, pflegt sie gesund und klärt örtliche Schulkinder und die Allgemeinheit über den Schutz der Tiere auf. Bei den nachmittäglichen Führungen (bei Voranmeldung auch auf Englisch) kann man einen Blick auf die Arbeit der Turtle Group werfen und mit einigen Schildkröten auf Tuchfühlung gehen.

Aktivitäten

Unten am Hafen findet man jede Menge Anbieter von *gite in barca* (Bootstouren), dar-

---

> **ABSEITS DER ÜBLICHEN PFADE**
>
> ### BUTERA & MAZZARINO
>
> Wer von Gela oder Licata gen Norden nach Piazza Armerina weiterfährt, sollte in Betracht ziehen, einen kleinen Umweg über die malerischen Nebenstraßen zu diesen wunderhübschen Dörfern in den Hügeln des Hinterlands zu machen.
>
> Das wohlhabende, eigenständige und friedliche Butera zehrt noch von seinen Jahren unter der Herrschaft der Familie Branciforte und ist, im Gegensatz zu vielen anderen ländlichen Gemeinden im Landesinneren, alles andere als heruntergekommen. Die reizende Dorfkirche **Chiesa Madre** beherbergt einige bescheidene Schätze: einen Triptychon aus der Renaissance und das Gemälde der Madonna des toskanischen Malers Filippo Paladini aus dem 16. Jh. Das Beste ist jedoch der traumhafte Blick, den man von der **normannischen Burg** auf dem Hügel auf die Umgebung hat.
>
> Mazzarino war einst Sitz des Branciforte-Clans und ist heute nur mehr eine kleine, verschlafene Ortschaft. Dennoch lohnt sich ein kurzer Besuch, um die barocken Kirchen mit ihren prunkvollen Grabmonumenten der Branciforte-Prinzen sowie weitere Kunstwerke Paladinis zu bestaunen. Viele Kirchen sind für die Öffentlichkeit nicht zugänglich, man kann aber bei der hilfsbereiten **Touristeninformation** (093 438 49 84; Corso Vittorio Emanuele 410; Sommer 9-13 & 16-20 Uhr, Winter 9-13 & 15-19 Uhr) als Mazzarinos Hauptstraße nachfragen, ob man nicht doch einen Blick hineinwerfen darf.
>
> Von Gela nach Butera ist es eine einfache Autofahrt von 18 km entlang der SP8. Nach weiteren 18 km auf der SP8 und der SS191 in Richtung Norden ist Mazzarino erreicht. Von dort gelangt man über die SP26, SP169 und SP15 nach Piazza Armerina (24 km).

unter auch das stets beliebte *giro dell'isola* (Inselrundfahrt).

Wanderweg Cala Pulcino WANDERN
Lampedusas schönster Wanderweg (hin & zurück jeweils 30 Min.) führt zur herrlichen Kieselbucht Cala Pulcino zwischen zwei felsigen Landzungen an der Südwestküste der Insel. Der ausgeschilderte Weg führt vom Parkplatz aus direkt in einen schattigen Kiefernwald hinab, der sich langsam zu einer hübschen, kleinen Schlucht mit Felswänden auf beiden Seiten öffnet, die in Richtung Meer weisen.

Es gibt keinen Sandstrand an der Cala Pulcino, doch die spektakuläre Schönheit der Bucht und ihre herrlich einsame Lage lassen einen gern länger verweilen.

Marina Diving Center TAUCHEN
(338 5054554; www.facebook.com/MarinaDivingLampedusa; Lungomare Luigi Rizzo 161) Die kristallklaren Gewässer rund um Lampedusa sind der Traum eines jeden Tauchers, und dieser alteingesessene Anbieter bringt einen zu den besten Tauchspots in der Gegend. Die professionellen, immer auf Sicherheit bedachten Tauchleiter und die erstklassige Ausrüstung bekommen regelmäßig viele gute Bewertungen.

 Essen

Die besten Restaurants findet man an der Hauptstraße Lampedusas, der Via Roma, und ihren Querstraßen, etwa der Via Vittorio Emanuele. Frische Meeresfrüchte stehen im Mittelpunkt der Küche Lampedusas, und häufig kommen *pesce spada* (Schwertfisch), *sgombro* (Makrele), *cernia* (Zackenbarsch) und *dentice* (Schnapper) vor. Weitere örtliche Spezialitäten sind u. a. *pasta alla bottarga di ricciola* (Pasta mit Gelbschwanzmakrelen-Rogen, Kapern aus der Region, Zitronensaft und Olivenöl) sowie Fisch-Couscous.

Bar dell'Amicizia BÄCKEREI €
(0922 97 04 32; Via Vittorio Emmanuele 60; Dessert ab 2 €; 5–20 Uhr) Wer die Leute hin fragt, wo man die besten Desserts auf Lampedusa bekommt, wird vermutlich zur „Bar der Freundschaft" geschickt – erkennbar an dem niedlichen Schild, auf dem zwei Delfine sich ein Eis teilen. Und in der Tat: Das Eis ist gut, doch noch besser sind vielleicht die *cannoli*, die vor Ort mit frischem Ricotta gefüllt werden und schon um 5 Uhr früh zu haben sind, wenn der Laden öffnet.

Gastronomia Mancino SIZILIANISCH €
(Via Vittorio Emanuele 39; Snacks & kleine Gerichte 1,50–5 €; 6-1.30 Uhr) Mittags strömen die Leute in der Innenstadt in diese *tavola calda* (Cafeteria) mit vielen Sitzplätzen im Freien auf einem zentralen Platz in Lampedusa. Es gibt hier preiswerte Snacks wie *arancini* (mit allem Möglichen von Shrimps bis Prosciutto und Mozzarella gefüllte Reisbällchen), *panini*, Pizzastücke und köstliche *primi* wie Pasta mit Schwertfisch und Aubergine oder mit Zackenbarsch gefüllte Ravioli mit sizilianischem Pesto.

★Trattoria Terranova TRATTORIA €€
(0922 97 19 25; www.trattoriaterranova.it; Via Terranova 3; Gerichte 26–41 €; April–Okt. 12–14 & 19–22 Uhr) Bernardos altehrwürdige Trattoria liegt versteckt vor den Augen der Strandgänger in einer Nebenstraße Lampedusas und wirkt schon beim Betreten vertrauenerweckend. Das von verführerischen Aromen und einem geselligen einheimischen Publikum aus vielen Generationen geprägte Terranova serviert üppige Slow-Food-Spezialitäten von *carrellata di antipasti* (Caponata, marinierte Sardinen, Gemüse-Couscous) bis hin zu Hauptgerichten mit frisch gegrillten Meeresfrüchten.

Cavalluccio Marino SEAFOOD €€€
(0922 97 00 53; www.hotelcavalluciomarino.com/ristorante; Contrada Cala Croce 3; Gerichte ab 45 €, Verkostungsmenü 60–80 €; Mai–Okt. 20–21.30 Uhr) Lampedusas beste Adresse feiner Inselküche verleiht sizilianischen Klassikern einen modernen Twist und serviert Gerichte von Schwertfisch-*cannoli* bis hin zu Champagner-Risotto mit roten Mazara-Garnelen. Im Sommer speist man an weißen Tischen, die sich über den romantisch beleuchteten Patio mit Meerblick verteilen. WEnn man im Voraus bestellt, bekommt man auch Inselspezialitäten wie *couscous di cernia* (Zackenbarsch-Couscous) und *zuppa di pesce* (Fischsuppe).

An- & Weiterreise

FLUGZEUG
Der **Aeroporto di Lampedusa** (LMP; 0922 97 07 31; www.aeroportodilampedusa.com) liegt nur 1 km östlich des Hauptorts und des Fährhafens. **DAT** (www.dat.dk) bietet Direktflüge ab Palermo und Catania, **Volotea** (www.volotea.com) hat Direktflüge nach Bergamo, Genua, Turin, Venedig und Verona. Eine Handvoll anderer Fluglinien wie **Alitalia** (www.alitalia.com), **Blue Panorama** (www.blue-pano

rama.com), **Neos** (www.neosair.it) und **Vueling** (www.vueling.com) verbinden Lampedusa mit Rom, Mailand und/oder Bologna.

SCHIFF/FÄHRE

Siremar (www.carontetourist.it/en/siremar) und **Traghetti delle Isole** (www.traghettidelle isole.it) betreiben das ganze Jahr über Fähren von Porto Empedocle nach Lampedusa (49 €, 9¾ Std.). Zwischen Ende Juni und September hat **Liberty Lines** (www.libertylines.it) auf derselben Strecke auch vier bis fünf Tragflügelboote pro Woche (61 €, 4¼ Std.) im Einsatz.

 Unterwegs vor Ort

AUTO & MOTORRAD

Die Entfernungen auf Lampedusa sind überschaubar, dennoch ist es sicher bequemer, ein eigenes Auto zur Verfügung zu haben. Sowohl am Flughafen als auch im Ort gibt es jede Menge Auto- und Motorradvermieter. In der Nebensaison (Mai od. Okt.) beginnen die Preise pro Woche für ein Motorrad mit 50 cm^3 Hubraum bei etwa 90 €, für ein Motorrad mit 125 cm^3 Hubraum bei 100 € und für einen einfachen Kleinwagen bei 130 €. Mitten in der Sommersaison (Aug.) muss man für dieselben Fahrzeuge mit bis zu 180, 210 bzw. 240 € rechnen.

BUS

Auf Lampedusa gibt es zwei öffentliche Buslinien (tgl. etwa 8.30–20 Uhr), die beide von einer Haltestelle an der Piazza Brignone im Ortszentrum abfahren und jeweils eine Runde über die Insel drehen. Die **Linea Azzurra** (Blaue Linie) fährt nach Westen zur Spiaggia dei Conigli und hält unterwegs mehrmals, darunter an der Cala Croce und bei Camping La Roccia. Die **Linea Rossa** (Rote Linie) fährt Richtung Nordosten und hält an beliebten Stellen an der Küste, z. B. an der Cala Creta und der Mare Morto. Fahrkarten (1 €) kauft man nach dem Einsteigen beim Busfahrer.

FAHRRAD

Die Insel ist relativ klein (20,2 km^2) und lässt sich prima mit dem Rad erkunden. **Noleggio Ecologico** (333 3246668; www.noleggioeco logicolampedusa.com; Via Pellico 12; 8–12.30 & 15.30–19.30 Uhr) hat eine große Auswahl von Leihfahrrädern, darunter Stadträder, Mountainbikes, Tandems, E-Bikes und Motorroller.

Unterkunft

Inhalt ➡

Palermo	294
West-Sizilien	295
Tyrrhenische Küste	297
Liparische Inseln	299
Ionische Küste	302
Syrakus & der Südosten	304
Zentral-Sizilien	308
Mittelmeerküste	309

Top-Unterkünfte

➡ Suite d'Autore (S. 308)
➡ Nòtia Rooms (S. 305)
➡ Pensione Tranchina (S. 295)
➡ Domus Maris Relais (S. 310)

Top-Agriturismi

➡ Monaci delle Terre Nere (S. 303)
➡ Agriturismo Vultaggio (S. 295)
➡ Casa Migliaca (S. 297)
➡ Masseria Quartarella (S. 304)

Unterkunftssuche

Welches der beste Ort ist, um auf Sizilien zu übernachten, hängt auch von den eigenen Interessen und dem individuellen Reisestil ab. In Städten wie Palermo, Catania, Taormina und Syrakus findet man am ehesten Unterkünfte mit internationalem Standard wie Spitzenklasse- oder Boutiquehotels. Wer sich auf dem Land wohler fühlt, findet die schönsten *agriturismi* (Unterkunft auf Bauernhöfen) der Insel in Zentral-Sizilien und in den Monti Madonie und Monti Nebrodi. Auch für budgetbewusste Traveller gibt's zahlreiche Optionen: Hostels in Palermo und Catania, Bergchalets in den Monti Madonie und der Ätna-Region sowie hervorragende B&Bs der unteren oder mittleren Preisklasse in Städten wie Syrakus, Agrigent, Lipari und Marsala. Syrakus, Catania und Palermo bieten sich für alle an, die mit dem Zug oder anderen öffentlichen Verkehrsmitteln unterwegs sind, während Strandliebhaber aus dem attraktiven Angebot an Unterkünften in Cefalù und Taormina wählen können.

Preise

Die folgenden Preisspannen gelten für ein Doppelzimmer mit eigenem Bad (inkl. Frühstück) in der Hauptsaison. Die Preise der Nebensaison gelten generell zwischen Oktober und Ostern (mit Ausnahme der Weihnachtsfeiertage). Die Monate Juli und August sowie die Weihnachtszeit werden als Hauptsaison angesehen; im restlichen Jahr gelten die Preise für die Zwischensaison.

Kategorie	Preis
€	weniger als 110 €
€€	110–200 €
€€€	mehr als 200 €

PALERMO

Palermo

★ Stanze al Genio Residenze B&B €
(Karte S. 68; ☏ 340 0971561; www.stanzealgenio bnb.it; Via Garibaldi 11; EZ 85–100 €, DZ 100–120 €; ❄ 🕿) Das B & B ist mit einigen sizilianischen Antiquitäten ausgestattet und hat vier traumhafte Zimmer, von denen drei mit Deckenfresken aus dem 19. Jh. aufwarten. Alle Zimmer sind groß und gut durchdacht eingerichtet, mit Murano-Lampen, alten Holzschränken und hochwertigen orthopädischen Betten. Hier wurde so manches Balkongeländer in das Kopfteil eines Bettes umgewandelt. Die schönen Majolika-Fliesen auf dem Anwesen kommen nicht von ungefähr: Das B & B ist an das wunderbare Museo delle Maioliche (S. 66) im Erdgeschoss angeschlossen.

Palazzo Pantaleo B&B €
(Karte S. 63; ☏ 091 32 54 71; www.palazzopanta leo.it; Via Ruggero Settimo 74h; EZ/DZ/Suite 80/100/150 €; P 🕿) Giuseppe Scaccianoces elegantes B & B bietet Komfort in günstiger Lage: Es residiert in der obersten Etage eines alten *palazzo* (Herrenhauses), einen halben Block abseits der Piazza Politeama, in einem ruhigen Hof mit kostenlosen Parkplätzen vor der lärmgeplagten Hauptstraße versteckt. Die fünf Zimmer sind in Erdtönen gehalten und haben hohe Decken, Marmor-, Fliesen- oder Dielenböden, Schallschutzfenster und moderne Bäder. Es gibt auch eine geräumige Suite mit demselben Farbmuster.

B & B Amélie B&B €
(Karte S. 63; ☏ 328 8654824, 091 33 59 20; www.bb-amelie.it; Via Prinicipe di Belmonte 94; EZ 40–60 €, DZ 60–80 €, 3BZ 90–100 €; ❄ @ 🕿) Die freundliche, mehrsprachige Angela hat die an einer zentralen, autofreien Straße im 6. Stock gelegene, große Wohnung ihrer Großmutter in ein gemütliches B & B umgewandelt. Die Zimmer sind einfach, farbenfroh und blitzblank. Alle haben ein eigenes Bad (das entweder angeschlossen ist oder im Flur liegt) und zwei sogar eine eigene Terrasse. Zum Frühstück gibt's hausgemachte Kuchen und Marmelade. Außerdem ist die aus Palermo gebürtige Angela eine tolle Quelle für Infos über die Gegend.

BB22 Palace B&B €€
(Karte S. 68; ☏ 091 32 62 14; www.bb22.it; Ecke Via Roma & Via Bandiera; DZ 140–180 €, ganzes Apt. 700–1000 €) In einem luftigen *palazzo* im Herzen Palermos hat das BB22 Palace schicke, moderne Zimmer im Angebot, die alle ihren eigenen Stil haben. Das luxuriöseste ist das Stromboli-Zimmer mit Whirlpool und einem Oberlicht im Schlafzimmer, durch das man das Nachbargebäude aus dem 15. Jh. sehen kann. Die luftige Gemeinschafts-Lounge – mit Kunst, Bildbänden und einer Bar, an der man sich selbst einschenken kann und die Menge dann für die Abrechnung selbst notiert – ist ein perfekter und exklusiver Rückzugsort.

Butera 28 APARTMENTS €€
(Karte S. 68; ☏ 333 3165432; www.butera28.it; Via Butera 28; Apt. 80–240 €/Tag, 520–1600 €/Woche; P ❄ 🕿) Die nette, mehrsprachige Inhaberin Nicoletta vermietet zwölf Apartments im Palazzo Lanzi Tomasi aus dem 18. Jh., der letzten Wohnstätte von Giuseppe Tomasi di Lampedusa, dem Autor des Romans *Der Leopard*. Die mit Antiquitäten der Familie ausgestatteten, unterschiedlich großen Wohnungen (30–180 m²) bieten meist Platz für eine Familie mit vier oder mehr Personen. Fünf Apartments gewähren Meerblick, und alle haben Waschmaschinen, gut ausgestattete Küchen und schalldichte Fenster.

Das Apartment Nr. 9 ist sogar mit einem eigenen Konzertflügel ausgestattet. Das Parken kostet 15 € pro Nacht. Nicoletta veranstaltet auch hervorragende Kochkurse.

Massimo Plaza Hotel HOTEL €€
(Karte S. 60; ☏ 091 32 56 57; www.massimoplaza hotel.com; Via Maqueda 437; DZ 140–250 €; P ❄ 🕿) Das trauliche Hotel hat eine spitzenmäßige Lage an der lebhaften, nur Fußgängern zugänglichen Via Maqueda. Vorhänge mit Raffhaltern und Holzmöbel verleihen den Zimmern eine klassische Atmosphäre. Sieben der Zimmer bieten einen tollen Blick auf das berühmte Teatro Massimo gegen-

---

> **UNTERKÜNFTE ONLINE BUCHEN**
>
> Weitere Beschreibungen von Unterkünften und Empfehlungen von Lonely Planet Autoren bietet der Online-Buchungsservice unter http://hotels.lonelyplanet.com (englisch). Hier gibt's die echten Insiderinfos zu den besten Übernachtungsmöglichkeiten. Die Kritiken sind gründlich recherchiert und unbeeinflusst. Die Unterkünfte können auch direkt gebucht werden!

über. Das Frühstück wird auf Wunsch ohne Aufpreis direkt aufs Zimmer geschickt.

★ De Bellini Apartments   APARTMENTS €€€
(Karte S. 68; ☏ 331 8836589; http://debellinipalermo.it; Piazza Bellini 5; Apt. ab 200 €; ❄🛜) Diese zehn von einem Architekten gestalteten Apartments in einem *palazzo* aus dem 17. Jh. an einem der schönsten Plätze Palermos sind spektakulär. Sechs haben eine eigene Küche mit High-Tech-Geräten. Zwar sind alle Wohnungen anders eingerichtet, doch alle sind mit moderner Kunst, umwerfenden Designermöbeln, zeitgenössischen Bädern und hochwertigem Bettzeug bestückt. Das Balkon-Apartment des Bellini ist so nah an der La Martorana aus dem 12. Jh., dass man von seiner Terrasse aus die Kirche fast berühren könnte.

Grand Hotel Villa Igiea   HOTEL €€€
(☏ 091 631 21 11; www.villa-igiea.com; Salita Belmonte 43; DZ ab 289 €; P❄@🛜🏊) Was kann man über eine Jugendstilvilla sagen, die von Ernesto Basile für die Familie Florio (bekannt dank Thunfisch und Marsalawein) entworfen wurde? Die Villa Igiea, ca. 3 km nördlich vom Zentrum, ist Palermos bestes Hotel. Es wartet mit Privatstrand, Pool, Tennisplatz, Wellness, Fitnessstudio und Restaurants auf. Die Zimmer sind entsprechend elegant und haben traumhafte Betten und prunkvolle Bäder.

Hotel Principe di Villafranca   BOUTIQUEHOTEL €€€
(Karte S. 63; ☏ 091 611 85 23; www.principedivillafranca.it; Via Giuseppina Turrisi Colonna 4; DZ 199–253 €, Suite 268–363 €; P❄@🛜) Das raffinierte, mit schicken Designermöbeln und Antiquitäten eingerichtete Hotel liegt gleich westlich der Via della Libertà in einem der friedlichsten, exklusivsten Viertel Palermos. Zu den Gemeinschaftsbereichen gehören ein gemütlicher Sitzbereich mit Bibliothek, Kamin und Ausstellungen von Arbeiten regionaler Künstler. Unter den komfortablen Zimmern sticht die Juniorsuite Nr. 105 hervor, die mit Leihgaben von Künstlern und aus Privatsammlungen geschmückt ist.

WEST-SIZILIEN

Golfo di Castellammare

★ Agriturismo Vultaggio   AGRITURISMO €
(☏ 0923 86 42 61; www.agriturismovultaggio.it; Contrada Misiliscemi 4, Guarrato; DZ 76 €, Zelt ab 80 €; P🏊) 🌿 Auf dem Land, rund 15 km südlich von Trapani, findet sich diese hervorragende Unterkunft auf einem Bauernhof. Vier der 13 attraktiven Zimmer bieten Meerblick; und fürs Nobel-Campen gibt's Safarizelte. Man kann am Pool relaxen, radeln und wandern. Zu den besonderen Highlights zählen das sensationelle Farmrestaurant vor Ort und der Hofladen mit frischem Ricotta und Pecorino, Honig und Bio-Obst.

Scopello

★ Pensione Tranchina   PENSION €
(☏ 0924 54 10 99; www.pensionetranchina.com; Via Armando Diaz 7; B&B 35–50 €/Pers., inkl. HP 60–75 €/Pers.; ❄🛜) Sensationelle, überwiegend aus Bio-Zutaten zubereitete Mahlzeiten und die erstklassige Lage im Zentrum von Scopello machen das einladende Wohnhaus der freundlichen Gastgeberin Marisin Tranchina zu einer der beliebtesten *pensioni* im Westen Siziliens. Einige Zimmer gewähren einen Fernblick aufs Meer. Das Frühstück ist ein denkwürdiges Mahl mit warmem Brot, süßem Gebäck, örtlichem Honig und Olivenöl, sonnengereiften Tomaten, sahnigem Ricotta und Bohnen frisch vom Markt.

Trapani

Ai Lumi   B&B €
(Karte S. 106; ☏ 0923 54 09 22; www.ailumi.it; Corso Vittorio Emanuele 71; EZ 53–70 €, DZ 85–106 €, 3BZ 111–132 €, 4BZ 138–159 €; ❄🛜) Seit 2003 betreibt das Ehepaar Francesca und Riccardo dieses stimmungsvolle Gästehaus mit viel liebevoller Zuwendung. In dem *palazzo* aus dem 18. Jh., zu dem ein fotogener Hof voller Topfpflanzen gehört, gibt's traditionelle B&B-Zimmer und mit Einbauküchen ausgestattete Apartments für bis zu fünf Personen. Das Frühstück wird in der **Tavernetta** des Ai Lumi (Karte S. 106; ☏ 0923 87 24 18; www.ailumi.it; Corso Vittorio Emanuele 75; Gerichte 30–40 €; ⊗ 7–15 & 19.30–23 Uhr, Okt.–Mai Di geschl.) serviert; auf andere Mahlzeiten erhalten die Pensionsgäste hier einen Rabatt von 15 %.

★ La Gancia Residence   HOTEL €€
(Karte S. 106; ☏ 0923 43 80 60; www.lagancia.com; Piazza Mercato del Pesce; DZ 110–170 €, 3BZ 200 €, 4BZ 189–280 €; ⊗ Rezeption 7–24 Uhr; ❄🛜) Man löffelt Gelee aus dem großen Topf an

der Rezeption, bewundert die hohe, jahrhundertealte Decke und die schicke Lounge im maurischen Stil und freut sich, ein Zimmer in einem der schönsten Hotels der Stadt in praktischer Nähe zum Wasser zu haben. Aus vielen Zimmern bietet sich ein weiter, romantischer Blick aufs Meer, und die Frühstücksterrasse ist traumhaft.

★ **Room Mate Andrea** DESIGNHOTEL €€
(Karte S. 106; ☏ 912 179287; https://room-mate hotels.com/en/andrea; Viale Regina Margherita 31; DZ 79–135 €; P ❄ @ 🛜 🏊) Der anmutige Palazzo Platamone mit seiner karamellfarbenen neoklassizistischen Fassade vom Beginn des 20. Jhs. ist die grandiose Kulisse für das Sizilien-Debüt der spanischen Stadthotelkette Room Mate. Das Andrea ist wie zu erwarten stylish und bietet den einzigen Dachterrassenpool der Stadt. Die schön und schick im Vintage-Stil gestalteten Zimmer verbinden originale neoklassizistische Elemente mit modernem Komfort. Das Frühstück (19,90 €) wird bis 12 Uhr serviert; die Bar bietet erstklassige saisonale Cocktails.

Saline di Trapani

Relais Antiche Saline BOUTIQUEHOTEL €€
(☏ 389 0611558, 0923 86 80 42; www.relaisantichesaline.it; Via Giuseppe Verdi, Nubia; DZ 80–200 €; ⊗ Nov.–März; P ❄ @ 🛜 🏊) In diesem abgelegenen, weiß getünchten Hotel beobachtet man die in der Luft fliegenden Reiher und Flamingos, genießt prächtige Sonnenuntergänge und erkundet die örtliche Kultur der Salzgewinnung in den gleißenden Salzpfannen des Naturschutzgebiets Saline di Trapani e Paceco. Die komfortablen Vier-Sterne-Zimmer präsentieren sich in maritimem Blau und Weiß, es gibt einen Freiluftpool samt Whirlpool (April–Okt.).

Die Hotelbesitzer stammen aus einer Familie von Salzarbeitern (angefangen mit Urgroßvater Angelo Culcasi in den ersten Jahren des 20. Jhs.) und vereinbaren für ihre Gäste gern Wanderungen zu den Salzpfannen und WWF-Führungen durch das Naturschutzgebiet. Für Halb- oder Vollpension zahlt man zusätzlich 25 bzw. 45 € pro Person und Tag.

Pantelleria

Dammusi Sciuvechi PENSION €€
(☏ 338 9707429; www.dammusisciuvechi.it; Località Sciuvechi; Dammuso für 2 Pers. 500–1580 €/

Woche; ❄ 🛜 🏊) Das von Olivenbäumen und Weinbergen umgebene einsame Resort im westlichen Hochland von Pantelleria bietet einen Ausblick aufs ferne Meer und ist ideal, um einmal allem zu entkommen. Die in sich abgeschlossenen *dammusi* (weiß getünchte, für Pantelleria typische Steinhäuser mit flacher Kuppel) sind von unterschiedlicher Größe, viele sind mit Küchen, eigenen Pools und/oder Veranden ausgestattet. Alle teilen sich den Whirlpool, das türkische Bad, den Swimmingpool und das Solarium.

Mazara del Vallo

★ **Meliaresort** BOUTIQUEHOTEL €€
(☏ 335 1250100, 0923 90 64 97; www.meliaresort.it; Via Bagno 2; DZ 130–300 €; ❄ 🛜) Mitten im Zentrum von La Casbah bietet dieses einmalige Boutiquehotel neun schön restaurierte Zimmer, Suiten und mit Küchen ausgestattete Apartments mit Terrasse. Alle befinden sich in einem historischen *palazzo* oder einem *dimore storiche* (historischen Wohnhaus). Prächtige alte Details sind überall zu finden; in einer Suite steht sogar ein Konzertflügel. Für das ausgiebige sizilianische Frühstück, eine süße Verführung, sollte man sich Zeit nehmen.

Marsala

★ **Il Profumo del Sale** B&B €
(Karte S. 120; ☏ 0923 189 04 72; www.ilprofumodelsale.it; Via Vaccari 8; EZ/DZ 40/65 €; 🛜) In perfekter Lage in Marsalas historischem Zentrum bietet dieses reizende B&B drei hübsche Zimmer mit netten Extras wie Mandelkeksen, hochwertigen Seifen und einem guten Frühstück mit frisch gebackenem Brot und hausgemachter Marmelade. Das Zimmer nach vorn raus ist am prunkvollsten und hat einen kleinen Balkon mit Blick auf die Kathedrale. Die elegante Inhaberin Celsa hat tolle Tipps zu Marsala und der Umgebung auf Lager.

★ **ProKite Alby Rondina** HOTEL €
(☏ 347 5373881; www.prokitealbyrondina.com; Via Passalacqua; EZ/DZ/3BZ ab 60/85/115 €; ⊗ März–Nov.; P ❄ @ 🛜) In dem hellen, modernen Drei-Sterne-Hotel, das eine der besten Kitesurfing-Schulen von Marsala (S. 114) betreibt, kann man sich beim Aufwachen am Anblick der farbenfrohen Lenkdrachen über der schönen Lagune Lo Stagnone erfreuen. Die 29 Zimmer in weiß getünchten

Cottages, die sich auf einer schönen Terrasse nur Schritte vom Ufer der Lagune entfernt aufreihen, wurden erfrischend modern gestaltet. An den Wänden hängen hippe Surf-Fotos.

Hotel Carmine HOTEL €€
(Karte S. 120; 0923 71 19 07; www.hotelcarmine.it; Piazza Carmine 16; EZ/DZ/3BZ 105/125/260 €; P ❋ @ 🛜) Das hübsche Hotel in einem umgebauten Kloster aus dem 16. Jh. hat elegante Zimmer mit originalen blaugoldenen Majolika-Fliesen, Steinwänden, alten Möbeln und hohen Balkendecken. Seine Cornflakes kann man in dem hochherrschaftlichen Frühstückszimmer mit historischen Fresken und einem pompösen Kronleuchter verzehren. Im Winter nimmt man seinen Drink an einem prasselnden Kaminfeuer. Zu den modernen Einrichtungen gehört ein Solarium auf dem Dach.

Erice

Hotel Elimo HOTEL €€
(Karte S. 110; 0923 86 93 77; www.hotelelimo.it; Via Vittorio Emanuele 75; EZ 72–100 €, DZ 90–160 €, 4BZ 120 €; ❋ 🛜) Die Gemeinschaftsbereiche dieses stimmungsvollen historischen Hauses warten mit fliesenbedeckten Balken, Marmorkaminen, interessanten Kunstwerken, Schnickschnack und diversen Antiquitäten auf. Die Schlafzimmer sind schlichter gehalten, doch bieten viele davon (ebenso wie die Hotelterrasse und das Restaurant) atemberaubende Ausblicke nach Süden und Westen auf die Saline di Trapani, die Ägadischen Inseln und das herrlich schimmernde Meer.

Marettimo

★ Marettimo Residence B&B €€
(0923 92 32 02; www.marettimoresidence.it; Via Telegrafo 3; DZ 130–210 €, 3BZ 160–240 €, 4BZ 250–320 €; @ 🛜 ≋) Die liebevoll mit Bougainvilleen, Palmen und Küchenkräutern gestaltete Anlage an einem Hügelhang südlich des Hafens ist ideal für Familien und alle, die etwas länger in Marettimo bleiben wollen. Alle 44 Apartments besitzen eine eigene Küche und eine Veranda. Es gibt außerdem einen kleinen Swimmingpool, zwei Wellnessbereiche, einen Kinderspielplatz, ein Café, einen Grillbereich und eine Bibliothek, die Bücher in mehreren Sprachen vorrätig hält.

Favignana

★ La Casa del Limoneta B&B €€
(340 4184858, 331 3430654; www.lacasadellimoneto.it; Vicolo Cimarosa 12; DZ 90–170 €; P ❋ 🛜) Ein bezaubernder abgesenkter Garten voller Zitronenbäume umrahmt das gemütliche, weiß getünchte Gästehaus der Besitzer Gaetana und Giuseppe. Die Zimmer öffnen sich zu den Zitronenhainen oder zu einem kleinen, ummauerten Garten. Das Frühstück wird bei warmem Wetter unter den Zitronenbäumen serviert und ist eine süße Schlemmerei mit hausgemachtem Kuchen, Zitronenquark und Mispelfrüchten direkt aus dem Garten.

★ Villa Margherita RESORT €€
(331 4601817; www.villamargherita.it; Strada Comunale Corso 10; DZ 113–156 €, 3BZ 141–172 €; ⊙ Rezeption Mai–Okt. 9–13 & 16–19.30 Uhr; P ❋ 🛜 ≋) Das bezaubernde, noble Refugium in einer Villa liegt in einem außergewöhnlichen, in den alten Tuffsteinbrüchen angelegten botanischen Garten und gehört zu den friedvollsten Unterkünften auf der Insel. Man könnte Stunden damit zubringen, das üppige Gelände zu erkunden, die Dutzenden Palmenarten um den Pool zu studieren und im kühlen Schatten des Aussichtspavillons zu relaxen. In den mit Küchen ausgestatteten Studiowohnungen, die sich auf mehrere Häuser verteilen, finden jeweils zwei bis drei Personen Platz.

TYRRHENISCHE KÜSTE

Castel di Tusa

★ Casa Migliaca AGRITURISMO €€
(0921 33 67 22; www.casamigliaca.com; SP176, Km 7, Pettineo; EZ/DZ inkl. HP 105/170 €, Selbstversorger-Apt. pro Tag/Woche 100/600 €; 🛜) Das heitere *agriturismo* 9 km südlich von Castel di Tusa wurde um eine von Oliven- und Zitronenhainen umgebene Olivenölmühle aus dem 17. Jh. herum angelegt und bietet geräumige Zimmer in einem schönen, alten, aus Stein errichteten Bauernhaus sowie ein Apartment für bis zu sechs Personen. Bei den Mahlzeiten kommen Produkte frisch vom Biobauernhof zum Einsatz. Man speist in familiärem Ambiente rund um die historische Olivenpresse oder, wenn das Wetter nicht mitspielt, in der gemütlichen Küche im Obergeschoss.

Der Besitzer Luca lädt die Gäste ein, das prächtige Gelände mithilfe einer elegant von Hand gezeichneten Karte zu erkunden. Er hat zudem viele Ratschläge für Exkursionen zu abgeschiedenen Stränden, Hügelstädtchen und anderen Attraktionen in der Gegend parat.

Cefalù

★ B & B Agrodolce B&B €
(Karte S. 134; 338 7250863; www.agrodolcebb.it; Via Gioeni 44; DZ 80–110 €, 3BZ 100–120 €; 🛜) Drei alte Treppen führen hinauf in dieses liebenswerte, im Obergeschoss gelegene B&B mitten im historischen Zentrum von Cefalù. Die Architektin Rita Riolo bietet vier helle, luftige Zimmer mit kühlen gefliesten Böden und Badezimmern. Zum Frühstück kommen köstlichen Zitronenkuchen und andere selbst gebackene Leckereien auf der kleinen Frühstücksterrasse mit Blick auf den Duomo auf den Tisch.

La Plumeria HOTEL €€
(Karte S. 134; 0921 92 58 97; www.laplumeria ho tel.it; Corso Ruggero 185; DZ 169–229 €; P❋🛜) In bester Lage, auf halbem Weg zwischen dem Duomo und dem Meer, steht dieses kleine Vier-Sterne-Hotel, dessen kostenlose Parkplätze sich nur wenige Gehminuten entfernt befinden. Die Zimmer sind nichts Besonderes, aber sauber und gut eingerichtet. Am schönsten ist Zimmer 301 im obersten Stockwerk, ein gemütlicher Adlerhorst mit Fliesenboden im Schachbrettmuster und einer kleinen Terrasse mit Blick auf den Duomo.

Parco Naturale Regionale delle Madonie

★ Antico Feudo San Giorgio AGRITURISMO €
(0921 60 06 90; www.feudosangiorgio.it; SS120, Km 46, Contrada San Giorgio; Zi. pro Pers. inkl. Frühstück 40–55 €, inkl. HP 55–70 €, inkl. VP 65–80 €; ☷) Am Fuß der Madonie, nur 7 km abseits der A19, haben die Besitzer Fabiola und Giancorrado ihre 300 ha große *fattoria* (befestigtes Landgut) in ein *agriturismo* verwandelt, das in ökologischer Landwirtschaft Oliven, Getreide und Wein anbaut und Rinder züchtet. Die schlichten Zimmer (ohne Klimaanlage und Fernseher) bringen die darin wohnenden Gäste dazu, die herrliche Landschaft mit sanft gewellten Hügeln und alten Bäumen, die mit Mitteln aus der Erbschaft von Giancorrados Großmutter angepflanzt wurden, gebührend zu bewundern.

Castelbuono

Azienda Agrituristica Bergi AGRITURISMO €
(0921 67 20 45; www.agriturismobergi.com; SS286, Km 17,6, Contrada Bergi; DZ 85–109 €, 3BZ 105–135 €, 4BZ 125–150 €; HP/VP pro Pers. zzgl. 25/40 €; 🛜☷) Unmittelbar südlich von Castelbuono liegt an der kurvenreichen SS286 umgeben von Olivenhainen dieses familiengeführte *agriturismo* mit modernen Zimmern – darunter einige familienfreundliche Vierbettzimmer – und einem tollen Blick auf die Berge. Es gibt einen Swimmingpool und leckere Gerichte aus frischen Zutaten, Olivenöl und preisgekrönten Honig, und das alles aus eigenem Anbau.

Relais Santa Anastasia HOTEL €€
(0921 67 22 33; www.abbaziasantanastasia.com; Contrada Santa Anastasia; EZ 80–119 €, DZ 146–206 €, Suite 225–249 €; 🛜☷) Inmitten der malerischen Weinberge eines sehr renommierten Weinguts punktet die umgebaute Abtei aus dem 12. Jh. mit äußerst komfortablen Zimmern, einer sensationellen Poolterrasse mit Blick auf die Liparischen Inseln und dem Restaurant Corte dell'Abate, das Essen und Wein vom Landgut bietet. Das Hotel liegt 9 km außerhalb von Castelbuono in Richtung Cefalù.

Petralia Soprana

Locanda di Cadi B&B €€
(338 2890100; www.lalocandadicadi.it; Borgo Cipampini; pro Pers. B&B 65 €, inkl. HP 90 €; 🛜) Die drei gemütlichen Zimmer (je ein DZ, 3BZ & 4BZ) in diesem B&B 10 km unterhalb von Petralia Soprana überzeugen mit einladenden Details wie Holzöfen, Teekesseln, farbenfrohen Mosaikfliesen oder einem Balkon mit Blick auf die umliegenden Hügel. Ein besonderes Highlight ist das mehrgängige Abendessen im wundervollen Restaurant A Fuoco Lento (S. 140) im Erdgeschoss, das für Hotelgäste nur 25 € zusätzlich kostet.

Petralia Sottana

★ Albergo Il Castello HOTEL €
(0921 64 12 50; www.il-castello.net; Via Generale di Maria 27; EZ/DZ 50/70 €, Suite 85–95 €; ❋🛜) Versteckt in einer Nebenstraße oberhalb des Duomo von Petralia Sottana wartet das von

einer Familie geführte Gästehaus mit makellosen Zimmern und Drei-Sterne-Komfort auf. Das Restaurant des Hauses ist auf Pizza (nur am Wochenende) und erstklassige Bergküche mit hiesigen Pilzen und Trüffeln spezialisiert. Bei kühlem Wetter lohnt sich die teurere Generalsuite mit ihrem Holzkaminfeuer. Parken kann man auf dem Platz einen halben Block hinter dem Hoteleingang.

Parco Regionale dei Nebrodi

★ Relais Villa Miraglia HOTEL €€
(095 883 48 98; www.relaisvillamiraglia.it; SS289; DZ 120–160 €, Suite 180 €) Die von Buchenwäldern umgebene, kürzlich restaurierte Jagdvilla inmitten der Monti Nebrodi ist das ideale Standquartier für Wanderungen, Mountainbiketouren und Ausritte im Regionalpark. Die neun Zimmer und die schicke Suite mit der freistehenden Badewanne sind deutlich luxuriöser, als man hier mitten im Nirgendwo erwarten würde. Das Restaurant im Haus (S. 144) serviert feine regionale Küche.

San Marco d'Alunzio

B&B La Tela di Penelope B&B €
(0941 79 77 34; www.teladipenelope.it; Via Aluntina 48; EZ 35–45 €, DZ 50–70 €; ❄ 🛜) Das an eine traditionelle Weberei angeschlossene B&B mit drei Zimmern liegt wunderbar im Zentrum des malerischen San Marco d'Alunzio. Von den Zimmern (zwei haben einen eigenen Balkon) bietet sich ein schöner Blick auf die historische Ortschaft oder die Liparischen Inseln in der Ferne. Alle Gäste teilen sich die kleine Küche. Die Inhaber können Führungen durch die Weberei arrangieren, ferner Stadtführungen und Ausflüge in den nahe gelegenen Parco Regionale dei Nebrodi.

LIPARISCHE INSELN

Alicudi

Casa Mulino HOTEL €
(090 988 96 81, 368 3351265; www.alicudicasamulino.it; Via Regina Elena; DZ 70–100 €; ⊙ Mitte April–Okt.; 🛜) Die in Weiß und Pfirsichfarben gehaltene, an Honigwaben erinnernde Anlage ist das erste, was man bei der Landung auf Alicudi erblickt – man braucht sein Gepäck also nicht weit zu schleppen. Unter den Zimmern, von denen viele mit Blick aufs Meer aufwarten, gibt's einfache Doppelzimmer, Doppelzimmer mit Küche und Terrasse sowie Suiten mit zwei Räumen und Küche. Der Inhaber Carlo und sein Bruder Italo zeigen stolz ihren Stammbaum, der belegt, dass ihre Familie seit 1688 auf Alicudi lebt.

Ericusa HOTEL €€
(090 988 99 02; www.alicudihotel.it; Via Regina Elena; DZ inkl. HP 150–190 €, inkl. VP 200–240 €; ⊙ Juni–Sept.) Das Hotel auf Alicudi gleich südlich des Hafens ist nur von Juni bis Ende September geöffnet, aber dann sind die zwölf Zimmer schnell ausgebucht. Es gibt eine hübsche Restaurantterrasse mit Blick aufs Meer. Die Zimmer werden ausschließlich inklusive Halb- oder Vollpension vermietet.

Filicudi

Casa Monti de Luca B&B €€
(328 2404807, 347 1868044; www.casamontideluca.it; Contrada Rocca di Ciaule 29; DZ 70–150 €) Das B&B des italienisch-argentinischen Paars Renzo und Miguel hat drei Zimmer und den Charme eines kleinen Wohnhauses. Es gibt großzügige Außenbereiche und einen Salon im Obergeschoss, wo man an Regentagen lesen kann. Das Dekor präsentiert sich als Mischung aus Familienerbstücken und moderner Kunst, die aus Renzos Jahren in der Modebranche stammt. Die beiden vorderen Zimmer teilen sich eine Aussichtsterrasse; das dritte, nach hinten gelegene, bietet mehr Privatsphäre.

Hotel La Canna HOTEL €€
(090 988 99 56; Via Rosa 43; EZ 60–110 €, inkl. HP 85–140 €, DZ 100–160 €, inkl. HP 150–220 €; ❄ 🛜) Hoch über dem Hafen bietet dieses lange bestehende, familienbetriebene Hotel Zimmer mit Deckenbalken, Terrakottafliesen und Terrassen, von denen man den Blick aus der Vogelperspektive hinunter auf den Hafen genießt. Die köstlichen traditionellen Gerichte des Restaurants werden mit Zutaten aus dem angrenzenden Garten zubereitet.

Lipari

★ Diana Brown B&B €
(Karte S. 154; 338 6407572, 090 981 25 84; www.dianabrown.it; Vico Himera 3; EZ 35–65 €, DZ 50–

80 €, 3BZ 65–105 €; ❄🛜) Die nette Anlage mit vielen Zimmern in einer schmalen Gasse wird heute von der Tochter und dem Schwiegersohn der lange Zeit auf Lipari ansässigen Gastwirtin Diana Brown geführt. Zu den netten Details zählen Wasserkessel im Zimmer, Kühlschränke, Wäscheständer, Satelliten-TV und ein Büchertausch. Die Wohneinheiten im Erdgeschoss sind düsterer, verfügen aber über Einbauküchen. Das ausgezeichnete Frühstücksbüfett wird auf der sonnigen Terrasse mit den Liegestühlen aufgebaut.

Enzo Il Negro — PENSION €
(Karte S. 154; 📞 090 981 31 63; www.enzoilnegro.com; Via Garibaldi 29; EZ 45–50 €, DZ 75–90 €, 3BZ 90–120 €; ❄🛜) Enzo und Cettinas bodenständige Pension, ein fast 40 Jahre bestehender Familienbetrieb, hat eine perfekte Lage in der Fußgängerzone nahe der malerischen Marina Corta und bietet geräumige, geflieste, mit Kiefernmöbeln, Kühlschrank und Klimaanlage ausgestattete Zimmer. Von den beiden Aussichtsterrassen genießt man den Blick auf die Dächer, den Hafen und die Burgmauern.

★ B & B Al Salvatore di Lipari — B&B €
(📞 335 8343222; www.facebook.com/bbalsalvatore; Via San Salvatore, Contrada al Salvatore; DZ 60–120 €; ☉ April–Okt.; 🛜) Wenn man die friedliche, an einem Hügel 2 km südlich der Stadt gelegene Oase erreicht hat, wird man gar nicht wieder abreisen wollen. Die Künstlerin Paola und der Physiker Marcello haben ihre liparische Villa in ein grünes B & B verwandelt, das in jeder Hinsicht überzeugt – durch verlässliches WLAN genauso wie mit der Aussichtsterrasse, auf der das köstliche Frühstück mit Gemüse aus dem angrenzenden Garten, frisch gebackenem Kuchen und hausgemachter Marmelade serviert wird.

Panarea

B & B Da Luca — B&B €€
(📞 333 6753547; www.bed-breakfast-panarea.it; Via Iditella; DZ 85–240 €; ❄🛜) Beschauliche Nebenstraßenruhe und einen schönen Blick aufs ferne Meer verspricht dieses weiß getünchte Refugium im äolischen Stil an einer Sackgasse in Ditella, 15 Minuten nördlich des Hafens. Die Unterkunft verfügt über vier Zimmer mit eigenen Terrassen, ein mit einer Küche ausgestattetes Apartment für vier Personen und ein schönes, landschaftsgärtnerisch gestaltetes Außengelände. Der Inhaber Luca wirbt kaum für sein B & B, nach der Ankunft in Ditella sollte man sich deshalb am besten von einem Einheimischen den Weg zeigen lassen.

Da Francesco — B&B €
(www.dafrancescopanarea.com; EZ 40–128 €, DZ 80–160 €; ❄🛜) Die schlichten, makellosen Zimmer mit gefliesten Böden und Badezimmern sind noch die günstigste Unterkunft auf dem teuren Panarea, Man findet sie direkt über dem gleichnamigen Restaurant, nur Schritte von der Anlegestelle der Tragflügelboote entfernt.

Hotel Oasi — HOTEL €€
(📞 090 98 33 38; www.hoteloasipanarea.com; Via San Pietro; DZ 87–227 €; 🛜🏊) In diesem zentral in San Pietro gelegenen Hotel umrunden blau und weiß gestaltete Zimmer eine grüne Oase mit Palmen, einem geothermal beheizten Pool und Ausblick auf die Punta del Corvo. Die Hotelverwaltung vermietet auch mehrere Ferienwohnungen für Selbstversorger in der Nähe, darunter die günstigere Dependance La Caletta mit einem Blick vom Patio auf den Stromboli sowie das traumhafte Zeus-Apartment mit einer in die vom Meer abgeschliffenen Felsen eingebauten Uferterrasse.

Salina

★ Hotel Ravesi — HOTEL €€
(📞 090 984 43 85; www.hotelravesi.it; Via Roma 66, Malfa; DZ 90–190 €, Suite 160–290 €; ☉ Mitte April–Mitte Okt.; ❄🛜🏊) Zu den Hauptattraktionen dieses hervorragenden, von einer Familie geführten Hotels am Stadtplatz von Malfa zählen der schöne, grasbewachsene Lounge- und Barbereich und die Außenterrasse mit Infinity-Pool und Blick auf Panarea, Stromboli und das Mittelmeer. Einen besonders schönen Blick aufs Meer hat man vom Eckzimmer 12 im Obergeschoss und aus den beiden brandneuen Flitterwochen-Suiten, die mit Antiquitäten als Mobiliar, dekorativen Fliesen und eigenen Terrassen punkten.

Hotel Mamma Santina — BOUTIQUEHOTEL €€
(📞 090 984 30 54; www.mammasantina.it; Via Sanità 40, Santa Marina Salina; DZ 110–180 €; ☉ April–Okt.; ❄@🛜🏊) In dem Boutiquehotel, in das der Architekt und Eigentümer Mario Gullo all seine Liebe gesteckt hat, kommen Gäste in einladenden Zimmern unter, die mit hübschen Fliesen in traditionellen lipa-

rischen Mustern dekoriert sind. Viele Zimmer haben eigene Terrassen mit Meerblick und Hängematten. An warmen Abenden sitzt man im zugehörigen Restaurant (Gerichte 30–40 €) im Freien und blickt auf den schimmernden blauen Pool und die Gartenanlagen.

Hotel Signum BOUTIQUEHOTEL €€€
(☏ 090 984 42 22; www.hotelsignum.it; Via Scalo 15, Malfa; DZ 250–700 €, Suite 550–1100 €; ❄@🛜🏊) Versteckt in den Gassen des Hügels von Malfa befindet sich dieses Zimmerlabyrinth. Die Quartiere sind mit Antiquitäten, pfirsichfarbenen Stuckwänden, hohen, blau umrahmten Fenstern und mit Weinranken bedeckten Terrassen ausgestattet, von denen man direkte Sicht auf den Stromboli hat. Wer ein paar Tage äußerst luxuriös entspannen will, ist hier dank des angeschlossenen Wellnesscenters, des eindrucksvollen Pools und eines Restaurants, das zu den angesehensten auf der Insel zählt, genau richtig.

Capofaro BOUTIQUEHOTEL €€€
(☏ 090 984 43 30; www.capofaro.it; Via Faro 3; DZ 260–680 €, Suite 580–1200 €; ⊘ Mai–Mitte Okt.; ❄@🛜🏊) Inmitten gepflegter Malvasier-Weinberge auf halber Strecke zwischen Santa Marina und Malfa bietet dieses Fünf-Sterne-Boutiquehotel Luxus pur. Strahlend weißes Dekor prägt die 20 Zimmer mit Terrassen (die direkten Blick auf den rauchenden Stromboli gewähren) und die sechs brandneuen Zimmer in dem malerischen, aus dem 19. Jh. stammenden Leuchtturm. Tennisplätze, Massagen am Pool, Weinkostungen und Weingutführungen komplettieren das Luxus-Angebot.

Stromboli

★ Casa del Sole GASTHAUS €
(Karte S. 170; ☏ 090 98 63 00; www.casadelsolestromboli.it; Via Cincotta; B 25–35 €, EZ 30–55 €, DZ 60–110 €) Das nette Gasthaus im liparischen Stil liegt nur 100 m von einem schönen schwarzen Sandstrand entfernt in Piscità, dem ruhigen Viertel im Westen der Ortschaft. Die Schlafsäle, privaten Doppelzimmer und die Gästeküche sind rund um einen sonnigen Hof angeordnet, der mit Weinranken, duftenden Zitronenblüten und den Masken und Steinreliefs des Eigentümers und Bildhauers Tano Russo geschmückt ist. Die Anlage ist 2 km vom Hafen entfernt und entspannt zu Fuß (25 Min.) oder mit dem Taxi (10 €) zu erreichen.

Pensione Aquilone PENSION €
(Karte S. 170; ☏ 090 98 60 80; www.aquiloneresidence.it; Via Vittorio Emanuele 29; EZ 30–50 €, DZ 50–70 €) Das angenehme, schon lange bestehende Gästehaus versteckt sich oberhalb der Hauptstraße der Ortschaft Stromboli gleich westlich des Kirchplatzes auf dem Hügel und verbindet Bequemlichkeit mit einer ruhigen Lage. Die Gäste lieben den sonnigen, mit Blumen bepflanzten zentralen Gartenhof und die Gemeinschaftsterrassen mit Blick auf den Vulkan und Strombolicchio. Drei Zimmer verfügen über gemütliche Kochnischen, ansonsten sorgen die freundlichen Inhaber Adriano und Francesco, die beide auf Stromboli geboren wurden, fürs Frühstück.

La Sirenetta Park Hotel HOTEL €€
(Karte S. 170; ☏ 090 98 60 25; www.lasirenetta.it; Via Marina 33; EZ 90–110 €, DZ 165–250 €, inkl. HP zusätzl. 37 €/Pers.; ⊘ Ostern–Ende Okt.; ❄🛜🏊) Der weiß getünchte, terrassierte Komplex gegenüber dem schwarzen Sandstrand von Ficogrande war das erste jemals auf Stromboli gebaute Hotel – der Vater des heutigen Inhabers zählte Ingrid Bergman zu seinen ersten Gästen. Das entspannte Hotel hat geräumige, sonnige Zimmer, einen großen Meerwasserpool, Tennisplätze, eine gemütliche Lounge mit Kamin und Konzertflügel, ein erstklassiges Restaurant sowie ein Amphitheater, in dem Filme vorgeführt und Theaterstücke gezeigt werden.

Locanda del Barbablù B&B €€
(Karte S. 170; ☏ 090 98 61 18; www.barbablu.it; Via Vittorio Emanuele 17; DZ 120 €; ⊘ Ostern–Okt.) Gleich westlich des auf der Hügelspitze liegenden Kirchplatzes von Stromboli ist dieses matt rosa getünchte liparische Gästehaus, das seit 1985 die gleichen Besitzer hat, eine modische Anlaufstelle mit fünf rustikal-schick gestalteten Zimmern mit hohen Decken. Mindestbuchung zwei Nächte!

Vulcano

Casa Arcada B&B €
(☏ 347 6497633; www.casaarcada.it; Strada Provinciale 178; DZ 50–80 €, mit Kochnische 60–100 €; ❄🛜) Der bequem am Rand des Vulkans, 20 m hinter der Hauptstraße zwischen dem Hafen und dem Kraterweg gelegene hübsche, weiß getünchte Komplex verfügt über zehn makellose, gefliese Zimmer mit Klimaanlage und Mini-Kühlschrank; die fünf besten haben zudem mit Kochmöglichkei-

ten ausgestattete Veranden. Von der gemeinschaftlichen Sonnenterrasse oben hat man einen schönen Blick auf den Vulkan und über das Wasser bis nach Lipari.

Casa delle Stelle   B&B €
(328 4392403; Contrada Gelso; EZ 30–45 €, DZ 50–90 €; P) Das hübsche Refugium hoch in den Hügeln über der Südküste der Insel wird von Sauro, dem ehemaligen Wärter des Leuchtturms von Gelso, und seiner Frau Maria geführt. Die Bewohner der beiden Gästezimmer teilen sich ein Wohnzimmer, eine voll ausgestattete Küche und eine Aussichtsterrasse mit spektakulärem Blick über das Mittelmeer auf den fernen Ätna. Im Sommer setzen einen Nahverkehrsbusse vor dem Tor ab.

IONISCHE KÜSTE

Catania

★ B & B Crociferi   B&B €
(Karte S. 194; 095 715 22 66; www.bbcrociferi.it; Via Crociferi 81; DZ 75–85 €, 3BZ 100–110 €, Apt. 98–110 €, Suite 120–140 €; ❄ ⛵) Das B & B in einem schön dekorierten Familienwohnhaus hat die perfekte Lage an der verkehrsberuhigten Via Crociferi in Gehweite zur Altstadt von Catania. Die drei palastartigen Zimmer (jeweils mit eigenem renovierten Bad im Flur) punkten mit hohen Decken, antiken Fliesen, Fresken und Kunstwerken, die die Inhaber von ihren Reisen mitgebracht haben. Zum B&B gehören auch zwei Apartments, von denen das größere (namens Lilla) über eine spektakuläre begrünte Aussichtsterrasse verfügt. Vorab reservieren!

Die freundlichen Inhaber Marco und Teresa erhöhen den Charme des B&Bs mit persönlichen Details. Teresa (die Deutsch, Englisch und Spanisch spricht) zaubert ein leckeres, abwechslungsreiches Frühstück in ihrer blumigen Küche, während Marco (der Französisch spricht) Bootstouren entlang der Küste organisiert.

★ Palazzu Stidda   APARTMENTS €
(Karte S. 194; 338 6505133, 095 34 88 26; www.palazzustiddacatania.com; Vicolo della Lanterna 2–5; DZ 80–100 €, 4BZ 140–160 €, Haupt-Apt. 150–300 €; ❄ ⛵) Mit viel Herzblut haben die kreativen Gastgeber Giovanni und Patricia Manidoro diese vier familienfreundlichen Apartments in einer friedlichen Sackgasse geschaffen und sie gemütlich mit einigen launigen Details ausgestaltet. In allen findet man die Kunstwerke der Inhaber, handgearbeitete Möbel, Familienerbstücke und aufgebesserte alte Fundstücke. Im größten Apartment, das Ammiraglia genannt wird, können acht Personen übernachten; es hat drei Schlafzimmer, eine Küche und ein Wohnzimmer.

B&B Faro   B&B €
(Karte S. 194; 349 4578856; www.bebfaro.it; Via San Michele 26; DZ/3BZ 80/100 €, Apt. 130–150 €; P ❄ ⛵) Das Künstlerpaar Anna und Antonio hat dieses urbane B&B in einem vor Leben nur so sprühenden Viertel voller Galerien und unkonventioneller Bars eingerichtet. Annas eigens angefertigte Möbel zieren die Zimmer, die über doppelt verglaste Fenster und moderne Badarmaturen verfügen. Die fabelhaften Apartments haben Kochnischen, und die schicke Gemeinschafts-Lounge lädt zum Verweilen ein. Man checkt sich selbst ein; Parkplätze (6 €) sind in der Nähe verfügbar.

Im Erdgeschoss gibt's sogar ein Atelier (Nr. 30), das reisende Künstler zum Malen nutzen können.

Ostello degli Elefanti   HOSTEL €
(Karte S. 194; 095 226 56 91; www.ostellodeglielefanti.it; Via Etnea 28; B 19–26 €, DZ 55–70 €; ❄ ⛵) Nur einen Steinwurf vom *duomo* entfernt bietet dieses saubere, freundliche Hostel in fantastischer Lage zu sehr günstigen Preisen Unterkunft in einem *palazzo* aus dem 17. Jh. Die drei Schlafsäle (einer ist Frauen vorbehalten) und ein Privatzimmer haben hohe, mit Fresken bemalte Decken und Aussichtsbalkone. Alle Betten sind mit Leselampen und Trennvorhängen ausgestattet. Der ehemalige Ballsaal mit Marmorboden dient als Lounge, und von der Dachterrassenbar hat man einen unvergleichlichen Blick auf den Ätna.

★ Asmundo di Gisira   BOUTIQUEHOTEL €€
(Karte S. 194; 095 097 88 94; www.asmundodigisira.com; Via Gisira 40; DZ ab 125 €; ❄ ⛵) Nicht viele B&Bs begrüßen ihre Gäste mit einem 3 m hohen rosafarbenen Flamingo an der Rezeption – aber dies ist schließlich auch keine durchschnittliche Absteige. Die sechs „Künstlerzimmer" sind von renommierten italienischen und internationalen Künstlern gestaltet, die sich von örtlichen Figuren aus der Mythologie inspirieren ließen. Die übri-

gen fünf Zimmer berufen sich auf die Tradition der Italienreisen des 18. Jhs. Alle Zimmer sind luftig und haben hohe Decken, stilvolle Bäder und eine ausgezeichnete Ausstattung.

Das Frühstück beinhaltet ausgezeichnete Optionen, und die Lage am Rand von Catanias farbenfrohem Markt La Pescheria und ein kurzes Stück abseits der Piazza del Duomo ist höchst attraktiv.

Habitat BOUTIQUEHOTEL €€
(Karte S.194; ☎095 826 67 55; www.habitatboutiquehotel.com; Via Teatro Massimo 29; Zi. 90–150 €; ❄🛜) Die Zimmer dieses Boutiquehotels in einer ehemaligen Fabrik aus dem 19. Jh. sind echt schick. Sie sind mit hochwertiger Bettwäsche, Designerlampen, Smart-TVs und eigens angefertigten Möbeln aus Holz und Stahl eingerichtet. Mit ihrem offenen Grundriss sind sie am besten für Ehepaare oder Singles, weniger für gemeinsam reisende Bekannte geeignet. Das saisonale Frühstücksbüfett wird in einer eindrucksvollen Gemeinschafts-Lounge serviert, an deren Wänden sich Vorratskrüge mit sizilianischen Zutaten vom Boden bis zur Decke stapeln.

Messina

B & B del Duomo B&B €
(Karte S.182; ☎393 9934500, 090 641 32 93; www.bedandbreakfastdelduomo.it; Via I Settembre 156; EZ 45–60 €, DZ 60–80 €; ❄🛜) Abseits der Piazza del Duomo befindet sich dieses freundliche, von der jungen, bezaubernden Guendalina geführte B&B. Die Zimmer sind schlicht, aber sauber und funktionell mit modularen Möbeln und anständigen, modernen Bädern ausgestattet. Jedes Zimmer hat einen Fernseher mit internationalen Sky-Kanälen. Frühstück gibt's aufs Zimmer oder in der Bar nebenan.

Ätna

Rifugio Sapienza CHALET €
(☎095 91 53 21; www.rifugiosapienza.com; Piazzale Funivia; EZ 46–55 €, DZ 70–85 €; P🛜) Dieses Chalet mit komfortablen Zimmern und einem guten Restaurant liegt neben der Seilbahn und ist die dem Gipfel des Ätna am nächsten gelegene Unterkunft.

Shalai BOUTIQUEHOTEL €€
(☎095 64 31 28; www.shalai.it; Via Marconi 25, Linguaglossa; DZ 162–200 €, DZ mit Deckenfresko 247–285 €; ⏱Restaurant tgl. 19.30–22.30, Sa & So auch 13–14.30 Uhr; P❄🛜) Nach einem Tag auf dem Berg lockt das luxuriöse Spa-Hotel. Die gedämpft ausgeleuchteten 13 Zimmer des Hotels sind zeitgenössisch-minimalistisch gestaltet und punkten mit frischer weißer Bettwäsche, fließenden Vorhängen, Designerlampen und (in Nr. 101 & 102) mit originalen Deckenfresken. Weitere Highlights sind die stuckverzierte Lounge aus dem 19. Jh., das von Kerzen beleuchtete Spa (für die Massage nach der Wanderung), die Bar und das mit Michelin-Sternen ausgezeichnete Restaurant. Einfach himmlisch!

★Monaci delle Terre Nere BOUTIQUEHOTEL €€€
(☎095 708 36 38; www.monacidelleterenere.it; Via Monaci, Zafferana Etnea; DZ ab 360 €; P❄🛜☀) Das Boutiquehotel zählt zu den besten Siziliens und liegt auf einem Weingut an der Ostflanke des Ätna auf halber Strecke zwischen Catania und Taormina. Die 27 Zimmer und Suiten, die sich auf eine Hauptvilla und Nebengebäude verteilen, verbinden in makelloser Ausgewogenheit rustikale Architekturelemente mit zeitgenössischer Kunst, Designermöbeln und Antiquitäten. Die Toilettenartikel im Bad sind chemiefrei, und das sagenhafte Restaurant im Haus nutzt viele selbst angebaute und Biozutaten.

Im Sommer ist der Aufenthalt am Pool aus Lavagestein einfach herrlich. Das Anwesen ist ganzjährig geöffnet; in den kühleren Monaten gibt's tolle Rabatte.

Taormina

Hotel Condor HOTEL €
(☎0942 2 31 24; www.condorhotel.com; Via Dietro Cappuccini 25; EZ 50–90 €, DZ 60–160 €; ⏱Ende März–Okt.; P❄🛜) Gleich außerhalb des verkehrsberuhigten Zentrums findet sich dieses von einer Familie herzlich geführte Hotel. Die 18 hellen, luftigen Zimmer besitzen schlichtes Dekor, einfache Möbel und moderne Duschen. Die besten (etwas teureren) haben kleine Terrassen mit Meerblick. Das Frühstücksbüfett wird auf der Aussichtsterrasse auf dem Dach angerichtet. Es gibt auch Parkplätze (15 €).

Villa Nettuno PENSION €
(Karte S.186; ☎0942 2 37 97; www.hotelvillanettuno.it; Via Pirandello 33; EZ 35–44 €, DZ 60–78 €; ❄🛜) Die praktisch gelegene, in Pfirsich- und Weißtönen gehaltene *pensione* wird

seit 70 Jahren von der Familie Sciglio geführt und nimmt Gäste mit auf eine Reise in eine vergangene Zeit. Der niedrige Preis passt dazu, dass hier schon länger nicht mehr renoviert wurde, der freundliche Aufenthaltsbereich, der schöne Garten (mit Olivenbäumen und Geranien in Töpfen) und die Frühstücksterrasse mit Meerblick versprühen jedoch einen Charme, den man anderswo zu diesem Preis nicht bekommt. Frühstück kostet 4 €.

Médousa Suites BOUTIQUEHOTEL €€
(Karte S. 186; 0942 38 87 38; www.medousa.it; Via Sesto Pompeo 1; Juniorsuite 100–250 €, Suite 150–600 €;) Die fünf Luxussuiten über einem stilvollen Gartenrestaurant mit Bar punkten mit einem stimmigen Mix aus Eichenvertäfelung, Leinenvorhängen, Mailänder Sofas und zeitgenössischen Versionen der sizilianischen *cementine* (traditionelle Bodenziegel aus Beton), außerdem mit Kaffeemaschinen, SMEG-Minibars, hochwertigen Pariser Toilettenartikeln und praktischen USB-Ports an den eigens angefertigten Betten. Die Gäste haben Zugang zu einem kleinen Gartenbereich voller Zitronenbäume.

Isoco Guest House GASTHAUS €€
(0942 2 36 79; www.isoco.it; Via Salita Branco 2; Zi. 78–220 €; März–Nov.;) Jedes Zimmer in diesem einladenden, schwulen- und lesbenfreundlichen B&B ist einem bestimmten Künstler gewidmet – von Botticelli bis zu Herb Ritts. Während die älteren Zimmer äußerst vielfältig sind, zeichnen sich die neueren Suiten durch Schick und Zurückhaltung aus, und alle sind mit einer modernen Kochnische ausgestattet. Das Frühstück wird an einem großen, runden Tisch serviert, und von den beiden Sonnenterrassen mit Whirlpool hat man einen wunderbaren Blick aufs Meer. Wer mehrere Nächte bleibt oder im Voraus bezahlt, kann die besten Preise abstauben.

Hotel Villa Schuler HOTEL €€
(Karte S. 186; 0942 2 34 81; www.hotelvillaschuler.com; Via Roma, Piazzetta Bastione; DZ 99–200 €, Superior-Zi. & Suite 200–300 €; Mitte März–Nov.;) Die von friedlichen terrassierten Gärten umgebene Villa Schuler wird seit mehr als einem Jahrhundert von derselben Familie geführt. Die 32 altmodischen, gemütlichen Zimmer sind komfortabel und mit orthopädischen Matratzen ausgestattet. Die Standardzimmer (Vista Mare) bieten einen herrlichen Meerblick; das sehr gute Frühstück wird auf einer Aussichtsterrasse serviert und ist *à la carte*, sodass man nach Lust und Laune bestellen kann.

★ Casa Turchetti B&B €€€
(Karte S. 186; 0942 62 50 13; www.casaturchetti.com; Salita dei Gracchi 18/20; DZ 220–260 €, Juniorsuite 360 €, Suite 470 €; Ende März–Okt.) Jedes Detail stimmt in dem luxuriösen B&B, das in einer aufwendig restaurierten früheren Musikschule untergebracht ist. Es befindet sich in einer Nebengasse nicht weit von der Piazza IX Aprile entfernt. Alte Möbel und Einrichtungsgegenstände (darunter ein riesiges Himmelbett in einer der Suiten), handgeschnitzte Holzarbeiten und feine, schlichte Bettwäsche sorgen für ein elegantes Ambiente. Die traumhafte Dachterrasse und die herzlichen sizilianischen Gastgeber Pino und Francesca runden das Ganze noch ab.

★ Hotel Villa Belvedere HOTEL €€€
(Karte S. 186; 0942 2 37 91; www.villabelvedere.it; Via Bagnoli Croce 79; DZ 120–690 €, Suite 190–890 €; März–Ende Nov.;) Die vornehme, höchst komfortable Villa Belvedere von 1902 gehört zu Taorminas originalen Grandhotels. Das Haus hat eine hervorragende Lage mit fabelhafter Aussicht, üppige Gärten und einen wundervollen Service. Zu den Highlights zählen üppige öffentliche Lounge-Bereiche und ein Swimmingpool samt einer 100 Jahre alten Palme. Neutrale Farben und zurückhaltender Stil prägen die 57 Zimmer des Hotels; ein Parkplatz kostet zusätzlich 16 € pro Tag.

SYRAKUS & DER SÜDOSTEN

Modica

★ Masseria Quartarella AGRITURISMO €
(360 654829; www.quartarella.com; Contrada Quartarella Passo Cane 1; EZ 40 €, DZ 75–80 €, 3BZ 85–100 €, 4BZ 90–120 €;) Große Zimmer, einladende Gastgeber und ausgiebiges Frühstück machen das umgebaute Bauernhaus auf dem Land südlich von Modica zu einer ansprechenden Wahl für alle, die mit dem Auto unterwegs sind. Die Inhaber Francesco und Francesca teilen ihre Begeisterung und ihr enzyklopädisches Wissen über die Lokalgeschichte und die örtliche Flora und Fauna gern mit den Gästen und

können eine Fülle von Autotouren in die Umgebung vorschlagen.

Palazzo Failla
HOTEL €
(☎ 0932 94 10 59; www.palazzofailla.it; Via Blandini 5, Modica Alta; EZ 55–65 €, DZ 69–125 €; ❄ @ 🛜) Das familiengeführte Vier-Sterne-Hotel in einem nostalgischen Palast aus dem 18. Jh., das mitten im Herzen von Modica Alta steht, hat viel von seinem historischen Glanz bewahrt – in Form von originalen Deckenfresken, handbemalten Caltagirone-Bodenfliesen, eleganten Vorhängen und ererbten Antiquitäten. Der Tag beginnt mit dem großzügigen Frühstücksbüfett und endet im renommierten Hotelrestaurant.

★ Casa Gelsomino
APARTMENTS €€
(☎ 335 8087841; www.casedisicilia.com; Via Raccomandata, Modica Bassa; 160–200 €/Nacht, 1000–1260 €/Woche; ❄ 🛜) In dem schön restaurierten Apartment, von dessen Balkonen und eigener Terrasse man einen tollen Blick über Modica hat, fühlt man sich wie ein Promi auf Urlaub. Die Anlage umfasst eine luftige Lounge, eine voll ausgestattete Küche, ein Badezimmer mit Steinwänden, eine Waschküche, einen Salon (mit Schlafsofa) und ein separates Schlafzimmer. Selbstversorger wohnen hier sehr elegant zwischen gewölbten Decken, antiken Bodenfliesen, originalen Kunstwerken und üppigen Möbeln.

Casa Talìa
BOUTIQUEHOTEL €€
(☎ 0932 75 20 75; www.casatalia.it; Via Exaudinos 1/9, Modica Bassa; EZ 130 €, DZ ab 160 €, Haus ab 300 €; 🅿 ❄ 🛜) Die von zwei Mailänder Architekten geführte urbane Oase aus zehn Zimmern und fünf Häusern residiert in einer Reihe umgebauter, aus Stein errichteter Landhäuser, umgeben von üppigen Gärten und mit Blick auf die Stadt. Die Zimmer verfügen über eigene Terrassen und sind schlicht, aber detailorientiert. Sie prunken mit abgewetzten Steinböden, alten Fliesen, originalen Bambusdecken und kunsthandwerklich gestalteten eisernen Bettgestellen. Das hochwertige saisonale Frühstück wird in einer schicken Gemeinschafts-Lounge serviert.

Noto

Ostello Il Castello
HOSTEL €
(Karte S. 227; ☎ 320 8388869; www.ostellodinoto.it; Via Fratelli Bandiera 1; B 20 €, EZ/DZ 35/70 €; ❄ 🛜) Am Hang oberhalb des Zentrums gelegen, bietet dieses renovierte Hostel ein exzellentes Preis-Leistungs-Verhältnis und ist auch eine tolle Option für Familien oder Gruppen. Es gibt einen Schlafsaal (gemischt mit 18 Betten) und mehrere Privatzimmer (für bis zu 6 Pers.). Einige der Zimmer haben eine Terrasse mit Blick auf Notos Kathedrale und die Dächer der Stadt. WLAN gibt's nur in den Gemeinschaftsbereichen. Frühstück ist im Preis inbegriffen.

★ Nòtia Rooms
B&B €€
(Karte S. 227; ☎ 366 5007350, 0931 83 88 91, ; www.notiarooms.com; Vico Frumento 6; DZ 130–150 €, 3BZ 150–170 €; 🛜) In Notos historischem Arbeiterviertel betreiben die liebenswürdigen Besitzer Giorgio und Carla dieses gehobene B&B. Sie haben ihr stressiges Leben in Norditalien an den Nagel gehängt und dafür diese Schönheit mit drei Zimmern aufgemacht. Das leuchtend weiße Innere wird von originalen Kunstwerken, modernen italienischen Lampen und aufgepeppten alten Fundstücken aufgelockert. Die Zimmer überzeugen mit ihren traumhaft komfortablen Betten und picobello sauberen, modernen Bädern. Auch das großartige Frühstück kann mit dem Gesamtstandard mithalten.

★ Seven Rooms Villadorata
BOUTIQUEHOTEL €€€
(Karte S. 227; ☎ 0931 83 55 75; https://7roomsvilladorata.it; Via Cavour 53; DZ ab 275 €; 🅿 ❄ 🛜) Das elegant ausgestattete Boutiquehotel residiert in einem Flügel des aus dem 18. Jh. stammenden Palazzo Nicolaci, einem der berühmtesten Adelspaläste in Noto. Die Zimmer präsentieren sich mit zurückhaltender Farbgebung, kunstvollen Möbeln, schönen Kunstwerken, Alpaka-Überwürfen, Nespresso-Maschinen und luxuriösen Bädern voller hochwertiger Toilettenartikel wohnlich und von raffinierter Eleganz; besonders eindrucksvoll sind die Deluxe-Zimmer. Sehr gut ist auch das Frühstück, das an einer Gemeinschaftstafel serviert wird.

San Carlo Suites
B&B €€€
(Karte S. 227; ☎ 0931 83 69 65; www.sancarlosuites.com; Corso Vittorio Emanuele 127; DZ ab 161 €, Suite ab 270 €; ❄ 🛜) Das durchdacht gestaltete B&B mit beneidenswerter Lage in einem aus der Mitte des 18. Jhs. stammenden *palazzo* an Notos prächtigster Straße hat sieben Zimmer, die geschickt historische Möbel, Majolika, Gemälde und Steinbogen mit zeitgenössischen Extras wie großen Duschen und Bialetti-Kaffeemaschinen im

Zimmer kombinieren. Zwei Suiten haben Balkone mit Blick auf den Corso Vittorio Emanuele und die Kathedrale, eine dritte verfügt über eine eigene Dachterrasse. Zum Frühstück mit sizilianischen Akzenten gehören Biozutaten.

Ragusa

L'Orto Sul Tetto　　　　　　　　B&B €
(Karte S. 248; ☎ 0932 24 77 85; www.lortosultetto.it; Via Tenente di Stefano 56, Ragusa Ibla; DZ 75–90 €; ❄☎) Das hübsche, kleine B&B hinter Ragusas Duomo di San Giorgio wirkt sehr gemütlich. Es hat schlichte, geschmackvoll eingerichtete Zimmer und eine bezaubernde, begrünte Dachterrasse, auf der das herrliche Frühstück serviert wird. Der Service ist freundlich und zuvorkommend.

Risveglio Ibleo　　　　　　　　B&B €
(Karte S. 248; ☎ 0932 24 78 11; www.risveglioibleo.com; Largo Camerina 3; DZ 55–80 €, 4BZ 90–110 €; P❄☎) Das einladende B&B in einer Jugendstilvilla aus dem 19. Jh. wartet mit geräumigen Zimmern mit hohen Decken, Familienporträts an den Wänden und einer blumengeschmückten Terrasse mit Blick über die Dächer auf. Die Gastgeber informieren einen gern über die örtliche Kultur und bieten hausgemachte Leckereien an.

Tenuta Zannafondo　　　　　　　B&B €
(☎ 0932 183 89 19; www.tenutazannafondo.it; Contrada di Zannafondo; DZ 79–89 €; P❄☎) Das umgebaute Bauernhaus aus dem 19. Jh. liegt zwischen Hügeln voller Olivenbäume und einfriedenden Steinmauern auf halbem Weg zwischen Ragusa und der Küste (beides ist jeweils 15 Fahrtminuten entfernt). Die freistehenden, von Steinmauern eingefassten Cottages, die jeweils einen eigenen kleinen Patio haben, sind charmant, die beiden Zimmer im Haupthaus weniger ansprechend. Auf Anfrage gibt's auch Abendessen.

Locanda Don Serafino　　　BOUTIQUEHOTEL €€€
(Karte S. 248; ☎ 0932 22 00 65; www.locandadonserafino.it; Via XI Febbraio 15, Ragusa Ibla; DZ ab 190 €; ❄@☎) Das Boutiquehotel belegt ein paar schön restaurierte *palazzi* in der Altstadt und punktet mit schicken freiliegenden Kalksteingewölben, neutralen Farben und einem mit Michelin-Sternen ausgezeichneten Restaurant, das als eines der besten Siziliens gilt. Die meisten Zimmer gewähren Ausblick auf die Dächer und ins Land, drei liegen jedoch in den stimmungsvollen, an eine Grotte erinnernden ehemaligen Stallungen. Der Service ist erfrischend professionell und zuvorkommend.

Scicli

★ Scicli Albergo Diffuso　　　BOUTIQUEHOTEL €€
(☎ 392 8207857; www.sciclialbergodiffuso.it; Via Francesco Mormina Penna 15; Zi. 77–177 €; ❄☎) Dieses *albergo diffuso* bietet hochwertige, auf zahlreiche Standorte verteilte Unterkünfte in der Altstadt von Scicli, darunter schlichte Zimmer in restaurierten *dammusi* (traditionellen Steinhütten mit flacher Kuppel) und atemberaubende Suiten in Palästen aus dem 19. Jh. Am schönsten sind die freskenverzierten Zimmer im aus dem 18. Jh. stammenden Palazzo Favacchio Patanè. Die Rezeption befindet sich an der Via Francesco Mormino Penna, wo auch das Frühstücksbüfett angerichtet wird.

Syrakus

B&B Aretusa Vacanze　　　　　　B&B €
(Karte S. 216; ☎ 0931 48 34 84; www.aretusavacanze.com; Vicolo Zuccalà 1; DZ 59–90 €, 3BZ 70–120 €, 4BZ 105–147 €; P❄☎) Diese hervorragende, familienbetriebene Budgetoption residiert in einem Gebäude aus dem 17. Jh. in einer winzigen Fußgängergasse und bietet große Zimmer und Apartments mit bequemen Betten, Kochnische und Satelliten-TV. Die kürzlich renovierten Bäder haben große Duschen und drei der elf Zimmer auch einen kleinen Balkon. Das Parken kostet 15 € pro Tag.

B&B dei Viaggiatori, Viandanti e Sognatori　　　　　　　　　　　B&B €
(Karte S. 216; ☎ 0931 2 47 81; www.bedandbreakfastsicily.it; Via Roma 156; DZ 55–70 €, 3BZ 70–80 €; ❄☎) Das entspannte, heimelige B&B in Top-Lage in Ortygia hat eine lässige, unkonventionelle Atmosphäre. Im Haus gibt's keine Fernseher, dafür aber Bücher und Antiquitäten inmitten der Spielsachen, die den Kindern der Eigentümer gehören. Die Zimmer sind einfach, aber einfallsreich dekoriert. Die sonnige Dachterrasse mit herrlichem Meerblick ist der perfekte Ort für das Frühstück mit Biobrot und Marmelade.

Villa dei Papiri　　　　　　　　AGRITURISMO €
(☎ 0931 72 13 21; www.villadeipapiri.it; Traversa Cozzo Pantano Testa Pisima 2c; DZ 70–110 €, Suite 2 Pers. 90–135 €, Suite 4 Pers. 130–180 €; P❄☎)

Das hübsche *agriturismo* liegt mitten in einem Paradies aus Orangenhainen und Papyrusschilf 7 km südwestlich von Syrakus neben der Quelle des Ciana, die in den *Metamorphosen* des römischen Dichters Ovid verewigt wurde. Acht Suiten befinden sich in dem wunderschön umgebauten Bauernhaus aus dem 19. Jh., und über das üppig grüne Gelände verteilen sich 16 Doppelzimmer. Das Frühstück wird in einem fürstlichen Saal mit Steinwänden serviert.

★**Hotel Gutkowski**　　　　　　　　HOTEL €€
(Karte S. 216; 0931 46 58 61; www.guthotel.it; Lungomare Vittorini 26; DZ 90–150 €, 3BZ 150 €, 4BZ 160 €; ❄🌐) Wer in diesem stilvollen Hotel an Ortygias Ufer am Rand des Viertels Giudecca eines der tollen Zimmer mit Meerblick haben will, muss weit im Voraus buchen. Die auf zwei Gebäude verteilte Quartiere sind schlicht, aber schick und haben hübsch gefliese Böden, Wände in Petrol-, Grau-, Blau- und Brauntönen sowie eine gekonnt zusammengestellte Mischung aus Elementen im Vintage- und im Industriestil.

Es gibt eine reizende Sonnenterrasse mit Meerblick, eine gemütliche Lounge, die einer Architekturzeitschrift würdig wäre, sowie ein hauseigenes Restaurant, das gesunde, saisonale Gerichte mit modernen Akzenten serviert.

Palazzo Blanco　　　　　　　　APARTMENTS €€€
(Karte S. 216; 342 7672092; www.casedisicilia.com; Via Castello Maniace; Apt. klein 210–240 €/Nacht, groß 230–260 €/Nacht; ❄🌐) In diesem *palazzo* vermietet ein Mailänder Kunstsammler zwei elegante Apartments. Das größere ist dekadent mit Luxussofas, großem Doppelbett, Esstisch und kostbarer Kunst ausgestattet und verfügt auch über eine Gewölbedecke aus Stein, eine Terrasse mit Meerblick und ein Bad mit original erhaltenen Steinarbeiten und einer Massagedusche. Das kleinere Apartment hat Kunst vom Boden bis zur Decke und ein romantisches Himmelbett. Beide Wohnungen bieten eine Kochnische und beherbergen bis zu vier Personen.

Algilà Ortigia Charme Hotel　　　HOTEL €€€
(Karte S. 216; 0931 46 51 86; www.algila.it; Via Vittorio Veneto 93; DZ ab 220 €; P❄🌐) Die raffinierte Anlage umfasst zwei nebeneinanderliegende barocke *palazzi*. Das Haupthaus orientiert sich mit seinem orientalischen Hof und den tunesischen Fliesen und Kilims an Siziliens arabischem Erbe. Die Standard-Doppelzimmer sind zwar recht klein, aber durchdacht mit sizilianischen Antiquitäten und modernem Komfort gestaltet und bieten u. a. hochwertiges Bettzeug, eine kostenlos nutzbare Minibar (nur mit nichtalkoholischen Getränken) und Bulgari-Toilettenartikel. Zu den hübschen Gemeinschaftsbereichen zählt auch die Lounge im Innenhof aus dem 14. Jh.

Henry's House　　　　　　　　　HOTEL €€€
(Karte S. 216; 0931 2 13 61; www.hotelhenryshouse.com; Via del Castello Maniace 68; DZ 160–300 €, Suite 260–400 €; ❄🌐) Der direkt am Wasser liegende *palazzo* aus dem 17. Jh. wurde liebevoll von einem Antiquitätensammler restauriert. Die stilechte Lounge erscheint herrlich fürstlich, während die heimeligen Zimmer von einer Mischung aus Antiquitäten und moderner Kunst geprägt sind. Wer es sich leisten kann, sollte eine der zwei Suiten im Obergeschoss (eine mit Terrasse, beide mit Blick aufs Wasser) buchen. Das Hotel bietet seinen Gästen kostenlose Leihfahrräder, und wer über die Website bucht, darf die Minibar kostenlos plündern.

Küste von Noto

Castello Tafuri
Charming Suites　　　　　　　BOUTIQUEHOTEL €€
(Via Tonnara 1, Portopalo di Capo Passero; DZ 100–300 €, Suite 250–450 €; März–Dez.; P❄🌐) Das Boutiquehotel mit 18 Zimmern residiert in einem stilistisch vielgestaltigen Kastell aus dem frühen 20. Jh. Die Restaurantterrasse und der einladende Pool bieten Ausblick auf das Ionische Meer, eine *tonnara* (Thunfischfabrik) und die Inselfestung. Die modernen Zimmer in neutralen Farben sind mit einigen antiken Erbstücken ausstaffiert und haben topmoderne Badezimmer. Die Zimmer mit Meerblick sind – wie zu erwarten – etwas teurer.

La Corte del Sole　　　　　　　　GASTHAUS €€
(0931 82 02 10; www.lacortedelsole.it; Contrada Bucachemi, Eloro, Lido di Noto; DZ 100–280 €, 4BZ 140–375 €; P❄🌐) Stress hat in diesem stimmungsvollen Hotel in einer traditionellen sizilianischen *masseria* (bewirtschafteter Bauernhof) nichts zu suchen. Das La Corte del Sole ist eine bezaubernde Unterkunft mit Blick auf die Felder von Eloro, Swimmingpool und einer Reihe von Aktivitätsangeboten, u. a. Kochkursen (S. 220), die

vom Hotelkoch veranstaltet werden. Die Zimmer sind schlicht, aber geschmackvoll mit schmiedeeisernen Betten und klassischen Holzmöbeln eingerichtet.

ZENTRAL-SIZILIEN

Caltagirone

★ B & B Tre Metri Sopra Il Cielo   B&B €
(0933 193 51 06; www.bbtremetrisoprailcielo.it; Via Bongiovanni 72; DZ 60–80 €; ※ 🛜) Direkt neben der berühmten Treppe von Caltagirone liegt dieses fantastische B&B, das von einem freundlichen und enthusiastischen jungen Paar betrieben wird. Die Ausstattung der sechs Zimmer ist unterschiedlich, aber alle sind sehr geschmackvoll eingerichtet. Es gibt nur wenige Locations, an denen man besser frühstücken kann als auf dem spektakulären Balkon mit Blick auf die Dächer von Caltagirone und die Hügel dahinter.

★ Vecchia Masseria   AGRITURISMO €€
(333 8735573, 0935 68 40 03; www.vecchiamasseria.com; SS117bis, Km 67,5, Contrada Cutuminello; DZ 85–140 €, Apt. für 2 Pers. 100–120 €, für 4 Pers. 115–160 €; P ※ 🛜) Die Anreise ist etwas aufwendig, aber wenn man dieses *agriturismo* 18 km westlich von Caltagirone erst mal gefunden hat, wird man nicht wieder abreisen wollen. Mit den eleganten, ruhigen Zimmern, einem sehr renommierten Restaurant, zwei Swimmingpools und Whirlpools im Freien mit Blick auf die Olivenhaine sowie vielen Dienstleistungen ist die Anlage ein ideales ländliches Refugium. Das Abendessen mit mehreren Gängen kostet zusätzlich 28 €.

Enna

★ B & B Centro Sicilia   B&B €
(Karte S. 256; 393 5438428; https://bb-centro-sicilia-enna-centro.business.site; Via Pentite 6; DZ ab 60 €; P 🛜) In diesem ausgezeichneten, zentral gelegenen B&B, das einer Familie gehört, beleben folkloristische Details die geräumigen Zimmer und Suiten. Man genießt eine der besten Frühstückstafeln in Enna mit Blick über die Dächer der Stadt, und im obersten Stockwerk gibt's eine kleine Sonnenterrasse. Autofahrer freuen sich über die bequemen, sicheren Parkplätze (5 €/Tag) des B&Bs. In der Nähe finden sich gute Cafés und Restaurants.

Baglio Pollicarini   AGRITURISMO €
(0935 54 19 82; www.bagliopollicarini.it; Contrada Pollicarini; Stellplatz pro Pers./Zelt 7/9 €, EZ/DZ/Suite 50/85/100 €; P ※ 🛜 ☀) Dieser herrliche *agriturismo* ist in einem Kloster aus dem 17. Jh. in der Nähe des Lago di Pergusa untergebracht. Die Zellen der Mönche wurden schon vor langer Zeit in gemütliche Gästezimmer umgewandelt, und die dicken Steinmauern, Deckengewölbe und verblassten Fresken wirken immer noch sehr klösterlich. Zur Anlage gehören außerdem ein Campingplatz und ein Restaurant (Hauptgerichte ab 25 €).

Nicosia

Baglio San Pietro   AGRITURISMO €
(0935 64 05 29; www.bagliosanpietro.com; Contrada San Pietro; DZ 60–70 €; P 🛜 ☀) Nahe dem Eingang von Nicosia (an der SS117 Richtung Leonforte) bietet dieses authentische *agriturismo* auf einem bewirtschafteten Bauernhof zehn komfortable, rustikal gestaltete Zimmer und ein ausgezeichnetes Restaurant (S. 261) mit authentischer regionaler Küche. Wer will, kann die dort angefutterten Kalorien auf dem Rücken eines Pferdes (1 Std./halber Tag 18/50 €) verbrennen oder einfach am Pool entspannen. Die Anlage mit dem GPS zu finden, kann schwierig werden, daher bittet man besser vorab per E-Mail um eine Wegbeschreibung.

Piazza Armerina

★ Home Hotels   APARTMENTS €€
(Karte S. 262; 0935 68 06 51; www.homehotels.it; Via Garibaldi 26; Apt. ab 95/400 € pro Tag/Woche; 🛜) Home Hotels ist ein Beispiel für das in ganz Süditalien immer beliebter werdende Konzept des *albergo diffuso*. Die elf Unterkunftsoptionen verteilen sich auf vier verschiedene Gebäude im historischen Zentrum von Piazza Armerina. Die meisten bieten mehrere Schlafzimmer und Einbauküchen, sind für vier bis sechs Personen ausgelegt und daher gut für Familien geeignet. Ein verbindendes Merkmal ist das stilvoll-moderne Dekor.

★ Suite d'Autore   HOTEL €€
(Karte S. 262; 0935 68 85 53; www.suitedautore.it; Via Monte 1; DZ 100–140 €; ※ 🛜) Mit limonengrünen Styropor-Möbeln, Fresken aus dem 19. Jh. und einem riesigen, kreisrunden Bett, das zu schweben scheint, ist dieses ein-

malige, sehr kuschelige Hotel eine der großen Sehenswürdigkeiten von Piazza Armerina. Jedes der sieben Zimmer ist im Stil einer bestimmten Epoche gestaltet, und alles, was man sieht – einschließlich der Werke zeitgenössischer Kunst – steht auch zum Verkauf.

Der Betreiber Ettore weiß viel über den Ort und bietet Führungen durch die kürzlich restaurierte Villa Romana del Casale an.

MITTELMEERKÜSTE

Agrigent

★PortAtenea B&B €
(Karte S. 272; 349 0937492; www.portatenea.com; Via Atenea, Ecke Via Cesare Battisti; EZ/DZ/3BZ 50/75/95 €; ✱ 🕾) Das B&B mit seinen fünf Zimmern erhält viel Lob für seine Dachterrasse mit schönem Ausblick auf das Tal der Tempel sowie seine superpraktische Lage am Eingang der Altstadt, die zu Fuß nur fünf Minuten vom Bahnhof und Busbahnhof entfernt ist. Am besten sind aber die zahlreichen Tipps zu Agrigent, die die Besitzer Sandra und Filippo für ihre Gäste bereithalten (nicht verpassen: Filippos großartige Google-Earth-Tour zu den umliegenden Stränden!).

Terrazze di Montelusa B&B €
(Karte S. 272; 347 7404784, 0922 59 56 90; www.terrazzedimontelusa.it; Piazza Lena 6; EZ/DZ/Suite 50/75/85 €; ✱ 🕾) In einem wunderschön erhaltenen *palazzo* (Villa), der sich schon seit den 1820er-Jahren im Besitz derselben Familie befindet, ist dieses zauberhafte B&B mit alten Fotos, Originalmöbeln und vielen kleinen Details von früher untergebracht. Wie der Name schon vermuten lässt, gibt es hier auch eine Reihe von Aussichtsterrassen. Die größte gehört zur Suite im Obergeschoss und lohnt die zusätzlichen 10 € pro Nacht.

Camere a Sud B&B €
(Karte S. 272; 349 6384424; www.camereasud.it; Via Ficani 6; EZ 40 €, DZ 50–70 €, 3BZ 70–100 €, 4BZ 90–120 €; ✱ @ 🕾) Das hübsche B&B in der Altstadt bietet diverse mit Stil und Geschmack gestaltete Gästezimmer, in denen sich traditionelles Dekor und moderne Textilien, bunte Farben und moderne Kunst ein Stelldichein geben. In den wärmeren Monaten wird das Frühstück auf der Terrasse serviert. Die beiden in sich abgeschlossenen Apartments sind eine gute Option für Familien oder gemeinsam Reisende.

Tal der Tempel

★Fattoria Mosè AGRITURISMO €
(0922 60 61 15; www.fattoriamose.com; Via Pascal 4a; Zi. 55 €/Pers., inkl. Frühstück/HP 65/93 €, Apt. für 2/4/6 Pers. pro Woche 550/850/1100 €; ✱) Wer von Agrigents Großstadtdschungel genug hat, sollte in diesem authentischen Bio-*agriturismo* 6 km östlich vom Tal der Tempel vorbeischauen. Vier Suiten, sechs Apartments für Selbstversorger und ein Pool bieten ausreichend Platz zum Entspannen. Gäste können das Abendessen (28 € inkl. Wein), das mit Bio-Produkten des Bauernhofs zubereitet wird, bestellen und bezahlen dafür einen angemessenen Preis. Alternativ kann man selbst kochen oder bei einem der hier angebotenen Kochkurse mitmachen.

Foresteria Baglio della Luna HOTEL €€
(0922 51 10 61; www.bagliodellaluna.com; Via Guastella 1c, Contrada Maddalusa; DZ 110–180 €, Suite 205–240 €; ✱ 🕾) Die Zimmer in diesem schönen umgebauten *baglio* (Herrenhaus) sind etwas ältlich und abgewetzt, aber der Garten und die Lage mit Blick über das Tal der Tempel sind prachtvoll. Das Hotelrestaurant Accademia del Buon Gusto (S. 280) ist ein romantischer Ort für ein Abendessen oder einen Drink zum Sonnenuntergang. Das Hotel ist nicht ganz leicht zu finden; eine Wegbeschreibung gibt's online.

★Villa Athena HISTORISCHES HOTEL €€€
(Karte S. 278; 0922 59 62 88; www.hotelvillaathena.it; Via Passeggiata Archeologica 33; DZ 423–577 €, Suite 505–1165 €; P ✱ @ 🕾) Der Ausblick aus diesem historischen Fünf-Sterne-Hotel ist prächtig – es wirkt wegen der Palmen und des angestrahlten Tempio della Concordia in der Ferne so exotisch wie aus *Tausendundeiner Nacht*. Die aristokratische Villa aus dem 18. Jh. bietet das Luxuserlebnis schlechthin. Die Villa-Suite hat alte Fliesenböden, einen Whirlpool und eine große Terrasse mit Blick auf die Tempel – sie ist zweifellos eine der coolsten Unterkünfte, die man auf Sizilien finden kann.

Caltabellotta

★B&B Sotto Le Stelle B&B €
(338 2817862, 0925 95 23 27; www.bbsottolestelle.it; Via San Paolo 35; DZ 79–90 €, Suite 100 €;

⚹🛜) Das Sotto Le Stelle hat dieselben Besitzer wie das sehr bekannte Restaurant M.A.T.E.S. Es besticht durch seine bezaubernde Lage in einem historischen *palazzo*, aus dem man einen großartigen Blick auf die hügelige Umgebung und das Meer am Horizont hat. Die fünf bunt dekorierten Zimmer und die Suite verfügen über Gewölbedecken, alte Möbel und tolle Fliesenböden, und es gibt eine reizende Terrasse, auf der bei warmer Witterung das Frühstück serviert wird.

Falconara

Castello di Falconara B&B €€
(☏ 091 32 90 82; www.castellodifalconara.it; SS115, Km 245; DZ 150 €; ⚹) Ein unvergessliches Erlebnis verspricht eine Übernachtung in diesem großartigen Schloss aus dem 14. Jh., das in ein stimmungsvolles B&B direkt am Strand umgewandelt wurde. Es steht auf einer Landzunge an der Küste, etwa 11 km östlich von Licata.

Favara

★ Community Rooms & Wine B&B €
(☏ 338 2569029; www.facebook.com/Comunity farm; Cortile Bentivegna 20; DZ 70–80 €; 🛜) Das Community Rooms & Wine in den unkonventionellen Gassen des Farm Cultural Park verbindet eine stilvolle, geräumige Unterkunft mit einem guten und günstigen Restaurant (Gerichte 20–25 €) im Erdgeschoss und spiegelt Favaras fortschrittliche, moderne Einstellung wider. Die Zimmer haben moderne Badezimmer und historische, gefliesste Böden und werden von auffälliger Straßenkunst belebt. Vor allem aber liegt das faszinierende Ambiente des Farm Cultural Park gleich vor der Haustür.

Sciacca

Fazio Bed & Breakfast B&B €
(☏ 338 4186179, 0925 8 59 72; www.faziobb.com; Via Conzo 9; EZ 50 €, DZ 60–85 €; ⚹🛜) Das stilvolle B&B am westlichen Ende von Sciaccas historischem Zentrum hat alles, was auch ein Boutiquehotel zu bieten hat. Es wird von dem freundlichen Vater-Sohn-Gespann Vincenzo und Aldo geführt. Mit seinen geräumigen, komfortablen und gut ausgeleuchteten Zimmern, den modernen Bädern, der Klimaanlage und dem verlässlich stabilen WLAN ist das B&B bestens sowohl auf Urlauber als auch auf Geschäftsreisende eingerichtet. Beim Frühstück unbedingt die *cornetti* (Croissants) mit Pistaziencreme probieren!

★ Domus Maris Relais BOUTIQUEHOTEL €€
(Karte S. 283; ☏ 0925 57 52 42; http://domusma ris.it; Corso Vittorio Emanuele 113; DZ/Suite ab 70/170 €; 🛜) Das Boutiquehotel hat eine erstklassige Lage auf einem Hügel – klar, dass der Blick über den Fischerhafen von Sciacca toll ist! Es zeichnet sich durch eine entspannte Verbindung von Eleganz und Stil aus. Die Zimmer und Suiten tragen von der griechischen Mythologie inspirierte Namen. Besonders geräumig ist die Scirocco-Suite. Es lohnt sich, hier etwas mehr für ein Zimmer mit Balkon und Meerblick auszugeben. Die Badezimmer sind modern und äußerst komfortabel.

Sizilien verstehen

SIZILIEN AKTUELL 312
Einwanderungsrestriktionen auf nationaler Ebene beschränken auch die sizilianische Politik der offenen Türen, während der wachsende Tourismus für neue Möglichkeiten und Herausforderungen sorgt.

GESCHICHTE 314
Die Geschichte Siziliens ist komplex und monumental und umfasst Jahrtausende wechselnden ausländischen Okkupationsstrebens.

SIZILIANISCHE KÜCHE 325
Snacks, Meeresfrüchte und Süßigkeiten sind die Markenzeichen von Siziliens verlockend köstlicher Küche.

SIZILIANISCHE LEBENSART 333
Die Menschen hier definieren sich in erster Linie als Sizilianer und erst dann als Italiener – ihre ganze Hingabe gehört der Familie, der Tradition und der Religion.

SIZILIEN IN BUCH & FILM 337
Reisevorbereitungen machen besonders viel Freude, wenn man auch in Siziliens filmische und literarische Werke eintaucht.

DIE MAFIA 341
Lange Zeit die bestimmende Kraft auf der Insel, hat die Mafia in den letzten Jahren immer mehr an Einfluss verloren.

KUNST & ARCHITEKTUR 345
Siziliens atemberaubende Sammlung von Kunstschätzen umspannt mehr als zehn Jahrtausende, von prähistorischen Höhlenmalereien bis hin zum Jugendstil.

Sizilien aktuell

Während der ersten beiden Jahrzehnte des 21. Jhs. sah sich Sizilien mit denselben Herausforderungen konfrontiert wie eh und je: hohe Arbeitslosigkeit, Korruption, Entvölkerung des ländlichen Raums und Umweltzerstörung. Hinzu kommen die zwei aktuellen Probleme Migration und Tourismus, die beide auch im Zusammenhang mit Siziliens langer Tradition betrachtet werden müssen, Außenstehenden gegenüber offen zu sein. Mehr und mehr Menschen (sowohl Italiener als auch Ausländer) werden von Siziliens kulturellem Reichtum angezogen, auch wenn die italienische Regierung verschärft versucht, den Flüchtlingsstrom auf die Insel einzuschränken.

Top-Filme
Stromboli (1950) In Roberto Rossellinis leidenschaftlichem Filmdrama spielt Ingrid Bergman vor der Kulisse des Feuer spuckenden Stromboli.
Cinema Paradiso (1988) Halbautobiografische Geschichte über das Leben in einer kleinen Stadt, gedreht vom Sizilianer Giuseppe Tornatore.
Der Postmann (1994) Auf der wunderschönen Insel Salina philosophiert Pablo Neruda mit einem einfachen sizilianischen Briefträger.

Top-Bücher
Der Leopard (Giuseppe Tomasi di Lampedusa, 1958) In Siziliens bedeutendstem Roman werden die Auswirkungen des Risorgimento auf die sizilianische Kultur aus der Sicht eines alternden Aristokraten erläutert.
An das Leid gewöhnt man sich nie (Pietro Bartolo & Lidia Tilotta; 2017) Geschichten aus erster Hand über die Flüchtlingskrise auf Sizilien, verfasst vom langjährigen Leiters des einzigen Krankenhauses auf Lampedusa.
Sicilian Splendors: Discovering the Secret Places That Speak to the Heart (John Keahey; 2018) Wunderbare Reiseberichte eines erfahrenen amerikanischen Journalisten, die sich eindringlich mit der Kultur und Geschichte der Insel befassen.

Einwanderung in den Augen der Sizilianer

Spätestens seit dem jüngsten Aufstieg der rechten Lega Nord wird das Thema Einwanderung im ganzen Land heiß diskutiert – doch nirgends wirken sich die Probleme direkter auf den Alltag aus als auf Sizilien. Als eines der südlichsten Tore Europas war die Insel schon immer Ziel von Migranten. Sizilien kann auf eine lange Geschichte von Einwanderung, Auswanderung und Multikulturalismus zurückblicken, weswegen diese Themen hier nicht nur differenzierter gesehen werden als im Norden – im Allgemeinen treffen Neuankömmlinge und Schutzsuchende hier auf Hilfsbereitschaft und Verständnis.

Während Italien zunehmend härter gegen Einwanderer vorgeht – Aufnahmezentren werden geschlossen, NGOs, die Migranten ohne Erlaubnis nach Italien bringen, zahlen Bußgeldern von bis zu 50 000 € –, verteidigen wichtige sizilianische Politiker wie der Bürgermeister Palermos, Leoluca Orlando, der Präsident der sizilianischen Regionalversammlung Gianfranco Miccichè und der Bürgermeister von Lampedusa Salvatore Martello die Rechte von Einwanderern. Sizilianer sind wiederholt auf die Straße gegangen, um für eine Politik der offenen Tür zu demonstrieren, und viele sizilianische Bürger haben ihre Häuser für Flüchtlinge geöffnet.

Die Auswirkungen der Einwanderung werden am deutlichsten in Orten wie Palermo sichtbar. Auf dem berühmten Ballarò-Markt der Stadt werden sizilianische, asiatische und afrikanische Produkte angeboten, und in der Via Maqueda gibt es zahlreiche Läden von Einwanderern aus Bangladesch. Doch trotz der eigentlich offenen Haltung der meisten Bürger bestehen weiterhin Spannungen zwischen den Neuankömmlingen und einigen Alteingesessenen, und trotz der weitgehend friedlichen Integration von Einwanderern nimmt inzwischen die Sorge über ein Bündnis von Mitgliedern krimineller Gangs aus Einwanderern mit der örtlichen Mafia zu.

Palermos Renaissance

Die traditionsreiche Hauptstadt, die sich noch im Glanz ihrer Zeit als italienische Kulturhauptstadt 2018 sonnt, hat weiter an sich gearbeitet. Das historische Zentrum ist verkehrsberuhigt, es gibt viele aufstrebende Unternehmen und neue kulturelle Veranstaltungsorte sowie ein Gefühl von Lebensfreude, wie es noch vor zehn Jahren undenkbar schien.

Seit 2017 sind große Teile des Stadtzentrums für Autos gesperrt, u. a. größere Abschnitte entlang der Hauptverkehrsadern Via Vittorio Emanuele und Via Maqueda. Studien zeigen, dass die Ausweitung der Fußgängerzone für die Lebensqualität und auch für die Wirtschaft von Vorteil ist, da neue Unternehmen vom zunehmenden Fußgängerverkehr profitieren.

Bänke und Blumentöpfe prägen nun Räume, die bislang von Motorrollern dominiert wurden, Straßenmusiker spielen an der zentralen Kreuzung, und beeindruckende Straßenkunstprojekte sind entstanden, z. B. die Pangrel-Wandgemälde in La Kalsa, die Wohnblocks in eine Outdoor-Galerie verwandelt haben.

Wirtschaftliche Probleme & Tourismus

Trotz der positiven Entwicklungen in Palermo steht Sizilien vor wirtschaftlichen Herausforderungen. Eine Studie vom April 2019 ergab, dass die Jugendarbeitslosigkeit in Italien auf 53,6 % angestiegen ist – trotz schrumpfender Bevölkerung. Wer durch Sizilien reist, sieht überall die Auswirkungen wirtschaftlicher Probleme, angefangen bei der Infrastruktur bis hin zur fortlaufenden Entvölkerung vieler ländlicher Gebiete.

Einige Gemeinden im Landesinneren versuchten ihre wirtschaftliche Situation zu verbessern, indem sie Investoren aus dem In- und Ausland anlockten. So folgte Sambuca 2019 dem Beispiel des Bergdorfs Gangi und veranstaltete eine Auktion, bei der leere Häuser mit einem Mindestgebot von einem Euro zu ersteigern waren und stieß sogar bei Käufern aus Chile auf Interesse.

Generell boomt der Tourismus auf Sizilien. 2018 eröffnete der Club Med in Cefalù ein „5 Trident"-Resort – das erste in Europa. Ostern 2019 verzeichnete Palermo mehr Besucher als Venedig und konkurrierte mit Städten wie Florenz und Rom um den Titel des besten Wochenendziels in Italien. Viele begrüßen diesen Zustrom, gleichzeitig sind die Nachteile nicht zu übersehen. In einigen Bereichen muss die Entwicklung besser gesteuert werden – etwa bei jenen hässlichen Betonkonstruktionen, die kürzlich am Lido Burrone in Favignana errichtet wurden.

Andernorts hat der Zustrom von Menschen andere Herausforderungen geschaffen. Im Val di Noto haben wohlhabende Norditaliener und Ausländer Immobilien von Syrakus bis Scicli aufgekauft, Gebäude restauriert und sich dort niedergelassen. Das mag gut für die lokale Wirtschaft sein, doch befürchten manche, dass Orte wie Ortygia ihre authentische historische Identität verlieren und zu Touristenfallen werden.

FLÄCHE: **25 832 KM²**

BIP: **87,6 MRD. €**

LANDESSPRACHE: **ITALIENISCH**

BEVÖLKERUNG: **5,03 MIO.**

Gäbe es nur 100 Sizilianer, wären ...

96 Italiener
4 Ausländer

Berufsgruppen
(% der Bevölkerung)

19 — Tourismus & Handel
17 — Industrie
11 — Fischerei & Agrarwesen

12 — Finanzwesen & Dienstleistungen
6 — Transport & Kommunikation
35 — Andere

Einwohner pro km²

SIZILIEN | ITALIEN | SCHWEIZ

👤 ≈ 195 Einwohner

Geschichte

Im Lauf der Jahrtausende lockte Siziliens strategisch günstige Lage im Zentrum des Mittelmeers immer neue Kulturen auf die Insel, die deren bemerkenswerte Geschichte prägten. Schon im Altertum wechselten sich diverse Völker – u. a. Griechen, Karthager und Römer – als Herrscher ab, später rangen Byzantiner, Araber und Normannen um die Macht. Auf die Staufer folgten französische Herrscher des Hauses Anjou und die Spanier, ehe Sizilien in den frühen 1860er-Jahren eine führende Rolle im geeinten Italien spielte.

Frühe Besiedlung

Die ersten Belege für eine organisierte Besiedlung Siziliens lassen sich der Stentinello-Kultur zuordnen. Deren Angehörige kamen aus dem Nahen Osten und siedelten zwischen 5000 und 4500 v. Chr. an der Ostküste der Insel. Doch erst die Siedler ab der Mitte des 2. Jh. v. Chr. sollten den Charakter der Insel entscheidend prägen. Ihre frühe Anwesenheit erklärt einige spätere Verwicklungen auf Sizilien. Der Geschichtsschreiber Thukydides (ca. 460–404 v. Chr.) zählt drei Hauptstämme auf: Die Elymer, deren Herkunft unbekannt ist, und die sich im Nordwesten Siziliens ansiedelten, die entweder aus Spanien oder Nordafrika stammenden Sikaner, die sich im zentralen Teil der Insel niederließen, der sich von der Tyrrhenischen Küste im Süden bis zur Mittelmeerküste erstreckte, und die Sikuler (oder Sikeler), die von der kalabrischen Halbinsel kamen und sich entlang der Ostküste ausbreiteten.

Prähistorische Stätten

Necropoli di Pantalica (in der Nähe von Syrakus)

Capo Graziano (Filicudi, Liparische Inseln)

Punta Milazzese (Panarea, Liparische Inseln)

Griechen & Phönizier

Die Besiedlung Siziliens war für die ständig wachsenden griechischen Stadtstaaten, die aufgrund der Bevölkerungsexplosion in der Heimat Probleme bekamen, ein naheliegender Schritt. Die Siedler aus Chalkis landeten 735 v. Chr. an Siziliens Ionischer Küste und gründeten bei Naxos eine Siedlung. Ihnen folgten ein Jahr später Korinther, die eine Kolonie auf der Insel Ortygia vor der Südostküste errichteten und sie Syracoussai nannten. Die Chalkider stießen von ihrer Bastion aus weiter gen Süden vor und gründeten 729 v. Chr. eine zweite Stadt, die sie als Ka-

ZEITLEISTE	5000–4000 v. Chr.	735–580 v. Chr.	480 v. Chr.
	Siedler gründen kleine Kolonien in Stentinello und Lipari. Sie beginnen den lukrativen Handel mit Obsidian.	Griechische Kolonisation auf Sizilien: 735 werden in Naxos, 734 in Syrakus, 729 in Catania, 728 in Megara Hyblaea, 689 in Gela und 628 in Selinunt und Messina griechische Städte gegründet. Agrigent folgt 581 v. Chr.	An der Spitze einer gewaltigen Söldnerarmee versucht der karthagische General Hamilkar, den Griechen Himera zu entreißen, wird aber von den Griechen unter Führung des Tyrannen Gelon geschlagen.

tane bezeichneten. Nach und nach dehnten sie sich auf Sizilien aus, bis schließlich drei Viertel der Insel in griechischen Händen waren.

Das Vordringen der Griechen sorgte im Süden und Osten der Insel für Spannungen mit den Phöniziern, die sich ca. 850 v. Chr. an der Westseite der Insel niedergelassen hatten. Die Allianz der Phönizier mit dem mächtigen Stadtstaat Karthago (im heutigen Tunesien) bereitete den Griechen wiederum Kopfzerbrechen. 480 v. Chr. stellten die Karthager eine große Streitmacht von 300 000 Söldnern auf. Unter dem Kommando von Hamilkar, einem ihrer besten Generäle, landete das Heer auf Sizilien und belagerte Himera (in der Nähe von Termini Imerese). Doch die vermeintlich übermächtige Armee wurde von dem cleveren griechischen Tyrannen Gelon von Syrakus geschlagen. Seinen Truppen gelang der Durchbruch durch die Linien Hamilkars, indem sie vorgaben, eine Verstärkung aus der mit Karthago verbündeten Stadt Selinunt zu sein.

Es folgte eine Friedensperiode. Dank der reichen Ressourcen der Insel unterhielten die griechischen Kolonien einträgliche Handelskontakte. Von dem Ausmaß ihres Reichtums und dem hohen Entwicklungsstand ihrer Kultur zeugen die Überreste ihrer Städte.

Ende des 5. Jhs. v. Chr. griff der Peloponnesische Krieg auf Sizilien über. Ein Hilfeersuchen der Elymerstadt Segesta, die sich in einem Konflikt mit Syrakus befand, war der Auslöser für die Sizilienexpedition Athens, das auch auf den Reichtum des „Emporkömmlings" schielte. Die Athener stürzten sich mit der bis dato größten Flotte siegessicher in das Abenteuer, mussten aber eine vernichtende Niederlage einstecken, die für sie auch im Peloponnesischen Krieg den Anfang vom Ende bedeutete.

Syrakus mochte seinen Sieg feiern, doch der Rest von Sizilien befand sich weiterhin im bürgerkriegsähnlichen Zustand. Da bot sich für Karthago die Gelegenheit, sich für Himera zu rächen. 409 v. Chr. verwüstete eine neue Armee unter der Führung von Hamilkars verbittertem, aber brillantem Neffen Hannibal (nicht zu verwechseln mit dem berühmten Hannibal *ante portas*) die Landschaft Siziliens. Selinunt, Himera, Agrigent und Gela wurden dem Erdboden gleichgemacht. Einzig Syrakus trotzte Karthago, musste aber fast ganz Sizilien den Karthagern überlassen.

> Einige der frühesten Siedlungen Siziliens entstanden auf der Insel Lipari, einer der Liparischen Inseln. Dank ihres vulkanischen Ursprungs war Lipari eine Hauptquelle für Obsidian, ein ideales Material für die Herstellung von Schneidewerkzeugen, das in der Zeit vor Beginn der Bronzezeit sehr begehrt war. Obsidian, der auf Lipari abgebaut wurde, findet sich im gesamten Mittelmeerraum.

Roms erste Provinz

Im Ersten Punischen Krieg (264–241 v. Chr.) kämpften Rom und Karthago um den Besitz Siziliens. Bei Kriegsende proklamierten die siegreichen Römer die Insel mit Ausnahme Syrakus' als ihre erste Provinz. Die Mehrheit der einfachen Sizilianer lebte in erbärmlichen Verhältnissen; Großgrundbesitzer trieben Kleinbauern in die Schuldknechtschaft, Sklaven mussten auf den *latifondi* (Latifundien) schuften, riesigen Landgütern, die in späteren Jahren die Ursache vieler Probleme auf der Insel

415 v. Chr.	409 v. Chr.	241 v. Chr.	214–212 v. Chr.
Sizilienexpedition: Athen versucht, Syrakus auf militärischem Weg als potenziellen Konkurrenten auszuschalten. Athens gewaltige Flotte wird jedoch von Syrakus geschlagen.	Die Armee Karthagos unter der Führung von Hannibal Mago erobert Selinunt, Agrigent, Himera und Gela; Syrakus muss seine Territorien in West-Sizilien an den Konkurrenten aus Nordafrika abtreten.	1. Punischer Krieg: Als Spielball zwischen den Supermächten Karthago und Rom wird Sizilien zum Schlachtfeld. Bei Kriegsende ist Sizilien Teil des römischen Imperiums.	Die Verteidigungswaffen des griechischen Universalgenies Archimedes bewahren Syrakus zwei Jahre lang vor der Eroberung durch Rom. Zu diesen Kriegsmaschinen gehört ein Kran, der Schiffe zum Kentern bringt.

waren. So ist es nicht weiter verwunderlich, dass die alles andere als humane Herrschaft der Römer 135 v. Chr. in zwei (erfolglosen) Aufständen mündete, dem ersten (135–132 v. Chr.) und dem zweiten Sklavenkrieg (104–101 v. Chr.).

Die siegestrunkenen Römer sahen sich jedoch schon bald mit einem neuen erbitterten Widersacher in der Person Hannibals konfrontiert: Karthagos mächtiger Oberbefehlshaber drang über die Alpen nach Italien vor und besiegte die Römer in mehreren Schlachten (u. a. 216 v. Chr. bei Cannae, dem heutigen Puglia). Schon bald darauf ließen Hannibals Erfolge viele Griechen auf Sizilien an der Zweckmäßigkeit des Bündnisses mit Rom zweifeln. Einer der Kritiker war der junge Tyrann Hieronymos (231–214 v. Chr.), der 215 v. Chr. in Syrakus die Macht ergriffen hatte. Doch nicht alle in Syrakus teilten Hieronymus' Sympathie für die Karthager. So löste die Ermordung des Tyrannen (214 v. Chr.) einen Bürgerkrieg zwischen einer pro-römischen und einer pro-karthagischen Fraktion aus. Letztere trug den Sieg davon, was Rom bezüglich seines energischen Machtstrebens im Mittelmeerraum aber kaum beeindruckte. So wurde der angesehene General Marcus Claudius Marcellus (268–208 v. Chr.) mit der Eroberung von Syrakus beauftragt. Dieses Unterfangen sollte sich jedoch als äußerst schwierig und langwierig erweisen.

Grund hierfür war der größte Mathematiker und Erfinder der griechischen Antike: Archimedes (ca. 287–212/211 v. Chr.), der in Syrakus lebte und von Hieron II. (†215 v. Chr.; Großvater und Vorgänger des Hieronymus) mit dem Aufbau eines Waffenarsenals zur Verteidigung von Syrakus beauftragt worden war. Archimedes erfüllte diese Aufgabe mit vollem Erfolg und entwickelte eine Reihe von genialen Kriegsmaschinen – darunter Katapulte, die Ladungen von mehr als 300 kg schleudern konnten. Am außergewöhnlichsten war wohl die sogenannte Kralle des Archimedes. Dieser gigantische Holzkran war in die Festungsmauern von Ortygia, dem Kern des antiken Syrakus, integriert. Er verfügte über einen mächtigen Greifhaken, der hinabgelassen wurde und die römischen Galeeren am Bug packte. Das anschließende Anheben ließ die Schiffe dann kentern. Ob die Kralle jemals existierte, ist heute umstritten. Gleiches gilt für den „antiken Todesstrahl" des Erfinders: Mithilfe von Brennspiegeln aus Kupfer oder Bronze soll Archimedes Sonnenstrahlen gebündelt und auf herannahende römische Kriegsschiffe gelenkt haben, um deren Holzrümpfe in Brand zu setzen.

Die brillanten Konstruktionen des Archimedes wehrten die römischen Angriffe zwei Jahre lang erfolgreich ab. Als aber 212 v. Chr. die Wachmannschaften von Syrakus während des alljährlichen Artemisfestes nur schwach besetzt waren, erklomm eine kleine römische Einheit die Außenmauern von Ortygia, öffnete die Tore von innen und ermöglichte so die Einnahme der ganzen Stadt. Trotz der Demütigung durch

---

GESCHICHTE ROMS ERSTE PROVINZ

Etliche Schiffswracks liegen auf dem Meeresboden rund um Sizilien. Fundstücke aus diesen Wracks sind überall in der Region in Museen ausgestellt. Zu den bedeutendsten Funden zählen die Reste eines karthagischen Kriegsschiffs in Marsala, die Statue eines tanzenden Satyrs in Mazara del Vallo und die Sammlung antiker Amphoren in Lipari.

Stätten der klassischen Antike

Tal der Tempel (Agrigent)

Selinunt

Segesta

Parco Archeologico della Neapolis (Syrakus)

Teatro Greco (Taormina)

---

241 v. Chr.–470 n. Chr.	535	827–965	1059–1072
Sizilien wird die erste Provinz des römischen Imperiums. Unter seiner Herrschaft hat das einfache Volk lange kein Bürgerrecht und wird vielfach ausgebeutet.	Die Byzantiner erobern Sizilien mit der Absicht, die Insel als Sprungbrett für die Rückeroberung des weströmischen Reiches zu nutzen.	Arabische Eroberung Siziliens: Die Insel wird unter der arabischen Herrschaft vereint, Palermo ist nach Konstantinopel die zweitgrößte Stadt der Welt.	Der Normanne Robert Guiskard legt den Eid ab, die Araber aus Sizilien zu vertreiben. An der Seite seines jüngeren Bruders, Roger I., erobert er 1072 Palermo.

die Kriegsmaschinen bewunderte Marcus Claudius Marcellus die technische Kompetenz des Archimedes. Daher wies er seine Truppen an, dem Mathematiker kein Haar zu krümmen. Einer der Soldaten missachtete jedoch den Befehl und erschlug Archimedes mit seinem Schwert.

Vandalen, Byzantiner & Araber

Kurz bevor das Weströmische Reich 476 n. Chr. unterging, war Sizilien bereits vollständig unter die Kontrolle der von Nordafrika aus vordringenden Vandalen geraten, wenig später wurde es Teil des Herrschaftsgebiets der Ostgoten. Ihr Besitzanspruch währte jedoch nur kurz. 535 landete Belisarius, Feldherr des byzantinischen (oströmischen) Kaisers Justinian, mit seiner Armee auf der Insel und wurde von der Bevölkerung willkommen geheißen, die trotz der 700 Jahre langen römischen Herrschaft noch stark griechisch geprägt war – eine Tatsache, die sich sowohl in der Sprache als auch in den Bräuchen manifestierte. Die Byzantiner nutzten Sizilien als Sprungbrett für die Rückeroberung römischer Territorien (Byzanz, das Ende des 4. Jhs. aus der Teilung des Römischen Reichs hervorgegangen war, betrachtete sich als dessen legitimer Nachfolger). Wenngleich die Eroberungen Justinians nicht von langer Dauer waren, konnten sich die Byzantiner für drei Jahrhunderte auf Sizilien halten.

UNGEWÖHNLICHE GESCHICHTSMUSEEN

Neben tollen archäologischen Sammlungen und antiken Stätten warten auf Sizilien auch ein paar unkonventionelle Museen, die sich der jüngeren Geschichte der Insel widmen.

Im historischen Kerker des Palazzo Chiaromonte Steri (Palermo) beleuchtet das Museo dell'Inquisizione den Verlauf und die Auswirkungen der Inquisition auf Sizilien. Die aufschlussreichen Kritzeleien bzw. Kunstwerke an den Wänden der alten Haftzellen stammen von einstigen Gefangenen und Wärtern. Faszinierende Führungen (auf Italienisch und Englisch) setzen das Ganze in einen historischen Kontext.

Das CIDMA in Corleone, südlich von Palermo, klärt Besucher über die schmutzige Geschichte der sizilianischen Mafia auf und porträtiert die bedeutsame Widerstandsbewegung, die seit ein paar Jahren auf der Insel aktiv ist. Fotos veranschaulichen die historische Macht der Mafia über Siziliens Gesellschaft. Die Leiter der zweisprachigen Führungen engagieren sich aktiv im Rahmen der Anti-Mafia-Mission des Museums.

Das Castello di Donnafugata südlich von Ragusa beherbergt mit der Collezione Gabriele Arezzo di Trifiletti eine äußerst kostbare Sammlung von sizilianischen Kleidungsstücken (u. a. Trachten) aus der Zeit vom 16. bis zum 20. Jh. Diese gewährt faszinierende Einblicke in Siziliens Gesellschaft und Lebensart im Lauf der Jahrhunderte. Die meisten Exponate stammen aus dem 18. und 19. Jh.; u. a. sind seltene Schätze wie Livreen von Adelsdienern aus der Mitte des 18. Jh. zu bewundern.

1072–1101
Unter Roger I. und seinem kosmopolitischen Hofstaat erlebt Sizilien seine vielleicht glanzvollste Periode. Es entstehen imposante Paläste und Kirchen.

1130–1154
Roger II. baut eine der effizientesten Verwaltungen Europas auf. Mit seinem Gesetzeskodex folgt er dem Beispiel des byzantinischen Kaisers Justinian I. (reg. 527–565).

1145
Im Auftrag Rogers II. entwirft al-Idrisi die Tabula Rogeriana, eine Weltkarte, die Europa, Nordafrika und das westliche Asien korrekt wiedergibt. Der Herrscher lässt die Karte auf eine Silberscheibe gravieren.

1154–1191
Wilhelm I. besteigt den Thron und beginnt einen Machtkampf gegen die Kirche. Gualterius Offamilius wird zum Erzbischof Palermos ernannt. Die großen Kathedralen in Monreale und Palermo werden errichtet.

Stätten der normannischen Zeit

Cappella Palatina (Palermo)

Palazzo dei Normanni (Palermo)

Cattedrale di Palermo (Palermo)

Cattedrale di Monreale (Monreale)

Duomo di Cefalù (Cefalù)

Castello di Caccamo (Caccamo)

827 landete eine arabische Armee bei Mazara del Vallo. Palermo fiel 831, Syrakus 878. Die Araber wandelten Kirchen in Moscheen um und führten Arabisch als Verkehrssprache ein. Gleichzeitig wurden auch dringend nötige Landreformen vorgenommen und Handel, Landwirtschaft und Bergbau gefördert. Es wurden neue Nutzpflanzen importiert, u. a. Zitrusbäume, Dattelpalmen und Zuckerrohr, und Bewässerungssysteme angelegt. Palermo, Hauptstadt des neuen Emirats, entwickelte sich in den nächsten 200 Jahren zu einer der prächtigsten Städte der arabischen Welt, zu einem Umschlagplatz von Handels- und Kulturgütern, mit dem nur Córdoba in Spanien Schritt halten konnte.

Das Königreich der Sonne

Der barbarischen Grausamkeit und der erschreckenden Geschwindigkeit, mit der die Normannen auf dem italienischen Festland Gebiete einnahmen, hatten die Araber, die die Normannen als „Wölfe" bezeichneten, kaum etwas entgegenzusetzen. 1053, nach sechs Jahren söldnerischer Umtriebe, schlug der normannische Eroberer Robert Guiskard (ca. 1015–1085) aus der Familie der de Hauteville gemeinsam mit seinen Brüdern die aus kalabrischen Byzantinern, Langobarden und päpstlichen Truppen bestehende Allianz in der Schlacht von Civitate.

Nachdem er seine Vorherrschaft über Süditalien gefestigt hatte, widmete sich Robert der Ausdehnung der von ihm kontrollierten Gebiete. Hierzu musste er mit dem Vatikan einen Deal aushandeln: Als Gegenleistung für den Titel des Herzogs von Apulien und Kalabrien im Jahr 1059 stimmte Robert zu, die Sarazenen aus Sizilien zu vertreiben und das Christentum auf der Insel wieder einzuführen. Diese Aufgabe fiel vor allem Roberts jüngerem Bruder Roger I. (1031–1101) zu, dem er dafür die Insel versprach. 1061 landete Roger I. mit seinen Truppen bei Messina und eroberte den Hafen bei einem Überraschungsangriff. 1064 versuchte Roger, Palermo einzunehmen, wurde aber von einer gut organisierten arabischen Armee zurückgeschlagen. Erst 1072, als sie einen zweiten Angriff mit Verstärkungen starteten, fiel die Stadt in normannische Hände.

Roger, von dem hohen kulturellen Standard der Araber auf der Insel beeindruckt, scheute sich nicht, ihn zu kopieren und zu verfeinern. Er gab Reichtümer für Paläste und Kirchen aus und förderte an seinem Hof weltoffenes Gedankengut. Weitsichtig entschied er sich für eine Politik der Versöhnung mit der einheimischen Bevölkerung: Arabisch und Griechisch wurden neben Französisch weiterhin gesprochen, arabische Ingenieure, Bürokraten und Architekten weiter bei Hof beschäftigt. Seine Witwe Adelheid (Adelasia) übte die Herrschaft über Sizilien für ihre Söhne Simon (†1105) und Roger II. aus, bis Letzterer 1112 selbst die Herrschaft übernahm. 1130 wurde Roger II. (1095–1154) zum König von Sizilien gekrönt.

1198–1250	1266–1282	1282	1487
Unter dem Staufer Friedrich II. gilt Palermo als wichtigste Stadt Europas. Friedrich baut in Sizilien einen modernen Staat mit zentralistischer Verwaltung auf.	Karl I. aus dem Haus Anjou wird 1266 gekrönt. Die Franzosen machen sich durch Steuern und die Übertragung von Ländereien an Angehörige des eigenen Adels verhasst, sodass ihre Herrschaft nur kurz währt.	Die Sizilianische Vesper, ein gewalttätiger Aufstand in Palermo, löst eine Revolte gegen das Haus Anjou aus. Peter III. von Aragón füllt das Machtvakuum und begründet die 500 Jahre währende Herrschaft der Spanier.	Die Vertreibung der Juden aus allen spanischen Territorien bedeutet das Ende der religiösen Toleranz. Fast 300 Jahre lang terrorisiert die spanische Inquisition Sizilien mit Kerker, Folter und Hinrichtungen.

Roger II. war ein scharfsinniger Intellektueller. Die exotische Pracht und die Gelehrsamkeit seines Hofes erreichten einzigartige Ausmaße. Er förderte die Künste und schuf eine effiziente, multikulturelle Verwaltung, auf die ganz Europa neidisch blickte. Durch die Eroberung von Malta, großen Teilen Süditaliens und sogar von nordafrikanischen Gebieten dehnte er zudem die Grenzen seines Königreichs aus.

Die untergehende Sonne

Rogers Sohn, Wilhelm I. (1108-1166), auch Wilhelm der Böse genannt, erbte das Königreich 1154. Er war ein eitler, korrupter Herrscher.

Die Einsetzung von Walter von Palermo (auch Gualtiero Offamiglio) als Erzbischof von Palermo geschah mit der heimlichen Förderung des Papstes und führte die nächsten 20 Jahre zu einem für beide Seiten riskanten Machtkampf zwischen der Kirche und dem Thron. In dessen Verlauf setzte Wilhelm II. (1153-1189) einen zweiten Erzbischof in Monreale ein.

Der frühe Tod von Wilhelm II. im Alter von 35 Jahren führte zu einem Machtgerangel. Eine Versammlung von Baronen versuchte, den illegitimen Enkel Rogers II., Tankred von Lecce (ca. 1130-1194), auf den Thron zu hieven. Seine Herrschaft wurde allerdings postwendend vom Oberhaupt der Staufer, Kaiser Heinrich VI. (1165-1197), angefochten, der aufgrund seiner Heirat mit Konstanze, der Tochter Rogers II., Anspruch auf den Thron erhob.

Tankred starb 1194. Kaum war sein Sohn Wilhelm III. als König im Amt, da war auch schon die Flotte der Staufer in Messina eingelaufen. Am Weihnachtstag desselben Jahres erklärte sich Heinrich VI. zum König; den jungen Wilhelm brachte er kurz darauf hinter Gitter, wo dieser 1198 starb.

Das Staunen der Welt

Heinrich, der seinem sizilianischen Königreich kaum Beachtung schenkte, starb 1197 (wahrscheinlich an Malaria). Nachfolger wurde sein junger Erbe Friedrich (1194-1250), der als Friedrich I. über Sizilien und als Friedrich II. als König und Kaiser über das Heilige Römische Reich herrschte.

Friedrich war ein eifriger Intellektueller mit einem Hang zu politischen Manövern, der die Zügel fest in seinen Händen hielt. Er befestigte die Ostküste von Messina bis Syrakus und plünderte 1232 das aufständische Catania. Unter seiner Herrschaft wurde Sizilien zu einem zentralistischen Staat, der in der europäischen Wirtschaft und Kultur eine Schlüsselrolle spielte. Palermo galt als bedeutendste Stadt des Kontinents. In späteren Jahren seiner Regentschaft wurde Friedrich von Zeitgenossen anerkennend als Stupor Mundi, „das Staunen der Welt", bezeichnet.

1669	1693	1799-1815	1820-1848
Der schlimmste Ausbruch des Ätna zerstört Catania und andere Städte an der Ostküste; vorausgegangen war ein dreitägiges Erdbeben. Der Ausbruch dauert vier Monate; die Stadt wird unter Lava begraben.	Ein Erdbeben und der anschließende Tsunami zerstören Dutzende Gemeinden im Südosten Siziliens. Noto, Ragusa, Modica und mehrere andere Städte werden anschließend im Barockstil wiederaufgebaut.	Napoleon besetzt Neapel; die Bourbonenherrschaft über Sizilien bleibt bestehen, ist aber geschwächt. 1812 wird eine Verfassung mit Zweikammerparlament und Abschaffung feudaler Privilegien entworfen.	Der erste große Aufstand gegen die Bourbonen beginnt in Palermo. Ihm folgen weitere: 1837 in Syrakus und 1848 nochmals in Palermo.

Friedrich starb 1250. Im Römisch-deutschen Reich folgte ihm sein Sohn Konrad IV. (1228–1254), der sich hier einer mächtigen päpstlich-fürstlichen Opposition zu erwehren hatte. Sizilien stand anfangs unter der Herrschaft des jüngeren, unehelichen Sohns Friedrichs, Manfred (1232–1266). Konrad wandte sich 1252 Sizilien zu und übernahm die Kontrolle, starb aber schon zwei Jahre später an Malaria. Manfred übernahm erneut die Macht, zunächst als Regent für Konrads noch kleines Kind Konradin, und wurde dann 1258, nachdem er mit den Arabern eine Allianz geschmiedet hatte, selbst Herrscher von Sizilien.

Sizilianische Vesper, spanische Inquisition

1266 besiegte und tötete die angevinische Armee, die von Karl von Anjou, dem Bruder des französischen Königs Ludwig IX., angeführt wurde, Manfred bei Benevent auf dem italienischen Festland. Zwei Jahre später kostete eine weitere Schlacht Konradin, den 15 Jahre alten Neffen und Erben von Manfred, das Leben – er wurde bei Tagliacozzo besiegt, gefangen genommen und von den Angevinern in Neapel öffentlich geköpft.

Nach einem so blutigen Einstand war das Haus Anjou verhasst und gefürchtet. Sizilien ächzte unter dem Joch enormer Steuern, religiöse Verfolgungen waren an der Tagesordnung, normannische Lehen wurden eingezogen und französischen Adligen zugesprochen.

Am Ostermontag des Jahres 1282 geriet ganz Palermo in Aufruhr, nachdem ein einheimisches Mädchen angeblich von einem französischen Sergeanten belästigt worden war. Die Bauern lynchten jeden französischen Soldaten, der ihnen zwischen die Finger kam. Die als „Sizilianische Vesper" bekannte Revolte breitete sich auch auf dem Land aus und wurde von Baronen unterstützt, die sich mit Peter von Aragón verbündeten. Dieser war mit einer Tochter Manfreds verheiratet und landete nun mit einer Armee in Trapani. Wenig später proklamierten ihn sizilianische Adlige zum König. Die nächsten 20 Jahre führten die Aragoner gegen die Angeviner Krieg, den die Spanier um Peter gewannen.

Doch die Situation Siziliens verbesserte sich auch unter spanischer Herrschaft nicht. Am Ende des 14. Jhs. war die Insel völlig ins Abseits geraten. Während das östliche Mittelmeer von den Türken abgeschottet war, blieb das italienische Festland tabu, da Sizilien politisch an Spanien gebunden war. Mit weitreichenden, auch kulturellen, Folgen: Die Renaissance ging an der Insel, die von bedrückender Armut geplagt wurde, spurlos vorüber. Selbst Spanien verlor das Interesse an seinem Territorium: 1412 ernannte Ferdinand von Aragon erstmals aus eigener Macht, also ohne Berücksichtigung der sizilianischen Barone, einen Vizekönig.

Ende des 15. Jhs. war der Hof des Vizekönigs ein Hort der Korruption. Die katholische Kirche – deren Erzbischöfe und Bischöfe meist Spanier

Archäologische Museen

Museo Archeologico Regionale (Palermo)

Museo Archeologico (Agrigent)

Museo Archeologico Eoliano (Lipari)

Museo Archeologico Paolo Orsi (Syrakus)

1860–1861
Garibaldi landet in Marsala, schlägt die Truppen der Bourbonen und erobert 14 Tage später Palermo. Viktor Emanuel II. von Sardinien-Piemont wird am 17. März 1861 zum ersten König eines geeinten Italiens.

1860–1894
Mafiosi füllen das Vakuum zwischen Volk und Staat. Das Bedürfnis nach Sozialreformen stärkt die wachsende Bewegung der *fasci*.

1908
Ein schweres Erdbeben der Stärke 7,1 erschüttert am 28. Dezember Messina und Süd-Kalabrien. Das Beben und der dadurch ausgelöste Tsunami verwüsten Messina. Über 80000 Menschen verlieren ihr Leben.

1922–1943
Mussolini errichtet seine faschistische Diktatur, zerschlägt die Mafia größtenteils und zieht Italien durch die Kolonisation Libyens in den Zweiten Weltkrieg hinein. Sizilien leidet schwer unter alliierten Luftangriffen.

waren – wurde die einflussreichste Körperschaft auf der Insel. Die Kirche übte ihre drakonische Macht mithilfe eines Netzwerks von Tribunalen der Heiligen Inquisition aus.

Naturkatastrophen

Eine Katastrophe natürlichen Ursprungs traf Sizilien im März 1669, als die bislang stärkste bekannte Eruption in der Geschichte des Ätna den Südhang des Vulkans aufriss. Während der folgenden vier Monate flossen dort insgesamt 800 Mio. m³ Lava zu Tal und begruben ein Dutzend Dörfer unter sich. Daraufhin gruben 50 tapfere Einwohner von Catania spontan einen Abflusskanal, um das geschmolzene Gestein von ihrer Heimatstadt fernzuhalten. Allerdings leiteten sie den Lavastrom dabei in Richtung Paternò um, was zu Konflikten zwischen den beiden Städten führte, und der Kanal wurde wieder aufgefüllt.

Trotz der neuerlichen Bedrohung flohen nur wenige Menschen aus Catania: Die meisten Einwohner blieben und setzten ihre Hoffnungen auf die alten Festungsmauern, die schließlich im Westen unter dem Druck der Lava brachen – bis heute sind erstarrte Reste des Stroms auf dem Gelände des Monastero degli Benedettini l'Arena zu sehen. Zwar konnte dank hastig errichteter Barrieren eine Ausbreitung ins übrige Zentrum verhindert werden und Mitte Juli spuckte der Ätna auch endlich keine Lava mehr aus. Doch bis dahin hatte der Ausbruch schätzungsweise 15 000 bis 20 000 Todesopfer in der Region gefordert und Catanias Topografie für immer drastisch verändert. Ein Paradebeispiel hierfür ist das heute ganz von Land umschlossene Castello Ursino, das ursprünglich direkt am Meer lag.

Im Januar 1693 schlug Mutter Natur dann noch schlimmer zu, als zwei Erdbeben das Val di Noto im Südosten Siziliens erschütterten. Das erste davon erreichte am 9. Januar eine geschätzte Stärke von 6,2 auf der Richterskala. Zwei Tage später bewegte sich der Boden erneut, diesmal weitaus stärker wohl mit einem Wert von 7,4 – zahlreiche beim ersten Beben beschädigte, aber bislang noch stehende Gebäude stürzten nun ein wie Kartenhäuser. Zudem verwüstete ein Tsunami die Ionische Küste. Über 60 000 Menschen verloren ihr Leben, darunter zwei Drittel von Catanias Einwohnern; mehr als 45 Dörfer und Städte wurden schwer beschädigt oder komplett zerstört.

Die Tragödie bot aber auch einzigartige Möglichkeiten: Die größten Architekten der damaligen Zeit, Meister wie Rosario Gagliardi, Andrea Palma oder Giovanni Battista Vaccarini, verpassten der Region ein neues Gesicht – ihr prachtvoller Stil gilt heute als absoluter Höhepunkt des sizilianischen Barocks. Im Zentrum von Syrakus erfolgte der Wiederaufbau nach den früheren Plänen, während Catania komplett umgestaltet wurde. Andere Städte wie Noto entstanden wiederum an anderer Stelle

---

Geschichte Siziliens: Bücher

Sizilien: Eine Geschichte von der Antike bis in die Moderne – *John Julius Norwich*

Der Leopard – *Giuseppe Tomasi di Lampedusa*

Seeking Sicily – *John Keahey*

1943–1944	1950	1951–1975	1969
Die Mafia kollaboriert mit den Alliierten und unterstützt diese bei der Eroberung der Insel. Sizilien wird in 39 Tagen eingenommen, der Pate Calogero Vizzini Verwalter der Insel.	Die *Cassa per il Mezzogiorno* wird eingerichtet, um in Süditalien die Infrastruktur und öffentliche Baumaßnahmen zu fördern. Misswirtschaft und Korruption verschlingen ein Drittel der Finanzmittel oder mehr.	Die Erdöl-, Zitrusfrucht- und Fischindustrie Siziliens kollabieren; viele Sizilianer werden arbeitslos. 1 Mio. Menschen wandern nach Mittel- und Nordeuropa aus.	Caravaggios Gemälde *Christi Geburt mit den Hl. Franziskus und Laurentius* wird aus Palermos Oratorio di San Lorenzo gestohlen. Auf der FBI-Liste ungeklärter Kunstdiebstähle rangiert dieser Raub unter den Top Ten.

völlig neu. Das Ergebnis war eine Vielzahl neuer architektonischer Wunder wie die Domplätze in Catania und Syrakus, die Chiesa di San Giorgio in Modica oder die Cattedrale di San Giorgio in Ragusa – ganz zu schweigen von den außergewöhnlichen *palazzi* (Herrenhäusern) und Kirchen an Notos Corso Vittorio Emanuele.

Vom Feudalismus zum Risorgimento

Das sizilianische Volk litt unter der Unterdrückung durch den Adel und forderte Reformen, 1516 und 1647 kam es in Palermo zu Aufständen. Als Anfang des 18. Jhs. halb Europa mit dem Spanischen Erbfolgekrieg beschäftigt war, wurde Sizilien wie ein unerwünschtes Weihnachtsgeschenk weitergereicht: 1713 ging die Insel an das Haus Savoyen-Piemont über, das Sizilien aber schon sieben Jahre später im Tausch gegen Sardinien den österreichischen Habsburgern überließ. 1734 verlangten die Spanier unter den Bourbonen die Insel schließlich zurück, 1734 bis 1759 herrschte Karl V., der spätere Monarch Spaniens, über Sizilien und Neapel. Unter seinem Nachfolger Ferdinand III. von Sizilien (als Ferdinand IV. König von Neapel, reg. 1759–1825) verhinderte die Klasse der Landbesitzer jeden Versuch einer Liberalisierung. Getreideexporte gingen in großem Stil weiter und bereicherten die Aristokratie, während der Großteil der verarmten Sizilianer unter Hunger litt.

Napoleons Eroberung des Königreichs von Neapel zwang 1799 Ferdinand dazu, sich auf das von den Franzosen nicht eingenommene Sizilien zurückzuziehen. Die geradezu lächerlichen Steuerforderungen des Bourbonenkönigs trafen auf offenen Widerstand der Bauern und einiger weitsichtiger Adliger, die die Einführung begrenzter Reformen als einzige Alternative betrachteten, um den Status Quo zu erhalten. Ferdinand musste 1812 schließlich widerwillig dem Druck nachgeben und der Verabschiedung einer Verfassung zustimmen. Diese sah ein Parlament mit zwei Kammern vor, die feudalen Privilegien wurden abgeschafft.

Nach der endgültigen Niederlage Napoleons im Jahr 1815 vereinigte Ferdinand – nun als Ferdinand I. – Neapel und Sizilien zum Königreich beider Sizilien. Die nächsten zwölf Jahre war die Insel geteilt: Eine Minderheit strebte nach einem unabhängigen Sizilien, eine Mehrheit glaubte, die Insel könne nur als Teil eines vereinigten Italiens überleben – ein Ziel, das auf dem Festland als Teil der politischen und sozialen Bewegung des Risorgimento („Wiederaufblühen") energisch verfolgt wurde.

Am 4. April 1860 gab ein revolutionäres Komitee in Palermo den Befehl zu einem Aufstand gegen den wankenden Bourbonenstaat. Der italienische Freiheitskämpfer Giuseppe Garibaldi landete daraufhin am 11. Mai 1860 mit ca. 1000 Soldaten, den berühmten *mille*, in Marsala und schlug am 15. Mai bei Calatafimi eine bourbonische Armee von 15 000 Mann. Zwei Wochen später nahm er Palermo ein.

1988	1992	1995–1999	2006
Premiere von *Cinema Paradiso*, den der sizilianische Regisseur Giuseppe Tornatore auf der Insel (u. a. Bagheria und Cefalù) gedreht hat. 1989 gewinnt der Streifen den Oscar als bester fremdsprachiger Film.	Die beiden Richter und Anti-Mafia-Kämpfer Giovanni Falcone und Paolo Borsellino werden ermordet. Die Attentate erregen in weiten Kreisen Empörung und stärken den Widerstand des Volkes gegen die Mafia.	Der ehemalige Ministerpräsident Giulio Andreotti steht wegen seiner Kontakte zur Mafia vor Gericht. Er schweigt wie ein Grab und wird 1999 mangels Beweisen freigesprochen.	Der sizilianische Pate Bernardo Provenzano wird nach 40 Jahren auf der Flucht festgenommen. Seine Verhaftung ist ein Meilenstein im Kampf gegen die Mafia.

Trotz seines revolutionären Eifers war Garibaldi kein Sozialreformer. Seine Soldaten blockierten jeden Versuch der einfachen Arbeiter, sich Land anzueignen. Am 21. Oktober wurde eine Volksabstimmung abgehalten. 99% der sizilianischen Wähler stimmten für die Vereinigung mit dem vom Haus Savoyen regierten Königreich Sardinien-Piemont, zu dem bereits der Großteil von Nord- und Mittelitalien gehörte. An dessen Spitze stand König Viktor Emmanuel II., der über Gesamtitalien herrschen wollte und Garibaldis Expedition nach Sizilien unterstützt hatte. Am 17. März 1861 wurde er schließlich der erste König eines vereinigten Italiens.

Faschismus & Zweiter Weltkrieg

Sizilien mühte sich sehr, sich dem Haus Savoyen-Piemont anzupassen. Im Großen und Ganzen behielt die alte Aristokratie ihre Privilegien – die Hoffnungen auf soziale Neuerungen schwanden schnell.

Genau diese hätte die Insel jedoch dringend benötigt: eine Agrarreform und eine Umverteilung des Bodens. Die teilweise Aufteilung der großen Landgüter nach der Abschaffung des Feudalismus war immer noch nur den *gabellotti* zugutegekommen, dem landwirtschaftlichen Mittelstand, der im Auftrag der Aristokratie die Bauern kontrollierte. Sie pachteten das Land von den Besitzern und forderten von den Bauern, die darauf lebten und arbeiteten, erdrückende Pachtzinsen.

Um ihnen beim Eintreiben der Gelder zu helfen, engagierten die Gerichtsvollzieher einheimische Gangs, die – in Ermangelung ein wirksamen Rechtssystems – die Rolle der Vermittler zwischen Pächtern und Besitzern übernahmen, Streitigkeiten klärten und die Angelegenheiten regelten. Sie wurden *mafiosi* genannt und waren in kleinen, an Regionen und Familien orientierten Gruppen organisiert, sie etablierten sich als lokale Macht und füllten erfolgreich die Lücke, die zwischen dem Volk und dem Staat klaffte.

1922 kam Benito Mussolini in Rom an die Macht. Als der wachsende Einfluss der Mafiabosse drohte, seine Herrschaft auf Sizilien zu gefährden, schickte Mussolini Cesare Mori nach Palermo mit dem Befehl, Gesetzlosigkeit und Aufständen auf Sizilien ein Ende zu bereiten. Mori ging mit unnachgiebiger Härte vor: Er ließ alle Personen zusammentreiben, die im Verdacht standen, Kontakt zu „illegalen Organisationen" zu haben.

In den 1930er-Jahren hatte Mussolini dann aber Wichtigeres zu tun, sein Blick richtete sich auf die Kolonisierung Libyens als Italiens vierte Küste. An der Seite Hitlers führte der *Duce* Italien schließlich in den Zweiten Weltkrieg. In diesem galt den Alliierten Sizilien als Sprungbrett für die Eroberung des italienischen Festlands, weshalb die Insel massive Bombardierungen zu erdulden hatte. Und als Ironie der Geschichte bot

> Die Explosion beim tödlichen Bombenanschlag auf den Mafiajäger Giovanni Falcone war so stark, dass sie von Seismographen in der Region registriert wurde. 500 kg Sprengstoff detonierten an der Autobahn A29 zwischen Palermo und dem Flughafen. Auftraggeber war der Mafiaboss Salvatore „Totò" Riina, der das erfolgreiche Attentat angeblich mit Champagner feierte.

2012	2013	2015	2016
Rosario Crocetta wird Siziliens erster offen homosexueller Regionalpräsident. Der Mitte-Links-Politiker bekämpft die Mafia vehement; er überlebt mehrere Mordversuche der sizilianischen Mafia.	Siziliens Wirtschaft leidet weiterhin unter sehr großen Problemen: Anfang des Jahres liegt die Arbeitslosigkeit bei 20,71% und die Jugendarbeitslosigkeit gar bei 52%.	Italiens Ministerpräsident Matteo Renzi spricht sich für den Bau einer Brücke über die Straße von Messina aus – trotz des hohen Erdbebenrisikos und mutmaßlicher Verstrickungen der Mafia.	In den ersten drei Monaten steigt die Anzahl illegaler Bootsflüchtlinge an Siziliens Küsten um dramatische 90%. Von den rund 20000 Immigranten, die Italien im selben Zeitraum verzeichnet, reisen 90% über Sizilien ein.

der Krieg der Mafia die ideale Gelegenheit, um sich an Mussolini zu rächen. Sie kollaborierte mit den alliierten Streitkräften und half diesen 1943 bei der Eroberung der Insel.

Das Leiden nach dem Krieg & Mani Pulite

Die mächtigste Kraft der sizilianischen Politik in der zweiten Hälfte des 20. Jhs. war die Democrazia Cristiana (DC; Christdemokraten), eine katholische Mitte-Rechts-Partei, die den traditionellen Konservativismus der Insel ansprach. Die eng mit der Kirche verbundene DC versprach weitreichende Reformen, rief aber gleichzeitig zur Wachsamkeit gegenüber dem gottlosen Kommunismus auf. Dabei wurde sie stark von der Mafia unterstützt, die sicherstellte, dass die Kandidaten der DC stets als Sieger aus den lokalen und regionalen Wahlen hervorgingen. Als Gegenleistung garantierte der *clientelismo* (politische Protektion), dass die Mafia stets für sie vorteilhafte Verträge abschließen konnte.

Hierdurch blieb die Mafia dauerhaft der wichtigste Faktor in der sizilianischen Wirtschaft. Dies wiederum trug viel dazu bei, dass Roms Bemühungen, den Abstand zwischen dem wohlhabenden Norden und dem armen Süden zu verringern, zunichte gemacht wurden. Die gut gemeinte Cassa del Mezzogiorno (Entwicklungsfond für Süditalien) wurde 1950 ins Leben gerufen und zielte darauf ab, die kümmerliche Wirtschaft des Südens anzukurbeln. Sizilien gehörte zu den Hauptbegünstigten und erhielt sowohl vom Staat als auch später von den EG und der EU Geld für unterschiedlichste Projekte. Da die meisten Fördermittel jedoch in dunklen Kanälen versickerten, stellte die italienische Regierung 1992 den Fond ein und Sizilien musste sich fortan wieder allein durchschlagen.

Im gleichen Jahr sorgte der riesige Skandal Tangentopoli (Schmiergeldstadt) für Schlagzeilen: Es wurde ein institutionalisiertes System von Schmiergeldzahlungen und Bestechungen aufgedeckt, das sich nach dem Zweiten Weltkrieg zum Modus Operandi des Landes entwickelt hatte. Das Epizentrum des politischen Erdbebens lag zwar im industrialisierten Norden Italiens, die folgenden Ermittlungen – als *Mani Pulite* (Saubere Hände) bezeichnet – wirkten sich aber zwangsläufig auch auf Sizilien aus, eine Region, in der Politiker, Wirtschaftsbosse und Mafiosi seit langer Zeit gemeinsame Sache machten. Der Skandal sorgte schließlich für den Untergang der DC.

In der Zwischenzeit veränderte sich dank den Untersuchungsrichtern Paolo Borsellino und Giovanni Falcone die Bewertung der Mafia in der sizilianischen Öffentlichkeit. Die beiden trugen erheblich dazu bei, dass sich die öffentliche Meinung auf beiden Seiten des Atlantiks gegen die Mafia wandte, sodass Sizilianer nun offener über die Organisation sprechen und sich gegen sie wenden konnten. Als beide Richter im Sommer 1992 ermordet wurden, war dies ein großer Verlust für Sizilien und ganz Italien, aber zugleich auch das Fanal, das den Mafia-Kodex der *omertà* (des Schweigens), der die Insel so lange beherrscht hatte, endgültig zu Fall brachte. In den folgenden drei Jahrzehnten wurden eine Reihe wichtiger Mafia-Bosse verhaftet, darunter Salvatore „Totò" Riina (1993), Leoluca Bagarella (1995), Bernardo „der Traktor" Provenzano (2006), Salvatore Lo Piccolo (2007), Domenico „der Veterinär" Raccuglia (2009) und schließlich 2018 Settimo Mineo und andere wichtige Gangster aus Palermo.

Der in Genf wohnende Künstler Gianni Motti benannte 2005 eines seiner Werke nach dem italienischen Politskandal *Mani pulite* (Saubere Hände). Die Skulptur in Form eines schlichten Seifenstücks enthält angeblich Körperfett des damaligen Ministerpräsidenten Silvio Berlusconi, das Motti bei einer Klinik für Fettabsaugungen erworben hat.

Sizilien bittet zu Tisch

Sizilien Küche zeichnet sich durch ihre Einzigartigkeit und Qualität aus – sie wird sogar von einer Nation, in der sich alles ums Essen dreht und die viele köstliche regionale Spezialitäten kennt, als eine der besten Italiens anerkannt. Geraume Zeit des Besuchs hier verbringt man mit Essen und Trinken, wobei der Gaumen nach Strich und Faden verwöhnt wird!

Insel der zeitlosen kulinarischen Traditionen

Siziliens Küche ist von frischen Zutaten, ungewöhnlichen Aromen und köstlichen Kombinationen aus süß und deftig geprägt. Die „Speisekammer" der Insel hat sich über einen langen Zeitraum entwickelt, beeinflusst von aufeinanderfolgenden Invasionswellen, aber immer auf der Grundlage von Siziliens fruchtbaren Böden und den umgebenden Gewässern aufbauend. Viele traditionelle Rezepte haben die Jahrhunderte überdauert bis zum heutigen Tag. Fisch und Meeresfrüchte aus dem Mittelmeer gehören zu den Grundpfeilern der Inselküche. Auch der Überfluss an Obst und Gemüse war schon den alten Griechen bekannt – von Homer stammt die bekannte Beschreibung: „Hier tragen die üppigen Bäume beständig Granatäpfel und Birnen und rötlich gesprenkelte Äpfel, saftige Feigen und pralle Oliven, glatt und dunkel"; ferner erwähnte er den wilden Fenchel und die Kapernsträucher auf den Hügeln. Aber erst mit den Arabern nahm die Inselküche Formen an. Die Sarazenen brachten die allgegenwärtigen Auberginen und die Zitrusfrüchte mit, und sie sollen auch die Nudeln eingeführt haben. Sie verwendeten zum Würzen Safran und Sultaninen und als Kontrast zu diesen Gaumenschmeichlern knackige Mandeln und Pistazien. Der arabische Einfluss war so groß, dass Couscous heute auf vielen Speisekarten im westlichen Sizilien auftaucht. Und – ganz wichtig! –: Die Sarazenen brachten das Zuckerrohr nach Sizilien, und das bildet die Grundlage für all die tollen Süßigkeiten.

Das Beeindruckendste an Siziliens Küche ist, dass die meisten der außergewöhnlichen Kreationen infolge von Armut und Entbehrung entstanden. Die extravaganten Rezepte der *monsù* (Küchenchefs; vom französischen *monsieur le chef*), die bei den Adligen der Insel beschäftigt waren, wurden an die Geldbeutel und Mittel der weniger Glücklichen angepasst. So wurde Fleisch durch Auberginen ersetzt oder geriebener Käse durch Semmelbrösel. Nicht nur für Aristokraten, sondern auch für gewöhnliche Sizilianer stand Frische an erster Stelle – und ebenso die Tatsache, dass kein Aroma das andere überdeckte.

> Fast alle Restaurants auf Sizilien berechnen 1 bis 3 € pro Person für *pane e coperto* (Brot und Gedeck). Damit ist der Brotkorb gemeint, der gereicht wird, um die Wartezeit auf das Essen zu verkürzen. Wenn der Kellner ihn vergisst, einfach fragen!

Grundnahrungsmittel

Allgegenwärtige, vor Ort angebaute Grundnahrungsmittel, die in der sizilianischen Küche immer wieder auftauchen, sind Auberginen, wilder Fenchel, Zitrusfrüchte, Mandeln, Pistazien, Kapern, Oliven, frischer Ricotta, Schwertfisch, Thunfisch, Sardinen und Schalentiere. Überall kann man traditionelle regionale Spezialitäten probieren, und der Großteil

> In Palermo ist es nicht ungewöhnlich, dass einer Frau das Kompliment gemacht wird, sie sei *bella come una cassata* (schön wie eine cassata).

Brot

Brot war schon immer ein Grundnahrungsmittel der sizilianischen Bauern. Das grobkörnige, goldfarbene sizilianische Brot wird aus Hartweizen hergestellt und ist in einer Vielzahl ritueller und regionaler Variationen zu finden – es gibt Zöpfe, Ringe und sogar Blumenformen –, und manchmal werden sie noch mit Sesam bestreut. Gebackenes Brot wird mit größtem Respekt behandelt. In früheren Zeiten hatte nur das Familienoberhaupt das Privileg, einen Laib anzuschneiden.

Phasen schlimmer Armut und Hungersnöte haben zweifellos zur allgegenwärtigen Verwendung von *mollica* (Semmelbröseln) beigetragen, mithilfe derer karge Mahlzeiten gestreckt und leere Mägen gefüllt werden konnten. Diese Sparsamkeit spiegelt sich heute noch in berühmten Gerichten wider, darunter etwa *involtini*, für die eine mal mehr, mal weniger pikante Füllung in Semmelbröseln gewendet, mit Fleisch oder Fisch umwickelt und anschließend in der Pfanne angebraten oder gegrillt wird. Semmelbrösel werden (anstelle von geriebenem Käse) auch über manche Pastagerichte wie *pasta con le sarde* (Pasta mit Sardinen, Pinienkernen, Rosinen und wildem Fenchel) gestreut. Weitere beliebte Gerichte auf der Basis von Brotteig sind *sfincione* (lokale Variante der Pizza mit Tomaten, Zwiebeln und manchmal Sardellen), *impanata* (Snacks aus Brotteig mit einer Füllung aus Fleisch, Gemüse oder Käse) und *scaccie* (Pfannkuchen ähnelnden Scheiben aus Brotteig, die mit einer Füllung bestrichen und anschließend gerollt werden).

> **Klassiker: Antipasti**
>
> **Sarde a beccafico**
> *Gerollte gefüllte Sardinen*
>
> **Arancine**
> *Würzige gebratene Reisbällchen*
>
> **Caponata**
> *Süß-saure Mischung aus Auberginen, Kapern und Oliven*

Antipasti

Die Vorliebe der Sizilianer für kräftige Aromen und ungewöhnliche Kombinationen verleiht dem Antipasto-Teller (wörtlich „vor den Nu-

---

SIZILIANISCHE IGP- & DOP SPEZIALITÄTEN

Eine ganze Reihe sizilianischer Spezialitäten erfuhr durch das italienische DOP (Denominazione d'Origine Protetta; geschützte Herkunftsbezeichnung) und das in der EU verwendete IGP (Indication géographique protégée) besondere Beachtung. Diese Bezeichnungen helfen dabei, die Qualität landwirtschaftlicher Produkte auf der ganzen Insel zu fördern und zu schützen. Einige der berühmtesten DOP- und IGP-Produkte sind hier aufgelistet, gefolgt von der Region, in der sie angebaut bzw. produziert werden.

Pistacchi Verdi di Bronte DOP Grüne Pistazien aus Bronte; an den westlichen Abhängen des Ätna (Ionische Küste)

Pomodori di Pachino IGP Kirschtomaten aus Ragusa und Syrakus (südöstliches-Sizilien)

Fichidindia dell'Etna DOP Kaktusfeigen vom Ätna (Ionische Küste)

Limoni di Siracusa IGP Zitronen aus Syrakus (südöstliches Sizilien)

Arance di Ribera DOP Orangen aus der Region Ribera (Mittelmeerküste)

Arance Rosse di Sicilia IGP Sizilianische Blutorangen (Syrakus & der Südosten, Ionische Küste, Zentral-Sizilien)

Pesche di Leonforte IGP Pfirsiche aus der Region Enna (Zentral-Sizilien)

Pecorino Siciliano DOP Käse aus Schafsmilch; auf der ganzen Insel erhältlich

Ragusano DOP Käse aus Kuhmilch; aus Ragusa (südöstliches-Sizilien)

Capperi di Pantelleria IGP Kapern von der Insel Pantelleria (südwestliches Sizilien)

Nocellara del Belice DOP Oliven aus dem Belice-Tal (West-Sizilien)

deln", Appetitanreger) eine besondere Note. Eine Auswahl Antipasti vom Büfett zu nehmen, ist eine hervorragende Möglichkeit, einige der wunderbaren Aromen Siziliens zu testen, von marinierten Sardinen und Scheibchen rohen Herings über verschiedene Käsesorten bis zu eingelegtem, gebackenem und frischem Gemüse, darunter Artischocken, Paprika, getrocknete Tomaten, Auberginen und das berühmteste von allen: *caponata* (gekochtes Gemüse aus Tomaten, Auberginen, Sellerie, Kapern, Oliven und Zwiebeln). In Gebirgsgegenden bestehen die Antipasti eher aus Würstchen, Käse, Pilzen oder herzhaften *arancine* oder *arancinette* – gebratene, mit Fleisch gefüllte Reisbällchen und Tomatensauce. Wer Glück hat, bekommt auch seltene Leckereien wie behutsam panierte und gebratene Salbeiblätter oder Kürbisblüten zum Probieren.

Pasta

Pasta ist das wahrscheinlich berühmteste Exportgut Italiens (und Siziliens). Während heutzutage die meisten sizilianischen Restaurants frische Pasta *(pasta fresca)* anbieten – Trapanis hohle *busiate* in Korkenzieherform gehören zu den auffälligsten ihrer Art – ist die getrocknete Pasta schon immer das Grundnahrungsmittel Siziliens und Süditaliens, hauptsächlich, da sie günstiger ist als die frische Variante.

Das berühmteste aller sizilianischen Nudelgerichte ist *pasta con le sarde*, Pasta mit Sardinen. Wilder Bergfenchel (den es nur auf Sizilien gibt), Zwiebeln, Pinienkernen und Rosinen verleihen den Sardinen ein wunderbar exotisches Aroma. Weitere sehr bekannte Gerichte sind *pasta alla Norma* aus Catania, eine gehaltvolle Mischung aus Tomaten, Auberginen und gesalzenem Ricotta, *pasta all'eoliana* von den Liparischen Inseln aus heimischen Oliven, Kapern, Kirschtomaten, Olivenöl und Basilikum, die beliebten *spaghetti ai ricci* (mit Seeigeln) und *pasta al pesce spada e menta* mit frischem Schwertfisch und Minze. Im Landesinneren dominieren Fleisch- und Wildsaucen (aus Wildschwein, Kaninchen oder Rind) oder auch *pasta alle nocciole* mit einer Sauce aus den Haselnüssen der Monti Nebrodi und Monti Madonie. Die beste Lasagne der Insel *(lasagne cacate)* gibt es im barock geprägten Modica; bei dieser Variante werden zwei Käsesorten – Ricotta und Pecorino – mit Rinderhack und Wurst vermischt und zwischen Lagen aus hausgemachten Nudelquadraten geschichtet.

Fisch & Meeresfrüchte

Die enorme Weiterentwicklung der Fischfangmethoden und die – zumindest bis vor wenigen Jahren noch – weite Verbreitung von Sardinen, Thunfisch und Makrelen vor der Küste Siziliens haben dafür gesorgt, dass sich Fisch als Grundnahrungsmittel etablierte.

In Palermo kommt man nicht um *sarde a beccafico alla Palermitana* (mit Anchovis, Pinienkernen, Korinthen und Petersilie gefüllte Sardinenröllchen) herum, die entweder als Antipasto oder als zweiter Gang serviert werden. Das Filet Mignon des Meeres aber ist *pesce spada* (Schwertfisch), der gegrillt mit Zitrone, Olivenöl und Oregano oder als *involtini* (Schwertfischscheiben, die um eine würzige Füllung aus Zwiebeln, Korinthen, Pinienkernen und Semmelbrösel gewickelt werden) serviert wird.

Der beste Schwertfisch wird vor Messina gefangen, wo er klassisch als *agghiotta di pesce spada* (oder *pesce spada alla Messinese*) auf den Tisch kommt, ein köstliches Gericht mit Pinienkernen, Sultaninen, Knoblauch, Basilikum und Tomaten. Von den Ägadischen Inseln kommen zwei vorzügliche Fischgerichte, *tonno 'nfurnatu* (im Ofen gebackener Thunfisch mit Tomaten, Kapern und grünen Oliven) und *alalunga di Favignana al ragù* (gebratener Weißer Thunfisch in einer würzigen Sauce aus Tomaten, roten Chilischoten und Knoblauch). Die Sauce des Letztgenannten passt auch zu Nudeln.

Klassiker: Erster Gang

Pasta alla Norma
Pasta mit Tomaten, Auberginen und Ricotta

Pasta con le sarde Pasta mit Sardinen, Pinienkernen, Rosinen und wildem Fenchel

Couscous alla trapanese Fischcouscous, typisch für West-Sizilien

Pasta all'eoliana Pasta mit Oliven, Kapern, Kirschtomaten, Olivenöl und Basilikum

---

Wer sich fragt, woher die Lieblingsdesserts der Sizilianer ihre Namen haben, dem sei verraten, dass sich *cassata* von dem arabischen Wort *qas'ah* herleitet, das sich auf die Terrakottaschüssel bezieht, die als Form dient. *Cannolo* kommt von *canna* (Rohr; Zuckerrohr).

Klassiker: Zweiter Gang

Scaloppine al marsala
Kalbsschnitzel mit Marsalawein

Involtini di pesce spada Schwertfischröllchen mit Rosinen, Pinienkernen und Semmelbröseln

Frittura mista Gebratener Tintenfisch, Shrimps oder andere Meeresfrüchte

Meeresfrüchte sind auf der ganzen Insel beliebt, vor allem Calamares oder *totani* (Tintenfisch) und *calamaretti* (Baby-Tintenfisch). Sie werden vielfältig zubereitet, etwa gefüllt, geröstet, gebraten oder in Tomatensauce gekocht. Man bekommt auch überall *cozze* (Miesmuscheln), *vongole* (Venusmuscheln) und *gamberi* (Shrimps) – die bekannteste Variante davon heißt *gamberi rossi di Mazara* (rote Shrimps aus Mazara del Vallo). Sehr beliebt und allgegenwärtig ist auch *frittura mista* (manchmal auch *fritto misto*), eine Mischung aus leicht panierten und gebratenen Shrimps, Tintenfisch und/oder Fisch.

> Während es zu Hause vollkommen normal ist, ein *biscotti* oder ein *cannoli* zu bestellen, sollte man wissen, dass dies im Italienischen Pluralformen sind. Auf Sizilien sollte man also besser *un biscotto* oder *un cannolo* ordern – außer natürlich, man möchte tatsächlich einen ganzen Haufen davon!

Fleisch

Zwar werden auch entlang der Küsten Fleischgerichte zubereitet, die besten bekommt man jedoch im Landesinneren. Die Provinz Ragusa ist berühmt für ihre fantasievolle Verarbeitung von Fleisch, vor allem von Hammel, Rind, Schwein und Kaninchen. Das berühmteste Gericht ist *falsomagro*, ein gefüllter Rollbraten mit Rinderhack, Wurst, Schinken, Eiern und Pecorino. Eine weitere örtliche Spezialität, *coniglio all'agrodolce* (Kaninchen süß-sauer), wird in einer Sauce aus Rotwein mit Zwiebeln, Olivenöl, Lorbeerblättern und Rosmarin mariniert. In den Monti Nebrodi gibt es eine ganze Reihe berühmter Schweinefleischgerichte aus dem Fleisch des dort heimischen *nero dei Nebrodi* oder *suino nero* (wörtlich „schwarzes Schwein"). In Castelbuono in den benachbarten Monti Madonie findet man *capretto in umido* (geschmortes Zicklein) und *agnello al forno alla Madonita* (geröstetes Lamm nach Madonie-Art). Vor Ort gefangenes *cinghiale* (Wildschwein) findet sich in Eintöpfen, Saucen und Würsten. Gerichte mit Ziege oder Zicklein tauchen auf der Speisekarte häufig als *castrato* auf – nicht abschrecken lassen! Es bedeutet nur, dass das Tier kastriert war, was das Fleisch besonders zart macht.

Süßigkeiten

> Schleckermäuler, aufgepasst: Auf Sizilien ist es absolut in Ordnung, den Tag mit Eiscreme zu beginnen! *Gelato e brioche* (mit Eis gefüllte Brioche) und *granita con panna* (aromatisiertes zerstoßenes Eis mit Schlagsahne obenauf) sind im Sommer als Frühstück sehr beliebt.

Siziliens Gebäck ist außergewöhnlich, farbenfroh und wird kunstvoll hergestellt. Die Königin der sizilianischen Nachspeisen, die *cassata*, wird aus Ricotta, Zucker, Vanille, Schokoladenstückchen und kandierten Früchten gemacht. Die ebenso berühmten *cannoli*, Teigröhrchen, die mit gesüßtem Ricotta gefüllt sind und manchmal mit kandierten Früchten, Schokoladen- oder Pistazienstückchen verfeinert werden, gibt es auch nahezu überall. Ebenfalls allgegenwärtig ist *frutta martorana*, benannt nach der Kirche in Palermo, deren Nonnen sie als Erste hergestellt hat. Diese Marzipanstücke, deren Form an Früchte erinnert (oder an irgendwas anderes, das dem Konditor sonst so gefällt), gehören seit dem Mittelalter zur sizilianischen Tradition. Ende Oktober, kurz vor Allerheiligen (Ognissanti), werden sie an vielen Verkaufsständen in und um Palermo

---

VEGETARIER & VEGANER

In Sizilien wird nicht speziell für Vegetarier gekocht, aber dank der vielen hervorragenden Obst- und Gemüsesorten gibt es viele vegetarische Antipasti, Pastagerichte und *contorni* (Beilagen) – Gemüse-Fans werden also bestimmt satt. Überall bekommt man leckere Salate, wobei man aufpassen muss, dass sie auch Anchovis oder Schinken zubereitet sind. Ebenso sollte man sich erkundigen, ob die Tomatensauce mit Fleischbeilage gekocht wurde. Veganer haben es schwer, denn in den meisten Gerichten ist irgendein tierisches Produkt (Butter, Eier oder Fleischbrühe) enthalten, wobei sich die Situation in den vergangenen paar Jahren verbessert hat. Einige der Restaurants, die speziell auf Vegetarier und/oder Veganer ausgerichtet sind, sind Bioesserì (S. 76) in Palermo, La Cucina dei Colori (S. 199) und Millefoglie (S. 199) in Catania, Moon (S. 221) in Syrakus und Hostaria del Vicolo (S. 286) in Sciacca.

angeboten, aber man bekommt sie in bemalten Souvenirschachteln auch das ganze Jahr über auf der Insel.

Sehr zu empfehlen sind auch *paste di mandorla* (Mandelkekse), *gelo di melone* (eine Art Wassermelonengelee), *biscotti regina* (mit Sesam bestreute Kekse, die ursprünglich aus Palermo kommen, inzwischen aber in ganz Sizilien zu haben sind), *cassatelle* (mit gesüßtem Ricotta und Schokolade gefüllte Teigsäckchen, die ursprünglich aus der Provinz Trapani stammen), *cuccia* (ein arabischer Kuchen aus Getreide, Honig und Ricotta, der in West-Sizilien verkauft wird) und *sfogli polizzani* (eine Spezialität aus Polizzi Generosa in den Monti Madonie, bestehend aus Schokolade, Zimt und frischem Schafsmilchkäse). In der Madonie erwartet den Besucher zudem eine Menge Süßigkeiten, die aus *manna* hergestellt werden, dem essbaren Saft, der von Eschen rund um Castelbuono geerntet wird.

Viele Leckereien sind nur zu bestimmten Jahreszeiten erhältlich und haben einen Bezug zu religiösen Feiertagen. Die süßen, kleinen *pecorelle di marzapane* (Marzipanlämmer) etwa tauchen in der Osterwoche in den Auslagen der Konditoreien auf, *pupe* (Zuckerpüppchen) gibt es zu Allerheiligen, *ucchiuzzi* (Kekse in Augenform) zum Fest der Heiligen Lucia am 13. Dezember, und *buccellati* (mit pürierten Feigen, Rosinen, Mandeln, kandierten Früchten und/oder Orangenschalen gefüllte Teigringe) sind um Weihnachten herum beliebt, manchmal aber auch außerhalb der Saison im Monastero di Santo Spirito in Agrigent erhältlich.

Wer es etwas gewagter mag, kann in Modica im Südosten der Insel Schokolade probieren, die mit scharfem Pfeffer gewürzt ist (hergestellt nach einem Rezept der Azteken, das während der spanischen Herrschaft über Sizilien direkt aus Mexiko hierher gebracht wurde) oder *'mpanatigghi* (Gebäck, das mit Hackfleisch, Mandeln, Schokolade, Gewürznelken und Zimt gefüllt ist) testen.

In jeder anständigen *pasticceria* (Konditorei) findet man eine große Vielfalt frisch gebackener Kuchen und Teilchen. Sizilianer gehen sehr häufig nach dem Essen im Restaurant in eine Konditorei, um an der Theke einen Kaffee zu trinken und etwas Süßes zu verspeisen.

> Sizilianische Restaurants öffnen typischerweise zwischen 12 und 13 Uhr zum Mittagessen und schließen wieder gegen 14.30 oder 15 Uhr. Abends öffnen sie zwischen 19 und 20 Uhr erneut, die meisten Sizilianer tauchen aber, besonders zur Sommerzeit, nicht vor 21 Uhr, teilweise sogar noch später auf.

Eis & Granite

Der Gipfel des Ätna ist trotz seines feurigen Innenlebens ein natürlicher Eisschrank. Dank einer dünnen Isolierschicht aus Vulkanasche bleibt der Schnee hier oft bis weit in den heißen Sommer hinein liegen. Schon die Römer und Griechen wussten den Schnee zu schätzen und verwendeten ihn zur Kühlung ihres Weines. Aber erst mit den Arabern erblühte die sizilianische Vorliebe für Eisiges: *granita* (zerstoßenes Eis), *gelato* (Speiseeis) und *semifreddo* (wörtlich „halbgefroren"; ein kaltes, cremiges Dessert).

Die Ursprünge von Eiscreme liegen im arabischen *sarbat* (Sorbet), einem Mix aus süßen, mit Eiswasser gekühlten Fruchtsirups. Daraus wurden später dann *granita* (zerstoßenes Eis, das mit Obstsaft, Kaffee, Mandelmilch usw. gemixt wird) und *cremolata* (Fruchtsirup mit geeister Milch), der *gelato*-Vorgänger.

Auf der ganzen Insel wird in Cafés und Bars *gelato artigianale* (selbst gemachtes *gelato*) verkauft, das wahrhaft göttlich schmeckt. Wie wär's mit einem Frühstück à la Sicilia – morgens ein Eis in einer Brioche?

Granite bekommen manchmal ein Sahnehäubchen und werden oft mit einer Brioche serviert. Am beliebtesten sind die Sorten Kaffee und Mandel, im Sommer erfrischt Zitrone am meisten. Die köstliche *granita di gelsi* (mit Maulbeeren) gibt's nur im Juli, August und September.

> Cappuccino und Caffè latte werden zur Frühstückszeit überall serviert, aber wer nach 12 Uhr mittags um Milch für seinen Kaffee bittet, fällt auf wie ein bunter Hund – zum Mittag- und Abendessen trinkt der Sizilianer seinen Kaffee ausschließlich schwarz.

Wein

Siziliens Weinanbaugebiete erstrecken sich insgesamt über fast 120 000 ha. Damit sind sie Italiens zweitgrößte Weinregion. Auch wenn

> Am späten Nachmittag, kurz vor dem Abendessen, treffen sich die Sizilianer in Bars bei einem Aperitif – ein Glas Wein oder sonstiger Alkohol, oft zusammen mit einem Gratis-Snack. Dieses Ritual ist eine gute Möglichkeit, um sich unter die Italiener zu mischen, und es kann auch als leichtes Abendessen herhalten, falls man nicht sonderlich hungrig ist.

hier schon immer Wein angebaut wurde, ist sizilianischer Wein außerhalb der Insel meist nicht besonders bekannt.

Der bekannteste Wein, der Nero d'Avola, ist ein kräftiger Rotwein, der dem Syrah oder Shiraz ähnelt. Zu den vielen Weingütern Siziliens gehören Planeta (www.planeta.it) mit mehreren auf der ganzen Insel verteilten Anbaugebieten, Donnafugata (www.donnafugata.it), Azienda Agricola COS (www.cosvittoria.it) und Azienda Agricola G Milazzo (www.milazzovini.com). Unbedingt probieren sollte man die Tropfen Plumbago und Santa Cecilia von Planeta, Mille e una Notte von Donnafugata, Nero di Lupo von COS sowie Maria Costanza und Terre della Baronia Rosso von Milazzo.

Die sizilianischen Cabernet Sauvignons sind zwar wenig verbreitet, sollten aber probiert werden. Der von Tasca d'Almerita (www.tascadalmerita.it) auf dem Weingut Regaleali in der Provinz Caltanissetta hergestellte Cabernet Sauvignon hat einen besonders guten Ruf (hier wird unter dem Namen Rosso del Conte auch ein ausgezeichneter Nero d'Avola produziert).

Die einem Sangiovese ähnelnden Rebsorten Nerello Mascalese und Nerello Cappuccio werden für die Herstellung des beliebten Etna Rosso (DOC) benutzt. Kosten sollte man auch die Weine Contrada Porcaria und Contrada Sciaranuova von Passopisciaro (www.vinifranchetti.com/passopisciaro) oder Serra della Contessa, Rovittello und Pietramarina von Vinicola Benanti (www.vinicolabenanti.it).

Es gibt nur einen sizilianischen Wein mit der Klassifikation DOCG (Denominazione d'Origine Controllata e Garantita), den Cerasuolo di Vittoria, einen Verschnitt aus den Trauben Nero d'Avola und Frappato. Die strenge Klassifikation DOCG ist ein Beleg dafür, dass der Cerasuolo regelmäßig analysiert und von Mitarbeitern der Regierung getestet wird, bevor er in Flaschen abgefüllt und mit einem offiziellen Etikett (um Fälschungen zu verhindern) verkauft wird. Ausschau halten sollte man nach den Weinen von Planeta, die auf dem Weingut in Dorilli gekeltert werden; auch die von COS schmecken köstlich!

Die sizilianischen Rotweine sind zwar gut, die bekanntesten Weine der Insel schimmern allerdings weiß im Glas, beispielsweise die von Abbazia Santa Anastasia (S. 298) bei Castelbuono, **Fazio** (✆0923 81 17 00; www.casavinicolafazio.it; Via Capitano Rizzo 39, Fulgatore; Verkostung 20 €/Pers.; ◉Mo–Fr 9.30–13 & 14.30–17 Uhr) in der Nähe von Erice und von Tasca d'Almerita und Passopisciaro.

Verbreitete Rebsorten sind u.a. Carricante, Chardonnay, Grillo, Inzolia, Cataratto, Grecanico und Corinto. Besonders gut sind der Nozze d'Oro Inzolia (Verschnitt) von Tasca d'Almerita, der Catarratto (Chardonnay) von Fazio, der Abbazia Santa (Chardonnay-Verschnitt) von Anastasia und der Guardiola Chardonnay von Passopisciaro.

Die meisten Weine sind günstig, die Preise schwanken (wie bei allen Weinen) je nach Jahrgang. Im Restaurant kostet eine Flasche eines anständigen Weines zwischen 15 und 25 €. Für einen Tafelwein *(vino da tavola)* werden um die 10 € fällig.

Sizilianische Dessertweine sind ausgezeichnet und eignen sich perfekt als Mitbringsel für die Lieben zu Hause. Die Likörweine aus Marsala belegen unangefochten Platz eins, die besten (und bekanntesten) Marken heißen Florio (S. 122) und Pellegrino (www.carlopellegrino.it). Der süße Malvasia von der Liparischen Insel Salina ist ein honigsüßer Wein. Den besten produzieren Hauner (S. 166), Virgona (S. 166) und Fenech (S. 166). Italiens berühmtester Moscato (Muskatwein), der Passito di Pantelleria (hergestellt aus *zibibbo*-Weintrauben), stammt von der gleichnamigen Insel. Er hat die Farbe dunklen Bernsteins und schmeckt nach Aprikose und Vanille. Donnafugata (S. 129) ist sicher das bekannteste

Weingut auf Pantelleria, aber es gibt weit über ein Dutzend weitere auf der Insel.

Der Weinführer Vini d'Italia von Gambero Rosso (www.gamberorosso.it) gilt allgemein als Bibel des italienischen Weines. Er enthält viele Infos über sizilianische Weine und Weingüter.

KÜCHENGLOSSAR

acciughe a•*tschu*•ge – Anchovis
acqua *a*•kwa – Wasser
agnello a•*nie*•lo – Lamm
arancia a•*ran*•tscha – Orange
asparagi as•*pa*•ra•dschi – Spargel
birra *bi*•ra – Bier
burro *bu*•ro – Butter
cameriere/a ka•mer•*ie*•re/a – Bedienung (m./w.)
carciofi kar•*tschio*•fi – Artischocken
carta dei vini *kar*•ta dei•*vi*•ni – Weinkarte
cena *tsche*•na – Abendessen
cipolle tschi•*po*•le – Zwiebel
coniglio ko•*ni*•lio – Kaninchen
cozze *ko*•tse – Miesmuscheln
enoteca e•no•*te*•ka – Weinbar
fegato fe•*ga*•to – Leber
finocchio fi•*no*•kio – Fenchel
formaggio for•*ma*•dscho – Käse
friggitoria fri•dschi•to•*ri*•a – Frittierstand
funghi *fun*•gi – Pilze
granchio *gran*•kio – Krabbe
lampone lam•*po*•ne – Himbeeren
limone li•*mo*•ne – Zitrone
mela *me*•la – Apfel
melone me•*lo*•ne – Cantaloup-Melone
miele *mje*•le – Honig
oliva o•*li*•va – Olive
ostriche os•*tri*•ke – Austern
panna *pa*•na – Sahne
patate pa•*ta*•te – Kartoffeln
peperoncino pe•pe•ron•*tschi*•no – Chilischote
pera *pe*•re – Birne
pesce spada *pe*•schi *spa*•da – Schwertfisch
pollo *po*•lo – Hähnchen
pomodori po•mo•*do*•ri – Tomaten
prima colazione *pri*•ma ko•la•*tsio*•ne – Frühstück
ristorante ri•sto•*ran*•te – Restaurant
sale *sa*•le – Salz

aceto a•*tsche*•to – Essig
aglio *a*•lio – Knoblauch
aragosta a•ra•*go*•sta – Hummer
arrosto/a a•*ros*•to/a – geröstet
bicchiere bi•*kie*•re – Glas
bistecca bi•*ste*•ka – Steak
caffè ka•*fe* – Kaffee
capretto kap•*re*•to – Zicklein
carota ka•*ro*•ta – Karotte
cavolo ka•*vo*•lo – Kohl
ciliegia tschi•*lie*•ja – Kirsche
coltello kol•*te*•lo – Messer
conto *kon*•to – Rechnung
cucchiaio koo•*kia*•io – Löffel
fagiolini fa•dscho•*li*•ni – grüne Bohnen
fico *fi*•ko – Feige
forchetta for•*ke*•ta – Gabel
fragole *fra*•go•le – Erdbeeren
frutti di mare *fru*•ti di *ma*•re – Meeresfrüchte
gamberoni gam•be•*ro*•ni – Garnelen
insalata in•sa•*la*•ta – Salat
latte *la*•te – Milch
manzo *man*•dscho – Rindfleisch
melanzane me•lan•*dza*•ne – Aubergine
merluzzo mer•*lu*•zo – Kabeljau
olio *o*•lio – Öl
osteria os•te•*ri*•a – einfaches Restaurant
pane *pa*•ne – Brot
pasticceria pas•ti•tsche•*ri*•a – Konditorei
pepe *pe*•pe – Pfeffer
peperoni pe•pe•*ro*•ni – Paprikaschote
pesca *pes*•ka – Pfirsich
piselli pi•*se*•li – Erbsen
polpo *pol*•po – Tintenfisch
pranzo *pran*•zo – Mittagessen
riso *ree*•so – Reis
rucola *ru*•ko•la – Rucola
salsiccia sal•*si*•dschja – Wurst

sarde sar•de – Sardinen
spinaci spi•na•tschi – Spinat
tartufo tar•tu•fo – Trüffel
tonno to•no – Thunfisch
trattoria tra•to•ri•a
uovo/uova wo•vo/wo•va – Ei/Eier
vegetariano/a ve•dsche•ta•ria•no/a – Vegetarier/in
vino rosso vi•no ro•so – Rotwein
vongole von•go•le – Muscheln

sgombro sgom•bro – Makrele
spuntino spun•ti•no – Snack
tè te – Tee
tovagliolo to•va•ljo•lo – Serviette
trippa tri•pa – Kutteln
vegetaliano/a ve•dsche•ta•lia•no/a – Veganer/in
vino bianco vi•no bian•ko – Weißwein
vitello vi•te•lo – Kalbfleisch
zucchero tsu•ke•ro – Zucker

Sizilianische Lebensart

Fragt man Sizilianer nach ihrer Nationalität, werden die meisten „sizilianisch" – und nicht „italienisch" – sagen. Auch Festlanditaliener werden bestätigen, dass sich Kultur und Charakter Siziliens stark vom Rest des Landes abheben. Denn obwohl die Sizilianer vieles mit den anderen Bewohnern des Mezzogiorno – also Süditaliens mit Sizilien, den Abruzzen, der Basilikata, Kampanien, Kalabrien, Apulien, Molise und Sardinien – gemein haben, sind Dialekt und Gesellschaft der Insel doch unverwechselbar und faszinierend.

Identität

Die Einzigartigkeit der sizilianischen Identität wurde wohl am besten von dem Schriftsteller Giuseppe Tomasi di Lampedusa in Siziliens berühmtestem Roman *Il Gattopardo* (*Der Leopard* bzw. in der Fassung von 2004 *Der Gattopardo*) zusammengefasst. In einem denkwürdigen Abschnitt versucht sein Protagonist Fürst Salina, einem piemontesischen Vertreter des neuen Königreichs Italien den sizilianischen Charakter so zu erklären: „Diese gewaltige Landschaft, dieses grauenvolle Klima, diese ständigen Spannungen in Allem und selbst die Monumente der Vergangenheit, die hervorragend, aber unverständlich sind, weil sie nicht von uns gebaut wurden, uns aber umgeben wie liebenswerte, stumme Geister… All diese Dinge haben unseren Charakter geformt…"

> *Agneddu e sucu e finiu u vattiu* – Wenn das Lamm gegessen ist, ist die Taufe vorüber (Wenn es nichts mehr zu essen gibt, ist die Party vorbei).

Im heutigen Sizilien gelten Palermo und Catania als die zwei größten Gegensätze der Insel. Die Einwohner Palermos sind für ihr Traditionsbewusstsein bekannt, die Catanier hingegen für ihre Offenheit und ihren Geschäftssinn. Manche führen die konservative Einstellung der Einwohner Palermos auf ihre arabischen Vorfahren zurück, während die Griechen für den Demokratiesinn, die Geschäftstüchtigkeit und die mutmaßliche Cleverness der Catanier verantwortlich gemacht werden. Abgesehen von diesen Unterschieden gelten die Sizilianer im Allgemeinen als konservatives und misstrauisches (das sagen vor allem die Italiener vom Festland), stoisches und gläubiges, selbstbewusstes und geselliges Völkchen mit einem Hang zum schwarzen Humor.

Die jahrhundertelange Fremdherrschaft hat den Sizilianern unzählige Wesenszüge einverleibt; der Schriftsteller Gesualdo Bufalino schrieb sogar in *Cento Sicilie* (2008), dass die Sizilianer an einem „Übermaß an Identität" litten, was in ihrer Überzeugung gipfele, dass die sizilianische Kultur der Mittelpunkt der Welt sei. Auf Besucher wirkt das mitunter abweisend.

> *Cu sparti avi a megghiu parti* – Wer die Dinge aufteilt, bekommt den besseren Anteil.

SIZILIANISCHE SPRICHWÖRTER

Die sizilianische Kultur ist von Sprichwörtern geprägt. Auch wenn Sizilianer vielen Aspekten der Moderne durchaus aufgeschlossen gegenüberstehen, ist ihre Alltagssprache von traditionellen Redensarten durchsetzt, die jahrhundertealte Wurzeln haben. Wenn sie auch noch auf Sizilianisch (eine eigene Sprache, die sich deutlich vom Italienischen unterscheidet) vorgetragen werden, müssen diese Sprichwörter selbst für andere Italiener übersetzt werden.

Allerdings ist es kaum möglich, pauschal geltende Aussagen über die Sizilianer und ihre Kultur zu machen, schon wegen der enormen Unterschiede zwischen den modernen, offenen Städtern und den traditionellen, konservativen Landbewohnern. Gleichwohl verändern modern geprägte Einstellungen vor allem die konservativen Milieus. In den größeren Universitätsstädten wie Palermo, Catania, Syrakus und Messina sind vielerorts eine pulsierende Jugendkultur und ein liberaler Lebensstil zu spüren.

> *Testa c'un parra si chiama cucuzza* – Einen Kopf, der nicht spricht, nennt man Kürbis. (Wenn du etwas auf dem Herzen hast, behalt es nicht für dich!)

Öffentlichkeit versus Privatleben

Loyalität gegenüber der Familie und den Freunden gehört zu den wichtigsten Eigenschaften der Sizilianer. Für den Durchschnittssizilianer ist es sehr wichtig, immer eine *bella figura* (ein gutes Bild) abzugeben. Ein beliebter Zeitvertreib ist das Streben danach, besser zu erscheinen, als man in Wahrheit ist (was *spagnolismo* genannt wird). *Spagnolismo* ist nicht allein auf Sizilien beschränkt; hier hat er jedoch seine Wurzeln, in der erdrückenden spanischen Herrschaft im 18. Jh., als der Wettkampf um den Status derart überhandnahm, dass der König ihn zur gesetzeswidrigen Extravaganz erklärte. Für Einzelpersonen und Familien war (und ist) es Pflicht, sich gegenüber der Öffentlichkeit ehrenhaft, respektvoll und stolz zu erweisen. Im sozialen Umfeld müssen sie ihr Erscheinungsbild wahren, sich gut kleiden, sich bescheiden benehmen, religiöse und soziale Aufgaben und die familiären Pflichten erfüllen. In der Großfamilie, in der Tratsch zur Tagesordnung gehört, schützt ein gutes Bild die eigene Privatsphäre.

> *Cu mancia fa muddica* – Wer isst, hinterlässt Krümel. (Wenn du etwas Falsches tust, werden die Menschen es herausfinden.)

In der vorwiegend patriarchalischen Gesellschaft ist „Männlichkeit" das Hauptanliegen der Herren der Schöpfung. Als „Familienoberhaupt" müssen sie sich um die Familie kümmern, den persönlichen Einfluss erhalten und den Aufstieg der Familienmitglieder erleichtern. Für die Ehre der Familie sind hingegen die Frauen zuständig. Sie sind der ruhende Pol. Und obgleich viele Paare heutzutage in „wilder Ehe" zusammenleben, gibt es doch noch etliche junge Leute, die vor der Hochzeit viele Jahre verlobt sind, um ihr Ansehen zu wahren.

Persönlicher Reichtum wird streng gehütet, muss doch das Geld der Familie für viele hungrige Mäuler reichen. Die Überweisungen ausgewanderter Familienmitglieder haben das Leben vieler Menschen in den Dörfern erheblich erleichtert.

Die Rolle der Frau

In Francis Ford Coppolas *Der Pate* bezeichnet Fabrizio (gespielt von Angelo Infanti) Frauen als gefährlicher als Schrotflinten. Im 19. Jh. verkündete der Schriftsteller Giovanni Verga: „Eine Frau am Fenster sollte man meiden", während ein Richter in den 1990er-Jahren angesichts einer mutmaßlichen Mafia-Täterin Frauen als zu dumm befand, um in der komplizierten Finanzwelt mitzumischen. Wie vielerorts am Mittelmeer war und ist die Stellung der Frau auch in Sizilien problematisch.

Einer sizilianischen Mutter und Ehefrau gebührt im Hause höchster Respekt. Innerhalb der Familie hat sie die Rolle des moralischen und emotionalen Vorbilds inne. Und obwohl – oder vielleicht gerade weil – die männliche Sexualität einen fast mythischen Status hat, musste die Sittsamkeit der Frau erbittert behütet werden. Hierzu gehört, dass sie ruhig und weiblich ist, im Haus bleibt und als Jungfrau in die Ehe geht. Die schlimmste Beleidigung für einen sizilianischen Mann ist noch immer das Wort *cornuto* (gehörnt), was bedeutet, dass er von seiner Frau betrogen wurde.

> *Ogni beni di la campagna veni* – Alle guten Dinge kommen vom Land.

Verbesserte Bildungschancen und eine sich verändernde Haltung sorgen dafür, dass die Zahl der beruflich erfolgreichen Frauen steigt. Trotzdem listete der 2018 vom Weltwirtschaftsforum veröffentlichte globale

DIE SIZILIANISCHE SPRACHE

Ein kulturelles Erbe Siziliens ist *sicilianu* (Sizilianisch). Sowohl das heutige Italienisch als auch *sicilianu* gehen auf das Vulgärlatein (Verkehrssprache im alten Rom) zurück. Viele bezeichnen das Sizilianische als eigene Sprache, wobei es elf regionale Dialekte gibt. Tatsächlich ist es von der Unesco als Minderheitensprache anerkannt.

Jahrhunderte fremder Besatzung beeinflussten den Wortschatz, so gehen viele Wörter auf das Griechische, Arabische, Französische, Katalanische, Spanische und Lombardische zurück. *Cirasa* (Kirsche) stammt vom griechischen *kerási* ab, *bucceri/vucceri* (Metzger) vom altfranzösischen *bouchier* und *azzizzari* (verschönern) vom arabischen *azīz*, was „schön" oder „wertvoll" bedeutet. Das Arabische prägte auch viele Ortsnamen, darunter Caltagirone (von *qal'at-al-jarar*, „Burg der Keramikkrüge"), Marsala („Hafen Gottes"), Pantelleria („Tochter des Windes") und La Kalsa (von *al Khalesa*, „Die Auserwählte"). Als Schriftsprache wurde das Sizilianische nur zeitweise genutzt. In der südöstlichen Stadt Scicli beherbergt die Chiesa di Santa Teresa ein Fresko aus dem 16. Jh. mit einer seltenen Inschrift in sizilianischem Latein.

Heute ist *sicilianu* vor allem eine informelle Sprache zwischen Freunden und in der Familie und bei der sizilianischen Arbeiterklasse verbreitet. Der jahrzehntelange Einfluss der Massenmedien führte zu einer stetigen Durchmischung mit italienischen Wörtern. Laut der UNESCO ist die Sprache mittlerweile „gefährdet". Interessanterweise lebt die große Mehrheit der Sizilianisch Sprechenden im Ausland, u. a. in den USA, in Kanada, Argentinien und Australien, was für die Größe der sizilianischen Diaspora und die Beständigkeit alter Traditionen in vielen Einwandererländern spricht.

Gleichstellungsindex Italien noch immer hinter den meisten europäischen Staaten, wenn es um politische, berufliche und wirtschaftliche Gleichstellung geht.

Heilige & Sünder

Religion wird auf Sizilien großgeschrieben. Außer in den kleinen muslimischen Gemeinden in Palermo und der größeren tunesischen Muslimgemeinde in Mazara del Vallo betrachten sich die meisten Sizilianer als praktizierende Katholiken. 1929 schrieben die zwischen dem Heiligen Stuhl und Italien geschlossenen Lateranverträge den Römischen Katholizismus als offizielle Religion des Landes fest. Doch auch davor war Sizilien durchweg katholisch, was auch eine Folge der 500 Jahre andauernden spanischen Herrschaft war. 1985 wurden die Verträge geändert: Der Katholizismus verlor seinen Status als Staatsreligion, und der Religionsunterricht als Pflichtfach an den Schulen wurde abgeschafft. Diese Änderung trug aber letztlich nur der Realität nördlich von Rom Rechnung – in Sizilien ist die katholische Kirche nach wie vor allgegenwärtig und äußerst populär.

A megghiu parola e chidda ca un si rici – Das beste Wort ist das, das unausgesprochen bleibt.

In den kleinen Gemeinden im Landesinneren ist die Mixtur aus Glauben und Aberglauben, die jahrhundertelang das Gebaren der Sizilianer prägte, immer noch sehr lebendig. Der jüngere, eher kosmopolitisch veranlagte Teil der Gesellschaft, der in den Städten lebt, lehnt die Bekundung tiefster religiöser Ergebenheit der Älteren zwar ab, begegnet ihm aber durchaus mit einem gewissen Respekt.

Wallfahrten sind immer noch ein zentraler Bestandteil religiöser Rituale, und Tausende Sizilianer pilgern zu Orten wie dem Santuario della Madonna in Tindari oder dem Santuario di Gibilmanna in den Monti Madonie. Die tiefen religiösen Gefühle, die mit diesen Heiligtümern verbunden sind, werden durch die große Zahl von *ex votos* (Votivgaben) unterstrichen, die die Pilger zu beiden Orten bringen, weil sie göttlichen Beistand erhoffen oder sich für ein Wunder bedanken, das der Madonna zugeschrieben wird.

Sparagna la farina mentre la coffa e' china; quannu lu furnu pari, servi a nenti lu sparagnari. Spare Mehl, solange die Tüte voll ist; kann man erst mal den Boden sehen, ist nichts mehr übrig, was man sparen könnte.

Die Jahrestage der Schutzheiligen werden auf der ganzen Insel ebenfalls enthusiastisch gefeiert. In größeren Städten werden daraus oft gi-

> *Cu si voli 'imbriacari, di vino bonu l'avi a fare.* Wer sich betrinken will, sollte das mit einem guten Wein tun.

gantische Events. Die Festa di Santa Rosalia Mitte Juli in Palermo dauert drei volle Tage, an denen die Heilige in einem grandiosen *carro triunfale* (Triumphwagen) von der Kathedrale bis ans Meer durch die Via Vittorio Emanuele getragen wird, flankiert von Menschenmassen, die sie anbeten. Auch die Festa di Sant'Agata Anfang Februar in Catania dauert drei Tage, an denen sich mehr als 1 Mio. Anhänger auf den Straßen versammeln, um einer silbernen Büste der Heiligen zu folgen. Die Festa di Santa Lucia Mitte Dezember in Syrakus ist zwar kleiner, wird aber mit ähnlicher Inbrunst gefeiert. Alle drei Feste werden mit spektakulären Feuerwerken begangen.

Die Osterfeierlichkeiten bilden den Höhepunkt des religiösen Kalenders auf Sizilien. Die Settimana Santa (Karwoche) ist traditionell eine Zeit, in der sich die Sizilianer freinehmen, um mit ihren Familien zusammen zu sein und an religiösen Riten teilzunehmen. In vielen Orten auf der Insel wird die Karwoche mit traditionellen Prozessionen begangen; die berühmteste ist I Misteri in Trapani. Während des viertägigen Events werden 20 lebensgroße Statuen, die verschiedene Momente der Passion Christi versinnbildlichen, von Mitgliedern der traditionellen Zünfte der Stadt durch die Straßen getragen. Andere Städte wie beispielsweise Caltanissetta, Lipari und Enna haben ebenfalls erwähnenswerte Osterprozessionen.

Ein- & Abwanderung

Die Migration ist ein weltweit aktuelles Thema – so auch auf Sizilien. Seit Ende des 19. Jhs. suchten unzählige Sizilianer in der Ferne ihr Glück, die Insel hatte daher immer wieder unter einem enormen Mangel an Arbeitskräften zu leiden. Allein zwischen 1880 und 1910 wanderten über 1,5 Mio. Sizilianer in die USA aus; um 1900 kehrten in keiner anderen Region der Welt mehr Menschen ihrer Heimat den Rücken zu als auf Sizilien. Und auch im 20. Jh. machten sich Zehntausende auf die Suche nach einem besseren Leben in Norditalien, Nordamerika, Australien und anderswo. Noch heute verlassen sehr viele junge Sizilianer die Insel, viele davon mit hohem Bildungsgrad. Grund für die enorme Abwanderung hoch qualifizierter Arbeitskräfte ist größtenteils die verheerende Arbeitslosenzahl. Zudem erschweren es Vetternwirtschaft und *clientelismo* jungen Leuten ohne die richtigen Beziehungen, an gut bezahlte Stellen zu kommen.

Die Tatsache, dass Sizilien zu den zentralen Anlaufstellen tausender *extracomunitari* (Einwanderer aus dem außereuropäischen Ausland) gehört, die teils auf illegalem Weg nach Italien kommen, belastet den Wohnungs- und Arbeitsmarkt sowie die Infrastruktur zusätzlich. Diese Entwicklung verstärkt die wachsende Unzufriedenheit unter Sizilianern trotz einer allgemeinen Gastfreundschaft gegenüber den Neuankömmlingen und dem Verständnis für die Probleme der politischen und wirtschaftlichen Flüchtlinge aus anderen Staaten, vor allem aus Libyen und Tunesien.

Sizilien in Buch & Film

In- und ausländische Autoren und Filmemacher lassen sich seit eh und je von der rauen Landschaft, der turbulenten Geschichte, den unzähligen kulturellen Einflüssen und der vielschichtigen Gesellschaft Siziliens inspirieren. Selten konnten sie die Insel dabei durch die rosarote Brille betrachten – Armut und Korruption lassen sich nur schwer in ein romantisches Licht tauchen oder schönfärben. Ihre Worte, Bilder und Erzählungen gewähren einen unschätzbaren Einblick in die sizilianische Kultur und Gesellschaft.

Sizilianische Literatur

Sizilien war einst jahrhundertelang isoliert, während seine Gesellschaft aus ungebildeten Bauern und dekadenten Adligen bestand. So entstand hier bis zum 19. Jh. keinerlei nennenswerte Literatur. Paradoxerweise wurden im 13. Jh. aber in Palermo die allerersten offiziellen Schriftstücke auf Italienisch verfasst. Solche anspruchsvolle Werke hatten allerdings keinerlei Bedeutung für die Bauernschaft: Diese vergnügte sich hauptsächlich während religiöser Feste und später bei der beliebten *opera dei pupi* (sizilianisches Marionettentheater).

Sizilianische Schriftsteller

Die politischen Umbrüche im 19. und 20. Jh. und das Auftauchen des literarischen Schwergewichts Giovanni Verga (1840–1922) brachen schließlich das Schweigen der sizilianischen Schriftsteller. Verga erlebte einige der schwersten Stunden der Geschichte des modernen Italiens – die militärisch errungene Einigung des Landes, den Ersten Weltkrieg und den Aufstieg des Faschismus. Sein Werk sollte großen Einfluss auf die italienische Literatur nehmen. Sein bedeutendster Roman *Die Malavoglia – Der Untergang einer sizilianischen Familie* (1881) erzählt im Wesentlichen die Geschichte einer Familie, die in schwierigen Zeiten auf Sizilien um ihr Überleben kämpft. Das Buch ist noch immer Pflichtlektüre eines jeden sizilianischen Schülers.

Seit jener Zeit bringen sizilianische Schriftsteller Werke zu Papier, die mit der besten zeitgenössischen europäischen Literatur mithalten können. Der Dramatiker und Romanautor Luigi Pirandello (1867–1936) erhielt 1934 den Nobelpreis für Literatur für sein Schaffen, zu dem auch das Drama *Sechs Personen suchen einen Autor* (1921) gehört. Der Lyriker Salvatore Quasimodo (1901–1968) erhielt 1959 den Nobelpreis für seine auserlesene Lyrik, darunter auch hervorragende Übersetzungen der Werke von Shakespeare und Pablo Neruda. Elio Vittorini (1908–1966) fesselte mit seinem Meisterwerk über die sizilianische Abwanderung in den Norden, *Gespräch in Sizilien* (1941). Es ist die Geschichte der Rückkehr eines Mannes zu den Wurzeln seiner persönlichen, historischen und kulturellen Identität.

Siziliens berühmtester Roman war das Einzelwerk eines Aristokraten, der die sozialen Umbrüche chronologisch darstellen wollte, die das Ende des Ancien Régime und die Einigung Italiens mit sich gebracht hatten.

Top-Bücher

Die Malavoglia: Der Untergang einer sizilianischen Familie – Giovanni Verga

Sizilianische Schatten – Peter Robb

On Persephone's Island – Mary Taylor Simeti

Der Tag der Eule – Leonardo Sciascia

Die stumme Herzogin – Dacia Maraini

Giuseppe Tomasi di Lampedusas (1896–1957) im Jahr 1958 herausgebrachter Roman *Der Leopard* (in einer früheren Übersetzung auch: *Der Gattopardo*) erntete begeisterte Kritiken. Zwar ist das Buch ein historischer Roman, doch liegt seine andauernde Bedeutung in der minutiösen Darstellung dessen, was es heißt, Sizilianer zu sein.

Ein Großteil der neueren sizilianischen Literatur ist vor allem politischer Natur. Das gilt für niemanden mehr als für Danilo Dolci (1924–1997), einen engagierten Sozialisten, der auch „sizilianischer Gandhi" genannt wird. In seinem Buch *Umfrage in Palermo* (1959) und dem späteren Werk *Sizilianische Geschichten* (1981) schilderte er detailliert die miserablen Lebensbedingungen der sizilianischen Armen, was ihm die ständige Feindschaft der Behörden und der Kirche einbrachte – Kardinal Ernesto Ruffini beschuldigte ihn öffentlich, er würde alle Sizilianer „diffamieren". Auch Dolci wurde für den Nobelpreis nominiert und erhielt 1958 den Lenin-Friedenspreis.

Aktuell erhält der in Lampedusa lebende Arzt Pietro Bartolo für seine Memoiren *An das Leid gewöhnt man sich nie: Salzträne*n (2017, Co-Autorin Lidia Tilotta) viel Lob, in denen er seine Erfahrungen bei der Versorgung von Flüchtlingen, die sich aus Afrika und dem Nahen Osten in Booten gen Europa aufmachen, beschreibt.

Das andere große Thema der sizilianischen Schriftsteller ist die Mafia. Einen wirklich guten Einblick in die Macht der organisierten Kriminalität auf Sizilien bietet Leonardo Sciascia (1921–1989) mit seinem Werk *Der Tag der Eule* (1961), dem ersten italienischen Roman über die Mafia überhaupt. In seiner gesamten Laufbahn ging Sciascia diesem Thema nach und schuf so ein eigenes Genre. Sein Protégé Gesualdo Bufalino (1920–1996) erhielt 1988 den angesehenen Strega-Preis für seinen Roman *Die Lügen der Nacht*, die Geschichte von vier zum Tode verurteilten Männern, die den Abend vor ihrer Hinrichtung damit verbringen, sich die denkwürdigsten Augenblicke aus ihrem Leben zu erzählen. Bufalino galt als einer der besten Schriftsteller Italiens seiner Zeit. Er entwickelte einen fast barocken, intensiven, packenden und surrealen Stil. Sein eindringlicher Roman *Das Pesthaus* (1981), der mit dem italienischen Campiello-Preis ausgezeichnet wurde, erzählt die Geschichte eines Tuberkulosepatienten in einem Sanatorium im Palermo der späten 1940er-Jahre. Die Leser werden durch eine Landschaft der Verdammnis geführt. Bufalino beschwört die Schrecken der Kriegszeit und die Hoffnungslosigkeit der Patienten herauf, die sich kennenlernen, „bevor der bleiversiegelte Leichenwagen das Ziel seiner Bestimmung erreicht".

Die berühmte Romanschriftstellerin und Dramatikerin Dacia Maraini (geb. 1936) schrieb viele Romane, die in Sizilien spielen, u. a. die preisgekrönte, historische Liebesgeschichte *Die stumme Herzogin* (1990), die 1997 von dem italienischen Regisseur Roberto Faenze verfilmt wurde.

Ausländische Perspektiven

Auch viele Ausländer haben Sizilien zum Gegenstand von Büchern gemacht. Unterhaltsame, leichte Werke sind u. a. der witzige Reisebericht *Vroom by the Sea* (2007) von Peter Moore, der auf einer Vespa namens Donatella (sie hat das gleiche schreckliche Orange wie Donatella Versace) die Insel erkundet. Brian P. Johnstons *Sicilian Summer: A Story of Honour, Religion and the Perfect Cassata* (2007) handelt von Kommunalpolitik und exzentrischen Persönlichkeiten. Und *1000 Tage in Sizilien* (2008) von Marlena de Blasis ist eine witzige Geschichte über die Beziehung einer Sizilianerin zu einem sehr viel älteren Mitglied des sizilianischen Adels.

Deutlich tiefsinniger sind z. B. *On Persephone's Island* (1986) von Mary Taylor Simeti, *Sizilianische Schatten* (1996) von Peter Robb oder *Sizilien: Eine Geschichte von der Antike bis in die Moderne* (2015) von John Julius

---

Nach dem Zweiten Weltkrieg wurde der sizilianische Schriftsteller Leonardo Sciascia u. a. durch *Das weinfarbene Meer* berühmt. Diese Kurzgeschichten-Sammlung beleuchtet die komplexe Welt der sizilianischen Mafiakultur. Sciascias freimütige und sprachgewaltige Porträts des organisierten Verbrechens trugen stark dazu bei, die Einstellung der Italiener gegenüber der Mafia nachhaltig zu verändern.

Norwich. Die Amerikanerin Simeti lebt seit 1962 auf Sizilien; ihr Buch gibt faszinierende Einblicke in die Geschichte, Kultur und Küche der Insel. Robb und Norwich porträtieren Geschichte, Kultur und Probleme Siziliens, wobei sie die Ergebnisse ihrer präzisen Recherchen fesselnd präsentieren. Auch Norwichs früheres historisches Werk zu Sizilien, *Die Normannen in Sizilien 1130–1194* (2004), ist sehr lesenswert.

Vom amerikanischen Journalisten John Keahey stammen zwei Reiseberichte – *Seeking Sicily* (2011) und *Sicilian Splendors: Discovering the Secret Places That Speaking the Heart* (2018) –, die sich umsichtig und tiefgehend mit Siziliens vielschichtiger Kultur und Geschichte befassen.

Zu den interessanten historischen Romanen gehören *The Ruby in Her Navel* (2006) von Barry Unsworth und *Der Sultan von Palermo* (2005) von Tariq Ali. In beiden Fällen spielt die Handlung am normannischen Hof Rogers II., den seine muslimischen Untertanen „Sultan Rujari" nannten.

Sizilien im Film

Sizilien mit seiner eindrucksvollen Landschaft und den vielfältigen emotionalen und psychologischen Hintergründen hat einige der besten Filmemacher der Welt inspiriert. Zwei Klassiker – Viscontis *Die Erde bebt* (1948) und *Der Leopard* (1963) – zeigen die Vielseitigkeit der sizilianischen Geschichte. Der erste Film handelt von Armut und Elend, der zweite zeigt eine Gesellschaft von Grandeur und Dekadenz, die einen an die Zeit vor der Französischen Revolution denken lässt.

Antonionis rätselhaftes Abenteuer *Die mit der Liebe spielen* (1960) handelt von dem Verschwinden eines Mitglieds einer Gruppe gelangweilter und verwöhnter Angehöriger der römischen Oberschicht, die eine Tour auf den Liparischen Inseln unternimmt. Auch wenn die Handlung von vielen Kritikern als undurchdringlich und überheblich beschrieben wurde, so wird die atemberaubende Bildsprache doch allgemein gelobt.

In Rossellinis *Stromboli* (1950) spielt sich die explosive Liebesaffäre zwischen einer aus Litauen geflüchteten Frau und einheimischen Fischer vor dem Hintergrund eines Vulkanausbruchs ab. Die hypnotische Schönheit in Michael Radfords *Der Postmann* (1994) vermittelt den Zuschauern ein falsches Gefühl der Sicherheit, das von dem tragischen Ende des Films zerstört wird.

Francis Ford Coppola gelang in seinem dreiteiligen Meisterwerk *Der Pate* (Teil I 1972, Teil II 1974, Teil III 1990) die Verbindung der psychologischen Hintergründe der Figuren mit ihrer Umwelt. Die variierende Intensität von Hell und Dunkel setzt den ständigen Unterton von bebender Leidenschaft und abgründigem Verrat meisterhaft in Szene.

Auch die Taviani-Brüder haben auf Sizilien gearbeitet. Sie drehten 1984 hier den Film *Kaos*, in dem sie versuchten, die verrückte Logik des Universums des auf Sizilien geborenen Schriftstellers Luigi Pirandello darzustellen. Der Film mit dem passenden Namen ist eine Folge von Geschichten über Verlust, Begierde, Liebe, Auswanderung und Tod, durchgespielt anhand von fantastischen Handlungen. Seinen Namen verdankt der Film einem Dorf bei Agrigent, in dem Pirandello geboren wurde (der Ort wird allerdings mit „C" geschrieben).

Die Sizilianer sind auch immer für einen Lacher gut. Pietor Germis hier gedrehter Film *Scheidung auf Italienisch* (1961) wurde ein Kassenschlager. Komödien neueren Datums sind Roberto Benignis Filme *Ein himmlischer Teufel* (1988) und *Zahnstocher Johnny* (1991) sowie *Belluscone – Warum die Italiener Berlusconi lieben* (2014) von dem Satiriker Franco Maresco; der Dokumentarfilm widmet sich ironisch Berlusconi und seinen vermeintlichen Beziehungen zur Mafia und schildert,

> Emanuele Crialeses Film *Terraferma* (2011), der sich mit dem Thema der illegalen Einwanderung beschäftigt, ist eine sorgfältige Studie über die sizilianische Gesellschaft im 21. Jh.

wie der „Cavaliere" später die sizilianische Gesellschaft vollständig in seiner Hand hatte.

Weitere auf Sizilien gedrehte Filme sind *Palermo Shooting* (2008) von Wim Wenders, den viele Kritiker als überheblich und langweilig verrissen, und *Sicilia!* (1999) von Danièle Huillet und Jean-Marie Straub nach Elio Vittorinis von der Kritik hoch gelobtem Roman *Gespräch in Sizilien*.

Sizilien selbst hat mit Ausnahme von Giuseppe Tornatore (geb. 1956) keine nennenswerten Regisseure hervorgebracht. Tornatore drehte nach dem unglaublichen Erfolg seines teilweise autobiografischen Films *Cinema Paradiso* (1988) weitere Filme in seiner Heimat: *Der Zauber von Malèna* (2000), eine Geschichte vom Erwachsenwerden im ländlichen Sizilien der 1940er-Jahre mit Monica Bellucci in der Hauptrolle; *Der Mann, der die Sterne macht* (1995), der ebenfalls im Sizilien der 1940er-Jahre spielt; und *Baarìa – Eine italienische Familiengeschichte* (2009), die drei Generationen überspannende Geschichte einer sizilianischen Familie zwischen 1920 und 1980.

Wie Tornatore hat auch der in Rom gebürtige Emanuele Crialese Sizilien zu seiner Inspiration gemacht. Zwei seiner Filme, *Lampedusa* (2002) und *Golden Door* (2006), spielen auf der Insel. *Lampedusa* handelt von einer Frau, deren von der Norm abweichendes Verhalten ihre Familie und die Nachbarn vor Herausforderungen stellt, während *Golden Door* ein verträumter Bericht der Auswanderung einer sizilianischen Familie nach New York an der Wende zum vergangenen Jahrhundert ist. Crialeses Film *Terraferma* (2011) setzt sich mit der aktuellen Problematik der illegalen Einwanderung auseinander, indem er die Geschichte einer Fischerfamilie auf Linosa erzählt. Gianfranco Rosis preisgekrönter Dokumentarfilm *Seefeuer* (2016) stellt das alltägliche Inselleben auf Lampedusa der Flut von Flüchtlingen gegenüber, die aus Nordafrika und dem Nahen Osten auf die Insel kommen.

Die Mafia

Für viele Menschen ist „Mafia" wegen der anrüchigen historischen Verbindung der Organisation mit dem Land und wegen der vielen Filme, die über die Cosa Nostra gedreht wurden – allen voran die „Der Pate"-Trilogie –, fast ein Synonym für Sizilien. Die Mafia, deren Anfänge bis ins 18. Jh. zurückreichen, hat die heutige Gesellschaft Siziliens stark beeinflusst – durch ihre kriminellen Machenschaften, in jüngerer Zeit aber auch durch die Herausbildung einer tapferen und wichtigen Anti-Mafia-Bewegung, die aus allen Schichten der sizilianischen Gesellschaft zunehmende Unterstützung erfährt.

Ursprünge

Das Wort *„Mafia"* wurde mehr als 110 Jahre lang benutzt, bevor es offiziell als Bezeichnung einer existierenden Organisation anerkannt wurde: 1865 wurde der Ausdruck zwar in Palermo registriert, jedoch erst 1982 in das italienische Strafgesetzbuch aufgenommen.

Über die Herkunft des Wortes wurde viel gestritten. Der Schriftsteller Norman Lewis führte es auf das arabische *mu'afah* („Ort des Schutzes") zurück. Etymologen vermuteten dagegen bereits im 19. Jh. das arabische Wort *mahjas*, „Prahlerei", als Ursprung. Und das sind nur zwei von vielen Thesen. Wie dem auch sei – der Begriff *mafioso* existierte jedenfalls lange vor der Mafia und bezeichnete eine elegante, stolze Person voller Lebenskraft und Unabhängigkeitsstreben.

Das Konzept des *mafioso* fand sich bereits Ende des 15. Jhs., als die wirtschaftliche Situation derart bedrückend war, dass sich selbst privilegierte Feudalherren und Adlige um ihr Überleben sorgen mussten. Mit ihrer Umsiedelungspolitik zwangen sie daher Tausende Bauern dazu, ihr Land zu verlassen und in neue Städte zu ziehen. Die Erträge sollten verbessert werden; damit wurde aber zugleich auch die Lebensgrundlage vieler Bauern zerstört. Viele Aristokraten zogen in große Städte wie Palermo und Messina und übergaben ihre Ländereien an *gabellotti* (Verwalter). Deren Aufgabe war es, den Grund und Boden zu verpachten; sie wiederum engagierten die frühen *mafiosi* (kleine Gruppen bewaffneter Bauern), um unvorhergesehene „Probleme" zu lösen. Es dauerte jedoch nicht lange, bis die *mafiosi* die großen Anwesen überfielen und unsägliche Gemetzel verursachten. Die Behörden vor Ort waren gegen diese Herrschaften absolut machtlos, verschwanden sie doch jedes Mal genauso schnell, wie sie aufgetaucht waren.

Die Banditen versetzten die Bauern einerseits in Angst und Schrecken, wurden aber gleichzeitig von ihnen bewundert, weil sie das Feudalsystem ins Wanken brachten. Die Bauern verbündeten sich daher bereitwillig mit den Gesetzlosen und schützten sie sogar. Es sollte zwar noch 400 Jahre dauern, bis die Verbrechen als „organisierte Kriminalität" bezeichnet wurden, doch bereits im 16. und 17. Jh. war eine beachtliche Zunahme derartiger Machenschaften zu verzeichnen. Die Banden hießen Mafia, die „Loyalität" der Bauern gegenüber ihren eigenen Leuten Cosa Nostra („Unsere Sache"). Die seit jeher beste Art, sich vor Verfolgung zu schützen, ist auch heute noch die stärkste Waffe der Mafia: der Kodex des Schweigens – die *omertà*.

Die Einwohner von Corleone sprachen sich einmal in einer Abstimmung für eine Änderung des Namens ihrer Stadt aus, um das Image eines Horts der organisierten Kriminalität loszuwerden.

Die „neue" Mafia

War die Mafia bis zum Zweiten Weltkrieg ausschließlich auf dem Land präsent, so nahm sie danach auch die Städte ins Visier. Sie nahm die Bauindustrie unter ihre Fittiche, indem sie finanzielle Mittel auf ihre Konten umleitete und ein Schmiergeldnetz schuf, das jedes geplante Projekt beeinflusste. 1953 führte ein einmaliges Treffen zwischen der amerikanischen und der sizilianischen Mafia zur Gründung der ersten Sizilianischen Kommission, die sich aus Vertretern der sechs bedeutendsten Mafia-Familien (*cosca*, wörtlich „Artischocke", Plural: *cosche*) zusammensetzte. Ihr vorrangiges Ziel: die Expansion des neuen, äußerst lukrativen Drogengeschäfts. Der Boss dieser Kommission, Luciano Liggio aus dem Corleone-Clan, spielte dabei eine bedeutende Rolle in der Entwicklung der amerikanisch-sizilianischen Beziehungen.

In den 1960er- und 1970er-Jahren verdiente die Mafia mit dem Drogenhandel Milliarden von Dollar. Die enormen Profite führten dazu, dass die verschiedenen Familien gierig wurden und größere Stücke vom Kuchen einforderten. Seit Ende der 1960er-Jahre wurde Sizilien daher Schauplatz von unzähligen blutigen Fehden, die Hunderte Opfer forderten.

Das wohl spektakulärste Attentat traf den Polizeichef General Carlo Alberto Dalla Chiesa, den die Regierung nach Sizilien geschickt hatte, um den Kampf gegen die Mafia anzuführen. 1982 wurde er mitten in Palermo aus dem Hinterhalt überfallen und brutal ermordet. Eine Folge des Attentats war, dass Staatsanwälte und Richter mehr Ermittlungsbefugnisse erhielten.

Den ersten richtigen Einblick in die „Neue Mafia" bekam die Welt 1982 mit der Verhaftung des *mafioso* Tommaso Buscetta. Die Ermittlungen, die der palermitanische ermittelnde Richter Giovanni Falcone leitete, dauerten fast vier Jahre. Schließlich brach Buscetta sein Schweigen. Seine Enthüllungen schockierten und faszinierten Italien. Buscetta offenbarte die Arbeitsweise der Società Onorata, der „Ehrenwerten Gesellschaft", wie sich die Mafia selbst nennt. Tragischerweise wurde Falcone 1992 ermordet, wie auch Paolo Borsellino, ein weiterer couragierter Anti-Mafia-Richter.

1986 wurden 500 Top-Mafiosi im ersten *maxiprocesso* („Maxiprozess") vor Gericht gestellt. Es wurden 347 Menschen verurteilt, 19 von ihnen zu lebenslanger Haft. Die Gefängnisstrafen der anderen ergaben zusammen unglaubliche 2665 Jahre.

> Die Widerstandsbewegung gegen die Schutzgelderpressung wurde durch den Widerstand des Ladenbesitzers Libero Grassi beflügelt, dessen offener Brief an einen Erpresser 1991 auf der Titelseite einer Lokalzeitung erschien. Grassi wurde drei Wochen später ermordet.

DIE MAFIA IM FILM

Der Boss der Bosse (Il Capo dei Capi) Italienische Mini-Fernsehserie (2007) über Salvatore Riina.

Palermo vergessen (Dimenticare Palermo) Italienischer Polit-Thriller (1989) von Regisseur Francesco Rosi; Gore Vidal war Koautor des Drehbuchs.

Falcone – Im Fadenkreuz der Mafia (Excellent Cadavers) Der Fernsehfilm von Ricky Tognazzi (1999) beruht auf Alexander Stilles Buch (1995) über Giovanni Falcone, ebenso der Dokumentarfilm von Marco Turco (2005).

Der Tag der Eule (Il Giorno della Civetta) Damiano Damianis Film von 1968 basiert auf dem gleichnamigen Roman von Leonardo Sciascia.

Der Pate Francis Ford Coppolas meisterhafte Trilogie entstand zwischen 1972 und 1990.

In Nome della Legge An Pietro Germis neorealistischem Film (1949) war Federico Fellini als Kodrehbuchautor beteiligt.

Allein gegen die Mafia (La Piovra) Beliebte italienische Fernsehserie (1984–2001).

Wer erschoss Salvatore G.? (Salvatore Giuliano) Neorealistischer Film von Francesco Rosi (1961).

Im Januar 1993 fassten die Behörden den berühmt-berüchtigten *capo di tutti capi* (Boss der Bosse), Salvatore (Totò) Riina. Der meistgesuchte Mann Europas wurde unzähliger Morde bezichtigt, u. a. des Mordes an Falcone und Borsellino. Auch er wurde zu lebenslanger Haft verurteilt. Riina starb 2017 im Gefängnis.

Die Anti-Mafia-Bewegung
Die Anti-Mafia-Bewegung in Sizilien ist sehr lebendig. Ihre Geschichte lässt sich bis zu den Anfängen der heutigen Mafia zurückverfolgen. Erstmals trat sie Ende des 19. Jhs. in Erscheinung und war zunächst bis in die 1950er-Jahre aktiv. Sie setzte sich für die Agrarreform ein und wandte sich gegen die Mafia, die konservative politische Elite und die *latifondisti* (Großgrundbesitzer). Ihre Bemühungen erlitten einen Dämpfer, als Tausende junger Sizilianer in der Nachkriegszeit auf der Suche nach Arbeit und einem besseren Leben die Insel verließen.

In den 1960er- und 1970er-Jahren führten radikale Politiker die Anti-Mafia-Bewegung an – hauptsächlich von den Sozialisten und Kommunisten enttäuschte Vertreter des linken politischen Lagers. In dieser Zeit erlangte Giuseppe „Peppino" Impastato, Sohn eines *mafioso*, einen gewissen Ruhm. Er machte sich in seiner beliebten Radio-Show über einzelne *mafiosi* lustig – 1978 wurde er ermordet. In den 1980er-Jahren stand es dann schlecht um die Anti-Mafia-Bewegung, die Clans reagierten mit brutaler Härte auf mögliche Bedrohungen. General Dalla Chiesa fiel 1982 einem Attentat zum Opfer, das bis heute als Auslöser einer neuen Anti-Mafia-Welle angesehen wird, der Lehrer, Studenten, politische Aktivisten und Geistliche gleichermaßen angehören.

Der Reformist und Christdemokrat Leoluca Orlando, der in den 1980er-Jahren zum Bürgermeister Palermos gewählt wurde, trug maßgeblich zu einer gegen die Mafia gerichteten öffentlichen Meinung bei. Er stand an der Spitze eines Bündnisses linker Gruppen und Parteien und initiierte den „Frühling von Palermo": Kommunale Aufträge, die an Mafia-Familien vergeben worden waren, wurden aufgehoben, öffentliche Gebäude mussten zurückgegeben und der Allgemeinheit zugänglich gemacht werden. Außerdem setzte sich Orlando für die Inhaftierung der führenden Mafiosi ein. In den 1990er-Jahren verließ er die Christdemokraten und gründete die Antikorruptionsbewegung La Rete („Netzwerk"). Die Partei ging 1999 in Romano Prodis Demokratischer Partei auf.

Auch die Bevölkerung besiegte ihre Angst und sagte der Mafia den Kampf an: Hausfrauen hängten Laken mit Anti-Mafia-Slogans aus den Fenstern, Ladenbesitzer und Kleinunternehmer schlossen sich zusammen, um gegen die Schutzgelderpressung zu kämpfen, Gruppen wie Libera (www.libera.it) formierten sich. Libera – 1994 von Rita Borsellino, der Schwester des ermordeten Richters mitbegründet – erwirkte einen Parlamentsbeschluss, der ihren Mitgliederorganisationen erlaubte, die von der Regierung konfiszierten Mafia-Ländereien zu erwerben. So konnten landwirtschaftliche Kooperativen, *agriturismo*-Veranstalter und andere legale Unternehmen aktiv werden (www.liberterra.it). Selbst die Kirche, die zum Treiben der Mafia lange geschwiegen hatte, sagte der Anti-Mafia-Bewegung ihre Unterstützung zu. Giuseppe Puglisi, einer der bekanntesten Kirchenvertreter im Kampf gegen die Mafia, rief die Bevölkerung dazu auf, sich den Clans zu widersetzen, und wurde 1993 ermordet.

> Die Verhaftung von Teresa Marino aus Palermo im Dezember 2015 offenbarte die wachsende Bedeutung von Frauen in der sizilianischen Cosa Nostra. Die fünffache Mutter wurde nach der Verhaftung ihres Ehemanns, dem Mafiosi Tommaso Lo Presti, 2014 zu einer Schlüsselfigur. Zu ihren Aufgaben zählte die Koordination von Kokainlieferungen aus Südamerika.

Die Mafia heute
Seit der Verurteilung Salvatore Riinas kamen auch andere große Mafia-Bosse hinter Gitter: Sein Nachfolger Leoluca Bagarella, der 1995 verhaftet wurde, der sizilianische „Pate" Bernardo Provenzano, der 2006 nach 20 Jahren des Lebens im Untergrund geschnappt wurde, Provenzanos

Nachfolger Salvatore Lo Piccolo, der 2007 gefangen genommen werden konnte, und Domenico Raccuglia (alias „der Veterinär"), die Nummer zwei der Organisation, der 2009 nach 15 Jahren auf der Flucht gestellt wurde. Riinas Tod im Gefängnis im Jahr 2017 gilt als weiterer, wesentlicher Wendepunkt im Kampf Siziliens gegen die Mafia. 2018 wurden vier Dutzend bedeutende sizilianische Mafioso verhaftet, darunter der neue, in Palermo lebende *capo* Settimio Mineo.

2013 war für die Anti-Mafia-Bewegung sehr ereignisreich: Im April wurde in der größten Anti-Mafia-Beschlagnahmeaktion der Geschichte das Vermögen des Geschäftsmanns Vito Nicastri eingezogen, der ein Strohmann der Cosa Nostra gewesen sein soll. Im Mai nahmen mehr als 50 000 Menschen an der Seligsprechung von Don Giuseppe Puglisi teil, dem katholischen Priester, der 1993 von einem Mafia-Killer erschossen wurde. Padre Puglisi ist das erste Mafia-Opfer, das von der Römisch-katholischen Kirche offiziell zum Märtyrer erklärt wurde – eine mächtige Unterstützung für die Anti-Mafia-Bewegung. Im gleichen Monat standen frühere italienische Spitzenpolitiker gemeinsam mit Mafia-Bossen wie Salvatore Riina wegen ihrer Verwicklung in Mafia-Aktivitäten auf Sizilien vor Gericht, darunter Nicola Mancino, ein ehemaliger italienischer Innenminister.

Niemand ist so töricht zu glauben, dass die Macht der Mafia nun endgültig geschwunden wäre. Aber die oben erwähnten Ereignisse zeigen, dass das Machtzentrum der Organisation geschwächt ist, und dass das Schweigen, welches viele Jahre lang alle Fortschritte verhinderte, nun endlich gebrochen wurde.

Die heutige Mafia beeinflusst das tägliche Leben und ist in der Mitte der Gesellschaft angekommen. Ihre Kollaborateure und deren Kinder gelten als „respektable", einflussreiche Bürger. Tatsächlich wird die sizilianische Mafia als das bürgerlichste unter Italiens vier großen kriminellen Syndikaten angesehen. Mitglieder haben bedeutende politische und wirtschaftliche Ämter inne. Ende 2015 führten polizeiliche Untersuchungen namens Revenge 5 zur Verhaftung von 37 mutmaßlichen Clanmitgliedern in Catania, darunter Betreibern eines Bestattungsinstituts und einer gemeinnützigen Organisation für medizinische Notfallversorgung. Während das Bestattungsinstitut als Logistikzentrum für Drogenhandel diente, wurden die Krankenwagen zum Transport illegaler Substanzen genutzt.

Trotz ihrer Verwicklung in den Drogenhandel wird die Cosa Nostra heute auf internationaler Ebene von Kalabriens mächtigerer 'Ndrangheta ausgestochen. Stattdessen konzentriert sich die sizilianische Mafia auf lokale kriminelle Aktivitäten, vor allem auf Schutzgelderpressung und die Unterwanderung öffentlicher Bauprojekte. Geschätzt zahlen ca. 70 % der sizilianischen Unternehmen *pizzo* (Schutzgeld). Im Gegenzug erhalten sie Schutz vor Diebstahl und Vandalismus sowie die Unterstützung lokaler *mafiosi* bei bürokratischen Hindernissen. In manchen Fällen werden Sachleistungen als *pizzo* akzeptiert, z. B. in Form von Transaktionen mit entsprechenden Geschäften, Auftragsvergaben an bestimmte Unternehmen oder der Anstellung von Mafiasympathisanten. Wer die Zusammenarbeit verweigert, wird oft mit Sachbeschädigung oder physischen Übergriffen eingeschüchtert. Kritiker sprechen von der „Unsichtbaren Mafia".

Glücklicherweise unterwerfen sich nicht alle Sizilianer den Gesetzen der Mafia. Die Organisation Addiopizzo (www.addiopizzo.org) prangert die kriminellen Machenschaften an und ruft Verbraucher dazu auf, Geschäfte zu unterstützen, die kein *pizzo* bezahlen. Ihr Slogan, dass eine erpressbare Gesellschaft keine Würde hat, scheint auf der Insel einen Nerv getroffen zu haben. Neben anderen Unternehmen unterstützen verschiedene Tourismusanbieter die Kampagne und arbeiten auf ihren Touren mit Restaurants, Läden und Hotels zusammen, die sich gegen Schutzgelderpressung wehren (siehe www.addiopizzotravel.it).

Kunst & Architektur

Jahrhunderte der Fremdherrschaft haben in Sizilien ein umfangreiches künstlerisches und architektonisches Erbe hinterlassen. An der langen Südküste stehen überall antike griechische Tempel, Mosaike zieren römische Villen und byzantinische Kirchen, und furchteinflößende normannische Kastelle wachen über abgelegene Bergstädte. Zudem wartet Sizilien mit vielen einzigartigen Kunstwerken auf, angefangen bei Ost-trifft-West-Exemplaren von Kirchen und Palästen mit arabisch-normannischen Wurzeln bis hin zu den aufwendigen Stuckarbeiten, Fresken und in Stein gemeißelten Verzierungen der unglaublichen Fülle an barocken Bauwerken.

Prähistorische Kunst

Fans prähistorischer Kunst finden überall auf Sizilien Felsmalereien und andere Wandverzierungen. Das Museo Archeologico Regionale Eoliano in Lipari zeigt eine faszinierende Sammlung prähistorischer und antiker Funde aus dem Mittelmeerraum. Zu den Höhepunkten gehören bezaubernde Keramiken und Terrakottagegenstände der frühesten jungsteinzeitlichen Kulturen der Region. Die jungpaläolithischen Wandmalereien und neolithischen Felsritzungen in der Grotta del Genovese auf der Insel Levanzo nahe der Küste wurden 1949 von dem Maler Francesca Minellono durch Zufall entdeckt. Die zwischen 6000 und 10 000 Jahre alten Bilder zeigen vor allem Landtiere wie Hirsche und Pferde, aber auch Thunfische, wie sie in den Gewässern vor Sizilien leben.

Griechen & Römer

Griechen siedelten sich im 8. Jh. v. Chr. auf Sizilien an und hinterließen hier das älteste architektonische Erbe der Insel. Sizilien besitzt einige der eindrucksvollsten dorischen Tempel der westlichen Welt – am bezauberndsten sind jene im Valle dei Templi (Tal der Tempel) in Agrigent. Weitere prächtige Überreste finden sich in Selinunt sowie im Parco Archeologico della Neapoli in Syrakus. Die Ruinen der Stadt Segesta bilden mit einem auf dem Berg thronenden Theater und einem nie fertiggestellten dorischen Tempel aus der Zeit um 430 v. Chr. eine der faszinierendsten antiken Stätten. Ein Meisterwerk der klassischen Architektur ist das

BEDEUTENDE KUNSTMUSEEN & GALERIEN

Galleria Regionale della Sicilia (Palermo) Zeigt Werke vom Mittelalter bis zum 18. Jh.

Galleria d'Arte Moderna (Palermo) Sizilianische Gemälde und Skulpturen des 19. und 20. Jhs.

Museo Regionale Interdisciplinare (Messina) Gemälde von Caravaggio und dem Lokalmatador Antonello da Messina.

Pinacoteca Villa Zito (Palermo) Vier Jahrhunderte sizilianischer Kunst in einer eleganten Villa aus dem 18. Jh.

Museo Guttuso (Bagheria) Weniger bekanntes Museum für Renato Guttuso, Siziliens bedeutendsten Künstler des 20. Jh.

Teatro Greco in Syrakus, in dem 16 000 Zuschauer Platz fanden. Die malerischste Lage unter allen griechischen Theaterbauten besitzt das im 3. Jh. v. Chr. errichtete Teatro Greco in Taormina, mit Blick auf die Ionische Küste und den Ätna. Nach dem Theater in Syrakus ist es das zweitgrößte auf Sizilien.

Siziliens bedeutendste Sehenswürdigkeit aus römischer Zeit ist die Villa Romana del Casale in Piazza Armerina. In dem alten Lustschloss findet sich eine beeindruckende Fülle großer, farbenprächtiger Bodenmosaike aus dem 4. Jh. n. Chr. Kleiner, aber nicht weniger beeindruckend, sind die Bodenmosaike der Villa Romana del Tellaro südlich von Noto, die verschiedene Szenen darstellen.

Die Normannen

Die Normannen arbeiteten mit byzantinischen und arabischen Architekten und Handwerkern zusammen, bauten griechische Tempel zu Basiliken um und errichteten innovative neue Bauwerke, die eine einzigartige Mischung aus unterschiedlichen architektonischen und künstlerischen Einflüssen widerspiegelten, was selbst in den Mosaiken zum Ausdruck kam. Nach wie vor gehören die normannischen Kathedralen zu den beeindruckendsten Sehenswürdigkeiten Siziliens. Zu den absoluten Highlights zählen allen voran die Cattedrale di Monreale, der Duomo in Cefalù und die Capella Palatina in Palermo – 2015 wurden sie zusammen mit sechs weiteren arabisch-normannischen Stätten von der UNESCO ins Weltkulturerbe aufgenommen.

Der Palazzo der Normanni in Palermo wurde ursprünglich im 9. Jh. von den Arabern errichtet und ab 1130 von den Normannen (genauer von Roger II.) erweitert. Die Cappella Palatina in seinem Zentrum ist die Hauptattraktion der Stadt. Neben ihren exquisiten Mosaiken verfügt die Kapelle über eine der schönsten Decken im islamischen Stil des Mittelmeerraums. Sie soll von Kunsthandwerkern gestaltet worden sein, die Roger II. dafür extra aus Kairo kommen ließ. Weitere tolle Beispiele aus dieser Zeit sind die Kirchen La Martorana und Chiesa di San Giovanni degli Eremiti, die beide in Palermo stehen.

Die Renaissance: Malerei & Skulptur

Zwar sind aus der Renaissance auf Sizilien keine bedeutenden Bauten erhalten, aber Bildhauerkunst und Malerei standen in voller Blüte. Diese Epoche hat Siziliens bekanntesten Maler Antonello da Messina hervorgebracht.

Die Architekten- und Bildhauerfamilie Gagini gründete eine Schule, die bis in die Mitte des 16. Jhs. einflussreich war. Domenico Gagini (1420–1492), der Gründer, arbeitete oft mit seinem Sohn Antonello (1478–1536) zusammen. Dessen berühmtestes Werk ist das verzierte Bogengewölbe in der Cappella della Madonna im Santuario dell'Annunziata in Trapani. Er schuf auch viele Statuen für Kirchen in Messina; viele seiner Arbeiten sind in der Galleria Regionale della Sicilia in Palermo zu besichtigen, darunter die Statue der *Madonna del riposo* (1528).

Francesco Laurana (1430–1502), ein aus dem damals venezianischen Dalmatien stammender Bildhauer, den sowohl die italienische als auch die kroatische Kunstgeschichte für sich beanspruchen (sein kroatischer Name lautet Frane Vranjanin), arbeitete von 1466 bis 1471 auf Sizilien. Er schuf z. B. das Grabmal des Pietro Speciale in der Chiesa di San Francesco d'Assisi in Palermo. Besonders prachtvoll ist seine Büste der Eleonore von Aragón in der Galleria Regionale della Sicilia.

Der Glanz des Barocks

Nachdem das Erdbeben von 1693 Städte wie Catania völlig zerstört hatte, konnte sich im Barock hier ein extravaganter Architekturstil entwickeln.

Der aus Palermo stammende Architekt Ernesto Basile (1857–1932) gehörte zu Italiens erfolgreichsten Vertretern des Liberty (italienischer Jugendstil) und der Moderne. Zu seinem Vermächtnis zählen unter anderem das Grand Hotel Villa Igiea, das Teatro Massimo und das Villino Florio in Palermo. Der Begriff Liberty ist vom Londoner Kaufhaus Liberty & Co. inspiriert, das für sein Angebot an Kunstwerken des Jugendstils und Kunsthandwerk bekannt war.

Die Galleria Regionale della Sicilia in Palermo beherbergt das beunruhigende *Trionfo della morte* (Triumph des Todes), ein Fresco aus dem 15. Jh., das vermutlich Pablo Picassos berühmtes Gemälde *Guernica* beeinflusst hat.

ANTONELLO DA MESSINA

Der erste große sizilianische Maler war Antonello da Messina (1430–1479). Der aus Messina stammende Künstler soll seine ersten Porträts in den späten 1460er-Jahren geschaffen haben. Sie sind niederländischen Vorbildern nachempfunden und zeigen die porträtierte Person vor einem dunklen Hintergrund in Frontalansicht oder im Dreiviertelprofil. Die meisten italienischen Maler hatten zuvor Porträts höchstens in Halbprofilansicht gemalt. John Pope-Hennessy bezeichnete da Messina in seinem Buch *The Portrait in the Renaissance* (1966) als „den ersten italienischen Maler, der das individuelle Porträt als eigene Kunstform begriff". In seinem Werk *Lebensbeschreibungen* (1550) beschreibt Giorgio Vasari den Sizilianer als einen „Mann, der seine Kunst gut beherrschte" und behauptet, er hätte sich als erster italienischer Maler der Technik der Ölmalerei bedient, die er angeblich in Flandern erlernt haben soll. Doch gibt es keine Belege dafür, dass Antonello da Messina über die Grenzen Italiens hinausgekommen ist.

Auf Sizilien selbst ist nur eine geringe Anzahl seiner brillanten Gemälde verblieben: Die anmutige *Annunziata* (*Maria der Verkündigung*, 1474–1477) befindet sich in der Galleria Regionale della Sicilia in Palermo, das wundervolle *Ritratto di un uomo ignoto* (*Bildnis eines unbekannten Mannes*, 1465), das als eines der bemerkenswertesten Porträts der italienischen Renaissance gilt, ist im Museo Mandralisca in Cefalù ausgestellt, an der Ostküste kann man in der Galleria Regionale di Palazzo Bellomo in Syrakus *L'Annunciazione* (*Die Verkündigung*, 1474) bewundern, und das Polyptychon *San Gregorio* (*Hl. Gregor*, 1473) befindet sich im Besitz des Museo Regionale in Messina.

Die sizilianische Ausprägung dieses Stils verband den spanischen Barock mit dekorativen und konstruktiven Elementen der heimischen Tradition, darunter die großzügige Verwendung von *putti* (Cherubinen) und Masken.

Die dominierenden Architekten dieser Epoche waren Rosario Gagliardi (1700-1770), der Architekt der prächtigen Cattedrale di San Giorgio in Ragusa, und Giovanni Battista Vaccarini (1702-1769), nach dessen Plänen Catanias Stadtkern in 30 Jahren wiederaufgebaut wurde. Eines der eindrucksvollsten Beispiele des sizilianischen Barock ist das Zentrum von Noto.

Der wichtigste bildende Künstler der Epoche war der 1656 in Palermo geborene Giacomo Serpotta, der vorrangig mit Gips arbeitete. Serpotta trug dazu bei, dass die Stuckarbeit in Italien vom Handwerk zu höchster Kunst aufstieg. Er entwickelte eine Poliertechnik, die seinen Stuckkreationen den Glanz einer Arbeit aus Stein verlieh. Seine Stuckverzierungen sind in zahlreichen Kirchen und Oratorien in Palermo zu finden, darunter sein Meisterwerk *Schlacht von Lepanto* im Oratorio del Rosario di Santa Cita. Zu den weiteren Orten, an denen sich Serpottas Arbeit bewundern lässt, gehört die Cappella di Sant'Anna im Museo Civico von Castelbuono.

> Einige der beeindruckendsten Tempel der westlichen Welt stehen auf Sizilien – die besten davon im Tal der Tempel (Valle dei Templi) in Agrigent.

Jugendstil

In der Epoche des Jugendstils (bzw. des Liberty-Stils, wie diese Zeit in Italien genannt wird) blühte Palermo auf. Die Neuerungen von Architekten wie Giovanni Battista Filippo Basile und seinem Sohn Ernesto sowie von Künstlern wie Salvatore Gregorietti und Ettore Maria de Begler, die den Speisesaal des Grand Hotel Villa Igiea ausmalten, prägten jene Zeit. Die beiden Kioske vor Palermos Teatro Massimo und der gegenüber vom Teatro Politeama Garibaldi sind schöne Beispiele des sizilianischen Jugendstils. In der Villa Malfitano sind einige Elemente der frühen Liberty-Epoche zu sehen. Leider wurde in Palermo ein Großteil der Bauwerke der Liberty-Architektur im Zuge des von der Mafia vorangetriebenen Baubooms Mitte des 20. Jhs., der als Sacco di Palermo (etwa: Zerstörung Palermos) bekannt geworden ist, abgerissen.

Moderne & Zeitgenössische Kunst

Salvatore Fiume (1915-1997) und Renato Guttuso (1911-1987) zählen zu den größten Namen der modernen sizilianischen Kunst. Guttusos meisterhafte Darstellung des *Mercato della Vucciria* (1974) ist eines der eindrucksvollsten Beispiele der modernen sizilianischen Malerei. Die lebhaften Farben sind das Ergebnis der innovativen künstlerischen Herangehensweise des Malers: Für die Rottöne nutzte Guttuso zerkrümelte Backsteine, für die schwarzen Striche verbranntes Holz und Docht. Das Bild hängt im Museo dell'Inquisizione in Palermo.

Zu den erfolgreichsten kreativen Künstlern der Gegenwarte gehören momentan der in Palermo lebende Fotograf Ferdinando Scianna (geb. 1943), Multimediakünstler Ignazio Mortellaro (geb. 1973) und die aus Catania stammenden Illustratoren Carlo und Fabio Ingrassia (geb. 1985). Die letzten beiden sind eineiige Zwillinge und arbeiten gleichzeitig an denselben Werken. Sie fangen außen an und arbeiten sich gemeinsam zur Mitte des Bildes vor. Dadurch entstehen harmonische, unfassbar detailgetreue Arbeiten.

Ein Ort der zum Nachdenken anregt, um hautnah zu erleben, was in der sizilianischen Gegenwartskunst vorgeht, ist der Farm Cultural Park in Favara. Hier gehen Kunst und sozialer Aktivismus Hand in Hand, und zwar im Dienst der eigentlichen Aufgabe der Kunst: an einem echten Wandel mitzuwirken.

Praktische Informationen

ALLGEMEINE INFORMATIONEN.. 350

Ermäßigungen 350
Feiertage & Ferien 350
Frauen unterwegs 350
Gefahren & Ärgernisse ...351
Geld 351
Gesundheit 351
Internetzugang 352
Karten & Stadtpläne 352
LGBT+-Reisende........ 352
Öffnungszeiten 352
Post.................. 352
Rechtsfragen........... 352
Reisen mit Behinderung . 353
Strom................. 353
Telefon 353
Toiletten............... 354
Touristeninformation.... 354
Versicherung........... 354
Zeit 354

VERKEHRSMITTEL & -WEGE...........355

AN- & WEITERREISE 355
Flugzeug 355
Auf dem Landweg 356
Übers Meer 357
UNTERWEGS VOR ORT...357
Auto & Motorrad 357
Bus 359
Fahrrad............... 359
Flugzeug 359
Nahverkehr 359
Schiff/Fähre 359
Zug 360

SPRACHE..........361

Allgemeine Informationen

Ermäßigungen

Die European Youth Card (www.eyca.org) für Reisende unter 30 Jahren wird vor Ort weithin anerkannt.

EU-Bürger unter 18 Jahren können staatliche Museen und archäologische Stätten oft gratis besuchen; zwischen 18 und 25 Jahren gibt's vielerorts 50 % Rabatt. Zum Nachweis von Alter und Nationalität ist für Ermäßigungen offiziell ein Personalausweis, Reisepass oder Führerschein vorzulegen. Nicht-EU-Bürger (und damit auch Schweizer) sind theoretisch eigentlich nicht zu Rabatten berechtigt. Das Personal von Ticketschaltern nimmt es damit aber eventuell nicht so genau.

Die Angaben zu ermäßigten Eintrittspreisen (erm.) in diesem Buch stehen jeweils für den Studententarif. Senioren ab 65 Jahren erhalten manchmal (aber nicht immer) ähnliche Ermäßigungen.

Private Museen lassen Besucher unter 18 Jahren meist günstiger hinein (unabhängig von der jeweiligen Nationalität) und erheben oft auch keinen Eintritt für Kleinkinder.

Feiertage & Ferien

Die meisten Sizilianer machen im August Urlaub und fliehen aus den Städten in die kühleren Küstenorte oder in die Berge. Das bedeutet, dass viele Geschäfte und Betriebe zumindest einen Teil dieses Monats geschlossen haben, besonders in der Zeit um Mariä Himmelfahrt am 15. August. Die Karwoche ist für die Sizilianer eine beliebte Ferienzeit, und viele Hotels in Ferienorten öffnen in der Woche vor Ostern.

Siziliens Schulen schließen im Sommer für drei Monate von Mitte Juni bis Mitte September, für zwei Wochen an Weihnachten und für eine Woche an Ostern.

Die einzelnen Städte haben eigene Feiertage zu Ehren ihrer Schutzheiligen. Zu den nationalen Feiertagen gehören folgende:

Capodanno (Neujahr) 1. Jan.
Epifania (Dreikönigsfest) 6. Jan.
Pasqua (Ostern) März/April
Pasquetta (Ostermontag) März/April
Giorno della Liberazione (Tag der Befreiung) 25. April
Festa del Lavoro (Tag der Arbeit) 1. Mai
Festa della Repubblica (Tag der Republik) 2. Juni
Ferragosto (Mariä Himmelfahrt) 15. Aug.
Festa di Ognissanti (Allerheiligen) 1. Nov.
Festa della Immacolata Concezione (Fest der unbefleckten Empfängnis) 8. Dez.
Natale (Weihnachten) 25. Dez.
Festa di Santo Stefano (St. Stephan) 26. Dez.

Frauen unterwegs

Auch für alleinreisende Frauen ist Sizilien im Allgemeinen

PREISKATEGORIEN: ESSEN

Sizilianische Restaurants verlangen meist einen Grundpreis (*coperto*; 1–3 €/Pers.) für die Benutzung von Besteck, Tischdecken usw. Teils heißt dieser auch *pane e coperto* (wenn inkl. Brot). Eine Servicegebühr (*servizio*; 10–15 %) ist mitunter schon im Rechnungsbetrag enthalten.

Die folgenden Angaben gelten jeweils für ein Essen inklusive *coperto*, zwei Gängen (*antipasto* oder *primo* plus *secondo*) und einem Glas Hauswein.

€ unter 25 €
€€ 25–45 €
€€€ über 45 €

ein attraktives und sicheres Ziel. Das Klischee von den italienischen Männern, die einsame Touristinnen belästigen, ist größtenteils völlig übertrieben und überholt.

Nichtsdestotrotz gehört harmloses Flirten mit direktem Augenkontakt einfach zum italienischen Alltag. Sollte dies mal in unverhohlenes Anstarren ausarten, reicht zumeist ein einfaches Zeichen von Desinteresse, um die unerwünschte Aufmerksamkeit prompt zu beenden. Wenn Ignorieren nichts bringt, sollte frau höflich vorgeben, auf ihren *marito* (Ehemann) oder *fidanzato* (Freund) zu warten – und sich gegebenenfalls entfernen. Im Falle ernsthafter Belästigung ist die Wahrscheinlichkeit sehr hoch, dass Passanten oder andere Leute in der Nähe helfend einschreiten.

Gefahren & Ärgernisse

Sizilien ist zwar für die Mafia berüchtigt, aber keinesfalls ein gefährliches Reiseziel.

➡ Diebstahlopfer sollten den jeweiligen Vorfall innerhalb von 24 Stunden bei der Polizei melden und ein Anzeigeprotokoll verlangen – ohne dieses Dokument verweigert die Reiseversicherung höchstwahrscheinlich den Schadensersatz.

➡ In den größten Städten verfügen vermeintliche Einbahnstraßen oft über spezielle Zweitspuren, auf denen Busse in Gegenrichtung verkehren. Daher am Bordstein immer zuerst nach links und rechts schauen!

Geld

Geldautomaten

Italiens zahlreiche Geldautomaten *(bancomat)* funktionieren mit Kredit- und Lastschriftkarten. Die meisten Geräte helfen Travellern mit mehrsprachigen Bildschirmen (u. a. auf Englisch). Falls nicht, wählt man die Option *prelievo internazionale* (internationale Barabhebung). Bei einer solchen fallen jedes Mal Gebühren für den Währungsumtausch und die eigentliche Transaktion an. Kreditkartennutzer müssen noch mehr für den abgehobenen Betrag berappen.

Die Automaten akzeptieren am häufigsten Visa, MasterCard, Cirrus und Maestro. Eine eventuelle Fehlfunktion muss aber nicht unbedingt an der eingegebenen Karte liegen – daher bei Problemen zunächst einfach ein paar andere Geräte mit dem Logo des jeweiligen internationalen Kartennetzes ausprobieren!

Geld wechseln

Auslandswährungen wie Schweizer Franken lassen sich bei Banken, Postfilialen und Wechselstuben umtauschen. Die Wechselkurse variieren generell ziemlich stark. Banken bieten jedoch meist die besten Konditionen.

Kredit- & Bankkarten

Kreditkarten werden in Sizilien vielerorts angenommen, sind allerdings nicht allgegenwärtig. Deshalb sollte man auch immer ausreichend Bargeld dabeihaben. In einigen kleinen Pensionen, Trattorien und Geschäften kann man nicht mit Kreditkarte zahlen, auch nicht an allen Tankstellen, Parkuhren oder den Mautstellen an der Autobahn.

Karten wie Visa, MasterCard und Eurocard werden in Sizilien weithin akzeptiert, American Express gelegentlich auch.

Vor der Reise sollte man das Kreditinstitut, über das die Kreditkarte läuft, über seine Reisepläne informieren. Ansonsten riskiert man, dass die Karte gesperrt wird – als Sicherheitsmaßnahme sperren Banken Karten, wenn ihnen Transaktionen auffallen, die von den sonst üblichen abweichen. Man sollte sich außerdem über Gebühren informieren und darüber, was geschieht, wenn die Karte Probleme macht oder gestohlen wurde. Für die meisten Karten gibt's kostenlose Notfallnummern, unter denen man Hilfe und Rat bekommt.

> **PRAKTISCH & KONKRET**
>
> **Rauchen** In allen öffentlich zugänglichen Räumlichkeiten ist das Rauchen per EU-Gesetz verboten.

Gesundheit

Bevor es losgeht
KRANKENVERSICHERUNG

Mit der europäischen Krankenversicherungskarte (EHIC), die man u. a. am EU-Emblem erkennt (auf der Rückseite vieler Krankenversicherungskarten), haben EU-Bürger das Recht auf eine vergünstigte oder kostenlose medizinische Versorgung im akuten Bedarfsfall. Eine Auslandskrankenversicherung ist dennoch sinnvoll, etwa im Hinblick auf Krankenrücktransporte; für Schweizer ist sie unabdingbar.

IMPFUNGEN

Sizilienreisen erfordern keine speziellen Impfungen. Dennoch ist es ratsam, seinen Standard-Impfschutz ggf. vorab beim eigenen Hausarzt auffrischen zu lassen.

Auf Sizilien
MEDIZINISCHE VERSORGUNG & KOSTEN

Italiens öffentliche medizinische Einrichtungen sind gesetzlich verpflichtet, jedermann Notfallhilfe zu leisten. Die *pronto soccorso* (Notaufnahme) eines *ospedale* (öffentliches Krankenhaus) führt jeweils auch zahnmedizinische Notfallbehandlungen durch. Bei kleineren Wehwehchen kontaktiert man am besten die örtliche *guardia medica* (ärztlicher Bereitschaftsdienst). Deren Telefonnummer lässt sich z. B. über die Unterkunft oder die nächste Touristeninformation in Erfahrung bringen.

Bei Apotheken gibt's u. a. verschreibungspflichtige Medikamente und einfache Gesundheitstipps. In größeren Städten steht mindestens eine *farmacia di turno* (Apotheke mit Not- und Nachtdienst) rund um die Uhr zur Verfügung.

LEITUNGSWASSER
Auf ganz Sizilien kann *acqua del rubinetto* (Leitungswasser) normalerweise bedenkenlos genossen werden. Die meisten Einheimischen trinken jedoch lieber *acqua minerale* (Mineralwasser in Flaschen) – entweder *frizzante* (mit Kohlensäure) oder *naturale* (still). Restaurant- und Bargäste werden stets gefragt, welche der Variante sie bevorzugen.

Internetzugang

WLAN-Hotspots gibt's in vielen Cafés und Bars. Die meisten Hotels und B & Bs haben Gratis-WLAN. In den Unterkunftsverzeichnissen dieses Buches wird auf Gäste-PCs und Drahtloszugänge jeweils mit den entsprechenden Symbolen hingewiesen. Dabei wird WLAN nur gesondert erwähnt, wenn dafür Gebühren anfallen.

Karten & Stadtpläne

Der Online-Shop des Touring Club Italiano (TCI) verkauft eine gute Universalkarte zu Sizilien (Maßstab 1 : 200 000, 8,50 €; www.touringclubstore.com/it/reparto/sicilia). Arbatus (www.arbatus.com) gibt hervorragende mehrsprachige Wanderkarten (6 €) für jede der sieben Liparischen Inseln heraus. Für Wanderungen im Bereich des Ätna empfiehlt sich die Selca-Karte *Mt. Etna – Carta Escursionistica Altomontana* (Maßstab 1 : 25 000; 7,20 €), die bei Stella Alpina (www.stella-alpina.com) erhältlich ist. Bei regionalen Nationalparkbüros gibt's Karten für weitere beliebte Wandergebiete (z. B. die Monti Madonie und Nebrodi).

LGBT+-Reisende

Ab 16 Jahren ist einvernehmlicher gleichgeschlechtlicher Sex in Italien legal. Siziliens Schwulenszene konzentriert sich auf Großstädte wie Catania, Taormina, Syrakus oder Palermo. In den meisten ländlichen Gebieten ist die Einstellung gegenüber Homosexuellen jedoch noch immer (sehr) konservativ. 2016 erkannte Italien eingetragene Partnerschaften von gleichgeschlechtlichen Paaren offiziell an – als letztes großes Land Westeuropas, was größtenteils am Widerstand katholischer Parlamentarier lag.

Jeden Sommer finden große Schwulenparaden in Palermo (www.palermopride.it) und Catania (www.facebook.com/Cataniagaypride) statt.

Weitere LGBT+-Lokalinfos liefern z. B. folgende Websites (jeweils italienisch):

Arcigay (www.arcigay.it) Die größte Schwulenorganisation, ansässig in Catania, Messina, Palermo, Ragusa und Syrakus.

Coordinamento Lesbiche Italiano (CLR; www.clrbp.it) Italienischer Lesbenverband mit regelmäßigen Events (z. B. Literaturveranstaltungen, Filmfestivals).

Gay.it (www.gay.it) LGBT-Website mit News, Leitartikeln und Boulevard-Meldungen.

Guida Gay Italia (www.guidagay.it) Details zu schwulenfreundlichen Bars, Nachtclubs, Stränden und Unterkünften.

Pride (www.prideonline.it) Landesweit erscheinendes Szene-Monatsmagazin mit Artikeln zu Kunst, Musik, Kultur und Politik.

Spartacus World (www.spartacus.gayguide.travel/goingout/europe/italy/sicilia) Verzeichnis mit schwulenfreundlichen Einrichtungen in ganz Italien.

Öffnungszeiten

Banken Mo–Fr 8.30–13.30 & 14.45–16 Uhr

Cafés 7–20 Uhr, bei Barbetrieb auch länger

Läden & Geschäfte Mo–Sa 9.30–13.30 & 16–19.30 Uhr

Museen Wechselnde Öffnungszeiten, Mo oft geschl.

Restaurants 12–14.30 & 19.30–23 Uhr, oft ein Ruhetag pro Woche

Post

Italiens **Poste Italiane** (803 160; www.poste.it) wird wohl nie einen Preis für Effizienz gewinnen. Generell kommt die Post früher oder später aber an. Innerhalb Europas wird eine Lieferung in drei Tagen garantiert. In den Rest der Welt dauert es vier bis acht Tage.

Briefmarken (*francobolli*) bekommt man in Postfilialen und bei zugelassenen Tabakhändlern (nach dem *tabacchi*-Schild Ausschau halten – ein großes, oft weißes „T" auf schwarzem Hintergrund!), die es in jeder Stadt und jedem Dorf gibt.

Wichtige Dinge sollten per Einschreiben (*raccomandato*) oder Wertbrief (*assicurato*) versandt werden. Die Gebühren richten sich nach dem Wert des Gegenstands, den man verschickt.

Rechtsfragen

Taveller haben vor allem dann etwas mit der Polizei zu

tun, wenn sie einen Diebstahl melden müssen. Wurde einem etwas gestohlen und man will dies bei der Versicherung geltend machen, braucht man ein Protokoll der Polizei. Ohne einen Beweis des Diebstahls zahlt keine Versicherung.

Die italienische Polizei ist in drei Gruppen unterteilt: die schwarz gekleideten *carabinieri*, die *polizia di stato* mit dunkelblauen Uniformen und die *guardia di finanza*, die gegen Steuerhinterziehung und Drogenschmuggel kämpft. Wer in Italien Probleme hat, wird sich wahrscheinlich entweder mit der *polizia* oder den *carabinieri* auseinandersetzen müssen. Hat man einen Strafzettel verpasst bekommen, wendet man sich an die *vigili urbani* (den Verkehrsdienst).

Die Promillegrenze liegt bei 0,5 ‰ (0,5 g/l); die Polizei führt Atemtests zur Messung durch. Wer betrunken am Steuer erwischt wird, muss sich auf harte Strafen gefasst machen.

Generell stellt das Konsulat ein Verzeichnis mit ortsansässigen Rechtsanwälten, Dolmetschern und Übersetzern zur Verfügung.

Reisen mit Behinderung

Reisende mit Handicap haben es auf Sizilien nicht gerade leicht: Schmale Kopfsteinpflasterstraßen, chaotischer Verkehr, versperrte Bürgersteige, steile Bordsteine und winzige Aufzüge erschweren die Rollstuhlbenutzung vor Ort mitunter sehr. Auch Touristen mit verringerter Seh- oder Hörfähigkeit müssen hier mit diversen Problemen rechnen.

Sizilienweit sind größere Hotels generell barrierefrei. B & Bs und Pensionen mangelt es jedoch oft an entsprechenden Einrichtungen (z. B. Aufzügen, Rollstuhlrampen). In Palermo sind alle Straßenbahnen und die meisten Busse für Rollstuhlfahrer zugänglich – ebenso diverse Museen und Kunstgalerien.

Besucher mit offensichtlichem Handicap und/oder einem entsprechenden Ausweis erhalten häufig freien Eintritt bei Museen und Kunstgalerien. Gleiches gilt meist für jeweils eine Begleitperson. Nützliche allgemeine Infos zum Reisen mit Behinderung gibt's z. B. hier:

Mobility International Schweiz (www.mis-ch.ch)
MyHandicap Deutschland (www.myhandicap.de)
MyHandicap Schweiz (www.myhandicap.ch)
Nationale Koordinierungsstelle Tourismus für Alle e. V. (Natko; www.natko.de)

Zusätzlich stellt Lonely Planet den englischsprachigen Führer Accessible Travel unter http://lptravel.to/AccessibleTravel gratis zum Download bereit.

Strom

In ganz Italien liegt die Netzspannung bei 230 V und 50 Hz. Die Stecker haben zwei oder drei Rundstifte, was eventuell einen Adapter erforderlich macht.

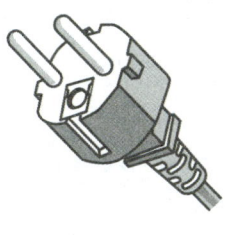

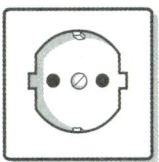

Typ F
230 V/50 Hz

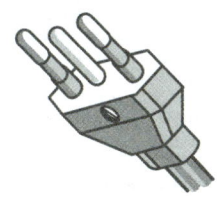

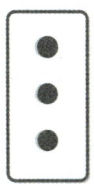

Typ L
220 V/50 Hz

Telefon

Als größte Telefongesellschaft des Landes bietet TIM/Telecom Italia (www.tim.it) gleichermaßen Handy- und Festnetzoptionen an.

Handys

Italienische Mobilfunknetze nutzen den Standard GSM 900/1800. Entsperrte Handys mit entsprechender Kompatibilität ermöglichen die Verwendung hiesiger Prepaid-SIM-Karten (*pre-pagato*; vor Ort ab 10 € erhältlich).

SIM-KARTEN
Dank des Roaming-Abkommens innerhalb der EU können bezahlen EU-Bürger in Italien nur ihre heimischen Handytarife (eventuelle Begrenzungen der jeweiligen Mobilfunk-Firma beachten!). Für Nicht-EU-Bürger wie Schweizer ist eine italienische SIM-Karte im Vergleich zum Roaming meist die günstigere Alternative.

TIM, Wind Tre (www.windtre.it) und Vodafone (www.vodafone.it) sind allesamt zahlreich auf ganz Sizilien vertreten. Bei den Filialen dieser Anbieter gibt's jeweils verschiedene SIM-Karten mit Gesprächsguthaben, Datenvolumen und/oder Auslandsoptionen. Zum Erwerb einer solchen Karte muss man einen gültigen Reisepass bzw. EU-Personalausweis vorlegen. Neues Gesprächsguthaben bzw. Datenvolumen lässt sich einfach als *ricarica* (Aufladekarte) bei Telefonshops oder Tabakläden erstehen.

Nützliche Telefonnummern & Vorwahlen

Italienische Ortsvorwahlen sind maximal vierstellig und beginnen immer mit einer „0". Die darauf folgende Anschlussnummer besteht stets aus vier bis acht Ziffern. Auch bei Ortsgesprächen ist die Vorwahl (z. B. 091 für Palermo) inklusive „0" am Anfang grundsätzlich mitzuwählen. Handynummern beginnen stets mit einer dreistelligen Zahlenfolge (z. B. 333, 347 oder 390).

Bei Auslandsgesprächen ab Sizilien gibt man zuerst den internationalen Zugangscode (00) ein. Dann folgen die jeweilige Ländercode, die Ortsvorwahl und die Anschlussnummer.

Wer aus dem Ausland nach Sizilien telefonieren will, wählt nacheinander den internationalen Zugangscode, Italiens Ländercode (39), die Ortsvorwahl (inkl. „0" am Anfang) und dann die Anschlussnummer.

Internationaler Zugangscode (für Auslandsgespräche ab Italien)	☏00
Italiens Ländercode (für Auslandsgespräche nach Italien)	☏39
Telefonauskunft	☏1254

Toiletten

Öffentliche Toiletten sind auf Sizilien selten. Ausnahmen sind touristische Sehenswürdigkeiten und archäologische Stätten. Die meisten Leute benutzen die Toiletten in Bars und Cafés – selbst wenn vorher ein Kaffee bestellt werden muss. Vielerorts sind die Toiletten in einem desolaten Zustand, deshalb am besten immer ein paar Taschentücher dabeihaben!

Touristeninformation

Die Assessorato Turismo Sport e Spettacolo (www.visitsicily.info) ist Siziliens offizielle Tourismusbehörde.

Auf ganz Sizilien gibt's mehr oder weniger hilfreiche Touristeninformationen. Die meisten dieser Büros warten zumindest mit Unterkunftsverzeichnissen, einfachen Ortsplänen und Infos zu lokalen Sehenswürdigkeiten auf. Häufig werden auch Anfragen per Telefon oder E-Mail beantwortet (wobei Letzteres mitunter ewig dauert).

Die allgemeinen Öffnungszeiten (Mo–Fr 9–13 & 15–19 Uhr) verlängern sich normalerweise im Sommer (dann teils auch Sa oder So). An den Bahnhöfen mancher Großstädte gibt's zusätzliche Infoschalter, die aber oft nur kurz oder nur im Sommer geöffnet haben.

In Touristenhochburgen (z. B. Palermo, Catania, Taormina, Syrakus, Cefalù, Agrigento) hält das Auskunftspersonal normalerweise viele Broschüren bereit und verfügt auch über ausreichende Kenntnisse in zumindest einer Fremdsprache (meist Englisch, manchmal auch Deutsch oder Französisch).

Siziliens Touristeninformationen sind offiziell als Servizi Turistici Regionali (regionale Touristeninformationen) bekannt, in diesem Buch werden sie aber schlicht „Touristeninformationen" genannt.

Versicherung

Eine Reiseversicherung, die außer für Diebstahl und Verluste auch für medizinische Behandlungen aufkommt, ist sehr zu empfehlen. Manche Policen decken auch abgesagte Flüge, Verspätungen etc. ab.

Kauft man sein Ticket mit einer Kreditkarte, ist damit oft eine begrenzte Reiseunfallversicherung verbunden; es kann auch eine Rückforderung der bezahlten Summe ermöglichen, falls der Veranstalter die gekaufte Leistung nicht erbringt.

Achtung: Einige Policen schließen „riskante Aktivitäten" ausdrücklich aus, z. B. Sporttauchen oder Motorradfahren, in manchen Fällen sogar Unfälle beim Wandern.

Eine weltweite Reiseversicherung findet man unter www.lonelyplanet.com/travel-insurance. Man kann sie jederzeit online kaufen, verlängern und in Anspruch nehmen – sogar wenn man bereits unterwegs ist.

Zeit

Auf Sizilien gilt die Mitteleuropäische Zeit (MEZ). Von Ende März bis Ende Oktober gilt europaweit die Mitteleuropäische Sommerzeit (MESZ=MEZ+1 Std.).

Verkehrsmittel & -wege

AN- & WEITERREISE

Flüge, Mietwagen und geführte Touren lassen sich online unter lonelyplanet.com/bookings buchen.

Flugzeug

Je nach Jahreszeit kosten Flüge nach Sizilien unterschiedlich viel: Tickets sind etwa von November bis März am günstigsten und von Juni bis September am teuersten. Feiertagszeiten (z. B. Weihnachten, Neujahr, Ostern) bedeuten jedoch immer starke Preisanstiege. Die Häufigkeit der Flüge hängt ebenfalls von der Saison ab; die meisten Flugverbindungen gibt's im Sommer.

Flughäfen & Fluglinien

Als größte Städte Siziliens haben Palermo und Catania auch die größten Flughäfen der Insel.

Der **Flughafen Falcone-Borsellino** (800 541880, 091 702 02 73; www.gesap.it) liegt 30 km westlich von Palermo in Punto Raisi und ist nach zwei ermordeten Mafiajägern benannt. Mit zwei Dutzend Fluglinien wie Alitalia (www.alitalia.com) oder Air Italy (www.airitaly.com) besteht hier Linienverbindung zu/ab Großstädten in Italien und anderen Ländern (u. a. Frankfurt, London, Madrid, Mailand, München, Zürich, NYC). Zudem starten hier Billiganbieter wie Ryanair (www.ryanair.com), easyJet (www.easyjet.com), Volotea (www.volotea.com), Vueling (www.vueling.com) oder TUIFly (www.tuifly.com) z. B. gen Amsterdam, Barcelona, Bo-

---

REISEN & KLIMAWANDEL

Der Klimawandel stellt eine ernste Bedrohung für unsere Ökosysteme dar. Zu diesem Problem tragen Flugreisen immer stärker bei. Lonely Planet sieht im Reisen grundsätzlich einen Gewinn, ist sich aber der Tatsache bewusst, dass jeder seinen Teil dazu beitragen muss, die globale Erwärmung zu verringern.

Fast jede Art der motorisierten Fortbewegung erzeugt CO_2 (die Hauptursache für die globale Erwärmung), doch Flugzeuge sind mit Abstand die schlimmsten Klimakiller – nicht nur wegen der großen Entfernungen und der entsprechend großen CO_2-Mengen, sondern auch, weil sie diese Treibhausgase direkt in hohen Schichten der Atmosphäre freisetzen. Die Zahlen sind erschreckend: Zwei Personen, die von Europa in die USA und wieder zurück fliegen, erhöhen den Treibhauseffekt in demselben Maße wie ein durchschnittlicher Haushalt in einem ganzen Jahr.

Die englische Website www.climatecare.org und die deutsche Internetseite www.atmosfair.de bieten sogenannte CO_2-Rechner. Damit kann jeder ermitteln, wie viele Treibhausgase seine Reise produziert. Das Programm errechnet den zum Ausgleich erforderlichen Betrag, mit dem der Reisende nachhaltige Projekte zur Reduzierung der globalen Erwärmung unterstützen kann, beispielsweise Projekte in Indien, Honduras, Kasachstan und Uganda.

Lonely Planet unterstützt gemeinsam mit Rough Guides und anderen Partnern aus der Reisebranche das CO_2-Ausgleichs-Programm von climatecare.org. Alle Reisen von Mitarbeitern und Autoren von Lonely Planet werden ausgeglichen. Weitere Informationen gibt's auf www.lonelyplanet.com.

> **FLUGHAFEN-GEBÜHR**
>
> Die Flughafengebühr ist im Ticketpreis enthalten.

logna, Florenz, Paris und Rom.

Der **Flughafen Fontanarossa** (095 723 91 11; www.aeroporto.catania.it;) liegt nur 7 km außerhalb von Catania. Auch hier geht's mit italienischen und internationalen Gesellschaften zu Zielen in ganz Europa (u. a. London, Paris, Zürich, München, Berlin).

Siziliens drittgrößter Flughafen namens **Vincenzo Florio** (alias Flughafen Trapani-Birgi Vincenzo Florio oder Birgi; 0923 61 01 11; www.airgest.it) liegt 16 km südlich von Trapani. Ab hier bedienen Trapani, Ryanair und Alitalia eine Handvoll Ziele in Italien und dem übrigen Europa (u. a. Bologna, Mailand, Rom, Karlsruhe, Prag), während DAT (www.dat.dk) zur Mittelmeerinsel Pantelleria fliegt.

Rund 27 km nordwestlich von Ragusa steuert Ryanair ganzjährig den deutlich kleineren **Flughafen Comiso** (0932 96 14 67; www.aeroportodicomiso.eu; SP5, Comiso;) an. Hier besteht u. a. Verbindung zu italienischen Großstädten (z. B. Rom, Mailand, Pisa). Parallel fliegen ein paar andere Gesellschaften auch saisonal zu weiteren Zielen.

Auf dem Landweg

Auto & Motorrad

Auto- oder Motorradtrips nach Sizilien sind anstrengend und teuer: Italiens Benzinpreise gehören zu den höchsten in Europa. Zudem muss man die Kosten für Mautstraßen einkalkulieren. Die Reisezeit hängt von den Fährverbindungen ab.

Die kürzeste Fährpassage (20 Min.) führt von Villa San Giovanni hinüber nach Messina. Villa San Giovanni liegt am äußersten Zipfel des italienischen Festlands und ist ab der französischen, schweizerischen oder österreichischen Grenze in rund 13 Stunden erreichbar – allerdings nur, wenn man zügig auf Autobahnen fährt (Tempolimit 130 km/h) und Staus möglichst meidet. Letzteres ist während der Sommerferien (Juli–Aug.) aber fast unmöglich.

Die stressärmere Alternative besteht darin, ab dem nördlichen Europa gen Süden nach Genua, Livorno, Civitavecchia, Neapel oder Salerno zu fahren und dort eine Fähre zu nehmen.

Auf Sizilien selbst ist ein eigenes Auto oder Motorrad von großem Vorteil. Dennoch ist es zumeist unkomplizierter, auf das Mitbringen aus der Heimat zu verzichten und direkt vor Ort ein Vehikel zu mieten.

EIN EIGENES FAHRZEUG EINFÜHREN

Wer sein Fahrzeug aus der Heimat auf Sizilien benutzen will, muss neben einem gültigen Führerschein auch die Zulassungspapiere und den Nachweis einer Kfz-Haftpflichtversicherung mitführen. Falls das Vehikel in einem EU-Land oder der Schweiz zugelassen und versichert ist, reicht die nationale Versicherungspolice. Theoretisch ist die internationale Grüne Versicherungskarte für in der EU zugelassene Fahrzeuge nicht mehr vorgeschrieben, doch es empfiehlt sich, sie trotzdem mitzunehmen, denn bei einem Unfall könnte die Polizei sie verlangen. Sie wird zumeist automatisch von der jeweiligen Versicherungsgesellschaft ausgestellt. Dort erhält man auch den nützlichen Europäischen Unfallbericht, der die Abwicklung im Fall eines Unfalls vereinfacht. Alternativ steht dieses Formular z. B. unter www.kfz-auskunft.de/info/unfallbericht.html gratis zum Download bereit.

Motorradfahren auf Sizilien erfordert einen Schutzhelm und ab 125 cm^3 Hubraum auch einen gültigen Motorradführerschein.

Für den Grenzübertritt sollte das Fahrzeug auch über ein Nationalitätskennzeichen verfügen. Das Mitführen eines Warndreiecks ist in ganz Europa obligatorisch.

Bus

SAIS Trasporti (091 617 11 41; www.saistrasporti.it) betreibt Fernbusse zwischen Sizilien und Zielen auf dem italienischen Festland (z. B. Rom, Neapel). Tickets für solche Langstreckenfahrten über Nacht sollten vor allem in der Hauptsaison unbedingt rechtzeitig gebucht werden. Auf Sizilien selbst sind Busreservierungen aber meist nicht zwingend erforderlich.

Zug

Wenn genügend Zeit zur Verfügung steht, empfiehlt sich eine Zugreise nach Sizilien: Im Vergleich zum Flieger ist diese Option umweltfreundlicher und weniger hektisch. Zudem bietet sie die Gelegenheit für einen interessanten Zwischenstopp, da bei Bahnreisen mit dem Ziel Süditalien zumeist in Rom oder Neapel umgestiegen werden muss.

Trenitalia (892021; www.trenitalia.com) ist Italiens nationale Bahngesellschaft und schickt InterCity-Züge direkt ab Rom oder Neapel nach Sizilien. Hinzu kommen direkte Nachtzüge (InterCityNotte) ab Mailand, Rom und Neapel. Die *cuccettas* (Schlafkabinen) bei dieser Variante sind oft kaum teurer als normale Sitzplätze bei Tagfahrten. Nach der Ankunft an Italiens Stiefelspitze werden die InterCity-Züge jeweils in zwei Sektionen aufgeteilt und per Fähre über die Straße von Messina transportiert. Auf Sizilien rollen einige Waggons dann westwärts weiter nach Palermo, die anderen gen Süden nach Catania.

Fahrplaninfos zu Fernzügen innerhalb Europas gibt's z.B. bei Marco Polo (www.marcopolo.de/routenplaner/bahn.html) oder Interrail (www.interrail.eu/de/reise-planen/interrailfahrplan).

Übers Meer

Wenn man nicht fliegt, erfordert eine Sizilienreise immer eine Fährpassage. Von Villa San Giovanni und Reggio di Calabria aus schippern regelmäßig Auto-/Passagierfähren über die Straße von Messina (die 3 km breite Wasserstraße zwischen Sizilien und dem italienischen Festland) nach Messina. Ab Genua, Livorno, Civitavecchia, Neapel, Salerno, Cagliari (Sardinien), Malta und Tunesien fahren weitere Fähren nach Sizilien.

Über die Straße von Messina

Folgende Fährgesellschaften steuern jeweils Messina auf Sizilien an:

Blu Jet (Bluferries; Karte S. 182; ☎340 9848540, 340 1545091; www.blujetlines.it) Tragflügelboote ab Reggio di Calabria und Villa San Giovanni.

Caronte & Tourist (☎090 5737; www.carontetourist.it; Viale della Libertà) Autofähren ab Villa San Giovanni.

Liberty Lines (☎0923 02 20 22; www.libertylines.it) Tragflügelboote ab Reggio di Calabria (nur Sommer).

Ab Italien, Tunesien & Malta

Während der Hauptsaison (Ende Juni–Anfang Sept.) sind alle Fährrouten nach Sizilien stark frequentiert; Tickets müssen dann mehrere Wochen im Voraus reserviert werden. Die Website **Traghetti Online** (☎010 573 18 00; www.traghettionline.net) hilft mit detaillierten Fahrplänen, einer Suchfunktion und Online-Buchungsservice.

Hinweis: Obwohl bei Schiffsreisen innerhalb Italiens keine obligatorische Passkontrolle erfolgt, werden mitunter Stichproben vorgenommen. Darum den EU-Personalausweis bzw. Reisepass stets griffbereit halten!

Caronte & Tourist (☎090 5737; www.carontetourist.it; Viale della Libertà) Fähren ab Salerno (nach Messina).

Grandi Navi Veloci (☎010 209 45 91; www.gnv.it) Fähren ab Civitavecchia, Genua, Neapel und Tunis (nach Palermo).

Grimaldi (☎081 49 64 44; www.grimaldi-lines.com) Fähren ab Livorno und Tunis (nach Palermo) sowie ab Salerno (nach Palermo und Catania).

Siremar (☎090 57 37; www.carontetourist.it/siremar) Fähren ab Neapel (nach Milazzo und zu den Liparischen Inseln).

SNAV (☎081 428 55 55; www.snav.it) Tragflügelboote ab Neapel (zu den Liparischen Inseln; nur Sommer).

Tirrenia (☎aus dem Ausland 02 7602 8132, innerhalb Italiens 800 804020; www.tirrenia.it) Fähren ab Neapel und Cagliari (nach Palermo).

Virtu Ferries (☎Catania 095 703 12 11; www.virtuferries.com) Fähren ab Malta (nach Pozzallo; mit Busverbindung nach Catania).

UNTERWEGS VOR ORT

Auto & Motorrad

Das einfachste und bequemste Verkehrsmittel auf Sizilien ist eindeutig das Auto. Andererseits ist das Fahren auf der Insel nicht ganz stressfrei, vor allem nicht in den großen Städten, wo Staus, Einbahnstraßen und nicht vorhandene Parkplätze die Nerven der Autofahrer ganz schön beanspruchen. Einmal raus aus der Stadt ist alles gleich viel entspannter, und das Fahren macht wieder richtig Spaß.

Der Zustand der Straßen ist sehr unterschiedlich. So sind die Autobahnen sehr gut, während die kleineren Landstraßen teilweise ziemlich unwegsam sind, vor allem nach starkem Regen, wenn sich höllentiefe Schlaglöcher auftun oder Erdrutsche die Straßen unpassierbar machen.

Siziliens wenige Autobahnen *(autostrade)* sind auf Karten und Schildern jeweils mit einem „A" gekennzeichnet. Die praktischste Route von Osten nach Westen ist die A19 (Catania–Palermo). Die A18 (Messina–Catania) folgt der Ionischen Küste, während die A20 (Palermo–Messina) entlang der Tyrrhenischen Küste verläuft. Die A18 und A20 sind mautpflichtig. Die mautfreie A29 und ihr Ableger A29D verbinden Palermo mit Trapani, Marsala und Mazara del Vallo an der Westküste.

Nach den *autostrade* sind die *strade statali* (staatliche Straßen; Kennzeichnung „SS") am besten in Schuss. Die *strade provinciali* (Provinzstraßen; Kennzeichnung „SP") erinnern teilweise eher an Feldwege. Dafür bieten sie Zugang zu Dörfern, Kleinstädten und ein paar schönen Gegenden.

Automobilclubs

Der italienische **Automobile Club d'Italia** (ACI; www.aci.it) kooperiert mit anderen europäischen Automobilclubs wie dem ADAC. Die telefonisch anforderbare Pannenhilfe (☎803116; 24 Std.) ist für Nichtmitglieder aber kostenpflichtig.

Benzin

Tankstellen befinden sich an allen Autobahnen und Staatsstraßen sowie in den größeren Städten. Große Tankstellen sind meistens rund um die Uhr geöffnet, die kleineren nur montags bis samstags von 7 bis 19 Uhr. Sie schließen auch über die Mittagszeit. Viele Tankstellen haben Automaten zur Selbstbedienung. Um dem Automaten Benzin zu entlocken, steckt man zuerst einen

Geldschein (akzeptiert werden 5-, 10-, 20- und 50-Euro-Scheine) oder Kredit- bzw. Debitkarten hinein und drückt dann die Nummer der Zapfsäule mit dem gewünschten Kraftstoff.

Zum Zeitpunkt der Recherche kostete 1 l bleifreies Benzin *(benzina senza piombo)* 1,52 € oder 1 l Diesel *(gasolio)* 1,42 €.

Muss das Auto repariert werden, kann man sich bei der nächsten Tankstelle eine Werkstatt empfehlen lassen. Die Tankstellen selbst verfügen nur selten über eine Werkstatt.

Führerschein

Führerscheine aus allen EU-Ländern und der Schweiz gelten auch auf Sizilien. Ebenfalls ständig mitzuführen sind die jeweiligen Zulassungspapiere und der Nachweis einer Kfz-Haftpflichtversicherung.

Mautstrecken

Mautpflichtig sind die *autostradas* A20 (Messina–Palermo; 10,10 €) und A18 (Messina–Catania; 3,70 €). Die Gebühren lassen sich unkompliziert entrichten: Einfach den Ticketautomaten am Streckenanfang benutzen und den Betrag dann zum Schluss bezahlen – entweder beim Kassierer oder per Automat. Wichtig: Für beide Optionen unbedingt genügend Bargeld (Scheine oder Münzen) bereithalten, da Kreditkarten eventuell nicht akzeptiert werden! Zudem heißt's am Streckenende korrekt einordnen: Die richtige Spur erkennt man an den weißen Schildern, auf denen eine schwarze Hand mit Geldscheinen abgebildet ist. Alle Spuren mit blau-gelben „Telepass"-Schildern sind dagegen reserviert für italienische Staatsbürger, die am gleichnamigen Prepaid-Mautprogramm teilnehmen.

Mieten

Diverse große Autovermieter sind in Siziliens Großstädten sowie an den Flughäfen von Palermo, Catania, Trapani und Comiso vertreten. In Ferienorten an der Küste können auch Motorräder und -roller ausgeliehen werden.

Avis (06 452 10 83 91; www.avisautonoleggio.it)

Budget (199 307373; www.budgetautonoleggio.it)

Europcar (199 307030; www.europcar.it)

Hertz (02 6968 2445; www.hertz.it)

Maggiore (199 151120; www.maggiore.it)

Sicily by Car (800 334440; www.sicilybycar.it)

Sixt (02 9475 7979; www.sixt.it)

Bei rechtzeitiger Online-Reservierung aus dem Ausland kosten Mietwagen oft deutlich weniger als direkt vor Ort (Mietwagen sind zudem an Flughäfen mitunter teurer als in Stadtzentren).

Mietwagenkunden müssen mindestens 21 (teils auch 23) Jahre alt sein und eine Kreditkarte besitzen. Motorroller können normalerweise ab 18 Jahren ausgeliehen werden. Unabhängig vom jeweiligen Vehikel sollte der Vertrag stets vollständig und sorgfältig durchgelesen werden, um alle enthaltenen Leistungen (z. B. Steuer, Versicherung, Selbstbehalt, unbegrenzte Fahrtkilometer) und Verpflichtungen genau zu kennen. Meist empfiehlt sich eine Vollkaskoversicherung, die für alle Schäden am Fahrzeug aufkommt: Dellen, Lackkratzer oder Ähnliches lassen sich auch bei vorsichtigem Umgang nie ganz ausschließen.

Seriöse Verleihfirmen geben Kunden üblicherweise eine Notfall-Nummer für Hilfe bei technischen Problemen.

Die meisten Mietwagen auf Sizilien haben ein herkömmliches Schaltgetriebe.

Parken

In Siziliens Groß- und Kleinstädten sind freie Parkplätze oft rar. Blaue Linien am Straßenrand kennzeichnen kostenpflichtige Abstellmöglichkeiten. Die entsprechenden Parkscheine (0,50–1 €/Std.) sind deutlich sichtbar hinter der Frontscheibe zu platzieren und an einem Automaten oder bei Tabakläden erhältlich. Außerhalb der Gebührenzeiten (meist Mo–Sa 8–13.30 & 15.30–20 Uhr) können die blau markierten Straßenparkplätze gratis genutzt werden. Allgemein am häufigsten frei sind sie am frühen Nachmittag zwischen 14 und 16 Uhr. In Siziliens Großstädten und an den Häfen gibt's außerdem gebührenpflichtige bewachte Parkplätze bzw. -häuser (ab 10 €/Tag).

Erwischte Parksünder müssen damit rechnen, dass das Bußgeld später in der Heimat per Bescheid eingefordert und nötigenfalls gerichtlich durchgesetzt wird (inzwischen europaweit möglich). Zudem sind Mietwagenfirmen im Falle allzu vieler Strafzettel berechtigt, das Kreditkartenkonto der jeweiligen Kunden direkt mit den anfallenden Beträgen zu belasten.

Verkehrsregeln

Auch wenn es nicht so scheint, gelten in Sizilien dennoch Verkehrsregeln.

➡ Rechts fahren und links überholen.

➡ Sicherheitsgurt (auf den Vorder- und Rücksitzen) ist Pflicht. Verstöße werden mit einem Bußgeld geahndet.

TEMPOLIMITS

➡ **Autostrade** 130 km/h

➡ **Landstraßen (Hauptstrecken)** 110 km/h

➡ **Landstraßen (Nebenstrecken)** 90 km/h

➡ **Geschlossene Ortschaften** 50 km/h

➜ Beim Fahren von motorisierten Zweirädern besteht Helmpflicht.

➜ Im Notfall ein Warndreieck aufstellen und eine fluoreszierende Warnweste tragen.

➜ Die Blutalkoholgrenze liegt bei 0,05 %.

➜ Für Fahranfänger gilt die Null-Promille-Grenze, bis der Führerschein drei Jahre alt ist.

➜ Während des Fahrens ist das Telefonieren ohne Freisprecheinrichtung verboten.

➜ Beim Fahren außerhalb geschlossener Ortschaften muss das Licht Tag und Nacht eingeschaltet werden.

Bus

Abseits der Hauptbahnstrecken an der Küste kommt man auf Sizilien am besten mit dem Bus voran. Auch auf bestimmten Fernrouten (z. B. Catania–Agrigent, Syrakus–Palermo oder Palermo–Trapani) geht's mit Bussen schneller und direkter ans Ziel. Zudem werden viele Ortschaften im Inneren der Insel oft nur von Bussen angesteuert. In ländlichen Gegenden orientieren sich die Fahrpläne teils an den Schul- und Marktzeiten. Dann muss man manchmal sehr früh aufbrechen oder sitzt ab den Nachmittagsstunden fest. Und sonntags ruht der Betrieb häufig fast ganz.

In größeren Städten sind die größten Fernbusfirmen selbst oder über Reisebüros vertreten. In Kleinstädten und Dörfern gibt's Bustickets dagegen oft in Bars oder direkt beim Fahrer.

Die meisten Regionalziele werden von Siziliens größten Busfirmen bedient:

AST (Azienda Siciliana Trasporti; ☏091 620 81 11; www.astsicilia.it)

Interbus (☏091 617 57 94; www.interbus.it)

Lumia (☏0922 2 04 14; www.autolineelumia.it)

SAIS Autolinee (☏800 211020; www.saisautolinee.it)

SAIS Trasporti (☏091 617 11 41; www.saistrasporti.it)

Salemi (☏0923 98 11 20; www.autoservizisalemi.it)

Reservierungen sind normalerweise nicht nötig. Allerdings machen Spitzenzeiten und/oder enge Zeitpläne eine frühzeitige Buchung sehr sinnvoll. Dies gilt beispielsweise, wenn man aus Taormina zurückkehrt und dann rechtzeitig seine Maschine am Flughafen Fontanarossa (Catania) erwischen will.

Fahrrad

Vor Ort gibt's keine besonderen Vorschriften für Radfahrer. Es empfiehlt sich aber, einen Schutzhelm zu tragen und ein funktionierendes Licht am Bike zu haben. Wer im Sommer radelt, sollte ausreichend Trinkwasser und Sonnenschutzmittel dabeihaben, um in der Hitze nicht schlapp zu machen.

Leihfahrräder sind auf Sizilien generell recht rar, zumeist aber in Ferienorten an der Küste und auf kleineren Nebeninseln erhältlich. Auch einige kleine *pensioni* und *agriturismi* (Ferienbauernhöfe) verleihen Drahtesel an Gäste. Die Tagesmiete liegt bei ca. 10 €.

Flugzeug

Kommerzielle Flüge im Bereich von Sizilien beschränken sich auf Verbindungen zwischen der Hauptinsel und kleineren Eilanden draußen im Mittelmeer. DAT (www.dat.dk) fliegt täglich nach Lampedusa (ab Palermo, Catania) und Pantelleria (ab Palermo, Catania, Trapani). **Air Panarea** (☏340 3667214; www.airpanarea.com) schickt Hubschrauber zu den Liparischen Inseln (u. a. ab Catania, Taormina).

Nahverkehr

Taxi & Mitfahrdienste

Die offiziellen Taxis sind weiß, mit einem Taxameter ausgestattet und teuer. Wer ein Taxi braucht, findet normalerweise eines an den Taxiständen an Bahnhöfen oder Busbahnhöfen. Man kann auch telefonisch eines bestellen. In diesem Fall bezahlt man aber auch die Anfahrt des Taxis.

Die Preise sind von Stadt zu Stadt unterschiedlich. In der Regel wird eine Mindestpauschale von 4 € verlangt, und es gibt eine Vielzahl von Gebühren, etwa Zuschläge für Nacht- und Sonntagsfahrten, einen Aufpreis für Fahrten vom und zum Flughafen, fürs Gepäck und vieles mehr. Eine Fahrt innerhalb der Stadt kostet meist ungefähr 10 bis 15 €.

Uber gibt's auf Sizilien praktisch gar nicht. Am gebräuchlichsten ist hier die Mitfahr-App BlaBlaCar.

Schiff/Fähre

Zu den Inseln vor der Küste Siziliens setzen *traghetti* (Fähren) und *aliscafi* (Tragflügelbooten) über. In Milazzo und Messina legen die Fähren und Boote zu den Liparischen Inseln ab, in Trapani und Marsala die zu den Ägadischen Inseln, von Palermo die nach Ustica und in Porto Empedocle in der Nähe von Agrigento die zu den Pelagischen Inseln.

Die Schiffe fahren das ganze Jahr über, im Winter jedoch wesentlich seltener. Bei schlechtem Wetter fallen sie ganz aus.

Bei Nachtfahrten (zu den Pelagischen Inseln oder nach Pantelleria) hat man die Wahl zwischen einer Kabine oder einer *poltrona*, einem Sessel wie im Flugzeug. Schlafplätze auf dem Deck gibt's nur im Sommer und nur auf wenigen Fähren. Beim Buchen muss man extra danach fragen. Alle Fähren transportieren auch Fahrzeuge.

Beispiele für Betreibergesellschaften:

Liberty Lines (0923 02 20 22; www.libertylines.it) Tragflügelboote nach Pantelleria (ab Trapani) und Ustica (ab Palermo) sowie zu den Ägadischen Inseln (ab Trapani, Marsala), zu den Liparischen Inseln (ab Milazzo, Messina; Sommer auch ab Palermo) und zu den Pelagischen Inseln (ab Porto Empedocle).

Siremar (090 57 37; www.carontetourist.it/siremar) Fähren nach Pantelleria und zu den Ägadischen Inseln (ab Trapani) sowie nach Ustica (ab Palermo), zu den Liparischen Inseln (ab Milazzo) und zu den Pelagischen Inseln (ab Porto Empedocle).

NGI (Navigazione Generale Italiana; 800 250000; www.ngi-spa.it) Fähren zu den Liparischen Inseln (ab Milazzo).

Traghetti delle Isole (0923 2 24 67; www.traghettidelleisole.it) Fähren nach Pantelleria (ab Trapani) und zu den Pelagischen Inseln (ab Porto Empedocle).

Zug

Reisen mit dem Zug haben ein gutes Preis-Leistungs-Verhältnis und sind allgemein eine verlässliche Sache, obwohl das Streckennetz nicht sehr groß ist und die Züge im Vergleich zu denen auf dem italienischen Festland viel langsamer unterwegs sind. Mit Ausnahme der Züge des Privatunternehmens **Ferrovia Circumetnea** (095 54 11 11; www.circumetnea.it), die rund um den Ätna herumzuckeln, liegt der gesamte Zugverkehr in den Händen der italienischen Staatsbahn **Trenitalia** (892021; www.trenitalia.com).

Es gibt folgende Arten von Zügen: Der Intercity (IC) und Intercity Night (ICN) sind die schnellsten Züge, die nur in größeren Bahnhöfen halten, während die *espresso*-Züge auch an kleineren Bahnhöfen Station machen. Die langsamsten Züge sind die *regionale*, die fast an jeder Milchkanne anhalten.

Die Fahrkarten sind *vor* dem Einsteigen in den Zug zu entwerten. Dafür steckt man sie einfach in die gelben Kästen, die am Eingang zu den Bahnsteigen stehen. Andernfalls riskiert man eine Geldstrafe, es sei denn, man hat die Fahrkarte außerhalb von Italien erworben.

Klassen & Preise

Die Unterteilung in 1. und 2. Klasse gibt es nur in den Intercity-Zügen, nicht aber in den langsameren *espresso*- und *regionale*-Zügen. Für die Fahrt mit dem Intercity wird ein Zuschlag fällig, der sich nach der Fahrstrecke richtet, aber bereits im Ticketpreis enthalten ist. Wer mit einer Fahrkarte für den *regionale* im Intercity landet, muss die Differenz im Zug bezahlen.

Hier einige Fahrpreise (für die einfache Strecke; hin & zurück kostet im Allgemeinen das Doppelte):

VON	NACH	PREIS (€)
Catania	Messina	7
Catania	Syrakuse	7,50
Palermo	Agrigento	9
Palermo	Catania	13,50
Palermo	Messina	13

Reservierungen

Auf Sizilien sind Zugreservierungen meist nicht nötig. Wer am Wochenende oder während der Ferien hinauf in Richtung italienisches Festland reisen will, tut dennoch gut daran, sein Ticket rechtzeitig vorab zu buchen. Gegen geringe Gebühr ist dies online, direkt an Bahnhöfen und bei den meisten Reisebüros möglich.

Sprache

Italienisch ist die offizielle Sprache Siziliens und wird fast überall auf der Insel gesprochen, auch wenn viele Einheimische untereinander Sizilianisch sprechen. Sizilianisch gilt als Dialekt des Italienischen, unterscheidet sich aber von Letzterem so stark, dass manche es als eigene Sprache betrachten. Die Sizilianer wechseln sofort ins Italienische, wenn sie sich mit jemandem vom Festland oder aus dem Ausland unterhalten, doch kann das eine oder andere sizilianische Wort einfließen.

Die Laute des Italienischen findet man weitgehend auch im Deutschen. Wer die blau gedruckte Transkription liest, als wäre es Deutsch, wird verstanden. Die betonten Silben sind kursiv. Wichtig: Das r wird kräftig gerollt ausgesprochen, und Doppelkonsonanten sind auch doppelt, d. h. gelängt, auszusprechen: sonno (*son*-no; der Schlaf) unterscheidet sich deutlich von sono (*so*-no; ich bin).

KONVERSATION & NÜTZLICHES

In diesem Kapitel sind, wo nötig, die höfliche und die familiäre Form (höfl./fam.) bzw. Maskulinum (m.) und Femininum (f.) angegeben.

Guten Tag.	Buongiorno.	buon· dschor ·no
Auf Wiedersehen.	Arrivederci.	a·ri·wi· *der* tschi
Ja./Nein.	Sì./No.	si/no
Entschuldigung.	Mi scusi. (höfl.) Scusami. (fam.)	mi *sku*·si *sku*·sa·mi

NOCH MEHR ITALIENISCH?

Noch besser kommt man mit dem Reise-Sprachführer Italienisch von Lonely Planet durch Sizilien. Man bekommt ihn im Buchhandel und unter **http://shop.lonelyplanet.de**.

Es tut mir leid.	Mi dispiace.	mi dis *pja tsche*
Bitte.	Per favore.	per fa·*wo*·re
Danke.	Grazie.	*gra* zje
Gern geschehen.	Prego.	*pre* go

Wie geht es Ihnen/dir?
Come sta/stai? (höfl./fam.) — *ko*·me sta/stai

Gut. Und Ihnen/dir?
Bene. E Lei/tu? (höfl./fam.) — *be*· ne e lei/tu

Wie heißen Sie/heißt du?
Come si chiama? — *ko*·me si *kia* ma
Come ti chiami? — *ko* me ti *kja* mi

Ich heiße ...
Mi chiamo ... — mi *kia* mo ...

Sprechen Sie/sprichst du Deutsch?
Parla/Parli tedesco? (höfl./fam.) — *par*·la/ *par*·li te·*des* ko

Ich habe nicht verstanden.
Non capisco. — non ka· *pi*·sko

ESSEN & AUSGEHEN

Was empfehlen Sie?
Cosa mi consiglia? — *ko*·sa mi kon·*si*·lia

Was ist in dem Gericht?
Quali ingredienti ci sono in questo piatto? — *kwa*·li in·gre *dien* ti tschi *so* no in *kwe*·sto piat·to

Was ist die örtliche Spezialität?
Qual'è la specialità di questa regione? — kwa· *le* la spe·tscha·li·*ta* di *kwe*·sta re·dscho· ne

Das war köstlich!
Era squisito! — e·ra skwi·*si*·to

Prost!
Salute! — sa·*lu*·te

Die Rechnung, bitte.
Mi porta il conto, per favore? — mi *por*·ta il *kon*· to per fa·*wo*·re

Deutsch	Italienisch	Aussprache
Ich möchte gern einen Tisch für ... reservieren.	Vorrei prenotare un tavolo per ...	wor·*rei* pre·no·*ta*·re un ta·*wo*·lo per ...
(acht Uhr)	le (otto)	le (*ot*·to)
(zwei) Personen	(due) persone	(*du* ·e) per·*so*·ne
Ich esse kein/e ...	Non mangio ...	non *man*·dscho ...
Eier	uova	*uo* wa
Fisch	pesce	*pes* tsche
Nüsse	noci	*no*·tschi
(rotes) Fleisch	carne (rossa)	*kar*·ne (*ros*·sa)

Wichtige Begriffe

Abendessen	cena	*tsche*·na
Bar	locale	lo·*ka*·le
Café	bar	bar
Flasche	bottiglia	bo·*ti*·lia
Frühstück	prima colazione	*pri*·ma ko·la·*zio*·ne
Gabel	forchetta	for·*ket*·ta
Getränkekarte	lista delle bevande	*li*·sta *del*·le be·*wan*·de
Glas	bicchiere	bik·*kie* re
kalt	freddo	*fred*·do
Lebensmittelladen	alimentari	a·li·men·*ta*·ri
Löffel	cucchiaio	kuk·*kia*·io
Markt	mercato	mer·*ka*·to
Messer	coltello	kol·*tel*·lo
mit	con	kon
Mittagessen	pranzo	*pran*·dso
ohne	senza	*sen*·za
pikant	piccante	pik *kan*·te
Restaurant	ristorante	ri·sto·*ran*·te
Speisekarte	menù	me *nu*
Teller	piatto	*piat*·to
vegetarisch	vegetariano	we·dsche·ta·*ria* no
warm	caldo	*kal*·do

Fleisch & Fisch

Austern	ostriche	o *stri*·ke
Ente	anatra	*a*·na·tra
Fisch	pesce	*pes* tsche
Fleisch	carne	*kar*·ne
Forelle	trota	*tro*· ta

SATZMUSTER

Diese einfachen Satzmuster lassen sich mit den jeweils gewünschten Wörtern kombinieren.

Wann geht (der nächste Flug)?
A che ora è (il prossimo volo)?
a ke *o*·ra e (il *pros*·si·mo *wo*·lo)

Wo ist (der Bahnhof)?
Dov'è (la stazione)?
do·we (la sta·*zio*·ne)

Ich suche (ein Hotel).
Sto cercando (un albergo).
sto tscher·*kan*·do (un al·*ber*·go)

Haben Sie (eine Karte)?
Ha (una pianta)?
a (*u*·na *pian*·ta)

Gibt es hier (eine Toilette)?
C'è (un gabinetto)?
tsche (un ga·bi·*net*·to)

Ich hätte gern (einen Kaffee).
Vorrei (un caffè).
wor·*rei* (un kaf·*fä*)

Ich möchte gern (ein Auto mieten).
Vorrei (noleggiare una macchina).
wor·*rei* (no·le·*dscha*·re *u*·na *mak*·ki·na)

Kann ich (hereinkommen)?
Posso (entrare)?
pos·so (en·*tra*·re)

Könnten Sie mir bitte (helfen)?
Può (aiutarmi), per favore?
puo (a·ju·*tar*·mi) per fa·*wo*·re

Muss ich (einen Platz buchen)?
Devo (prenotare un posto)?
de·wo (pre·no·*ta*·re un *pos*·to)

Garnele	gambero	*gam*·be·ro
Hering	aringa	a·*rin* ga
Hühnchen	pollo	*pol*·lo
Hummer	aragosta	a·*ra gos*·ta
Jakobsmuscheln	capasante	ka·pa·*san*·te
Kalbfleisch	vitello	wi·*tel*·lo
Lachs	salmone	sal *mo* ne
Lamm	agnello	a· *niel* lo
Meeresfrüchte	frutti di mare	*frut*·ti di *ma*·re
Miesmuscheln	cozze	*kot*·ze
Rindfleisch	manzo	*man*·dso
Schweinefleisch	maiale	ma·*ia*·le
Thunfisch	tonno	*ton* no
Tintenfisch	calamari	ka·la· *ma*·ri
Truthahn	tacchino	tak *ki*·no

Obst & Gemüse

Ananas	ananas	a·na·nas
Apfel	mela	me·la
Blumenkohl	cavolfiore	ka·wol·fio·re
Bohnen	fagioli	fa·dscho·li
Erbsen	piselli	pi·sel·li
Frucht	frutta	frut·ta
Gemüse	verdura	wer·du·ra
Gurke	cetriolo	tsche·tri·o·lo
Kartoffeln	patate	pa·ta·te
Kohl	cavolo	ka·wo·lo
Linsen	lenticchie	len·tik kie
Mohrrübe	carota	ka ro·ta
Nüsse	noci	no tschi
Orange	arancia	a·ran tscha
Paprika	peperone	pe·pe·ro·ne
Pfirsich	pesca	pe·ska
Pflaume	prugna	pru·nia
Pilze	funghi	fun gi
Spinat	spinaci	spi·na·tschi
Tomaten	pomodori	po·mo do ri
Weintraube	uva	u wa
Zitrone	limone	li·mo·ne
Zwiebeln	cipolle	tschi·pol·le

Weitere Lebensmittel

Brot	pane	pa·ne
Butter	burro	bur·ro
Eier	uova	uo wa
Eis	ghiaccio	giat tscho
Essig	aceto	a·tsche·to
Honig	miele	mie le
Käse	formaggio	for ma dscho
Marmelade	marmellata	mar·me lat·ta
Nudeln	pasta	pas·ta
Öl	olio	o·lio
Pfeffer	pepe	pe·pe
Reis	riso	ri·so
Salz	sale	sa·le
Sojasauce	salsa di soia	sal·sa di so·ja
Suppe	minestra	mi· nes·tra
Zucker	zucchero	zuk·ke·ro

Getränke

alkoholfreies Getränk	bibita	bi·bi ta
Bier	birra	bir·ra
Kaffee	caffè	ka fä
Milch	latte	lat te
Rotwein	vino rosso	wi no ros·so
(Orangen-)saft	succo (d'arancia)	suk ko (da·ran·tscha)
Tee	tè	tä
(Mineral-)wasser	acqua (minerale)	a·kwa (mi·ne·ra·le)
Weißwein	vino bianco	wi·no bian·ko

NOTFALL

Zu Hilfe!
Aiuto! a·ju·to

Lassen Sie mich zufrieden!
Lasciami in pace! las·scha·mi in pa tsche

Ich habe mich verlaufen.
Mi sono perso/a. (m./f.) mi so·no per·so/a

Rufen Sie die Polizei!
Chiami la polizia! kia·mi la po·li· tsi·a

Rufen Sie einen Arzt!
Chiami un medico! kia·mi un me di·ko

Wo sind die Toiletten?
Dove sono i gabinetti? do·we so·no i ga·bi·net ti

Ich bin krank.
Mi sento male. mi sen·to ma le

Hier tut es weh.
Mi fa male qui. mi fa ma·le kwi

Ich bin allergisch gegen …
Sono allergico/a a … (m./f.) so·no al ler·dschi·ko/a a …

SHOPPEN & SERVICE

Ich hätte gern …
Vorrei comprare … wor rei kom pra·re …

Ich schaue mich nur um.
Sto solo guardando. sto so·lo guar·dan·do

SCHILDER

Aperto	Offen
Chiuso	Geschlossen
Donne	Frauen
Entrata/Ingresso	Eingang
Gabinetti/Servizi	Toiletten
Informazioni	Information
Proibito/Vietato	Verboten
Uomini	Männer
Uscita	Ausgang

Kann ich mir das anschauen?
Posso dare un'occhiata? — pos·so da·re u·nok·kia·ta

Wie viel kostet das?
Quanto costa questo? — kwan to kos·ta kue sto

Das ist zu teuer.
È troppo caro. — e trop·po ka·ro

Können Sie mit dem Preis heruntergehen?
Può farmi lo sconto? — puo far·mi lo skon·to

Auf der Rechnung ist ein Fehler.
C'è un errore nel conto. — tsche u·ner·ro·re nel kon·to

Geldautomat	Bancomat	ban·ko·mat
Kreditkarten	carta di credito	kar·ta di kre di to
Postamt	ufficio postale	uf fi tscho pos ta le
Touristen-information	ufficio del turismo	uf fi tscho del tu·ris·mo

UHRZEIT & DATUM

Wie spät ist es?
Che ora è? — ke o ·ra e

Es ist ein Uhr.
È l'una. — e lu ·na

Es ist (zwei) Uhr.
Sono le (due). — so·no le (du ·e)

Halb (zwei).
(L'una) e mezza. — (lu ·na) e me·dza

morgens	di mattina	di ma·tti·na
nachmittags	di pomeriggio	di po·me·ri·dscho
abends	di sera	di se·ra
gestern	ieri	je·ri
heute	oggi	o·dschi
morgen	domani	do·ma·ni

Montag	lunedì	lu·ne·di
Dienstag	martedì	mar·te·di
Mittwoch	mercoledì	mer·ko·le·di
Donnerstag	giovedì	dscho·we·di
Freitag	venerdì	we·ner·di
Samstag	sabato	sa·ba·to
Sonntag	domenica	do·me·ni·ka

Januar	gennaio	dsche·na·jo
Februar	febbraio	fe·bra·io
März	marzo	mar·tso
April	aprile	a·pri·le
Mai	maggio	ma·dschjo
Juni	giugno	dschu·njo
Juli	luglio	lu·ljo

FRAGEWÖRTER

Wie?	Come?	ko·me
Was?	Che cosa?	ke ko·sa
Wann?	Quando?	kwan·do
Wo?	Dove?	do·we
Wer?	Chi?	ki
Warum?	Perché?	per·ke

August	agosto	a·gos·to
September	settembre	se·ttem·bre
Oktober	ottobre	o·tto·bre
November	novembre	no·wem·bre
Dezember	dicembre	di·tschem·bre

UNTERKUNFT

Haben Sie ein ...zimmer?
Avete una camera...? — a·we·te u·na ka·me·ra...

| Einzel- | singola | sin go·la |
| Doppel- | doppia con letto matrimoniale | do·pia kon le·to ma·tri·mo nja le |

Wie viel kostet es pro ...?
Quanto costa per...? — kwan·to kos·ta per ...

| Nacht | una notte | u·na not·te |
| Person | persona | per so·na |

Ist das Frühstück inklusive?
La colazione è compresa? — la ko·la zio·ne e kom·pre·sa

Badezimmer	bagno	ba nio
Campingplatz	campeggio	kam·pe dscho
Fenster	finestra	fi·nes·tra
Hotel	albergo	al· ber·go
Jugendherberge	ostello della gioventù	os· te·lo del·la dscho·wen· tu
Klimaanlage	aria condi-zionata	a ria kon·di·zio· na·ta
Pension	pensione	pen sio·ne

VERKEHRSMITTEL & -WEGE

Auto & Fahrrad

Ich möchte gern ein/eine/einen ... mieten.
Vorrei noleggiare un/una... — wor rei no·le·dscha·re un/ u·na...

| Auto | macchina (f.) | mak·ki·na |
| Fahrrad | bicicletta (f.) | bi·tschi·klet·ta |

Geländewagen	fuoristrada (m.)	fuo·ri·stra·da
Motorrad	moto (f.)	mo·to
Benzin	benzina	ben dsi·na
Fahrradpumpe	pompa della bicicletta	pom·pa del·la bi·tschi·klet·ta
Helm	casco	kas·ko
Kindersitz	seggiolino	se·dscho·li· no
Mechaniker	meccanico	mek ka·ni·ko
Tankstelle	stazione di servizio	sta zio ne di ser wi·zio

Ist das die Straße nach…?
Questa strada porta a…? kwe·sta stra·da por·ta a…

(Wie lange) Kann ich hier parken?
(Per quanto tempo) (per kwan·to tem·po)
Posso parcheggiare qui? po·sso par·ke·dscha·re kwi

Das Auto/Motorrad hat eine Panne (in…).
La macchina/moto si è la ma·ki·na/mo·to
si e guastata (a…). guas·ta·ta (a…)

Ich habe einen Platten.
Ho una gomma bucata. o u·na go·ma bu·ka·ta

Ich habe kein Benzin mehr.
Ho esaurito la benzina. o e·sau·ri·to la ben·tzi·na

Öffentliche Verkehrsmittel

Wann fährt …ab/ kommt an?	A che ora parte/ arriva…?	a ke o ra par te/ ar ri wa…
der Bus	l'autobus	lo·to·bus
die Fähre	il traghetto	il tra·get·to
das Flugzeug	l'aereo	la e·re·o
das Schiff	la nave	la na we
der Zug	il treno	il tre·no
Fahrschein	un biglietto…	un bi liet·to
einfacher	di sola andata	di so·la an da·ta
hin & zurück	di andata e ritorno	di an da·ta e ri·tor no
Bahnhof	stazione ferroviaria	sta·zio· ne fer·ro wiar·ia
Bushaltestelle	fermata dell'autobus	fer·ma·ta del lo·to·bus
Fahrplan	orario	o·ra·rio
Plattform	binario	bi· na·rio
Ticket- schalter	biglietteria	bi·liet·ter· ri·a

Hält er/sie/es in…?
Si ferma a…? si fer ma a…

Sagen Sie mir bitte Bescheid, wenn wir in… ankommen.
Mi dica per favore mi di ka per fa·wo·re
quando arriviamo a… kwan·do ar·ri·wia mo a…

Ich möchte hier aussteigen.
Voglio scendere qui. wo lio schen·de·re kwi

WEGWEISER

Wo ist…?
Dov'è…? do·wä…

Wie lautet die Adresse?
Qual'è l'indirizzo? kwa· le lin·di· ri·zzo

Könnten Sie es bitte aufschreiben?
Può scriverlo, puo skri·ver·lo
per favore? per fa· wo re

Können Sie es mir zeigen (auf der Karte)?
Può mostrarmi puo mos·trar mi
(sulla pianta)? (sul·la pian ta)

an der Ampel	al semaforo	al se·ma·fo·ro
an der Ecke	all'angolo	al·lan·go·lo
gegenüber	di fronte a	di fron·te a
geradeaus	sempre diritto	sem pre di·rit·to
hinten	dietro	die·tro
nach links	a sinistra	a si·ni·stra
nach rechts	a destra	a de·stra
nahe	vicino	wi·tschi·no
vor	davanti a	da wan ti a
weit	lontano	lon·ta no

ZAHLEN

1	uno	u·no
2	due	du·e
3	tre	tre
4	quattro	kwat·tro
5	cinque	tschin·kwe
6	sei	sei
7	sette	set·te
8	otto	ot·to
9	nove	no·we
10	dieci	die·tschi
20	venti	wen·ti
30	trenta	tren·ta
40	quaranta	kwa·ran·ta
50	cinquanta	tschin·kwan·ta
60	sessanta	ses·san·ta
70	settanta	set·tan·ta
80	ottanta	ot·tan·ta
90	novanta	no·wan·ta
100	cento	tschen·to

GLOSSAR

abbazia – Abtei
affittacamere – Zimmer zu vermieten
agora – Marktplatz, Treffpunkt
agriturismo – Urlaub auf dem Bauernhof
albergo – Hotel
alimentari – Lebensmittelladen, Feinkostladen
anfiteatro – Amphitheater
ara – Altar
arco – Bogen
autostrada – Autobahn, Schnellstraße

badia – Abtei
baglio – Herrenhaus
bancomat – Geldautomat
belvedere – Panoramaaussicht
benzina – Benzin
borgo – antike/s Stadt/Dorf; manchmal Äquivalent zu *via*

cambio – Geldwechsel
campanile – Glockenturm
campo – Feld
cannolo – frittierte Teigrolle gefüllte mit süßem Ricotta; pl. *cannoli*
cappella – Kapelle
carabinieri – Polizei im Militär- und Staatsdienst
Carnevale – Fasching
casa – Haus
cava – Steinbruch
centro – Zentrum
chiesa – Kirche
città – Ort, Stadt
clientelismo – System von politischer Günstlingswirtschaft
comune – Gemeinde oder Bezirk; Gemeinde- oder Stadtrat
contrada – Stadtviertel
corso – Hauptstraße, Allee
cortile – Innenhof
Cosa Nostra – Unsere Sache; Name der sizilianischen Mafia

diretto – direkt; langsamer Zug
duomo – Dom

enoteca – Weinstube, Weinladen

fango – Schlammbad
faraglione – Klippe
ferrovia – Zugbahnhof
festa – Fest
fiume – Fluss
fontana – Brunnen
fossa – Grube, Loch
funivia – Seilbahn

gola – Schlucht
golfo – Golf
grotta – Höhle
guardia medica – ärztlicher Notdienst

IC – Intercity; schneller Zug
interregionale – Fernzug, der häufig hält
isola – Insel

lago – See
largo – kleiner Platz
latomia – kleiner Steinbruch
lido – Strand
locale – langsamer, örtlicher Zug; mitunter auch *regionale* genannt
locanda – Gasthaus, kleines Hotel
lungomare – Strand-/Uferpromenade

mare – Meer
mercato – Markt
molo – Pier
monte – Berg
municipio – Rathaus, Gemeindeamt
museo – Museum

Natale – Weihnachten

oratorio – Oratorium
ospedale – Krankenhaus
osteria – Gastwirtschaft

palazzo – Palast, Herrenhaus
parco – Park
Pasqua – Ostern
passeggiata – (Abend-)Spaziergang
pensione – Pension
piazza – Platz
piazzale – großer, offener Platz
ponte – Brücke
porta – Tor, Tür

questura – Polizeistation

reale – königlich
regionale – langsamer Regionalzug; auch *locale* genannt
rifugio – Berghütte
riserva naturale – Naturschutzgebiet
rocca – Festung; Felsen

sagra – Kirchweihfest
sala – Saal
santuario – Heiligtum
scalinata – Treppe, Stufen
spiaggia – Strand
stazione – Bahnhof, Haltestelle
strada – Straße

teatro – Theater
tempio – Tempel
tonnara – Großfanganlage für Thunfische
torre – Turm
traghetto – Fähre, Schiff
treno – Zug

via – Straße
viale – Allee
vicolo – Gasse

Hinter den Kulissen

WIR FREUEN UNS ÜBER EIN FEEDBACK

Post von Travellern zu bekommen, ist für uns ungemein hilfreich – Kritik und Anregungen halten uns auf dem Laufenden und helfen, unsere Bücher zu verbessern. Unser reiseerfahrenes Team liest alle Zuschriften ganz genau, um zu erfahren, was an unseren Reiseführern gut und was schlecht ist. Wir können solche Post zwar nicht individuell beantworten, aber jedes Feedback wird garantiert schnurstracks an die jeweiligen Autoren weitergeleitet, rechtzeitig vor der nächsten Nachauflage.

Wer Ideen, Erfahrungen und Korrekturhinweise zum Reiseführer mitteilen möchte, hat die Möglichkeit dazu auf **www.lonelyplanet.com/contact/guidebook_feedback/new**. Anmerkungen speziell zur deutschen Ausgabe erreichen uns über **www.lonelyplanet.de/kontakt**.

Hinweis: Da wir Beiträge möglicherweise in Lonely Planet Produkten (Reiseführer, Websites, digitale Medien) veröffentlichen, ggf. auch in gekürzter Form, bitten wir um Mitteilung, falls ein Kommentar nicht veröffentlicht oder ein Name nicht genannt werden soll. Wer Näheres über unsere Datenschutzpolitik wissen will, erfährt das unter www.lonelyplanet.com/privacy.

DANK VON LONELY PLANET

Vielen Dank den Reisenden, die uns nach der letzten Auflage des Reiseführers hilfreiche Hinweise, nützliche Ratschläge und interessante Anekdoten schickten:

Stefano Amato, Clare Argent, Charlotte Badarello, Sven, Christina and Alena Behrendt, Rebecca Dangerfield, Carla Fette, Jennifer Garner, Rasmus Holmer, Marieke Martens, Liam McKeevor, Franziska Moll, Thorsten Nieberg, Linn Baalsrud Pradères, David Smallwood, Clare Thrush, Giorgia Tortora

DANK DER AUTOREN

Gregor Clark

Grazie mille den vielen Menschen, die ihre Liebe und ihr Wissen über Sizilien mit mir geteilt haben, besonders an Fausto Ceschi, Angela, Francesco, Fabiana, Micol, Stefano, Mark und Giovanna. Eine Umarmung geht nach Vermont an Gaen, Meigan und Chloe: Dank euch ist die Heimkehr immer der schönsten Teil der Reise.

Brett Atkinson

Dank Anna Rita in Bari, Luisa in Lecce und Domenico in der Reggio Calabria war es ein einzigartiges Vergnügen, Süditalien und Sizilien für Lonely Planet zu erkunden. Vielen Dank auch an Amy in Matera, die mir geholfen hat, mich in den Gassen der Stadt nicht zu verlieren, und an Tony in Vieste, der mir eine angenehme Bootsfahrt zur Isole Tremiti organisiert hat. Mein besonderer Dank geht an Anna Tyler für den Auftrag – und an Carol für unsere Recherche-Tour mit jeder Menge gelato und aperitivi zwölf Monate davor.

Cristian Bonetto

Grazie infinite allen, die ihre Liebe und persönlichen Tipps zum Mezzogiorno mit mir geteilt haben. Besonderer Dank gilt Ornella Tuzzolino, Giorgio Ferravioli und Carla Bellavista, Pierfrancesco Palazzotto, Lorenzo Chiaramonte, Rosario Fillari, Giorgio Puglisi, Gennaro Mattiucci, Ernesto Magri, Giovanni Gurrieri, Joe Brizzi, Giuseppe Savà, Luigi Nifosì, Antonio Adamo, Cesare Setmani, Norma Gritti und Cristina Delli Fiori.

Nicola Williams

Meinen Beitrag zu Sizilien widme ich meinem dreisprachigen, erfahrenen Recherche-Team für Familienreisen – Mischa, Kaya, Mathias (und Niko, der vom Schreibtisch aus mitgeholfen hat) –, das sich mir für einen mehr als 2000 km langen Roadtrip anschloss und mit mir jeden Winkel und Zitronenhain und jede Salzebene des wilden Westens der Insel erkundet hat. Grazie mille allen Inselbewohnern, die ihre Liebe und ihr Wissen mit uns geteilt haben, an Gaetana und Giuseppe im La Casa del Limoneta von Favignana, das Team von Prokite Alby Rondina, Paolo und Vittorio.

QUELLENNACHWEIS

Die Klimakarten stammen von Peel MC, Finlayson BL & McMahon TA (2007) *Updated World Map of the Köppen-Geiger Climate Classification*, erschienen in der Zeitschrift *Hydrology and Earth System Sciences*, Ausgabe 11, 1633–44.

Titelfoto: Innenraum der Chiesa e Monastero di Santa Caterina d'Alessandria, Palermo, Jonathon Stokes/Lonely Planet ©

ÜBER DIESES BUCH

Dies ist die 5. deutschsprachige Auflage von *Sizilien*, basierend auf der mittlerweile 8. englischsprachigen Auflage von *Sicily*, zusammengestellt von Gregor Clark und recherchiert und geschrieben von Gregor Clark, Brett Atkinson, Cristian Bonetto und Nicola Williams. Die vorherige Auflage wurde von Gregor Clark und Cristian Bonetto geschrieben, für die Auflage davor zeichnen Gregor Clark und Vesna Maric verantwortlich. Dieser Reiseführer wurde von folgenden Personen produziert:

Leitung Anna Tyler
Projektredakteure Elizabeth Jones, Sandie Kestell
Leitender Kartograf Anthony Phelan
Produktredakteure Bruce Evans
Design Jessica Rose
Redaktionsassistenz Kate Daly, Andrea Dobbin, Victoria Harrison, Gabrielle Innes, Kate Morgan, Lauren O'Connell, Fionnuala Twomey, Simon Williamson
Kartografieassistenz Hunor Csutoros, Julie Dodkins
Umschlagrecherche Naomi Parker
Dank an Imogen Bannister, Alexandra Bruzzese, Gemma Graham, Martin Heng, Liz Heynes, Kate James, Virginia Moreno, Joe Revill, Wibowo Rusli, Sophia Seymour, Jo-Ann Titmarsh, Brana Vladisavljevic

Register

A
Abseits ausgetretener Pfade 24, **32**
Aci Castello 206
Aci Trezza 206
Acireale 204
Adrano 209
Ägadische Inseln 115
Agira 259
Agrigent 8, 239, **239,** 272, **272**
agriturismi 40
Aidone 264
Aktivitäten 24, 42, *siehe auch einzelne Aktivitäten*
Alicudi 177
An- & Weiterreise 17, 355
Antipasti 326
Archäologische Stätten 22, 314
 Akropolis (Selinunt) 125
 Area Archeologica Akrai 225
 Eraclea Minoa 281
 Griechische Befestigungsmauern von Capo Soprano 289
 Halaesa Arconidea 146
 Lavatoio 134
 Morgantina 264
 Mozia 111
 Necropoli di Pantalica 225
 Parco Archeologico (Lipari) 155
 Parco Archeologico dei Sesi 128
 Parco Archeologico della Neapolis **92,** 93, 218
 Parco Archeologico di Selinunte 124

Verweise auf Karten **000**
Verweise auf Fotos **000**

 Parco Archeologico Greco Romano (Catania) 196, **241**
 Segesta 93, 103
 Selinunt 93, **93,** 124
 Tal der Tempel **92,** 93, 276, **278**
 Teatro Greco (Taormina) 11, **92,** 185
 Tyndaris 147
 Villa Romana del Casale 265
 Villaggio Preistorico (Panarea) 168
 Villaggio Preistorico di Capo Graziano 175
Architektur 24, 345
Ark of Taste 36
Ätna 12, **13,** 207
 Ausbruch 321
 Wandern & Trekken 44
Aussichtspunkte
 Bastione Capo Marchiafava 134
 Capo Grillo 160
 Capo Ponente 290
 Castello di Santa Caterina 115
 Halaesa Arconidea 146
 Liparische Inseln 155, 160
 L'Osservatorio 156
 Monte Tauro 187
 Piazza IX Aprile 185
 Quattrocchi 155
 Rocca di Cerere 255
 Sciara del Fuoco 170
Auto, Reisen mit dem 19, 20, 356, 357
Autotouren
 Ätna, Westhang 208, **208**
 Enna–Ätna 258, **258**
 Monti Madonie 138, **138**
 Sizilianischer Barock 232, **232**
 Tempel, Kunst & Strände 284, **284**

 West-Sizilien 112, **112**
 Wunder des antiken Siziliens 236, **236**
Autovermietung 20, 358

B
Baia dei Fenici 114
Bar/Caffè 40
Barockarchitektur 24, 346
Bartolo, Pietro 338
Behinderung, Reisen mit 353
Bellini, Vincenzo 197, 234
Benzin 357
Bevölkerung 313
Biancavilla 209
Bildhauerei 346
Bootsfahrten
 Lipari 157
 Vulcano 162
Borsellino, Paolo 342
Bronte 209
Brot 326
Brunnen
 Fontana del Ratto di Prosperina 255
 Fontana dell'Amenano 193
 Fontana dell'Elefante 192
 Fontana di Artemide 219
 Fontana Pretoria 59
 Fonte Aretusa 219
Bücher 312, 337, *siehe auch* Literatur
Burgen & Festungen 96
 Aci Castello 206
 Castelbuono 137
 Castel di Tusa 145
 Castello dei Ventimiglia 96
 Castello di Caccamo **14,** 96, 136
 Castello di Donnafugata 252
 Castello di Falconara 288
 Castello di Lombardia 96, 255

 Castello di Milazzo 147
 Castello di Santa Caterina 115
 Castello di Venere **13,** 109
 Castello Incantato 282
 Castello Maniace 217
 Castello Normanno 206
 Castello Ursino 197
 Palazzo dei Normanni 96
Bus, Reisen mit dem 21, 356, 359
Butera 290

C
Caccamo 136
Cala Minnola 117
Cala Tabaccara 290
Calascibetta 259, **259,** 260
Caltabellotta 287
Caltagirone 266
Campo Bianco 156
cannoli **15,** 38
Capo d'Orlando 146
Capo Grillo 160
Capo Grosso 117
Capo Tindari 147
caponata 24, **37**
Cappella Palatina 61, 95, **95**
Caravaggio 66
cassata 38
Castel di Tusa 145
Castelbuono 137, 139, **139,** 298
Castellammare del Golfo 103
Castello di Donnafugata 252
Castelmola 187
Catania 192, **194,** 232, 241
 An- & Weiterreise 203
 Ausgehen & Nachtleben 200
 Ermäßigungen 202
 Essen 198
 Feste & Events 198

Medizinische Versorgung 202
Polizei 202
Post 202
Sehenswertes 192
Shoppen 202
Touristeninformation 202
Unterhaltung 201
Unterkunft 302
Unterwegs vor Ort 203
Cattedrale di Monreale **94,** 95
Cattedrale di San Giorgio 90, **91**
Cattedrale di San Nicolò 90
Cattedrale di Sant'Agata 91, **91**
Cefalù 10, **10,** 131, **134**
Centuripe 259
Chiaramonte Gulfi 251
Chiesa di San Bartolomeo **14,** 244
Cinabro Carrettieri 247
Collesano 139, 142
Corleone 86
Cosa Nostra 341
Cretto di Burri 126

D

Darstellende Kunst 22
Desserts 23, 49, *siehe auch* Süßigkeiten
Ditella 168
Dolci, Danilo 338
DOP-Spezialitäten 326
Drautto 168
Duomo (Syrakus) 90, **90,** 213
Duomo di San Giorgio (Modica) 231, **238**

E

EC- & Kreditkarten 351
Einwanderung 312, 336
Eis 329
Enna 255, **256,** 258
enoteca 40
Eraclea Minoa 281, 285
Erdbeben 239
Erice 13, **13,** 109, **110,** 113, 237
Ermäßigungen 350

Verweise auf Karten **000**
Verweise auf Fotos **000**

Essen 15, 23, 24, 34, 51, 325, 350, *siehe auch einzelne Lebensmittel,* Süßigkeiten
Eis & Granite 329
Kochkurse 220, 260
Sprachführer 41
Essen & Trinken
Desserts 76
Etikette 19
Events *siehe* Feste & Events

F

Fähren 21, *siehe auch* Schiff, Reisen mit dem
Fahrradfahren *siehe* Radfahren
Falconara 288
Falcone, Giovanni 342
Faraglione 117
Farm Cultural Park 277
Faschismus 323
Favara 277, 285
Favignana 115
Feiertage 350
Feilschen 19
Ferien 350
Ferla 225
Feste & Events 25, *siehe auch einzelne Reiseziele*
Alkantara Fest 211
Carnevale (Acireale) **2,** 205
Cous Cous Fest 101
Festa di San Giacomo 267
Festa di San Giorgio 242
Festa di San Giuseppe 245
Festa di Santa Lucia 220
Festa di Sant'Agata 198
Festival del Teatro Greco 220
Film 26
Funghi Fest 137
Ibla Grand Prize 248
Italian Opera Taormina 187
Karneval 286
La Processione dei Misteri 105
Le Vie dei Tesori 73
Mandorlo in Fiore 273
Marranzano World Fest 198
Ortigia Sound System 220

Religion 73
San Vito Climbing Festival 101
Scale del Gusto 248
Taormina Arte 188
Filicudi 175
Film 312, 339, 342
Flamingos **47**
Flughäfen 355
Flughafengebühren 356
Flugzeug, Reisen mit dem 21, 355, 359
Fonte Aretusa 219
Frauen in Sizilien 334
Frauen unterwegs 350
Friedrich I. 319
friggitori 40
Führerschein 358

G

Galerien *siehe* Museen & Galerien
Ganzirri 184
Garibaldi, Giuseppe 322
Gebäude
Antica Farmacia Cartia 245
Rotes Haus 171
Torre di Federico II 255
Villa Malfitano 71
Gefahren & Ärgernisse 17, 51, 351
Geführte Touren
Agrigent 273
Ätna 210
Cefalù 135
Palermo 73
Syrakus 220
Taormina 187
Vulcano 163
Wandern & Trekken 210
Gela 288
gelaterie 40
Geld 16, 17, 19, 351
Geldautomaten 351
Geldwechsel 351
Gelso 160
Geschichte 314
Geschwindigkeitsbegrenzungen *siehe* Tempolimits
Gesundheit 351
Ginostra 174
Gole Alcantara 189
Golfo di Castellammare 100
Grammatico, Maria 111
granite 228, 329

H

Handys 16
Höhlen & Grotten
Cava d'Ispica **233,** 244
Cave di Cusa 128
Grotta del Bue Marino 175
Grotta del Genovese 117
Honig 210

I

IGP-Spezialitäten 326
Impastato, Giuseppe 343
Infos im Internet 17, 20
Internetzugang 352
Ionische Küste 53, 178, **180**
Entfernungen 178, 253
Essen 37, 178
Feste & Events 178
Highlights 180
Unterkunft 178, 302
Isola Bella 191
Ispica 234

J

Jüdische Mikwe 218

K

Kaffee 40, **40**
Kajakfahren 47
Kapellen *siehe* Kirchen, Dome & Kapellen
Karten & Stadtpläne 352
Katakomben
Basilica & Catacombe di San Giovanni 219
Catacombe dei Cappuccini 73
Savoca 192
Kathedralen *siehe* Kirchen, Dome & Kapellen
Keramik 268
Kichererbsenpuffer 75
Kindern, Reisen mit 49
Kirchen, Dome & Kapellen, *siehe auch* Klöster & Konvente
Basilica & Catacombe di San Giovanni 219
Basilica Cattedrale di San Nicolò 226, **234**
Basilica dei Santi Pietro e Paolo 204
Basilica del Santissimo Salvatore 227
Basilica di San Sebastiano (Acireale) 204

Basilica di Santa Maria Maggiore 261
Basilica Santuario di Santa Lucia al Sepolcro 219
Cappella Palatina 61, 95, **95**
Cattedrale del San Salvatore 123
Cattedrale di Monreale 84
Cattedrale di Palermo 62
Cattedrale di San Bartolomeo 155
Cattedrale di San Giorgio 90, **91**
Cattedrale di San Giovanni Battista 247
Cattedrale di San Lorenzo 104
Cattedrale di San Nicolò 90
Cattedrale di San Nicolò (Nicosia) 261
Cattedrale di Sant'Agata 91, **91**, 197
Chiesa Anime Sante del Purgatorio 104
Chiesa Badia di Sant'Agata 197
Chiesa Capitolare di San Cataldo 59
Chiesa del Gesù 62
Chiesa del Purgatorio 105, 120
Chiesa della Santissima Annunziata dei Catalani 182
Chiesa della Santissima Trinità alla Badia 142
Chiesa di San Bartolo 177
Chiesa di San Bartolomeo (Scicli) 244
Chiesa di San Benedetto 195
Chiesa di San Domenico 67
Chiesa di San Francesco 142
Chiesa di San Francesco d'Assisi 66
Chiesa di San Francesco d'Assisi all'Immacolata 228
Chiesa di San Giorgio 247
Chiesa di San Giovanni degli Eremiti 62
Chiesa di San Giovanni Evangelista (Piazza Armerina) 263

Chiesa di San Giovanni Evangelista (Modica) 242
Chiesa di San Giuliano 198
Chiesa di San Giuseppe (Ragusa) 246
Chiesa di San Giuseppe (Scicli) 245
Chiesa di San Giuseppe (Taormina) 185
Chiesa di San Giuseppe dei Teatini 59
Chiesa di San Rocco 262
Chiesa di San Vincenzo 171
Chiesa di Santa Chiara 228
Chiesa di Santa Lucia alla Badia 213
Chiesa di Santa Margherita 282
Chiesa di Santa Maria dei Greci 273
Chiesa di St. Maria la Vecchia 143
Chiesa di St. Giacomo 143
Chiesa di St. Maria del Gesù 143
Chiesa e Monastero di Santa Caterina d'Alessandria 58
Chiesa Madre (Butera) 290
Chiesa Madre (Caltabellotta) 287
Chiesa Madre (Sciacca) 282
Chiesa Rupestre di San Nicolò Inferiore 242
Duomo (Collesano) 142
Duomo (Enna) 255
Duomo (Messina) 179
Duomo (Syrakus) 90, **90**
Duomo di Cefalù **89,** 131
Duomo di San Giorgio (Modica) 231, **238**
Duomo di San Giorgio (Ragusa) **91,** 247
Duomo di San Pietro 231
Kathedrale (Acireale) 204
Kathedrale (Agrigent) 272
Kathedrale (Piazza Armerina) 262
La Martorana 59
Oratorio di San Domenico 70

Oratorio di San Lorenzo 66
Oratorio di Santa Cita 67
Real Duomo (Erice) 109
Santa Maria delle Grazie 160
Santa Maria di Loreto 140
Santi Pietro e Paolo 140
Santuario della Madonna del Terzito 165
Santuario della Madonna del Tindari 147
Santuario Madonna della Rocca 187
Kitesurfen 114
Klettern 45
Klima 16, **16**
Klimawandel 355
Klöster & Konvente
 Chiesa e Monastero di Santa Caterina d'Alessandria 58
 Monastero dei Benedettini di San Nicolò l'Arena 193
 Monastero delle Benedettine 195
 Monastero di Santo Spirito 272
Kochkurse 35, 74, 220, 260
Kreditkarten 351
Kunst 345, *siehe auch* Straßenkunst
Kunstgalerien *siehe* Museen & Galerien

L
La Giudecca 218
La Martorana 59, 95
La Processione dei Misteri 105
Lago di Pergusa 256
Lampedusa 289
Lampedusa, Giuseppe Tomasi di 338
Leonforte 259
Leopard, Der 338
Lesbische Reisende 352
Levanzo 117
LGBT+-Reisende 352
Licata 287
Lido Mazzarò 191
Lingua 165
Lipari (Insel) 152, **153**
Lipari (Ort) 153, **154**
Liparische Inseln 10, **10,** 53, 149, **150**
 Entfernungen 149

Essen 36, 149
Highlights 150
Unterkunft 299
Wandern & Trekken 149, 161, **161**, 172, **172**
Literatur 337

M
Mafia 323, 341
Malerei 346
Malfa 164
Malvasia 166
Mani Pulite 324
Marettimo 118
Marianelli 230
Marionettentheater 78, *siehe auch* Puppentheater, Theater
Märkte 12
 La Pescheria 193
 Mercato del Capo **12,** 62
 Mercato della Vucciria 62
 Mercato di Ballarò 62
 Modica 243
Marsala 113, 119, **120,** 238, 296
Marsala (Wein) 119
Maut 21
Mautstraßen 358
Mazara del Vallo 122
Mazzarino 290
Meeresfrüchte 327
Messina 179, **182**
Messina, Antonello da 347
Mietwagen 358
Milazzo 146
Mistretta 145
Mitfahrdienste 359
Mittelmeerküste 54, 269, **270**
 Archäologische Stätten 269
 Entfernungen 269
 Essen 269
 Highlights 270
 Unterkunft 309
Mobiltelefone, *siehe* Handys
Modica 230, 234, 240
Mondello 84
Monreale 84
Monti Madonie 137
 Wandern & Trekken 45
Monti Nebrodi 143
 Wandern & Trekken 45
Morgantina 264
Morgeti 264
Mortelle 184

Mosaiken 95
Motorrad, Reisen mit dem 356, 357
Museen & Galerien 317, 320, 345
- Archäologiemuseum (Aidone) 264
- Casa Museo del Contadino 263
- Casa Natale di Pirandello 273
- Complesso Monumentale San Pietro 120
- Ex-Stabilimento Florio delle Tonnare di Favignana e Formica 115
- Galleria d'Arte Moderna 66
- Galleria Regionale della Sicilia 65
- Galleria Regionale di Palazzo Bellomo 217
- La Tonnara di Scopello 100
- Le Ciminiere 198
- Mulino della Saline Infersa 111
- Museo Archeologico (Gela) 288
- Museo Archeologico (Tal der Tempel) 280
- Museo Archeologico Baglio Anselmi 119
- Museo Archeologico di Palazzo Varisano 255
- Museo Archeologico Paolo Orsi 219
- Museo Archeologico Regionale Antonio Salinas 67
- Museo Archeologico Regionale Eoliano 153
- Museo Archeologico Sottomarino 176
- Museo Arte Contemporanea Sicilia 197
- Museo Belliniano 198
- Museo Civico (Catania) 197
- Museo del Cinema 198
- Museo del Costume 245
- Museo del Motorismo Siciliano 143
- Museo del Sale 114
- Museo del Satiro Danzante 123
- Museo della Ceramica 267
- Museo delle Maioliche 66
- Museo dell'Inquisizione 65
- Museo dell'Olio 252
- Museo di Erice La Montagna del Signore 109
- Museo Diocesano (Catania) 194
- Museo Diocesano di Palermo 64
- Museo Mandralisca 134
- Museo Naturalistico Francesco Minà Palumbo 137
- Museo Regionale d'Arte Moderna e Contemporanea della Sicilia (Riso) 59
- Museo Regionale Interdisciplinare 179
- Museo Storico dello Sbarco in Sicilia 198
- Museo Targa Florio 143
- Museo Whitaker 114
- Pinacoteca Comunale 262
- Pinacoteca Villa Zito 71

Muscheln 185
Mussolini, Benito 323
Mythologie, griechische 257

N

Nationalparks & Naturschutzgebiete
- Lampedusa Turtle Group 290
- Parco Naturale Regionale delle Madonie 137
- Parco Regionale dei Nebrodi 143, 145
- Riserva di Vendicari **47,** 230
- Riserva Naturale dello Zingaro 15, **15,** 22, 102, 113
- Riserva Naturale di Stagnone 111
- Riserva Naturale Isola di Lampedusa 290
- Riserva Naturale Oasi Faunistica di Vendicari 22, 230
- Riserva Naturale Saline di Trapani e Paceco 114
- Riserva Naturale Torre Salsa 281

Necropoli di Pantalica 22, 225
Nicosia 259, 261
Normannische Einflüsse 346
Noto 226, **227,** 234, 240
Noto (Küste) 230
Nuova Gibellina 126

O

Öffnungs- & Geschäftszeiten 17, 329, 352
Orlando, Leoluca 343
Ortygia 213, **216**
osteria 40

P

Paläste
- Palazzina Cinese & Parco della Favorita 71
- Palazzo Arezzo di Trifiletti 246
- Palazzo Beneventano 244
- Palazzo Beneventano del Bosco 213
- Palazzo Bonelli Patanè 244
- Palazzo Branciforte 71
- Palazzo Castelluccio 226
- Palazzo dei Normanni 60, 96, **96**
- Palazzo Ducezio 226
- Palazzo Fardella Fontana 104
- Palazzo Mirto 66
- Palazzo Municipio 245
- Palazzo Nicolaci di Villadorata 227
- Palazzo Riccio di Morana 104
- Palazzo Senatorio 104
- Palazzo Steripinto 282
- Trapani 104

Palazzo dei Normanni 60, 96, **96**
Palazzolo Acreide 225, 233
Palermo 11, **11,** 52, 56, **57, 60, 63, 68,** 236
- An- & Weiterreise 82
- Ausgehen & Nachtleben 77
- Essen 36, 73
- Feste & Events 73
- Gefahren & Ärgernisse 80
- Geführte Touren 73
- Internetzugang 80
- Medizinische Versorgung 80
- Post 80
- Sehenswertes 58
- Shoppen 62, 79
- Stadtspaziergang 72, **72**
- Touristeninformation 80
- Unterhaltung 78
- Unterkunft 294
- Unterwegs vor Ort 82

Palermo, Rund um 83, **85**
- Essen 56
- Highlights 57
- Klima 56
- Kunst & Architektur 56
- Reisezeit 56

Panarea **29,** 168
pane e panelle 75
Pantelleria 127
Parco Archeologico della Neapolis **92,** 93
Parco Minerario Floristella Grottacalda 263
Parco Naturale Regionale delle Madonie 137
- Wandern & Trekken 45

Parken 20
Parks & Gärten
- Giardino Bellini 197
- Giardino della Kolymbetra 278
- Giardino dell'Impossibile 115
- Giardino Ibleo 247
- Giardino Pubblico 267
- Orto Botanico (Palermo) 67
- Villa Comunale 185
- Villa Margherita 104

Pasta **39,** 327
pasta alla Norma 185
Pasticceria di Maria Grammatico 111
pasticcerie 40
Pate, Der 339
Paternò 208
Persephone 257
Petralia Soprana 139, 140
Petralia Sottana 141
Piano Battaglia 142
Pianoconte 156
Piazza Armerina 261, **262**
Piazza del Duomo (Syrakus) 213
Piazza della Repubblica (Marsala) 120, **237**
Pizzeria 40
Politik 312
Pollara 164

Post 352
Punta del Corvo 168
Punta del Faro 184
Punta Troia 44, **46,** 118
Puppentheater **50,** 78
   Museo dei Pupi 218
   Teatro dei Pupi 218
   Teatro-Museo dell'Opera dei Pupi 205

R
Radfahren 45, 359
   Ätna 210
   Caltagirone 267
   Monti Nebrodi 144
   Vulcano 162
Ragusa **5,** 235, 239, 246, **248**
Ragusa Ibla **235,** 246
Randazzo 209
Rauchen 351
Rechtsfragen 352
Reisekosten 17, 350
Reiseplanung
   Checkliste 18
   Essen 34
   Grundwissen 16
   Infos im Internet 17
   Kindern, Reisen mit 49
   Kleidung 18
   Packen 18
   Regionen Siziliens 52
   Reisekosten 17
   Reiserouten 27, **27, 28, 30, 31, 32**
   Reisezeit 16
Reiserouten 27, **27, 28, 30, 31, 32**
Religion 335
Restaurants 329
Riina, Salvatore (Totò) 343
Rinella 165
Riserva Naturale dello Zingaro 15, **15,** 102, 113
Riserva Naturale Orientata Oasi faunistica di Vendicari 22, **47**
Risorgimento 322
ristorante 40
Riviera dei Ciclopi 204
Rocca di Cerere 255
Roger II. 319
Ruinen *siehe* Archäologische Stätten

S
Salina **29,** 164, **165**
Saline di Trapani 111, 113
San Marco d'Alunzio 144
San Vito Lo Capo 100
Santa Maria la Scala 204
Santa Marina Salina 164
Satiro danzante (Tanzender Satyr) 123
Saubere-Hände-Skandal 324
Savoca 192
Scala dei Turchi 285, **285**
Scalinata di Santa Maria del Monte 267
Schiff, Reisen mit dem 21, 357, 359
Schiffswracks 176
Schlammbäder 45, 162, *siehe auch* Thermalquellen
Schnorcheln, *siehe* Tauchen & Schnorcheln
Schwertfisch 185
Schwimmen
   Ägadische Inseln 117
   Capo d'Orlando 146
   Enna 256
   Syrakus 219
Schwule Reisende 352
Sciacca 239, 282, **283,** 284
Sciara del Fuoco **42,** 170, 172
Sciascia, Leonardo 338
Scicli 14, 235, 244
Scogli dei Ciclopi 206
Scoglio della Canna 176
Scopello 100, 113
Segeln 47
Segesta **23,** 93, 103, 112, 237
Selinunt 22, 93, **93,** 124, **125,** 238
Serpotta, Giacomo 67
siciliano 335
Siculiana Marina 281
Sizilianisch 361
Sizilianische Vesper 320
Skifahren & Snowboarden 45
   Ätna 210
   Piano Battaglia 142
Spanische Inquisition 320
Spisone 191
Sprache 19, 361
   Essen 41
   siciliano 335
Sprachkurse 220
Sprichwörter 333
Stadtspaziergänge
   Ragusa 247
   Stromboli 172, **172**
Tal der Tempel 279, **279**
Vulcano 161, **161**
Strände 22, 47, 49, 285
   Capo d'Orlando 146
   Cefalù 134
   Eraclea Minoa 281
   Falconara 288
   Favignana 116
   Filicudi 176
   Lampedusa 289
   Lipari 155
   Marettimo 118
   Milazzo 147
   Oliveri 147
   Panarea 168
   Pantelleria 128
   Riserva Naturale dello Zingaro 102
   San Vito Lo Capo 100
   Scala dei Turchi 281, **285**
   Siculiana Marina 281
   Stromboli 171
   Taormina **48,** 191
   Trapani 105
   Vulcano 160
Straßenkunst 65
Street-Food 75
Strom 353
Stromboli 12, 22, **42,** 169, **170,** 301
Südost-Sizilien 54, **214**
   An- & Weiterreise 213
   Entfernungen 212
   Essen 37, 212
   Highlights 214
   Historische Stätten 212
   Unterkunft 304
Süßigkeiten 23, 38, **39,** 49, 328
Syrakus 8, **9,** 11, 54, 213, **221,** 233, 240, 306

T
Tal der Tempel 8, **9, 92,** 93, 276, **278, 279,** 285, 309
Taormina 11, **11, 48,** 184, **186,** 241, 303
Targa Florio 143
Tauchen & Schnorcheln 43, 46
   Favignana 116
   Lampedusa 291
   Liparische Inseln 47
   Scopello 100
   Stromboli 173
   Taormina 191
Ustica 46, 87
Vulcano 162
tavola calda 40
Taxis 359
Teatro Greco (Taormina) 11, **11,** 92
Telefonnummern 16
Tempolimits 358
Theater 22
   Teatro Donnafugata 246
   Teatro Massimo 71
   Teatro Massimo Bellini 192
   Teatro Tina Di Lorenzo 228
Thermalquellen
   Lago Specchio di Venere 128
   Pozza dei Fanghi 162
   Salina 165
   Vulcano 162
Timpone delle Femmine 177
Toiletten 354
Tornatore, Giuseppe 340
Torre Salsa 281
Touristeninformation 354
Tragflügelboote 21, 152
Tragödie, griechische 22
Trapani 104, **106,** 238
Trattorias 40
Trinkgeld 19
Trinkwasser 352
Tyrrhenische Küste 53, 130, **132**
   Aktivitäten 130
   Entfernungen 130
   Essen 36, 130
   Highlights 132
   Unterkunft 297

U
Umweltprobleme 355
UNESCO-Welterbestätten
   Necropoli di Pantalica 225
   Tal der Tempel **92,** 93, 276, **278, 279**
   Villa Romana del Casale 265
Unterkunft 18, 50, 293, *siehe auch einzelne Reiseziele*
Unterwegs vor Ort 357

V
Valle dell'Anapo 225
Veganer 328
Vegetarier 328

Veranstaltungen *siehe* Feste & Events
Verkehrsregeln 21
Versicherung 351
Villa Romana del Casale 12, **12**, 95, 240, 265, **265**
Vogelbeobachtung 45
Vorwahlen 354
Vulcano **44,** 159, **160**
Vulkanbesteigungen
 Ätna 207
 Stromboli 173
Vulkane 12
 Ätna 12, **13**, 207
 Stromboli 172

W
Wandern & Trekken 43
 Alicudi 177
 Ätna 44, 207
Filicudi 176
Lampedusa 291
Lipari 156
Liparische Inseln 43
Monti Madonie 141
Monti Nebrodi 144
Pantelleria 128
Piazza Armerina 263
Riserva Naturale dello Zingaro 102
Salina 165
Stromboli 172, **172,** 173, 174
Vulcano 160, 161, **161**
Wandmalereien 250
Wasser 352
Websites *siehe* Infos im Internet
Wechselkurse 17
Wein 122, 128, 166, 210, 329
Weingüter 122, 210, 260
 Azienda Agrobiologica d'Amico 166
 Cantina Malopasso 210
 Cantina Zisola 231
 Cantine Florio 121
 Donnafugata 129
 Feudo Maccari 231
 Hauner 166
 Malfa 166
 Marsala 122
 Planeta Buonivini 231
 Planeta Feudo di Mezzo 210
 Tenuta Regaleali 260
West-Sizilien 52, 97, **98**
 Entfernungen 97
 Essen 36, 97
Highlights 98
Kulturattraktionen 97
Unterkunft 295
Wetter 16
Wilhelm I. 319
Wirtschaft 313
WLAN 352
Woodhouse, John 119

Z
Zeit 16
Zentral-Sizilien 54, 253, **254**
 Entfernungen 253
 Essen 38, 253
 Feste & Events 253
 Highlights 254
 Unterkunft 253
Zug, Reisen mit dem 21, 356, 360

Verweise auf Karten **000**
Verweise auf Fotos **000**

NOTIZEN

Kartenlegende

Sehenswertes
- Strand
- Vogelschutzgebiet
- buddhistisch
- Schloss/Palast
- christlich
- konfuzianisch
- hinduistisch
- islamisch
- jainistisch
- jüdisch
- Denkmal
- Museum/Galerie/historisches Gebäude
- Ruine
- schintoistisch
- sikhistisch
- taoistisch
- Weingut/Weinberg
- Zoo/Tierschutzgebiet
- andere Sehenswürdigkeit

Aktivitäten, Kurse & Touren
- bodysurfen
- tauchen
- Kanu/Kajak fahren
- Kurs/Tour
- Sento-Bad/Onsen
- Ski fahren
- schnorcheln
- surfen
- Schwimmbecken
- wandern
- windsurfen
- andere Aktivität

Schlafen
- Unterkunft
- Camping
- Hütte/Unterstand

Essen
- Lokal

Ausgehen & Nachtleben
- Bar/Kneipe
- Café

Unterhaltung
- Unterhaltung

Shoppen
- Shoppen

Praktisches
- Bank
- Botschaft/Konsulat
- Krankenhaus/Arzt
- Internetzugang
- Polizei
- Post
- Telefon
- Toilette
- Touristeninformation
- andere Einrichtung

Geografisches
- Strand
- Tor
- Hütte/Unterstand
- Leuchtturm
- Aussichtspunkt
- Berg/Vulkan
- Oase
- Park
- Pass
- Picknickplatz
- Wasserfall

Städte
- Hauptstadt (Staat)
- Hauptstadt (Bundesland/Provinz)
- Großstadt
- Kleinstadt/Ort

Verkehrsmittel
- Flughafen
- Grenzübergang
- Bus
- Seilbahn/Gondelbahn
- Fahrrad
- Fähre
- Metro
- Einschienenbahn
- Parkplatz
- Tankstelle
- U-Bahn/Subte-Station
- Taxi
- Bahnhof/Zug
- Straßenbahn
- U-Bahnhof
- anderes Verkehrsmittel

Achtung: Nicht alle der abgebildeten Symbole werden auf den Karten im Buch verwendet

Verkehrswege
- Mautstraße
- Autobahn
- Hauptstraße
- Landstraße
- Verbindungsstraße
- sonstige Straße
- unbefestigte Straße
- Straße im Bau
- Platz/Promenade
- Treppe
- Tunnel
- Fußgänger-Überführung
- Stadtspaziergang
- Abstecher (Stadtspaziergang)
- Pfad/Wanderweg

Grenzen
- Internationale Grenze
- Bundesstaat/Provinz
- umstrittene Grenze
- Region/Vorort
- Meerespark
- Klippen
- Mauer

Gewässer
- Fluss/Bach
- periodischer Fluss
- Kanal
- Wasser
- Trocken-/Salz-/periodischer See
- Riff

Gebietsformen
- Flughafen/Startbahn
- Strand/Wüste
- Friedhof (christlich)
- Friedhof
- Gletscher
- Watt
- Park/Wald
- Sehenswürdigkeit (Gebäude)
- Sportgelände
- Sumpf/Mangrove

Lonely Planet Magazin

Diagnose Fernweh? Dagegen hilft die Lektüre des Lonely Planet Magazins. Jede Ausgabe steckt voller Reisetipps & Reportagen über Europa und die weite Welt – mit spektakulären Fotos, die Lust auf Abenteuer machen. Reinblättern, sich inspirieren lassen – und Koffer packen!

Das neueste Lonely Planet Magazin ist jetzt im Handel erhältlich. Du möchtest lieber jede Ausgabe direkt nach Erscheinen bequem nach Hause geliefert bekommen? Dann abonniere jetzt über: *lonelyplanet.de/magazin/zeitschrift/abo*

DIE AUTOREN

Gregor Clark
Liparische Inseln, Lampedusa, Pantelleria, Tyrrhenische Küste

Gregor ist Autor und lebt in den USA. Seine Liebe zu Fremdsprachen und seine Neugierde auf das, was sich hinter der nächsten Ecke verbergen könnte, haben ihn in Dutzende Länder auf fünf Kontinenten geführt. Seit 2000 hat Gregor regelmäßig Beiträge für Lonely Planet Reiseführer geschrieben, u. a. für Bände über Frankreich und Italien (hier auch für einen Reiseführer eigens über Radtouren). Gregor lebt mit seiner Frau und seinen beiden Töchtern derzeit im US-Bundesstaat Vermont. Gregor hat auch die Abschnitte *Reiseplanung*, *Sizilien verstehen* und *Praktische Informationen* dieses Bandes aktualisiert.

Brett Atkinson
Zentral-Sizilien, Mittelmeerküste

Brett lebt in Auckland, Neuseeland, ist aber häufig für Lonely Planet unterwegs. Der hauptberufliche Reise- und Food-Autor hat sich auf Abenteuerreisen und die ungewöhnlichen, eher unbekannten und überraschenden Ecken von klassischen Reisezielen spezialisiert. Feine Craft-Biere und leckeres Street-Food gehören zu Bretts wichtigsten Gründen, für ihn bislang unbekannte Gegenden zu erkunden. Seit 2005 hat Brett als Autor für Lonely Planet über so unterschiedliche Länder und Regionen wie Vietnam, Sri Lanka, die Tschechische Republik, Neuseeland, Marokko, Kalifornien und den Südpazifik geschrieben.

Cristian Bonetto
Ionische Küste, Palermo & Umgebung, Südosten

Cristian hat bislang zu mehr als 30 Reiseführern von Lonely Planet beigetragen, u. a. über Italien, Venedig und Venetien, Neapel und die Amalfiküste. Seine Artikel zu Reisen, Essen, Kultur und Design sind zudem in zahlreichen Publikationen auf der ganzen Welt erschienen, z. B. im *The Telegraph* (Großbritannien) und im *Corriere del Mezzogiorno* (Italien). Sofern er nicht gerade den Erdball erkundet, schlürft der Dramatiker und TV-Drehbuchautor irgendwo in seiner geliebten Heimatstadt Melbourne einen Espresso. Cristians Abenteuer lassen sich auf Instagram unter @rexcat75 verfolgen.

Nicola Williams
West-Sizilien

Nicola Williams hat inzwischen mehr als 50 Reiseführer über Paris, die Provence, Rom, die Toskana, Frankreich, Italien und die Schweiz für Lonely Planet verfasst und schreibt zudem für lonelyplanet.com und das *Lonely Planet Magazine*. Für die britische Autorin, Läuferin, Feinschmeckerin, Kunstliebhaberin und Mutter von drei Kindern ist Reisen kein schlichter Zeitvertreib, sondern eine Lebensweise. Ihre Texte finden sich im *Independent*, im *Guardian*, *French Magazine*, in *Cool Camping France* und vielen weiteren Publikationen. Für den *Telegraph* berichtet sie regelmäßig aus Frankreich. Auf Twitter und Instagram ist Nicola unter @tripalong zu finden.

DIE LONELY PLANET STORY

Ein ziemlich mitgenommenes, altes Auto, ein paar Dollar in der Tasche und eine Vorliebe für Abenteuer – 1972 war das alles, was Tony und Maureen Wheeler für die Reise ihres Lebens brauchten, die sie durch Europa und Asien bis nach Australien führte. Die Tour dauerte einige Monate, und am Ende saßen die beiden – pleite, aber voller Inspiration – an ihrem Küchentisch und schrieben ihren ersten Reiseführer *Across Asia on the Cheap*. Innerhalb einer Woche hatten sie 1500 Exemplare verkauft. Lonely Planet war geboren.

Heute hat der Verlag Büros in Melbourne, London und Oakland und mehr als 600 Mitarbeiter und Autoren. Und alle teilen Tonys Überzeugung: „Ein guter Reiseführer sollte drei Dinge tun: informieren, bilden und unterhalten."

Lonely Planet Global Limited
Digital Depot
The Digital Hub
Dublin D08 TCV4
Ireland

Verlag der deutschen Ausgabe:
MAIRDUMONT, Marco-Polo-Str. 1, 73760 Ostfildern,
www.lonelyplanet.de, www.mairdumont.com
lonelyplanet-online@mairdumont.com

Chefredakteurin deutsche Ausgabe: Birgit Borowski

Redaktion: (red.sign, Stuttgart) Annegret Gellweiler, Susanne Junker, Kai Leah Krämer, Olaf Rappold, Teresa Russo, Lisa Schubert, Julia Wilhelm, Stephanie Ziegler

Übersetzung: Berna Ercan, Tobias Ewert, Derek Frey, Marion Gref-Timm, Stefanie Gross, Marion Matthäus, Dr. Christian Rochow

An früheren Auflagen haben außerdem mitgewirkt:
Julie Bacher, Dorothee Büttgen, Anne Cappel, Karen Gerwig, Joachim Henn, Christina Kagerer, Brita Kotrasch, Jürgen Kucklinski, Laura Leibold, Ute Perchtold, Christina Schmidt, Dr. Frauke Sonnabend, Katja Weber

Sizilien

5. deutsche Auflage Mai 2020, übersetzt von *Sicily*,
8th edition, Februar 2020,
Lonely Planet Global Limited

Deutsche Ausgabe © Lonely Planet Global Limited, Mai 2020

Fotos © wie angegeben 2020

Printed in Poland

Obwohl die Autoren und Lonely Planet alle Anstrengungen bei der Recherche und bei der Produktion dieses Reiseführers unternommen haben, können wir keine Garantie für die Richtigkeit und Vollständigkeit dieses Inhalts geben. Deswegen können wir auch keine Haftung für eventuell entstandenen Schaden übernehmen.

Alle Rechte vorbehalten. Das Werk einschließlich all seiner Teile ist urheberrechtlich geschützt und darf weder kopiert, vervielfältigt, nachgeahmt oder in anderen Medien gespeichert werden, noch darf es in irgendeiner Form oder mit irgendwelchen Mitteln – elektronisch, mechanisch oder in irgendeiner anderen Weise – weiterverarbeitet werden. Es ist nicht gestattet, auch nur Teile dieser Publikation zu verkaufen oder zu vermitteln, ohne schriftliche Genehmigung des Herausgebers. Lonely Planet und das Lonely Planet Logo sind eingetragene Marken von Lonely Planet und sind im US-Patentamt sowie in Markenbüros in anderen Ländern registriert. Lonely Planet gestattet den Gebrauch seines Namens oder seines Logos durch kommerzielle Unternehmen wie Einzelhändler, Restaurants oder Hotels nicht. Informieren Sie uns im Fall von Missbrauch: www.lonelyplanet.com/ip.

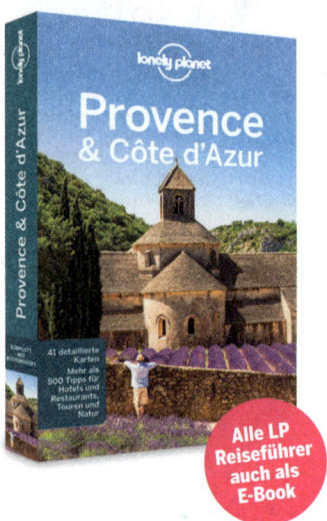

Lonely Planet Reiseführer

berichten ehrlich über Land und Leute, erklären Hintergründe und geben ausführliche praktische Informationen für alle, die selbstständig unterwegs sein wollen. Sie führen zu spannenden Adressen für jedes Budget.

www.lonelyplanet.de

Mit vielen Infos zu Reisezielen in aller Welt, aktuellen Reportagen und zum Austausch mit Gleichgesinnten rund ums Thema Reisen.

Alle LP Reiseführer auch als E-Book

  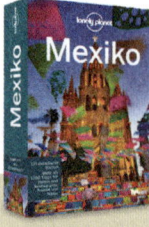  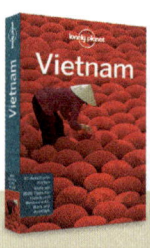

Länder
- Arabische Halbinsel, Oman
- Argentinien
- Australien
- Brasilien
- Chile & Osterinsel
- China
- Costa Rica
- Dänemark
- Deutschland (Best of)
- Dominikanische Republik
- Dubai & Abu Dhabi
- Ecuador
- Estland, Lettland, Litauen
- Europa (Top-Ziele)
- Frankreich
- Indien
- Iran
- Irland
- Island
- Israel, Palästina
- Italien
- Japan
- Kambodscha
- Kanada
- Kolumbien
- Kroatien
- Kuba
- Laos
- Malta & Gozo
- Marokko
- Mauritius, Réunion & Seychellen
- Mexiko
- Myanmar
- Namibia & Botsuana
- Nepal
- Neuseeland
- Niederlande
- Norwegen
- Peru
- Philippinen
- Portugal
- Schweden
- Schweiz
- Skandinavien
- Spanien
- Sri Lanka
- Südafrika
- Südamerika
- Südostasien
- Taiwan
- Tansania
- Thailand
- USA
- Vietnam
- Welt
- Zentralamerika
- Zypern

Regionen
- Andalusien
- Australien Ostküste
- Bali & Lombok
- Cornwall & Devon
- Dolomiten
- England
- Florida
- Hawaii
- Indien Süden & Kerala
- Kalifornien
- Kanarische Inseln
- Kreta
- Mallorca
- Neapel & Amalfiküste
- Provence & Côte d'Azur
- Sardinien
- Schottland
- Sizilien
- Thailand, Inseln und Strände
- Toskana
- USA Osten
- USA Südwesten
- USA Westen
- Wales

Städte
- Amsterdam
- Bangkok
- Barcelona
- Beijing
- Berlin
- Budapest & Ungarn
- Chicago
- Dublin
- Hongkong
- Istanbul
- Kapstadt & Garden Route
- London
- Madrid
- Miami & Die Keys
- New York
- Paris
- Prag & Tschech. Republik
- Rio de Janeiro
- Rom
- San Francisco
- Shanghai
- Singapur
- St. Petersburg
- Vancouver
- Venedig & Venetien
- Wien

Reise-Sprachführer
- Englisch
- Französisch
- Italienisch
- Japanisch
- Mandarin
- Portugiesisch
- Spanisch
- Thai